人的觉醒：
周代思想的启蒙景观

祁志祥　著

复旦大学出版社

国家社科基金后期资助项目
出版说明

后期资助项目是国家社科基金设立的一类重要项目,旨在鼓励广大社科研究者潜心治学,支持基础研究多出优秀成果。它是经过严格评审,从接近完成的科研成果中遴选立项的。为扩大后期资助项目的影响,更好地推动学术发展,促进成果转化,全国哲学社会科学工作办公室按照"统一设计、统一标识、统一版式、形成系列"的总体要求,组织出版国家社科基金后期资助项目成果。

全国哲学社会科学工作办公室

目 录

前言 周代"人的觉醒"的思想"启蒙" ·················· 1

绪论 周代文献使用的真伪考量 ······················ 1
 一、从汉墓出土文献为八部周代"伪书"正名 ············ 1
 二、另十部周代古籍被后世疑伪未必允当 ·············· 6

上编 周代"人的觉醒"的历史语境、制度原因与主要形态

第一章 夏商神学蒙昧：周代启蒙的历史语境 ············ 19
 一、夏商思想界神灵至上的整体特点 ················ 20
 二、祖先神崇拜 ······························ 22
 三、自然神崇拜 ······························ 25
 四、上帝崇拜 ································ 32

第二章 周代封建分权与"人的觉醒" ·················· 35
 一、炎黄五帝公天下时代的封建共享 ················ 37
 二、夏商"家天下"与氏族封建制的内在矛盾 ············ 42
 三、西周宗法封建制下诸侯的半独立与思想的半自由 ······ 45
 四、东周封建制下诸侯的全独立与思想的大解放 ········ 48

第三章 周代"人"的本性、作用、地位的全面自觉 ········ 50
 一、人的生死论："精气"生人，人死为"鬼" ············ 51
 二、共同人性观与平等人性观："君子之与小人，其性一也" ··· 55
 三、人性内涵论："无智无欲"说与"有智有欲"说 ········ 57
 四、人性价值论："性善""性恶""有善有恶""无善无恶" ······ 64
 五、人性作用论和因应论："欲多用亦多""智慧知万物" ······ 67

六、人的地位论:"天地之性人为贵" …………………………………… 71

第四章 周代的哲学意识:世界观与认识论 …………………………… 74
一、世界发生论:"道生万物" ………………………………………… 75
二、世界构成论:"宇宙"观与"天地人神"论 ……………………… 79
三、世界本体论:"万物之奥"说与"人伦天理"观 ………………… 82
四、认识论:"静观"说、"玄鉴"论与"格物"说 ………………… 85
五、方法论:"正言若反"与"中庸之道" …………………………… 90

第五章 周代"百家之学"与"人的觉醒" …………………………… 97
一、古代评判:"百家之学""十二子"与"十豪" ………………… 98
二、儒家思想之源与儒家代表人物的思想结构 ……………………… 103
三、道家学派源头及其代表人物的思想理路 ………………………… 108
四、兵家学派之祖及其代表人物的思想理路 ………………………… 113
五、法家学派代表人物的思想肌理 …………………………………… 115
六、名家学派的历史坐标及思想主张 ………………………………… 117
七、墨家学派、杨朱学派、纵横家学派的思想结构 ………………… 118
八、杂家学派代表:《管子》、晏子、《尸子》、《吕氏春秋》 ……… 120

第六章 周代逻辑学思想与"人的觉醒" ……………………………… 122
一、名与实、指与物的同异关系 ……………………………………… 124
二、"白马非马":个别与一般之同异 ………………………………… 126
三、"坚白离":不同感官的感知之分、感官认知与思维认知之分
   ……………………………………………………………………… 128
四、公孙龙名学之用心:"审其名实""而后能治" ………………… 129

第七章 周代游说学思想与"人的觉醒" ……………………………… 132
一、《鬼谷子》是怎样一部书 ………………………………………… 133
二、目的论:处乱世为天下"抵巇"补漏 …………………………… 135
三、本体论:从道家之道到儒家之德 ………………………………… 136
四、方法论之一:以"捭阖"为核心的游说之术 …………………… 138
五、方法论之二:"揣摩""权谋""七术"对"捭阖"的补充 …… 144

第八章　周代"以人为本"的"天人之辨" ……………………… 148
一、神灵概念在周代的存在形态及其祭祀方式 ……………… 150
二、"天人同构""以人法天"与"神道设教""以天统君" ……… 154
三、"昊天不平""天难忱斯"与"天人之分""吉凶由人" ……… 161
四、从"事神保民""循天顺人"到"以人为本""以人为先" …… 165

第九章　周代的崇德观念与德治思想 …………………………… 171
一、周代道德至上观念确立的时代语境 ……………………… 171
二、西周尚德的历史资源与德治建设 ………………………… 174
三、道德至上的主要途径："道德"的"天命"化 ………………… 178
四、周代道德概念的制度化建设 ……………………………… 181
五、周代道德概念的空前繁荣 ………………………………… 184

下编　周代的"人道"探寻及其系统结构

第十章　周代"人道"的"内圣外王"思路 ……………………… 191
一、儒家："有道则见,无道则隐""独善其身,兼济天下" ……… 192
二、道家："内以修身,外以治人""逢时即进,不时即退" ……… 196
三、良臣："听则进,否则退"、君主："治其身而天下治" ……… 198

第十一章　周代内圣论之一："君子之道"与"真人之道" …… 200
一、周代"君子"概念含义的演变与定型 ……………………… 201
二、"进取""自强"与"好学""劝学" ……………………………… 204
三、"君子"之道的基本要求："正心诚意"与"仁义礼智信孝" … 209
四、君子修养的其他要求：形神、文质、内外、人我、义利、改过、
　　谦虚 ……………………………………………………… 216
五、"真人之道"：静漠无为、贵虚持后、怀柔处下、无智无情 … 220

第十二章　周代内圣论之二："孝道"论与"孝治"观 …………… 224
一、从上古的"孝行"到周代的"孝道" ………………………… 224
二、孔子、曾子对"孝道"观念的重要发展 …………………… 227
三、《孝经》的孝治观与孟子的孝道思想 ……………………… 228
四、《礼记》《荀子》对"孝道"的进一步发展 …………………… 231
五、《左传》《战国策》记录的孝行与《吕氏春秋》的孝论 ……… 233

第十三章　周代内圣论之三：教学思想与制度建设 ……………… 235
一、教学机构："国学"与"乡学"、"小学"与"大学"、"辟雍"与
　　"泮宫" ……………………………………………………………… 236
二、教学理念："学以致道"与"好学""劝学" ……………………… 241
三、教学方法："教之所由兴"与"学者有四失" …………………… 244
四、师道尊严：《吕氏春秋·尊师》与《管子·弟子职》 …………… 247

第十四章　周代外王论之一："立君为民"的"君道"论 …………… 252
一、君主起源论："天之立君以为民" ………………………………… 253
二、君主专制论：君者，"民之主也" ………………………………… 258
三、君主职责论："为民父母，养民教民" …………………………… 261
四、君主素质论："神圣者王，仁智者君" …………………………… 263
五、君主"王道"论："王道正直，无偏无陂" ……………………… 267

第十五章　周代外王论之二："从道不从君"的"臣道"论 ………… 271
一、臣道的产生机制：辅君为民 ……………………………………… 272
二、周代的君臣关系："君令臣共"与"君仁臣忠" ………………… 273
三、管子、晏子、墨子、史黯、文子论"和而不同"的"谏臣"之道 …… 274
四、荀子论"忠臣"之道即"逆命而利君"之道 …………………… 278

第十六章　周代外王论之三："君臣异术"论 ………………………… 281
一、道家："君道知人，臣术知事"，"无为而无不为" ……………… 282
二、法家："君知其道，臣知其事""臣事事，而君无事" …………… 285
三、儒家、墨家、兵家："主道知人，臣道知事" …………………… 288
四、杂家著作《吕氏春秋》："贤主劳于求人，而佚于治事" ……… 289

第十七章　周代外王论之四："尚贤"说 ……………………………… 293
一、"贤"的含义、类别及周代"尚贤"的主题 …………………… 293
二、"尚贤"的必要性与重要性 ……………………………………… 295
三、"求贤"与"举贤""让贤" ……………………………………… 297
四、"知贤"的意义与门径 …………………………………………… 301
五、"用贤"的原则与"任贤"的理念 ……………………………… 303

第十八章 周代外王论之五:"民本"说 ······ 308
一、民为"神"之本、"天"之本 ······ 308
二、民为"邦"之本、"国之本" ······ 311
三、民为君之本:"民为贵,君为轻" ······ 313
四、民为吏之本:"民者,吏之程也" ······ 322

第十九章 周代外王论之六:"革命"说 ······ 324
一、《尚书》对"汤武革命"的肯定 ······ 325
二、东周诸子对诛独夫民贼的"革命"的肯定 ······ 327

第二十章 周代外王论之七:"仁政"说 ······ 333
一、西周:"仁义之道,满乎天下" ······ 335
二、春秋:"余业遗烈,流而未灭" ······ 340
三、战国:"虽有道德,不得施谋" ······ 353

第二十一章 仁政论之一:周代的"富民"学说 ······ 365
一、周初:《尚书》的"惠民"思想与《周礼》的"富民"主张 ······ 366
二、春秋前期:管子论"富民贵农"与晏子论"节俭爱民" ······ 367
三、春秋末期:孔子论"因民之利"与墨子论"利民节用" ······ 371
四、战国前期:商鞅论"富国弱民"与孟子论"制民之产" ······ 373
五、战国后期:荀子论"裕民节用"与吕不韦论"利民务农" ······ 376

第二十二章 仁政论之二:周代的"民心"学说 ······ 380
一、"为民者宣之使言"的发生机制 ······ 380
二、明君之道求谏纳言 ······ 382
三、良臣之道直言进谏 ······ 386

第二十三章 仁政论之三:周代的"礼教"思想 ······ 391
一、"礼"的含义:"礼者敬人"、兼有"仁义" ······ 392
二、"礼"的地位:敬神、修身、齐家、治国 ······ 395
三、纵向系统:"冠礼""婚礼""丧祭礼""朝聘礼""乡射礼" ······ 397
四、横向系统:"吉礼""凶礼""军礼""宾礼""嘉礼" ······ 401
五、礼教功能:"人无礼不生,国家无礼不宁" ······ 405

第二十四章　仁政论之四：周代的"乐教"思想 …… 407
一、音乐起源论："本于太一""天地之和" …… 408
二、音乐历史论：从"古乐"到"新乐"、从"德音"到"奸声" …… 409
三、音乐本体论："乐以象德""声以和乐" …… 413
四、音乐创作论："管乎人情""制之礼义" …… 418
五、音乐功能论："和乐成顺""审乐知政" …… 420

第二十五章　仁政论之五：周代的"法辅"思想 …… 423
一、西周法治思想：明德慎罚、以仁司法 …… 423
二、儒家的发展："宽猛相济""隆礼重法" …… 427
三、道家的补充："仁本法末""立法为公" …… 428
四、法家的表述："以杀去杀""以刑去刑" …… 432
五、名家的增补："循名责实""事断于法" …… 440
六、杂家的综合："刑以辅教""当赏当罚" …… 443

第二十六章　仁政论之六：周代的"义兵"思想 …… 449
一、"义兵"思想的源头：诛"无道""独夫" …… 449
二、姜太公："兵为凶器,不得已而用之" …… 452
三、儒墨论兵："兵要在乎善附民而已" …… 456
四、道家论兵："存亡平乱、为民除害" …… 459
五、兵家论兵："内修文德,外治武备" …… 461
六、法家与杂家："以法督战"与"以义为战" …… 470

后记 …… 474

前言　周代"人的觉醒"的思想"启蒙"[①]

周代是中国思想史的奠基时代。借用德国哲学家亚斯贝尔斯的用语，这是一个诞生了许多辉煌思想的"轴心文明"时代。[②] 周代思想界的重要特征，是以"人本"取代了殷商以前思想界的"神本"，以"人道"取代了殷商以前热衷的"神道"，带来了人对自身本性、作用、地位的全面自觉，呈现出智慧、理性对神学蒙昧的"祛弊"与"启蒙"。在已经完成出版的国家社科基金后期资助项目成果《先秦思想史：从神本到人本》（复旦大学出版社2022年版）中，笔者从历时的角度，以对上古历史神话、殷商甲骨卜辞和周代所有值得研究、可以研究的人物与原典的个案研究，详实叙写了上古至夏商万物有灵、神灵至上的神本主义到周代"贵人""先人""以人为本"的人本主义演变历程。由于周代的思想财富堪称丰富多彩、实在辉煌耀眼，在今天中国式现代化的建设中具有极为重要的现实参考、启示意义，而学界以往以主要范畴为抓手，从逻辑的角度横向梳理、综合阐释周代以"人的觉醒"为标志的"启蒙"思想概观尚是空白，本书试图依托对先秦思想史若干个案的全面研究为基础，来填补这一空缺。

一

本书以"人的觉醒"为标志，将周代定位为中国思想史上第一个启蒙时代，从主要范畴入手，来系统揭示周代思想界的启蒙景观，是建立在对中国思想史现有成果的长期潜浸涵濡和独特思考之上的。中国思想史是历代中国人关于天、地、人、神思考结晶的历史梳理与理论呈现。在学术分工上，它是一门综合学科。由于哲学属于各门社会科学的基础学科，表达着对自然世界和人生社会的系统思考，所以"中国哲学史"与"中国思想史"存在着较大的交

[①] 本书前言以"周代思想界的启蒙特征及其理论谱系"为题，发表于《中南大学学报》2025年第2期。
[②] 参拙作：《漫谈周代的"轴心文明"》，《文化中国》2022年第4期。

叉面,是我们认识和研究中国思想史不能离开的重要参考。考察这门学科的发生、发展历程,胡适的《中国哲学史大纲》(1918)、冯友兰的《中国哲学史》上下册(1931、1934)、张岱年的《中国哲学大纲》(1936)开其先声①;侯外庐主编的四卷本《中国思想通史》(人民出版社1959年版)、任继愈主编的《中国哲学史》四卷本(人民出版社1979年版)、张岂之主编的高等学校统编教材《中国思想史》(西北大学出版社1989年版)②、葛兆光独著的两卷本《中国思想史》(复旦大学出版社1998年版)可以说是这个学科的标志性成果。此外,李泽厚的《中国古代思想史论》《中国近代思想史论》《中国现代思想史论》"三论"、中国台湾学者韦政通的《中国思想史》上下卷(吉林出版集团有限责任公司2009年版)、钱穆的《中国思想史》(九州出版社2011年版)、香港学者金观涛、刘青峰的《中国思想史十讲》(法律出版社2015年版)、法国学者程艾蓝的《中国思想史》(河南大学出版社2018年3月版,冬一、戎恒颖译)、沈善洪、王凤贤合著的《中国伦理学说史》上下卷(浙江人民出版社1985、1988年版)也是值得关注、参考的成果。上述成果筚路蓝缕,在浩如烟海的古籍史料中披沙拣金,对这些材料的意义作了不同的分析提炼和阐释分类,为人们认识中国思想史的演变历程,从中吸取启示提供了有益门径和多维视角,成就有目共睹,应予充分肯定和合理继承。但毋庸讳言,由于历史的局限、学科发展史自身规律的制约等原因,中国思想史的研究现状还存在不少不足,与建设中国特色的哲学社会科学话语体系的时代要求形成了巨大的反差。其中,关于周代思想史的时代特征及其思想文明的研究阐释,尤其存在着诸多亟待讨论、完善的问题。

  首先是周代思想界的时代特征问题。周代思想界有没有不同于此前思想界的时代特征?一种观点认为,殷周文化、思想是一体的,总体上看没有什么根本不同。这种观点的代表是美籍华裔学者、考古学家张光直,中国当代思想史家葛兆光。张光直认为:"商周之际,只有一个文明系统的继续发展,找不到任何重要的中断与不整合的现象。"③葛兆光认为:"西周的思想世界与殷商的思想世界,实际上同多而异少。"④另一种观点与此恰恰相反,而且阵容更为强大,代表人物有王国维、冯友兰、侯外庐、张岂

---

① 张岱年后来为《中国大百科全书》撰写了"中国哲学史"条目,并以单行本《中国哲学史》由大百科全书出版社于2014年出版。
② 张岂之系侯外庐先生弟子,后来又以此书构架和观点为基础,主编了多卷本《中国思想学说史》(广西师范大学出版社2008年版)和单卷本马工程重点教材《中国思想史》(高等教育出版社2015年版)。
③ 转引自韦政通:《中国思想史》上册,吉林出版集团有限责任公司2009年版,第23页。
④ 葛兆光:《中国思想史》第一卷,复旦大学出版社2001年版,第34页。

之、彭林、晁福林、韦政通等。王国维曾著《殷周制度论》,以大量的考古文献资料系统论析殷周思想文化之差异,成为一代名文。他指出:"中国政治与文化之变革,莫剧于殷周之际。"①"夏、商文化略同。""夏、殷间政治与文物之变革,不似殷、周间之剧烈矣。""殷、周间之大变革……自其里言之,则旧制度废而新制度兴,旧文化废而新文化兴。"②这个"新文化"就是注重人道的道德文化。"殷周之兴亡,乃有德与无德之兴亡。故(周)克殷之后,尤兢兢以德治为务。"③侯外庐主编的《中国思想通史》认为殷人没有"道德观念",道德观念只是周代才有的产物。④ 其弟子张岂之主编的《中国思想史》与其观点基本相同。张岂之揭示迷信神灵的宗教经历了祖先崇拜、自然崇拜的原始宗教,颛顼时代巫祝人员的人为宗教,夏商以祖先神为上帝的一元神宗教到周代以"天"为至上神的一元神宗教的历程⑤,但也就在东周的春秋时代,出现了"重人、重民思想"⑥,一元神宗教遭到瓦解,甚至在春秋晚期出现了"无神论"⑦思想。协助葛兆光主编《中国思想史参考资料集·先秦至魏晋南北朝卷》的清华学者彭林指出:如果说殷商是鬼神崇拜的时代,"周则是从鬼道走向人道的伟大开端"⑧。北京师范大学上古史专家晁福林指出:"就整体来说,商周之际的思想变革的确是将关注的目光由天国神灵转向了人间民众,周人的'德'就是这个转变的明证。"⑨冯友兰在《中国哲学史》、韦政通在《中国思想史》中,把"人的发现"归功于东周春秋时期孔子的伟大贡献。面对这两种针锋相对的观点,笔者在《先秦思想史:从神本到人本》一书中通过大量的个案研究,扬弃了殷周思想一体论,印证、完善了殷周思想差别论,揭示了周代思想界以"人本"对殷商以前"神本"思想的启蒙特征。本书则在此基础上,以逻辑专题为单元加以全面的横向梳理分析,力图系统地阐释周代思想界的启蒙盛景,为当下进一步确立文化自信、推进中国式现代化建设提供宝贵的思想资源。

其次,是否可以以"启蒙"的范畴去认识和表述中国思想史的演变规律,

---

① 王国维:《殷周制度论》,周锡山编校:《王国维集》第四册,中国社会科学出版社2008年版,第124页。
② 王国维:《殷周制度论》,第124—125页。
③ 王国维:《殷周制度论》,第124—136页。
④ 侯外庐主编:《中国思想通史》第一卷,人民出版社1995年版,第64页。
⑤ 张岂之主编:《中国思想史》,西北大学出版社2016年版,第4页。
⑥ 张岂之主编:《中国思想史》,第17页。
⑦ 张岂之主编:《中国思想史》,第18页。
⑧ 彭林、黄朴民主编:《中国思想史参考资料集·先秦至魏晋南北朝卷》,第三章编者按语,清华大学出版社2005年版,第26页。
⑨ 晁福林:《先秦时期"德"观念的起源及其发展》,《中国社会科学》2005年第4期。

界说周代思想史的特征？有一种成见认为，"启蒙"是"五四新文化运动"的专利，指借用西方民主、科学、博爱、自由、个性等价值理念清除中国古代三纲五常奴隶道德的蒙昧思想。因此，中国古代没有"启蒙"。另有一种观点则认为，"启蒙"的原初意义指"西方近代的思潮"，"前提是西方中世纪的终结"，因此，中国古代思想史也不能用"启蒙"加以表述。（以上两种观点出自本项目结项评审专家）其实，这些都是将"启蒙"的特定所指与一般内涵混为一谈所致。这两种观点的似是而非，从二者之间的势不两立便可知晓。按照这两种观点的逻辑，20世纪80年代初王元化创办《新启蒙》，学界通常称邓小平开辟的"思想解放、改革开放"的新时期为又一次"启蒙"也不能成立。这显然是笔者无法同意的。其实，早在东汉应劭的《风俗通义》中，"启蒙"一词就出现了："每辄挫衄，亦足以祛弊而启蒙矣。"①其意是去除遮蔽、开发蒙昧。因此，《辞海》将"启蒙"解释为"开发蒙昧"，亦即清除荒谬、发现真理之意。思想史是人们对自然、社会、宇宙奥秘、真谛的认识史。这种认识有真实与荒谬、科学与反科学、蒙昧与反蒙昧的启蒙之分。以此观照中国古代思想史的发展演变，就会发现呈现出四次"启蒙"。而每一次"启蒙"都是在蒙昧思潮的历史语境下展开的。上古至夏商流行经不起事实检验的神本主义思潮，于是有了周代贵人轻神、以人为本的启蒙思潮；汉代出现了道德神学化、性善情恶论的蒙昧思潮，于是魏晋南北朝产生了人性平等、自然适性、解放情欲的启蒙思潮；隋唐宋元形成了天理人欲势不两立的蒙昧思潮，于是明清出现了求真务实、回归常理的启蒙思潮；近代接过明清启蒙的接力棒，借鉴西方"平等""自由""民主""人权"等价值理念，对秦以后整个中国古代皇权专制下束缚个性、扼杀民权的纲常伦理蒙昧思潮加以启蒙，形成了中国思想史上的第四次启蒙思潮。②近代启蒙思潮报道了"五四启蒙运动"的先声。在此基础上展开的"五四启蒙运动"是中国思想史上的第五次启蒙思潮。而新时期邓小平面对极"左"思潮掀起的思想解放运动则可视为中国思想史上第六次启蒙思潮。③几千年中国思想史如同一条回环往复、滔滔东流的长江大河，它是由一波又一波的蒙昧与反蒙昧的启蒙浪潮朝前推进的。上述中国古代四次启蒙、古往今来六次启蒙的认识是笔者长期积累思考、不断否定之否定得出的对中国古今思想史时代特征和演

---

① 应劭撰、王利器校注：《风俗通义校注》，中华书局1981年版，第49页。
② 详参拙作：《先秦至清末：中国古代人文思想史上的四次启蒙》，《学术月刊》2007年第8期。
③ 详参拙作：《中国人文思想史上的六次启蒙》上、下，《浙江工商大学学报》2008年第4、5期连载。

变规律的理论抽象和逻辑概括。① 周代作为中国思想史上的第一次启蒙，其以"人本"觉醒祛除先前"神本"蒙昧的"启蒙"景观，不仅在《先秦思想史：从神本到人本》中得到纵向的历史叙写，而且将在本书中得到横向的逻辑展示。

再次，是否可以"人的觉醒"概括周代"以人为本"的"启蒙"思潮？所谓"人的觉醒"是与"人的迷失"相对的一个概念，指人的自我意识苏醒，能够返观自身，对人类本身的属性、作用及其在宇宙万物中的地位加以理性的认知。西方中世纪神学时代，"人"是听命于上帝的奴婢，只有神性没有人性。文艺复兴时期最伟大的贡献，是"人"对自身本性、作用、地位的自我意识，认识到情欲也属于人性的一部分，有权利得到满足，认识到"人"是"宇宙的灵长，万物的精华"（《哈姆莱特》），比神灵还高贵。所以文艺复兴时期被视为"人的觉醒"时代。但"人的觉醒"并不是西方文艺复兴时代的专利。着眼于魏晋玄学以"人的主题"对汉代"烦琐""迂腐""荒唐"的道德天命化的蒙昧思潮的祛弊启蒙②，李泽厚曾将魏晋誉为中国思想史上"真正思辨"的、"理性"的"人的觉醒"时代③。笔者同意李泽厚在"人的觉醒"的本义上用这个术语指称魏晋思想界的特征，但不赞成他将中国思想史上"人的觉醒"时代下延至魏晋，而主张将周代视为中国思想史上最早的"人的觉醒"时代。周代思想界"人的觉醒"，突出表现在以下几个方面。一是深刻认识到"吉凶由人"（《左传·僖公二十六年》）、"祸福人召"（《左传·襄公二十三年》），"天地之性人为贵"（《孝经》），"惟人万物之灵（孔安国《传》：灵，神也）"（《尚书·周书》），"人者，天地之心也，五行之端也"（《礼记·礼运》）。在宇宙万物中，"人"的地位最高贵，"人"的所作所为决定着个人和国家的祸福。"人"不仅是天地的核心，而且是万物中的神灵。所以，无论追求个人幸福还是天下安康，都必须"以人为本"（《管子·霸言》）、以人为先（《鹖冠子·近迭》谓之"先人"）。二是对人性的深刻、丰富认识。诞生了"性善"论（孟子）、"性恶"论（荀子）、"性无善恶"论（告子）、"性兼善恶"论（世硕）；认识到人性是平等的，"君子之与小人，其性一也"（荀子），人人都具有道心与情欲的善恶二重性。三是对"人道"的深刻、丰富认识。包括内圣之道与外王之道。这都与人性善恶二重性有关。内圣之道即以理节情，扬善去恶，

---

① 前期成果参拙作：《中国古今人文思想历史演变的总体把握》，《文化中国》2001年6月号；《中国人文思想的历史演进》，《书屋》2002年第6期；祁志祥：《中国人学史》，上海大学出版社2002年版。
② 李泽厚：《美的历程》之五《魏晋风度》，《美学三书》，安徽文艺出版社1999年版，第89页。
③ 李泽厚：《美的历程》，《美学三书》，第91页。

成为君子、道德上的圣人。外王之道即根据人性来治人,所谓"凡治天下,必因人情"(韩非)。人既有物质欲求,又有精神追求,根据人性二重性来治人,要求"凡治天下,必先富民",首先保障民生,以满足人民群众的生活欲求;其次要顺应民心,宣之使言,满足"心之官则思"的精神追求。人性又具有向善的理性与为恶的情欲二重性,所以治理天下必须刑德并施,以礼教导善,以法治戒恶。只有这样才能成为长治久安的圣王明君。而内以成圣、外以成王,是个人和天下获得福佑的根本之道。四是外王之道中的"民本""革命"思想。天下安康的外王之道关键在于获得万民的拥戴。所以"高以下为基,贵以贱为本",民,水也;君,舟也。"水能载舟,亦能覆舟。"(荀子)"民者,君之本也。"①"民为贵,君为轻。"②"士贵耳,王者不贵。"③如果君主残暴无道,导致民不聊生,臣民就可以运用通过"革命"的手段诛杀、推翻君主(孟子、里革),因为"天下非一人之天下,天下之天下也"(《吕氏春秋·贵公》)。不难看出,以"人道"取代殷商巫史文化的"神道",是周代思想界的鲜明特征。将中国思想史上"人的觉醒"时代上推到周代,名副其实,言之有据,无可置疑。④

第四,是否应当将周代作为一个整体去研究评价?过去谈周代思想史"人的觉醒"的伟大意义,只是局限于诸子百家活跃的东周春秋战国时期,比如冯友兰的《中国哲学史》把"人之发现"归功于孔子⑤,张岂之的《中国思想史》只是把"重人、重民思想"视为"春秋时代"的产物。他们都不约而同地忽略了西周的贡献和意义。其实,在《尚书·周书》《诗经》《国语》《周易》中,天不可信、贵人轻神、敬德保民的思想和对于人文之道的探讨已大量存在。传为周公所作的《周礼》,周文王、武王的导师吕尚所作的《太公六韬》,虽然在作者和成书时间上有争议,但作为理解周初思想的参考是完全有理由的。《周礼》中"设官分职,以为民极"的主题、《太公六韬》中"仁之所在,天下归之"的思想、《尚书·周书》记载的文武周公之道,它们是完全一致的,可以互证的。春秋时期孔子仁学对"人的发现"乃是对周初文武之道和周公敬德保民思想的继承与发展。孔子曾说:"郁郁乎文哉,吾从周。"⑥

---

① 《左传·僖公二十六年》。
② 《孟子·尽心下》。
③ 《战国策·齐策》引颜斶语。
④ 详参拙作:《周代:"神"的祛魅与"人"的觉醒——论中国思想史上的第一个启蒙时期》,《湖北社会科学》2017 年第 12 期。
⑤ 冯友兰:《中国哲学史》,商务印书馆 2017 年版,第 25 页。
⑥ 《论语·八佾》。

"甚矣吾衰也,久矣吾不复梦见周公。"①这是孔子崇奉以周公为代表的西周文化的自白。杨宽在《西周史》中指出:"孔子的政治主张,主要就是要后世君王以周文王、武王、周公作榜样,从而把西周开国时期的政治文化继续发扬光大。"②因此,笔者主张将周代"人的觉醒"的上限上推到周文王、武王,特别是周公,兼及成王、康王,强调将东周与西周联合起来作为一个"人的觉醒"的整体,肯定整个周代在中国思想史上的启蒙地位和伟大意义。同时,从西周到春秋,再到战国时期,周人的"人本"意识是在与"神本"的传统观念的斗争中不断分化、明确、丰富、强化的。从西周认识到"昊天不平""天难忱斯""皇天无亲,惟德是辅"到春秋时期认识到"吉凶由人""祸福人召""以人为本",再到战国时期认识到"天人之分""以人为先""顺乎天而应乎人""制天命而用之",周代"人的觉醒"就在大体一致的方向中呈现出阶段性特征(见本书第八章)。

第五,对周代"人的觉醒"思想启蒙的社会政治原因怎么看?思想的主体是人。人总是处于特定的社会中。人的思想的产生、发展既受制于个体的能动性创造性,也受制于所处社会的政治环境的制约。过去的思想史著作囿于特殊的历史因素,对上古至夏商周的社会政治制度形态的认识是令人困惑的。其中一个影响很大的观点,是认为中国古代经历了原始公有制社会,夏商周奴隶社会,秦以后至清的封建社会三个阶段。笔者的研究表明,这种观点经不起史实检验,亟须更正。《韩诗外传》指出:"五帝官(公)天下,三代家天下。"明代杨慎指出:"三代以上,封建时也";"秦而下,郡县时也"③。根据《史记》《汉书》等史料的记载,笔者的研究结论认为:炎帝至五帝时期是"天下为公"的"公天下"时代,实行的是"选贤与能"的天子禅让制与地方分权而治的封建制。夏商周进入"天下为家"的私有制时代,天子传承从禅让制一变而为世袭制,但由于天下幅员太广,天子"力不能制"④,地方行政制度依然实行的是五帝时期分权共享的氏族封建制。分权自治的封建制本质上是不利于维护天子的家天下的。于是,周朝将传统的异姓氏族封建制改造为一姓为主的宗法封建制,旨在加强周天子的崇高地位和至上权威。但封建的本质是分邦列国,分治共享。西周的封建诸侯拥有半独立的自治权,到了春秋战国时期,周天子被架空,诸侯拥有全独立的自治权。在诸侯拥有半独立自治权的西周时代,"公卿至于列士献诗,瞽献曲,史献

---

① 《论语·述而》。
② 杨宽:《西周史》,上海人民出版社2016年版,第4页。
③ 转引自章士钊:《柳文指要》上卷,文汇出版社2000年版,第69页。
④ 长孙无忌:"缅怀三代封建,盖由力不能制,因而利之。"(司马光:《资治通鉴》卷一九三)

书,师箴,瞍赋,矇诵,百工谏,庶人传语,近臣尽规,亲戚补察,瞽、史教诲,耆、艾修之"①。在诸侯拥有全独立自治权的春秋战国时期,适应各诸侯称霸天下的需要,诸子学说应运而生,百家争鸣、百花竞放。李慎之在《"封建"一词不可滥用》一文中指出:"历览前史,中国的封建时代恰恰是人性之花开得最美的时代,是中国人的个性最为高扬的时代。"冯天瑜在《"封建"考论》一书中指出:"从思想文化的自由度、人文精神的昂扬而言,封建的春秋战国自有优胜处,作为诸子百家竞放宏议的时代,创造了堪与古希腊东西辉映的又一个'轴心文明'。"

那么,周代以"人的觉醒"为标志的启蒙思想景观是怎样的?本书在完成周代思想史代表论著个案研究的基础上,从主要范畴、命题及其内在联系入手,试图全面展现、系统揭示、深入剖析周代"人道"对"神道"的"启蒙"思想及其逻辑结构,为今天中国人安身立命、经邦济世的现代化建设提供有价值的参考。

绪论旨在给本书取用的材料合法性作一个文献学的系统研判。当我们引用史料阐述周代思想的启蒙景观时,会遇到一个史料的真伪问题。如果涉伪成立,这些典籍就不能使用。笔者利用20世纪70年代以来的六次考古学成果以及周代文献的最新注疏成果,对历史上涉伪的十八部周代古籍加以考辨,推翻了此前戴在《晏子春秋》《文子》《鹖冠子》《鬼谷子》《六韬》《尉缭子》《孙子兵法》《孔子家语》八部古籍头上的"伪书"帽子,同时指出另十部古籍《司马法》《吴子》《周礼》及《鬻子》《尸子》《列子》《公孙龙子》《古文尚书》《墨子》《关尹子》当视周代古籍的辑佚补撰,可以在阐述周代思想时参考使用。这不仅体现了本书材料使用的审慎、严谨态度,也大大拓展了周代思想资料的研究视野。

二

本书上编,阐释周代"人的觉醒"的历史语境、制度原因与主要形态,由第一章至第九章九个专题构成。

第一章阐述夏商神学蒙昧,为周代的思想启蒙提供祛弊的历史语境。周代"人的觉醒"是建立在对此前盛行的神学蒙昧思潮的启蒙祛弊之上的。周之前是夏商。夏商之前是三皇五帝。从三皇五帝到夏商,尽管经历了"公天下"到"家天下"的转变,但思想界一直处于原始思维阶段的万物有灵、鬼神崇拜的神学蒙昧状态。这种状态在无文字记载的夏以前都处于后世传说

---

① 《国语·周语上》。

形态,在殷商甲骨卜辞中则有了明确的记载。本章详细分析、阐述、总结了夏商鬼神崇拜、神灵至上的思想面貌,为人们认识周代以"人本"取代"神本"、以"人的觉醒"取代"神学蒙昧"提供了历史的出发点。

第二章考察周代"人的觉醒"思想启蒙的制度原因。周代实行的政治分权的封建制是导致周代走向"人的觉醒"、形成"百家争鸣"的思想繁荣的根本原因。本章吸取学界关于"封建"的最新研究成果,以坚实的史料和宏观的视野,对周代封建的源头、封建共享与"天下为公"思想的内在联系、封建分权与"天下为家"私有制的内在矛盾、"氏族封建"向"宗法封建"的演变与二者的异同、西周宗法封建制下诸侯的半独立与思想的半自由、东周封建解纽之后诸侯的全独立与思想的全自由首次作出了全新解读,具有不宜忽视的学术创新意义。

第三章属于破题之作,分析揭示周代"人"的本性、作用、地位的全面自觉。周代"人的觉醒"是从对"人"的本性、作用、地位的自我意识开始的,涉及人之生死论、共同人性论、人性内涵论、人性价值论、人性作用论、人之地位论。周人认为,"人"为元气中的"精气"所生,是有"智虑"的生物。人性相同且平等,"君子与小人,其性一也"。人性包括情欲与理性二重性。情欲本恶,理性为善,所以人性有善有恶。情欲虽恶,但作用也大,是人的活动的原动力,只要合理引导,就能产生利国利民的积极力量。理性有知物之明,使人成为道德的生物、劳动的生物、社会的生物、万物的主宰。天地万物,唯"人"为贵。周代关于"人性"的系统的深刻思考,为周代的"人道"学说提供了坚实的思想依据。

第四章阐释周代的世界观与认识论。周代"人的觉醒",不仅体现为人自身本性、作用、地位的全面自觉,而且体现为人对外在世界的起源、发生、构成、本体的清醒认识。这种认识,凝聚为周人对于世界的哲学思考,体现为周代的世界观和认识论。"道生万物"是周代的世界发生论。"宇宙"观与"天地人神"论是周代的世界构成论。道家的"万物之奥"说与儒家的"人伦天理"观,构成周代的世界本体论。道家的"玄鉴"论与儒家的"格物"说,构成周代的认识论。道家强调的"正言若反"与儒家坚守的"中庸之道",则构成了周代的认识方法论。这些都证明了周人理性的自觉及其取得的思辨深度,是对中国古代有无哲学疑问的最好回答。

第五章从周代"百家之学"看周代"人的觉醒"。周代对"人"的自我认识和对外部世界的丰富认识在周代的诸子百家学说中得到了最充分的体现。本章集中分析概述周代"百家之学"的思想风貌。周代的"百家之学"是春秋战国时期诸子适应封建诸侯壮大自己、称霸天下的政治需要诞生的。

战国后期,《庄子》《荀子》《吕氏春秋》最早对周代"百家之学"作出了系统的总结与评判,是我们今天准确理解周代诸子学说的原始依据。时过境迁,后人追根寻源,将某些学派的思想源头追溯到西周之初。今天对周代的"百家之学"作出鸟瞰,势必需要兼顾后人整理的这些成果。本章的最大贡献,是依托对周代诸子原典的大量详实的个案研究,对周代"百家之学"的思想要点、逻辑结构、历史传承作了提纲挈领的论述,对人们整体把握诸子学说的精义,认知周代"人的觉醒"的时代特征具有独特的参考意义。

第六章从周代逻辑学思想看周代"人的觉醒"。逻辑学,特别是形式逻辑,是人类理性认识发展到一定高度的产物,也是人类理性觉醒的标志。春秋战国时期,以"名学"为名的逻辑学通过《墨经》、惠施,发展到公孙龙手中,成为周代逻辑学思想的集大成者。本章以《公孙龙子》为入口,展现周代逻辑学思想所达到的水准,为周代"人的觉醒"的时代特征提供一个侧面的证明。《公孙龙子》揭示:名与实、指与物既有相称的同一关系,又有不相称的相异关系。这种相异关系的突出表现之一,是"白马"非"马",即个别概念与一般概念之间存在种差,个别概念既属于一般概念,又不等于一般概念。此外,《公孙龙子》还深入到认识活动中主体不同的感官对同一对象不同属性感知的分离,进而提出"坚白离"的命题。公孙龙的这些辨析,使周代逻辑学思想达到了一个相当的高度。

第七章从周代游说学思想看周代"人的觉醒"。游说学,周代称为"纵横家",它是春秋战国时期诸子百家向封建诸侯国君推销自己政治学说的技巧手段,包含着关于心理学、修辞学的经验、规律的深入探讨。这个时期涌现了许多著名的纵横家。在大量游说实践的基础上,产生了《鬼谷子》这部周代纵横家留下的唯一的专著。本章以《鬼谷子》为个案,解析周代游说学思想所达到的高度,从另一侧面见证周代"人的觉醒"。《鬼谷子》着重分析了根据对方心理亦静亦动的游说之术,提出了一系列技巧概念。其中,"捭阖"是游说之术的关键;"内楗"指开与阖、言与默、亲与疏、入与出的相生相发;"忤合"指游说者与游说对象之间察言观色、投其所好的关系,"合"则"捭""入","忤"则"阖""出";"反应"指试探游说对象、"知彼"的心理技巧;"飞箝"指因势利导的方法技巧;"揣摩"指对游说对象所处情况的揣度;"权谋"有筹划时的"阴谋"与实现时的"阳谋"之分。如此丰富细致的游说概念和经验的理论总结,是周代"人的觉醒"、理性思辨达到很高水准的又一证明。

第八章分析周代"以人为本"的"天人之辨"。周代虽然出现了贵人轻神的"人的觉醒",但传统的神灵观念依然大量存在,甚至上神从殷商时期的

"帝"或"上帝"演变为"天"或"昊天"。整个周代思想界,"天"与"人"的概念始终纠缠在一起,在彼此互动中发生着微妙的变化。周代的"天"既有至上神的含义,还是大自然的概称。"天人关系"是周代论辩的重要问题。周代的"天人之辨"既包括"神人之辨",又涉及"人与自然"之辨。周代的"天人之辨",早先承认鬼神存在和至上神权威,主张"尊天敬神""以人法天";后来认识到人间道德与天时、地利的作用,主张"神民俱顺""循天顺人";到战国时期则普遍认识到"吉凶由人""祸福人召",否认鬼神的决定作用,降低天时地利的权重地位,主张"贵人""先人""人定胜天"。在近八百年的思想历程中,周人完成了"天人感应"向"天人相分"、"以人法天"向"以人定天"的演变,确立了由"应乎人"决定"顺乎天"的"天人合一",在"天人之辨"中体现了"以人为本"的主导倾向。

第九章阐述周代的崇德观念与德治思想。周代"人的觉醒",体现为在社会生活的祸福中"人"的主宰地位对"神"的地位的取代。"人"所以能够决定上自天子、下至百姓的幸福,关键取决于人的道德修为,所谓"作善降之百祥,作不善降之百殃"。所以"德"取代了原来上帝的地位,成为周人心目中的至上神,物化为高高在上的"天"。周之代殷,是有道伐无道的产物。目睹殷纣王失德而亡的教训,周初政治家继承尧、舜、禹、汤之道和公刘、古公亶父、文王等周代先王之德,将道德提高到关系天下国家生死存亡的至高无上的地位,经过周公、召公的倡导及成王、康王、穆王的努力,道德至上的观念在西周获得了空前的巩固。周代崇德观念是凭借道德的天命化实现的,通过制度设计,将德治思想渗透到社会生活的各方面,成为周代"大异于商者"的最显著、最突出的特征。

三

本书下编,集中分析、阐述周代"人道"的结构系统,由第十章到第二十六章十七个专题构成。

第十章阐述周代"人道"的"内圣外王"总体思路。周代重人轻神,认为人间的幸福最终由人自己决定,于是区别于殷人热衷于探索占卜的"神道",转而热衷探讨"人道"。周人探讨的"人道",是"内圣外王之道"。"内圣"指自我道德修养,"外王"指经邦济世。对于士大夫而言,"内圣外王"之道要求坚持正道直行,不同流合污,天下有道就出仕济世,兼济天下,天下无道就深藏归隐,独善其身。对于君主而言,"内圣外王"之道要求以身作则,"成己而后成人",通过"内圣"赢得民心,称王天下。"内圣"是"外王"的依据,"治人"不过是"修身"的延伸。周代"人道"系统的建构,正是按"内圣外王"的思路展开的。

第十一章从"君子之道"与"真人之道"阐释周代的内圣之道。周人认为,修身的最高理想是超凡入圣,但成为"圣人"是很难的,退而求其次,则"内圣"之道集中表现为"君子之道"。西周以仁德治天下,"君子之道"学说应运而生。儒家在继承、综合西周德治思想的基础上,进一步构建了"君子之道"。"君子之道"是进德修善之道,所修道德主要是"仁""义""礼""智""信""孝"。道家以清虚无为的道德取代儒家仁义礼智的道德,主张归真返朴,清虚无为,其修身之道主要表现为"真人之道"。周人修身以儒家积极进取的"君子之道"为主,而道家虚静无为的"真人之道"则是补充和平衡,二者构成了周人"修身之道"的完整形态,奠定了后世中国文人儒道互补的"内圣"方式。

第十二章从"孝道"论与"孝治"观阐释周代的内圣之道。百善孝为先。内圣之道包括修身齐家,"孝"就是修身齐家之道中的一个特别重要的道德规范。所谓"孝",指对父母、长辈的供养、尊敬。周代继承从上古到夏商祭祖活动中的"孝行"并加以宗法改造,从中抽象出自觉的、理性的"孝道"观念。西周的孝道观念在《周书》《诗经》中有明确的记载。春秋末期,孔子、曾子对此作了重要发展。思孟学派,特别是《孝经》据此提出了以孝平天下的"孝治"观。战国后期,《礼记》《荀子》对"孝道"规范和内涵作了进一步的补充。与此相应,《左传》《战国策》以赞美的态度记录了春秋战国时期的孝行,《吕氏春秋》则综合儒家学说,提出了"务本莫贵于孝"的孝治思想。

第十三章从教学思想与制度建设方面阐述周代的内圣之道。内圣修养必须从青少年的学校教育入手。重视学校教育对君子人格的培养,是周代内圣之道的一个重要方面。在学校教育方面,周代形成了丰富系统的思想,并以相应的教学机构和机制为贯彻实施这种教学思想提供制度保障。西周的教学机构有"国学"与"乡学"、"小学"与"大学"、"辟雍"与"泮宫"之分,教育对象以贵族子弟为主,教学内容是"六艺"。西周学校教育由官府垄断。东周孔子打破"学在官府"的垄断,创办私学,平民子弟也可通过学习改变命运。周代的教学理念是"学以致其道"。教学方法论及"治人"的教育方法与"治己"的学习方法。为了防止"卑师者不听",周人提出了"严师"的要求,师道尊严的思想由此奠定。

第十四章从"立君为民"的"君道"论开始,分析周代的外王之道。"君道"即"君主之道"。周代的"君道"学说从探讨君主产生的原因、过程入手,确立了"立君为民""利群治乱"的君主起源论,建立了"君为民主""代民做主"的君主专制论、"为民父母,养民教民"的君主职责论、"神圣者王,仁智者君"的君主素质论,以及"公平无私,无偏无陂"的君主"王道"论。周代的"君道"学说从君主的产生机制论证君主的权力与责任、条件和为政之道,与现代政治文明存有若干有价值的相通成分,在今天的中国式现代化政治文明建设中理当发挥积极作用。

第十五章从"从道不从君"的"臣道"论分析周代的外王之道。"臣"是协助君主平定天下、为天下苍生服务的"辅翼",既有"君令臣共"、事君以忠的责任,又有"从道不从君"的权利。周代并未出现"君为臣纲"的单向要求,而是设置了"君义臣忠"的双向职责。如果君主失去"仁义"之道,臣子就应当"逆命而利君";如果君主一意孤行,成为独夫民贼,臣子就有"革命"的权利把他推翻。周代的"臣道"学说从辅君为民的发生机制论及君臣关系及各自职责,强调匡君之邪、"纳善于君"的谏诤之道才是真正的"忠臣"之道。其核心主张是:"忠臣"所忠,应是国泰民安之道;明君行道,就从道忠君;昏君悖道,就从道逆君。周代的"臣道"学说奠定了中国古代外王之道中的民本基石和对君主的制衡机制,为现代政治文明建设提供了不可忽视、不容否定的思想资源。

第十六章从"君臣异术"论分析周代的外王之道。如果说周代的"君道"论、"臣道"论侧重讨论的是为君、为臣的基本政治理念,那么"君臣异术"论侧重讨论的则是为君、为臣的具体操作权术。它论及君臣的不同分工与协作互补原则。其思想要义是"因者君术,为者臣道"、"君道知人,臣术知事","上下之分不同任"。这种学说认为,君主虽有独断乾纲的地位和特权,但在行政方法上又切忌大权独揽、专断自为,告诫君主不是全知全能的,时间和精力也是有限的,不可越俎代庖,必须借助群臣百官的专业特长实现对天下的有效管理。"君臣异术"论是道家"贵因"思想与法家"法术"思想合璧的产物,重点在于限制"人君自任而躬事",造成"君臣易位",天下不治。这当中包含着君臣各司其职、互不越界而又互相配合、共治天下的政治智慧,值得今天的政治文明品鉴。

第十七章阐释周代外王之道中的"尚贤"学说。"尚贤"指君主对于大臣官吏的选拔任用。既属于"君道",也与"臣道"相交叉,呈现出相对独立的思想体系。君临天下,君主必须通过群臣百官才能实现对基层民众的行政管理。选官必尚贤。"贤"指才德杰出。依据其杰出程度,周人分为"英""俊""杰""豪"。周代的"尚贤"说从选拔官吏治国安邦、兼并诸侯称霸天下、打破世袭解放人才诸方面,反复强调"尚贤"的重要性,具体探讨了君主"求贤""知贤""用贤""尽贤"的注意事项。在周代普遍"尚贤"的思想氛围之下,"举贤""让贤"成为不断涌现的社会佳话。周代"尚贤"说为我们今天的吏治建设提供了值得借鉴的思想财富。

第十八章论析周代外王之道中的核心理念"民本"说。无论"立君为民"的"君道",还是"逆君为民"的"臣道",都贯穿着一个核心的执政理念:"民本"。周代的"民本"学说涉及如何处理民与天的关系、民与国的关系、民与君的关系、民与吏的关系,提出了民为天之本、民为国之本、民为君之本、民为吏之本,是周代政治家、思想家在政治实践中积累的宝贵财富,在今天中国共产党"以人为本"、全心全意为人民服务的政治文明建设中具有十分重要的本土意义和现实意义。

第十九章讨论周代外王之道中的"革命"学说。"民本"是周代思想界讨论的君主、官吏的执政理念。从"民本"理念出发,周人又顺理成章地推导出"革命"学说。这个学说源出《尚书》,既是为了给周代商而立提供合法性依据,也是为了给周朝的统治者提供警诫:如果不实行以民为本的仁政德治,而是像商纣王那样作威作福,导致民不聊生,臣民就有"革命"的权利推翻他。《尚书》首倡"恭行天罚"、诛"独夫世仇"论。春秋时期,里革公开声称"臣杀其君君之过",师旷反诘"困民之主,弗去何为",管子指出"君不君则臣不臣","上失其位则下逾其节",文子肯定君主"残贼万民","何谓不除"。战国时期,孟子提出"诛一夫残贼"、荀子提出"汤、武不弑君",《易传》则提出:"汤武革命,顺乎天而应乎人!""以有道伐无道"的"革命"法理成为周代思想界普遍的共识。

第二十章聚焦周代外王之道中的"仁政"说。本章旨在以对周代史料的全面占有和详实研究全新揭示:"仁政"不是儒家创立之后才有的产物,而是儒家对周初文武周公之道的继承与发展;春秋战国时期,虽然周初确定、西周实行的仁政方针遭到破坏,仁政主张只是儒家的一家之言,但依然是各封建诸侯国评价政治得失依据的价值标准。本章以历史主义的实证方法,揭示了周代"仁政"思想发展的三阶段。周武王伐纣胜利归来后,马放南山,偃武修文;周公继之,制礼作乐。周初政治家制定的"敬德保民"方针奠定了西周"仁义之道,满乎天下"的政治传统。进入东周春秋时期,国君虽无德,但贤臣诸子"以义相支持",仁德传统"余业遗烈,流而未灭"。战国时期,上下失序,兵革不休,"虽有道德,不得施谋",但"仁政"更受饱受战争煎熬的人民的期盼,也被视为赢得民心、统一天下的根本之道。

第二十一章集中探讨周代仁政思想中的"富民"学说。"仁政"即爱民之政。人民有基本的生活需求。爱民必先利民、富民。民富是仁政之本,也是立国之基。周人认识到,实现民富,必须正确处理与君富、国富的关系,以民富为君富之本、国富之本,轻赋薄敛,分利于民,避免与民争利。由此出发,重农抑商、开源节用构成周代经济思想的基调。本章以西周和东周不同阶段代表人物为历史坐标,系统揭示了周代"富民"学说的历史脉络及其涉及的经济思想风貌。

第二十二章讨论周代仁政思想中的"民心"学说。人不仅有"饥者欲其食"的物质欲求,而且有"心之官则思"的精神欲求。爱民的仁政不仅要保障民生,而且要尊重民心。只有满足了民生需求,顺应了民心所向,才能获得人民拥戴,天下长治久安。如何尊重民心、顺应民心呢?就是要鼓励民言,健全谏议制度。关于鼓励民言,开放言禁,周人说:"为川者决之使导,为民者宣之使言。""人无于水监,当于民监。""口之宣言也,善败于是乎兴。""民虑之于心而宣之于口,胡可壅也?"倾听民意、了解民情、吸纳民言、鼓励民谏的"民心"说在周代获得了丰富、深刻的阐释和肯定,具有发人深省的现实启示意义。

第二十三章聚焦周代仁政论中的礼教思想及其制度建设。周代的仁政思想认为,人生而有欲,欲则不能无求,扼杀人的自然欲求固然不可,但放纵人的自然欲求也会生乱。礼教就是满足人的基本生活欲求而又给予节制的理性规范。周朝的礼教思想经过周公的制度化建设,达到了相当完备,甚至烦琐的境界。周代的礼教思想认为,"礼"的核心含义是"敬";"礼"标志着宗法等级差异,要求卑者尊贤而"义",尊者慈爱而"仁",进而实现各种人伦关系的"十顺"。周礼虽然规定着"敬神"的职责,但更多地发挥着"修身""齐家""治国""平天下"的功能。《仪礼》和《礼记》规定、阐释了周礼的纵向系统:"始于冠,本于昏,重于丧祭,尊于朝聘,和于射乡。"《周礼》描述、揭示了周礼的横向系统,即"吉礼""凶礼""军礼""宾礼""嘉礼"五礼。纵横交错、无所不包的礼教之网,构成周代"顺鬼神,合人心,理万物"的根本保证。

第二十四章讨论周代仁政论中的"乐教"思想。与"礼教"一样,"乐教"也是满足人的欲望同时又节制人的欲望的一种手段和规范。但较之刚性的"礼教"规范,"乐教"的规范更加柔性化,包含的快乐成分更多,是一种"寓教于乐"的理性规范。一方面,"乐者,乐也",音乐是给人带来快乐的,是为满足人们对于快乐的追求设计制作的。因此,周代在音乐形式美规律的探讨和完善方面取得了高度成就。另一方面,"乐者,非极音者也","乐者,治人之盛者也"。音乐不是仅在视听感觉方面给人快感的玩物,而是包含道德、节制人情、实现天下安宁的政教手段。周代的"乐教"思想论及"本于太一""天地之和"的音乐起源,从"古乐"到"新乐"、"德音"到"奸声"的音乐历史,"乐以象德""声以和乐"的音乐本体,"管乎人情""制之礼义"的音乐创作,"和乐成顺""审乐知政"的音乐功能,丰富完整,发人深省。

第二十五章论述周代仁政框架之下的"法辅"思想。周初确立了爱民保民、礼乐教化为主的仁政方针,同时根据治理天下的需要,提出了法治要求,改善了刑法制度。但总体看来,周代的法治思想是服从于爱民保民的仁政设计的。以仁立法,以仁司法,礼主刑辅,以法弼教,"法治"成为周代"仁政"中的一个辅助手段。到了东周,虽然诸侯争霸、礼崩乐坏,但西周的仁政思想实际上仍占主导地位,不仅被儒家加以发展,也被道家加以补充、杂家加以兼取。即便法家、名家公开反对仁政德治,主张严刑峻法,也打着"仁义"的旗号。在仁政之下礼主刑辅,或打着"仁义"的旗号推行严刑峻法,构成了周代"法辅"思想的整体风貌。

第二十六章讨论周代仁政框架之下的"义兵"思想。正如周初推行不同于商末暴政的仁政,以礼乐教化为主,但不废刑罚,以法弼教一样,武王伐纣胜利后刀枪入库,转向太平天下建设,但也未曾彻底抛弃国防建设、军队建设。只不过,周代的用兵思想是置于"仁义"的大政方针之下的,所以表现为"义兵"思想。《尚书·周书》中替天行道诛"独夫"的"革命"学说奠定了周代"义兵"思想的源头。周初姜太公提出的"兵为凶器,不得已而用之"的主张可视为西周义兵思想的标志。春秋战国时期,儒墨主张"兵要在乎善附民而已";道家主张"存亡平乱,为民除害";兵家主张"内修文德,外治武备";杂家主张"以义为战",共同汇成周代以仁治军、以义用兵的思想交响。在"义兵"思想的指导下,周代的军事学说讨论、总结出许多战场取胜的战术规律,彰显着"人道"取胜的时代真谛。

周代以"人的觉醒"为标志、以探讨"人道"为中心的思想启蒙造就了中国历史上生命力最强、生存周期最长的朝代,奠定了汉代至清的思想基石,成为后世中国思想史取之不尽、用之不竭的母体和渊源。

让我们怀着一份虔诚,走近周代启蒙思想的大厦,感受她的风采、她的魅力、她的震撼、她的启迪!

绪论　周代文献使用的真伪考量

在从事周代思想研究的时候,首先碰到的一个棘手的问题是周代文献应当怎样使用。当我们力求以扎实的态度展开周代思想的研究时,发现不少古籍被后世怀疑或断定为"伪书"。被疑伪的古籍是如此之多,竟多达18部,甚至连《论语》这样的典籍也被有些人疑为伪作。这就使得周代思想研究到处充满了雷区,动辄得咎。然而,当我们深入进去时,就会发现这种担心基本上是多余的。一来,这18部"伪书"中,有一半被20世纪70年代后的出土文献证明是真实的,戴在8部古籍头上的"伪书"说是后人强加的、不合事实的,因而不能成立,应予正名。二来,另外10部古籍或因为旧有的"伪书"说存在漏洞而被新的研究成果证明不伪,或因为这些"伪书"实际上属于周代古籍的辑佚、修补、复原的整理成果,尽管有的留有后世整理者的痕迹,但尚有作为周代古籍参考使用的价值和理由(否则便无法了解周代某个学说代表人物的思想,如《列子》之于列子,《关尹子》之于关尹子)。"伪书"的名称并不符合实际,抛弃勿用虽然杜绝了被人诟病的可能,但也会给周代思想的研究带来不可避免的失血与苍白。历史上的"伪书"说不是没有道理,但事实说明未必完全正确。在此,请允许笔者对本书使用的周代文献作出一个审慎的研判考量,从而给本书的材料引用提供一种合法性论证。①

一、从汉墓出土文献为八部周代"伪书"正名

周代古籍的疑伪之声,是从唐代柳宗元开始的。南宋继之,大面积疑古,到清代愈演愈烈。"五四"之后的"古史辨派"有过之而无不及,立论更极端。在汉墓简帛文献出土之前,学界沿袭旧说,不敢逾雷池一步。这些周代古籍的"伪书"说成为不容怀疑的"铁案"。然而,20世纪70年代至21世纪初的六次考古发现,却将过去信誓旦旦的8部"伪书"的"铁案"彻底推

---

① 绪论以"先秦古籍'伪书'说清算、正名及反思"为题,载《人文杂志》2021年第3期。《高等学校文科学术文摘》2021年第4期摘要。

翻,给学界很大的教训。

1972年至2011年,中国境内共进行了6次考古发掘,分别是:

1972年,山东临沂银雀山两座汉墓出土了用汉代隶书书写的先秦文献竹简。共有完整简、残简4942简,另有数千残片。简文书体为早期隶书,写于西汉文景时期至武帝初期。内容主要是周代兵书,包括《孙子兵法》《孙膑兵法》《六韬》《尉缭子》《晏子》及《守法守令十三篇》等。

1973年,河北定县八角廊40号西汉墓出土了竹简文献。由于该墓曾被盗被焚,竹简已炭化,残碎严重,不少字迹难以辨认。从可辨认的文字中,发现了《文子》《太公》《论语》《儒家者言》等部分内容。

1973年冬至1974年春,长沙马王堆三号汉墓出土了大量的帛书、竹简和帛画。其中以帛书为多,有20多种,共12万余字。字体除个别篆书外,绝大部分是早期隶书,带有秦隶风格,是汉文帝年间通行的文字。内容有《老子》甲乙两种写本、《易经》及《战国策》等。

1977年,安徽阜阳双古堆西汉前期汝阴侯墓出土了简牍文献,史称"阜阳汉简"。经整理编纂,分为10多种古籍。因原有书名标题无一残存,今名或用传本原名,或据内容另拟。其中内容涉及《苍颉篇》《诗经》《周易》《吕氏春秋》《庄子》《孔子家语》等。

1993年,湖北荆门郭店村的一座战国楚墓出土了楚文字竹简,史称"郭店楚简"。共804枚,为竹质墨迹。其中有字简730枚,共计13000多个楚国文字。其中三种是道家学派著作,其余多为儒家学派著作。所记载的文献大多为首次发现。

2011年4月,江西省南昌市西汉海昏侯墓出土5200余枚简牍,包括书籍简和公文书牍。书籍简主要包括儒经类(《诗经》《礼记》《论语》《孝经》《春秋》经传)、诸子类、诗赋类、六博类、数术类、方技类等文献。公文书牍为海昏侯及夫人分别上书皇帝与皇太后的奏牍和朝中关于刘贺本人的议奏或者诏书。①

在上述六次考古发现中,20世纪70至90年代的5次发现,改变了此前笼罩在《晏子春秋》《文子》《鹖冠子》《鬼谷子》《六韬》《尉缭子》《孙子兵法》《孔子家语》8部古籍身上的"伪书"之疑,给它们洗去了不白之冤。

唐代的柳宗元是位敢作敢当的革新运动倡导者。政治上他是王叔文永贞新政的重要成员,文学上他是古文革新运动的领袖人物。被贬永州之后,

---

① 江西省文物考古研究院等:《江西南昌西汉海昏侯刘贺墓出土简牍》,《文物》2018年第11期。

他潜心治学,继承刘知幾的"疑古"精神,将辨伪的触角指向周代诸子,写下过《辨〈晏子春秋〉》《辨〈文子〉》《辨〈鹖冠子〉》《辨〈鬼谷子〉》《辨〈列子〉》《辨〈亢仓子〉》及《〈论语〉辨》,从而开启了古籍疑伪的先河。① 在他疑伪的诸子典籍中,有4部被后来的出土文献否定。这4部古籍是《晏子春秋》《文子》《鹖冠子》《鬼谷子》。在《辨〈晏子春秋〉》一文中,柳宗元依据《晏子春秋》中存在大量墨子思想,怀疑此书是"墨子之徒有齐人者为之"。宋代官修《崇文总目》亦断定,《晏子春秋》"非婴所撰"。后世学者多赞同这个观点,因而《晏子春秋》长期被研究界冷落。柳氏《辨〈文子〉》指出,《文子》或出自"人之增益",或出自"众为聚敛",总之,"窃取他书以合之者多",是一部"驳书"。此后,人们普遍据此怀疑《文子》是后人假托伪造的一部"伪书"②。柳宗元《辨〈鹖冠子〉》又断定:周代道家殿军之作《鹖冠子》是"好事者伪为其书"所致。后世多认同此说,为其翻案的几乎没有。③ 在《辨〈鬼谷子〉》中,柳宗元对周代纵横家著作《鬼谷子》给予"妄言乱世,难信"的指斥,主张"学者宜其不道"。后世据此多视为伪书,因而长久湮没不彰。

　　事实究竟如何呢? 1972年4月,考古工作者在山东临沂银雀山一号汉墓中挖掘出4900多枚竹简,其中整理出来的《晏子》竹简共有102枚,内容分为16章。参与挖掘研究的专家认为"很可能"是《晏子春秋》的"节选本"④。1973年,河北省定县八角廊村40号汉墓出土的竹简中发现《文子》残简。其中与今本《文子》相同的文字有6章。还有一些不见于今本《文子》,研究者认为可能是《文子》佚文。⑤ 1973年,长沙马王堆汉墓出土大量帛书,"有《黄帝书》,很多观点和语句与《鹖冠子》相同"。李学勤指出,这"确证后者是周代古书,而且是黄老一派的重要古籍"⑥。黄怀信在《鹖冠子校注》前言中考证说明:"《鹖冠子》作者确系一名出生于楚、游学并定居于赵,喜以当地所产鹖鸟羽毛为冠饰并以之为号,曾做过庞煖老师的已佚名的隐士。"⑦"今本《鹖冠子》的最终撰写年代,当在公元前236至前282年之间",它"确是一部先秦文献"⑧。1973年马王堆汉墓出土帛书中有《战国纵

---

① 林艳红:《柳宗元与古籍辨伪研究》,《桂林师范专科学校学报》2004年第3期。
② 例证见李定生、徐慧君校注:《文子要诠》,复旦大学出版社1988年版,《论文子》第1—2页。
③ 李学勤:《读〈鹖冠子研究〉》,《人文杂志》2002年第3期。
④ 骈宇骞:《晏子春秋校释》序言,书目文献出版社1988年版。
⑤ 李定生、徐慧君校注:《文子要诠》,复旦大学出版社1988年版,《论文子》第3页。
⑥ 黄怀信:《鹖冠子校注》,中华书局2014年版,李学勤:《序言》第3页。
⑦ 黄怀信:《鹖冠子校注》,《前言》第3页。
⑧ 黄怀信:《鹖冠子校注》,《前言》第10页。

横家书》,1993年郭店楚简中有《语丛四》。《战国纵横家书》的性质类似《战国策》,内容是侧重实践的游说辞;《语丛四》类似《鬼谷子》,内容侧重游说理论。这就引发了学界对《鬼谷子》是不是伪书的重新思考。人们根据郭店楚简《语丛四》,认为作为游说理论总结的《鬼谷子》诞生在战国时期是完全可能的。《鬼谷子》是战国中期鬼谷先生及其后学所作,确属先秦古籍。①

宋代是一个崇尚自家心性之学的时代,疑古、辨伪的思潮由此发端。②到了南宋,疑古思潮全面铺开,《太公六韬》《孙子兵法》《尉缭子》和《孔子家语》均被疑为伪书。到了清代,过去的伪书说得到进一步加强。但在20世纪70年代后的汉墓出土文献面前,这些"伪书"说同样不攻自破。

《太公六韬》又称《六韬》《太公兵法》,是姜太公回答周王文、周武王关于政治与军事问题的对话记录。《汉书·艺文志》道家类曾著录:"《太公》237篇,其中《谋》81篇,《言》71篇,《兵》85篇。"班固注:"吕望为周师尚父,本有道者。"清沈钦韩说:《兵》者即《太公兵法》。《隋书·经籍志》是目前所见的最早著录《太公六韬》的史书,称有《太公六韬》五卷,为"周文王师姜望撰"。吕望、姜望即周初辅佐文王、武王、成王的政治家、军事家姜太公。现存《六韬》结构完整,语言晓畅,不似周初作品,明显经过后人整理润色。因而自南宋起相继对《六韬》的真实性提出质疑。有人怀疑此书是秦汉间人所为,有人怀疑是魏晋以后的作品。然而,1972年银雀山汉墓出土竹简中有《太公》50多枚,部分内容与今本《六韬》基本一致,简文提及"文王"和"太公望",被认为就是《六韬》。1973年定县八角廊西汉墓出土竹简中,也发现许多"文王、武王问,太公曰"字样,内容与今本《六韬》相同或近似。《文物》2001年第5期公布了这批简的释文。银雀山简《六韬》文字不避汉高祖刘邦、汉文帝刘恒之名讳,定州简《六韬》也不避汉文帝刘恒的名讳,证明《六韬》是一部成书在西汉之前、古已有之的兵家信书。它或许经过后人整理,但成书当在先秦。

《孙子兵法》的作者一般认为是孙武。但关于孙武的生平事迹,周代除《荀子》《韩非子》外很少有典籍涉及,《史记》关于孙武的记载未涉及籍贯、世系、结局等细节,因而自南宋起,产生了孙武是否实有其人、《孙子兵法》是否属伪作的怀疑。叶适断言《孙子兵法》的作者不是孙武,而是"春秋末战国初山林处士所为,其言得用于吴者,其徒夸大之说也"③。当代学者钱穆

---

① 许富宏:《鬼谷子集校集注》,中华书局2008年版,《前言》第5页。
② 据王国轩、王秀梅译注:《孔子家语》,中华书局2011年版,《前言》第2页。
③ 叶适:《习学记言》卷四十六。转引自陈曦译注:《孙子兵法》,中华书局2011年版,《前言》第4页。

断言:"《孙子》十三篇,洵非春秋时书。其人则自齐之孙膑而误。"①但1972年银雀山汉墓竹简《孙子兵法》的出土,否定了传统的论断,证明今本《孙子兵法》出自孙武。②

关于《尉缭子》,《汉书·艺文志》《隋书·经籍志》《旧唐书·经籍志》《新唐书·艺文志》《宋史·艺文志》都有著录,本来是没有疑义的。不过,自从南宋陈振孙《直斋书录解题》疑为伪书后,从宋元之际的马端临,到清代的姚际恒、姚鼐,再到现代的钱穆,作伪之论络绎不绝,愈加绝对。但1972年银雀山汉墓出土的先秦兵书文献中,包括《尉缭子》竹简残卷,其内容与今本《尉缭子》基本相同,也使原来的妄断不攻自破。③

《孔子家语》的最早著录见于班固《汉书·艺文志·六艺略》,说有"二十七卷",未注明编著者。三国时魏国王肃为《孔子家语》作注,成为"十卷本",已非班固所见本。唐初颜师古注《汉书·艺文志·六艺略》时,注明"《孔子家语》二十七卷""非今所有《家语》"。颜师古所云"今所有《家语》",即十卷的王肃注本。此后,《隋书·经籍志》《旧唐书·经籍志》《新唐书·艺文志》,宋代王尧臣的《崇文总目》、晁公武的《郡斋读书志》、陈振孙的《直斋书录解题》,以及元代马端临的《文献通考·经籍考》《宋史·艺文志》,著录的《孔子家语》都是王肃作注的十卷本。但在南宋晚期的疑古风潮中,《孔子家语》由魏国王肃杂取秦汉诸书自作自注的"伪书"说应运而生。王柏是南宋晚期疑古思潮中最大胆的人物。他在《鲁斋集》卷九《〈家语〉考》中断言:"今之《家语》十卷,凡四十四有四篇,意王肃杂取《左传》《国语》《荀》《孟》、二戴(《礼记》)之绪余,混乱精粗,割裂前后,织而成之,托以(孔)安国之名,舍珠玉而存瓦砾,宝康瓠而弃商鼎。安国不应如是之疏也。"在他看来,王肃不仅伪造了《孔子家语》,而且还伪造了《孔安国序》。王柏此说对王肃《孔子家语》注本的流传产生了极大的负面影响。宋代的王肃注《孔子家语》刻本到明代已很难寻觅。明末藏书家毛晋在《孔子家语》跋中叙说自己历经千辛万苦寻找宋代刻印的王肃注本,但始终找不到全本,最终只找到两个残本才得以补全。清代虽然出现过陈士珂、沈钦韩、马国翰等人为王肃注本正名,认为《孔子家语》十卷本并非王肃伪造,但这种观点不占主流。影响更大的观点是伪书说,如孙志祖、范家相、姚际恒、崔述、皮锡瑞、王聘珍、丁晏等等所云。《四库总目》也采信此说,下了定论:"反复考

---

① 钱穆:《先秦诸子系年考辨·孙武辨》,商务印书馆1935年版。
② 陈曦译注:《孙子兵法》,中华书局2011年版,《前言》。
③ 残简释文见《文物》1977年第2期、第3期。

证,其出于肃手无疑。"现代"古史辨派"代表顾颉刚认定《孔子家语》为王肃伪作,"无任何取信之价值"。于是,《孔子家语》属于伪书成为定论,并流传到韩、日等国。① 如果没有出土文献,这个定论是永远翻不了案的。不过,"上个世纪末期,出土文献中忽现与《家语》类似的原型文字,王肃伪造说不攻自破,从此柳暗花明,诸多考证文章问世,基本都不赞成伪书说"②。1973年河北定县八角廊西汉墓出土的竹简《儒家者言》,内容与今本《孔子家语》相近。1977年安徽阜阳双古堆西汉墓也出土了篇名与《儒家者言》相应的简牍,内容同样和《孔子家语》有关。这些考古发现说明,今本《孔子家语》并非伪书,不是王肃杜撰,属于孔子"七十子后学"所为③;"此书为孔安国编辑一说也是可信的",王肃注本引用的孔安国序,也是可信的,不是出于王肃伪造④。

综上可知,20世纪70年代以后的出土文献,推翻了此前戴在先秦8部古籍头上的"伪书"帽子,这8部先秦古籍是《晏子春秋》《文子》《鹖冠子》《鬼谷子》《六韬》《尉缭子》《孙子兵法》《孔子家语》。我们应当理直气壮地为之"正名",对它们加以研究。

二、另十部周代古籍被后世疑伪未必允当

原来铁板钉钉、不容置疑的周代"伪书"被出土文献推翻,这个教训引起了笔者对其他戴着"伪书"帽子的周代古籍的注意和警惕。在周代被疑伪的古籍中,另有《司马法》《吴子》《周礼》《鬻子》《尸子》《列子》《公孙龙子》《古文尚书》《墨子》《关尹子》目前没有得到出土文献的证明。它们是不是"伪书",该不该进入周代思想史的研究视域呢?

根据现有材料,综合各种研究成果,笔者发现,这10部著作,或基本上属于周代成书的原著,如《司马法》《吴子》《周礼》,或属于后人对周代古籍的辑佚、补撰、整理之作,如《鬻子》《尸子》《列子》《公孙龙子》《古文尚书》《墨子》《关尹子》。名为"伪书"也不恰当。剔除后世辑佚、补撰、整理者无意窜入的时代痕迹,它们依然可以作为周代思想史料进入研究领域,据以使用评述。下面让我们逐一辩说。

《司马法》又称《司马穰苴兵法》,是周代的军事著作。从汉代到明代,一直未见怀疑。《史记·司马穰苴列传》记载:"威王(公元前356—前320

---

① 王国轩、王秀梅译注:《孔子家语》,中华书局2011年版,《前言》,第3页。
②③ 王国轩、王秀梅译注:《孔子家语》,《前言》,第4页。
④ 王国轩、王秀梅译注:《孔子家语》,《前言》,第5页。

年)使大夫追论古者司马兵法而附穰苴于其中,因号曰《司马穰苴兵法》。"
"闳廓深远,虽三代征伐,未能竟其义,如其文也。"《史记·太史公自序》又说:"《司马法》所从来尚矣,太公、吴、王子能绍而明之,切近世,极人变。""自古王者而有《司马法》,穰苴能申明之。"汉武帝时,"置尚武之官,以《司马兵法》选,位秩比博士"①。据《汉书·艺文志》记载,当时《司马法》共155卷。东汉以后马融、郑玄、曹操等人的著作中,都曾以《司马法》为重要文献资料加以征引,考证西周和春秋时期的军制。晋唐之间,杜预、贾公彦、杜佑、杜牧等人,也多以《司马法》为立说根据。宋元丰中,《司马法》列为《武经七书》之一,是将校必读之书。但是到了清代,在一片疑古的风潮中,《司马法》也未能幸免,被姚际恒、龚自珍等人疑为"伪书"。但他们的质疑并不是无懈可击的。当代有学者对他们的质疑详加考察,发现根据明显不足。②今天学界的最近研究成果,认为《司马法》"成书于齐威王时代"③,是战国中前期齐威王派人追论齐景公时期的司马穰苴阐释姜太公《司马兵法》的产物。换句话说,《司马穰苴兵法》既包括古代姜太公所创的《司马法》内容,又有司马穰苴对《司马法》的诠释和自己的著述。

《吴子》又称《吴起》《吴子兵法》《吴起兵法》。《汉书·艺文志》记录"《吴起》四十八篇"。《隋书·经籍志》及《新唐书·艺文志》均记录"《吴起兵法》一卷"。今本《吴子》二卷六篇,定型于北宋《武经七书》本。关于此书的作者及成书时间,本来未见争议,但明清出现了疑古之声,认为《吴子》是西汉或魏晋以后的人伪托或杂抄成书④,姚际恒、姚鼐等人直指此书是伪书⑤。不过,他们的怀疑并未被今天的学者采信。"而今学者大都认为此书不伪,其作者就是吴起,成书于战国前期。书中虽有后人整理加工的痕迹,但基本反映了吴起所处战国前期的战争特点和吴起的军事思想贡献。"⑥可以肯定:《吴子》的基本思想是吴起的⑦,可当作研究吴起的史料。

对《周礼》的疑伪也大可重新认识。本来,自《周礼》在汉代出现之日起,人们普遍认为它是一部周公的"致太平"之书。如西汉末年的大学者刘

---

① 荀悦:《申鉴·时事篇》,见明黄省曾注、孙启治校补:《申鉴注校补》,中华书局2012年版,第62页。
② 参蓝永蔚:《〈司马法〉书考》,《春秋时期的步兵》,中华书局1979年版,第131页。
③ 陈曦:《〈司马法〉前言》,陈曦译注:《吴子 司马法》,中华书局2018年版,第204页。
④ 参陈曦:《〈吴子〉前言》,第6页。另参李硕之、王式金:《吴子浅说》第一节,解放军出版社1986年版。
⑤ 详参徐勇:《〈吴子〉前言》,徐勇注译:《尉缭子 吴子》,中州古籍出版社2018年版,第151—156页。
⑥ 陈曦:《〈吴子〉前言》,第6页。
⑦ 徐勇注译:《尉缭子 吴子》,第152页。

歆认为:"周公致太平之迹,迹具在斯"①。汉末给《周礼》作注的大注家郑玄认定:"周公居摄而作六典之职,谓之《周礼》。"②唐代的孔颖达、给《周礼》作疏的贾公彦,宋代的司马光、朱熹等大学问家都力主此说。但由于《周礼》在现存的周代典籍中没有被提及,它描述的周代官制未能在周代其他记录周代官制的文献中找到对应,因而被后世今文学派怀疑。围绕着《周礼》的作者及其成书年代,古代学者进行了长期的争论。《四库提要》指出:《周礼》"于诸经之中,其出最晚,其真伪亦纷如聚讼,不可缕举"。近代梁启超、胡适、顾颉刚、钱穆、钱玄同、郭沫若、徐复观、杜国庠等学者,都介入了这种争论。争论中形成了西周说、春秋说、战国说、秦汉之际说、汉初说、王莽伪作说等六种说法。比较、甄别诸说,笔者认为:周公制礼作乐是不易的史实,离周代较近的汉唐训诂大师均以周公为《周礼》作者,因此《周礼》出自周公之说最值得采信。但周代所有文献都没有提到《周礼》,说明《周礼》的编订颁行不会早于战国后期,很可能成书于战国后期。与此相较,认为《周礼》成书于秦汉之际之说不可信,因为《周礼》在西汉景帝时就出现于世了,不太可能诞生于兵荒马乱、惊魂未定的秦汉之际。依据《周礼》在王莽时代立为官学,就说它诞生于王莽时代,也太过仓促,不合情理,难以采信。若此说成立,刘歆、郑玄也就太容易欺骗,枉为一代训诂大师了。周代金文资料的研究表明,《周礼》具有珍贵的周代史料价值。综上研判,笔者倾向于认为《周礼》是一部由周公组织编撰、到战国后期编订成书的先秦古籍。③ 当然这部书在流传中有所散失,今本《周礼·冬官·考工记》乃为西汉时补入,此篇另当别论。

关于今本《鬻子》的真伪,历来有争论。一般认为,《鬻子》历史上实有其书,不仅是道家之祖,而且是子书之首。《汉书·艺文志·道家》首列《伊尹》《太公》《辛甲》三书,第四为《鬻子》。前三书早佚,《隋书·经籍志》诸子道家类列《鬻子》为第一。梁代刘勰《文心雕龙·诸子》说:"鬻熊知道,而文王咨询,余文遗事,录为《鬻子》。子自肇始,莫先于兹。"唐逢行珪《鬻子序》亦云:"实先达之奥言,为诸子之首唱。"南宋高似孙《子略》引唐贞观间柳伯存言:"子书起于鬻熊。"宋濂《诸子辨》云:"《鬻子》一卷,楚鬻熊撰。为周文王师,封为楚祖。著书二十二篇,盖子书之始也。"胡应麟《少室山房笔丛·九流绪论下》云:"今子书传于世而最先者,惟《鬻子》。"清姚际恒《古今

---

① 贾公彦:《序周礼废兴》,《十三经注疏》上册,上海古籍出版社1997年版,第636页。
② 郑玄:《周礼·天官·叙官》"惟王建国"之下注。
③ 祁志祥:《〈周礼〉的人文价值:设官分职,得民为本》,《宝鸡文理学院学报》2018年第1期。

伪书考》云："世传子书,始于《鹖冠子》。"俞樾《诸子平议补录》云:"《鹖冠子》一书,为子书之祖。"今本《鹖冠子》虽出于后人搜罗,不是周代原本,但视为"伪书"并不合适,实为原本《鹖冠子》残卷辑佚,"确为先秦时重要典籍"①。

再看《尸子》一书的真伪。周代典籍中未见"尸子"记录。司马迁《史记·孟子荀卿列传》留下"楚有尸子"的记载。尸子,名佼,战国中期人,曾为商鞅谋士,留下《尸子》一书。《史记·孟子荀卿列传》说:"世多有其(指尸子)书,故不论。"可见《尸子》曾在汉初广为流传。关于《尸子》的篇幅,刘向《别录》《汉书·艺文志》记为二十篇,《隋书·经籍志》《旧唐书·经籍志》《新唐书·艺文志》记为二十卷。南朝刘宋裴骃《史记集解》引刘向《别录》云:尸佼"自为造此二十篇书,凡六万余言"。原书自宋以后佚失。元、明、清陆续出现了不少辑佚本②。清代先后有惠栋《尸子辑本》刻本、任兆麟《校订尸子》刻本、孙星衍《尸子集本》刻本。后来汪继培根据三人辑佚本重加厘订,成《尸子校正》二卷。吕思勉《经子解题》称之为《尸子》"最善之本"③。《尸子》本为先秦尸佼思想的辑佚之书,但在清代疑古风潮中亦被戴上"伪书"的帽子。这种说法最早受到现代学者吕思勉的驳斥。他在《经子解题》中称:今本《尸子》,"其文极朴茂……今虽阙佚已甚,然单词碎义,足以取证经子者,实属指不胜屈……此外典制故实,足资考证者尚多"。《尸子》作为后人对周代尸子思想史料的辑佚,实可"作为先秦古籍"④使用。

《公孙龙子》是周代名家著作。据《汉书·艺文志》记载,原有14篇。扬雄《法言》称公孙龙"诡辞数万",似为14篇全本。后散佚,北宋遗失8篇,只留下6篇,保存在明代《道藏》中,即今本《公孙龙子》。关于该书的真伪,宋代以后有人怀疑它的真实性,认为今本《公孙龙子》是晋朝人根据零碎材料编纂起来的,一定程度上失去了周代《公孙龙子》的本来面目。清人姚际恒《古今伪书考》根据《公孙龙子》虽为《汉书·艺文志》所载,但《隋书·经籍志》没有记载的情况,将《公孙龙子》定为后人伪作。民国学者王琯在《公孙龙子悬解》一书中通过考证指出,伪书说似是而非。由周至梁,该书完好无缺;隋唐之际,该书佚存未定;唐武后时重建著录,仍为完本;宋绍兴前,亡8篇存6篇,为今本。⑤ 1992年,王琯的《公孙龙子悬解》重新出版,学界

---

① 马晨雪:《〈鹖冠子〉真伪考》,《现代语文(学术综合版)》2014年第6期。另参刘建国:《〈鹖冠子〉伪书辨正》,《长白学刊》1994年第2期。
② 详见魏代富:《整理说明》,《尸子疏证》,凤凰出版社2018年版,第4—5页。
③ 如李守奎、李轶:《尸子译注》,黑龙江人民出版社2003年版;朱海雷《尸子译注》,上海古籍出版社2006年版;魏代富:《尸子疏证》,凤凰出版社2018年版。
④ 魏代富:《整理说明》,《尸子疏证》,第9页。
⑤ 王琯:《读公孙龙子叙录》,《公孙龙子悬解》,中华书局1992年版,第10页。

仍然认同王说,将今本《公孙龙子》视为先秦时期留下的唯一的一部名学著作。另据谭业谦《公孙龙事迹及学术思想之记载》[1],关于先秦公孙龙的事迹及思想,先秦两汉间不少古籍均有记载。如《战国策·赵策》,《庄子》的《秋水》篇、《天下》篇,《吕氏春秋》中的《应言》篇、《审应》篇、《淫辞》篇,《列子·仲尼》,司马迁《史记》中的《平原君虞卿列传》《孟子荀卿列传》,刘向的《别录》,《淮南子》的《诠言训》《道应训》,扬雄的《法言》等等。谭业谦据此采信《四库全书总目提要》"其书出自先秦"论断[2],不复讨论。序言作者朱祖延亦认为《公孙龙子》系"周秦之书"[3]。故今本《公孙龙子》不应视为伪书无疑。

列子和杨朱,分属春秋战国时期思想界"十豪"。二人的思想,主要见载于《列子》一书。关于《列子》一书的真伪,历来有争议。传统的主流观点认为是晋人所造的伪书。随着许多原来被断定为"伪书"的先秦古籍在20世纪70年代以后汉墓文献中的出土,其他被戴着"伪书"帽子的先秦古籍也受到重新考量。《列子》未必全伪、可当作先秦古籍参考使用成为新的观点。

周代不少古籍提及《列子》。该书在西汉时仍盛行。西汉后期刘向整理《列子》时,存者为8篇。东汉班固《汉书·艺文志》"道家"类亦载有《列子》8卷,当为原本。西晋永嘉之乱后,《列子》残缺。经东晋张湛搜罗整理,得以补全。今本《列子》8卷,为张湛整理注释本,其原文在唐以前一直被视为信书。然而,自柳宗元《辨〈列子〉》起,历代疑伪之声渐起。[4] 近现代学者梁启超、吕思勉、钱锺书认为,今本《列子》是一部魏晋人假托的"伪书"。[5] 杨伯峻根据以往的辨伪之说,结合自己的语言学考辨,断定今本《列子》"肯定不是班固所著录的原书"[6],而是魏晋人杜撰的"赝品"[7]。根据张湛注中有时不明文义的情况,杨伯峻断言:"此书伪作于张湛之前,张湛或许也是上当受骗者之一。"[8]《列子》中的《力命》《杨朱》两篇,"更是晋人思想和言行的反映"[9]。1979年,杨伯峻《列子集释》一书由中华书局出版,影响很大,《列子》伪书说几乎成为定论。

---

[1] 谭业谦:《公孙龙子译注》,中华书局1997年版,第109—119页。
[2] 谭业谦:《前言》,《公孙龙子译注》,第1页。
[3] 朱祖延:《序》,谭业谦:《公孙龙子译注》,第1页。
[4] 历代辨伪文章、文摘见杨伯峻:《列子集释》附录三,中华书局1979年版。
[5] 叶蓓卿:《前言》,《列子》,中华书局2011年版,第1页。
[6] 杨伯峻:《前言》,《列子集释》,中华书局1979年版,第2页。
[7] 杨伯峻:《前言》,《列子集释》,第4页。
[8] 杨伯峻:《前言》,《列子集释》,第3页。
[9] 杨伯峻:《前言》,《列子集释》,第4页。

然而,细考今本《列子》,发现将它视为魏晋人杜撰的"伪书"并不恰当。连断定伪书的杨伯峻也承认,《列子》"作伪者不是毫无所本的","其中若干来源,我们已经从现存的先秦古籍中找到了"①。清人马叙伦《列子伪书考》指出:"盖《列子》晚出而早亡,魏晋以来好事之徒聚敛《管子》《晏子》《论语》《山海经》《墨子》《庄子》《尸佼》《韩非子》《吕氏春秋》《韩诗外传》《淮南》《说苑》《新序》《新论》之言,附益晚说,假为(刘)向序以见重。"②他不否认该书聚敛了若干先秦古籍史料。虽然该书还结合、参照了一些记录周代古籍史料的汉代文献,"附益"了一些魏晋"晚说",也不应否定《列子》的先秦史料价值。《四库全书总目提要》认为《列子》中的《周穆王篇》"可信于秦以前书"。张岱年在 1982 年出版的《中国哲学史史料学》一书中指出:《列子》"抄录了先秦的一些材料"。《列子》最近的研究成果是 2011 年中华书局出版的叶蓓卿的《列子》译注。在前言中,叶蓓卿指出:"今本《列子》保存了包括古本《列子》在内的若干先秦文献资料,此外也有一部分内容为后世附益而成,应当是由魏晋人在《列子》佚文的基础上多方杂取编订成书。"③今本《列子》属于后人关于古本《列子》的辑佚补撰。如果我们承认这一点,就不能同意《列子》是"伪书"的成见。显然,辑佚补撰是不同于主观臆造的"伪书"的。其实,在叶蓓卿之前,当代研究者许抗生着眼于《列子》保留了大量先秦文献资料,就明确否定"伪书"说。他在 1992 年发表《列子考辨》一文,明确指出:"《列子》基本上是一部先秦道家典籍,基本保存了列子及其后学的思想。它大约作于战国中后期,并非一时一人所著,而是列子学派后学所为,并夹杂有道家杨朱学派后学的著作(《杨朱篇》)。具体地说,《黄帝篇》《汤问篇》很可能成书较早,先于《庄子·内篇》,而《天瑞篇》则作于《庄子》外、杂篇同时或稍晚。其他诸篇大抵亦作于战国中后期。但《列子》一书,在历史上曾遭前后两次散佚而后复得的命运,以此它不免流落于民间,为人们所伪篡、增删或文字上的润色,这是不足为奇的。"④这就完全推翻了《列子》"伪书"说。笔者结合对《列子》文本的仔细研读及与周代古籍的比较互证,改变了原来对杨伯峻晋人作伪说的迷信,更倾向于同意许氏之说。当然还须略作补充说明。

一方面,我们应当肯定:今本《列子》基本上属于古本《列子》的辑佚,而非随意臆造的"伪书"。《吕氏春秋·审分览》称"列子贵虚";《淮南子·缪

---

① 杨伯峻:《列子著述年代考》,《列子集释》,中华书局 1979 年版,第 348 页。
② 杨伯峻:《列子集释》附录三,第 305 页。
③ 叶蓓卿译注:《列子》前言,中华书局 2011 年,第 3 页。
④ 陈鼓应主编:《道家文化研究》第一辑,上海古籍出版社 1992 年版。

称训》称"列子学壶子,观景柱(测度日影的天文仪器)而知持后矣"。列子"贵虚持后"的主张,在今本《列子》的大部分篇章中都可以看到有力的证据。《吕氏春秋·审分览》又说"阳生贵己",刘向《列子新书目录》称"杨子之篇唯贵放逸"。杨朱的"贵己放逸"主张,也可以在《列子》的《杨朱》《力命》等篇中找到具体的证据。不妨假设一下,如果不是被指责的魏晋"好事者"给我们保留了今本《列子》,战国时期两位影响很大的人物——列子与杨朱的思想主张今人将无从得见。从这个意义上来说,我们应当感谢魏晋"好事者"在周代《列子》辑佚整理方面所作出的贡献,而不是以偏概全、危言耸听地指责其"作伪"。

另一方面,我们又应当注意到,今本《列子》乃失而复得、多次修复的产物,这个修复工作不是出自一人之手(笔者不同意叶蓓卿《列子》译注前言"成于一人之手"之说),而是出自不同时间、不同学者之手(笔者赞同许抗生《列子考辨》"并非一时一人所著"之说),这就给今本《列子》带来了一些文意割裂、自相矛盾、令人费解之处。今本《列子》八篇中,主张纵欲享乐的《杨朱》《力命》与主张清虚无欲的前后各篇主旨明显矛盾、对立。无论主张无智无虑、超越是非的列子,还是主张纵情任欲、及时行乐的杨朱,与主张仁爱忠信的孔子、墨子都无法统一到一起,但《列子》中确实窜入了这类文字。这是我们在使用《列子》评析列子、杨朱思想时应当注意的。叶蓓卿认为《列子》"首尾呼应""自成一体",基本"成于一人之手"①,其实很不符合实际。

再来看《古文尚书》"伪书"说是否万无一失,研究周代思想史时是否应当排除。《尚书》早在周代就成书,有孔子的编订本。经历了秦始皇焚书坑儒和秦末战火,《尚书》散失。汉代崇尚儒术,《尚书》重见天日,并被钦定为五经之一。汉代出现了两个《尚书》版本。一是汉惠帝时秦博士伏生所传、用汉隶所写的今文本,称《今文尚书》,二十九篇。二是汉武帝末年孔安国从先人孔子故居墙壁中得到的用古文字书写的古文本,称《古文尚书》,共四十五篇。其中二十九篇与伏生本基本相同。西晋永嘉年间爆发战乱,汉代《尚书》的两种版本又一次散失。东晋初年,豫章内史梅赜献出一部《孔传古文尚书》,将伏生二十九篇分成三十三篇,又增加二十五篇,称为"晚书",合计五十八篇,不久立为官学。从东晋到隋唐,人们坚信这就是孔壁本《古文尚书》,注释它的《传》也出于孔安国之手。唐初孔颖达以此为底本主持《尚书正义》,作为官方定本公开颁行。南宋人把它编入《十三经注疏》。唐宋以

---

① 叶蓓卿译注:《列子》前言,中华书局 2011 年,第 3 页。

后流传至今的《尚书》版本一直就是东晋梅赜所献的《孔传古文尚书》。不过,就在南宋疑古风潮兴起之时,对《孔传古文尚书》的质疑也开始产生。首先是南宋学者吴棫怀疑"晚书"25篇是"伪作",大学者朱熹也表示赞同。明代梅鷟著《尚书考异》,指出不仅"晚书"是"伪作",而且"孔传"也是"伪作"。清人阎若璩著《尚书古文疏证》,列举128条证据,说明整个《孔传古文尚书》是"伪作"。后代学者虽然未必完全赞同这个论断,但一致认定《孔传古文尚书》中除与伏生所传的《今文尚书》相同的33篇可信外,其余25篇晚书都是"伪作"①。所谓"晚书"即晚出之《尚书》,也就是东晋梅赜所献孔传古文本《尚书》中与汉代伏生所献今文本《尚书》不同的篇章。这25篇分别是《虞夏书》中的《大禹谟》《五子之歌》《胤正》,《商书》中的《仲虺》、《汤诰》、《伊训》、《太甲》(上、中、下三篇)、《咸有一德》、《说命》(上、中、下三篇),《周书》中的《泰誓》(上、中、下三篇)、《武成》、《旅獒》、《微子之命》、《蔡仲之命》、《周官》、《君陈》、《毕命》、《君牙》和《冏命》。这些其实都是反映《尚书》思想的极为重要的篇章。这些《古文尚书》中的"晚书"是不是出于晋人想当然的臆造呢?回答是否定的。惠栋的《古文尚书考》、程廷祚的《晚书订疑》,乃至阎若璩的《尚书古文疏证》都揭示,《古文尚书》"晚书"中约有120条材料为先秦经史诸子所引《尚书》之文。因此,当代有研究者指出:《古文尚书》"晚书"25篇"主要是《尚书》的辑佚",它"补充、丰富了《尚书》的内容,具有较高的史料价值"②。比如被视为"伪书"的《大禹谟》《汤诰》《泰誓》诸篇,在《论语·尧曰》中曾被明明白白地征引。如《论语·尧曰》说舜曾以"四海困穷,天禄永终"告诫禹,见于《大禹谟》;说汤曾自我反省"朕躬有罪,无以万方;万方有罪,罪在朕躬",见于《汤诰》;记载周武王曾说:"虽有周亲,不如仁人。""百姓有过,在予一人。"见于《泰誓中》。《孟子·梁惠王下》引述说:"《书》曰:'天降下民,作之君,作之师。惟曰其助上帝,宠之四方。'"这段话与现存《尚书·周书·泰誓》所载基本一致。如此等等,不一而足。这些充分说明,被清人视为"伪书"的《孔传古文尚书》中的"晚书",其实在《论语》《孟子》成书前就已存在,可作为认识、研究周人思想的证据。作为对先秦《尚书》的辑佚、补充和丰富,《孔传古文尚书》58篇应视为一个不可分割的整体来认真对待。《古文尚书》"晚书"作为对原本《尚书》的辑佚复原,给它强行戴上"伪书"的帽子是轻率的、鲁莽的,不合实际的!如果听信了"伪书"说,将25篇"晚书"都从《尚书》思想的研究评述中

---

① 江灏、钱宗武:《前言》,《今古文尚书全译》,贵州人民出版社1990年版,第6页。
② 江灏、钱宗武:《前言》,《今古文尚书全译》,第7页。

排除出去,将会留下多么大的缺憾!

关于《墨子》的真伪也存在争议。今本《墨子》53 篇分为五组。第一组为前 7 篇,即《亲士》《修身》《所染》《法仪》《七患》《辞过》《三辩》,一般认为系汉人或魏晋人"伪造"。其实,与其说"伪造",不如说"辑佚补撰"更准确。作为对墨子主要思想的补充和诠释,这 7 篇是可以兼顾,而且应该兼顾的。抛弃使用,将给我们认识墨子思想的丰富性造成很大缺憾。比如《亲士》提出的主张就与《墨子》中《尚贤》论述的主张完全一致;《辞过》提出的主张与《墨子》中《兼爱》《非乐》《节用》论述的主张可以互补参证。

再看《关尹子》。该书是与老子同时的道家代表人物关尹子思想的记述。早先实有其书。西汉后期刘向《列仙传·关令尹》、东汉班固《汉书·艺文志》都有记录。但汉以后亡佚,《隋书·经籍志》及《旧唐书》《新唐书》中的《经籍志》均不著录此书。南宋孝宗时,徐藏从永嘉孙定家得到《关尹子》,前有刘向校定序,后有葛洪序,此书重见天日。《宋史·艺文志》复见著录。但自《关尹子》见书之日起,人们便对此书的真伪产生怀疑。一种观点认为,此书系宋人伪作,作伪者就是孙定。如明代宋濂《诸子辨》便持此说。另一种观点认为,《关尹子》是唐、五代间方士文人所为。如明代胡应麟的《四部正讹》及《四库全书总目》均持此说。要之,流传至今的《关尹子》被普遍疑为唐五代或宋人假托。笔者案今本《关尹子》中多有佛家用语、道教用语,亦认为今本《关尹子》已非原本,而是出自唐宋间人的整理补充。但若冠之曰"伪书",亦不能赞同。因为唐宋整理者并不是无中生有、凭空构造的,而是依据先秦两汉史料弥补而成的。今本《关尹子》与《庄子》《列子》《吕氏春秋》等古籍所记载的关尹子思想基本上是吻合的,作为研究关尹子的参考依据并无不可。林希逸指出:《关尹子》虽然"杂处尽杂",但"好处尽好"。张之洞《书目问答》肯定:《关尹子》"伪而近古"。这些都说明,今本《关尹子》在认识、研究先秦关尹子思想时有可取之处,不可以"伪书"说一概否定。只要本着不绝对化的参考态度,注意甄别、扬弃唐宋补撰者的时代痕迹,依据今本《关尹子》来了解、评述历史上的那个关尹子的思想风貌,是有理由的,也是很必要的。①

综上而论,周代另外 10 部过去被疑伪的古籍虽然目前尚未得到出土文献的支持,但我们完全可以从出土文献推翻 8 部信誓旦旦的"伪书"说的教

---

① 参朱海雷编著:《关尹子、慎子今译》,浙江大学出版社 2012 年版,附二《关尹子杂考》,第 116—123 页。

训中吸取启示,对唐宋之后的其他周代古籍"伪书"说加以重新审视和深入反思,珍视从汉代的司马迁、班固、郑玄到唐的孔颖达等大史家、注家的意见,兼顾当代注家最新的研究成果,摘去唐宋以来疑古思潮加在《司马法》《吴子》《周礼》及《鹖子》《尸子》《列子》《公孙龙子》《古文尚书》《墨子》《关尹子》头上不实的"伪书"之辞,把它们视为周代原著或周代古籍的辑佚补撰,在研究、评述周代思想史时加以参考使用。就是说,我们可能会引用这些典籍中的文字来说明周代某一主题的思想,但信与不信,读者可以自行决定。总之不能让这些古代整理流传、今人考证注疏的成果湮没不彰,不派用场。希望得到读者的理解与宽容。

上 编

周代"人的觉醒"的历史语境、制度原因与主要形态

第一章 夏商神学蒙昧：周代启蒙的历史语境

本章提要：周代"人的觉醒"是建立在对此前盛行的神学蒙昧思潮的启蒙祛弊之上的。周之前是夏商。夏商之前是三皇五帝。从三皇五帝到夏商，尽管经历了"公天下"到"家天下"的转变，但思想界一直处于原始思维阶段的万物有灵、鬼神崇拜的神学蒙昧状态。这种状态在无文字记载的夏以前都处于后世传说形态，在殷商甲骨卜辞中则有了明确的记载。本章详细分析、阐述、总结了夏商鬼神崇拜、神灵至上的思想面貌，为人们认识周代以"人本"取代"神本"、以"人的觉醒"取代"神学蒙昧"提供了历史的出发点。①

夏禹传启，是"天下为家"的开端。夏启之后，"天下为家，各亲其亲，各子其子，货力为己，大人世及以为礼"②。天子之位不再是按照"传贤"的禅让标准出以公心大家推选，而是不管贤能与否，父死子继，兄终弟及，开始了帝位世袭制度。自禹至桀，夏朝历十四世十七帝，实行封建制，将天下划分为若干个诸侯国加以分治。《史记·夏本纪》记述说："禹为姒姓，其后（后代）分封，用国为姓（即以姓为国），故有夏后氏、有扈氏、有男氏、斟寻氏、彤城氏、褒氏、费氏、杞氏、缯氏、辛氏、冥氏、斟戈氏。"相传"大禹之时，诸侯万国"③。夏朝实际上是众多的以姓（血缘）、氏（地缘）命名的邦国联盟。商汤推翻了残暴无道的夏桀，建立了商朝，实行的仍然是家天下的封建制。《史记·殷本纪》说："契为子姓，其后分封，以国为姓，有殷氏、来氏、宋氏、空桐氏、稚氏、北殷氏、目夷氏。"相传商汤时期，有诸侯三千。④ 封建制实

---

① 本章以"夏商时期的鬼神崇拜及其神本思想"为题，发表于《武汉科技大学学报》2021年第2期。
② 《礼记·礼运》。
③ 《战国策·齐四》。又《左传·哀公七年》："禹令诸侯于涂山，执玉帛者万国。"
④ 《战国策·齐四》。

质上是一个政治分权的概念。它客观上为自由思想提供了助力,有助于驱生"人的觉醒"。不过,"人的觉醒"在夏商时期并没有到来。原始思维留下的神灵至上传统是如此强大,整个夏商时期,人们依然处在神学蒙昧的昏睡中。"大致说来,夏商是承史前社会以来中国传统文化在总体意义上的萌育生成时代,周代则是量化质变时代。""夏商两代在许多方面"具有"共性",以及"与周代之间的异性"①。夏商与周代在文化思想上的整体差别,即夏商尊神敬鬼,周代尊人敬民。

周代"人的觉醒"是建立在对此前盛行的神学蒙昧思潮的启蒙祛弊之上的。从三皇五帝到夏商,尽管经历了"公天下"到"家天下"的转变,但思想界一直处于原始思维阶段的万物有灵、鬼神崇拜的神学蒙昧状态。本章旨在详细分析、阐述、总结夏商鬼神崇拜、神灵至上的思想面貌,为人们认识周代以"人本"取代"神本"、以"人的觉醒"取代"神学蒙昧"提供历史的参照系。

一、夏商思想界神灵至上的整体特点

夏朝尚未诞生成熟的文字。关于夏朝思想界的状况,乃出于后代典籍的追述。

夏朝继承颛顼、唐尧民神分离、神职专司的宗教改革成果,发展、壮大了负责卜筮、沟通神灵的专职祭祀队伍。夏朝的开国君主大禹就是天下最大的巫师,他是黄帝的玄孙、颛顼的孙子、鲧的儿子。传说他是母亲女狄一个傍晚在祠堂前汲水时吞食水中月精受孕而生。《遁甲开山图》荣氏解:"女狄暮汲于石纽山下大祠前,水中得月精如鸡子,爱而含之,不觉而吞,遂有身,十四月而生夏禹。"②尧舜时期,黄河泛滥,鲧受命于尧、舜二帝负责治水,因用堵塞的方法,水患久治不息,最后被诛。舜用禹继承父业,继续治水。禹居外十三年而不入家门,一面"致孝于鬼神"③,一面用疏导的方法治理洪水,终获成功,并且最终登上帝位。《法言·重黎》说"禹步多巫"。何为"禹步"?"禹步者,盖是夏禹所为术,召役神灵之行涉。"④禹步"大抵是某种巫术舞蹈"⑤。夏禹的继位者夏启也是如此。《山海经·海外西经》说:"大乐之野,夏后启于此舞九代,乘两龙。"《太平御览》卷二八引《史记》:"昔

---

① 宋镇豪:《夏商社会生活史》,中国社会科学出版社1994年版,第8页。
② 《太平御览》卷三百六十引。
③ 《史记·夏本纪》。
④ 《洞神八帝元变经·禹步致灵》。
⑤ 李泽厚:《说巫史传统》,上海译文出版社2012年版,第11页注。

夏后启笾,乘龙以登于天,占于皋陶。陶曰:吉而必同,与神交通。"张光直因此说:"夏后启无疑为巫。"①史载夏代的第十三个国王孔甲"好方鬼神"②。李泽厚将这种现象称为"巫君合一"③:"这意味着政治领袖在根本上掌握着沟通天人的最高神权。"④《墨子·明鬼》引《夏书》为例,说明鬼神观念在那个时期是实有的:"然则姑尝上观乎《夏书》。……以若书之说观之,则鬼神之有,岂可疑哉!"

相传夏代通行的占卜神意的易书为《连山易》。《连山易》为伏羲氏或神农氏所创,成书于夏朝,以艮(山)卦为首。《周礼·春官宗伯·大卜》郑玄注:"名曰连山,似山出内气也。"郑玄另在《易赞》中说:"《连山》者,象山之出云,连连不绝。"《周礼·大卜》贾公彦疏:"名曰连山,似山出内气也者。此连山易,其卦以纯艮为首,艮为山,山上山下是名连山,云气出内于山,故名易为《连山》。"据东汉桓谭《新论·正经》说:《连山易》原有"八万言",东汉时尚存于"兰台"。尽管后来亡佚,但它从一个侧面证明了夏代占卜文化的流行和神灵崇拜的存在。

较之夏朝,商朝诞生了甲骨文,商朝思想界的情况不再是出于后代的传说或追忆,而更多地出自甲骨文记载,因而更为可信。甲骨文的大部分内容是殷商王室占卜的记录。这部分甲骨文称为甲骨卜辞。甲骨卜辞的大量出土反映了商代占卜风之盛。商代统治者非常迷信,诸如天会不会下雨,农作物是不是有好收成,打仗能不能胜利,十天之内会不会有灾祸,应该对哪些鬼神进行哪些祭祀,以至于生育、疾病、做梦等等,都要进行占卜,以了解鬼神的意志和事情的吉凶。朝廷设置了专门的机构和卜官。王室贵族上自国家大事,下至私人生活,如祭祀、气候、收成、征伐、田猎、病患、生育、出门等,无不求神问卜,以得知祸福,决定行动。⑤ 王和贵族们有疑难事情一定要求神问卜,烧灼龟甲或兽骨,看甲骨上裂痕(兆)的形状,借以决定凶吉。于是形成了日益庞大的从事占卜祭祀的巫祝队伍。在殷墟卜辞中可以看到殷商各代有相当多的"卜人",仅留下名字的就有120多人。⑥ 他们的职责是双重的。一方面,他们用祭祀仪式沟通神界,用占卜的方法传达神意,这统称为"巫"。或将女巫称为"巫",男巫称为"觋",合称"巫觋"。另一方面,"卜

---

① 张光直:《中国青铜时代二集》,生活·读书·新知三联书店1990年版,第64页。
② 《史记·夏本纪》。
③ 李泽厚:《说巫史传统》,上海译文出版社2012年版,第7页。
④ 李泽厚:《说巫史传统》,第9页。
⑤ 陈梦家:《殷虚卜辞综述》,中华书局1988年版,第42—43页。
⑥ 陈梦家:《殷虚卜辞综述》,第202页。

人"将王沟通神意后的愿望和行为记载下来传之后世,这就叫"史"①。甲骨文中,"卜人"常称作"作册""史",他们占卜之前要把问题刻在甲骨上,占卜之后要把结果刻在甲骨上,所以常常既是"巫"又是"史"。在颛顼帝开创了"绝地天通"的宗教改革,诞生了专门的神职人员之后直到殷商时期,"巫史"的职责就在于沟通人神天地。商代延续着夏代君巫合一、王为首巫的传统。比如开国君主商汤。《吕氏春秋·顺民》载:"昔者汤克夏而正天下,天大旱,五年不收,汤乃以身祷于桑林,曰:'余一人有罪,无及万夫。万夫有罪,在余一人。无以一人之不敏,使上帝鬼神伤民之命。'于是翦其发,磨其手,以身为牺牲,用祈福于上帝,民乃甚说,雨乃大至。则汤达乎鬼神之化、人事之传也。"陈梦家在《商代的神话与巫术》一文中指出:在商朝,"王者自己虽然是政治领袖,仍为群巫首"②。商王是各种重要宗教祭祀仪式的主持者,他自称为神的后裔和代理人,利用宗教的力量来巩固政治统治。而许多重臣同时也是神职人员。如商汤时的丞相伊尹据说就是能接近或招致神界、天帝的"巫"。商王太戊时著名的神职人员有大臣伊陟、臣扈,祖乙时有宰相巫贤。③ 统治者带头,因而祈福避祸的神灵祭拜活动成为全社会的主要活动。"商代人迷信鬼神,崇尚天命,重视祖先,因而祭祀活动极为频繁,种类繁杂,形式多样。"④商代通用的卜筮之书是《归藏易》。《归藏易》托名黄帝所作,以坤卦为主。传说殷商的祖先契是母亲拾取鸟蛋怀孕所生。因此,殷商将卜筮之书从艮卦开始的《连山》改为由坤卦开始的《归藏》,象征"万物莫不归藏其中",一切都来自母亲,万物皆由大地产生,终又归藏于大地。鉴于神灵在殷商具有至高无上、统治一切的地位,《礼记·表记》揭示殷商思想界的特征:"殷人尊神,率民以事神,先鬼而后礼。"

商朝思想界迷信鬼神、崇拜鬼神的时代特征,主要体现为祖先神崇拜、自然神崇拜与上帝崇拜等方面。

二、祖先神崇拜

殷商甲骨卜辞所祭祀的对象可分为三类,即"天神、地示、人鬼"⑤。"鬼"者,《礼记·祭法》说"人死曰鬼",《说文》据此说"人所归为鬼"。"人

---

① 参葛兆光:《中国思想史》第一卷,复旦大学出版社2001年版,第29页。
② 陈梦家:《商代的神话与巫术》,《燕京学报》1936年第20期,第535页。
③ 《尚书·君奭》。参葛兆光:《中国思想史》第一卷,第29页。
④ 赵诚:《二十世纪甲骨文研究述要》下册,书海出版社2006年版,第1052页。
⑤ 陈梦家:《殷虚卜辞综述》,第562页。

鬼"即人死后的神灵。"鬼"分两部分,一部分是"灵者""善者",它上升为"神",所谓"鬼之灵者曰神也"①,另一部分为"恶者""低下者"②。从"鬼"之含义的历史演变看,"起初他与神比肩受人拥戴,后神鬼分化被人斥弃"③,鬼变成了魔,如后世"钟馗打鬼"所打的恶鬼。而殷人所祀"人鬼"即属于早先善的神灵一类。殷墟卜辞所祭拜的"人鬼"即祖先神,主要表现为先公、先王、先妣。④ 商人将汤灭夏作为标志,将汤以前的商王先祖称为"先公"。根据《山海经》《天问》《史记·殷本纪》等文献,汤以前的六世先公依次为上甲微、报乙、报丙、报丁、示壬、示癸⑤。上甲微之前的先公世系有缺失,见于记载的有帝俊(即帝喾,商朝祖先契之父)、相土、季、王亥、王恒等。而汤以后的商王先祖,则称为"先王"。⑥

在盘庚迁都前,商朝因始祖契被封于商,所以汤将自己在亳(今河南商丘)建立的王朝称为"商"。后来盘庚将国都迁往殷(今河南安阳),所以商朝又称为殷或殷商。由于祖先崇拜在殷商祭拜中占有特别重要的地位,著名考古学家张光直认为"商"字的含义即祖先崇拜。他指出:"在商人的世界观里,神的世界与祖先的世界之间的差别,几乎到微不足道的程度。"⑦殷商对祖先神的崇拜奠定了后世中国宗教的民族特点。陈梦家指出:"祖先崇拜的隆重,祖先崇拜与天神崇拜的逐渐接近、混合,已为殷以后的中国宗教树立了规范,即祖先崇拜压倒了天神崇拜。"⑧甲骨文中的"帝"是蒂落生果的"蒂"的通假字,"帝"或"上帝"往往即祖先神的另一种称谓。"帝与殷商时期的一些自然神和商王的先祖有上下统属关系,帝是商人崇拜的至上神。"⑨

在祖先神崇拜的思想氛围中,商朝的始祖契被神化。传说契是有娀氏之女简狄吞燕卵怀孕而生,他因佐禹治水有功而封于商。《史记·殷本纪》

---

① 《史记·五帝本纪》引张守节《正义》。
② 田兆元:《论鬼神崇拜的起源与鬼神之分野》,《神话学与美学论集》,上海文艺出版社2007年版,第48、49页。
③ 田兆元:《论鬼神崇拜的起源与鬼神之分野》,《神话学与美学论集》,第50页。
④ 陈梦家:《殷虚卜辞综述》,第562页。
⑤ 彭林、黄朴民主编:《中国思想史参考资料集·先秦至魏晋南北朝卷》,清华大学出版社2005年版,第24页,注6。按:第23页编者按语"示壬""示癸"写成"主壬""主癸",当为印刷错误,特此纠正。
⑥ 彭林、黄朴民主编:《中国思想史参考资料集·先秦至魏晋南北朝卷》第二章第三节《编者按语》,第23页。
⑦ 张光直:《中国青铜时代》,台北联经出版事业公司1994年版,第346页。
⑧ 陈梦家:《殷虚卜辞综述》,第561—562页。
⑨ 徐明波:《从卜辞看殷商时期上帝的性质》,《重庆师范大学学报》2007年第3期。

云:"殷契,母曰简狄,有娀氏之女,为帝喾次妃。三人行浴,见玄鸟堕其卵,简狄取吞之,因孕生契。契长而佐禹治水有功。帝舜乃命契曰:'百姓不亲,五品不训,汝为司徒而敬敷五教,五教在宽。'封于商,赐姓子氏。契兴于唐虞、大禹之际,功业著于百姓,百姓以平。"

根据甲骨卜辞的记载,殷人以为战败、疫病、噩梦等都是死去的祖先或亲属作祟,因而必须经常祭祀,消灾祈福。在殷人的观念中,先公的神灵既能佑护王,也能作祟于王。先王、先妣也有这样的神异作用。因此,殷人对先公及先王、先妣的祭祀相当隆重和频繁。祭祀先公的卜辞,如《甲骨文合集》30398、32916、33313,《殷虚文字乙编》3189、6299,《铁云藏龟》199.3。其意如告祭高祖王亥用三头牛,还是五头牛?上甲加灾害于王吗?上甲会用雨来加灾害吗?祭祀先王的卜辞,如《甲骨文合集》300、32385、32384。其意如某日占卜求雨,祭祀从上甲开始的十位先王,祭牲全部用公牛;卜问:是否用百羌(羌人)、百牢祭祀汤、大甲、大丁、祖乙等先王?祭祀先妣的卜辞,如《殷虚书契前编》1.37.1。

殷商卜辞所记祭祀的方式,按照现代学者的分析,可归纳为五种。一是单祭,即对某一位先公、先王、先妣进行祭拜,如《甲骨文合集》672正、19946正、2164。二是合祭,即将多位先祖的神灵合在一起祭拜。先祖神灵的排序可以由远向近,为顺祀,如《甲骨文合集》32385;也可由近向远,为逆祀,如《甲骨文合集》22911。三是特祭,即对近世祖先举行的特殊祭祀,如《甲骨文合集》35837、36101、36081、36168。四是散祭,即零散地对先祖举行祭祀,当包括单祭。五是选祭,即有选择性地对某些祖先进行祭祀,很可能包括合祭和特祭。① 商朝后期,形成了更加频密、盛大和漫长的周祭制度。周祭的"周"是周期的意思。所谓"周祭",即用上述五种祀典周而复始、连续不断、轮番地对某些先祖进行祭祀,一个周期约需一年。《甲骨文合集》37835、37836所载即是周祭的例子。② 自祖甲以后,殷人经常用这种周祭方式祭祀先王的祖灵③。

在殷商卜辞中,"帝"字作为指称有意志的人格神用语屡屡见于记载。从其字形构造来看,即花蒂之象形。上面象花的子房,中间象花萼,下面下垂的象雌雄花蕊,本义是具有生殖功能的花蒂,即蒂,指生殖之神。张桂指出:"殷人所尊的帝的初字为宇宙万物的始祖,是宇宙万物的生殖之

---

① 赵诚:《二十世纪甲骨文研究述要》下册,书海出版社2006年版,第1053—1054页。
② 赵诚:《二十世纪甲骨文研究述要》下册,第1055页。
③ 参葛兆光:《中国思想史》第一卷,第25页。

神。"①詹鄞鑫指出:"至尊神所以称为'帝',本来表示昊天是天地万物所由生的根本和原始。"②由生殖神,转而指祖先神,进而具有至上神的高贵地位。裘锡圭指出:"商人所谓上帝(卜辞多称帝),既是至上神,也是宗祖神。……上帝的'帝'跟用来称嫡考的'帝'显然是由一语分化的。"③张岂之总结指出:"殷人的上帝就是殷人自己的始祖。""殷人的宗教是祖先一元神的宗教。他们祭奉的至上神上帝也就是殷民族自己的祖先。"④"殷代宗教的其他特点,或多或少都与帝祖合一观念有着内在联系。"⑤据此,有当代学者推断:"古代所谓黄帝、炎帝、帝喾、帝挚等称,很可能也是从始祖的意义而称为'帝'的。"⑥

三、自然神崇拜

在上古万物有灵的原始思维模式下,凡自然界的物质和现象均被视为具有神性特质,尊为神灵,加以供奉崇拜,以求祈福消灾。上古神话及历史传说中不乏其例。如《尚书·舜典》:"肆类于上帝,禋于六宗,望于山川,遍于群神。"六宗,贾逵注曰:"天宗三:日、月、星;地宗三:河、海、岱。"自然神概念的存在及对自然神的占卜祭拜,在殷商甲骨卜辞中更有明确反映。例如《甲骨文合集》780、903、10084、14335、14337、14354、33337、33694等。卜辞的大意是:是否以燎祭的方式用五头牛来祭拜河神,再在河中沉十头牛祭祀河神?下一个乙酉日用酒祭拜下乙,另杀十五人,杀十牢;到了二旬又一日后的乙亥日,再次举行酒祭。是否用燎祭祭拜土神,用三少牢(羊豕各一),另对剖一头牛,沉十头牛?是否祭祀上甲用五头牛,祭祀蚕神用三头牛?河神会害庄稼吗?癸酉日卜问:发生了日食,是吉还是不吉?⑦

殷商祭拜的自然神,主要表现为天神、地祇。天神是日月星辰、风雨雷电之神,地祇是山川大地之神。此外还有动物诸神。

1. 天神:"天宗三:日、月、星"

天神简称"神",是"阳之精气",所谓"阳之精气曰神"⑧,如日神、月神、

---

① 于省吾主编:《甲骨文字诂林》第二册,中华书局1996年版,第1084页。
② 詹鄞鑫:《神灵与祭祀——中国传统宗教综论》,江苏古籍出版社1992年版,第46页。
③ 于省吾主编:《甲骨文字诂林》第二册,第1085页。
④ 张岂之主编:《中国思想史》,西北大学出版社2016年版,第8页。
⑤ 张岂之:《中国思想史》,第9页。
⑥ 詹鄞鑫:《神灵与祭祀——中国传统宗教综论》,第47页。
⑦ 据彭林、黄朴民主编:《中国思想史参考资料集·先秦至魏晋南北朝》,第21—22页。
⑧ 《大戴礼记·曾子问》。

雷神、风神。《说文解字》云："神，天神，引出万物者也。"《周礼·大司乐》注"以祀天神"的"天神"："谓五帝及日月星辰也。""天"对古人来讲是一个变幻莫测的神秘存在，日夜交替，四季更换，风、雨、雷、电时时发生，这都是古人感到迷惑不解的现象。于是他们就想象是由神灵操纵着这一切，因此产生了对日月星辰及风雨雷电等天体、天象的崇拜。

最突出的是日神崇拜。甲骨卜辞中有许多崇拜日神的记录。殷商卜辞记载所祭日神，不仅包括一般而言的太阳"日"，而且包括早晨升起的太阳"出日"和黄昏时快要落山的太阳"入日""各日"，殷商卜辞又表述为"出入日"①。郭沫若据此考证揭示，殷人对日神有朝夕迎送的祭祀仪式。不过根据《礼记·祭义》的记载："夏后氏祭其暗，殷人祭其阳，周人祭日以朝及暗。"②可见殷商时期祭拜日神，更重视祭正午时分最光辉明亮的太阳。祭拜的方法叫"宾""御""又""岁"等，这些都是祭先祖方法的移用。而"日食"现象则被视为太阳被天狗吃了，是不祥之兆，必须加以隆重祭祀。于是每当发生日食时，人们往往用敲击锣鼓器皿的方法来赶走天狗。《尚书·夏书·胤征》孔颖达疏："日有食之礼，有救日之法，于是瞽人、乐官进鼓而击之，啬夫驰骋而取币以礼天神，庶人奔走供救日食之百役。此为灾异之大，群官促遽。若此羲和主其官而不闻知日食，是大罪也。"因日出于东，故卜辞称日神为"东母"③。夏商的日神崇拜影响深远。周代的祭天仪式以祭日神为主，《礼记·祭义》谓之"郊之祭，大报天而主日，配以月"，"祭日于坛""祭日于东"④。南方楚地则把日神拟人化，称之为"东君"或"东皇太一"。《楚辞》另称之为"朱明""曜灵"。《山海经》记载了关于日神的神话传说："东南海之外，甘水之间，有羲和之国。有女子名曰羲和，方日浴于甘渊。羲和者，帝俊之妻，生十日。"(《大荒南经》)又"下有汤谷。汤谷上有扶桑，十日所浴，在黑齿北，居水中，有大木，九日居下枝，一日居上枝。"(《海外东经》)显然与日神观念有关。

其次是月神崇拜。在各种天体中，月亮的隐显、圆缺及其模糊图像，引起人类的想象；此外，月亮能在黑夜中给人带来光明，并给人提供判断时日

---

① 例见陈梦家：《殷虚卜辞综述》，第573页；另见刘青：《甲骨卜辞神话资料整理与研究》，云南人民出版社2008年版，第1页。
② 暗，黄昏之时。阳：正午之时。朝：日出之时。据孙希旦：《礼记集解》(下册)，中华书局1989年版，第1216页。
③ 例见陈梦家：《殷虚卜辞综述》，第574页；另见刘青：《甲骨卜辞神话资料整理与研究》，第4页。
④ 《礼记·祭义》。

的依据。因此,月亮也成为古人崇拜的对象。在舜帝时,月神是作为天宗之一享受祭祀的。殷商卜辞中有祭拜"西母"的记载,如《甲骨文合集》14335、14344、14345等。"西母"以"月出于西"得名,一般认为指"月神"①。周代以日神为主、月神为辅的祭天仪式大概就是殷商天神祭拜仪式的遗存。《礼记·祭义》:"郊之祭,大报天而主日,配以月……。祭日于坛,祭月于坎,以别幽明,以制上下。祭日于东,祭月于西,以别外内,以端其位。"民间有关月亮的神话,如玉兔蟾蜍传说,嫦娥奔月传说等,秦汉以后每年中秋节民间有拜月的风俗,实际都是以月神信仰为基础的。

卜辞中还记有对云神、风神、雪神、雨神的祭祀。② 其中,云神包括虹神③,雪神包括雹神④。祀云神、风神、雪神、雨神的方式常用寮祭,如"寮于云""寮于帝云""寮风""寮于雪"之类。⑤"寮",卜辞中又写作"燎",即用柴火焚烧牛羊或布帛,向上天祈祷祭拜的一种祭法,通常用于祭拜天神。商朝祭雨的内容十分丰富,包括求雨和止雨。祭雨的对象除了雨神外,还包括上帝、山神、河神、云神、雪神等各种可以支配或影响雨神的神灵。祭祀方式也有多样,如奏舞求雨、焚牲求雨、作龙求雨等。⑥ 在殷商卜辞中,"舞"是最常见的雨祭方式。在祈雨时,舞蹈仪式又常与音乐演奏的"奏"字连用。如:"庚寅卜,甲午奏舞,雨?"⑦"庚寅卜,癸巳奏舞,雨?"⑧"庚寅卜,辛卯奏舞,雨?"⑨有时,仅以奏乐的方式祭雨。如:"贞,惟奏雨。"⑩焚牲求雨的方式也就是"寮"。龙在殷商卜辞中是雨神。卜辞记载了制作土龙求雨、帝令龙降雨、龙王是否接受祭祀而降雨的事迹。⑪

在诸多天象中,雷电对古代人来讲是最恐怖的。雷电往往伴随着疾风暴雨,击毁房屋、树木,引起火灾,使人畜毙命。对于这些现象,古人无法理解,于是产生了雷神、电神崇拜。殷商甲骨文中已有"雷"字,是指事字,在闪电形象的四周加上几点指事符号,表示伴随暴雨、闪电发出的巨响。因隆隆

---

① 参陈梦家:《殷虚卜辞综述》,第574页;詹鄞鑫:《神灵与祭祀——中国传统宗教综论》,第31页;丁山:《中国古代宗教与神话考》,上海文艺出版社1988年版,第69—74页。
② 陈梦家:《殷虚卜辞综述》,第575—576页;另见刘青:《甲骨卜辞神话资料整理与研究》,第33页。
③ 刘青:《甲骨卜辞神话资料整理与研究》,第49页。
④ 刘青:《甲骨卜辞神话资料整理与研究》,第52页。
⑤ 陈梦家:《殷虚卜辞综述》,第575—576页。
⑥ 刘青:《甲骨卜辞神话资料整理与研究》,第33—34页。
⑦⑧⑨ 郭沫若主编:《甲骨文合集》12819,中华书局1981年版。
⑩ 郭沫若主编:《甲骨文合集》12824。
⑪ 参刘青:《甲骨卜辞神话资料整理与研究》,第37页。

作响如击连鼓,拟其音则名"丰隆";啪然震天地,又拟其音为"霹雳"①。直观上,雷是从云中发出来的,所以雷神与云神有着天然的联系,《楚辞》将二者都叫作"丰隆"。同时,雷声与暴雨相生相伴,所以雷神与雨神又有相似之处,具有雨神——龙的形象特征。《山海经·海内东经》说它"龙身而人头,鼓其腹"。雷鸣暴雨前后往往伴随着大风。所以雷神又与风神有密切的关系。卜辞中有与雨神,或与风神同时出现的记载,如"贞:兹雷其雨"②;"贞:雷风其来"③。雷鸣往往与闪电为伴,所谓"其光日月,其声如雷"④。所以后世俗称雷神电神为"雷公电母"⑤。殷商卜辞中有对雷神的祭祀记载。如:"于雷烄。"⑥电神,卜辞称"电妇"。如:"癸酉余卜,贞:电妇佑子?"⑦

此外,卜辞中记载所祭天神还有火星、鸟星、北斗星等星辰诸神。⑧

殷商对天上诸神的祭祀,传至后世而不衰。《左传·昭公元年》:"日月星辰之神,则雪、霜、风、雨之不时,于是乎禜之。"《周礼·大宗伯》记有对日、月、风师、雨师的祭祀。《史记·封禅书》记秦有风伯、雨师之庙,汉有东君、云中君之祠。《淮南子·地形训》记云:"土龙致雨。"不过,对殷商所祀诸天神的称号有所变化。如云神,《九歌》称为"云中君""丰隆",《离骚》也称为"丰隆"。风神,《韩非子·十过》称"风伯",《周礼·大宗伯》称"风师",《风俗通·祀典》称"飞廉"。雨神,《周礼·大宗伯》《韩非子·十过》称"雨师"。

2. 地祇:"地宗三:河、海、岱"

"地"是与"天"相对应的概念,它是人类生存的场所,其土地、山川等自然物与人类生活的灾福有着密切的关系,因而也被神化。人们总是希望通过对大地诸神的祭拜祈求他们降福去灾。中国古代,地神称"祇""灵",所谓"阴之精气曰灵"⑨。对土地神的祭拜从夏代就开始流行了。《史记·封禅书》说:"自禹兴师修社祀,郊社所从来,尚矣。""社"即土地神,又指祭祀土地神的场所。殷商卜辞所祀地祇主要有土神、山神、石神、四方神、河神及

---

① 詹鄞鑫:《神灵与祭祀——中国传统宗教综论》,第43—44页。
② 郭沫若主编:《甲骨文合集》13408。
③ 郭沫若主编:《甲骨文合集》3945 正。
④ 《山海经·大荒东经》。
⑤ 如唐崔致远《桂苑笔耕集》卷十六《补安南录异图记》、苏轼《次韵章传道喜雨》、明代都印《三余赘笔》。
⑥ 郭沫若主编:《甲骨文合集》34482。
⑦ 罗振玉:《殷虚书契后编》下42·7,中国青年出版社1999年版。
⑧⑨ 刘青:《甲骨卜辞神话资料整理与研究》,第10—17页。

谷神。

首先是土神。甲骨文多见祭祀殷王于社祈年求雨的记录。"卜辞祭社，可分为两类：一类是先公土，一类是某地之社。"① 在后者的意义上，有研究者指出："殷人祭祀土地神是以其居住地的土地神为主。"② 如"夏土""唐土""亳土""中土""四方土"。商汤率诸侯国灭夏后曾在亳（今商丘）建立商朝，亳是商初首都，既属于"先公土"，也属于"某地之社"，所以卜辞中祭祀"亳土"的记录颇多。③ 如果泛指土神，则称为"土"④。武丁卜辞中"土"是土块之圆形的象形字，故后世之社于地上立圆丘以象之。殷商所以祭拜土神，为的是"求地利，报地功"⑤。

大地多山岳，所以又有山神、岳神祭拜。在上古神话传说中，山岳往往是神灵的寄居之所。在历史传说中，山岳是上古帝王的主要葬所。《山海经·大荒南经》云："帝尧、帝喾、帝舜葬于岳山。"可以推断，在殷商之前就存在着山神崇拜。殷商卜辞中留下了许多祭"山"⑥、祭"岳"的记录⑦。对山岳的祭拜祈求与年成有关，也与平息山岳愤怒、防止山岳作祟有关⑧。祭祀山岳之神的方式有燎（燎）、取、卯、宜、宾、舞、奏、望、祝等十几种。"燎"即烧柴焚牲而祭；"取"即焚柴而祭；"卯"即将祭牲对剖开来祭祀。"宜"是将牲肉置于且（器具）上祭祀；"宾"一说是配飨附祀，二是表示商王亲自参加祭祀⑨，三是表示祝祷⑩；"祝"象人跪于神前祈祷，是祝祷祈福之祭；"舞""奏"即舞蹈、奏乐而祭；等等。⑪

山中多石，故山神祭拜又表现为石神祭拜。如《甲骨文合编》9552、13505 正、14466，林泰辅《龟甲兽骨文字》1.25.12。

殷商对土地神的祭祀，与四方的方位概念有紧密的联系。陈梦家指出："卜辞之祭土，有二事值得注意：一是社与方的关系，'方'指四方的土地，而

---

① 陈梦家：《殷虚卜辞综述》，第 582 页。
② 刘青：《甲骨卜辞神话资料整理与研究》，第 57 页。
③ 例见陈梦家：《殷虚卜辞综述》，第 582—583 页；刘青：《甲骨卜辞神话资料整理与研究》，第 57 页。
④ 詹鄞鑫：《神灵与祭祀——中国传统宗教综论》，第 61 页。
⑤ 陈梦家：《殷虚卜辞综述》，第 583 页。
⑥ 陈梦家：《殷虚卜辞综述》，第 594—595 页。
⑦ 刘青：《甲骨卜辞神话资料整理与研究》，第 59—60 页。
⑧ 刘青：《甲骨卜辞神话资料整理与研究》，第 60 页。
⑨ 赵诚：《甲骨文与商代文化》，辽宁人民出版社 2000 年版，第 177—178 页。
⑩ 刘青：《甲骨卜辞神话资料整理与研究》，第 62 页。
⑪ 刘青：《甲骨卜辞神话资料整理与研究》，第 61—62 页。

'土'指生产农作物的土地,两者皆为地示。"①殷人已有四方的概念。四方的顺序是东、南、西、北。卜辞中四方的概念有两种含义,"一种是方向"②,这与今天的常用义相通。"一种是以某地为中心的不同方向的地面"③,也就是"方域"及其发展而来的"神""帝"之名④。"卜辞四方实为四方地主之神。"⑤卜辞中四方神又简称方⑥,"卜辞祭社与祭方性质""相同"⑦。如"东受禾""东土受年""东方受禾"⑧,这里的"东""东土""东方"实际上指方位土地神。方域的含义在今天"方"的常用义中还保留着,但神的含义已不复存在。祭祀四方神的方式有燎、禘等。"禘"照后世的解释,即"祭昊天于圆丘"⑨。卜辞四方之祭的内容,大体分为三类:一是消灾的祓禳之祭,如宁(止息风雨)于四方、宁风雨于方;二是求福的祈年之祭;三是方望之祭,即帝王郊祀时遥望而祭四方群神之礼。⑩

地祇除土神、山神、石神、四方神之外还有水神。殷商卜辞所祭之水,有多种河流⑪,其中最主要的是"河",即黄河之神⑫。祭祀河神的目的,是避免河神作祟于人。祭祀的方式有二十多种,其中与祭祀山神不同的方式有近十种。⑬"卜辞祀河,最多用'沉''埋'之法。"⑭卜辞的"沉"字象沉牛于川之形,"埋"象埋牛或犬于坎(洼地)之形。卜辞祭河所沉者以牛居多,所埋者则为犬羊。⑮

和土地神祭拜相联系的是谷神祭拜。与周代并祭土地神"社"和五谷神"稷"不同,殷人只有"社"而无"稷"⑯。"甲骨卜辞所见殷人最重视的农作物是黍而不是稷。"⑰裘锡圭指出:"在有关农业的卜辞里,黍的地位非常突出,提到的次数比其他农作物多得多,这反映了当时的统治者对黍的重

---

① 陈梦家:《殷虚卜辞综述》,第583页。
②③ 陈梦家:《殷虚卜辞综述》,第584页。
④ 陈梦家:《殷虚卜辞综述》,第590页。
⑤ 陈梦家:《殷虚卜辞综述》,第585—586页。
⑥ 刘青:《甲骨卜辞神话资料整理与研究》,第54页。
⑦⑧ 陈梦家:《殷虚卜辞综述》,第585页。
⑨ 韦昭《国语·鲁语》注。
⑩ 陈梦家:《殷虚卜辞综述》,第583页。
⑪ 陈梦家:《殷虚卜辞综述》,第597页。
⑫ 刘青:《甲骨卜辞神话资料整理与研究》,第64页。
⑬ 刘青:《甲骨卜辞神话资料整理与研究》,第65页。
⑭ 陈梦家:《殷虚卜辞综述》,第597页。
⑮ 陈梦家:《殷虚卜辞综述》,第598页。
⑯ 陈梦家:《殷虚卜辞综述》,第583页。
⑰ 刘青:《甲骨卜辞神话资料整理与研究》,第111页。

视。"①在卜辞提到的几种谷物中,只祭祀黍神。如《甲骨文合集》9613乙正:"往省黍,祀若。"9613甲正:"望弗往省黍,祀弗若。"大意是商王去省察黍的生长情况,并卜问祭祀黍神是否有好年成。《甲骨文合集》9535:"呼黍于北,受年。"9539:"呼黍,不其受年。""呼黍",即类似于喊黍魂。②

3. 动物神灵

人鬼、天神、地祇之外,其他动植物也有神灵,有研究者称之为"物魅"③。甲骨卜辞中记有植物神灵,但证据不太充足④,这里存而不论,只看看卜辞中反映的动物神情况。

龙神。据《左传·昭公二十九年》及《史记·夏本纪》,"从先夏及夏代,曾有专门饲养龙的世家氏族。养龙可作佳肴,亦可作骑乘或娱乐之用"。"殷商仍有这种作为生物而存在的'龙'。"⑤在甲骨卜辞中,可看到育龙、擒龙、获龙的记载。不过,卜辞中的龙具有呼风唤雨的功能,是司风雨的神祇。如《甲骨文合集》95正卜问上帝是否令龙降雨。《甲骨文合集》506正卜问是否用龙祈雨,《甲骨文合集》96582卜问龙王是否接受祭祀而降雨。此外,卜辞中还有饰龙神祈雨或作土龙求雨的记载⑥。

鸟神。鸟在商人起源中扮演着始祖神的角色。《诗经·商颂·玄鸟》有云:"天命玄鸟,降而生商。"有学者指出:"鸟为商族高祖王亥的图腾,当无疑义。"⑦甲骨卜辞中有许多鸟崇拜的记录。玄鸟,解为燕子。燕子在殷人心目中为吉祥之鸟,在卜辞中有明确的记载,如《甲骨文合集》5257、5280、5285、12523。凤是卜辞所记的另一种神鸟。此鸟在卜辞中是作为风神出现的。殷人将凤鸟作为神鸟,也可从考古发掘中找到旁证。"商周的青铜工艺品上,除了饕餮是主要装饰题材外,就算龙和凤了。特别是在祭器上,更离不开夔凤纹。然而,除了图腾标记外,象征意义并不广泛。"⑧就是说,凤在殷商时期主要是作为图腾神的形象出现的。

鱼神。甲骨卜辞还记载了远古鱼崇拜的信息。在《甲骨文合集》15486、15487、27890、28337、29700卜辞中,鱼都是作为被祭对象出现的。此外,鱼还作为人名、氏族名出现。这都与以鱼为图腾神有密切的关系,是以鱼为图

---

① 于省吾主编:《甲骨文字诂林》第二册,中华书局1996年版,第1446页。
② 刘青:《甲骨卜辞神话资料整理与研究》,第112页。
③ 吕思勉:《吕著中国通史》,华东师范大学出版社2005年版,第306页。
④ 参刘青:《甲骨卜辞神话资料整理与研究》相关章节。
⑤ 刘青:《甲骨卜辞神话资料整理与研究》,第77页。
⑥ 刘青:《甲骨卜辞神话资料整理与研究》,第75页。
⑦ 何星亮:《中国图腾文化》,中国社会科学出版社1992年版,第218页。
⑧ 顾方松:《凤鸟图案研究》,浙江人民美术出版社1984年版,第5—6页。

腾神的证明。①

龟神。殷商盛行通过龟甲裂纹占卜。商朝为此建立了专门机构,设置了取龟卜官、钻凿卜官、命龟卜官、灼龟卜官、书契卜官、管理卜官,从取龟、杀龟、衅龟到龟甲的整治贮藏,都有具体的规范。②殷商卜辞中不乏纳龟、杀龟记录,如《甲骨文合集》8996正、8998正、17666。龟可以影响气象,如《甲骨文合集》30025:"惟龟至,有大雨。"也可以给商王带来福祐,如《甲骨文合集》30885:"惟龟至,王受祐。"因而,龟在商人心目中具有神灵地位。商人对于龟灵的崇拜,在甲骨卜辞中可见一斑。如《甲骨文合集》30632:"龟至,惟祝。"③

四、上帝崇拜

甲骨卜辞中屡屡出现"帝"或"上帝"的名称。这是一种高高在上、拥有使臣走卒、具有无限权威和力量的至上神。殷人把人的世界叫作"下"的世界,把神的世界叫作"上"的世界。正像在"下"的世界有一个王是最高统治者一样,在"上"的世界也有一个至上神,是最高统治者,这就是"帝"或"上帝"。正像在"下"的世界里王有许多臣吏分管各种事务一样,在"上"的天庭中"上帝"也有许多臣吏分管各种事务。④"卜辞中的上帝或帝,常常发号施令,与王一样……自有朝廷,有使、臣之类供其奔走者。"⑤上帝不仅是神灵世界的统治者,也是现实人间的统治者。从其与祖先神、自然神的关系来说,"帝与殷商时期的一些自然神和商王的先祖有上下统属关系,帝是商人崇拜的至上神。"⑥"在原始宗教里自然神和祖先神的职责,在这里集中于上帝一身了。"⑦从其与现实中自然与人事的关系来说,"帝"是管理自然与下国的主宰,"他的权威或命令所及的对象是:(1)天时,(2)王,(3)我,(4)邑(指当时殷的都邑)"⑧。"殷商时期的帝对风、雨、雷等自然天象有控制权,也有随意降予商王国自然灾害与人事灾害的主动权。"⑨关于上帝所施影响的范围,陈梦家指出:"上帝所管到的事项是:(1)年成,(2)战争,

---

① 刘青:《甲骨卜辞神话资料整理与研究》,第88页。
② 参刘玉建:《中国古代龟卜文化》,广西师范大学出版社1992年版。
③ 刘青:《甲骨卜辞神话资料整理与研究》,第91—93页。
④ 据侯外庐主编:《中国思想史纲》上册,中国青年出版社1963年版,第23页;张岂之主编:《中国思想史》,第8页。
⑤ 陈梦家:《殷虚卜辞综述》,第572页。例见同页。
⑥⑨ 徐明波:《从卜辞看殷商时期上帝的性质》,《重庆师范大学学报》2007年第3期。
⑦ 张岂之主编:《中国思想史》,第9页。
⑧ 陈梦家:《殷虚卜辞综述》,第571页。

(3)作邑,(4)王之行动。"① 有研究者指出:"从安阳殷墟出土的王室卜辞来看,从天时、年成、祭祀、征伐到商王个人田猎、疾病以及做梦和生孩子等等,都要通过占卜求问上帝。"② 从上帝显示的作用或功能来看,既能降福,如"令雨"③、"足年"④、"降食"⑤、"降若(善、祥)"⑥、"受又"(即授佑)⑦、"作邑"⑧,又能降灾,如"降祸"⑨、"降旱"⑩、"令风"⑪、"令雷"⑫、"作它(灾害)"⑬、"降堇"⑭、"不又"⑮、"弗若"⑯、"弗佐"、"弗福"、"弗缶"⑰。殷人通过对上帝的祭拜卜问,祈求降福避祸,获得上帝的保佑。

殷代上帝与自然神、祖宗神的关系颇为复杂。一是上帝与天神的关系。由于上帝高高在上,属于天廷中的神灵,所以在自然神中属于与地祇相对的天神。陈梦家分析卜辞所祀神灵分为"天神""地示""人鬼"三类,不设"上帝"一类,只是将"上帝"置于"天神"之下加以看待⑱。他还指出:"殷人的帝或上帝或指昊天。"⑲ 这就为周人用"天""上天"的概念指称"上帝"以及"天帝"概念的产生奠定了基础。同时,上帝又是天庭中的王者,他不仅统治着其他天神,还主宰着其他地祇,其他自然神如日、月、山、河等神灵,都失去了独立性,成为执行上帝意志的工具或使者。因而,上帝又不同于一般的天神,而是拥有绝对统治力的至上神,是"殷人最崇拜的天神"⑳。二是上帝与祖宗神的关系。一方面,殷代的神灵祭祀具有"帝、祖合一"的观念。卜辞中上帝虽然能呼风唤雨,作威作福,但不享祭,真正享祭的是先祖,因为只有先

---

① 陈梦家:《殷虚卜辞综述》,第571页。
② 张岂之主编:《中国思想史》,第9页。
③ 陈梦家:《殷虚卜辞综述》,第562—563页。
④ 陈梦家:《殷虚卜辞综述》,第562页。
⑤ 陈梦家:《殷虚卜辞综述》,第566页。
⑥ 陈梦家:《殷虚卜辞综述》,第567页。
⑦ 陈梦家:《殷虚卜辞综述》,第568页。
⑧ 陈梦家:《殷虚卜辞综述》,第570页。
⑨ 陈梦家:《殷虚卜辞综述》,第564—566页。
⑩ 陈梦家:《殷虚卜辞综述》,第564页。
⑪ 陈梦家:《殷虚卜辞综述》,第563页。
⑫ 郭沫若主编:《甲骨文合集》14127。
⑬ 陈梦家:《殷虚卜辞综述》,第568页。
⑭ 董作宾:《中国古代文化的认识》,《大陆杂志》第三卷第十二期。
⑮ 陈梦家:《殷虚卜辞综述》,第568页。
⑯ 陈梦家:《殷虚卜辞综述》,第567页。
⑰ 陈梦家:《殷虚卜辞综述》,第569页。胡厚宣《甲骨文所见殷代之天神》将上帝的权能列为八种,也不出善恶、祸福两类。齐鲁大学国学研究所主编:《责善半月刊》,二卷十六期。
⑱ 陈梦家:《殷虚卜辞综述》,第562页。
⑲ 陈梦家:《殷虚卜辞综述》,第574页。
⑳ 韦政通:《中国思想史》上册,吉林出版集团有限责任公司2009年版,第21页。

祖才能直接晋谒上帝,转达对上帝的祈求。所以殷王向上帝祈求丰年或天气时,必须经由祭拜先祖这一中介环节。①"殷人的宗教性主要受祖先神支配。他们与天帝的关系,都是通过祖先作中介人。"②于是,祖先在殷人心目中被视为"上帝"的替代物或"上帝"本身,"殷人的帝很可能是先祖的统称,或是先祖观念的一个抽象"③,"历代殷王的名号都有祖先崇拜的意义"④。然而,另一方面,作为至上神的上帝只有一个,而祖先则有许多,因而,将殷人的神灵崇拜视为"祖先一元神的宗教",认为殷人"祭奉的至上神上帝就是殷民族自己的祖先"⑤,这不仅在逻辑上难以成立,而且在甲骨卜辞中也找不到证据的支持。

---

① 韦政通:《中国思想史》上册,第21页。
② 徐复观:《中国人性论史(先秦篇)》,台湾商务印书馆1969年版,第17页。
③ 罗香林:《民间的几种信仰》,《民俗学论丛》,文星书店1966年版。
④ 侯外庐等:《中国思想通史》第一卷,人民出版社1957年版,第64页。
⑤ 张岂之主编:《中国思想史》,第8页。

第二章　周代封建分权与"人的觉醒"

本章提要：本章考察周代"人的觉醒"思想启蒙的制度原因。本章揭示：周代实行的政治分权的封建制是导致周代走向"人的觉醒"、形成"百家争鸣"的思想繁荣的根本原因。本章的价值，在于继承了学界关于"封建"的最新研究成果，以坚实的史料和宏观的视野，对周代封建的源头、封建共享与"天下为公"思想的内在联系、封建分权与"天下为家"私有制的内在矛盾、氏族封建向宗法封建的演变与二者的异同、西周宗法封建制下诸侯的半独立与思想的半自由、东周封建解纽之后诸侯的全独立与思想的全自由首次作出了全新解读。①

周代是中国思想史上"人的觉醒"时代。② 周代"人的觉醒"，体现为以"人本"思想取代了夏商的"神本"思想，完成了中国思想史上的"第一次启蒙"③。周代为什么会出现以"人的觉醒"为标志的思想解放呢？一个重要的社会政治原因，是周代实行了天子分权的封建制。"封建"的本义是封邦建国。它是天子分权于诸侯，与诸侯共治、共享天下的行政概念。它本身与维护"家天下"的天子权威相矛盾。正是这种矛盾，使各诸侯国在西周就获得了半独立的自治权，在东周则获得了全独立的自治权。因而，思想自由的空间不断拓展，促进了"人的觉醒""百家争鸣"思想启蒙的形成。关于封建分权制度与思想自由之间的因果关系，《史记·秦始皇本纪》记有李斯的一段深刻分析："异时诸侯并争，厚招游学……人善其所私学，以非上之所创建"，导致"天下散乱，莫之能一"。"今天下已定，法令出一"，要维护这个政

---

① 参祁志祥：《"封建"的历史演变与中国思想史的阶段性征候》，《学术界》2025年第1期。
② 参杨春时：《先秦"人"的发现与人文精神的形成》，《澳门理工学报》2020年第2期。
③ 详参拙作：《周代："神"的祛魅与"人"的觉醒——论中国思想史上的第一个启蒙时期》，《湖北社会科学》2017年第12期；《"重写中国思想史"发凡——中国思想史上若干重大问题的反思与构想》，《探索与争鸣》2020年第2期（《新华文摘》2020年11期全文转载）；《防止先入为主，坚持客观公正——关于"重写中国思想史"的问答》，《文化中国》2020年第4期。

治的大一统和思想的大一统,必须铲除滋生诸子百家自由学说的封建诸侯体制。秦朝维护天子一尊和思想统一的制度化措施是"废封建,行郡县",从反面证明了周代封建与人的觉醒思想自由之间的因果联系。因此,冯天瑜在《"封建"考论》一书中指出:"只有在封建时代才可以呈现'百家争鸣'局面。从思想文化的自由度、人文精神的昂扬而言,封建的春秋战国自有优胜处。"①李慎之指出:"历览前史,中国的封建时代恰恰是人性之花开得最盛最美的时代,是中国人的个性最为高扬的时代。"②

周代的封建制有着悠久的历史渊源,也有着自己的时代特色。而这些问题,又充满了学术上的探索性。在本章中,我们试图以探索的态度,对周代封建的来源、特征作出新的阐释,并对周代封建与周代思想启蒙的内在关联作出基本考量。

宋代史家范祖禹曾经指出:"三代封国,后世郡县。"③那么,夏商周三代以前呢?明代学者杨慎指出:"三代以上,封建时也";"秦而下,郡县时也"④。范祖禹的观点,由于得到冯天瑜《"封建"考论》一书的采纳与推介,影响较大,成为主流观点。笔者的研究表明,杨慎的观点,或许比范祖禹更为准确。根据史料记载,历史发展到"三皇"中的农皇炎帝时代,天下已非一个小小的方国,而是由诸多诸侯方国(一说万国)构成的联盟体。神农氏不过是天下不同姓氏的诸侯方国联盟的盟主。五帝时代沿袭了炎帝时代的氏族封建制,天子与封国诸侯划地而治,共享天下,践行"大道之行也,天下为公"的原始公有理念。夏禹传启,开辟了"天下为家"的私有制,但治理天下不得不沿用传统的分权共享的氏族封建制。周公以嫡长子继承制将传统的氏族封建制改造为一姓为主的宗法封建制,目的在于缩小封建诸侯对中央天子的离心力,维护天子家天下中的中央王室权威。但由于封建制本身赋予了封国诸侯很大的自治权,这就使得即便西周诸侯国在承担拱卫中央义务的同时,诸侯国的臣民也拥有向周天子进言的很大的权利,甚至是责任。到了春秋战国时期,诸侯国只讲自己的权利,不讲对中央天子的义务,纷纷招贤纳士,寻求壮大自己、称霸天下的学说,所以诞生了琳琅满目、争奇斗艳的百家之学和轴心文明。

秦国受惠于此,乘此政治空隙剪灭六国,推翻周天子。它建立秦朝后就

---

① 冯天瑜:《"封建"考论》,武汉大学出版社2006年版,第227页。
② 李慎之:《"封建"二字不可滥用》,李慎之、何家栋:《中国的道路》,南方日报出版社2000年版,第208页。
③ 《唐鉴》卷四。
④ 转引自章士钊:《柳文指要》上卷,文汇出版社2000年版,第69页。

不会再给诸侯国这样的机会,所以一概废除对皇室子弟的分封。汉承秦制,略有改良。从此,三代以前的封建分权制在秦汉之后演变为郡县集权制或者叫皇权专制,东周时代"百家争鸣"的思想大解放成为不可再现的历史回忆。

一、炎黄五帝公天下时代的封建共享

周代之前,封建制已经存在。周代封建是对此前封建传统的继承发展。那么,"封建"究竟起于何时?要回答这个问题,必须先准确厘定"封建"含义。

"封建"的"封",始见于甲骨文;"建"稍后,始见于金文。"封建"作为一个词,见于《诗经》《左传》等周代典籍。① 其在周代的含义,是列爵分土:"列爵曰封,分土曰建"②,即按照爵位封邦建国、分权而治的行政制度。《礼记·王制》云:"王者之制禄爵,公、侯、伯、子、男凡五等……天子之田方千里,公、侯田方百里,伯七十里,子、男五十里。"西周按照公、侯、伯、子、男五等爵位分封诸侯国。到了东周春秋时期,按照三等爵位分封诸侯国。至汉代,则按照王与列侯二等爵位分封诸侯国。③ 至于夏商封建按照什么爵位,史载阙如。依据《史记·三王世家》的说法,五帝时期已"封建诸侯",但与"周爵五等,春秋三等"、汉爵二等的封建"异制"④。依不依照爵位"封建诸侯"不重要,"封建"重要的含义是分权而治。这是一个天下共享的概念,是上古"公天下"社会的行政标志。封建产生的结果是"诸侯"。"诸侯"既可指"诸侯国",也可指"诸侯国君"。在周代,"诸侯"指诸侯国及其国君。到了汉代,"诸侯"则可指"王国"与"侯国"、诸王与列侯。要之,"封建"与"诸侯"是一对孪生兄弟,哪里有"封建",哪里就有"诸侯",反之亦然。诸侯虽有分权而治的自主权,但也有服从天子的政令,向天子及其王室朝觐、贡奉、服役,为天子出兵、拱卫、藩辅等职责。

封建是天子与诸侯分治天下、共享天下的概念,它是"公天下"时代的产物。而这个"公天下"时期,历史上公认为是三皇五帝时代。《礼记·礼运》提出"天下为公"的"大同"时代,这是一个与夏商周三代的"小康"时代不同

---

① 参冯天瑜:《"封建"考论》第一章《"封建"本义》,第9—19页。
② 张廷玉等:《皇朝文献通考》卷二四六《封建考》。
③ 《史记·三王世家》:"昔五帝异制,周爵五等,春秋三等,皆因时而序尊卑。高皇帝拨乱世反诸正,昭至德,定海内,封建诸侯,爵位二等。"司马贞《索隐》:二等,"谓王与列侯"。
④ 陆机《五等诸侯论》说:"五等之制,创于黄唐。"指五帝时代就如周代依五等爵位封建诸侯了。另备一说。因未见其他证据和同类论述,故笔者不采此说。

的时代,也是"小康"时代之前的上古时代。汉初阐释《诗经》的《韩诗外传》指出:"五帝官天下,三王家天下。"①"官"是公有的意思。"官天下"即"公天下"。这个时代主要指"五帝"时代。"五帝"即黄帝(轩辕氏)、颛顼、帝喾、唐尧、虞舜。

从历史记载来看,不只五帝是诸侯方国联盟的首领,此前的炎帝(神农氏)也是诸侯方国联盟的首领。诸侯封建制可以上推到炎帝时代。司马迁《史记·五帝本纪》记载:"轩辕之时,神农氏世衰。诸侯相侵伐,暴虐百姓,而神农氏弗能征。于是轩辕乃习用干戈,以征不享,诸侯咸来宾从。""蚩尤作乱,不用帝命。""而蚩尤最为暴,莫能伐。""于是黄帝乃征师诸侯,与蚩尤战于涿鹿之野,遂禽杀蚩尤。"轩辕氏不仅通过战争平定了神农氏时期诸侯国"暴虐百姓"的战乱,赢得了诸侯国的"宾从",而且最后打败了"侵陵诸侯"、走向昏暴的炎帝,被诸侯共推为"黄帝":"炎帝欲侵陵诸侯,诸侯咸归轩辕。轩辕乃修德振兵,治五气,蓺五种,抚万民,度四方,教熊、罴、貔、貅、䝙、虎,以与炎帝战于阪泉之野。三战,然后得其志。""诸侯咸尊轩辕为天子,代神农氏,是为黄帝。"黄帝登基后,沿袭炎帝时期的封建制,"置左右大监,监于万国,万国和"。这"万国"即指当时天子分封的诸侯国。在《吕氏春秋·审分览·慎势》及《孟秋纪·荡兵》中,关于神农与蚩尤时代的行政制度也有类似的记载。因此,西晋的皇甫谧整理、撰写《帝王世纪》,将"封建"的上限推至炎帝:"女娲未有诸侯……炎帝世乃有诸侯。风沙氏叛,炎帝修德,风沙之民自攻其君,则建侯分土自炎帝始也。"②《史记·五帝本纪》又记载尧帝时代的封建:"能明驯德,以亲九族。九族既睦,便章百姓。百姓昭明,合和万国。"这"万国"即指分封的诸侯国。《史记·高祖功臣侯者年表》另载尧舜封建:"《尚书》有唐(尧)虞(舜)之侯伯,历三代千有余载,自全以蕃卫天子。"③《史记·三王世家》云:"昔五帝异制,周爵五等,春秋三等,皆

---

① 《太平御览》卷一四六引《韩诗外传》曰:"五帝官天下,三王家天下。家以传子,官以传贤。"按:这段话不见于今之《韩诗外传》。《韩诗外传》作者为汉文帝时博士韩婴。韩婴传《诗》又传《易》。《四库全书总目提要》说"五帝官天下,三王家天下"见于《汉书·盖宽饶传》盖宽饶上书所引《韩氏易传》之文。
② 冯天瑜在《"封建"考论》一书中以《史记·五帝本纪》关于黄帝的记载为据指出:"诸侯咸尊轩辕为天子……是为黄帝……置左右大监,监于万国。""这里的'诸侯''国',是以后世之名称指上古,实为氏族、部落,并非跨入文明门槛后的国家。黄帝是传说中多个氏族、部落联合体的公举领袖,并非国君,尚谈不上分封诸侯。"他不同意将黄帝视为"封邦建国之始",也不承认尧帝"合和万国"是封建的早期形态,坚持认为"夏代开始跨入文明门槛,早期分封出现"。(冯天瑜:《"封建"考论》,第16—17页)笔者认为冯先生的这个观点未必允当。
③ 《史记·高祖功臣侯者年表》。

因时而序尊卑。高皇帝拨乱世反诸正,昭至德,定海内,封建诸侯,爵位二等。"这里说的是历史上"封建"制度的演变情况。五帝的封建虽然不是按照爵位的封建,但同属于"封建诸侯"。班固《汉书·叙传》亦云:"自昔黄、唐,经略万国。"总之,五帝时期已有诸侯国封建,被汉代史家视为不争的事实。所以,唐代柳宗元《封建论》才会以毋庸置疑的口吻,说明尧、舜时期就不得不实行"封建"制。"彼'封建'者,更古圣王尧、舜、禹、汤、文、武而莫能去之。"只要我们承认炎黄五帝不是一个小国家的君主,而是众多邦国("万国")结成的联盟的盟主,势必就得承认:炎黄五帝时期就有了封建制。

炎黄五帝时代为什么实行封建制呢?主要出于两个原因:一是出于"天下为公""同利天下"的自觉选择;二是出于天下幅员辽阔、天子力不能制、必须与诸侯共治共享的必然选择。

远古时期,天生初民,本来人人平等、没有君主。但大家为了自己的生存利益相互争斗,最后对各自的生存利益造成了更大的伤害。为了保证各自的基本生存利益,于是大家推举出一个君长,为大家制定普遍都能接受的是非标准,平息纷争,兴利除害。这个君长,柳宗元叫作"群之长",开始是部落首领,后来发展为国家君主。再后来,为了本部落、国家的利益,不同部落、国家之间又展开争夺,为了保证彼此的利益,各部落、国家又推举出德能更为杰出的人担任部落、邦国联盟的首领,为大家主持公道,兴利除害,造福各国子民。这个邦国联盟的首领,开始是"方伯""连帅",后来发展到更高一层,叫"天子"。《墨子》分析君主产生的机制:"古者天之始生民,未有正长也……若苟百姓为人,是一人一义,十人十义,百人百义,千人千义。逮至人之众,不可胜计也;则其所谓义者,亦不可胜计。此皆是其义,而非人之义。是以厚者有斗,而薄者有争。是故天下之欲同一天下之义也,是故选择贤者,立为天子。"①柳宗元《封建论》描述君主从"群之长"到"众群之长""诸侯之列",到"方伯连帅"最后到"天子"的产生过程:"彼(引者按:指人)其初与万物皆生。草木榛榛,鹿豕狉狉,人不能搏噬,而且无毛羽,莫克自奉自卫。荀卿有言:'必将假物以为用者也。'夫假物者必争,争而不已,必就其能断曲直者而听命焉。其智而明者,所伏必众;告之以直而不改,必痛之而后畏。由是君长刑政生焉,故近者聚而为群。""群之分,其争必大,大而后有兵有德,又有大者,众群之长又就而听命焉,以安其属,于是有诸侯之列。"诸侯之间为利益发动战争,"其争又有大者焉。德又大者,诸侯之列又就而听命焉,以安其封。于是有方伯、连帅之类。"方伯、连帅之间为各自的利益发

---

① 《墨子·尚同中》。

生战争,"则其争又有大者焉。德又大者,方伯、连帅之类又就而听命焉,以安其人,然后天下会于一"。这个统一天下诸侯、方伯的首领,就是"天子"。由此可见,"封建非圣人意也,势也"。封建诸侯的产生,是为本国的人民主持公平、谋取利益的产物。这就叫"立君为民"。"天子"也是为天下诸侯主持公道、为万国子民谋取利益的产物,这就叫"立天子以为天下"。《文子》说:"所为立君者,以禁暴乱也。"①"古之立帝王者,非以奉养其欲也。圣人践位者,非以逸乐其身也。为天下之民强陵弱,众暴寡,诈者欺愚,勇者侵怯,又为其怀智诈不以相教,积财不以相分,故立天子以齐一之。"②《吕氏春秋·孟秋纪·荡兵》揭示:"未有蚩尤之时,民固剥林木以战矣,胜者为长。长则犹不足治之,故立君。君又不足以治之,故立天子。天子之立也出于君,君之立也出于长,长之立也出于争。"

既然立君为民、立天子以为天下,当天下太大,天子力不能及的时候,分权于诸侯,与诸侯共享天下、同利天下,就是自然,也是自觉的选择。《吕氏春秋·审分览·慎势》指出:"天下之地,方千里以为国,所以极治任也。非不能大也,其大不若小,其多不若少。众封建,非以私贤也,所以便势全威,所以博义。义博利则无敌,无敌者安。故观于上世,其封建众者,其福长,其名彰。神农十七世有天下,与天下同之也。"治理天下,方圆千里已达到极限("极治任"),所以天子直辖的中央王畿面积最多不超过方圆千里。此外远方的地区不如多封些面积小一点的诸侯国便于治理。这就叫"众封建"。"封建众者"的目的"非以私贤",而是博施仁义、"与天下同之"的公天下之举,有助于赢得诸侯的拥戴,实现天下的长治久安。同时,划地而治,天下共享,也是幅员辽阔、天子鞭长莫及的不得已选择。对此,墨子早已揭示:"天子立,以其力为未足,又选天下之贤可者,置立之以为三公。天子、三公既以立,以天下为博大,远国异土之民,是非利害之辩,不可一二而明知,故画分万国,立诸侯国君。"③《史记·秦本纪》记载:"昔者五帝地方千里,其外侯服、夷服诸侯或朝或否,天子不能制。"④所谓"地方千里",指五帝直接管理的王畿方圆千里。此外的土地治理就只能采取"服国"制。所谓"服国",即依据与中央王畿距离的远近形成的依附关系不同的诸侯盟国。关于"服国"制的情况,《周礼·夏官·职方氏》有记述,可作参考:"乃辨九服之邦国:方

---

① 《文子·上义》。
② 《文子·自然》。
③ 《墨子·尚同上》。
④ 《史记·秦本纪》。侯服:九服之一,指王畿外五百里之地。夷服:九服之一,指王畿外三千五百里之地。

千里曰'王畿',其外方五百里曰'侯服',又其外方五百里曰'甸服',又其外方五百里曰'男服',又其外方五百里曰'采服',又其外方五百里曰'卫服',又其外方五百里曰'蛮服',又其外方五百里曰'夷服',又其外方五百里曰'镇服',又其外方五百里曰'藩服'。""服国"依据与中央王畿的距离远近有九种不同的称谓,其方圆均在五百里左右,是与中央王国不同姓的氏族方国,与中央王国保持一定的朝觐、贡纳的臣服关系。唐人长孙无忌解释夏商周天子实行封建制的原因:"缅怀三代封建,盖由力不能制,因而利之。"① 这就把封建的两大原因"力不能制"、天下共利融合在一起了。

关于五帝时代封建制的特点,司马迁说五帝时王畿之外"侯服""夷服"的"诸侯"或朝觐或不朝觐,但"天子"也"不能制",说明"五帝"的"天下"是一种诸侯自主权比较大、自由度比较高的氏族方国联盟体,"五帝"不过是这种松散的氏族诸侯联盟的盟主。《史记·三王世家》指出:"昔五帝异制,周爵五等,春秋三等,皆因时而序尊卑。"所谓"五帝异制",当指五帝实行的分封是不同于周代按照五等爵位的以天子同姓子弟为主的邦国分封。我们不妨把"五帝"时代出现的氏族封建视为古代封建制的源头。

五帝氏族封建凝聚着"立君为民""天下为公"的思想。君主产生于为民众主持公道、兴利除害的需要,是人民"选贤与能"自觉推举产生的;天子产生于为诸侯国君主持公道、兴利除害的需要,是诸侯国君"选贤与能"、自觉拥戴产生的。② 无论"诸侯"还是"天子",都属于"君长""君主",所以又统称为"君"。他是人民或天下诸侯"选贤与能"、共同拥戴的产物,所以统称为"立君为民"。这种君主发生论,成为五帝以及三皇等上古帝王传说的一个标志性特征。《管子》说:"古者未有君臣上下之别,未有夫妇妃匹之合,兽处群居,以力相征。于是智者诈愚,强者凌弱,老幼孤独不得其所。故智者假众力以禁强虐,而暴人止。为民兴利除害,正民之德,而民师之。"③《荀子》强调:"天之生民,非为君也;天之立君,以为民也。"④《吕氏春秋》揭示:"凡主之立也,生于公"⑤,"万民之主,不阿一人"⑥,"天下非一人之天下也,天下之天下也"⑦。既然天子是由诸侯代表国民的利益推举出来的,他就只有为天下诸侯百姓主持公道、兴利除害的义务,而没有谋取一己、一姓利益的权利。这就叫"天下为公"。"无偏无党,王道荡荡;无党无偏,王道

---

① 司马光:《资治通鉴》卷一九三。
② 《吕氏春秋·孟秋纪·荡兵》。
③ 《管子·君臣下》。
④ 《荀子·大略》。
⑤⑥⑦ 《吕氏春秋·孟春纪·贵公》。

平平；无反无侧，王道正直。"①《礼记·礼运》描述说："大道之行也，天下为公，选贤与能，讲信修睦。故人不独亲其亲，不独子其子，使老有所终，壮有所用，幼有所长，矜寡孤独废疾者皆有所养，男有分，女有归。货恶其弃于地也，不必藏于己；力恶其不出于身也，不必为己。是故谋闭而不兴，盗窃乱贼而不作，故外户而不闭。是谓大同。"说的就是三王之前三皇五帝时代的状况。所以，历史上的三皇五帝都是品德高尚、能力杰异、大公无私、造福于民的圣人。"昔先圣王之治天下也，必先公。"②"天地大矣，生而弗子，成而弗有，万物皆被其泽，得其利，而莫知其所由始。此三皇五帝之德也。"③"夫利莫大于治，害莫大于乱。夫五帝三王所以成功立名，显于后世者，以为天下致利除害也。"④因此，三皇五帝时期天子之位实行"传贤不传子"的"禅让制"。"尧有子十人，不与其子而授舜；舜有子九人，不与其子而授禹：至公也。"⑤"尧知子丹朱之不肖，不足授天下，于是乃权授舜。授舜，则天下得其利而丹朱病；授丹朱，则天下病而丹朱得其利。"尧帝声称不能为了"利一人"而带来"天下之病"，所以最终将天子之位授给了贤能的舜。⑥ 舜帝自知儿子商均比不上大禹贤能，所以主动"荐禹于天为嗣"，"禹于是遂即天子位，南面朝天下"⑦。与此同时，根据"方千里以为国所以极治任"的实际，实行地方氏族诸侯的分封制，也是"天下为公"理念的必然行政选项。所以，元初马端临《文献通考》自序中称封建制系"古之帝王未尝以天下自私之故也"，封建制是"公天下"的产物。从思想言论的自由表达来看，"尧置敢谏之鼓，舜立诽谤之木"⑧，鼓励臣民进谏献言，成为五帝时期的一个宝贵思想传统。

二、夏商"家天下"与氏族封建制的内在矛盾

五帝之后是夏商周，习惯称"三代"。"三代"与"五帝"时代的一个最大不同，是变原来的"公天下"为"家天下"。天子之位从原来"传贤不传子"的"禅让制"变成了"传子不传贤""大人世及以为礼"的"世袭制"。原来"天下为天下人之天下"变成了"天下为天子一姓之天下"。照理，五帝"公天下"时代天子分权的诸侯封建制也应当随之作出变更，但在三代之初，管理边远之地除了沿袭原有的封建制，没有其他的地方行政制度可供选择实施，

---

① 《尚书·周书·洪范》。
②⑤ 《吕氏春秋·孟春纪·去私》。
③ 《吕氏春秋·孟春纪·贵公》。
④ 《管子·正世》。
⑥ 《史记·五帝本纪》。
⑦ 《史记·夏本纪》。
⑧ 《淮南子·主术训》。《后汉书·杨震传》："尧舜之时，谏鼓谤木，立之于朝。"

所以继承五帝时代的氏族封建地方行政制度,就成为由特定的历史情势决定的无奈选择。

然而,事实上,分权的封建制与集权的"家天下"是有矛盾的,所以三代的封建制最终必然被天子集权的郡县制所取代。三代封建制不过是走向秦朝郡县制的一个过渡阶段。在这个过渡阶段,按照维护天子权威的"家天下"的内在要求,完成了夏商松散的"氏族封建"向西周统一的"宗法封建"的历史转变。

夏禹本是因其治水有功、"万国为治"被舜禅让,并被天下诸侯拥戴上位的。史载:"帝舜荐禹于天,为嗣。十七年而帝舜崩。三年丧毕,禹辞辟(避)舜之子商均于阳城。天下诸侯皆去商均而朝禹。禹于是遂即天子位,南面朝天下,国号曰夏后,姓姒氏。"①出于"天下为公"的传统政治理念,他本来也没有想把天子之位传给自己的儿子。"帝禹立而举皋陶荐之,且授政焉,而皋陶卒。""而后举益(伯益),任之政",逝世前"以天下授益"。但在"三年之丧毕"后,"益让帝禹之子启,而辟居箕山之阳"。"禹子启贤,天下属意焉。及禹崩,虽授益,益之佐禹日浅,天下未洽。故诸侯皆去益而朝启……于是启遂即天子之位,是为夏后帝启。"②可见夏禹传启不是夏禹本人的主动选择,而是因为他的儿子夏启比伯益更加贤能,更受诸侯的拥护。但是夏启之后就不是这样了。帝位传子或自家兄弟,"大人世及","天下为家",成为夏商周三代的共同特征。《礼记·礼运》指出:"今大道既隐,天下为家,各亲其亲,各子其子,货力为己,大人世及以为礼,城郭沟池以为固,礼义以为纪,以正君臣,以笃父子,以睦兄弟,以和夫妇,以设制度,以立田里,以贤勇知,以功为己。故谋用是作,而兵由此起。禹、汤、文、武、成王、周公由此其选也。"夏朝进入父系社会,帝位继承制以父死子继为主,17王中仅有三例除外,但继承帝位的不一定是嫡长子。因为尚未形成严格的宗法制,到了商朝,父死子继制被兄终弟及制所打破。商朝历17世31王,其中一半以上是兄终弟及继承王位的,"君王死后,由他弟弟继位,没有弟弟的才传给自己的儿子"③。兄弟的排列无嫡庶尊卑分别,埋下了诸多帝位的不稳定因素,所以引起了商朝"中丁以后九世之乱"④。周公建立了嫡尊庶卑、长贵幼贱的宗法制,确立了嫡长子继承制,所以周朝天子的传承以父死子继、嫡长子继承为主。正如王国维所揭示:"商人无嫡庶之制,故不能有宗法。""舍

---

①② 《史记·夏本纪》。
③ 周锡山:《王国维学案》,《上海文化》2017年第4期,第71页。
④ 《史记·殷本纪》。

弟传子之法,实自周始。""由传子之制而嫡庶之制生焉。""立子以贵不以长,立嫡以长不以贤,乃传子法之精髓。"①

"从文献记载看,黄帝以后,即传说中五帝时代的颛顼高阳氏、帝喾高辛氏、帝尧陶唐氏和帝舜有虞氏时代,其社会组织都是以母系继嗣制为核心建构起来的。"②"禹传子",是"母系社会解体的界标"③。夏代刚刚步入父系社会,一直到商代,尚未形成嫡庶长幼尊卑等级宗法制和嫡长子为贵的继承制,无法对天子宗室同姓子弟实施封建,分封的诸侯多以原来地方归附的异姓氏族方国为主。所以夏商封建是松散的、自由度较高的氏族封建,与五帝封建一脉相承。对此,司马迁的《史记》有明确记载。《史记·夏本纪》云:"禹为姒姓,其后分封,用国为姓。故有夏后氏、有扈氏、有男氏、斟寻氏、彤城氏、褒氏、费氏、杞氏、缯氏、辛氏、冥氏、斟戈氏。"《史记·殷本纪》云:"自成汤以来……契为子姓,其后分封,以国为姓,有殷氏、来氏、宋氏、空桐氏、稚氏、北殷氏、目夷氏。"夏禹、商汤分封的诸侯以"氏"为主。"氏"与"姓"不同。《左传·隐公八年》云:"因生以赐姓,胙之土而命之氏。"④"姓"体现出生的血缘关系,"氏"则体现地缘关系。《史记》讲到的夏、殷天子分封的邦国,是以"氏"为主命名的方国。有研究者指出:夏朝所封的诸侯国分为两类,"一类是夏后的同姓贵族或与夏后有姻亲关系的方国"⑤,另一类是"被夏王国征服或慑于其威势而俯首称臣的异姓方国"⑥。从文献记载来看,"夏代异姓方国显然要比同姓或与夏有姻亲关系的方国多得多"⑦。商朝虽然"已有分封子弟之制"⑧,不过就总体而论,异姓氏族诸侯分封仍然占主导地位。王国维甚至认为,"商人兄弟相及,凡一帝之子,无嫡庶长幼,皆为未来之储贰,故自开国之初,已无封建之事。"⑨据此,冯天瑜总结说:"夏、商进行的是氏族分封,形成一种氏族联盟式的邦国群体,或者反过来说,夏、商分

---

① 王国维:《殷商制度论》,周锡山编校:《王国维集》第四册,第121—128页。
② 陈胜勇:《中国第一个王朝的崛起——中华文明和国家起源之谜破译》,湖南出版社1994年版,第347页。
③ 陈胜勇:《中国第一个王朝的崛起——中华文明和国家起源之谜破译》,第346页。
④ 关于姓、氏的差别,王国维《殷周制度论》说:"男子称姓,女子称氏,此周代之通例也。"
⑤ 陈胜勇:《中国第一个王朝的崛起——中华文明和国家起源之谜破译》,第395页。
⑥ 陈胜勇:《中国第一个王朝的崛起——中华文明和国家起源之谜破译》,第396页。前者的例子,陈胜勇认为《史记·夏本纪》所列分封的诸侯国即然,与笔者的理解有异。笔者的理解,依据冯天瑜《"封建"考论》。后者的例子,陈胜勇列举防风氏、陶唐氏、有穷氏、昆吾、薛、莒、六、任、仍、缯、施、殷、周等,列此备参。
⑦ 陈胜勇:《中国第一个王朝的崛起——中华文明和国家起源之谜破译》,第370页。
⑧ 冯天瑜:《"封建"考论》,第17页。
⑨ 王国维:《殷周制度论》,周锡山编校:《王国维集》第四册,第130页。

封是对氏族邦国群体的承认。夏、商分封可划入'氏族分封'之列。"①与此相应,夏、商的天子只是地方氏族诸侯拥戴的盟主,而不是集中、统一的诸侯邦国的君主。王国维称之为天子只是"诸侯之长",而非"诸侯之君"②,并说明:"自殷以前,天子、诸侯君臣之分未定也……盖诸侯之于天子,犹后世诸侯之于盟主,未有君臣之分也。"③史传"大禹之时,诸侯万国"④,"及汤之时,诸侯三千"⑤。这就是夏商时代氏族封建方国林立的大概状况。

由于夏商天子只是"诸侯之长"而非"诸侯之君",氏族诸侯国的自由度和自主性比较高,加之去古未远,"天下为公""立君为民"的古训声犹在耳,所以我们在《尚书·虞夏书》中可以听到夏禹"民为邦本"的训诫⑥和皋陶"天聪明自我民聪明"的忠告⑦,看到"遒人以木铎徇于路,官师相规,工执艺事以谏"的记载⑧;在《尚书·商书》可以看到商汤"人视水见形,视民知治否"的民本思想⑨,以及"尔有善,朕弗敢蔽;罪当朕躬,弗敢自赦","尔万方有罪,在予一人;予一人有罪,无以尔万方"的道德反省⑩,看到商朝中兴之主盘庚的"邦之臧,惟汝众;邦之不臧,惟予一人有佚罚"⑪的德治名言。在《史记·夏本纪》及《殷本纪》中,我们也可看到许多夏商天子敬德保民、鼓励进谏的记载。这些都是那个时代氏族封建体制决定的较为宽松的政治环境的产物。

三、西周宗法封建制下诸侯的半独立与思想的半自由

到了周代,情况发生了很大变化,这就是嫡长子为贵的宗法制的建立。这主要是周公的贡献。王国维指出:"周人制度之大异于商者:一曰立子立嫡之制,由是而生宗法及丧服之制,并由是而有封建子弟之制、君天子臣诸侯之制。"⑫

嫡长子为贵的宗法制的确立,使得西周天子册封自己的同姓子弟为诸侯有了切实可按的依据。西周天子按照嫡庶长幼的尊卑等级,设公、侯、伯、子、男五等爵位分封同姓子弟为诸侯,扩大了同姓宗室子弟在诸侯国中的比

---

① 冯天瑜:《"封建"考论》,第17页。
②③ 王国维:《殷周制度论》,周锡山编校:《王国维集》第四册,第131页。
④⑤ 《战国策·齐策》。
⑥⑦ 《尚书·虞夏书》。
⑧ 《左传·襄公十四年》引《夏书》。
⑨ 《史记·殷本纪》引《汤征》。
⑩ 《尚书·商书·汤诰》。
⑪ 《尚书·商书·盘庚上》。
⑫ 王国维:《殷周制度论》,周锡山编校:《王国维集》第四册,第136页。

重。《汉书·诸侯王表》说："周鉴于三代，三圣制法，立爵五等，封国八百，同姓五十有余。"①从此，夏商的"氏族封建"改造成为西周的"宗法封建"。《左传·昭公二十八年》记载："武王克商，光有天下，其兄弟之国者十有（又）五人，姬姓之国者四十人。"《荀子·儒效》称："周公屏成王而及武王……兼制天下，立七十一国，姬姓独居五十三人。"这两则记载，说明武王、周公分封的对象大多数是自己的同姓子弟。② 周武王灭商后，首先对兄弟、功臣实行分封。③ 武王逝世后，周公主持制定宗法礼制，将君统与宗统融为一体，依据嫡长子继统法对同姓子弟和异姓亲戚（也包括功臣）实施分封，保卫姬姓江山。这就叫"封建亲戚，以蕃屏周"④，不同于夏商"疏其亲戚"的分封。这种宗法封建经成王、康王，到宣王时期完成。《左传·昭公二十六年》云："昔武王克殷，成王靖四方，康王息民，并建母弟，以蕃屏周。"周公分封的宗室"亲戚"，包含文王、武王的后代和周公的子嗣："管、蔡、郕、霍、鲁、卫、毛、聃、郜、雍、曹、滕、毕、原、酆、郇，文（文王）之昭也；邘、晋、应、韩，武（武王）之穆也；凡、蒋、邢、茅、胙、祭，周公之胤也。"⑤周王分封的异姓诸侯，包括宗法姻亲，如姜、姒、任等母系亲属。"捍御侮者，莫如亲亲。"⑥以嫡长子血缘等级为基础的宗法分封，是守护天子宗室"家天下"的根本保证。

由于在宗法血缘等级制中嫡长子地位最高，"天子"是天下的"大宗"，他所分封的同姓"诸侯"属于"小宗"，所以"天子"不再是"诸侯之长"，而是"诸侯之君"，"君天子、臣诸侯之制"⑦由是生焉。西周的诸侯必须向天子行臣属之礼。强调"君君臣臣"的君统和"父父子子"的宗统的礼教规范由此制定。比如《礼记·王制》记载："诸侯之于天子也，比年一小聘，三年一大

---

① 在《史记》《汉书》记载的西周分封的诸侯中，同姓王室子弟只占小部分，与先秦其他文献的记载不合。顾德融、朱顺龙《春秋史》认为，《史记》《汉书》成书"较晚"，所说"数字不确"（上海人民出版社2019年版，第28页，注释1）。
② 王国维《殷周制度论》指出："殷之诸侯皆异姓，而周则同姓异姓各半。"（周锡山编校《王国维集》第四册，第131页）按：殷之诸侯也有与天子同姓者。周之诸侯未必同姓异姓各半。但王氏此说可为我们认识殷之诸侯以异姓为多，周之诸侯同姓提升占优提供了佐证。
③ 杨宽：《西周史》，上海人民出版社2016年版，第398页。
④ 《左传·僖公二十四年》说："昔周公吊二叔之不咸，故封建亲戚，以蕃屏周。""二叔"，根据郑众、贾逵的解释，指周武王的两个弟弟管叔与蔡叔。周公因管叔、蔡叔曾联合商王后裔叛周，所以分封周王的子弟亲戚为诸侯王，作为保卫周王室的屏障。根据杜预的解释，"二叔"即夏、殷之"叔世"。叔世即衰世。杜预将此语解释为"周公伤夏、殷之叔世，疏其亲戚以至灭亡，故广封其兄弟"。不管哪种解释，都说明，周初分封的对象主要是王室的"亲戚兄弟"。
⑤ 《左传·昭公二十八年》。
⑥ 《荀子·儒效》。
⑦ 王国维：《殷周制度论》，周锡山编校：《王国维集》第四册，第125页。

聘;五年一朝。"《礼记·明堂位》说:"朝觐之礼,所以明君臣之义也。"《礼记·玉藻》记载:"诸侯之于天子,曰某土之守臣某。"①"其在丧服,则诸侯为天子斩衰三年,与子为父、臣为君同。盖天子、诸侯君臣之分始定于此。"②礼乐征伐必须"自天子出"③,诸侯有兵,但不可私自用兵。王国维指出:"周公制作之本意","在纳上下于道德,而合天子、诸侯、卿、大夫、士、庶民以成一道德之团体"④。西周的宗法封建,"结束了夏、商的氏族邦国联盟状态"⑤,强化了"家天下"的声威,提升了天子的统治地位,其邦国联盟的统一性大大增强。正如《诗经·小雅·北山》所咏:"普天之下,莫非王土;率土之滨,莫非王臣。"因此,钱穆说:"西周时代的中国,理论上已是一个统一国家。"⑥但同时,这种统一性又不像后世郡县制的统一那么强烈。所以钱穆又指出:这种统一"不过只是一种'封建式的统一',而非后代郡县式的统一"⑦。

"封建式的统一"意味着什么呢？意味着虽然西周将氏族封建改造为宗法封建,天子从诸侯之长变为诸侯之君,"天下一家"政治诉求的满足得到了相当的提升,但这种"统一"的集中程度并不很高,分权而治的诸侯国依然拥有半独立的政权、财权、军权,因而,不同的思想、言论仍然有生存的相对政治空间,同时,封建制所依存的"天下为公"理念仍然是这个时期执政思想的基础。所以,我们看到这个时期的统治者以民为本、鼓励民言、敬修己德的思想言论,就不奇怪了。在西周宗法封建时代,我们可以读到周公"人无于水监,当于民监"的告诫⑧,可以听到"敬德保民"⑨、"顺天应人"⑩、"以为民极"⑪的呼唤;可以看到朝堂外所设的红色"肺石",平民百姓有冤屈可以站在"肺石"上诉告⑫;可以看到朝廷设采诗官制度,派采诗官到各诸侯国采集民歌了解政治得失;直到西周末期,还可听到重臣邵公这样的政治主张:"为川者决之使导,为民者宣之使言。""天子听政,使公卿至于列士献诗,瞽献曲,史献书,师箴,瞍赋,矇诵,百工谏,庶人传语,近臣尽规,亲戚补察,瞽、史

---

① 《礼记·玉藻》。
② 王国维:《殷周制度论》,周锡山编校:《王国维集》第四册,第131页。
③ 《论语·季氏》。
④ 王国维:《殷周制度论》,周锡山编校:《王国维集》第四册,第136页。
⑤ 冯天瑜:《"封建"考论》,第17页。
⑥⑦ 钱穆:《中国文化导论》,第8—9页。
⑧ 《尚书·周书·酒诰》。
⑨ 参见《尚书·周书》各篇。
⑩ 《周易》革卦《彖》传。
⑪ 《周礼·天官》。
⑫ 《周礼·秋官·大司寇》。

教诲,耆、艾修之,而后王斟酌焉,是以事行而不悖。"①

四、东周封建制下诸侯的全独立与思想的大解放

西周封建诸侯在拥有半独立自治权的同时,对天子是有臣贡的义务的。到了东周时代,礼崩乐坏,诸侯对周天子承担的义务不再被遵守,诸侯国从半独立逐渐走向全独立,"礼乐征伐自天子出"演变为"礼乐征伐自诸侯出",各诸侯国为了扩张自己的土地、提升自己的实力,彼此之间发动了连绵不断的兼并战争,西周的"天子建国"到了这时演变成了"诸侯建国",即诸侯向卿大夫颁赐土地与人民。周天子不仅失去了"诸侯之君"的地位,连"诸侯之长"都算不上。其统辖的王国萎缩成了"西周国""东周国",实力连一个诸侯国都抵不上。从"春秋五霸"到"战国七雄",各诸侯国为了发展壮大自己,"厚招游学",探讨强国学说,迎来了春秋战国时期诸子竞发、百家争鸣的灿烂思想景观。

总体看来,周代在封建分权与"封建解纽"②提供的自由环境之下,政治家、思想家们,特别是精英知识分子阶层(其时曰"士")以一种被高扬的"智慧"与理性和探寻真理、求真务实的态度,对"人性"与"人道"作出了极为深刻、丰富的探讨与论述。这"人道"中包括"外王之道"与"内圣之道","外王之道"中包括"君道"与"臣道"、"富民"之道与"化民"之道、礼教之道与法治之道,"内圣之道"中包括"孝道"与各种人伦之道等等。这些思想表述有的甚至不需要翻译或阐释,在今天的政治生活和道德建设中就可以发挥借鉴、指导作用。诸如:(一)"天下为公"的执政理想。所谓"立天子以为天下","天下非一人之天下,天下人之天下"。(二)"人本""民本"的执政理念。所谓"天地之性人为贵";"霸王所始,以人为本";"民为邦本","民贵君轻";"保民而王,莫之能御"。(三)因人性而治人。"凡治天下,必因人情。""政之所兴,在顺民心;政之所废,在逆民心。""圣人之牧民也,使各便其性。"为国之道,"利于性者取之,不利于性者舍之"。"乱国之使民,不论人之性,不反(返)人之情。"(四)人性平等论。人人具有"人心"与"道心"、"情欲"与"理性"、恶性与善性,"君子之与小人,其性一也"。(五)保障民生、满足民欲论。"凡治天下,必先富民。""因民之利","制民之产"。(六)节制民欲、以法弼教论。所谓礼乐化民、"德主刑辅"。(七)顺应民心、鼓励民言论。"为川者决之使导,为民者宣之使言。""君子和而不同,小

---

① 《国语·周语上》。
② 冯天瑜:《"封建"考论》,第32页。

人同而不和。"（八）自我反省的内圣修养论。"君子求诸己,小人求诸人。""行有不得,反求诸己。"（九）诛"独夫""无道"的"革命"思想。"从道不从君。""汤武革命,顺乎天而应乎人。"（十）"存亡平乱、为民除害"的"义兵"思想。所谓"以义为战""兵要在乎善附民而已"。如此等等的闪光思想,令人如行山阴道上,目不暇接。本书将在下面的章节中以专题梳理、总结、探讨的方式加以详细介绍和阐述,来呈现周代思想的辉煌与精彩,彰显其现代活力和文化自信,努力为当下的中国现代化建设提供有益的参考与启迪。

第三章　周代"人"的本性、作用、地位的全面自觉

本章提要：周代"人的觉醒"是从对"人"的本性、作用、地位的自我意识开始的,涉及人之生死论、共同人性论、人性内涵论、人性价值论、人性作用论、人之地位论。周人认为,"人"为元气中的"精气"所生,是有"智虑"的生物。人性相同且平等,"君子与小人,其性一也"。人性包括情欲与理性二重性。情欲本恶,理性为善,所以人性有善有恶。情欲虽恶,但作用也大,是人的活动的原动力,只要合理引导,就能产生利国利民的积极力量。理性有知物之明,使人成为道德的生物、劳动的生物、社会的生物、万物的主宰。天地万物,唯"人"为贵。周代关于"人性"的系统深刻思考,为周代的"人道"学说提供了坚实的思想依据。①

周代的封建分权带来了宽松的政治环境与思想自由,催生了周代"人的觉醒"。周代"人的觉醒"是从对"人"的本性、作用、地位的全面自觉开始的。周代关于"人性"的思考,为周代的"人道"学说提供了坚实的思想依据。周代所以能够成为中国历史上寿命最长的一个朝代,与它实行的敬德保民的政治之道密切相关。这个政治之道所以高明,缘于建立在符合实际的人性学说基础之上。政治的对象是人。政治之道,周人叫作"治人"之道、"牧民"之道。周人清楚地认识到:"凡治天下,必因人情。"②"乱国之使其民,不论人之性,不返人之情。"③"故先王之制法,因民之性而为之节文。""圣人之牧民也,使各便其性。"④周初政治家制定"敬德保民"的大政方针,缘于对人性具有"人心"与"道心"双重属性的深刻理解。春秋战国时期诸

---

① 本章以"周代'人'的本性、作用、地位的全面觉醒"为题,发表于《社会科学研究》2021年第3期。
② 《韩非子·八经》。
③ 《吕氏春秋·离俗览·适威》。
④ 均见《文子·自然》。

子百家提出不同的政治学说,也缘于对人性的不同理解及其制度化设计。正是基于对人的本性及其作用的认识,才产生了周代对人的崇高地位的确认。那么,人类是怎么产生的?人性是有差别的还是共同的?人性的内涵是什么?表现形态有哪些?如何对此加以价值评价?人的情欲属性和智慧属性有哪些作用?为什么说"天地之性人为贵"?这些就构成了周代关于"人性"的整体性思考。这种思考是全面、深刻的,体现了面向实际的唯物主义方法,浸透着求真务实的科学精神,置于今天来看仍然具有强大的生命活力和现实意义。

一、人的生死论:"精气"生人,人死为"鬼"

人的本性是由人的出生赋予的,其特质与人的来源密切相连。而且,人性不是永恒存在的。人人都必有一死,死亡会终结、异化人性,使人性在另一个世界里有不同表现。所以周代的人性学说首先表现为人的生死论。

人的生死,包括个体的生死和物种的生死。只有人的物种产生了,才有个体的人的诞生。周人思考的人性不是个体的人性,而是人类的本性。所以,周代"人"的发生思想,集中表现为人类发生论。周代的人类发生论,是周人宇宙发生论的一部分。宇宙万物是怎么发生的?《周易》、道家学派及管仲学派等表达了自然万物的本源之思。老子明确表示,宇宙万物的总根源是"道"。"道者万物之奥。"①"道……似万物之宗。"②道生万物的过程是由"无"生元气之"有",由元一之气生阴阳二气,再生天地人三才,进而生宇宙万物的过程。"道生一,一生二,二生三,三生万物。万物负阴而抱阳,冲气以为和。"③"道之为物,惟恍惟惚。惚兮恍兮,其中有象;恍兮惚兮,其中有物。"④文子是老子的学生。对道生万物的过程又加入了四时、五行的环节。"道生万物,理于阴阳,化为四时,分为五行,各得其所。"⑤万物由道化生,都是平等的。"天地万物与我并生,类也","类无贵贱"⑥。人的本性与万物没有什么不同。"道"的特点是自然无意志,所以万物包括人的秉性也是"块然""木然"、无情无欲、无思无虑的。不过同时,又有一部分人认识

---

① 《老子》第六十二章。奥:河上公注为藏,王弼注为庇荫。陈鼓应:《老子注释及评介》,中华书局1984年版,第303页。
② 《老子》第二十四章。宗:陈鼓应注为宗主。
③ 《老子》第四十二章。冲:陈鼓应解为激荡;和,陈鼓应解为和谐体。笔者按:此句意为,万物依靠阴阳二气而生,是阴阳二气互相冲击激荡的和谐产物。
④ 《老子》第二十一章。
⑤ 《文子·自然》。
⑥ 《列子·说符》。

到,人由元气中的"精气"所生,具有不同于其他物种的特殊属性。文子指出:"天地未形,窈窈冥冥,浑而为一,寂然清澄,重浊为地,精微为天,离而为四时,分而为阴阳。精气为人,粗气为虫,刚柔相成,万物乃生。"①人由于为气之精者所生,不仅有形体,而且有精神:"夫精神者所受于天也,骨骸者所禀于地也。"②作为个体,人是天地间暂时的存在。当精气散去,"精神入其门,骨骸反其根"时,"我尚何存"③?列子也认为:"天地含精,万物化生。""清轻者上为天,浊重者下为地,冲(中)和气者为人。"④人由天地之精气所生,是精神与骨骸的统一体。"精神者,天之分;骨骸者,地之分。"⑤与此相似,《管子》也认为:道生万物,人也由道派生:"人之所失以死,所得以生也。"⑥"彼道不远,民得以产。"⑦"道"通过"气"化生万物,人类由元气中的"精气"化生:"凡人之生也,天出其精,地出其形,合此以为人。和乃生,不和不生。"⑧个体的人也是如此。阴阳生人,体现为"男女精气合"的结果。"人,水也。男女精气合,而水流形。"⑨人为"精气"所生的观点在春秋战国时影响很大,几乎成为一个共识。儒家著作也认为:人为"五行之秀气也"⑩。

关于人的生命的诞生过程,文子有一段栩栩如生的描述:"人受天地变化而生,一月而膏,二月血脉,三月而胚,四月而胎,五月而筋,六月而骨,七月而成形,八月而动,九月而躁,十月而生。形骸已成,五藏乃形。肝主目,肾主耳,脾主舌,肺主鼻,胆主口。外为表,中为里。头圆法天,足方象地;天有四时、五行、九解、三百六十日,人有四支、五藏、九窍、三百六十节;天有风雨寒暑,人有取与喜怒;胆为云,肺为气,脾为风,肾为雨,肝为雷。"⑪《孔子家语》记载孔子语:

> 一阳一阴,奇偶相配,然后道合化成。性命之端,形于此也。
>
> 人始生而有不具者五焉:目无见、不能食、不能行、不能言、不能化。
>
> 及生三月而微煦,然后有见。
>
> 八月生齿,然后能食。
>
> 三年囟合,然后能言。

---

① ② ③ ⑪ 《文子·九守》。
④ ⑤ 《列子·天瑞》。
⑥ ⑦ ⑧ 《管子·内业》。
⑨ 《管子·水地》。
⑩ 《礼记·礼运》。

十有六而精通,然后能化。……是以男子八月生齿,八岁而龀(换乳牙)。

女子七月生齿,七岁而龀,十有四而化。①

人降生到世界后,其生命过程是怎样的? 列子作了独特的划分。"人自生至终,大化有四:婴孩也,少壮也,老耄也,死亡也。"这四个阶段的特征是:"其在婴孩,气专志一,和之至也,物不伤焉,德莫加焉。其在少壮,则血气飘溢,欲虑充起,物所攻焉,德故衰焉。其在老耄,则欲虑柔焉,体将休焉……其在死亡也,则之于息焉,反其极(本原)矣。"②值得注意的列子是对"少壮"时期人性二重性的揭示:既有情欲的"欲",也有思虑的"虑"。人在婴孩时期,身体和心智尚未发展成熟;进入老年时期,身体和心智开始走下坡路。人的身、心二重性,在"少壮"时期发展得最充分。

人可以长生吗? 不可以。为什么人必定会死呢? 因为生死为一气之聚散。根据对人活着时有气之呼吸、死亡后就停止呼吸的朴素唯物主义观察,周人认识到:"人之生,气之聚也。聚则为生,散则为死。"③人死之后,"精神"离开形体上升入天,肉体骨骸入土,最终与大地融为一体。为什么"精神"上天、骨骸入地呢?"天覆万物,施其德而养之,与而不取,故精神归焉。""地载万物而长之,与而取之,故骨骸归焉。"④人死为鬼。"鬼"者,因"归"取名,指生命的返乡。相对于活人叫"行人",死人又叫"归人"。"精神离形,各归其真,故谓之鬼。鬼,归也,归其真宅。"⑤"古者谓死人为归人。夫言死人为归人,则生人为行人矣。"⑥墨子曾大力肯定过"鬼"的真实存在,但缺少对"鬼"的形态的具体描述。与老子同时、与老子有过交往的道家代表人物关尹子则留下过具体描述。关尹子认为,五行产生五精、五臭、五色、五声、五味,人的精、神、意、魂、魄是五行的产物。五行的运行规律是"水生木,木生火,火生土,土生金,金生水"⑦。"五行之运,因精有魂,因魂有神,因神有意,因意有魄,因魄有精,五行回环不已。"⑧人活着时,心灵有"精""神""意"的活动。"夫精水、神火、意土,三者本不交,惟人以根合之。"其中,"意"是从"精神"到死后"魂魄"的过渡。人死为鬼,"精神"转化为"魂

---

① 《孔子家语·本命解第二十六》。
②⑤⑥ 《列子·天瑞》。
③ 《庄子·知北游》。
④ 《文子·上德》。
⑦ 《关尹子·筹篇》。
⑧ 《关尹子·柱篇》。

魄"。"鬼者,人死所变。""鬼云为魂,鬼白为魄。"魂魄对应的五行元素是金、木。"魄,在天为燥,在地为金,在人为魄。魂,在天为风,在地为木,在人为魂。""云者风,风者木;白者气,气者金。风散故轻清,轻清者上天。金坚故重浊,重浊者入地。轻清者,魄从魂升;重浊者,魂从魄降。"主体的"魂魄"弥漫于天地之间,"我"与"物"融为一体。"既能浑天地万物以为魂,斯能浑天地万物以为魄。凡造化所妙皆吾魂,凡造化所有皆吾魄。"由于精神魂魄与五行相关,处于五行相生的链条中,所以活着时人的精神与死后的魂魄存在一定的因果联系:"精主水,魄主金,金生水,故精者魄藏之。神主火,魂主木,木生火,故神者魂藏之。""人勤于礼者,神不外驰,可以集神;人勤于智者,精不外移,可以摄精。仁则阳而明,可以轻魂;义则阴而冥,可以御魄。"①

好生恶死是人的天性。"所谓人者,恶死乐生者也"②。但生死是一个自然过程,不是人力能够改变的。好生未必长生,恶死未必不死。"生生死死,非物非我,皆命也,智之所无奈何。""生非贵之所能存,身非爱之所能厚;生亦非贱之所能夭,身亦非轻之所能薄。"③所以,好生恶死是徒劳的,也是不智的,甚至是有害的。"怨夭折者,不知命者也。"④"可以生而不生,天罚也;可以死而不死,天罚也。"⑤"安知营营而求生非惑乎?"⑥当死而死、当生而生,不知悦生、不知恶死,才是应该采取的明智态度。"当死不惧……知命安时也。"⑦"不知悦生,不知恶死;其出不䜣,其人不距。翛然而往,翛然而来而已矣。"⑧"可以生,可以死,得生得死有矣。"⑨一般人只看到死亡的坏处,没有看到死亡的好处。死亡的好处是什么呢?是活着时谋生的劳累、辛苦的解脱。"人胥知生之乐,未知生之苦;知老之惫,未知老之佚;知死之恶,未知死之息也。"⑩从这个意义上来说,"可以生而生,天福也;可以死而死,天福也"⑪。"死之与生,一往一反。故死于是者,安知不生于彼?……安知吾今之死不愈昔之生乎?"⑫"古者谓死人为归人……则生人为行人矣。行而不知归,失家者也……世必谓之为狂荡之人矣。"⑬"夫大块载我以形,劳我以生,佚我以老,息我以死。故善吾生者,乃所以善吾死也。"⑭

至此,周人完成了对人类及其个体的来源与发生、人生的过程、人的死

---

① 《关尹子·符篇》。
② 《鹖冠子·博选》。
③④⑦ 《列子·力命》。
⑤⑥⑩⑪⑫⑬ 《列子·天瑞》。
⑧⑭ 《庄子·大宗师》。
⑨ 《庄子·庚桑楚》。

亡及其死后状况以及对于生死应取的态度的完整的思考。这些思考虽然囿于当时的科学技术水平存有认知的局限性,但总体上是建立在朴素唯物主义实际考察与玄思之上的,具有相当的合理性,为正确认识人的天性提供了良好基础。

二、共同人性观与平等人性观:"君子之与小人,其性一也"

"人"由"道"通过元气中的"精气"化生后,具有什么属性呢?在这个问题上,周人探讨人性,无论指什么,都是把它当作人区别于"禽兽"的物种属性来对待的。它超越个体或阶层的差别,直指共同人性、平等人性。

"性"者,从"生"得义,指天生之资质、属性。如《孟子·告子上》说:"生之谓性。"《荀子·正名》说:"'性'者,天之就也。""人"作为一个特殊的物种,其物种属性在不同的个体那里有无不同呢?没有。它是"人"这个特殊物种的普遍天性、共同天性。孔子指出:"性相近也,习相远也。"① 虽然由于后天的修养程度不同,人类有"上智"与"下愚"、"君子"与"小人"、"尧舜"与"桀纣"的等级差别,但在天赋本性上,"上智"与"下愚"、"君子"与"小人"、"尧舜"与"桀纣"是大体相同、没有质的区别的。所以荀子概括说:"尧、舜之与桀、纣,其性一也;君子之与小人,其性一也。"② 具体说来,人同此身,身同此心,人的感官天性和心灵天性都是相同的。孟子说:"口之于味也,有同嗜焉;耳之于声也,有同听焉;目之于色也,有同美焉……心之所同然者何也?谓理也、义也。"③ 自私自利、趋利避害、好逸恶劳、好生恶死,是人人都具有的感官情欲。如慎到说:"人莫不自为也。"④ 韩非说:"人皆挟自为心。"⑤ 自私心主要表现为自利心。所以管子肯定:"凡人之情,见利莫能勿就,见害莫能勿避。"⑥"民之情莫不欲生而恶死,莫不欲利而恶害。"⑦ 韩非强调:"夫安利者就之,危害者去之,此人之情也。"⑧"喜利畏罪,人莫不然。"⑨ 荀子指出:"饥而欲食,寒而欲暖,劳而欲息,好利而恶害,是人之所生而有也,是无待而然者也。"⑩《吕氏春秋》强调:"天生人而使有贪有

---

① 《论语·阳货》。
② 《荀子·性恶》。
③ 《孟子·尽心下》。
④ 《慎子·因循》。
⑤ 《韩非子·外储说左上》。
⑥ 《管子·禁藏》。
⑦ 《管子·形势解》。
⑧ 《韩非子·奸劫弑臣》。
⑨ 《韩非子·难二》。
⑩ 《荀子·荣辱》。

欲。……耳之欲五声,目之欲五色,口之欲五味,情也。此三者,贵贱、愚智、贤不肖,欲之若一,虽神农黄帝,其与桀纣同。"①人不仅有相同的肉体欲求,而且有相同的情感追求、精神追求。"趋乐避苦""好荣恶辱""喜贵恶贱"即然。管子指出:"凡人之情,得所欲则乐,逢所恶则忧,此贵贱之所同也。"②荀子强调:"好荣恶辱,好利恶害,是君子、小人之所同也。"③"夫贵为天子,富有天下,是人情之所同欲也。""名声若日月,功绩如天地,天下之人应之景向,是又人情所同欲也。"④韩非指出:"人情皆喜贵而恶贱。"⑤

除了用"莫不"具有、"同"样具有、"一"样具有等词语明确强调人的天性无差别外,周人不少对人性的表述虽未有这样的明确规定,但用的"人"或"民"的概念不言而喻是指所有人的全称判断。比如孔子说:"富与贵,是人之所欲也……贫与贱,是人之所恶也……"⑥墨子指出:"人固与禽兽……蜚(通飞)鸟……异者也……赖其力者生,不赖其力者不生。"⑦孟子说:"人以有礼,知自别于禽兽。"⑧"人皆有不忍人之心……无恻隐之心,非人也;无羞恶之心,非人也;无辞让之心,非人也;无是非之心,非人也。"⑨荀子强调:"礼者,人道之极也。"⑩"为之,人也;舍之,禽兽也。"⑪商鞅指出:"民之于利也,若水之就下也,四旁无择。"⑫"饥而求食,劳而求佚……此民之情也。"⑬"羞辱劳苦者,民之所恶也;显荣佚乐者,民之所务也。""苦则索乐,辱则求荣,民之情也。""名与利交至,民之性。"⑭《吕氏春秋》指出:"人之情""欲荣而恶辱"⑮。与儒家以仁义为人性的观点针锋相对,庄子批评这种说法"乱人之性",指出"仁义其非人情乎"⑯!同时批评"欲恶避就"为"人之性"的说法,指出计较利害是"害于性"的⑰,主张"不就利,不违害,不喜求"⑱。这

---

① 《吕氏春秋·情欲》。
② 《管子·禁藏》。
③ 《荀子·荣辱》。
④ 《荀子·王霸》。
⑤ 《韩非子·难二》。
⑥ 《论语·里仁》。
⑦ 《墨子·非乐上》。
⑧ 《礼记·曲礼上》。
⑨ 《孟子·公孙丑上》。
⑩ 《荀子·劝学》。
⑪ 《荀子·王制》。
⑫ 《商君书·君臣》。
⑬⑭ 《商君书·算地》。
⑮ 《吕氏春秋·适音》。
⑯ 《庄子·骈拇》。
⑰ 《庄子·盗跖》。
⑱ 《庄子·齐物论》。

里的"人""民"都指所有的人。其人性论都属于共同人性论。

周人还对人的情欲本性、精神本性作出价值评判,提出了"性善"论、"性恶"论、人性"有善有恶"论、人性"无善无恶"论等等说法。无论哪一种说法,所说的"性"都指普遍人性、共同人性。

值得注意的是,周人在阐述共同人性思想时,始终强调"贵贱之所同""君子、小人之所同""愚智若一""贤不肖若一",并举例说"尧舜之与桀纣,其性一也","尧舜之与盗跖,其性一也","虽神农黄帝,其与桀纣同",这当中显然包含着人性平等的思想。它没有拔高、神化圣王,而是认为他们身上原来也有桀纣、盗跖一样的恶劣的情欲,他们所以成为圣王是不断扬善去恶的修养结果,他们仍然有继续修养的使命。同时,也没有丑化、贬低暴君或盗跖、小人这样的被统治者,而是认为他们身上原来也有尧舜、君子一样的道心、理性,他们所以成为暴君或小人,是放弃扬善去恶、听凭情欲主宰的结果。只要不断进行道德修养,"人皆可以为尧舜"①。可见,较之后来汉代出现的"性三品"论,周代的共同人性论不仅是更符合实际的人性论,也是最富有平等价值的人性论。于是,"王侯将相宁有种乎",有德者上,无德者下,以"有道"之民取代"无道"之君,成为春秋战国时期常见的一种君权变革思想。

三、人性内涵论:"无智无欲"说与"有智有欲"说

人性平等,凡圣差别只是后天道德修养不同形成的结果。那么,这共同的人性到底有哪些内涵呢?周人对此作了深入思考,形成了人性"无情无智"与"有情有智"两种不同学说。

"无情无智"说主要是道家的意见,认为无情无欲、无思无虑是人的自然本性。为什么呢?其思路或论证过程是这样的:人由"道"派生,因而禀有"道"的特质。"道"的特质是清虚寂寞、自然无意志,所以人的天性也是清虚寂寞、自然无意志的。老子说:美好的"圣人之治",就是使人们回归"无智无欲"的本性:"虚其心,实其腹,弱其志,强其骨,常使民无知(智)无欲。"②文子对此作了进一步的分析。他指出"道"的特点:"道者,虚无、平易、清静、柔弱、纯粹素朴。此五者,道之形象也。虚无者道之舍也,平易者道之素也,清静者道之鉴也,柔弱者道之用也。反者道之常也,柔者道之刚也,弱者道之强也,纯粹素朴者道之干也。"转化为人性,其表现形态就是:

---

① 《孟子·告子上》。
② 《老子》第三章。

"虚者中无载也,平者心无累也。嗜欲不载,虚之至也;无所好憎,平之至也;一而不变,静之至也;不与物杂,粹之至也;不忧不乐,德之至也。"①庄子揭示人的道德天性表现为"无情""无欲""无智"。"恶、欲、喜、怒、哀、乐,六者累德也。"②"心不忧乐,德之至也。"③此为"无情"。"其嗜欲深者,其天机浅。"④"盈嗜欲,长好恶,则性命之情病矣。"⑤"同乎无欲,是谓素朴。素朴而民性得矣。"⑥此为"无欲"。"全汝形,抱汝生(通性),无使汝思虑营营。"⑦此为"无智"。人的心灵天性本来是平静虚空的。情感、欲望、思虑的活动使人的心灵失去了平静虚空的本性,是对人的道德本性的背离。管子也这么看。"凡人之生也,必以平正。所以失之,必以喜怒忧患。""凡人之生也,必以其欢。忧则失纪,怒则失端。忧悲喜怒,道乃无处。"⑧"彼道不离,民因以知。"⑨"虚其欲,神将入舍;扫除不洁,神乃留处。"⑩所以必须以清虚平淡、不动好恶、不计是非的道德本性来控制、制约蠢蠢欲动的情欲、心计活动。"凡心之形,过知失生(通性)。""形不正,德不来;中不静,心不治。""能正能静,然后能定。"⑪情欲、思虑是怎么产生的呢?究其来源,是心灵感受外物、被外物牵引的产物。以内制外,以心御物,以静制动,应物无伤,是保持心灵虚静本性的重要手段。所以,管子告诫人们:"不以物乱官,不以官乱心。"⑫关尹子提出:"圣人御物以心,摄心以性"⑬。汉代《淮南子》说:"夫喜怒者,道之邪也,忧悲者,德之失也,好憎者,心之过也,嗜欲者,性之累也。""故心不忧乐,德之至也;通而不变,静之至也;嗜欲不载,虚之至也;无所好憎,平之至也;不与物散,粹之至也。"这是对周代道家人性学说的进一步阐释。魏晋时期,阮籍说"恬淡无欲,则泰志适情",嵇康声称"心无所欲,乃为绝美",都是道家人性思想的表现。

另一种意见以儒家、法家为代表,认为人性有情有欲、有思有虑。这种人性论认为,情欲、思虑不是人的心性中后起的东西,而是先天赋有、与生俱

---

① 《文子·道原》。
② 《庄子·庚桑楚》。
③ 《庄子·刻意》。
④ 《庄子·大宗师》。
⑤ 《庄子·徐无鬼》。
⑥ 《庄子·马蹄》。
⑦ 《庄子·庚桑楚》。
⑧⑨⑪⑫ 《管子·内业》。
⑩ 《管子·心术上》。
⑬ 《关尹子·七篇》。

来的。"情者,性之质也;欲者,情之应也。"①"喜怒哀乐爱恶欲,七者弗学而能。"②"夫人之情,目欲綦色、耳欲綦声、口欲綦味、鼻欲綦臭、心欲綦佚。此五綦者,人情之所必不免也。"③人是有情欲、有思虑的生物。什么原因呢?因为人为"精气""秀气"所生,为万物之中有"智慧"者。人又由阴阳二气化生,"夫精神者,所受于天也;骨骸者,所禀于地也"④。所以,人既有物质属性,又有精神属性;既有肉体欲求,又有思维特质;既有"人心",又有"道心"。于是二重人性,成为这派人性学说的主要内涵。

人的情欲之心有哪些表现呢?主要表现为对饮食、男女的两大欲求。《孟子·告子》记载告子的话说:"食、色,性也。"《礼记·礼运》说:"饮食男女,人之大欲存焉。"人的情欲本性,有如下多种表现形态。

首先是"好生恶死"。《管子》说:"民之情莫不欲生而恶死。"⑤《荀子》说:"人之所欲生甚矣,人之所恶死甚矣。"⑥《礼记·礼运》强调:"死亡贫苦,人之大恶存焉。""生"是人生的最大财富,"死"是人生利益的彻底毁灭。所以"生"是最大的快乐和幸福,"死"是最大的不幸与痛苦。

其次是"自私自利"。人是一种生物。谋取私利以维持自己的生命存在,是生物的基本追求。所以管子指出:"人情非不爱其身也"⑦。慎到肯定:"人莫不自为也。化而使之为我,则莫可得而用矣。"⑧他举例说明人的"自为"天性:"家富则疏族聚,家贫则兄弟离,非不相爱,利不足相容也。""匠人成棺,不憎人死,利之所在,忘其丑也。"⑨韩非承此而来,对人的"自为心"及人与人之间的利害关系作了更为犀利的剖析。比如医生与患者、雇主与雇工、卖轿者或卖棺者与顾客的关系:"医善吮人之伤,含人之血,非骨肉之亲也,利所加也。故舆人成舆,则欲人之富贵;匠人成棺,则欲人之夭死也。非舆人仁而匠人贼也,人不贵,则舆不售;人不死,则棺不买。情非憎人也,利在人之死也。"⑩"夫卖庸(佣)而播耕者,主人费家而美食,调布(币)而求易(调换)钱(币)者,非爱庸客也,曰:如是,耕者且深,耨者熟耘也。庸客致力而疾耘耕者,尽巧而正畦陌畦畤者,非爱主人也,曰:如是,羹且美,

---

①⑥ 《荀子·正名》。
② 《礼记·礼运》。
③ 《荀子·王霸》。
④ 《文子·九守》。
⑤ 《管子·形势解》。
⑦ 《管子·小称》。
⑧ 《慎子·因循》。
⑨ 《慎子·逸文》。
⑩ 《韩非子·备内》。

钱布且易云也。"①表面亲如一家的父子、夫妻关系也是如此:"夫妻者,非有骨肉之恩也,爱则亲,不爱则疏。"②"父母之于子也,产男则相贺,产女则杀之。此俱出父母之怀衽,然男子受贺,女子杀之者,虑其后便,计之长利也。故父母之于子也,犹用计算之心以相待也,而况无父子之泽乎?"③"人为婴儿也,父母养之简(马虎),子长人怨。子盛壮成人,其供养薄,父母怒而诮之。子父至亲也,而或谯或怨者,皆挟相为而不周于为己也。"④君臣关系实质上也是一种利益买卖、交换、计算关系。"主卖官爵,臣卖智力。"⑤"臣尽死力与君市,君垂爵禄以与臣市。"⑥"主利在有能而任官,臣利在无能而得事;主利在有劳而爵禄,臣利在无功而富贵;主利在豪杰使能,臣利在朋党用私。"⑦"故君臣异心,君以计畜臣,臣以计事君,君臣之交,计也。"⑧总之,利害关系是人与人之间最本质的关系。

再次是"好利恶害"。这是人的"自私自利"天性的自然延伸。《周书》早已告诫政治家:老百姓"惟惠是怀"⑨,政治设计必须充分考虑到这一点。管子揭示:"夫凡人之情,见利莫能勿就,见害莫能勿避。其商人通贾,倍道兼行,夜以续日,千里而不远者,利在前也。渔人之入海,海深万仞,就波逆流乘危百里,宿夜不出者,利在水也。故利之所在,虽千仞之山无所不上,深源之下,无所不入焉。故善者势利之在,而民自美安,不推而往,不引而来,不烦不扰,而民自富。"⑩商鞅强调:"民之于利也,若水于下也,四旁无择也。"⑪韩非子重申:"利之所在民归之。"⑫"夫安利者就之,危害者去之,此人之情也。"⑬"好利恶害,人之所有也","喜利畏罪,人莫不然"⑭。荀子总结说:"好利而恶害,是人之所生而有也,是无待而然者也。"⑮

四是"好逸恶劳"。人生的利益不仅包括"饥而欲食,寒而欲暖",而且

---

① ④ ⑫ 《韩非子·外储说左上》。
② 《韩非子·备内》。
③ 《韩非子·六反》。
⑤ 《韩非子·外储说右下》。
⑥ 《韩非子·难一》。
⑦ 《韩非子·孤愤》。
⑧ 《韩非子·饰邪》。
⑨ 《周书·蔡仲之命》。
⑩ 《管子·禁藏》。
⑪ 《商君书·君臣》。
⑬ 《韩非子·奸劫弑臣》。
⑭ 《韩非子·难二》。
⑮ 《荀子·荣辱》。

包括"劳而欲息""骨体肤理好愉佚"。所以"好逸恶劳"是人的又一天然追求。商鞅指出："民之性：饥而求食，劳而求佚。"①荀子指出："骨体肤理好愉佚，此人之情性也。"②"劳而欲息……是人之所生而有也。"③韩非子明确概括："夫民之性，恶劳而乐佚。"④

五是"欲富恶贫""喜贵恶贱"。"富"是利益、财富的积聚。"欲富恶贫"是"好利恶害"的自然结果与情感反应。经济地位决定社会地位。富人往往是贵族。"贵"是被人尊重的社会地位的象征。嫌贫爱富，必然喜贵恶贱。所以孔子指出："富与贵，是人之所欲也……贫与贱，是人之所恶也……"⑤《管子》指出：民有"四欲""四恶"，其中之一即"欲贵""恶贱"⑥。韩非指出："人情皆喜贵而恶贱。"⑦

六是"好荣恶辱"。"荣"是荣誉，可以获得别人尊重。"辱"是侮辱，那是被人鄙视的。人不仅有吃饱穿暖的物质追求，还有被人尊重的精神追求，所以，"好荣恶辱"是人的又一天性。商鞅指出："辱则求荣，民之情也。""羞辱劳苦者，民之所恶也；显荣佚乐者，民之所务也。"⑧荀子指出："好荣恶辱……是君子、小人之所同也。"⑨《吕氏春秋》指出："人之情"，"欲荣而恶辱"⑩。被人尊重的显荣，不仅可由崇高的社会地位带来，也可由巨大的名声带来，所以"荣誉"又叫"名誉"。商鞅说："民生则计利，死则虑名。""名与利交至，民之性。"⑪韩非说："名之所彰，士死之。"⑫荀子总结："名声若日月……天下之人应之景向，是又人情所同欲也。"⑬

最后是趋乐避苦。"欲"是与"情"联系在一起的。利欲的实现，自然会引起情感的快乐。与趋利避害紧密相连的是趋乐避苦。商鞅指出："苦则索乐……此民之情也。"⑭管子总结得好："凡人之情，得所欲则乐，逢所恶则

---

① ⑭ 均见《商君书·算地》。
② 《荀子·性恶》。
③ 《荀子·荣辱》。
④ 《韩非子·心度》。
⑤ 《论语·里仁》。
⑥ 分见《管子·枢言》《管子·牧民》。
⑦ 《韩非子·难二》。
⑧ ⑪ 《商君书·算地》。
⑨ 《荀子·荣辱》。
⑩ 《吕氏春秋·适音》。
⑫ 《韩非子·外储说左上》。
⑬ 《荀子·王霸》。

忧,此贵贱之所同也。"①

不难看出,周人对人的情欲属性的认识和分析是非常细致、深入的,也是非常符合实际的。

人除了有生物属性之外,还有不同于禽兽的非生物特性。这个特性是什么呢? 就是"智虑""思维"。既然人由元气中的"精气""秀气"所生,所以人心与生俱来地具有不同于其他生物,特别是"禽兽"的智慧机能,它使得人类能够清楚地认识到放纵情欲带来的恶果,从而以理节欲,更好地维护人类的生存。春秋时期郑国思想家子产说:"人之所以贵于禽兽者,智虑。"② 孔子指出:"哀莫大于心死。"③人最大的悲哀是心灵停止思维活动。"饱食终日,无所用心,难矣哉! 不有博弈者乎?"④由于人心具有思维的天性,所以"无所用心"对于一个人来说是很难受的。解闷的"博弈"游戏就是适应"用心"的天性产生的。孟子明确揭示:心灵这个器官与耳目感官的最大区别就是"心之官则思",而"耳目之官不思"⑤。人心的这种智慧、思维机能,又被视为"灵智"或"灵性"。孔子指出:人"受才乎大本,复灵以生"⑥,生来具有灵智。杨朱说:"人肖天地之类,怀五常之性,有生之最灵者也。"⑦人的思维、智虑的最大功能,就是能够认识外物的本质、特征和规律。《管子》指出:"心之所虑,非特知于粗粗也,察于微妙。"⑧孟子指出:耳目之官不会思考,故"蔽于物";心之官能思考,所以能够认识外物。这就叫"思则得之,不思则不得也"⑨。鹖冠子指出:"精神者,物之贵大者也。"⑩"圣人之道与神明相得。"⑪在"思维""神明"的基础上,产生了辨别是非善恶的道德之心。"恻隐之心,仁也;羞恶之心,义也;恭敬之心,礼也;是非之心,智也。仁义礼智,非由外铄我也,我固有之也。"⑫这种道德天性是人区别于"禽兽"的根本特性。列子指出:"人而无义,唯食而已,是鸡狗也;疆食靡角,胜者为制,是禽兽也。"⑬

在西方古典哲学中,人是"有意识的动物"或"有自我意识的动物",是

---

① 《管子·禁藏》。
② 《列子·杨朱》。
③ 《庄子·田子方》引孔子语。
④ 《论语·阳货》。
⑤⑨⑫ 《孟子·告子上》。
⑥ 转引自《庄子·寓言》。
⑦ 《列子·杨朱》。
⑧ 《管子·水地》。
⑩ 《鹖冠子·泰录》。
⑪ 《鹖冠子·度万》。
⑬ 《列子·说符》。

经典性的人性定义。具有认识功能的"意识"或"自我意识",是人区别于其他动物的最根本的特性。周代人的特性认识与此不谋而合,至今仍有极大的现实参考价值。

周人不仅深刻认识到人性的二重内涵,而且对感官天性与心灵天性各自的特点及其关系作出了深入论析。周人认为,人的理性、智慧的特点是安静的、平正的,所以能够获得对事物的清明、正确认识。"定心在中,耳目聪明。"①"人能正静……耳目聪明……乃能……鉴于大清,视于大明。"②人的情欲恰恰是躁动的。它感物而生,应物起舞,打破了心智的平静清明,背离对事物的真切认识。"心感物,不生心生情;物交心,不生物生识。"③"情生于心,心生于性。情,波也;心,流也;性,水也。"④"凡人之生也,必以平正。所以失之,必以喜怒忧患。""夫心有欲者,物过而目不见,声至而耳不闻也。"⑤"心忆者犹忘饥,心忿者犹忘寒,心养者犹忘病,心激者犹忘痛。"⑥因此,要确保对天地万物有清明、正确的认识,就必须以理性控制情欲和引起情欲的外物。"能去忧乐喜怒欲利,心乃反济。""节其五欲,去其二凶(指喜怒),不喜不怒,平正擅(据)胸。"⑦"圣人裁物,不为物使。"⑧因此,人的情欲与理性二重属性不是互不关联的两股道上跑的车,而是相互联系的一个整体,处理二者关系的方法是"允执厥中"⑨、相互兼顾,以理性为主。管子指出"心"为"君主"、"九窍"为"百官",君安则臣治,心静则情和:"心之在体,君之位也;九窍之有职,官之分也。心处其道,九窍循理;嗜欲充益,目不见色,耳不闻声。"⑩"我心治,官乃治;我心安,官乃安。"⑪孟子指出:"心之官"为人之"大体"、"耳目之官"为人之"小体","从其大体为大人,从其小体为小人"。"先立乎其大者",在心性这个大方面把好关,则"为大人而已矣"⑫。

比较一下道家"无智无欲"的人性论与儒家、法家"有智有欲"的人性论,显然,前者更多地体现为一种拯救乱世的人性理想,后者则是面对实际提出的人性分析,更具有现实的指导意义。当然,二者也不是截然对立的。道家所说的人的道德本性的"虚极静笃",与儒家所要求的道德理性的"静

---

① ② ⑤ ⑦ ⑪ 《管子·内业》。
③ 《关尹子·符篇》。
④ 均见《关尹子·鉴篇》。
⑥ 《关尹子·七篇》。
⑧ 《管子·心术下》。
⑨ 《尚书·大禹谟》。
⑩ 《管子·心术上》。
⑫ 《孟子·告子上》。

而后能安,安而后能虑"①,就有显著的通约之处。在要求以道德心性控制自然情欲的过度追求这一点上,二者目标一致,殊途同归。从当时及后代的实际情况看,"有智有欲"的人性论显然比"无智无欲"的人性论影响更为广泛和深远。

四、人性价值论:"性善""性恶""有善有恶""无善无恶"

春秋战国时期"有智有欲"的人性内涵论影响巨大。对人的天性中的情欲和理智内涵作出价值评判,就形成了"性善"论、"性恶"论和"有善有恶"论、"无善无恶"论四种学说。

"性善"论的代表是孟子。他认为人天然地具有"仁""义""理""智"这些"良知""良能",因而是"性善"的动物。他论证说:"人之所不学而能者,其良能也;所不虑而知者,其良知也。孩提之童无不知爱其亲者,及其长也,无不知敬其兄也。亲亲,仁也;敬长,义也。"②"理义之悦我心,犹刍豢之悦我口。"③"人性之善也,犹水之就下也。人无有不善,犹水无有不下。"④"人皆有不忍人之心……恻隐之心,仁之端也;羞恶之心,义之端也;辞让之心,礼之端也;是非之心,智之端也。人之有四端也,犹其有四体也。"⑤既然道德善性是天生的,为什么我们看到有许多小人、恶人呢?这是放弃了对天赋善性的追求、丢失天赋善性的结果,所谓"求则得之,舍则失之"⑥。之所以会发生这种情况,根源在于善心被感官欲望主宰和遮蔽了。所以他强调加强后天的道德修养,永葆"仁义礼智"的善心。"学问之道无他,求其放心而已。"⑦道德修养的过程说到底就是找回丢失的善心的过程。

"性恶"论的代表是荀子。他的观点与孟子的"性善"论针锋相对。荀子认为:"生之所以然者谓之性。"⑧天生的资质叫"性"。"仁义礼智"等道德意识恰恰不是人的天性,而是后天教化修养的结果,所以人不是"性善"的动物。人的天性不是道德意识,而是情感欲望。人的自然情欲要求无限满足自己,具有作恶的天然倾向,是产生社会祸乱的根源:"今人之性,生而有好利焉,顺是,故争夺生而辞让亡焉;生而有疾恶焉,顺是,故残贼生而忠信

---

① 《礼记·大学》。
② 《孟子·尽心上》。
③⑥ 《孟子·告子上》。
⑤ 《孟子·公孙丑上》。
⑦ 《墨子·兼爱上》。
⑧ 《荀子·正名》。

亡焉;生而有耳目之欲,有好声色焉,顺是,故淫乱生而礼义文理亡焉。然则从人之性,顺人之情,必出于争夺,合于犯分乱理,而归于暴。"①"人无礼义则乱,不知礼义则悖。然则性而已,则悖乱在己。"②因而,荀子得出结论说:"用此观之,人之性恶明矣。"③人是"性恶"的动物。统治者用礼义道德对人的情欲加以教化和规范,恰恰是人性本恶的证明。"古者圣人以人之性恶,以为偏险而不正,悖乱而不治,故为之立君上之势以临之,明礼义以化之,起法正以治之,重刑罚以禁之,使天下皆出于治,合于善也。是圣王之治而礼义之化也。""今诚以人之性固正理平治邪(耶),则有恶用圣王,恶用礼义哉?虽有圣王礼义,将曷加于正理平治也哉?""凡人之欲为善者,为性恶也。""今人之性,固无礼义,故强学而求有之也;性不知礼义,故思虑而求知之也。"④由此可见,"人之性恶,其善者伪也"⑤。

人性"有善有恶",同时具有善恶二重性,这种观点的代表是春秋时期陈国的世硕。世硕是孔子弟子。他的这一观点保留在东汉王充的《论衡·本性》中:"周人世硕,以为人性有善有恶。举人之善性,养而致之则善长;恶性,养而致之则恶长。如此,则性各有阴阳,善恶在所养焉。"接着王充还补充说:"宓(一作虙)子贱、漆雕开、公孙尼子之徒,亦论情性,与世子相出入,皆言性有善有恶。"宓子贱、漆雕开也是孔子弟子,公孙尼子是孔子再传弟子。他们的观点与世硕差不多,都坚持"有善有恶"的二重人性论。看来这种人性论在春秋战国时期影响不小。其论证思路有二。一是人性中既有恶的情欲,也有善的理性,关键在于往哪个方向引导。"性可以为善,可以为不善。是故文武兴则民好善,幽厉兴则民好暴。"⑥人性可以使它善良,也可以使它不善。所以善良的周文王、周武王当朝,老百姓就喜欢做好事;暴虐的周幽王、周厉王当朝,老百姓就热衷争斗。二是认为有的人"性善",有的人"性恶",不能一概而论地说人"性善"或"性恶"。"有性善,有性不善。是故以尧为君而有象,以瞽瞍为父而有舜;以纣为兄之子且以为君,而有微子启、王子比干。"⑦有的人本性善良,有的人本性不善良。比如虽然有尧这样圣人做天子,却有象这样不善良的臣民;虽然有瞽瞍这样不善良的父亲,却有舜这样善良的儿子;虽然有殷纣王这样不善良的侄儿,并且做了天子,却也有微子启、王子比干这样善良的长辈和贤臣。这就埋下了差等人性论的种子,是对共同人性思想的否定。

值得说明的是,人性同时兼有善与不善二重性,这种观点早在周人编

————————
①②③④⑤ 《荀子·性恶》。
⑥⑦ 《孟子·告子上》引。

订的《尚书·虞夏书·大禹谟》中就有反映。舜帝说:"人心惟危,道心惟微;惟精惟一,允执厥中。""人心惟危,道心惟微"是舜帝对夏禹的政治告诫。他告诉政治家,人身上同时具有"人心"与"道心"。"人心"是人欲之心、人情之心,是情欲之性。"道心"是理义之心、智慧之心,是道德理性。"人心"有作恶的危险,所以叫"人心惟危"。"道心"有为善的微妙,所以叫"道心惟微"。统治者必须平衡、折中二者的关系,不走极端,不落一偏。这个说法,其实是世硕等人"有善有恶"二重人性论的最初依据。经过世硕等人的继承发展,对后世的中国思想界影响深远。比如宋代朱熹就曾据此说明:"人自有人心、道心。"①"虽上智不能无人心,虽下愚不能无道心。"②

"无善无恶"人性论的代表是战国时代的告子。告子没有留下著作。他的观点见于《孟子》记载:"告子曰:'性无善、无不善也。'"告子的论证很少,只是作了个比喻论证:"性犹湍水也,决诸东方则东流,决诸西方则西流。人性之无分于善、不善也,犹水之无分于东西也。"③这意思是说:既然人性如流水,在外力的作用、疏导下可以往东流,也可往西流,可以作恶,也可为善,所以人性就无法说是善的或恶的。可见,告子的人性论是"有善有恶""可善可恶"人性论的反向推演。

值得注意的是,道家学派没有明确给人性贴上善恶的标签,但事实上埋下了"性善情恶"或"性善欲恶"二重人性论的基础。"性"指人的天性,道家用来指人从"道"那儿禀有的清虚寂寞的本性,表现形态是"无情无欲""无思无虑"。因其最符合道家的"道德"观,所以被认为是善的。而情欲、思虑都是对虚静的道德本性的偏离,因而被认为是恶的。文子指出:"邪与正相伤,欲与性相害,不可两立,一起一废,故圣人捐欲而从性。"④"嗜欲达于物,聪明诱于外,性命失其真。"⑤"人性欲平,嗜欲害之,唯有道者能遗物反己。"⑥"夫喜怒者,道之邪也;忧悲者,德之失也;好憎者,心之过也;嗜欲者,生之累也。人大怒破阴,大喜坠阳,薄气发喑,惊怖为狂,忧悲焦心,疾乃成积。人能除此五者,即合于神明。"⑦这是明确以"性"为"正"、以"欲""情"为"邪"。老子说:"五色令人目盲;五音令人耳聋;五味令人口爽;驰骋畋猎,令

---

① 《朱子语类》卷六二。
② 朱熹:《中庸章句序》。
③ 转引自《孟子·告子上》。
④ 《文子·符言》。
⑤ 《文子·上礼》。
⑥ 《文子·下德》。
⑦ 《文子·道原》。

人心发狂;难得之货,令人行妨。"①"大道废,有仁义;智慧出,有大伪。"②"失道而后德,失德而后仁,失仁而后义,失义而后礼。夫礼者,忠信之薄,而乱之首。"③庄子说:"道德不废,安取仁义?性情不离,安用礼乐?"④不仅儒家的仁义礼智是对人的"道德性情"的背离,常见的情感好恶也是如此,具有恶性,所以庄子主张"无情","不以好恶内伤其身"⑤,"喜怒哀乐不入胸次"⑥。值得注意的是关尹子对情的批判态度。"一情冥为圣人,一情善为贤人,一情恶为小人。一情冥者,自有之无,不可得而示;一情善恶者,自无起有,不可得而秘。"⑦人的最完美的境界是"情冥",即无情。只要有情,哪怕是有善情,也等而下之。心为情所蔽,就会乱象丛生,好比被各种各样的鬼所迷住一样。"心蔽吉凶者,灵鬼摄(控制)之;心蔽男女者,淫鬼摄之;心蔽幽忧者,沈鬼摄之;心蔽放逸者,狂鬼摄之;心蔽盟诅者,奇鬼摄之;心蔽药饵者,物鬼摄之。"⑧要之,道家认为人的本性"无欲无智",有情欲是恶的,有智虑也是恶的,只有虚静无为的道德本性是善的。道家对于人性善恶的实际价值判断,是"性善情恶"。因而道家主张以虚静的道德本性清除情欲活动和意识活动。道家的"情恶"观,与荀子是相似的;其"性善"论,与孟子却不一样。孟子的"性善"论所说的"仁义礼智"的"善",在道家眼里恰恰也是恶。

五、人性作用论和因应论:"欲多用亦多""智慧知万物"

综上所述,不难看出,周人的总体观点,是认为人性具有恶的情欲与善的心智二重性。周人探讨人性问题,主要是为"牧民"之道提供"因应"依据的。那么,政治家应当如何因应这二重人性呢?人的二重属性,究竟有什么作用呢?

人欲自私自利,有作恶的天性,政治家是不是应该彻底铲除它呢?不。周人明确意识到:"欲不可去"⑨,必须公开承认情欲存在的权利。"人生而有欲,欲而不得,则不能无求。"⑩"欲与恶,所受于天也,人不得与焉,不可变,不可易。"⑪其次,周人认识到,自私自利的情欲既有作恶的消

---

① 《老子》第十二章。
② 《老子》第十八章。
③ 《老子》第三十八章。
④ 《庄子·马蹄》。
⑤ 《庄子·德充符》。
⑥ 《庄子·田子方》。
⑦ 《关尹子·宇篇》。
⑧ 《关尹子·鉴篇》。
⑨ 《荀子·正名》。
⑩ 《荀子·礼论》。
⑪ 《吕氏春秋·大乐》。

极作用,也有可以被因势利导的积极作用。仅仅看到它恶的一面,对它加以扼杀或压制是极为浅薄的。"凡语治而待去欲者,无以道欲而困于有欲者也;凡语治而待寡欲者,无以节欲而困于多欲者也。"①"使民无欲,上虽贤,犹不能用。夫无欲者,其视为天子也,与为舆隶同;其视有天下也,与无立椎之地同;其视为彭祖也,与为殇子同。天子至贵也,天下至富也,彭祖至寿也,诚无欲,则是三者不足以劝。舆隶至贱也,无立椎之地至贫也,殇子至夭也,诚无欲,则是三者不足以禁。"②再次,既然自私自利是人的一切活动的原动力,只要因民之性,顺应人欲,欲利者利之,合理加以引导,就能极大调动人的劳作的主动性,产生排山倒海的积极力量。"因也者,因人之情也。""故用人之自为,不用人之为我,则莫不可得而用矣。"③"以道治天下,非易人性也,因其所有而条畅之。故因即大,作即小……能因,则无敌于天下矣。"④"利者,所以得民也。"⑤"因民之欲,乘民之力。"⑥"圣人之牧民也,使各便其性,安其居,处其宜,为其所能,周其所适,施其所宜,如此即万物一齐,无由相过。"⑦反之,如果一个人什么利益都不考虑,君主也就失去了有效让他为自己效力的指挥棒。对于那些口口声声无私尽忠的人,政治家必须加以警惕防范。"人不得其所以自为也,则上不取用焉。"⑧对于自私反而好利用、无私反而不可利用的相反相成之道,《吕氏春秋》有极为深刻的揭示:"人之欲多者,其可得用亦多;人之欲少者,其得用亦少;无欲者,不可得用也。""善为上者,能令人得欲无穷,故人之得用亦无穷也。"⑨复次,顺应、满足人的私利欲望可以产生能动的效用,但也必须注意到情欲追求的恶性,如果"无度量分界,则不能不争"⑩,"形而不为道,则不能无乱"⑪,所以因势利导、以理导欲,在"因民之性"的同时"为之节文"不可缺少,至关重要。只有这样才能化恶为善,将人们追求私利的活动引导到国家、社会需要的合理范围内,产生既利民又利国的积极效果。"故先王之制法,因民之性而为之节文……因其性即天下听从,拂其性即法度张而不用。"⑫这个"为之节文"的理性规范,在周代主要就是"礼乐"。如管子指

---

① 《荀子·正名》。
② 《吕氏春秋·为欲》。
③⑧ 《慎子·因循》。
④⑥⑦⑫ 《文子·自然》。
⑤ 《韩非子·诡使》。
⑨ 《吕氏春秋·为欲》。
⑩ 《荀子·礼论》。
⑪ 《荀子·乐论》。按:相近的表述也见于《礼记·乐记》。

出:"止怒莫若诗,去忧莫若乐,节乐莫若礼。"①荀子指出:"争则乱,乱则穷。先王恶其乱也,故制礼义以分之,以养人之欲,给人之求。"②"先王恶其乱也,故制《雅》《颂》之声以道(导)之"。③周人对于人的情欲天性双重作用的辩证认识以及控制与满足的双重因应主张,是一笔相当深刻、睿智的思想财富。

关于人的"智虑"特性的作用,周人也有相当深刻的认识。首先认为人的"智虑"具有照物之明,能够认识事物的外部特征,洞悉事物的内在奥秘。"彼道不离,民因以知。"④"至神明之极,照乎知万物",乃能"鉴于大清,视于大明"⑤。这又分两个层次。一是有智(思虑)之智,即以儒家为代表的智慧,由常见的理性思维构成。二是无智(思虑)之智,即以道家为代表的智慧,由超验的神秘理性构成,具有"大智若愚""不见而明"的特征。前者好理解,不需多说。后者值得细看一下。老子说:"涤除玄鉴。"⑥"玄鉴"的前提是"涤除"一切欲念。"常无,欲以观其妙。"⑦只有心中无所有,才能玄观万物之妙。"不出户,知天下;不窥牖,见天道。""圣人不行而知,不见而明。"⑧这是一种"不智"之"大智"。"以不智治国,国之福。"⑨"古之善为道者,非以明民,将以愚之。"⑩"不尚贤,使民不争;不贵难得之货,使民不为盗;不见可欲,使民心不乱……使夫智者不敢为也。"⑪这种"大智"所否定的世俗之智,斤斤计较于仁义礼智,其实是"小智"。"民之难治,以其智多。故以智治国,国之贼。"⑫这里说的"智"都指"小智"。因此,老子说:"绝圣弃智,民利百倍。"⑬文子对此有进一步的阐明:"有心者之于平,不如无心者。"⑭"知之浅不知之深,知之外不知之内,知之粗不知之精。知之乃不知,不知乃知之,孰知知之为不知,不知之为知乎!""故至言去言,至为去为,浅知之人,所争者末矣。"⑮"民饰智以惊愚,设诈以攻上,天下有能持之,而未能有治之者也。夫智能弥多,而德滋衰,是以至人淳朴而不散。""故国治可

---

① ④ ⑤ 均见《管子·内业》。
② 《荀子·礼论》。
③ 《荀子·乐论》。
⑥ 《老子》第十章。
⑦ 《老子》第一章。
⑧ 《老子》第四十七章。
⑨ ⑩ ⑫ 《老子》第六十五章。
⑪ 《老子》第三章。
⑬ 《老子》第十九章。
⑭ 《文子·符言》。
⑮ 均见《文子·微明》。

与愚守也。"①"夫至人之治也,弃其聪明,灭其文章,依道废智,与民同出乎公。"②遗憾的是,"人皆欲智而莫索其所以智乎"③,所以芸芸众生都在这种自以为是的"小智"中徘徊挣扎。人类社会从古至今的发展史,就是一部从"大智"向"小智"的退化史。"失道而后有德,失德而后有仁,失仁而后有义,失义而后有礼。"④然而,不管道家怎样看,正是在人所独有的智慧的指导下,人们可以"后天地而生而知天地之始,先天地而亡而知天地之终"⑤,也就是可以认识天地之理;可以"小大曲制,无所遗失,远近邪直,无所不及"⑥;"不若万物多,而能为之正;不若众美丽,而能举善指过焉;不若道德富,而能为之崇;不若神明照,而能为之主;不若鬼神潜,而能著其灵;不若金石固,而能烧其劲;不若方圆治,而能陈其形"⑦。广而言之,周代所以能够对"天""地""人""神"有深切的认识,都源于"智慧"具有的"聪明"功能。

以"智慧"机能认识人与人交往的社会准则,便产生"仁""义""礼"为代表的道德规范。"仁""义""礼"之类的道德概念并非儒家的发明,而是周初的统治者就倡导、践行的,只是到儒家手中集其大成而已。孔子说:"仁义,真人之性也。"⑧孟子说:"人之有道也,饱食暖衣、逸居而无教,则近于禽兽。"⑨《礼记》指出:"鹦鹉能言,不离飞鸟;猩猩能言,不离禽兽。今人而无礼,虽能言,不亦禽兽之心乎!……是故圣人作为礼以教人,使人以有礼,知自别于禽兽。"⑩礼义,是人与禽兽的根本区别。因此,荀子总结说:"礼者,人道之极也。"⑪"为之,人也;舍之,禽兽也。"⑫"人之所以为人者,非特以其二足而无毛也,以其有辨也。夫禽兽有父子而无父子之亲,有牝牡而无男女之别。故人道莫不有辨,辨莫大于分,分莫大于礼。"⑬而"礼"正是引导人的情欲在合理范围内活动的人道规范。

以人的智慧特性正确认识自然本性和规律,就可以处理好人与自然的关系,从自然中谋取生活资料,为人类自身服务。动物只是被动地等待自然

---

① 《文子·下德》。
② 《文子·道原》。
③ 《管子·心术上》。
④ 《老子》第三十八章。
⑤⑥ 《鹖冠子·度万》。
⑦ 《鹖冠子·能天》。
⑧ 转引自《庄子·天道》。
⑨ 《孟子·滕文公上》。
⑩ 《礼记·曲礼上》。
⑪ 《荀子·劝学》。
⑫ 《荀子·王制》。
⑬ 《荀子·非相》。

恩赐,其生命活动是本能的、无意识的。而人类则能够在意识的指导之下驾驭自然、改造自然,通过有计划、合规律的劳动创造生活财富。这是马克思主义的"人的本质"观。而墨子早有触及:"今人固与禽兽……蜚(通飞)鸟……异者也。今之禽兽……蜚鸟……因其羽毛以为衣裘,因其蹄蚤以为绔屦,因其水草以为饮食……衣食之财故已具者矣。今人与此异者也,赖其力者生,不赖其力者不生。"①这里的"力"指的是人的能动、积极的劳动。

人凭借智慧机能,不仅懂得认识和掌握自然规律,向自然界谋取生活财富,而且懂得在劳动中联合起来,共同对付自然挑战,提高族类的生存能力。《吕氏春秋》指出:"凡人之性,爪牙不足以自守卫,肌肤不足以捍寒暑,筋骨不足以从利避害,勇敢不足以却猛禁悍,然且犹裁万物、制禽兽、服狡虫,寒暑燥湿弗能害,不唯先有其备而以群居邪?群之可聚也,相与利之也。利之出于群也。"②荀子指出:人"力不若牛,走不若马,而牛马为用,何也?曰:人能群,彼不能群也。"③个体的人的能力比不上许多动物,但在智慧的指导之下,人懂得团结起来组成社会群体,形成巨大的合力,所以能够驾驭万物。在社会财富消费环节,周人还意识到"百工之事固不可耕且为","一人之身而百工之所为备"④。这就从生产到消费的全过程触及马克思所讲的人的"社会性"特征。

周代对人的智慧特性的认知功能及其产生的道德特性、劳动特性、社会特性的认识,与西方古典哲学人性论的"意识"特性说和马克思的"劳动"特性说、"社会特性"说多有交叉链接,是这个时代"人的觉醒"的又一标志。

六、人的地位论:"天地之性人为贵"

周人认为,人具有情欲与理智二重天性,人的自然情欲可以在理智确认的道德规范指导下发挥伟大的积极作用,造福社会与个人,告别弱肉强食、相互厮杀、生死无常的禽兽状态;可以在理智的指导下组成社会团体,团结起来共同对付自然,可以凭借理智认识自然规律,驾驭、改造自然,发挥主观能动性,谋取和创造生活财富,成为万物的主宰。因此,周人对"人"在宇宙万物中的地位得出了一个迥异于殷商的结论:人是"万物之灵""天地之心",万物之中,人最高贵。

周代的这个人的地位结论,是建立在一系列的比较、推演基础上的。

首先,"人之所以贵于禽兽者,智虑"⑤。"神明者,以人为本者也。"⑥心

---

① 《墨子·非乐上》。
② 《吕氏春秋·恃君》。
③ 《荀子·王制》。
④ 《孟子·滕文公上》。
⑤ 《列子·杨朱》,子产语。
⑥ 《鹖冠子·博选》。

灵能够认识对象和自我的本质、规律的"智虑"或"神明",是人类与"禽兽"区分开来,并凌驾于"禽兽"之上、成为万物之"本"的根源。

其次,人的高贵之处,突出表现为人类在谋取私利时有道义规范,而不像"禽兽"那样仅仅听凭本能行动。荀子概括得很精辟:"水火有气(元气)而无生(生命),草木有生而无知(知觉),禽兽有知而无义(道义);人有气、有生、有知、有义,故最为天下贵也"①。世界上的物质有的是无机物,有的是有机物;有机物中有的无生命,有的有生命;有生命的物种中有的有知觉,有的无知觉;有知觉的动物中有的有道德意识,有的无道德意识。人就是万物中处在最高序列的有道德意识的物种,所以最为高贵。

再次,禽兽只是被动地等待自然,"因其羽毛以为衣裘,因其蹄蚤以为绔屦,因其水草以为饮食",而人类则懂得"赖其力"而"生"②,依靠自己有计划、有组织、有协作的劳动去谋求更好的生存,"制禽兽、服狡虫"③,"用牛马"④,乃至"裁万物"⑤,成为万物的主宰。所以说:"天生万物,唯人为贵。"⑥

复次,老子曾经认为,"道"派生了"天""地"及万物,万物中"人"最高贵,所以将"人"与"天""地"并列,提出"域中有四大",即"道大、天大、地大、人亦大"⑦。到了战国后期,人们愈来愈认识到,人类可以凭借智慧掌握和利用"天时""地利"等自然规律为人类服务,对人的吉凶祸福而言,"天时""地利"都不如"人和"重要。所以在"天""地""人"三者中,鹖冠子提出"法天则戾""法地则辱"的"先人"主张。《鹖冠子·近迭》记载云:"庞子问鹖冠子曰:圣人之道何先? 鹖冠子曰:先人。……庞子曰:何以舍天而先人乎? 鹖冠子曰:天高而难知,有福不可请,有祸不可避,法天则戾;地广大深厚,多利而鲜威,法地则辱……故圣人弗法……是故先人。"荀子则响亮地提出:"大天而思之,孰与物畜而制之? 从天而颂之,孰与制天命而用之?"⑧所以周人得出的最终结论是:"人"的地位比"天""地"还高。正如《孝经》所揭示:"天地之性人为贵。"《礼记·礼运》也如此赞美:"人者,天地之心也"。

最后,关于"神""人"地位的比较。殷商留下来的传统观念认为人的祸福由"神"决定,"神"的地位至高无上。但到了西周,人们已开始认识到"天

---

①④ 《荀子·王制》。
② 《墨子·非乐上》。
③⑤ 《吕氏春秋·恃君》。
⑥ 《列子·天瑞》。
⑦ 《老子》第二十五章。
⑧ 《荀子·天论》。

命靡常","神"不可信。到了春秋战国时代,人们进一步认识到,"天命""神意"是飘忽不定、"安知其所"①的;"吉凶由人"②,"祸福无门,唯人所召"③。"尧为善而众善至,桀为非而众非来"④,只要多做善事,就一定有幸福降临。于是,在周人的心目中,"人"的地位比"神"还高贵。周武王说:"惟人"为"万物之灵"⑤。孔安国注解说:"灵,神也。"这个命题的意思是说,只有"人"才是万物中的神灵!至为神圣,不可亵渎。于是,"人"取代了"神",在周人心目中拥有至高无上的地位。周代思想界的一切,都围绕着"人道"的核心运行。

周代关于"人性"的思考,涉及人的生死、平等人性、人性内涵、人性价值、人性作用、人的地位,体现了人对自我的全面觉醒。它运用朴素的唯物主义方法直击人性实际,探究人性奥秘,渗透着求真务实的科学精神,系统而深刻,至今仍有强大的现实参考价值。

---

① 《吕氏春秋·有始览·应同》。
② 《左传·僖公二十六年》,周内史叔兴语。
③ 《左传·襄公二十三年》,鲁国大夫闵子马语。
④ 《吕氏春秋·有始览·应同》。
⑤ 《尚书·周书·泰誓上》。

第四章　周代的哲学意识：
　　　　世界观与认识论

　　本章提要：周代"人的觉醒",不仅体现为人自身本性、作用、地位的全面自觉,而且体现为人对外在世界的起源、发生、构成、本体的清醒认识。这种认识,凝聚为周人对于世界的哲学思考,体现为周代的世界观和认识论。本章系统梳理、阐释周代的世界观和认识论。"道生万物"是周代的世界发生论。"宇宙"观与"天地人神"论是周代的世界构成论。道家的"万物之奥"说与儒家的"人伦天理"观,构成周代的世界本体论。道家的"玄鉴"论与儒家的"格物"说,构成周代的认识论。道家强调的"正言若反"与儒家坚守的"中庸之道",则构成了周代的认识方法论。这些都证明了周人理性的自觉及其取得的思想成就,是对中国古代有无哲学疑问的最好回答。

　　周代"人的觉醒",不仅体现在人对自身本质、属性、作用、地位的自我意识方面,而且体现在人对外在世界发生、结构、本体、形态的完整认识方面。而后者也就是我们通常所说的"哲学思想"。

　　"哲学"是关于世界观和认识论的理论体系。"世界观"是关于世界的起源与发生、本质与现象、认识与存在关系等基本问题的总体认识。"认识论"是探讨人类认识的本质与结构、前提与基础、认识的真理标准、真理的认识方法等问题的哲学学说。"哲学"这个概念是古希腊毕达哥拉斯首先发明的。这个希腊名词由两个字构成,合起来意即"爱智"。这个词转借到英语、俄语、德语等语言中,都音译为"菲罗索菲"。日本明治维新时期哲学家西周(1829—1897)根据汉字的意义将指称聪慧的"哲"与指称学问的"学"并成一词,指智慧之学。19 世纪末至 20 世纪初,随着西方新学在中国的兴起,"哲学"一词开始在中国学界中使用,成为通用术语。

　　当代中国哲学界曾经有人提出中国古代有无哲学的问题。一种观点依据中国古代没有"哲学"概念这个事实,认为中国古代没有哲学思想,讨论"中国古代哲学思想"是一个伪问题。笔者认为这是一种拘泥于字面、无视事实的见解,不值得采信。中国古代虽然没有"哲学"概念,但却存在着大量的哲学思想,存在着关于世界观与认识论的若干论述。周代的世界观和认识论乃是中国轴心文明时期哲学思想的有力证明。

一、世界发生论:"道生万物"

人类生存和面对的这个世界,是一个时空组合体。这个时空就叫"宇宙"。周人认为,"四方上下曰宇,往古来今曰宙"①。宇宙万物是怎么产生的呢?周人认为,宇宙万物生于"有","有"生于"无"。"无"是宇宙的起源或本原,叫"太极""太一"。"太极"在时间上处于"太始",在空间上呈现为"太虚"。它们统谓之"道"。"道"无形,但又能化生众形。这个由"无"生"有"的"有",是分阶段、分层级的。周人描述为先是"元一之气"的"一",然后是"阴、阳二气"的"二",然后是天地人三才的"三",再后来是四时五行的"四"与"五",最后是"天地人神"、芸芸众生的万物。

关于世界的起源及其发生过程,道家哲学有大量论述,作出了重要贡献。老子指出:"道"是万物之祖、宇宙之始。"有物混成,先天地生,寂兮寥兮,独立而不改,周行而不殆,可以为天地母。吾不知其名,字之曰'道'。"②道生万物的过程是:"道生一,一生二,二生三,三生万物。"③"天下万物生于有,有生于无。"④"道"是空无所有的,所以老子说"'无'名天地之始"。不过它在生成万物的过程中首先演变为元一未分之气,是生"二"生"三"生"万物"的那个"一",所以老子说"'有'名万物之母"。由元一未分之气又分解出阴阳二气,阴阳二气相互激荡,化生出天、地、人三才,由此再化生出万物。

老子弟子文子对道生万物的过程认识更为具体,增加了"四时""五行"的元素和环节:"夫道者,德之元,大之根,福之门,万物待之而生,待之而成,待之而宁。"⑤"夫道者,高不可极,深不可测,苞裹天地,禀受无形,原流泏泏,冲而不盈,浊以静之徐清,施之无穷,无所朝夕,卷之不盈一握,约而能张,幽而能明,柔而能刚,含阴吐阳,而章三光;山以之高,渊以之深,兽以之走,鸟以之飞,麟以之游,凤以之翔,星历以之行。"⑥道生万物的过程是怎样

---

① 《尸子》卷下。魏代富疏证:《尸子疏证》,凤凰出版社2018年版。
② 《老子》第二十五章。
③ 《老子》第四十二章。冲:陈鼓应解为激荡;和,陈鼓应解为和谐体。笔者按:此句意为:万物依靠阴阳二气而生,是阴阳二气互相冲击激荡的和谐产物。
④ 《老子》第四十章。
⑤ 《文子·道德》。
⑥ 《文子·道原》。

的呢？是一生二,二生三、四、五的过程。一是元一之气、太极之道。二是阴阳二气。三是天地人。四是四时。五是五行。"道生万物,理于阴阳,化为四时,分为五行,各得其所。"①"天地未形,窈窈冥冥,浑而为一,寂然清澄,重浊为地,精微为天,离而为四时,分而为阴阳,精气为人,粗气为虫,刚柔相成,万物乃生。"②

列子是战国时期的道家代表人物。他对道生万物的世界发生过程的认识又有新的贡献。他指出：宇宙万物是从无形的太一之道逐渐演化而生的。这个太一之道,最初是"未见气"的、以"虚无"为特征的"太易",后来演化为一气未分的"太初",然后演化为形态初成的"太始",最后演化为万物之始的"太素"："有'太易',有'太初',有'太始',有'太素'。'太易'者,未见气也;'太初'者,气之始也;'太始'者,形之始也;'太素'者,质之始也。"在"太初""太始""太素"阶段,"气、形、质具而未相离,故曰'浑沦'"。它"视之不见,听之不闻,循之不得",所以又叫"易"。"易"的特点是浑沦一体,没有"形埒"（形状与界限）,所以"易变而为一"。"一者,形变之始也。清轻者上为天,浊重者下为地,冲和气者为人;故天地含精,万物化生。"③这个太易之道与其化生的万物的关系是生与不生的关系、生物与被生的关系,生物者不被生、被生者不生物的关系。"有(被)生者,有生生者。""生生者"即道。道生万物,永无止境,但道自身是不被派生的,它"自生自化,自形自色,自智自力,自消自息",按照"生者不能不生,化者不能不化"的自然规律"常生常化","无时不生,无时不化","生生者未尝终"。这就叫"不生者能生生,不化者能化化"。"不生不化"者,不被化生也,指派生万物的最初实体"道"。被道化生的万物不可能具有道生万物的功能,这就叫"有生不生,有化不化"④。能化生宇宙万物的"太一"或"太易",列子称为"生生者"。它"能阴能阳,能柔能刚,能短能长,能圆能方,能生能死,能暑能凉,能浮能沉,能宫能商,能出能没,能玄能黄,能甘能苦,能膻能香"⑤,具有无所不能、无所不化的神奇功能。它化生万物的活动是自然而然的过程,人力不可改变,所以列子又叫作"天命"或"命"。

《鹖冠子》是战国后期道家的殿军著作。关于宇宙发生的过程,《鹖冠子》指出："道者,开物者也。"⑥"有一(道也)而有气,有气而有意(生意),有意而有图(象),有图而有名(名称),有名而有形(形体),有形而有事(人

---

① 《文子·自然》。
② 《文子·九守》。
③④⑤ 《列子·天瑞》。
⑥ 黄怀信：《鹖冠子校注·度万》。

事),有事而有约(公约、法制)。"天下万物,"莫不发于气、通于道、约于事、正于时、离于名、成于法者也。"①此外,《鹖冠子》的描述还糅合了阴阳、五行、术数学说等因素。②"道"生万物,无物非"道","道"无处不在,但又"混沌不分",无形可见:"道者……图弗能载,名弗能举,口不可以致其意,貌不可以立其状。"③

道家之外,《管子》《吕氏春秋》《易传》等著作也涉及宇宙发生论,值得注意。《管子》战国中期以后成书,记载的管仲生活于老子之前。是管子影响了老子,还是老子影响了《管子》,我们很难细分,权且把《管子》作为一个整体来看。春秋前期的那个管子虽然不可能是杂家,但战国中期以后整理的《管子》却呈现出杂家倾向。它在世界发生论方面的思想,与道家非常类似。《管子》认为,世界的本原是"道"。它"虚无无形",但又具有"化育万物"的"德",故无所不在:"虚无无形谓之'道',化育万物谓之'德'。"④"'道'也者,通乎无上,详乎无穷,运乎无生。"⑤"凡'道',无根无茎,无叶无荣。万物以生,万物以成,命之曰'道'。""夫道者,所以充形也……其往不复,其来不舍。谋乎莫闻其音,卒乎乃在于心;冥冥乎不见其形,淫淫乎与我俱生。不见其形,不闻其声,而序其成,谓之'道'。"⑥"道之大如天,其广如地,其重如石,其轻如羽,民之所以知者寡。"⑦"道"在派生、化育万物时通过"气"这个中介。"有气则生,无气则死,生者以其气。"⑧"气",《管子》又称为"精",即精气:"精也者,气之精者。"气生万物,又表述为精生万物:"凡物之精,化则为生。下生五谷,上为列星,流于天地之间,谓之鬼神;藏(之)于胸中,谓之圣人。是故民(当为名)气。"⑨

《吕氏春秋》是战国末期综合各家学说、总结帝王之道的划时代巨著,也呈现出杂家特色。它沟通天人,包罗万象,视野宏大,思维深邃。关于世界万物的产生,《仲夏纪·大乐》指出:"万物所出,造于太一,化于阴阳。"这个派生万物的"太一"就是"道":"道也者,至精也,不可为形,不可为名,强为之,谓之太一。"太一生万物的具体过程是:"太一出两仪,两仪出阴阳。阴阳变化,一上一下,合而成章。浑浑沌沌,离则复合,合则复离,是谓天常。天

---

① 黄怀信:《鹖冠子校注·环流》。
② 黄怀信:《鹖冠子校注·泰鸿》。
③ 黄怀信:《鹖冠子校注·度万》。
④ 《管子·心术上》。
⑤ 《管子·宙合》。
⑥⑨ 《管子·内业》。
⑦ 《管子·白心》。
⑧ 《管子·枢言》。

地车轮,终则复始,极则复反,莫不咸当。日月星辰,或疾或徐,日月不同,以尽其行。四时代兴,或暑或寒,或短或长,或柔或刚。"《八览·有始》说:"天地有始,天微以成,地塞以形,天地合和,生之大经也。以寒暑、日月、昼夜知之,以殊形、殊能、异宜说之。夫物合而成,离而生。知合知成,知离知生,则天地平矣。"万物是由天、地交合产生的。天地交合,产生了寒暑变化、日月运转、昼夜交替,产生了不同的形体、不同的性能、不同的应用。万物由于天地交合而形成,通过分离而产生。"众耳目鼻口也,众五谷寒暑也,此之谓众异,则万物备也。"由各种各样的差别,形成了世间万物。

孔子为代表的儒家关注的重点是现实人伦,对宇宙的发生、自然的本体并不关心,也很少论及。这种情况到思孟学派那里有所改变,但直到战国时期逐步成书的《易传》才真正触及世界发生论。《系辞传》揭示:"易有太极,是生两仪,两仪生四象,四象生八卦,八卦生吉凶,吉凶生大业。""形而上者谓之道,形而下者谓之器。"道生万物的过程就是从无到有、由道生器、一生二、二生四、四生八、八生万物的过程。

综合周人的各种论述,就形成了如下的世界发生图式:

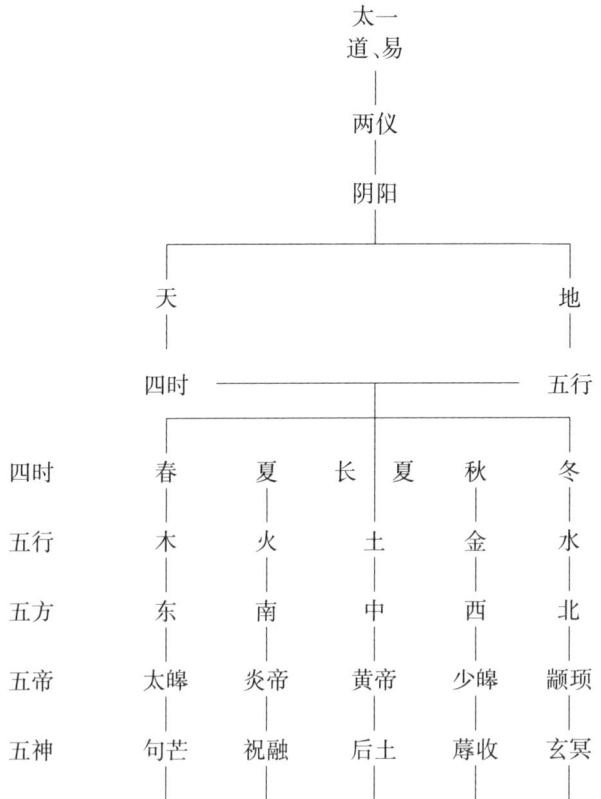

五祀	祀户	祀灶	祀中霤	祀门	祀行
五虫	鳞	羽	蠃	毛	介
五脏	脾	肺	心	肝	肾
五音	角	徵	宫	商	羽
五味	酸	苦	甘	辛	咸
五臭	膻	焦	香	腥	朽
五色	青	赤	黄	白	黑
五谷	麦	菽	稷	麻	黍
五畜	羊	鸡	牛	狗	猪

万物

二、世界构成论:"宇宙"观与"天地人神"论

由"太虚"之"道"化生的万物构成了林林总总的人类生存世界。这个世界的构成方式是怎样的？构成这个世界的主要物种有哪些？周人认为，世界万物是在时空中存在的。世界是时空组合体。它在实际上无始无终，在空间上无边无际。无始无终的时间构成"宇"，无边无际的空间构成"宙"。"世界"的时空存在方式叫"宇宙"。宇宙中存在着此岸与彼岸、现实与天国，此岸、现实生存的物种代表是"天""地""人"，彼岸、天国生存的物种代表是"灵"（天神）、"祇"（地神）、"鬼"（人神），合称"神"。

先看宇宙观。何为"宇宙"？周代典籍中有两部书直接回答过这个问题。《文子·自然》指出："往古来今谓之'宙'，四方上下谓之'宇'。"《尸子》指出："上下四方曰'宇'，往古来今曰'宙'。"

首先，"宙"作为世界存在的时间维度，无始，亦无终。《列子·汤问》描写了殷汤与夏革的一段关于时间的对话："殷汤问于夏革曰：'古初有物乎？'夏革曰：'古初无物，今恶得物？后之人将谓今之无物，可乎？'殷汤曰：'然则物无先后乎？'夏革曰：'物之终始，初无极已。始或为终，终或为始，恶知其纪？'"[1]"物之终始，初无极已"，是对世界在时间上无始无终、没有边

---

[1] 《列子·汤问》。

界的属性的明确说明。《庄子·齐物论》表达对世界存在的最初的时间点的玄思:"有'始'也者,有'未始有始'也者,有'未始有夫"未始有始"'也者。"如果说世界的原初叫"开始","开始"之前叫什么呢？叫"未始有'始'"。"未始有'始'"之前叫什么呢？叫"未始有夫'未始有始'"。余此类推,趋于无限。可见,时间没有上限,也没有下限。所以,关尹子说:"知道非时之所能拘者,能以一日为百年,能以百年为一日。""古即今,今即古,知此道者,可以卜龟筮。"①这个往古来今、没有上限和下限的时间维度,周人叫作"宙"。

其次,"宇"是世界存在的空间维度,上下无边、四方无际。《列子·汤问》记述了殷汤与夏革的一段关于空间概念的对话:"殷汤曰:'然则上下八方有极尽乎？'"夏革曰:"无极之外复无无极,无尽之中复无无尽。无极复无无极,无尽复无无尽。朕以是知其无极无尽也,而不知其有极有尽也。"②世界是无边、无尽头的,叫"无极"或"无尽"。"无极"之外还存在"无'无极'","无尽"之外是"无'无尽'"。所以世界是"无极无尽"的,无法认知"其有极有尽"的。关于世界在空间上的无边无际特点,《庄子·齐物论》有一段玄思:"有'有'也者,有'无'也者,有'未始有无'也者,有'未始有夫"未始有无"'也者。"世界在空间上最远的边界叫"有",边界之外存在的空间叫"无","无"之外的空间叫"未始有'无'","未始有'无'"之外存在的空间叫"未始有夫'未始有无'"。关尹子说:"知道非方之所能碍者,能以一里为百里,能以百里为一里。""上即下,下即上,知此道者,可以侍星辰。"③这个无边无际的四方上下空间,周人称之为"宇"。

宇宙万物有"人""神"之别,于是世界就分为"人界"与"神界"。"人"必须依赖"天""地"才能生存。所以,在"人"所生存的现实世界中,最重要的物种是"天""地""人"。所以周人称之为"三才"。"道生一,一生二,二生三"的"三"指这"三才"。易经八卦由三爻构成,这三爻的含义,有人解释为"三才"。《易传》提出"天道""地道""人道",说人立于天地之间,仰观天文、俯察地理,都体现了对天、地、人"三才"的重视。老子说:"域中有四大:道大、天大、地大、人亦大。""道"是派生天、地、人的。在其派生的万物中,"天、地、人"最为重要。"'天'者,万物所以得立也;'地'者,万物所以得安也。"④"天""地"不仅是"人"和"万物"赖以生存的环境,而且是德性和神性的化身,是人"法天敬地"的对象和依据。"所谓'天'者,非是苍苍之气之谓

---

①③ 均见《关尹子·釜篇》。
② 《列子·汤问》。
④ 黄怀信:《鹖冠子校注·道端》。

天也;所谓'地'者,非是塼塼之土之谓地也。"①"所谓'天'者,言其然(成就)物而无胜者也;所谓'地'者,言其均(均平)物而不可乱者也。"②"无规(而)圆者,'天'之文也;无矩(而)方者,'地'之理也。""'天'循文以动,'地'循理以作者也。"③"故天道先贵覆者,地道先贵载者。"④

在"天""地"二者中,"天"高高在上,虚无缥缈,与至上神的上帝相通,所以周人喜欢用"上天""昊天"指称殷人所说的"上帝"。"地"承天而化,有形可托,养育万物。比较起来,周人认为"天"比"地"更为高贵。"'天'者,神也;'地'者,形也。""天、地者,形、神之正也。"⑤"'天'也者,神明之所根也,醇化四时,陶埏无形,刻镂未萌,离(附丽)文将然者也;'地'者,承天之演,备载以宁者也。"⑥因此,周人特别肯定"天",认为"天"包含"日之德""月之刑""星之序""时之则","莫能增其高、尊其灵",谁也抵不上它重要。"'天'者,诚其日德也;日诚出诚入,南北有极,故莫弗以为法则。'天'者,信其月刑也;月信死信生,终则有始,故莫弗以为政。天者,明星其稽也;列星不乱,各以序行,故小大莫弗以章。天者,因时其则也;四时当名,代而不干,故莫弗以为必然。天者,一法其同也;前后左右,古今自如,故莫弗以为常。"⑦由于"天"具有"诚、信、明、因、一"五大美德,所以说,其他物种"莫能与争先"⑧。

在"天""地"养育的世界万物中,"人"最重要。为什么呢?因为"精气为人,粗气为虫"⑨。人为元气中的"精气"所生,具有思维的心灵器官,所谓"心之官则思"⑩,所以是"万物之中之有智慧者"⑪。对于人的"聪明"特质,《尚书·周书》反复加以强调。儒家将"智"列为"五常"之一。《中庸》指出:"唯天下至圣,为能聪明睿智,足以有临也。"正由于人以其智慧、思维,能认识事物的规律,从而驾驭万物为我所用,所以《管子》提出"以人为本",《鹖冠子》主张"先人"⑫。什么叫"先人"?即以人事为先,发挥人"精神"的主观能动性。"精神者,物之贵大者也。""神圣之人……尊重焉,故能改动之;敏明焉,故能制断之。""故圣人者……力不

---

① ② ⑤　黄怀信:《鹖冠子校注·度万》。
③　黄怀信:《鹖冠子校注·泰录》。
④　黄怀信:《鹖冠子校注·天则》。
⑥　黄怀信:《鹖冠子校注·泰鸿》。
⑦ ⑧　黄怀信:《鹖冠子校注·王鈇》。
⑨　《文子·九守》。
⑩　《孟子·告子上》。
⑪　《列子·杨朱》。
⑫　黄怀信:《鹖冠子校注·近迭》。

若天地,而知天地之任;气不若阴阳,而能为之经;不若万物多,而能为之正……。"①

周人心目中的世界,不仅有"天地人"为代表生存的现实界,还有各种各样的神灵存在的天国世界、神灵世界。"凡物之精,化则为生。下生五谷,上为列星,流于天地之间,谓之鬼神;藏于胸中,谓之圣人。"②"天物怒流,人事错错然……故曰'天'、曰'命'、曰'神'、曰'元'。""无一物非'天',无一物非'命',无一物非'神',无一物非'元'。"③殷人的世界是神灵的世界。到了周代,神灵的地位和作用虽然不那么至高无上了,但还是普遍存在的,并受到从朝廷君主到民间百姓的祭拜。同时,"神"被视为"天""地""人"的衍生物。"天神曰'灵',地神曰'祇',人神曰'鬼'。"④"天神"有日神、月神、星宿神,所谓"天宗三:日、月、星"。至上神"上帝"叫"昊天",是各种天神的主宰者。"地神"有海神、河神、山神,所谓"地宗三:河、海、岱"。人死后的神灵叫"鬼"。"鬼者,归也,故古者谓死人为归人。"⑤主要体现为祖宗神。周代保留着古来的祭神仪礼。"先王之祠礼也,天子祭四极,诸侯祭山川,大夫祭五祀,士祭其亲也。"⑥在"神"与"人"的关系中,周人对"神"的祭祀更多地体现为效法"人"所赋予在"神"身上的道德特征。比如"日神"被说成是"君德"的化身。君主祭祀"日神",是为了从"日神"那里吸取"君德",普照四海,泽及万民。"日五色,至阳之精,象君德也。五色照耀,君乘土而王。"⑦周人论及的其他"神"亦然,多指生而不有、为而不恃,造福于民而莫显其迹的至仁境界。"分天下以生为'神'。修先王之术,除祸难之本,使天下丈夫耕而食,妇人织而衣,皆得戴其首,父子相保,此其分万物以生,益天下以财,不可胜计也。"⑧"天地之道,莫见其所以长物而物长,莫见其所以亡物而物亡。圣人之道亦然,其兴福也,人莫之见而福兴矣;其除祸也,人莫之知而祸除矣,故曰'神人'。"⑨所以,效法"神道"就变成了尊重"人道"。"从道必吉,反道必凶,如影如响。"⑩不难看出,在"天地人神"四者中,周人更重视的是现世的"人道"。

三、世界本体论:"万物之奥"说与"人伦天理"观

道生万物,形成了我们所居住、生存的形形色色的现象世界。世间万象

---

① 黄怀信:《鹖冠子·度万》。
② 《管子·内业》。
③ 均见《关尹子·宇篇》。
④⑤⑥⑦⑩ 《尸子》卷下。
⑧⑨ 《尸子·贵言》。

的本体是什么呢？就是"道"。"道"既是世界的源头，也是世界的本体。周人论世界的本体，有一个核心概念，叫"道"。不过，道家之"道"与儒家之"道"含义是有别的。道家所说的"道"是"天道"、自然之道，属于哲学本体概念。儒家所说的"道"则是"人道"。它虽然有时以"天理"的形态出现，但实际上是人伦道德的对象化，属于伦理学的道德概念。

　　道家的"天道"论，借用老子的语言来表达，可叫"万物之奥"说。老子分析说："道者，万物之奥。"①"道……似万物之宗。"②"奥""宗"，都是对"道"的本体属性的明确界定。作为本体，"道"的基本形态是五官感受不到，概念语言也无法表达，所以叫"恍惚"。"道可道，非常道；名可名，非常名。"③"道隐无名。"④"道之出口，淡乎其无味，视之不足见，听之不足闻，用之不足既。"⑤"视之不见，名曰夷；听之不闻，名曰希；搏之不得，名曰微。……其上不皦，其下不昧，绳绳兮不可名，复归于无物。是谓无状之状，无象之象，是谓恍惚。"⑥"道"作为物之本体，特点是"恍惚"，属于"无"，又通过元一之气，化生为形形色色的万物，体现为"有"。"道"在万物中的存在样态，就是"德"。"道"者物之体，"德"者物之用。所以说天下万物"道生之，德畜之"；"万物莫不尊道而贵德"；"道之尊，德之贵，夫莫之命而常自然"⑦。"道"是体之"无"与器之"有"的对立统一。这就叫"有无相生"⑧。所以说："道之为物，惟恍惟惚。惚兮恍兮，其中有象；恍兮惚兮，其中有物；窈兮冥兮，其中有精；其精甚真，其中有信。"⑨

　　与老子约略同时的关尹子对"万物之奥"的"道"也作出了独特的阐释。他认为，天下万物，异名而同实，即现象背后的"道"。"天物怒流，人事错错然……不可为，不可致，不可测，不可分，故……合曰道。"⑩"道"派生了万物，但并不孤立抽象地存在，而是寄寓、依托在万物之中。"苟离于寓，道亦不立。""一灼之火能烧万物，物亡而火何存？一息之道能冥万物，物亡而道何在？"⑪

---

① 《老子》第六十二章。奥：河上公注为藏，王弼注为庇荫。陈鼓应：《老子注释及评介》，中华书局1984年版，第303页。
② 《老子》第二十四章。宗：陈鼓应注为宗主。
③ 《老子》第一章。
④ 《老子》第四十一章。
⑤ 《老子》第三十五章。
⑥ 《老子》第十四章。
⑦ 《老子》第五十一章。
⑧ 《老子》第二章。
⑨ 《老子》第二十一章。
⑩ 《关尹子·宇篇》。
⑪ 《关尹子·柱篇》。

物中含道,但物本身并不等于道。"以道寓物者,是物非道。"①"一陶能作万器,终无有一器能作陶者、能害陶者;一道能作万物,终无有一物能作道者、能害道者。"②"道"从无生有,所以是"无"与"有"、"虚"与"实"的对立统一。"道本至无,以事归道者,得之一息;事本至有,以道运事者,周之百为。""有即无,无即有。知此道者,可以制鬼神。""实即虚,虚即实。知此道者,可以入金石。"③同时,"道"也是"动"与"静"、"化"与"不化"的统一。"万物变迁,虽互隐见,气一而已,惟圣人知一而不化。"④

文子是老子的弟子。他继承老子思想,对"道"作为"万物之奥"的本体特点作了进一步探究。《文子》有《道原》《道德》《上德》诸篇,从各个角度论及这个问题。《上德》指出:"'道'以无有为体,视之不见其形,听之不闻其声,谓之'幽冥'。"《道德》指出,这个"道"实即"天道":"天道者,得之元、天之根、福之门,万物待之而生,待之而成,待之而宁。"其特点是"始于柔弱,成于刚强;始于短寡,成于众长"。《道原》指出:这个"道"派生了天地,成就了万物,笼罩着万物,弥漫于万物之中:"夫道者,高不可及,深不可测,苞裹天地,禀受无形,原流泏泏,冲而不盈。浊以静之徐清,施之无穷,无所朝夕,表之不盈一握,约而能张,幽而能明,柔而能刚,含阴吐阳,而章三光;山以之高,渊以之深,兽以之走,鸟以之飞,麟以之游,凤以之翔,星历以之行;以亡取存,以卑取尊,以退取先。""道"在万物中的表现形态有五种:"道者,虚无、平易、清静、柔弱、纯粹素朴,此五者,道之形象也。虚无者,道之舍也。平易者,道之素也。清静者,道之鉴也。柔弱者,道之用也。反者道之常也,柔者道之刚也,弱者道之强也。纯粹素朴者,道之干也。""有生于无,实生于虚。"以"虚无"为本体的"道"具有产生众形的功能:"无形而有形生焉,无声而五音鸣焉,无味而五味形焉,无色而五色成焉。""音之数不过五,五音之变不可胜听也;味之数不过五,五味之变不可胜尝也;色之数不过五,五色之变不可胜观也。"正如"音者,宫立而五音形矣;味者,甘立而五味定矣;色者,白立而五色成矣","道者,一立而万物生矣"。

到了战国时期,列子和庄子分别对世界本体的"道"作出新的论析。列子从"生生者"与"生者"关系,揭示"道"与"万物"之间是体与用、无与有、一与多的相反相成关系。"有形者,有形形者;有声者,有声声者;有色者,有色色者;有味者,有味味者。""形之所形者实矣,而形形者未尝有;声之所声者闻矣,

---

①③ 《关尹子·极篇》。
② 《关尹子·宇篇》。
④ 均见《关尹子·釜篇》。

而声声者未尝发;色之所色者彰矣,而色色者未尝显;味之所味者尝矣,而味味者未尝呈。"①庄子从虚无静止入手,强调"道德"特征:"夫虚静恬淡、寂漠无为者,天地之平而道德之至也。"②"夫恬淡寂漠虚无无为,此天地之平而道德之至也。"③并揭示道遍万物、理一分殊、万物齐一的道理:"东郭子问于庄子曰:'所谓道,恶乎在?'庄子曰:'无所不在。'东郭子曰:'期(必)而后可。'庄子曰:'在蝼蚁。'曰:'何其下邪?'曰:'在稊稗。'曰:'何其愈下邪?'曰:'在瓦甓。'曰:'何其愈甚邪?'曰:'在屎溺。'东郭子不应。"庄子曰:"至道若是,大言亦然。'周''遍''咸'三者,异名同实,其指一也。……物物者与物无际,而物有际者,所谓物际者也。不际之际,际之不际者也。谓盈虚衰杀,彼为盈虚非盈虚,彼为衰杀非衰杀,彼为本末非本末,彼为积散非积散也。"

道家所说的"道",侧重从客观自然的表象入手,深入挖掘、剖析其背后发生主宰作用的虚无不变的本体。而儒家所说的"道"看似"天理",实际上是"人道"。儒家"天理"这个概念是《礼记》提出来的。《礼记》中有一篇《乐记》,指出音乐是用来对老百姓进行道德教化的。"乐者,所以象德也。"乐教的实质是以"道"制"欲"。人的自然情欲若不加控制,势必与礼仪道德这些"天理"发生冲突,产生种种恶果。"夫物之感人无穷,而人之好恶无节……灭天理而穷人欲者也,于是有悖逆诈伪之心,有淫逸作乱之事。"音乐的功能和使命就是节制"好恶",使人"反人道之正",恢复人性中仁义礼智的"天理"。由此可见,儒家的"天理",实即"人道"。《中庸》记载孔子语:"道不远人。人之为道而远人,不可以为道。""修身以道,修道以仁。""天下之达道五,所以行之者三:曰君臣也,父子也,夫妇也,昆弟也,朋友之交也。五者,天下之达道也。"这个"五达道"就是孟子所说的"父子有亲,君臣有义,夫妇有别,长幼有序,朋友有信"。儒家为了强调仁义礼智这些主体的道德范畴的权威性,把它们说成是一种"天命""天道""物性"。如《中庸》说:"思知人,不可以不知天。""诚者,天之道也。""天命之谓性,率性之谓道,修道之谓教。"但是这个"天理""物性"是要通过"尽人之性"去把握的。《中庸》说:"能尽人之性,则能尽物之性。"这就叫"尽性而后知天"。可见这个"天理""物性"的"道"实即人道的物化、对象化。

四、认识论:"静观"说、"玄鉴"论与"格物"说

"世界观"一端联系着客观世界,另一端联系着主体认识。二者合一,才

---

① 《列子·天瑞》。
② 《庄子·天道》。
③ 《庄子·刻意》。

叫"世界观"。人能够认识世界吗？如何认识世界呢？周人认为，人是万物中最高贵的物种，具有认识世界的能力，但认识世界的方式有所不同。周代的认识论，呈现出《管子》的"静观"说、道家的"玄鉴"论与儒家的"格物"说三足鼎立的态势。

《管子》的"静观"认识论基于以"心"治"官"的思路。"心"指人的心神，特点是有智慧、能思虑。"官"指耳目感官，特点是感受外物，容易被情感、欲望干扰。《管子》指出人与生俱来的"心""官"特点："生而目视、耳听、心虑。"[1]感官感受外物，就产生喜怒哀乐等情感和好利恶害等欲望，导致对外物之理失去正确的认识。"夫凡人之情，见利莫能勿就，见害莫能勿避。"[2]"夫心有欲者，物过而目不见，声至而耳不闻也。"[3]心神有智慧，有认识外物本体的能力，但只有清除了各种好恶杂念，处于虚静状态的时候，才能认知外物之理。"虚其欲，神将入舍；扫除不洁，神乃留处。"[4]"能正能静，然后能定。定心在中，耳目聪明。"[5]遗憾的是，人人都希望具有洞悉外物本体的智慧，却不知道如何获得这种智慧之明。"人皆欲智，而莫索其所以智乎！"[6]其症结就是认识外物时不能去除情欲好恶的偏见。"凡心……所以失之，必以忧乐喜怒欲利。""凡人之生也，必以平正。所以失之，必以喜怒忧患。""形不正，德不来；中不静，心不治。"[7]所以，心神在认知、把握外物本体的时候，必须"不喜不怒，平正擅胸"[8]，"无以物乱官，毋以官乱心"[9]。克制感官情欲偏见的根本途径就是加强心神修养，以静制动，以虚御有。"心处其道，九窍循理；嗜欲充益，目不见色，耳不闻声。故曰上离其道，下失其事。"[10]"我心治，官乃治；我心安，官乃安。"[11]"心能执静，道将自定。"[12]"心静气理，道乃可止。""修心静音，道乃可得。"心神虚静，无情无欲，就能保证耳聪目明，达到对事物的正确认识。"人能正静，皮肤裕宽，耳目聪明，筋信而骨强。乃能……鉴于大清，视于大明。""耳目者，视听之官也，心而无与于视听之事，则官得守其分矣。""心之所虑，非特知于粗粗也，察于微妙。""中无惑意，外无邪灾，心全于中，形全于外。"[13]"正形摄德……则淲然而自至神明之极，照乎知万物。"[14]这便形成了特征鲜明的"静观"说。

道家的"玄鉴"认识论是由老子提出来的。这是与以"虚静"为特点的本体论相应的认识论。老子否定认识仁义礼智的世俗智慧，但并不否定人

---

[1] 《管子·水地》。
[2] 《管子·禁藏》。
[3][5][7][8][11][12][13][14] 《管子·内业》。
[4][6][9][10] 《管子·心术上》。

具有认识能力。他指出:"知人者智,自知者明。"①这说明,老子承认人有"知人"之"智","自知"之"明"。无论"知人"还是"自知",都要以"知常"为追求。"知常曰明。"②"知常",洞悉本体,才是真正英明的认识。如何"知常"呢? 途径是"涤除玄鉴"③。只有"涤除"各种情感偏见和无关杂念,"致虚极,守静笃"④,才能真正体悟世界本体。"不出户,知天下;不窥牖,见天道。""圣人不行而知,不见而明,不为而成。"⑤"塞其(指欲)兑(口),闭其门,挫其锐,解其纷,和其光,同其尘,是谓玄同。"⑥在这种认识活动中,主体自以为是的心智是大忌。"为学日益,为道日损。"⑦这种无智而能知常、无学而能玄鉴的认识,是一种不拘泥于现象、难得糊涂、与众不同的大智慧。"众人皆有余,而我独若遗。我愚人之心也哉! 俗人昭昭,我独昏昏。"⑧婴儿的天性最符合老子的无智要求,所以老子屡屡教人用"致婴儿"的方式去认识对象,把握本体。"含德之厚,比于赤子。"⑨"常德不离,复归于婴儿。"⑩世界万物不仅有看不见的本体,还有看得见的行迹。"道可道,非常道;名可名,非常名。无,名万物之始;有,名万物之母。"⑪"失道而后有德。"⑫所以老子同时要求"无"与"有"两种方式并行,去完整认识对象的本体与现象。"故常无,欲以观其妙;常有,欲以观其徼。"⑬"无"指无情无欲、无思无虑。"有"指有情有欲、有思有虑。老子的意思,指用无情无欲、无思无虑的方式去把握世界万物的本体,用有情有欲、有思有虑的方式去识别世界万物的现象。

在"玄鉴"以"知常"的问题上,《关尹子·鉴篇》提出"御物以心"、以"性"制"情"的认识论。关尹子强调主体对客观外物的认识活动必须坚守虚静的本性。如果"心"失去了静止的本"性",动"情"动"意"动"思",就会产生虚妄的"识"。"心感物,不生心生情;物交心,不生物生识。"⑭"心忆者

---

① 《老子》第三十三章。
②④ 《老子》第十六章。
③ 《老子》第十章。
⑤ 《老子》第四十七章。
⑥ 《老子》第五十六章。
⑦ 《老子》第四十八章。
⑧ 《老子》第二十章。
⑨ 《老子》第五十五章。
⑩ 《老子》第二十八章。
⑪ 《老子》第一章。
⑫ 《老子》第三十八章。
⑬ 《老子》第一章。
⑭ 《关尹子·符篇》。

犹忘饥,心忿者犹忘寒,心养者犹忘病,心激者犹忘痛。""好仁者多梦松柏桃李,好义者多梦兵刀金铁,好礼者多梦簠簋笾豆,好智者多梦江湖川泽,好信者多梦山岳原野。"①由于"象由心变"②,所以"物"非真。"物尚非真,何况于识! 识尚非真,何况于情!"③这种由"物"作用于"心",由"情"生"意"生"思"生"识"的虚妄过程不停流转,导致对原物真相的背离。要摆脱情意对心的这种奴役,就必须认识到情意的虚妄性,以虚静之性控制心,以虚空之心控制物:"情生于心,心生于性。情,波也;心,流也;性,水也。来干我者,如石火顷,以性受之,则心不生物。""无静心,万化密移。"只有"御物以心,摄心以性"④,致力于专一虚静之心的修养,防止被情感所左右产生虚妄之识,才能洞悉万物背后的真谛。"以能制一情者,可以成德;能忘一情者,可以契道。"⑤

庄子继续强调"静识万物"的"玄鉴"论。《庄子·天道》指出:"水静则明烛须眉……大匠取法焉。水静犹明,而况精神! 圣人之心静乎! 天地之鉴也,万物之镜也。""圣人之心静"是认识"天地""万物"的"镜鉴"。所以,《庚桑楚》教导人们:"全汝形,抱汝生,无使汝思虑营营。""志之勃""心之谬""德之累""道之塞"是心静的大敌。认识真理必须"彻志之勃,解心之谬,去德之累,达道之塞"。什么是"志之勃""心之谬""德之累""道之塞"呢? "贵、富、显、严、名、利六者,勃志也。容、动、色、理、气、意六者,谬心也。恶、欲、喜、怒、哀、乐六者,累德也。去、就、取、与、知、能六者,塞道也。此四六者不荡胸中则正,正则静,静则明,明则虚,虚则无为而无不为也。"这种去除"四六"的虚静心理状态,又叫"刳心""无心"。《天地》说:"君子不可以不刳心焉。""无心得而鬼神服。""无心",分解开来说有三个要点。一是"无欲"。《马蹄》云:"同乎无欲,是谓素朴,素朴而民性得矣。"《大宗师》云:"其耆(通嗜)欲深者,其天机浅。"《徐无鬼》云:"盈耆欲,长(增加)好恶,则性命之情病矣。二是"无情"。《德充符》记载庄子的话:"吾所谓无情者,言人之不以好恶内伤其身,常因自然而不益生(性也)。"《庚桑楚》指出:"恶、欲、喜、怒、哀、乐,六者累德也。"《刻意》指出:"心不忧乐,德之至也。"三是"无知"。庄子又叫"无识"。《山木》说:"侗(音同,幼稚无知貌)乎其无识。"《知北游》说:"无知无虑始知道。"这种"无欲""无情""无知"的认识方式,庄子谓之"愚""昏""蒙""朴"。《天地》说:"若愚若昏,是谓玄德,同乎大顺。"《缮性》说:"缮性于俗学,以求复其初;滑欲于俗思,以求致其明,谓

---

① ④ 《关尹子·七篇》。
② ③ ⑤ 《关尹子·釜篇》。

之'蔽蒙之民'。"《山木》说:"既雕既琢,复归于朴。""愚""蒙"的最合适的状态就是像婴儿一样。万物的本体既然不可以感性认识和理性认识所把握,也就不可以语言去表达。《则阳》指出:"道,物之极,言默不足以载。非言非默,议有所极。"

列子认为,"务外游"不如"务内观"①。应当把认识活动的眼光从外部转向内省修养。如何进行"内观"呢?列子提出:"圣人恃道化而不恃智巧。"②"道"的最突出的特征是"虚静"。"静也虚也,得其居矣。""莫如静,莫如虚。"列子以"贵虚"著称。"贵虚"意味着排除心智、去除情感:"齐智之所知,则浅矣。"③"至道不可以情求矣。"④智慧表现为思想认知,思想认知表现为外在的语言和行为。"无智"必然要求"无知""无言""无为"。列子以无智为智、无知为知、无言为言,无为为为,并认为这是一种圣智、至知、至言、至为。"至言去言,至为无为。"⑤他分析无知与知、无言与言的辩证关系:"用无言为言,亦言;无知为知,亦知。无言与不言、无知与不知,亦言、亦知。"无知无言,虽然"无所言,亦无所知",但"亦无所不言,亦无所不知"⑥,所以是至言、至知。

儒家的认识论以《大学》提出的"格物"说为代表。《大学》是孔子总结,曾参记述、阐释的高等教育大纲,分孔子的"经"与曾参的"传"两部分。孔子认为"大学"的使命是"明明德",培养"大人""君子"。所谓"明明德",前一个"明"字是动词,指认识;后一个"明"字,指光明、不昧、无瑕。"明明德",即认识、把握良好的道德规范。如何能够"明明德"呢?孔子经云:"物格而后知至,知至而后意诚,意诚而后心正,心正而后身修……"由此可见,"明明德"最后本于"格物""致知"。什么是"格物""致知"呢?朱熹《大学章句》解释:"格,至也;物,犹事也。""格物"即"穷至事物之理",亦即"物理之极处无不到"。"致知"即"推极吾之知识,欲其所知无不尽也"。"致知"本于"格物"。只有通过"格物",才能"致知",洞悉、认识客观事物中的至理。在"格物致知"的过程中,必须排除情欲之动,所以孔经强调"止""定""静""安":"知止而后有定,定而后能静,静而后能安,安而后能虑,虑而后能得。"

《大学》之后,子思记述的《中庸》提出向内开掘、"尽性知天"的认识论思路,主张由恢复善良天性入手格物穷理:"唯天下至诚,为能尽其性;能尽

---

① ⑥ 《列子·仲尼》。
② 《列子·说符》。
③ ④ ⑤ 《列子·黄帝》。

其性,则能尽人之性;能尽人之性,则能尽物之性;能尽物之性,则可以赞天地之化育。"孟子承此,提出人性本善的"良知""良能"说。"人之所不学而能者,其良能也;所不虑而知者,其良知也。"①将"天命之谓性,率性之谓道"从身外转移到了身内。孟子指出:人是感官与心灵的统一体。"耳目之官不思,而蔽于物。"感官为欲望所统辖,会妨碍对人自身的"良知""良能"的认识和把握。"心之官则思,思则得之。"心灵器官的最大功能和特征是会思考。通过思考,辨别善恶,从而扬善去恶,找回丢失的天赋善心,成为道德崇高的"大人"②。于是,万物的认识论就与主体人格的修养论融会到了一起。

《荀子》中对孟子多有批判。他纠正了思孟学派向内开掘、带有修养论倾向的认识论,但继承了孟子"心之官则思"的认识能力论,提出了"虚一而静"的道德认识论。荀子认为,人欲本恶,礼义对于控制人欲、保证人类的和谐生存来说必不可少、十分重要。人如何能够具备"礼义"规范呢?由于人的心灵具有认知机能,能够辨别、认知道德本体,具备礼义特征,对物欲起到去蔽作用。《正名》篇说:"'心'为之择谓之'虑'。""心虑而能为之动谓之'伪'。""知之在人者谓之'知'(认知)。""知有所合谓之'智'(智慧)。""以所欲为可得而求之,情之所必不免也;以为可而道之,知所必出也。"《解蔽》篇指出:"心者,形之君也,而神明之主也。""凡以知,人之性也;可以知,物之理也。以可以知人之性,求可以知物之理。""'心'不可以不知'道';'心'不知'道',则不可道,而可非道。""心"认识"道"的过程,是"虚一而静"、不动好恶的过程。"人何以知'道'?曰:心。心何以知?曰:虚一而静。心未尝不臧(通藏,包藏)也,然而有所谓虚;心未尝不两(杂多)也,然而有所谓一(专);心未尝不动也,然而有所谓静。""心枝则无知,倾则不精,贰则疑惑。""虚一而静,谓之大清明。"于是,通过心灵的认知机能,坚持"虚一而静"的认识方法,排除情感欲望的干扰,就能够认识"道"、把握"道",进而具备"礼义"的特征。

五、方法论:"正言若反"与"中庸之道"

所谓"方法论",是指认识世界本体所呈现的方法,实际上是认识论的一个组成部分。方法论说到底是由本体论决定的。有什么样的本体论,就有什么样的认识方法论。周人的方法论,主要由道家的方法论与儒家的方法

---

① 《孟子·尽心上》。
② 均见《孟子·告子上》。

论构成。道家的本体论有无相生,所以在认识方法论上呈现的特点是"正言若反""玄之又玄"。儒家的本体论实际上是伦理道德论,所以在认识方法论上呈现的特点是"不偏不倚"的"中庸之道",只有这样控制情感不走极端,才能把握到儒家所说的天理化的道德规范。道家与儒家共同建构,殊途同归,奠定了周代相反相成的辩证法。

先看道家"正言若反"的方法论。在老子的论述中,"道"作为宇宙万物的本体,具有"有无相生"的特征。由于"反者道之动"①,所以,只有坚持相反相成、对立转化的方法论,才能认识、把握对象本体。老子称之为"正言若反"②;"玄之又玄,众妙之门"③。"玄",通本体之"无"。"玄之又玄",即无之又无、否定之否定。唐代道教学者叫作"重玄"。这与我们今天讲的"辩证法"是相通的。因为"玄之又玄",否定了两个极端,所以这种方法的另一种表现形态是"去太""去甚"④。在矛盾对立两极关系的处理中坚持"去太""去甚""正言若反"的思维方法,就能保证把握到最终的真理。老子的诸多论述,都充满着这种辩证法精神。比如老子揭示:"明道若昧,进道若退,夷道若纇(不平),上德若谷,广德若不足,建(健)德若偷(惰),质真若渝(污浊),大白若辱(黑垢),大方无隅,大器晚成,大音希声,大象无形。"⑤"大成若缺,其用不弊;大盈若冲,其用不穷。大直若屈,大巧若拙,大辩若讷。"⑥"难易相成,长短相形,高下相盈,音声相和,前后相随。"⑦"曲则全,枉则直,洼则盈,敝则新,少则得,多则惑。"⑧"企者不立,跨者不行,自见者不明,自是者不彰,自伐者无功,自矜者不长。"⑨"将欲歙之,必故张之;将欲弱之,必故强之;将欲废之,必故兴之;将欲取之,必故与之。"⑩"祸兮福所倚,福兮祸所伏。"⑪"信言不美,美言不信。善者不辩,辩者不善。知者不博,博者不知。"⑫"合抱之木,生于毫末;九层之台,起于累土;千里之行,始于足下。"⑬"图

---

① ③ 《老子》第一章。
② 《老子》第七十八章。
④ 《老子》第二十九章。
⑤ 《老子》第四十一章。
⑥ 《老子》第四十五章。
⑦ 《老子》第二章。
⑧ 《老子》第二十二章。
⑨ 《老子》第二十四章。
⑩ 《老子》第三十六章。
⑪ 《老子》第五十八章。
⑫ 《老子》第八十一章。
⑬ 《老子》第六十四章。

难于其易,为大于其细;天下难事,必作于易;天下大事,必作于细。"①"善行,无辙迹;善言,无瑕谪;善数,不用筹策;善闭,无关键而不可开;善结,无绳约而不可解。"②"天下皆知美之为美,斯恶已;皆知善之为善,斯不善已。"③"唯之与阿,相去几何？美之与恶,相去若何？"④"上德不德,是以有德;下德不失德,是以无德。"⑤"正复为奇,善复为妖。"⑥"故善人者,不善人之师;不善人者,善人之资。"⑦"天长地久。天地所以能长且久者,以其不自生,故能长生。"⑧"人之生,动之于死地,亦十有三。夫何以？以其生生之厚。"⑨"夫唯无以生为者,是贤于贵生。"⑩鉴于生活中各种矛盾现象相反相成的认识、处理原则,老子总结说:"古之善为道者,微妙玄通,深不可识。"⑪"善为道",即善于认识道。这个认识真理的活动"微妙玄通""深不可识"。其根本原则就是相反相成、不执一端。

庄子重新定义了老子的"道德"概念,将老子提出的"正言若反""玄之又玄"的方法论改造为"是非无定""无可不可"的方法论。庄子不赞成儒家的道德善概念,也不固守老子"有无相生"的道德本体论,而提出全新的道德善概念"臧"。"臧"的含义是"安其性命之情",即顺应各个物种、各个个体的生命本性实际。由于不同的物种有不同的生命本性,因而有不同的是非标准,同一物种的不同个体也有不同的生命天性,因而也有不同的是非评价,是非就呈现出各有道理、也各有缺陷的相对性。"世俗之人,皆喜人之同乎己,而恶人之异于己也。""同于己而欲之,异于己而不欲。"⑫因此,庄子提出"齐物"的观点,主张齐一是非,亦此亦彼,无可无不可,用变化的换位思考的方法洞悉是非善恶的相对性与相通性,反对执着于一种是非标准,指出"是其所非,而非其所是"⑬,才是明智的认识方法。

《庄子》中多个篇章阐述了这种方法论。首先值得注意的是《齐物论》。首先,不同的物种有不同的"生命之情",合己为是,反之为非。"民湿寝则

---

① 《老子》第六十三章。
②⑦ 《老子》第二十七章。
③ 《老子》第二章。
④ 《老子》第二十章。
⑤ 《老子》第三十八章。
⑥ 《老子》第五十八章。
⑧ 《老子》第七章。
⑨ 《老子》第五十章。
⑩ 《老子》第七十五章。
⑪ 《老子》第十五章。
⑫ 《庄子·在宥》。
⑬ 《庄子·齐物》。

腰疾偏死,鳅然乎哉?木处则惴栗恂惧,猨猴然乎哉?三者孰知正处?民食刍豢,麋鹿食荐,蝍蛆甘带,鸱鸦耆鼠,四者孰知正味?""毛嫱丽姬,人之所美也;鱼见之深入,鸟见之高飞,麋鹿见之决骤,四者孰知天下之正色哉?"站在"秋豪"的角度看,"天下莫大于秋豪之末,而太山为小";站在"殇子"的角度看,"莫寿乎殇子,而彭祖为夭"。由此类推,不同的物种、不同的个体,都有各自不同的是非评价,"举莛与楹,厉与西施,恢诡谲怪,道通为一"。由此,庄子总结说:"物无非彼,物无非是。自彼则不见,自知则知之。故曰:彼出于是,是亦因彼。彼是方生之说也。……因是因非,因非因是。""是亦彼也,彼亦是也。彼亦一是非,此亦一是非。果且有彼是乎哉?果且无彼是乎哉?彼是莫得其偶,谓之道枢。""可乎可,不可乎不可。""方可方不可,方不可方可。""恶乎然?然于然。恶乎不然?不然于不然。物固有所然,物固有所可。无物不然,无物不可。""是不是,然不然。"因为是非评价具有相对性、局限性,所以一谈论是非,于大道就有所缺失。"夫道未始有封。""是非之彰也,道之所以亏也。"庄子以真幻相即作喻,说明是非相通:"昔者庄周梦为胡蝶,栩栩然胡蝶也。自喻适志与!不知周也。俄然觉,则蘧蘧然周也。不知周之梦为胡蝶与?胡蝶之梦为周与?周与胡蝶则必有分矣。此之谓物化。"又以名指与所指的不即不离关系,说明是非相即:"以指喻指之非指,不若以非指喻指之非指也;以马喻马之非马,不若以非马喻马之非马也。天地一指也,万物一马也。"

其次是《知北游》,对万物齐一、彼此相通的世界观及方法论作了补充论述。首先,有无齐一。光能"有无"还不行,还必须能"无无"。其次,古今齐一、生死齐一。"无古无今,无始无终。""不以生生死,不以死死生。死生有待邪?皆有所一体。"再次,美丑相通、万物齐一。"故万物一也。是其所美者为神奇,其所恶者为臭腐。臭腐复化为神奇,神奇复化为臭腐。故曰:通天下一气耳。圣人故贵一。"

再次是《秋水》篇,从"安其性命之情"的角度出发,说明是非齐一、有无齐一。"以道观之,物无贵贱;以物观之,自贵而相贱。""以差(不同的生命本性)观之,因其所大而大之,则万物莫不大;因其所小而小之,则万物莫不小。知天地之为稊米也,知毫末之为丘山也,则差数(不同物种、个体的适性奥秘)睹矣。以功观之,因其所有而有之,则万物莫不有;因其所无而无之,则万物莫不无。知东、西之相反而不可以相无,则功分定矣。以趣观之,因其所然而然之,则万物莫不然;因其所非而非之,则万物莫不非。""万物一齐,孰短孰长?道无终始,物有死生,不恃其成。一虚一满,不位乎其形。年不可举,时不可止,消息盈虚,终则有始。是所以语大义之方、论万物之理也。"

此外,《骈拇》将背离本性的所作所为比喻为骈肢旁拇,主张从保存生命本性的道德善标准出发评价是非善恶,以"凫胫虽短,续之则忧;鹤胫虽长,断之则悲"为例,揭示只要符合"性命之情","合者不为骈,而枝者不为跂;长者不为有余,短者不为不足"。《则阳》则站在名家的角度,说明"言"与"意"的不即不离关系:"言而足,则终日言而尽道;言而不足,则终日言而尽物。道,物之极,言默不足以载。非言非默,议有所极。""荃者所以在鱼,得鱼而忘荃;蹄者所以在兔,得兔而忘蹄;言者所以在意,得意而忘言。吾安得夫忘言之人而与之言哉!"

庄子花大量篇幅反复论述"方可方不可""天下是非无所定"的认识方法,但他也意识到,过分强调这一点,会导致人家对自己学说真理品格的否定。他在批评其他学说执着于自己单一的是非标准的同时,肯定自己提出的尊重、顺应各个物种、各个个体"性命之情"的自然无为的是非标准是不可否定的是非标准。这就是他在《至乐》中强调的:"'无为'可以定是非。"《刻意》在评价了春秋战国时期其他五种诸子学说之后,高度肯定自己的学说:"此天地之道,圣人之德也。"《天下》评价以"不谴(责问)是非"为方法论的庄周学说,能"判天地之美,析万物之理,察古人之全","其应于化而解于物也,其理不竭",是诸子学说中最完美的学说。

儒家提出的本体论实即仁义礼智之类的伦理道德规范。要能够认识、践行这些道德规范,就必须克制自己的情感不走极端、不逾规范。而控制情感不走极端的最好方法,就是"中庸"。所以,孔子提出"中庸"这种方法是成为君子的"至德":"中庸之为德。"①子思记述的《中庸》对这种控制情感、不走极端的方法作了专门探讨。何谓"中庸"? 郑玄解释说:"名曰《中庸》者,以其记中和之为用也。庸,用也。"可见"中庸"即"中用",指中和情感的作用。何晏《集解》云:"庸,常也,中和可常行之道。"②既然"中和"的方法反对走极端,加之"中"有不偏不倚的意思,所以朱熹在《中庸章句》中解释说:"中者,不偏不倚、无过不及之名。庸,平常也。"③可见,"中庸"即关于"中"的恒常不易之道。这个"中庸之道"首先是用来控制情感的。《中庸》说:"喜、怒、哀、乐之未发,谓之中。发而皆中节,谓之和。"朱熹解释:"喜怒哀乐,情也。其未发,则性也,无所偏倚,故谓之中。发皆中节,情之正也,无所乖戾,故谓之和。"④"中庸"指处理情感的"中正"之道、"中和"之道。这

---

① 《论语·雍也》。
② 《论语·雍也》:"中庸之为德。"
③ 朱熹:《中庸章句》,《四书章句集注》,中华书局1983年版,第17页。
④ 朱熹:《四书章句集注》,第18页。

是"中庸"的第一层含义。

"中庸"的另一层含义,是用不偏不倚的方法处理矛盾的两极,否定极端,折中行事。在此意义上,"中庸"又叫"折中"。《尚书》记载尧曾告诫舜统治万民、处理矛盾要"允执厥中"①。舜谨遵告诫,"执其两端,用其中于民"②。舜嘱咐禹:"人心惟危,道心惟微,惟精惟一,允执厥中。"③要在危险的"人心"与为善的"道心"之间寻求某种平衡,不偏一端。孔子深受影响,自述说:"我叩其两端而竭焉。"④"两端",即"过"与"不及"两个极端。《论语·先进》载:"子贡问:'师与商也孰贤?'子曰:'师也过,商也不及。'曰:'然则师愈与?'子曰:'过犹不及。'"《子路》载孔子语:"不得中行而与之,必也狂狷乎! 狂者进取,狷者有所不为也。"《尧曰》记载孔子对君子修养的要求:"惠而不费,劳而不怨,欲而不贪,泰而不骄,威而不猛。"集中体现了孔子思想方法的"折中"特点。《中庸》记载孔子语:"道之不行也,我知之矣:知者过之,愚者不及也。道之不明也,我知之矣:贤者过之,不肖者不及也。"与《论语》中孔子反对的"过"与"不及"是一个意思。朱熹《中庸章句序》指出:尧之一句"允执厥中"所以被舜增益为"人心惟危,道心惟微,惟精惟一,允执厥中",是举例进一步阐明"允执厥中"的含义。在处理"人心"与"道心"的关系时,既不要以"道心"扼杀"人心",也不要以"人心"主宰"道心",而是承认并尊重二者的共存,并以"道心"主宰、控制"人心"。为了保证人们自觉运用"中庸"之道控制情感、处理对立两极的矛盾,《中庸》将"中庸"上升"天道"。"中也者,天下之大本也;和也者,天下之达道也。"同时,"中庸"也是君子应当遵守的"人道"。"君子依乎中庸。""君子中庸,小人反中庸。"能够恪守中庸之道,不被情感好恶左右,所作所为都能践行礼教规范,就是君子。反之,不能克制自己的情感,肆无忌惮,每每逾越礼教规范,就只能变成小人。所以说:"君子之中庸也,君子而时中。小人之反中庸也,小人而无忌惮也。"人作为天地间的智慧生物,应当秉承"中庸"之善性,不断修养、克制自己的情感好恶,使其不走极端。颜回就是这样一个坚持中庸之德、努力践行善道的君子。"回之为人也,择乎中庸,得一善,则拳拳服膺,而弗失之矣。"面对人生中遇到的各种各样的波澜,要做到不大喜大怒、守住中庸之道是很不容易的。"天下国家,可均也;爵禄,可辞也;白刃,可蹈也;中庸不可能(及)也。""中庸其至矣乎! 民鲜能久矣。"即便是孔子这样的圣

---

① 转引自《论语·尧曰》。
② 《中庸》第六章。
③ 《尚书·大禹谟》。
④ 《论语·子罕》。

人,也认为自己在"中庸"这一点上做得很不够,甚至守住一个月的时间也很难。"人皆曰'予知',择乎中庸,而不能期月守也。"然而,要成为君子、圣人,就必须恪守"中庸"之道,控制住自己情感的大起大落。"故君子尊德性而道问学,致广大而尽精微,极高明而道中庸。"①于是,以"中庸"之道克制情感好恶,处理矛盾两极,使自己的言行永远不走极端,符合礼教规范,就成为儒家给士大夫规定的最高道德律令。

---

① 《中庸》第二十七章。

第五章　周代"百家之学"与"人的觉醒"

本章提要：周代对"人"的自我认识和对外部世界的丰富认识在周代的诸子百家学说中得到了最充分的体现。本章集中分析概述周代"百家之学"的思想面貌。周代的"百家之学"是春秋战国时期诸子适应封建诸侯壮大自己、称霸天下的政治需要诞生的。战国后期，《庄子》《荀子》《吕氏春秋》最早对"百家之学"作出了系统的总结与评判，是我们今天准确理解诸子学说的原始依据。时过境迁，后人追根寻源，将某些学派的思想源头追溯到西周之初。今天对周代的"百家之学"作出鸟瞰，势必需要兼顾后人整理的这些成果。本章依托对周代诸子原典的大量详实的个案研究，对周代"百家之学"的思想要点、逻辑结构、历史传承作了提纲挈领的论述，希望对人们整体把握诸子学说的精义，认知周代"人的觉醒"的时代特征提供有益的参考。[①]

周朝继承夏商政治分权的封建制，将夏商分封地方异姓诸侯为主的"氏族封建"改造为分封王室同姓子弟为主的"宗法封建"，提升了天子对诸侯的控制权，使诸侯成为拱卫中央的"藩辅"，维护了西周二百多年的政治稳定。与此同时，封建诸侯拥有半独立的自治权。进入东周，诸侯拥权自重、挑战天子愈演愈烈，周天子被架空，诸侯逐步拥有了全独立的自治权。各诸侯国在扩展本国疆土的同时，觊觎天子之位，谋求称霸天下。他们迫切需要强国学说作为思想指导。于是，各诸侯国打开国门，招贤纳士，礼贤下士，诸子百家学说应运而生。打天下只能靠切实可行的"人道"，而不能靠虚无缥缈的"神道"。所以这个时期的"百家争鸣"讨论的核心是"人道"，特别是称霸天下的"外王之道"。所以春秋战国时期的"百家争鸣"是周代思想界"人的觉醒"时代特征的集中展现。

---

① 本章以"周代'百家之学'的古今观照与综合比较"为题，发表于《河北师范大学学报》2023年第5期。

春秋战国诞生百家之学后,诸子学派追根寻源,将自己学派的始祖往上追溯到西周之初,于是整理出了《太公六韬》《鬻子》这样的子书。它们没有参加春秋战国时期诸子百家的争论,却是相关学派思想的源头,所以在把握周代诸子学说时不应遗漏。同时,在战国后期,面对各家各派争论不休的各种学说,道家、儒家、杂家的代表人物如庄子、荀子、吕不韦不得不在对各家学说的比较甄别中来阐述、捍卫自己的主张,这就出现了先秦对于诸子百家的最早的评判。这些评判既有历史的价值,又有自美的缺憾。当两千多年过去之后,需要我们站在客观的现代立场,对周代诸子百家学说的源流、要义、特点作出综合比较和整体把握。

一、古代评判:"百家之学""十二子"与"十豪"

春秋以来,伴随着"诸侯并争,厚招游学"[①],涌现了为诸侯争霸出谋划策的诸子百家学说。战国后期,《庄子》首先提出"百家之学"的概念,并对各家各派的得失长短作出比较评判。再后来,《荀子》批判"十二子",《吕氏春秋》总结出"十豪",与《庄子》一起,构成对诸子百家的最早评判。

对百家之学的评判,《庄子》中有两篇涉及。一篇是《外篇》中的《刻意》篇,一篇是《杂篇》中的《天下》篇。《刻意》列举、批评过当时诸子学说的几种追求。"刻意尚行,离世异俗,高论怨诽,为亢而已矣:此山谷之士,非世之人,枯槁赴渊者之所好也。""就薮泽,处闲旷,钓鱼闲处,无为而已矣:此江湖之士,避世之人,闲暇者之所好也。"这与荀子评判的陈仲、史鰌为代表的禁欲主义隐逸派相似。"语仁义、忠信、恭俭、推让,为修而已矣:此平世之士,教诲之人,游居学者之所好也。"这是指儒家学派。"语大功,立大名,礼君臣,正上下,为治而已矣:此朝廷之士,尊主强国之人,致功并兼者之所好也。"这是指法家学派。"吹呴呼吸,吐故纳新,熊经鸟申,为寿而已矣:此道引之士,养形之人,彭祖寿考者之所好也。"这属于养生学派。庄子对他们都不满意。他提出自家的主张:"若夫不刻意而高,无仁义而修,无功名而治,无江海而闲,不道引而寿,无不忘也,无不有也,澹然无极而众美从之。此天地之道,圣人之德也。"

《天下》是《杂篇》的最后一篇,为庄子后学所作。它也是《庄子》的最后一篇,带有后序的总结意味。该篇通篇罗列、评述了当时流行的诸子学说,堪称"先秦百家争鸣局面的一个总结"[②]。该篇指出当时"天下大乱,贤圣不明,道德不一","天下多得一察焉以自好"。于是"天下之人各为其所欲焉

---

① 《史记·秦始皇本纪》。
② 姚汉荣、孙小力、林建福:《庄子直解》,复旦大学出版社2000年版,第853页。

以自为方",出现了探讨"内圣外王之道"的"百家之学"。这些学说都自诩为天下最好的政治学说。"天下之治方术者多矣,皆以其有为不可加矣!"但在庄子看来,它们"犹百家众技也,皆有所长,时有所用",每一个学派都"不该不遍",不过是"一曲之士也"。如果"往而不反","道术将为天下裂"。这些"皆有所长"而又"不该不遍"的学说及其代表人物有哪些呢?

墨翟、禽滑厘为代表的墨家。其基本特征是:"不侈于后世,不靡于万物,不晖于数度,以绳墨自矫,而备世之急。古之道术有在于是者,墨翟、禽滑厘闻其风而说之。"《天下》对他们的评价是:"为之大过,已(克制)之大顺(太甚)。""墨翟、禽滑厘之意则是,其行则非也。将使后世之墨者,必自苦以腓无胈、胫无毛相进而已矣。乱之上也,治之下也。虽然,墨子真天下之好也,将求之不得也,虽枯槁不舍也,才士也夫!"

宋钘、尹文为代表的学派。这派学说具有调和色彩,兼有道家、墨家、名家、法家多种成分。"不累于俗,不饰于物,不苟于人,不忮于众,愿天下之安宁以活民命,人我之养毕足而止……古之道术有在于是者,宋钘、尹文闻其风而悦之……见侮不辱,救民之斗,禁攻寝兵,救世之战。以此周行天下,上说下教。"《天下》的评价是:"其为人太多,其自为太少……以禁攻寝兵为外,以情欲寡浅为内。"

彭蒙、田骈、慎到为代表的主张因应齐物的道家一派。"公而不党,易而无私,决然无主,趣物而不两,不顾于虑,不谋于知,于物无择,与之俱往。古之道术有在于是者,彭蒙、田骈、慎到闻其风而悦之。齐万物以为首……知万物皆有所可,有所不可。""是故慎到弃知去己,而缘不得已。泠汰于物,以为道理。……夫无知之物,无建己之患,无用知之累,动静不离于理,是以终身无誉。""田骈亦然,学于彭蒙……至于莫之是、莫之非而已矣。"对这派的评价是:"其所谓道非道,而所言之韪不免于非。彭蒙、田骈、慎到不知道;虽然,概乎皆尝有闻者也。"

惠施、公孙龙子为代表的名家学派。"惠施多方,其书五车,其道舛驳,其言也不中。"他"历物之意",提出了一系列反常的逻辑命题,"辩者以此与惠施相应,终身无穷。"桓团、公孙龙辩者之徒也加入了名辩学派的行列。"饰人之心,易人之意,能胜人之口,不能服人之心,辩者之囿也。"对名家学派的评价是:"由天地之道观惠施之能,其犹一蚊一虻之劳者也。其于物也何庸!……惠施不能以此自宁,散于万物而不厌,卒以善辩为名。惜乎!惠施之才,骀荡而不得,逐万物而不反,是穷响以声,形与影竞走也,悲夫!"

关尹、老聃为代表的道家一派。"以本为精,以物为粗,以有积为不足,澹然独与神明居。古之道术有在于是者,关尹、老聃闻其风而悦之。建之以常无有,主之以太一。以濡弱谦下为表,以空虚不毁万物为实。关尹曰:'在己无居,形物自著。'其动若水,其静若镜,其应若响。芴乎若亡,寂乎若清。同焉者和,得焉者失。未尝先人而常随人。老聃曰:'知其雄,守其雌,为天下溪;知其白,守其辱,为天下谷。'人皆取先,己独取后。……人皆取实,己独取虚。……岿然而有余。其行身也,徐而不费,无为也而笑巧。人皆求福,己独曲全。……以深为根,以约为纪。……常宽容于物,不削于人。"庄子是道家学派的继承者,对这派的评价自然很高:"关尹、老聃乎,古之博大真人哉!"但又认为,他们"未至于极",尚有进一步发展、完善的空间。

庄周是对道家学说作出发展、完善的代表人物。《天下》篇对庄周学派的主张作了总结:"寂漠无形,变化无常,死与生与?天地并与?神明往与?芒乎何之?忽乎何适?万物毕罗,莫足以归。古之道术有在于是者,庄周闻其风而悦之。以谬悠之说,荒唐之言,无端崖之辞,时恣纵而不傥,不奇见之也。以天下为沈浊,不可与庄语。以卮言为曼衍,以重言为真,以寓言为广。独与天地精神往来,而不敖倪于万物。不谴是非,以与世俗处。其书虽瑰玮,而连犿无伤也。其辞虽参差,而诚诡可观。彼其充实,不可以已。上与造物者游,而下与外死生、无终始者为友。"在庄子后学看来,"内圣外王"学说的理想是"见天地之纯,古人之大体";"判天地之美,析万物之理,察古人之全";"配神明,醇天地,育万物,和天下,泽及百姓,明于本数,系于末度,六通四辟,小大精粗,其运无乎不在"。而庄周学说就符合这样的理想,所以庄子后学对它评价最高:"其于本也,弘大而辟,深闳而肆;其于宗也,可谓稠适而上遂矣。虽然,其应于化而解于物也,其理不竭,其来不蜕,芒乎昧乎,未之尽者(不可穷尽)。"

《庄子》在对"百家之学"的比较批判中提出自己完善的道家主张,《荀子》从捍卫儒家学说的立场出发,著《非十二子》中,批判了春秋战国时期,主要是战国时期六个派别、十二个代表人物的主张。

一是战国时期它嚣、魏牟为代表的情欲横流、醉生梦死的纵欲派主张:"纵情性,安恣睢,禽兽行,不足以合文通治……是它嚣、魏牟也。"

二是战国时期陈仲、史䲡为代表的隐逸派的禁欲主义主张:"忍情性,綦谿利跂(故作高深),苟以分异人为高(立异离群),不足以合大众,明大分……是陈仲、史䲡也。"《庄子·让王》中所举的许由、子州支父、子州支伯、善卷、无择、卞随、瞀光、伯夷、叔齐等人,就是历史上隐逸派的代表:

> 尧以天下让许由,许由不受。又让于子州支父,子州支父曰:"以我为天子,犹之可也。虽然,我适有幽忧之病,方且治之,未暇治天下也。"夫天下至重也,而不以害其生,又况他物乎!

舜让天下于子州支伯。子州支伯曰:"予适有幽忧之病,方且治之,未暇治天下也。"故天下大器也,而不以易生,此有道者之所以异乎俗者也。

舜以天下让善卷,善卷曰:"余立于宇宙之中,冬日衣皮毛,夏日衣葛絺;春耕种,形足以劳动;秋收敛,身足以休食;日出而作,日入而息,逍遥于天地之间而心意自得。吾何以天下为哉!悲夫,子之不知余也!"遂不受。于是去而入深山,莫知其处。

舜以天下让其友北人无择,北人无择曰:"异哉,后之为人也,居于畎亩之中而游尧之门!不若是而已,又欲以其辱行漫我。吾羞见之。"因自投清泠之渊。

汤将伐桀,因卞随而谋,卞随曰:"非吾事也。"汤曰:"孰可?"曰:"吾不知也。"汤又因瞀光而谋,瞀光曰:"非吾事也。"汤曰:"孰可?"曰:"吾不知也。"汤曰:"伊尹何如?"曰:"强力忍垢,吾不知其他也。"汤遂与伊尹谋伐桀,克之,以让卞随。卞随辞曰:"后之伐桀也谋乎我,必以我为贼也;胜桀而让我,必以我为贪也。吾生乎乱世,而无道之人再来漫我以其辱行,吾不忍数闻也。"乃自投椆水而死。

汤又让瞀光曰:"知者谋之,武者遂之,仁者居之,古之道也。吾子胡不立乎?"瞀光辞曰:"废上,非义也;杀民,非仁也;人犯其难,我享其利,非廉也。吾闻之曰:'非其义者,不受其禄;无道之世,不践其土。'况尊我乎!吾不忍久见也。"乃负石而自沈于庐水。

昔周之兴,有士二人处于孤竹,曰伯夷、叔齐。二人相谓曰:"吾闻西方有人,似有道者,试往观焉。"至于岐阳,武王闻之,使叔旦往见之,与盟曰:"加富二等,就官一列。"血牲而埋之。二人相视而笑曰:"嘻,异哉!此非吾所谓道也。昔者神农之有天下也,时祀尽敬而不祈喜;其于人也,忠信尽治而无求焉。乐与政为政,乐与治为治,不以人之坏自成也,不以人之卑自高也,不以遭时自利也。今周见殷之乱而遽为政,上谋而下行货,阻兵而保威,割牲而盟以为信,扬行以说众,杀伐以要利,是推乱以易暴也。吾闻古之士,遭治世不避其任,遇乱世不为苟存。今天下闇,殷德衰,其并乎周以涂吾身也,不如避之,以洁吾行。"二子北至于首阳之山,遂饿而死焉。

三是墨翟、宋钘为代表的墨家不知变通、强调平等、一味反对礼教等级与君臣差别的主张:"不知一天下、建国家之权称,上功用、大俭约而僈差等,曾不足以容辨异、县君臣……是墨翟、宋钘也。"

四是慎到、田骈为代表的道家因应派的齐物主张:"尚法而无法,下修而好作,上则取听于上,下则取从于俗;终日言成文典,反紃(循)察之,则偶然无所归宿,不可以经国定分(确定名分)……是慎到、田骈也。"①齐人田骈、慎到主张取消是非差别,因物自然,随机变化,结果造成名实混乱、是非颠倒。

五是玩弄名学概念陷入诡辩的名家和纵横家,以惠施、邓析为代表:"不法先王,不是礼义,而好治怪说,玩琦辞,甚察而不惠,辩而无用,多事而寡功,不可以为治纲纪……是惠施、邓析也。"

六是子思、孟轲之流对孔子儒学的歪曲异化:"略法先王而不知其统……闻见杂博,案往旧造说……甚僻违而无类,幽隐而无说,闭约而无解……是则子思、孟轲之罪也。"

荀子提出以"仲尼、子弓之义"乃至"舜、禹之制"矫正"十二子"的"六说":"今夫仁人也,将何务哉?上则法舜、禹之制,下则法仲尼、子弓之义,以务息十二子之说,如是则天下之害除,仁人之事毕,圣王之迹著矣。"②孔子批判六家十二子的立场和武器,是"长养人民,兼利天下"的孔子仁学、舜禹之道;他捍卫的学说,也是孔子仁学、舜禹之道。

《吕氏春秋》是战国末期吕不韦组织门客主编的一部集大成的杂家著作。该书《审分览·不二》总结春秋战国以来闻名天下的思想家有"十豪",他们各有不同的主张和追求,吕不韦对此作了精辟的概括:"老聃贵柔,孔子贵仁,墨翟贵兼,关尹贵清,列子贵虚,陈骈贵齐,阳生贵己,孙膑贵势,王廖贵先,儿(倪)良贵后。此十人者,皆天下之豪士也。"

所谓"老聃贵柔",指老子主张以柔克刚、以退为进的道家学说。

"孔子贵仁",指孔子以"仁爱"为核心的儒家学说。

"墨翟贵兼",指墨子以"兼爱"为追求的墨家学说。

关尹与老子同时,官至周大夫,后转任函谷关令,遇老子,得授《道德经》,著《关尹子》。现存《关尹子》出于唐宋人补撰,所见思想以道家清虚的道德为主,故云"关尹贵清"。

列子,战国前期郑国道家代表人物。《汉书·艺文志》道家类"列子"自注:"名圄寇,先庄子,庄子称之。"思想主要见晋人整理补辑的《列子》。秉承老子道德论,主张贵虚持后,故称"列子贵虚"。

"陈骈贵齐"所说的陈骈,通称田骈,战国时齐国思想家。曾讲学稷下,雄于辩才,作道书二十五篇,为《田子》,是稷下学宫中最具有影响的学者之一。关于"陈骈贵齐",《吕氏春秋》高诱注:"贵齐,齐生死、等古今也。"《尸子》称之为"田子贵均"。齐生死、均古今是道家的看法。《庄子·杂篇·天

---

① 《荀子·非十二子》。
② 荀子所肯定的子弓,有人解释为是仲弓,有人解释为是子贡,颇有争议,义有未明。

下》云："'慎到之道,非生人之行,而至死人之理。'适得怪焉。田骈亦然,学于彭蒙……彭蒙之师曰:'古之道人,至于莫之是、莫之非而已矣。其风窢然,恶可而言。'"《史记·孟子荀卿列传》云:"慎到,赵人;田骈、接子,齐人;环渊,楚人。皆学黄老道德之术。"从"齐万物"的立场出发,主张取消差别。

"阳生贵己","阳生"即杨朱,战国前期另一位思想家。从老子的"贵身"主张中发展出"贵己享乐"的学说,形成与墨家对立、影响很大的杨朱学派。思想见于《列子》中的《杨朱》篇,《孟子》《庄子》《韩非子》也有记载。其学说继承者,有它嚣、魏牟等人。

"孙膑贵势",指战国时期齐国孙膑强调因势利导的兵家主张。

"王廖贵先"中的王廖,是战国时的名将、兵法家。"儿良贵后"的儿良,通称倪良,也是战国名将兼兵法家。[1] 二人论兵法,王廖以先发制人著称,倪良以后发制人闻名。

《吕氏春秋·不二》对上述杰出的思想家均持肯定、赞赏态度:"此十人者,皆天下之豪士也。"

《庄子》总结的"百家之学",《荀子》批评的"十二子",《吕氏春秋》赞赏的"十豪",为今天我们了解春秋战国时期思想界百家争鸣的繁荣状况提供了最早的依据和参考。囿于特定的视角和立场,他们反映的百家学说并不完整,评价也不尽公允。全面认识周代诸子百家的思想主张,需要我们站在现代立场,综合各种古籍整理研究成果,去作出重新解读、整体把握。

二、儒家思想之源与儒家代表人物的思想结构

在春秋战国时期的诸子学说中,儒家学派是有着正统渊源、传承完整、影响最大的学派。

所谓正统渊源,是指孔子作为周代文化整理大师,其创立的儒家学说包含着对周初及西周仁政德治思想传统资源的继承和综合。尧舜禹汤是历史上有名的圣王仁君,也是周文王、周武王效法的楷模。鬻子、姜太公、箕子生当商末周初,是以仁德为尚的思想家。相传周文王、武王从鬻子、姜太公、箕子那里学到了许多以仁德公正为主的王道教育。"周室自文、武始兴,崇道德,隆礼义……叙人伦,正夫妇……仁义之道,满乎天下。"[2]周公是文王、武王仁德思想的忠实继承者,也是周代敬德保民、礼治德教大政方针的实际制定者。周初君主以及整个西周仁德为本的思想传统,鲜明地保留在《周书》

---

[1] 贾谊《过秦论》:"吴起、孙膑、带佗、倪良、王廖、田忌、廉颇、赵奢之伦制其兵。"
[2] 刘向《〈战国策〉序》。

《周礼》《周易》《国语》《诗经》中,成为孔子创立儒家学说取资的宝贵来源。

《周书》作为《尚书》的主体部分,是周初君主典诰誓命的汇编。作为孔子编订的《尚书》的一部分,其王道思想与《虞夏书》《商书》一脉相承。不仅《周书》直接反映着周初君主的政治思想,整个《尚书》也间接反映着周初君主的王道取向。周初君主的王道思想集中凝聚为"民主"学说。《尚书》中的"民主"出现过四次,含义是"臣民之主",有为民作主的意思。普通大众"唯惠是怀","无主乃乱",需要有聪明杰出的圣人为之作主。为臣民作出有益于他们的正确决定是"民主"的职责和权利,敬德保民是充当"民主"的必要条件,也是对"民主"的政治要求。如果反道失德、残害百姓,成为桀纣那样的独夫民贼,就不配"民主"的称号,臣民就有"革命"权将其推翻。①

《周易》由经、传两部分构成。经诞生于周初,由六十四卦和卦爻辞构成,相传由周文王演绎,孔子编订。传诞生于春秋战国时期,由孔子弟子诠解。《周易》不仅是一部"神灵设教"的卜筮之书,而且是一部探究人文道德的修身济世指南。孔子及其弟子所著的《易传》对此作了重要发挥,提出了"人文""人道""文明"等道德概念,以及"君子"道德修养的丰富要求,倡导"与时偕行"的变革要求和"革而当理""顺天应人"的变革原则,具有丰富的道德意义。②

《周礼》是周公制礼作乐的结果。《四库提要》云:"夫《周礼》作于周初……而改易之人不皆周公也。"孙诒让《周礼正义序》云:"粤昔周公,缵文武之志,光辅成王,宅中作雒,爰述官政,以垂成宪,有周一代之典,炳然大备。"现存《周礼》是系统叙述国家机构设置、职官分工的法规总集。在职官结构、功能的说明中,穿插着许多人文思想的表述。《周礼》反复强调设官分职"以为民极",安邦治国以"得民"为本,各处论述汇聚成保障民生、兼顾教化、以刑辅德、以德司法的仁政学说,可与《周书》的敬德保民、明德慎罚主张相印证。③

《诗经》是西周初年到春秋中叶底层百姓和文人士大夫的诗歌总集。它是西周官府机构作为政治歌谣从民间收集产生的。收集的目的是给周王室了解政治得失、调整政治方针提供反映民情的晴雨表。通过《诗经》,可以看到周人对"上帝""昊天"从迷信走向怀疑甚至诅咒,可以看到周人对人事道德的重视,可以听到《诗经》对无良之人的怨刺,对有德之士的歌颂,特别是

---

① 据拙作:《〈尚书〉"民主"学说新探》,《贵州师范大学学报》2019年第1期。
② 据拙作:《从"神道设教"走向"人文"之道——〈周易〉的思想史意义研究》,《理论月刊》2018年第5期。
③ 据拙作:《〈周礼〉的人文价值:设官分职、得民为本》,《宝鸡文理学院学报》2018年第1期。

可以听到对"良人""吉士""君子"的礼赞。《诗经》不仅是周人安身立命的修养指南,而且也是周人经邦济世的经典依据。①

《国语》记录、反映了西周初期至东周中叶的社会生活及其思想状况。一方面,周人肯定神灵的存在,主张"民神异业",恢复"神"的权威和神职人员的神圣性;另一方面,周人又将"人"提高到了与"神"同等的地位,要求"事神保民",努力达到"民神无怨",并将决定神意的根本归结到民意、道德上,提出"道而得神,是谓逢福","君子之行,唯道是从",倡导君主爱民尚贤,肯定对无道君主的革命,体现出鲜明的仁德政治取向。②

西周思想界以仁德为本的政治传统,在孔子之前的东周初期、中叶仍然还延续、保留着。《管子》是春秋前期齐相管仲思想的记录。管仲的政治主张继承了西周德主刑辅的传统,以仁义礼教为本体论,以严刑峻法为方法论。管仲关于仁义礼德的不少论述,为孔子所继承。《晏子春秋》是春秋后期齐相晏婴的言行录。晏婴一生事奉过三位齐君,其不变的政治主张是以民为本,崇尚仁义,推行礼教,纳善于君。其不少表述,孔子与之一脉相承。

孔子生在保存着大量周室文献的鲁国,是当时最博学的学者。出于对西周文化,特别是仁德礼教政治传统的守卫与综合,孔子创立了儒家学说。孔子早年以儒业为生。处在贵人轻神的周代文化氛围中,孔子敬鬼神而远之,对现实人生更加关注。作为有理想的"君子儒",孔子在对西周仁德文化广采博取的基础上,创立了儒家"仁学"学派。孔子"仁学"的起点是"性相近,习相远"的人性论,在此基础上建构了以"仁"为核心的道德范畴系统。以此修身,孔子提出了"为仁由己"的君子之道,知行合一,身体力行,修养成道德楷模、一代"圣人"。以此治国,孔子坚持重德明礼的为政之道,付诸治理鲁国的政治实践,三年便使鲁国大治,成为成功的政治家。为了挽救礼崩乐坏的社会现实,孔子怀着"学而优则仕"的宏伟抱负,打破"学在官府"的传统,首创私学,一生培养了三千弟子、七十二贤人,在教学内容、方法等方面形成了丰富的思想,成为杰出的教育家。晚年整理编订《诗》《书》《易》《礼》《春秋》《乐》"六经",成为后代公认的周代文化整理大师。③

孔子创立儒家学说后,经过曾参、子思、孟子、荀子的传承,形成了源远流长、影响很大的儒家学派。

首先是孔子弟子曾参。他记录、阐释了孔子传授的高等教育大纲《大

---

① 据拙作:《贵"人"轻"天":〈诗经〉思想史价值的重新发现》,《学习与探索》2022年第9期。
② 据拙作:《〈国语〉的思想取向:"君子之行,惟道是从"》,《湖北社会科学》2019年第5期。
③ 据拙作:《论孔子的五重形象及其思想主张》,《宝鸡文理学院学报》2019年第5期。《高等学校文科学术文摘》2020年第1期转载。

学》。《大学》所讲大学教育的核心内容,是"自新"与"新民"、"修己"与"治人"。"自新"即不断自我更新、自我完善,关键在于"明'明德'"。"明'明德'"的途径是"正心诚意""格物致知",从而寻求"天理",恢复天赋的"良知"。这是"君子"做人的起点,所以叫"明德为本"。"新民"即推己及人,带领大家共同向善,将自己修得的"明德"推广到天下,使他人不断自我革新。"新民"的途径是"齐家、治国、平天下"。这是"君子"修己自新的延伸和扩展,所谓"新民为末"。《大学》所论,把孔子"天下有道则见、无道则隐"的"内圣外王"思路落到了实处。①

曾参之后是子思。子思是曾参的弟子、孔子的孙子。子思留下两部经典《中庸》与《孝经》,都是孔子教学的记录。围绕着孔子所讲的"中庸"至德,《中庸》要求人们以高度的虔诚修养不偏不倚、不动好恶的"中庸"之道,在处理各种矛盾时恪守礼教规范。它将"至诚"与"中庸"的"人道"上升、对象化为"天道"的做法,开启了孟子"天人合一"的世界观和认识论。它提出的"无过与不及"的"中庸"之道是走向《大学》所讲"内圣外王"目标的方法论保证,同时具有价值论、道德论、本体论的意义。②

《孝经》是子思记录的孔子为曾参讲述孝道的经典。它将"孝道"提升为"天地之经",从"天道"论证"孝道"的神圣性,要求上自天子国君,下至大夫士人庶民都加以恪守。"孝"的本质是对长辈的尊敬和顺从。尊敬和顺从他人的"事亲"之"孝"可以转化为"事君"之"忠"。"孝"不仅是"立身"、齐家之道,也是"事君"、治国、平天下之道。《孝经》同时指出:"孝"以及基于孝的"忠"不是无条件、无原则的。当父亲、君主有"不义"之举时,孝子有责任做"诤子",忠臣有责任做"诤臣"。这是《孝经》最富于现代平等精神的地方。③

子思之后,儒家的传承者是孟子。与曾参、子思的述而不作不同,孟子对孔子儒家学说的继承不是重申、复述,而是作了自己的独特诠释与创造性发展。从周公到孔子,虽然强调为政以仁,但并没有明确提出"仁政"概念。孟子从孔子的"仁学"主张中发展出"仁政"学说。"仁政"要求君主像"民之父母"一样爱民保民,以"不忍人之心行不忍人之政",从而获得民众的拥戴。作为"不忍人之心"的政治实践,外王之道本自内圣之道,亦即仁义礼智

---

① 据拙作:《〈大学〉解奥:"修己治人"的高等教育大纲》,《东方哲学与文化》第六辑,2022年7月。
② 据拙作:《〈中庸〉:以"折中"之道成圣化物》,载《先秦思想史:从神本到人本》,复旦大学出版社2022年版。
③ 据拙作:《〈孝经〉研究:以孝道"立身"与"治天下"》,《东方哲学与文化》第三辑,2020年12月。

之心的培育。为了启发人们内圣道德修养的自觉,孟子提出"仁义礼智"是"心所同然"的性善论。在民为邦本的思想基础上,孟子提出"民贵君轻"说和"诛独夫民贼"的革命学说。从性善论到内圣论、外王论,再到革命论,构成了孟子"仁政"学说体系的内在逻辑。①

孟子之后,孔子儒学的继承人是荀子。荀子通过对子思、孟子的批判正本清源,直接继承孔子的学说。不过他对子思、孟子的批判未必允当,子思、孟子在孔子儒学传承中的地位并未被撼动。荀子将舜、禹、文、武之道和孔子仁学连通起来,广采博取,融化出新,构筑了天人相分、人性本恶、内圣外王、礼主刑辅、义兵革命的思想大厦。在天人关系上,他彻底否定有神论,在尊重自然规律的同时强调发挥主观能动性,"制天命而用之"。在人性问题上,他标举人性本恶,批判孟子的人性本善论,同时强调为善的道德意识是人区别于禽兽的根本特征,由此建构起独特的内圣外王之道——"君子之道"与"君之所道"。内圣的"君子之道"包括贵礼、尚诚、劝学、隆师、征圣、宗经等个人修养,外王的"君之所道"包括仁政、富民、礼主刑辅、尚贤使能等经世方略。荀子学说最引人瞩目的地方是提出"从道不从君"的"臣道"和"从义不从父"的"子道",实际上与《孝经》"诤子""诤臣"的主张如出一辙。同理,在军事思想上他提出"议兵以仁义为本"。荀子的学说贵人轻天,以仁义礼教为主,辅以通达的刑兵思想,求真务实,体大思精,是先秦儒学的集大成者。②

理解春秋战国时期儒家学派的思想,除了上述代表人物与代表著作,另有两部书也不能忽略,这就是《左传》和《礼记》。

《左传》是春秋末期鲁国史官、儒家学者左丘明为解析儒家经典《春秋》撰写的一部史学著作,又称《左氏春秋传》。左丘明据说也是《国语》的作者。与《国语》以大量史实记录了西周仁德政治传统相呼应,《左传》通过春秋时期周王室和诸侯国君臣之间的事迹与对话,反映了这个时期礼德为重的思想倾向。《左传》为我们记录了晏婴、子产、叔向、叔兴、申繻、闵子马、宫之奇、史嚚、季梁、郗文公、师旷、史墨、穆叔等人的闪耀着儒家思想光芒的话语,比如"吉凶由人""唯人所召";比如爱民利民、倾听民意;比如"礼"为"政之舆""民之行",只有"德礼不易",才能"无人不怀";"臣杀其君,君之过也"③。

《礼记》是孔子七十子后学在学习《仪礼》的过程中撰写的阐发礼仪背

---

① 据拙作:《孟子的"仁政"学说及其思想结构》,《中国政法大学学报》2020 年第 5 期。
② 据拙作:《"天人相分""隆礼重法":〈荀子〉思想的系统把握》,《理论月刊》2022 年第 1 期。
③ 据拙作:《〈左传〉的思想取向:"吉凶由人""先民后神"》,《理论月刊》2019 年第 11 期。

后的意义的一系列论文的汇编,它典型反映了周代"尊礼""近人"的思想特征。这具体表现为对"人"作为"天地之心""五行之秀"的崇高地位的确认,对作为"人道"的"礼"在沟通天地、祭祀鬼神、修身齐家、治国安邦中关键作用的肯定,对"礼"的具体含义、发生历史以及周礼类别的精细甄别与丰富认识,对礼、乐的不同功能、意义及其互补关系的详赡辨析,对始于"大学",中于"儒行",终于"君子"的礼教历程的系统要求。①

春秋战国时期,诸侯争霸,贵"诈力"而贱"仁义"。以"爱民"为本的儒家学说在那个靠武力称雄的年代并不受诸侯国君欢迎。所以,孔子周游列国屡屡碰壁,孟子、荀子的遭遇也大同小异。不过,在诸侯国扩展了疆土、治理国家的时候,要实现国泰民安,仍然必须采取儒家爱民利民的仁德方针。连主张严厉法治的商鞅也认识到:"武王逆取而贵顺,争天下而上(尚)让。其取之以力,持之以义。"②就是说,取天下靠的是武力,守天下靠的是道义。所以,尽管儒家学说虽然在春秋战国时期的诸侯兼并战争中不受欢迎,但在追求长治久安的治国实践中仍然是占有主导地位的学说。

三、道家学派源头及其代表人物的思想理路

春秋战国时期诸子百家学说中,另一派影响很大的学说是道家。

道家学说诞生后,推鬻子为源头。鬻子,名熊,商末周初楚国人。《史记·楚世家》载:"周文王之时,季连之苗裔曰鬻熊。鬻熊子事文王,蚤卒。"《史记·三代世表之一》成王诵栏下云:"楚熊绎。绎父鬻熊,事文王。初封。"《汉书·艺文志》班固自注:"名熊,为周师,自文王以下问焉。周封为楚祖。"相传九十岁拜见文王,文王把他当作老师。刘勰《文心雕龙·诸子》云:"鬻熊知道,文王咨询,余文遗事,录为《鬻子》。"贾谊《新书》记有武王、成王向鬻子求教封康叔于卫的事。

《鬻子》之名最早见录于《汉书·艺文志》。《鬻子》之文,最早见引于汉初贾谊《新书·修政语上》。该篇引鬻子与文王、武王、成王对话七则。《鬻子》虽以记述鬻熊思想为主,但并非出自周初鬻子之手。严可均《铁桥漫稿·鬻子序》云:"《鬻子》非专记鬻熊之语,故其书于文王、周公、康叔皆曰'昔者',后乎鬻子之言也。古书不必手著。《鬻子》盖康王、昭王后周使臣所录,或鬻子子孙记述先世嘉言,为楚国令典。"《汉书·艺文志·道

---

① 据拙作:《〈礼记〉"尊礼""敬人"的思想取向及系统构成》,《澳门理工学报》2019年第4期。
② 《商君书·开塞》。

家》载《鬻子》二十二篇,其书亡佚。唐代逢行珪所注《鬻子》为后人重新收集本,十四篇①。今本《鬻子》作为原本《鬻子》残卷辑佚,"确为先秦时重要典籍"②。

现存《鬻子》内容基本上都是仁德之道,表现出与文、武、周公、成、康之道的高度一致性。《贵道》篇提出"五帝之道":"君王欲缘五帝之道而不失,则可以长久。""五帝之道"即"仁"与"信"、"和"与"道"。《道符》篇说:"发政施令,为天下福者,谓之道;上下相亲,谓之和;民不求而得所欲,谓之信;除去天下之害,谓之仁。仁与信、和与道,帝王之器。"《汤政》指出:"万物生而人为政。"政者,正也。此句意指人是万物中的灵长。③ 人所以成为万物中的灵长,是因为人有道德理性。"人化而为善,兽化而为恶。人而不善者谓之兽。"④在肯定人的道德善性的基础上,鬻子论及改恶从善的君子之道与圣王之道。《周公》篇告诫帝王:"吾闻之于政也,知善不行者谓之狂,知恶不改者谓之惑。夫狂与惑者,圣王之戒也。"如何实施这善的帝王之道呢?根本的途径是根据民众的反映,将贤人选用到辅佐王业的官吏岗位,共同管理天下。《撰(通选)吏》篇指出:"民者,积愚也;虽愚,明主撰吏,必使民兴(举也)焉。士民与之,明上举之;士民苦之,明上去之。""民者,吏之程也,故王者取吏不忘(妄),必使民唱然后和,察吏于民,然后随。""民者,至卑也,而使之取吏焉,必取所爱。"《贵道》指出:"昔之君子,其所以为功者,以其民也。力生于民,而功最(聚)于吏,福归于君。"夏禹是礼贤下士的典范。《禹政》记载:为了接待贤士,夏禹"一馈而七起,日中而不暇饱食","是以四海之士皆至"。他昭告天下贤士:"教寡人以道者击鼓,教寡人以义者击钟,教寡人以事者振铎,语寡人以忧者击磬,语寡人以狱讼者挥鞀。""禹之治天下也,以五声听,门悬钟、鼓、铎、磬,而置鞀,以得四海之士。"《周公》还告诫以仁司法:"与杀不辜,宁失有罪。无有无罪而见诛杀,无有有功而不赏。"

鬻子一方面向文王灌输爱民尊贤、克己尚德思想,另一方面又宣扬自然无为的思想,因而被视为道家的开山之祖。《汉书·艺文志》将《鬻子》二十二篇列为"道家",《新唐书·艺文志》将《鬻子》一卷列为"道家"。鬻子这方面的思想主要保留在《列子》的引述中。《列子》中的鬻子引文主要涉及三个方面的道家思想。一、万物的生死、消长、盈亏是一个渐进的自然过

---

① 《鬻子逢行珪注》,收入钟肇鹏:《鬻子校理》,中华书局 2010 年版。
② 马晨雪:《〈鬻子〉真伪考》,《文学研究》2014 年第 4 期。另参刘建国:《〈鬻子〉伪书辨正》,《长白学刊》1992 年第 4 期。
③ 钟肇鹏:《鬻子校理》,第 21 页。
④ 均见《鬻子·汤政》。

程,主体无法觉知,也无法左右。《列子·天瑞》篇引鬻熊的话:"运转亡已,天地密(悄悄)移,畴(谁)觉之哉? 故物损于彼者盈于此,成于此者亏于彼。损盈成亏,随世(生也)随死,往来相接,间不可省,畴觉之哉? 凡一气不顿进,一形不顿亏;亦不觉其成,亦不觉其亏。"二、尊重自然、随顺自然、不动心机的人生态度。既然万物的消长是不以意志为转移的自然过程,那就应当去智去名。《列子·杨朱》篇引鬻子云:"去名者,无忧。"《列子·力命》篇引鬻子云:"自长(寿命长)非所增,自短(寿命短)非所损,算(智慧)之所亡若何。"三、以柔克刚、以退为进的人生智慧。《列子·黄帝》篇引鬻子云:"欲刚,必以柔守之;欲强,必以弱保之。积于柔必刚,积于弱必强。观其所积,以知祸福之乡(向)。"

老子是春秋前期楚国人,楚国祖先鬻子的思想不可能不影响到他。老子曾做过周王朝掌管藏书室的史官,对周初君主继承的尧、舜、禹、汤仁德之道和西周的礼乐制度做过深入研究,留下一部《道德经》,又称《老子》。老子标举"慈"与"善",要求诸侯"以百姓之心为心",克制奢侈享受的私欲,损有余以奉不足,安于小国寡民,人人相安无事,反对诸侯兼并他国、扩张疆土的不义战争,这些都体现了对周初君主仁德传统的继承。不过,有感于东周以来诸侯之间打着"仁义礼智"的旗号发动兼并战争,老子对虚伪的"仁义礼智"说教深恶痛绝,提出维护天下安宁的根本手段不是"仁义礼智",而是清虚寡欲,不动心机。他从宇宙发生、人的来源追溯起,说明人由"道"派生,无思无虑、无情无欲是人的天性,绝圣弃智、绝仁弃义、因应自然、随缘任运是诸侯国应当奉行的行为准则,并告诉各国政治家:"既以为人己愈有,既以与人己愈多。"① "夫唯不争,故天下莫能与之争。"② "道常无为而无不为,侯王若能守之,万物将自化。"③由此建构了特殊的"道德"学说:"失道而后德,失德而后仁,失仁而后义,失义而后礼。夫礼者,忠信之薄,而乱之首。"④ "绝圣弃智,民利百倍;绝仁弃义,民复孝慈;绝巧弃利,盗贼无有。"⑤ "我无为,而民自化;我好静,而民自正;我无事,而民自富;我无欲,而民自朴。"⑥《道德经》只有五千多字,但言简意赅,思理丰富。在神、道关系上,老子认为神由"道"派生和决定,自然无意志,不能赐福降灾,走向无神论。在天、人关

---

① 《老子》第八十一章。
② 《老子》第二十三章。
③ 《老子》第三十七章。
④ 《老子》第三十八章。
⑤ 《老子》第十九章。
⑥ 《老子》第五十七章。

系上,老子尊天更敬人,天道体现出人道实质。老子的本体论即道德论。"道"是宇宙本源、万物本体,体用合一,有无相生,"道"为"德"之体,"德"为"道"之用。老子的方法论即"重玄""去太"、相反相成。其人性论是"无智""无欲",认识论是"见素抱朴""涤除玄鉴"。在内圣问题上主张以退为进、以予为取、以柔致强。在外王问题上主张"贵以贱为本""高以下为基""无为而无不为"。社会理想是清心寡欲、相安无事、没有战争的"小国寡民"、至德之世。①

老子之后的道家代表人物是关尹子。关尹子与老子有过交往。现存《关尹子》作为唐宋人辑佚补撰之作,带有以佛释道的痕迹,但保留了关尹子的一些思想,可作为认识关尹子思想的参考。《关尹子》以道家和五行学说为主,同时包含着对儒家思想的兼融。"道"通过"气"和"五行"化生万物。天地人物,本体是"道"。"道"寓物中,是一与多、无与有、古与今、上与下、物与我、生与死的浑融统一。"五行之运"产生了人的"精神意魂魄"。精神性的心灵失去虚静的本性,情意应物起舞,就会生识生物。以虚静的心性本体控制情意活动,就会体认到无识无物的道德真谛。圣人修身济世之道,是因应自然、以退为进、不留行迹、懂得权变、圣俗兼融。②

关尹子之后,道家的传承人是文子。文子是老子弟子。所留《文子》过去一直被视为伪书,但汉初出土文献证明此书不伪,但经过战国末期文子弟子编订润色。文子的思想主要由"天人之分"的"天道"与"治乱之本"的"人道"构成。治乱的人道"内以修身,外以治人"。天人论、修身论、治国论是《文子》思想呈现的相互联系的三个板块。在天人关系上,文子主张尊重阴阳五行之道,"上因天时,下尽地理,中用人力",实现天时、地利、人力的和谐发展。文子虽论天道,但指向和重心是修身治国的人道。这人道是道家与儒家两者有主有次的融合。在修身之道上,文子强调以"守虚""守无""守平""守易""守清""守真""守静""守法""守弱""守朴"的"十守"为主,同时以儒家的仁义礼教为辅:"物生者道也,长者德也,爱者仁也,正者义也,敬者礼也。"③"仁莫大于爱人,智莫大于知人。""君子非义无以活,失义则失其所以活。"④在治国方针上,文子主张以道家清虚无为的道德为上,儒家仁义礼智礼乐为次,法家的刑法和兵家的义兵思想为末。⑤

---

① 据拙作:《老子思想结构的系统透视》,《学术界》2019 年第 12 期。
② 据拙作:《〈关尹子〉的独特主张及其思想脉络》,《学术界》2021 年第 10 期。
③ 《文子·道德》。
④ 《文子·微明》。
⑤ 据拙作:《明于天人之分,通于治乱之本——〈文子〉思想体系新探》,《学术界》2020 年第 7 期。

文子之后的道家学派继承人是战国初期郑国的列子。他初师壶丘子，进而问道于关尹子。秉承老子清虚无为、以退为进的道德论，主张贵虚持后，思想主要见于《列子》。今本《列子》出于晋人的辑佚补撰，但可当作了解列子思想的参考。关于列子的思想体系，张湛《列子序》有过精辟的分析："其书大略明群有以至虚为宗，万品以终灭为验，神惠以凝寂常全，想念以著物为表，生觉与化梦等情。巨细不限一域，穷达无假智力，治身贵于肆仕，顺性则所至皆适，水火可蹈，忘怀则无幽不照，此其旨也。"涉及列子的本体论、世界观、人性观、生死观以及修身治国的人道观。战国初期是个乱世。列子目睹"今天下之人皆惑于是非，昏于利害"的迷失，希望以"觉者"的姿态起而"正之"①。他拨乱反正的思想武器是"贵虚持后"。列子"贵虚"，具体要求包括去心机、去智虑、去是非、去情感，以无心为心、以无智为智、以无情为情、以无是非为是非。由于列子贵虚，所以被神仙化了。《庄子·逍遥游》说："夫列子御风而行，泠然善也。"这御风而行的列子当是异于常人的"神人"。列子另一个重要主张是"持后而处先"②。与此相关的表述是化刚为柔、化强为弱。"天下有常胜之道，有不常胜之道。常胜之道曰柔，常不胜之道曰强。"③"善持胜者以强为弱。"④

　　庄子是道家学说在战国后期的重要代表人物。他秉承老子"虚静恬淡"的道德观，对"无思无虑""无情无欲"的自然人性作了独特阐释，对芸芸众生愚蠢的"殉义""殉利"的"失性"行为作了深刻批判，提出了"自适其适""逍遥无待"的人生态度、"不悦生，不恶死"的生死观和任物自在、无为而化的政治理想。⑤

　　鹖冠子，姓名已佚，战国末期隐士，出生于楚，游学并定居于赵，以当地所产鹖鸟羽毛为冠饰并以"鹖冠子"为号，做过庞煖老师。留下一部《鹖冠子》，可视为道家学派的殿军之作。《鹖冠子》由鹖冠子本人的12篇论文、他与弟子庞煖的5篇对话及庞煖的2篇论文构成。《鹖冠子》传世最早的文本，是唐贞观年间魏征《群书治要》所引。其次是唐贞观年间马总《意林》所引。完整的传本，为宋徽宗年间陆佃的《鹖冠子解》19篇。后世的各种传本均以此为祖本。自唐代柳宗元作《辨鹖冠子》一文，断定《鹖冠子》是"好事

---

① 均见《列子·周穆王》。
② 《列子·说符》。
③ 《列子·黄帝》。
④ 《列子·说符》。详参祁志祥：《本同末异：列子"贵虚持后"说与杨朱"贵己恣意"说比较研究》，《贵州师范大学学报》2021年第1期。
⑤ 据拙作：《安其性命之情——〈庄子〉思想的核心追求与整体把握》，《清华大学学报》2023年第1期。

者伪为其书"所致,后世多认同此说。① 然而,1973年长沙马王堆汉墓出土大量帛书,确证《鹖冠子》"是先秦古书,而且是黄老一派的重要古籍"②。它以黄老道家与阴阳家学说为本根,兼融儒家、兵家、法家等学说,提出了称霸天下的治国良方。在天人关系上,《鹖冠子》从黄老及阴阳家的宇宙发生论出发,提出尊天地、因势命、先人事的基本主张,肯定了人道在政治生活中的决定地位。在人道环节,《鹖冠子》从道家、儒家的观点出发批判勾心斗角的现实社会、提出共利同乐的社会理想,主张君主清虚无为,选贤任能,以仁治天下,以义治军事,辅之以严刑峻法。道家学说发展至此,已体现出融会贯通为我所用的杂家倾向。③

四、兵家学派之祖及其代表人物的思想理路

春秋战国时期是一个靠武力说话的时代。兵家学派成为儒、道之外备受重视的一个重要学派。道家学派在春秋战国时期形成后,人们整理了姜太公的《六韬》和《司马兵法》,姜太公被奉为兵家学派始祖,《六韬》和《司马兵法》被奉为兵家学派的最初经典。

姜太公,姜姓,名尚,一名望,字子牙。因被封于吕地,故称吕尚、吕望。曾垂钓于渭水之滨,被时为西伯侯的周文王姬昌发现、启用,拜为"太师""大司马",尊称"太公望",在辅佐姬昌建立霸业的事业中做出了重大贡献。周武王即位后,尊太公为"师尚父",任命他为周国军事统帅,在辅佐灭商大业中立下汗马功劳,建立周朝后被封为齐侯,成为齐国的缔造者和齐文化的创始人。武王死后辅佐周公平定内乱,建立了"刑错四十余年不用"的"成康之治",直到周康王六年逝世。《六韬》是战国时期齐人追忆、整理的姜太公与周文王、周武王的对话记录,又称《太公六韬》。《汉书·艺文志》《隋书·经籍志》均将该书作者视为姜太公。另一部兵书《司马兵法》的原作者也被视为姜太公。因此,后世古籍和历代皇帝将姜太公尊为"武圣""兵家鼻祖"。

《六韬》设《文韬》《武韬》《龙韬》《虎韬》《豹韬》《犬韬》六韬,每韬分若干篇,共六十篇。太公在答问中由政治论述到军事,由"文韬"分析到"武略",是一部渗透着"公天下"理想和"爱民利民"情怀的兵家著作。从"天下乃天下之天下"的天下观出发,姜太公提出"国之大务,爱民而已"的政治

---

① 李学勤:《读鹖冠子研究》,《人文杂志》2002年第3期。
② 李学勤:《序言》,黄怀信:《鹖冠子校注》,第3页。
③ 据拙作:《〈鹖冠子〉的思想结构及其政治主张》,《辽宁大学学报》2020年第1期。

观、"兵为凶器,不得已而用"的战争观。军事作为保家卫国的后盾,虽不得已而用之,但也是不得不严加准备的"国之大事"。在这种战略思想指导下,太公具体讨论了军队的将士建设、组织建设、装备建设以及"三阵""十四变""十胜九败"等战术思想。结构完整、论述全面。①

《司马兵法》成书于战国齐威王时期,是对春秋末期司马穰苴阐释的姜太公《司马兵法》的追记。今存五篇,亦由政治论及军事,思路与《六韬》如出一辙,是理解姜太公政治军事思想的重要补充,可相互参看。首篇为《仁本》,次篇为《天子之义》,揭示以仁义治理天下是政治的常态,以战争平定天下是不得已采取的权变状态,所谓"以义治之之谓正,正不获意则权",必须"以礼为固,以仁为胜"。另三篇《定爵》《严位》《用众》具体讨论战略战术问题,包括"五虑""智勇""军患""权变"②。

姜太公以仁为兵、以义为兵思想,奠定了周代政治军事思想的基础。从姜太公的兵书到孙武的兵法诞生前后,我们看到《尚书·周书》中的诛"独夫"思想,看到《国语》中"杀无道而就有道,仁也"③,"臣杀其君,君之过"④的说法,看到《左传》中记载的师旷、史墨的话:如果君主"肆于民上,以从(纵)其淫",臣民就有权利把他驱逐赶跑⑤,看到管子"畜兵以道""养兵以德"的主张⑥。这种观点,是周代军事思想的一条主线,并为春秋战国时期的兵家著作继承光大。

春秋末期的孙武是齐国军事家。他继承齐国祖先姜太公到管子的论兵传统,作《孙子兵法》。孙武强调,战争的胜利"不可取于鬼神","必取于人"。这种人为的努力须从"道""天""地""将""法"五方面入手。战争的理想是"不战而屈人之兵"的"全胜",战争的最高境界是"伐谋""庙算",是"斗智"而不是"斗勇"。战争的规律是"兵者诡道""兵以诈立"。具体战术原则有以守为攻、速战速决、集中优势消灭敌人等。《孙子兵法》是历史和现实作战经验的深刻理论总结,被后代推崇为"武经""兵学圣典"⑦。

战国中期的孙膑是孙武后代,曾师从鬼谷子学习兵法,被齐威王重用,

---

① 据拙作:《〈六韬〉的政治军事思想:文韬武略,全胜不战》,《学术界》2022 年第 2 期。
② 据拙作:《〈司马法〉:德治为本、战争为权——先秦兵家思想研究之一》,《武汉科技大学学报》2021 年第 6 期。
③ 《国语·晋语》记录的春秋时秦公子絷的话。
④ 《国语·鲁语》记载的春秋时期鲁大夫里革的话。
⑤ 《左传·襄公十四年》,《左传·昭公三十二年》。
⑥ 《管子·兵法》。兵,原文为之,据上下文意改。
⑦ 据拙作:《〈孙子兵法〉:"兵者诡道""上兵伐谋"》,《先秦思想史:从神本到人本》,复旦大学出版社 2022 年版。

做过齐国将军田忌的军师。后随田忌流亡到楚国，潜心军事理论研究，写成《孙膑兵法》。它继承《孙子兵法》战争胜利"不可取于鬼神"的思想，强调"天地之间，莫贵于人"，在天时、地利、人和三种重要的取胜因素中，"人和"最重要。在这个大前提下，孙膑肯定了战争的必要性，强调了战争的正义性，提出不打无把握之仗、战则必胜的思想，深入探讨了战争中君、将、兵三者的关系和职责，具体分析了势、权、阵、变、谋、诈、赏、罚等取胜要素。较之《孙子兵法》，《孙膑兵法》对军事规律的理论总结又有所深化。①

在孙武到孙膑之间，战国初期的卫国出现了一位杰出的军事家吴起，留下一部《吴子兵法》。该书继承姜太公《六韬》《司马法》中由政治到军事的思路，提出"内修文德，外治武备"的固国强军方针，在以德治军、文武兼修的思想基础上，提出"义兵""慎战"的军事主张。《吴子兵法》首开《论将》《治兵》专篇，论述"总文武""兼刚柔"的将领管理要求和"以治为胜""教戒为先"的治兵理论。此外还论析了"见可而进，知难而退"等作战原则。②

在《孙膑兵法》之后，又诞生了一部兵家著作《尉缭子》。该书成书于战国中后期，作者一般认为是魏国的尉缭。尉缭反对把战争的胜利寄托在鬼神祭祀上，提出"不卜筮而事吉，不祷祠而得福"，"天时地利"不如"人和"，"圣人所贵，人事而已"。从"天下一家，共寒共饥"的社会理想出发，尉缭提出"兵者凶器，仁义为本"的义兵思想，"不战而胜"的战争理想，进一步深入探讨了将领职责、治兵要求和战场取胜的战术方法。全书融道家、儒家、法家、兵家思想于一炉，建构了独特的政治军事一体论。③

五、法家学派代表人物的思想肌理

战国时期，与取天下用兵家武力学说、守天下用儒家仁义学说的思路形成鲜明对照的是，法家学说主张富国强兵、以法强国。虽然缺少长远眼光，但见效快，很受诸侯国欢迎。

春秋时期的管仲曾被视为法家学派的先驱。但今本《管子》综合诸家，体现了鲜明的杂家特色，法家学说只是其政治学说的辅助部分。战国中期的商鞅、申不害、慎到留下《商君书》《申子》《慎子》，分别论述"法""术""势"，成为今天可见的早期法家著作。战国末期的韩非综合前辈法家思想，

---

① 据拙作：《〈孙膑兵法〉：兵道本于"天道、地理、民心"》，《先秦思想史：从神本到人本》，复旦大学出版社 2022 年版。
② 据拙作：《〈吴子〉：文德武备，内修外治》，《武汉科技大学学报》2022 年第 5 期。
③ 据拙作：《〈尉缭子〉："圣人所贵，人事而已"》，《先秦思想史：从神本到人本》，复旦大学出版社 2022 年版。

留下一部《韩非子》，批判儒墨仁爱学说，强调用严刑峻法实现君主专制，成为法家的集大成著作。

商鞅是战国中期辅佐秦孝公变法图强的法家代表人物。在以尧、舜、汤、武之道游说未果后，商鞅以变法图强的"霸道"获得了孝公的信任和重用，实施了两次变法。商鞅变法图强的主张包括三个要点。一是辟儒尚法。削弱民智，批判和取缔"仁义""孝悌"等儒家思想言论，实行以"重罚"为特点的法治。二是务农强兵。通过赏罚法令的激励与引导，对内聚民务农，对外驱民死战，使国家成为经济上的富国、军事上的强国。三是专制与自治。主张通过严格执法，维护君主专制定于一尊；同时通过互相监视，告密检举，让民众达到自治。①

如果说商鞅思想的标志是"法"，申不害思想的标志则是"术"。申不害，战国中期郑国人。以法术之"术"获得韩昭侯赏识，擢为丞相，内修政教，外应诸侯，使韩国君权得到加强，国家走向强大。在大夫弑君、危机四伏的时代，申不害主张加强君主的"独断"专制。"君必明法，以一群臣"。"法"是君主统一群臣的根本手段。与此同时，君主还必须掌握驭臣之"术"，善于以暗中之"术"辅助公开之"法"，所谓"君设其本，臣操其末"，"君知其道，臣知其事"，从而调动和监督大臣去依法行事，实现天下大治。②

慎到是战国中期赵国人，曾长期在齐国稷下讲学，传播法家思想。他继承商鞅、申不害加强君主专制的主张，强调君主拥有高高在上、大权独揽的权势之"势"的重要性，提出"国之大道"是"民一于君"，而天子的职责是"天下为公"，统一天下的法令必须是排除私利的"至公"之法，同时对驭臣之"术"作了进一步深入探讨，提出了因人之情、因臣之智、因民之能的"因循"治国主张。③

战国末期韩国的韩非是法家学说的集大成者。他不相信鬼神的存在，主张"循天顺人"。在人道问题上，他将商鞅的"法"、申不害的"术"、慎到的"势"综合起来，建构了一套以势强君、以术驭臣、以法制民的君主专制理论。他集中探讨了霸王之道，主张加强君主集权的绝对"权势"，暗中以"术"驾驭群臣，使群臣自觉为君主效力。依据"因人之情"而"不从其欲"的政治理念，韩非提出奖励农战、打击儒侠的方针政策，禁止私利、维护君利的"公法"要求，"禁言诛心""监督连坐"的驭民之道，富国强兵、天下一统的社会理想。韩非强调轻罪重罚，认为这有助于百姓规避刑罚，是对百姓最大的仁爱。他既肯定君主集权专制，又反对君主事必躬亲；既维护君主绝对权势，

---

① 据拙作：《商鞅的变法称霸思想：辟儒尚法、务农强战》，《上海政法学院学报》2020 年第 4 期。
②③ 据拙作：《从申不害的"术"到慎到的"势"》，《上海政法学院学报》2021 年第 6 期。

又反对君主以私干法;既强调君主削弱大臣权力,又崇尚"明君"、批判为所欲为的"暴君"。其中得失,值得具体辨析,不可一概而论。①

六、名家学派的历史坐标及思想主张

春秋战国时期,诸侯国之间一方面利用周朝分封制的政治空隙相互兼并、发展壮大,另一方面又强词夺理,给自己的兼并战争戴上道貌岸然的正义面具。这不仅是一个礼崩乐坏的时代,也是一个名实相悖、是非混淆的时代。于是,循名责实、要求正名成为这个时代的共同呼声。正是在这种时代背景下,专门探讨名实关系的名家学派应运而生。

名家学说最初是由墨子后学在《墨经》中建立的。《墨经》包括《墨子》中《经》上下、《经说》上下、《大取》《小取》六篇。《墨经》指出:名学即名辩之学。名辩的目的在"明是非之分,审治乱之纪"。名辩的关键是"名实"的"同异"关系,名辩的焦点问题是"坚白"的"离合"。《墨经》还深入分析到名称的不同类别"达名""类名""私名",概念的周延与不周延的区别,以及名实的"同异"在"彼此""动静"关系中的表现,即不同名称所指事物之间的同异相生和事物动静的同异相生,开东周名家学派先声。②

邓析是春秋末期名家的先驱人物,留下《邓析子》两篇。有感于当时诸侯国君慕"欲治之名",却不明"益世之理",导致国家大乱,邓析提出了"循理正名"、以实定名、正本清源、明辨是非的要求,对名辩的开阖技巧和言说方法作了专业探讨,在此基础上提出"循名责实,察法立威",按刑名规定治理臣民的主张,对君臣的名分、职责及注意问题作了独特探讨。③

尹文是战国中期齐国的名家代表。今存《尹文子》一卷论治国之"大道",援老入道,兼取名法儒墨,集中讨论形名和法术,理路大体与《邓析子》类似。尹文主张治国之道以老子"无为""因应"为上,以名、法、儒、墨为辅。着眼于"名者所以正尊卑",尹文具体讨论了"正名""辨名""察名""定名"问题。"定名"的重点是确定善恶、贤不肖之名,建立健全判定是非善恶的法律制度。于是尹文就从"名学"走向"法学"、从"名家"走向"法家"。"政者,名法是也",成为尹文的核心主张。④

惠施是战国中期宋国的名家代表。他继承《墨经》"异同""坚白"之辩的思路,分析事物概念的内涵和外延,透过人们习以为常的现象,提出十大

---

① 据拙作:《〈韩非子〉:以势强君、以术驭臣、以法制民》,《先秦思想史:从神本到人本》,复旦大学出版社 2022 年版。

②③④ 分别见拙著《先秦思想史:从神本到人本》第十五章专节评述,复旦大学出版社 2022 年版。

反常命题,并在与他人论辩的过程中提出另外二十一个反常命题。它们既是辩题,也是惠施的结论。其论辩范围远远超出了《墨经》的"异同""坚白"之辩以及逻辑学的范畴,深入到哲学本体论、物理学、心理学等等的真谛中去,体现了思维视角、方式的多维、圆通和深度。①

公孙龙是战国后期赵国的名家代表。其《公孙龙子》是先秦名家学派留下的唯一的一部讨论名学的完整专著。有感于当时名实混乱、天下不治的现实状况,公孙龙对名实问题进行了专门的学理探讨。他指出:名与实、指与物既有相称的同一关系,又有不相称的相异关系。二者的同一关系为人所易见,不同关系常为人所忽略。其突出表现之一,是不明白"白马"非"马"。即个别概念与一般概念之间存在种差,个别概念既属于一般概念(白马是马),又不等于一般概念(白马非马)。此外还深入到认识活动中主体不同的感官对同一对象不同属性感知的分离,如对石头的触觉之"坚"与视觉之"白"不是同时把握到的,进而提出"坚白离"的命题。公孙龙的这些辨析,旨在使"明王审其名实,慎其所谓","推之天下国家"循名责实"而后能治",同时也推动了逻辑学研究的深化。②

荀子是战国末期名家学说的集大成者。《荀子》中有一篇《正名》,带有名学的总结性质。他上承孔子,结合现实中"用名以乱名""用实以乱名""用名以乱实"的"乱名"现象,提出了"正名"主张。这种"正名"主张从"所为有名"的要求以及"所缘以同异""制名之枢要"的方法入手。"所为有名"以合理的"圣人之辩说"为典范。"所缘以同异"指"名"必须以客观事实与主观道义为依据。"制名之枢要"涉及"单名"与"兼名"、"共名"与"别名"、"同名"与"异名",以及"刑名""爵名""文名""散名",对名言概念的种类和功能作了细致划分和深入辨析,推动了先秦逻辑学的进步。③

七、墨家学派、杨朱学派、纵横家学派的思想结构

上述诸家学派之外,墨家学派、杨朱学派、纵横家学派传承的代表人物或著作不多,所以本节放在一起说。

孔子逝世之际,墨子诞生了。墨子早年"学儒者之业,受孔子之术"④,是"学仁义而流者也"⑤。墨家的"兼爱"与儒家的"仁爱"在爱民利民这一

---

① ③ 详参拙著《先秦思想史:从神本到人本》第十五章专节探讨,复旦大学出版社2022年版。
② 据拙作:《"审其名实""而后能治"——〈公孙龙子〉的名学理路》,《辽宁大学学报》2021年第3期。
④ 《淮南子·要略》。
⑤ 《河南程氏遗书》卷六。

取向上是一致的,所以战国时人们"儒墨"并称①,或"孔墨"并称②。墨子一生的活动主要在两方面:一是周游列国,倡导兼爱,反对诸侯给人民带来深重灾难的兼并战争;二是广收门徒,聚众讲学,形成声势浩大的墨家学派,亲信弟子多达数百人。墨子之后,"墨离为三","有相里氏之墨,有相夫氏之墨,有邓陵氏之墨"③,但都没有留下什么著述。孟子时,"杨朱、墨翟之言盈天下,天下之言不归杨,则归墨。"④韩非子时,"世之显学,儒、墨也"⑤。可见墨家在战国时期的巨大影响。

墨子与儒家既有同,也有异。墨子明确提出"非儒",公开批判过儒家"别爱""非神""顺命""厚葬""奢乐"的主张。他认为缺乏对"天""鬼"的敬畏是导致天下祸乱的根源,"尊天事鬼"是墨子思想的逻辑起点。"天""鬼"是有意志的人格神,主持正义,除暴安良,与民意民利相通。"尊天事鬼",自然走向注重人力的"非命",和"爱利万民"的"兼爱""贵义"。从"兼爱"出发,墨子"非攻""非乐",主张"节用""节葬"。从"贵义"出发,墨子"尚同""尚贤",主张将"爱利万民"的公义通过君主专制确定下来,统一天下人的是非标准,让贤人忠臣贯彻实施。于是,以"上利乎天,中利乎鬼,下利乎人"为"三表"、以"尊天事鬼、贵义兼爱、爱利万民"为核心主张的墨家学说体系由此建立起来。⑥

战国时期从老子的道家学派中分化出杨朱学派。杨朱的思想主张主要体现为"为我""放逸"两点,从而分化出禁欲与纵欲两派。一是"存我""为我",又叫"贵身""重己"。《孟子·尽心》指出:"杨子取为我,拔一毛而利天下,不为也。"《列子·杨朱》记载杨朱的话:"智之所贵,存我为贵。""古之人,损一毫利天下,不与也;悉天下奉一身,不取也。人人不损一毫,人人不利天下,天下治矣。"即便用整个天下利益来换取个人利益,也为杨朱"不取"。这就叫"轻物重生"。《淮南子·氾论训》说杨朱:"全性保真,不以物累形,杨子之所立也。"《韩非子·显学》批评说:"今有人于此,义不入危城,不处军旅,不以天下大利易其胫一毛。世主必从而礼之,贵其智而高其行,以为轻物重生之士也。"指的就是杨朱学派。陈仲、史鳅承杨朱"自贵"之旨,"轻爵禄而贱有司",克制情性欲望,以不慕功利、退隐山林为高,就是杨朱学派中的禁欲派代表人物。

---

① ③ ⑤ 《韩非子·显学》。

② 《列子·黄帝》。

④ 《孟子·滕文公下》。

⑥ 据拙作:《"尊天事鬼""贵义兼爱":墨学的逻辑结构及核心主张》,《河北师范大学学报》2022年第4期。

杨朱学派的另一主张是纵欲享受，及时行乐。刘向《列子新书目录》称"杨子之篇唯贵放逸"。《列子·杨朱》的记载中，杨朱认为，"既生，不得不全之"。如何保全生命的存在呢？就是要以物养身，满足物欲："身固生之主，物亦养之主。""太古之人，知生之暂来，知死之暂往，故从心而动，不违自然所好；当身之娱非所去也。""人之生也奚为哉？奚乐哉？为美厚尔，为声色尔。"人生短暂，要抓住有限的一生及时行乐："且趣当生，奚遑死后？"《荀子·非十二子》批判它嚣、魏牟"纵情性，安恣睢，禽兽行"，就是杨朱学派中的纵欲派。

纵横家是以探讨有效的游说技巧著称的一派。苏秦、张仪都是战国时期有名的纵横家，但他们重在成功的实践，没有留下理论。现存纵横家著作只有唯一的一部《鬼谷子》，作者为战国时期的鬼谷先生及其弟子。《鬼谷子》内容大抵可分为目的论、本体论和游说方法论。身处乱世，为天下"抵巇"补漏，是《鬼谷子》的目的论。用什么学说为天下补漏呢？儒家"仁义"之德，就是《鬼谷子》救世使用的本体论学说。如何让仁义学说为诸侯采用呢？这离不开睿智的游说策略和技巧。《鬼谷子》提出了以"捭阖"为主、以"揣摩""权谋"为辅的游说方法论。"捭阖"即言与默、动与静阴阳相生的游说技巧。它根据与游说对象"忤"与"合"的关系来决定。关系相合就入而进言（"内"），关系相忤就出而闭口（"楗"）。进言前要运用"反以知复"的"反应"方法探明对方心理实情，运用欲擒故纵的"飞箝"方法控制对方心理走向。此外，《鬼谷子》还指出：要善于"揣摩"游说对象的个人及国家状况，善于运用"权谋"因势利导、顺势而为地加以游说，这样才有助于对方接受自己游说的政治主张。①

八、杂家学派代表：《管子》、晏子、《尸子》、《吕氏春秋》

从春秋到战国时期，诸子在创宗立派的过程中相互吸收。有些子书杂取、综合诸家学说，已很难归入那一派，视为杂家更合适。

《管子》是春秋前期齐相管仲以及战国时期管仲学派思想学说的结集。管仲曾辅佐齐桓公成为春秋第一霸主。在成功的政治实践中，《管子》形成了"霸王所始，以人为本"的政治学说。在神人关系上，《管子》尊天敬神，同时主张"祥于鬼者义于人"，"得人之心而为纪"。从"道生万物"的角度，《管子》认为人由道中的精气所生，是感官欲望与心神理智的统一体，提出"以心治官"的人性主张。从此出发，《管子》阐述了以仁政学说为主、以严刑峻法为辅的基本政治主张，具体论及务本饬末、贵农重粟、轻收重售等经济政策，

---

① 据拙作：《以"仁义"之道和"捭阖"之术"抵巇"补天——〈鬼谷子〉目的论、本体论、方法论的系统把握》，《学术界》2021年第1期。

以及置兵之要、致胜之理、用兵之数等军事思想。《管子》体量巨大,结构宏伟,是管仲成功的政治实践的精彩总结,凝聚着极为深刻的政治智慧。①

晏子是春秋后期齐国人,一生曾事奉过齐灵公、庄公、景公,其中事奉景公的时间长达40多年。他不是投君所好,"以三心事一君",而是"以一心事三君",这"一心"就是与君主"和而不同"、帮助君主谏过纳善的忠心。《晏子春秋》记录了晏子智谏、直谏三君,尤其是齐景公的种种事迹,塑造了一个不避个人安危荣辱,从国家和人民利益出发匡正君主过失的诤臣形象。他所进谏的基本政治主张主要有三:一是在人神关系上重人轻神,以合乎民意的道德作为去获取神灵的庇佑;二是以民本、仁义为最高的善,主张行善守礼,开儒家先声;三是从民利出发反对奢侈,崇尚节俭,并严以自律,发墨家先声。②

尸子,名佼,战国中期人,《史记·孟子荀卿列传》称其为楚人,刘向《别录》、司马贞《史记索隐》称其为晋人,《汉书·艺文志》称其为鲁人。留下一部《尸子》在汉初广为流传。关于《尸子》的思想倾向,《汉书·艺文志》著录为杂家。《尸子》系后人所辑,但所辑多为先秦史料,学界视为先秦子书。原书二十篇,六万余言,今存上卷十三篇及下卷,一万余言。全书一方面显示了融合儒、墨、道、阴阳、名、法、农诸家的杂家特色,另一方面也体现了仁政德治思想为主的儒家基调。围绕如何称王天下这一中心问题,《尸子》提供了以儒家仁义学说为主,以道家无为学说为辅,融合名家审名分、正是非与法家贵势行政、案法而治思想的政治方案。③

战国末期,秦相吕不韦集合门客编撰了一部探讨帝王之道的集大成著作《吕氏春秋》。《吕氏春秋》杂取百家精义,上揆之天、下验之地、中审之人,从爱民利民、尚贤贵公、外王内圣的角度建构了"执一""不二"的帝王之道。它把"道生万物"的道家思想与"阴阳五行"学说融合在一起,将自然、社会、天国、人间的万物编织成一个同源同构、同类互感的整饬系统,提出物从其类、以人法天、祸福人召、必已慎人的主张,进而提出统一六国的帝王理想以及因势利导、尚德爱民、利群贵公的大政方针,孝亲俭葬、导欲尚农、高义贵信、赏罚必当、以义为战的具体政策,君术贵因、臣道贵为的君臣分职之术。还基于取天下先取身的思路,对人性的本质及清心寡欲、尊师劝学、保生全性的修养之道作了进一步探讨,包罗万象,意义非凡。④

---

① 据拙作:《以人为本:〈管子〉思想的系统把握》,《澳门理工学报》2021年第4期。
② 据拙作:《〈晏子春秋〉思想意义新解》,《艺术广角》2024年第5期。
③ 据拙作:《〈尸子〉:儒主道辅、名法相融》,《先秦思想史:从神本到人本》,复旦大学出版社2022年版。
④ 据拙作:《〈吕氏春秋〉的思想结构及其帝王之道》,《河北师范大学学报》2021年第6期。

第六章　周代逻辑学思想与"人的觉醒"

本章提要：逻辑学,特别是形式逻辑,是人类理性认识发展到一定高度的产物,也是人类理性觉醒的标志。春秋战国时期,以"名学"为名的逻辑学通过《墨经》、惠施,发展到公孙龙手中,成为周代逻辑学思想的集大成者。本章以《公孙龙子》为入口,展现周代逻辑学思想所达到的水准,为周代"人的觉醒"的时代特征提供一个侧面的证明。《公孙龙子》揭示:名与实、指与物既有相称的同一关系,又有不相称的相异关系。这种相异关系的突出表现之一,是"白马"非"马",即个别概念与一般概念之间存在种差,个别概念既属于一般概念,又不等于一般概念。此外,《公孙龙子》还深入到认识活动中主体不同的感官对同一对象不同属性感知的分离,进而提出"坚白离"的命题。公孙龙的这些辨析,使周代逻辑学思想达到了一个相当的高度。①

周代思想界"人的觉醒",另一个不容忽视的现象是逻辑学思想的诞生。逻辑学,在周代叫"名学"。"名学"以辨别名言概念的是非然否为要务。《淮南子·要略》指出:"诸子之兴,皆因救时之弊。"名学产生于"救时之弊"的需要。这个时代之弊,就是名实关系的混乱、是非善恶之名的颠倒。春秋战国时期,诸侯国之间一方面利用周朝分封制的政治空隙相互兼并、从中坐大;另一方面又强词夺理,给自己的侵略战争戴上师出有名的正义面具。这不仅是一个礼崩乐坏的时代,也是一个名实相悖、是非混淆的时代。荀子指出:"今圣王没,名守慢,奇辞起,名实乱,是非之形不明,则虽守法之吏,诵数之儒,亦皆乱也。"②说的虽然是战国后期的状况,但其实这种状况早在春秋时期已相当严重。民国学者王琯指出:"正名主义何以发生于周、秦、战国之

---

① 本章以"'审其名实''而后能治'——《公孙龙子》的名学理路"为题,发表于《辽宁大学学报》2021年第3期。
② 《荀子·正名》。诵数,王先谦《荀子集解》:犹诵说。中华书局1988年版,第414页。

际?……当时所谓法纪名分者,盖已荡然无存。诸侯力政,荡闲乱位,率兽食人,毒祸无已,钩鈲柝乱之徒又从而骋辞取容。因名乱名者有之,因实乱名者有之,因名乱实者有之。……贤士哲人鉴于名乱而通于世变也,慨然思所以矫之之术。对症量剂,乃出于正名一途。"①于是,循名责实、要求正名成为这个时代各家各派的共同呼声。孔子说:"名不正则言不顺,言不顺则事不成。"②首先提出"正名"要求。荀子据此著《正名》篇。墨家"明是非之分,审治乱之纪"③,开先秦名学之先声。管子、韩非子站在法家的立场要求"循名责实",庄子从"齐物"的角度谈论是非概念的亦此亦彼。如此等等,均然。正是在这种时代背景下,专门探讨名实关系的名家应运而生。名家的代表人物,春秋时期是墨子后学和邓析,战国时期是尹文、惠施、公孙龙。荀子以《正名》篇加以批判总结,为先秦名学作了重要贡献。他们"疾名实之散乱",建立了"以正名实"④的名学,体现了救世情怀、贵智特色和思辨深度,不过有时也陷入诡辩,为世人所诟病。

在春秋战国时期的名学论争中,《公孙龙子》是保存至今的唯一的名学专著。本章以《公孙龙子》为个案,反映周代逻辑学所达到的水准。

公孙龙(约前320年—约前250年),字子秉,华夏族,赵国人,能言善辩,曾做过平原君的门客。著有《公孙龙子》。据《汉书·艺文志》记载,《公孙龙子》原有14篇。扬雄《法言》称公孙龙诡辞数万,似为完本。唐代分为三卷。北宋遗失了8篇,至今只残留6篇,为一卷,保存在明代的《道藏》中。

公孙龙在论辩中提出的论题有很多。《列子·仲尼》记载公孙龙的辩题:"有意不心。有指不至。有物不尽。有影不移。发引千钧。白马非马。孤犊未尝有母。"这些与《墨经》及《庄子·天下》所载的辩者与惠施争论的话题大部分重合,有的则另有发明。如"有意不心"指意念活动时,就失去了寂静的本心。因为在道家看来,心灵的本体是寂然不动的,是无意之心。"发引千钧"的字面翻译指发丝平衡着千钧重物。千钧重物处于平衡状态,是因为各处重量的平衡丝毫不差;若差之毫厘,就会失衡断裂。其中,"白马非马""有指不至"是现存《公孙龙子》论述的重要问题。《公孙龙子》论述的中心问题,是名实的同异("有指不至"),这在《名实论》《指物论》及《通变论》中有集中论述。在这一般的逻辑学原理的建构之外,《公孙龙子》剖析

---

① 王琯:《公孙龙子悬解》,中华书局1992年版,第24页。
② 《论语·子路》。
③ 《墨子·小取》。
④ 《公孙龙子·迹府》。

的两个具体问题,是白马与马的异同关系、石头的坚性与白色的离合关系,分别见《白马论》和《坚白论》。而所有的这些名辩之学的产生原因,都在《迹府》篇中得到说明。《公孙龙子》是先秦名家留下的唯一一部完整的著作。虽然遗失过半,现存六篇篇幅不大,但一般原理与个案分析相结合,抽象思辨的水准很高,称之为先秦名家的扛鼎之作,当之无愧。

《公孙龙子》的语言并不生僻古奥,今人大多不借助字典就能认识,但对它们的理解却不那么方便。从古代的注疏到近人王琯的《公孙龙子悬解》、庞朴的《公孙龙子研究》(中华书局 1979 年)、冯友兰的《中国哲学史新编》(人民出版社 1980 年版)、谭业谦的《公孙龙子译注》(中华书局 1997 年)及古诗文网的解释,都很难令人完全信服。笔者在综合前人解释的基础上根据自己阅读先秦古籍形成的积累融化出新,作出自己独立自足的更为圆通的解释。

一、名与实、指与物的同异关系

天下万物本无名,是人类根据万物各自的特性给它们起了不同的名。同一事物,不同的语言系统有不同的名;即便同一语言系统,人们也可这样称呼某物,或那样称呼某物。这说明,名与实、指称与物体既有同一、相称的关系,又有不统一、不相称的相异关系。公孙龙对此作了深刻、细致的剖析。其中,《名实论》重在从名实相当方面说明指谓与所指之"同",《指物论》重在从指物相悖方面说明指谓与所指之"异",于是不同物名之间就呈现出亦此亦彼、非此非彼的关系,体现了纯思辨的逻辑学在战国时期所达到的精彩与辉煌,印证了那个轴心时代的思想文明。

《名实论》指出:"天地与其所产焉,物也。物以物其所物而不过焉,实也。实以实其所实而不旷(缺)焉,位也。""出其所位,非位;位其所位焉,正也。""以其所正,正其所不正……其正者,正其所实也;正其所实者,正其名也。"这里提出了"正名"的问题。如何理解这段话呢?

《名实论》在这里先后提出四个概念"物""实""位""名"。其实,"名"的概念在前面"物其所物而不过"中就隐然存在了,"物其所物",即"名其所名"之意。如何理解"物其所物"?《庄子·山木》有"物物而不物于物"一语,与此类似,明显为公孙龙所本。"物物"而"不物于物",两个词组中前一"物"字都是动词,指驾驭、主宰。《公孙龙子》的"物其所物","物"字的用法都作动词,但含义与庄子有别,指给物命名,从而呼应后面"正名"的要求。整段话的大意是:天地产生了万物;万物给所名之物赋名而不逾越该物的特性,这就是名所依据的实际内容;名依据、指称的实际内容由于充实不缺、实实在在地存在,这就给指称它的名称、概念规定了外延边界。名称符合实际规定的概念的外延边界,就属于正当的名称;如果逾越了这个边界,就名不当实,需要矫正名称。"正其名"的根本方法,是"以其所正,正其所不正"。"所正",指物之实际;"所不正",指悖实之名。"正名"工作的实质,是"正其所实",即以实检名、矫名、定名。由此可见,公孙龙在这里实际上剖析了由"物"生"名"、由"实"定"名"、由"位"正"名"诸多名实问题。其中,"位"的概念为公孙龙首创,大意指概念的外延限定,即名称概念涉及的实际事物周延与否的界限问题,在逻辑学上具有非同寻常的意义。

在名实关系上,公孙龙强调名是实的指谓。由于所指之实不同,此名与彼名相互区别,不可混淆。"夫名,实谓也。知此(名)之非此(实)也,知此(名)之不在此(实)也,则不谓也;知彼(名)之非彼(实)也,知彼之不在彼也,则不谓也。"①所谓"名正"其实就是承认并肯定事物名称彼此的差别:"其名正则唯乎其彼此焉。"这种认识导源于《墨子·经说下》:"正名者彼此。""正名"集中表现在对"彼此"的认识上。这种认识是:"彼彼止于彼,此此止于此",这是正确的。"彼且此也",混淆彼此,这是不正确的。《公孙龙子》亦然。《名实论》说:"谓彼而彼不唯乎彼,则彼谓不行;谓此而此不唯乎此,则此谓不行。其以当不当也。不当而当,乱也。""故彼彼当乎彼,则唯乎彼,其谓行彼;此此当乎此,则唯乎此,其谓行此。其以当而当也。以当而当,正也。"所谓"审其名实,慎其所谓",就是以名当实,肯定由不同的所指、事物决定的不同的名称、指谓之间的差别。这是《名实论》阐说的基本主张。

《指物论》阐说的主张恰恰与此相反。"物莫非指(指称),而指(指称)非指(所指、物本身)。"芸芸万物,都是由不同的名称、指谓构成的。而这些名称、指谓并不能真正代表所指的物本身。天下本来只有物,没有指(名)。指是后来人类给物起的名。"物也者,天下之所有也。""指也者,天下之所无也。""以天下之所有,为天下之所无,未可。""天下无指(本无名称),而物不可谓指也。"这是其一。同一事物,人们既可以这样指称,也可以那样指称。这就决定了"指"与"物"、"名"与"实"之间的差异性。"天下无指者,生于物之各有名(一物可以有多名),不为指(特指之名)也。""不可谓指者,非指也。""非指者……而物可谓指乎?"这是其二。因此,得出的结论是:"指固自为非指。"《指物论》所言,正如《列子·仲尼》转述公孙龙所说的那样:"有指不至;有物不尽。"虽然有名指,但不能真正抵达事物本体;名指对

---

① 《公孙龙子·名实论》。

于事物的穷尽永远是无止境的,或者说名称永远不可穷尽事物本体。这里强调的是名言表达、指称功能的有限性。它与老子所说的"名可名,非常名","道可道,非常道"思想是一致的。"以有不为指之无不为指,未可。"天下本来"不为指",但后来的天下"无不为指",这是有问题的。

但公孙龙并没有就此止步。正如老子认为"道不可言",又主张"道不离言",所以"强字之曰'道'"的思路一样,公孙龙又进一步指出:虽然物"不可谓指",但非指则无法指称万物,标志事物的不同,所以又不能完全废除名指。《指物论》云:"天下无指,物无可以谓物。"万物"不为指而谓之指,是无不为指"。一方面,言不尽意,指不穷物,"天下无指";另一方面,舍言无以达意,舍指无以名物,所以,"非有(没有)非指"(对非指再否定)、"不可谓无指"。最后,"物莫非指,指非非指也(指不是非指,而是指)"。在否定之否定的意义上,"指"既是"指"亦"非指"。"物莫非指者,而指非指也。"

于是,指与物、名与实的关系,就是亦此亦彼的关系。正如《庄子·齐物论》所说:"物无非彼,物无非是。""彼出于是,是亦因彼。彼是方生之说也。"

《庄子·齐物论》还指出:"以指喻指之非指,不若以非指喻指之非指也。""天地一指也。"庄子说明的主张是"指之非指",但在论证的角度、方法上,他指出用"非指"的方法比用肯定"指"的方法更加有效。只有侧重于从"非指"的角度论证指与物、名与实的差异性,而不仅仅站在肯定"指"的有效性的角度看到指与物、名与实的同一性,才能真正认识到"指之非指"的逻辑真相。在这一点上,公孙龙的《指物论》明显贯彻了庄子的主张。

二、"白马非马":个别与一般之同异

在关于名实、指物的逻辑关系的一般学理分析外,"白马非马"是公孙龙著名的举例分析、个案分析之一。它实际上分析的是一般概念与个别概念、属概念(类概念)与种概念的关系。一般概念、属概念在外延上是周延的,属于泛指;个别概念、种概念在外延上是不周延的,属于特指。二者之间是什么关系呢?普通大众着眼于个别概念、种概念属于一般概念、属概念下的一个种,往往只看到二者之同,看不到二者之异(种差)。比如只看到白马是马、楚人是人,而看不到白马不是马、楚人不是人。公孙龙着眼于种差,指出个别概念不等于一般概念,所以提出"白马非马""楚人非人"。《迹府》是这样分析的:"白马为非马者,言白所以名色,言马所以名形也;色非形,形非色也。夫言色则形不当与,言形则色不宜从,今合以为物,非也。""马"是对包括毛色在内的整个动物形体的名指,而"白马"则是对这种动物形体的毛色

的名指,所以二者不能等同。如果将"白马"等同于"马",就会发生到只有黑马的马棚中找不到所需白马的困窘,可见"白马"不是一般意义上的"马",所谓"白马竟非马"。

同样的情况也发生在楚王的一次打猎中。"楚王……射蛟兕于云梦之圃,而丧其弓。左右请求之。王曰:'止。楚人遗弓,楚人得之,又何求乎?'仲尼闻之曰:'楚王仁义而未遂也,亦曰人亡弓,人得之而已,何必楚?'若此,仲尼异'楚人'与所谓'人'。"①一次楚王田猎,不慎丢了弓,随从们请求去找弓,楚王说不必了,楚人丢了弓,拾到弓的也是楚人,何必去找呢?孔子听说后评论说:楚王似乎讲仁义了,但还讲得不到家!应该说:人丢了弓,拾到弓的也是人,又何必限定是楚人呢?可见,在孔子看来,"楚人"与"人"这两个概念是不同的。正如"白马非马",所以说,"楚人非人"。

《白马论》继续论证个别不是一般,不过论证更详细、更严密。"'白马非马',可乎?曰:'可。'曰:'何哉?'曰:'马者,所以命形(整个形体)也;白者,所以命色也。命色者,非命形也。故曰:白马非马。'""马"是属概念,"白马"是种概念。"白马"诚然是"马"的一部分:"有白马为有马,白之,非马何也?"以"有白马不可谓无马"者,"离白之谓也"。然而,"马"中还有其他毛色的马,如黄马、黑马,白马显然不是其他毛色的马,就是说,个别不是一般中其他的个别。"求马,黄、黑马皆可致;求白马,黄、黑马不可致。""马者,无去取于色(不计颜色),故黄、黑皆所以应;白马者,有去取于色(排除他色,仅取白色),黄、黑马皆所以色去,故唯白马独可以应耳。无去者(不被排除而被选取的白马)非(不是)有去(被排除的非白色的黄马黑马)也,故曰:白马非马。"这里的"白马非马"意指"白马非黄、黑马",即一般概念所包含的个别彼此不周延、不交叉,因而彼此不能画上等号。一般也不等于个别。"所以为有马者,独以马为有马耳,非以白马为有马耳。""故其为有马也,不可以谓白马也。"由此可见,所谓"白马非马",有如下几层含义。

首先,白马不等于马的全部;白马之马是不周延的。其次,白马不等于其他毛色的马,如黄马、黑马。再次,马也不等于白马,还包括其他色彩的马,如黄马、黑马。说到底,这是论析一般概念与个别概念之间的同异关系,主要是相异关系。

这几层含义,公孙龙在《通变论》中又作了更高阶的逻辑概括。左、右两个方向叫"二":"左与右可谓二乎?曰:可。""二"是一个一般概念,左与右

---

① 《公孙龙子·迹府》。

是个别概念。一般是个别的总和,但不是其中的任何一项。易言之,"二"是左与右的总和,但不是左,也不是右。所以说:"二有一乎？曰:二无一。""二有右乎？曰:二无右。""二有左乎？曰:二无左。"反之,个别也不是一般。"右可谓二乎？曰:不可。""左可谓二乎？曰:不可。"套用到对马与白马关系的认识,"马"是"白马"与"黄马""黑马"的总和,"马"既不等于"白马",也不等于"黄马""黑马"。反之,"白马"不等于"马","黄马""黑马"也不等于"马"。因为"白马"不是"黄马""黑马"。

《通变论》还提出"类"的概念,也就是属概念、一般概念,指出如果类概念相同,即使种概念有异,也不能否定它们属于同一类概念。比如羊与牛在牙齿构造上有异,一有齿一无齿,但"不俱有而或类焉",都属于偶蹄家畜,所以说"牛"之"非羊"或"羊"之"非牛",均"未可"。同理,个别的相同也不能改变整体的差异。如羊有角,牛也有角,它们角"俱有"而"类之不同",所以也不可认为"牛"就是"羊"。

其实,"白马"与"马",既有异,也有同。公孙龙"白马非马"论说的重点,是二者之异。据桓谭《新论》记载,公孙龙曾度关。关司禁说:"马不得过。"公孙龙说:"我白马,非马。"于是顺利过关,可见其"白马非马"在当时天下影响之大。其实"白马"也是一种"马"。公孙龙在这里机智地置换了概念,抓住"白马"不是其他毛色的马这个与"马"的概念的差异,以偏概全,否定"白马"本身是"马",实际上有诡辩之嫌。不过这凸显了公孙龙的机智擅辩。关于公孙龙的这个特点还有个突出的例子。据《吕氏春秋·审应览五》,赵国与秦国曾经相约:"自今以来,秦之所欲为,赵助之;赵之所欲为,秦助之。"不久,秦兴兵攻魏,但赵国却不守与秦的盟约,欲派兵救魏。秦王不悦,派人质询赵王:"今秦欲攻魏,而赵因欲救之,此非约也。"赵王以告平原君,平原君请教公孙龙怎么办。公孙龙出了一招:"亦可以发使而让(责难)秦王曰:赵欲救之,今秦王独不救助赵,此非约也。"

三、"坚白离":不同感官的感知之分、感官认知与思维认知之分

公孙龙的另一个案分析是关于石之"坚白"相离的论析。

"坚白"之辩,导源于墨子。《墨子·经说下》主张坚白相盈于一石之中:"坚白,不相外也。""无(抚)坚得白,必相盈也。""石,一也;坚、白,二也,而在石。"这是符合常识的。石头色白质坚,坚、白属性统一于石中,三位一体,所以说"坚白石三"。但公孙龙则从主体认识的角度,说明这三种元素不是同时被主体认识的,提出"坚白相离"的观点。人们或通过视觉认识到石之白,或通过触觉认识到石之坚,而不可能通过同一种感官同时认识到石之

坚、白。所以说"坚白石"是"二",不是"三"。"无坚得白,其举(言也、称也)也二;无白得坚,其举也二。"①《墨子·经说下》曾有"无坚得白"一语,"无"一般解释为"抚",意即说一石之中坚白相盈,同时具备。《公孙龙子》这里的"无坚得白","无"用其本义,意即坚白相离,势不两立,不能同时相得。"视不得其所坚而得其所白者,无坚也;拊不得其所白而得其所坚……无白也。""得其白,得其坚,见与不见谓之离。"未见到的坚与见到的白分离,不是消失了,而是暂时藏起来了。"目不能坚",但"不可谓无坚";"手不能白",但"不可谓无白"。"离也者,藏也。"

公孙龙进一步分析说:"白固不能自白。"坚也如此。白与坚这两种属性不能孤立地存在,必假物而存在。这个物并不一定是石,也可以是其他物质。坚、白遍布、兼存于各种物体中。公孙龙谓之"物兼"。"物白焉,不定其所白;物坚焉,不定其所坚。不定者,兼。"白不一定赋予石而为白,坚也"未与石为坚"。当坚、白之性假石而存时,对于其坚性"有知焉,有不知焉";对于其白色,"有见焉",有不见焉。"故知与不知相与离,见与不见相与藏。"因此,"坚白"不可以一起修饰石,叫"坚白石",而应当分开来叫"坚石"或"白石"。公孙龙诘问道:"恶取坚白石乎?故离也。"②

在此基础上,公孙龙还分析到主体认识中思维("神")的作用及其与感觉相互结合、制约的辩证关系。离开眼睛和火光,无以见白,但仅有火光和目还不行,还必须有思维的综合作用。如果"神不见",思维停止活动,那么白也不可能真正被认知("见离")。所以"白以目以火见"是表象,也是认识过程的初级阶段,"火与目不见,而神见"是实质,也是认识过程的高级阶段。"神不见,而(白之)见离"。虽然精神思维在对外物的认识中至关重要,但离开感觉基础也无法认知事物。比如坚须通过手的叩击(捶)而感知,如果"捶与手……不知",则"神与不知"③。

可见,公孙龙所说的"坚白"相"离",不仅指主观认识中不同感官感知的分离,还指感官认识与思维认知的分离。

四、公孙龙名学之用心:"审其名实""而后能治"

公孙龙的名辩之学当时影响很大,但评价并不好。时人乐正子舆说:

---

① ② 《公孙龙子·坚白论》。
③ 均见《公孙龙子·坚白论》。按:关于这段话的解释,参古诗文网。王琯《公孙龙子悬解》并不直译,且解释时认为"文句脱落";谭业谦《公孙龙子译注》将"白"解为"火之白光"而非石之白,所译白话更是令人匪夷所思,不明其意。这种情况在许多先秦古籍的译注中均存在。

"公孙龙之为人也,行无师,学无友,佞给而不中,漫衍而无家,好怪而妄言。欲惑人之心,屈人之口,与韩檀(桓团)等肄之。"①庄子曾经这样评论公孙龙:"饰人之心,易人之意,能胜人之口,不能服人之心。"②《荀子·正名》指出"白马非马"之类的论辩是"惑于用名以乱实者也"。《吕氏春秋》《淮南子》等亦责之为诡辩。

不过,这倒是有点冤枉公孙龙的。有古人云:"其著'坚白同异',欲推之天下国家,使君臣上下循名责实,而后能治者。"③民国时期的研究者王琯亦云:"正名者流,殆出于救时,公孙即一例也。今所著书已无能窥其全豹,而……《名实》一篇,分界别域,丝毫不假,其循名责实之精神,均跃然可见。至《白马》《坚白》《指物》《通变》诸篇,似曼衍恢谲矣,然其理论,谓为不谐于俗则可,谓非彻底忠实之研究则不可。白马何以非马?坚白何以离石?实有攸归,名何能乱?矫而正之,以明其真。真出而名实辩,由是通政治之管钥焉。"④这是符合公孙龙的本意的。《公孙龙子·迹府》记述说:"公孙龙,六国时辩士也。疾名实之散乱,因资材之所长,为'守白'之论。假物取譬,以'守白'辩,谓'白马为非马'也。"可见,他所以"守白"而论"白马非马",不过是"假物取譬",以正"名实之散乱",有助于政教而已。他举例说:齐王好士,一方面颁布法令,认为"事君则忠,事亲则孝,交友则信,处乡则顺,有此四行可谓士",亟盼招这样的士为臣,另一方面又随大流,赞赏不依王法、违反四行、"见侮而斗"的人为勇士,并予以奖励。其实这是徒有"好士之名,而不知察士之类"。这样的"勇士"不是"士",正如"白马"不等于"马"一样。

同理,齐王一方面颁布法令说:"杀人者死,伤人者刑。""有畏王之令者,见侮而终不敢斗",这本来是"全王之令"的举动。可是齐王又认为:"见侮而不斗者,辱也。""因除其籍,不以为臣也。"这就否定了"全王之令"的举动。"王辱不敢斗者,必荣敢斗者也;荣敢斗者,是而王是之,必以为臣矣。必以为臣者,赏之也。"赏不该赏者,罚不该罚者,"赏罚是非,相与四谬,虽十黄帝,不能理也。"这是用个别案例否定一般规定的错误。他借尹文之口批评说:"今有人君,将理其国,人有非则非之,无非则亦非之;有功则赏之,无功则亦赏之,而怨人之不理也,可乎?"⑤当然治理不好国家了。所以公孙龙告诫诸侯君主:"至矣哉,古之明王,审其名实,慎其所谓。"不难看出,公孙龙

---

① 《列子·仲尼》。
② 《庄子·天下》。
③④ 王琯:《读公孙龙子叙录》,《公孙龙子悬解》,第24页。
⑤ 《公孙龙子·迹府》。

所辩名理,是有严肃的现实指向和政治使命感的,斥之为强词夺理、屈人之口的诡辩并不准确。

综上所述,可见,有感于战国后期名实混乱、天下不治的现实状况,公孙龙对名实问题进行了专业的学理辨析。他指出:名与实、指与物既有相称的同一关系,又有不相称的相异关系。二者的同一关系为人所易见,不同关系常为人所忽略。其突出表现之一,是不明白"白马"非"马"。即个别概念(种概念)与一般概念(属概念)之间存在种差,个别概念既属于一般概念(白马是马),又不等于一般概念(白马非马)。此外还深入到认识活动中主体不同的感官对同一对象不同属性的感知的分离,如对石头的触觉之"坚"与视觉之"白"不是同时把握到的,进而提出"坚白离"的命题。公孙龙的这些论辩,旨在使"明王审其名实,慎其所谓","推之天下国家"循名责实"而后能治",同时也推动了逻辑学的深化和哲学的进步。

第七章　周代游说学思想与"人的觉醒"

本章提要：游说学，周代称为"纵横家"，它是春秋战国时期诸子百家向封建诸侯国君推销自己政治学说的技巧手段，包含着关于心理学、修辞学的经验、规律的深入探讨。这个时期涌现了许多著名的纵横家。在大量游说实践的基础上，产生了《鬼谷子》这部周代纵横家留下的唯一的专著。本章以《鬼谷子》为个案，解析周代游说学思想所达到的高度，从另一侧面见证周代"人的觉醒"。《鬼谷子》着重分析了根据对方心理亦静亦动的游说之术，提出了一系列技巧概念。其中，"捭阖"是游说之术的关键；"内楗"指开与阖、言与默、亲与疏、入与出的相生相发；"忤合"指游说者与游说对象之间察言观色、投其所好的关系，"合"则"捭""入"，"忤"则"阖""出"；"反应"指试探游说对象，从而"知彼"的心理技巧；"飞箝"指因势利导的方法技巧；"揣摩"指对游说对象所处情况的揣度；"权谋"有筹划时的"阴谋"与实现时的"阳谋"之分。如此丰富细致的游说概念和经验的理论总结，是周代"人的觉醒"、理性思辨达到很高水准的又一证明。①

《鬼谷子》，现存先秦纵横家唯一的一部子书，最早著录于《隋书·经籍志》。由于该书出现得比较晚，加之遭到唐代柳宗元"妄言乱世，难信"的指斥，主张"学者宜其不道"②，后世多视为伪书，因而湮没不彰。1973年马王堆汉墓帛书《战国纵横家书》与1993年郭店楚简《语丛四》的相继出土，引起人们对《鬼谷子》的重新审视。《战国纵横家书》的性质类似《战国策》，内容是侧重实践的游说辞。《语丛四》类似《鬼谷子》，内容侧重游说理论。这说明，作为游说理论总结的《鬼谷子》在战国时期诞生是完全可能的。最近

---

① 本章以"以'仁义'之道和'捭阖'之术'抵巇'补天——《鬼谷子》目的论、本体论、方法论的系统把握"为题，发表于《学术界》2021年第1期。
② 柳宗元：《辨鬼谷子》，许宏富：《鬼谷子集校集注》，中华书局2008年版，第313页。

的研究认为,《鬼谷子》是战国中期鬼谷先生及其弟子或后学所作,其主要内容为鬼谷先生所亲著。①

鬼谷子,大概活动于公元前390—前301年之间,与孟子、商鞅同时,系战国中期人。曾在齐国活动过,隐居鬼谷,自号"鬼谷先生"。历史上有两种说法,一说鬼谷子姓王名诩或栩,一说姓刘名务滋。最近的研究认为,这两种说法都不足信。② 据说苏秦、张仪、孙膑、庞涓、尉缭等人都是鬼谷先生的弟子。③

《鬼谷子》一书并不好读。其中论述的许多概念不仅今天已经废用,而且古代就已断档。历史上关于《鬼谷子》的解释相互之间多有龃龉。最近出版的许宏富《鬼谷子集校集注》在搜罗历史上的相关注解方面功莫大焉,前言中关于《鬼谷子》的作者、版本、注本的考证也颇见功力,但对《鬼谷子》的整体思想要义却缺乏整体性的论述,他本人也没有完全理解全书各篇文字的文义。在历史上各种互有矛盾的注释前,他常常迷失方向。对于许多关键概念、重要词句,他在罗列了前人矛盾的注释后,自己却不给出解释,把矛盾交给读者;有时勉强给出解释,经辨析发现,往往与原义相去甚远。要之,这部号称"集校集释"的注本常常"以其昏昏,使人昭昭",漏洞不少,滑头之处亦多,无论看它的注释还是看它的题解,都无法读通《鬼谷子》的真意。

其实,就文论文,往往是无法望文生义的。要想理解古代文字的含义,必须联系其所处的历史文化背景加以超验的领悟。笔者在对先秦思想史作了大量研究的基础上,通过对《鬼谷子》文本的反复研判、品味、领会、体悟,不仅对《鬼谷子》的方法论有了详细的了解,而且对《鬼谷子》的本体论乃至目的论都有了明晰的透视,而这一切又是建立在对《鬼谷子》四个部分、各篇文义的深入把握基础上的。

一、《鬼谷子》是怎样一部书

现存《鬼谷子》分四部分。第一至第六篇《捭阖》《反应》《内楗》《抵巇》《飞箝》《忤合》为第一部分。这是《鬼谷子》的核心部分,主旨是从为天下补漏的角度,探讨纵横捭阖的游说方法。作者是鬼谷子本人。第七至第十一篇《揣篇》《摩篇》《权篇》《谋篇》《决篇》为第二部分。这是第一部分的补充论述。作者是鬼谷子弟子。主旨是进一步探讨纵横捭阖的前提——对游说

---

① 许富宏:《前言》,《鬼谷子集校集注》,第5页。
② 许富宏:《前言》,《鬼谷子集校集注》,第7、8页。
③ 许富宏:《前言》,《鬼谷子集校集注》,第6、7页。

对象心理实情揣摩把握的方法。这两部分基本上都属于纵横家的方法论。间或涉及言说什么、用什么救国的本体论,这主要体现为周朝及儒家倡导的仁义道德,不过《鬼谷子》给它加了一个道家的发生论、本源论。第三部分只有第十二篇《符言》一篇(第十三篇《转丸》第十四篇《胠乱》有目无文),作者为鬼谷子。游说过程是纵横家士子与掌权的君主之间的互动。纵横家欲以仁义道德拯救天下,那么君主也必须喜好、遵守仁义道德才行,否则道不同,无法说合。所以《符言》的主旨是讲对游说对象"人主"的道德要求。这部分是《鬼谷子》为天下补漏的本体论的直接表现。《符言》与《管子·九守》文字相似。鬼谷子曾游学于齐国稷下,受管仲学派影响很大。管仲学派是主张儒主法辅治理天下的。《符言》可看作鬼谷子受齐国管仲学派思想影响的一个结果。前述三部分各篇都有"第一第二"等序号,但《本经阴符七术》《持枢》《中经》都无序号,为《鬼谷子》第四部分。其中,《本经阴符七术》是关于计谋的七篇专论,作者疑为鬼谷子。《持枢》《中经》的作者较大可能是鬼谷子后学①。《持枢》讲以人法天,尊重天时,属于本体论。《中经》论述处于乱世之际士如何救亡图存、拯救天下注意的一些问题,也涉及儒道合一的本体论。

  春秋战国时期天下大乱。诸子学说蜂起林立,竞相游说诸侯国君。纵横家作为一家之言应运而生。纵横家是有政治抱负的。这个抱负就是拯救天下。中国自古就有"女娲补天"的神话。为天下补漏、为君王补缺是中国古代士大夫的角色期许和传统情结。《鬼谷子》亦不例外。"补天"即为天下补漏。《鬼谷子》发明了一个特殊术语,叫"抵巇"。"巇"即罅漏、裂缝。"抵巇"的"抵"既有修补之意,又有取代之意。"抵巇"的意思即天下、国家有"巇罅",能够修补则致力于修补;如果修补不了,则取而代之,重建天下。前者相当于社会改良,后者相当于社会革命。

  那么,如何为天下"抵巇"补漏呢?《鬼谷子》认为,士人游说诸侯国君,不仅取决于说什么,而且取决于怎么说。说什么属于本体论。在这方面,《鬼谷子》主张用道家天道派生的儒家道德来整顿礼崩乐坏的社会乱象。同时,它又详细讨论了以"捭阖"为核心的游说方法。孔子创立了很好的儒家学说,他运用于鲁国的政治实践大获成功,但周游列国十四年推销他的政治主张,却屡遭碰壁。孟子、荀子的情况也好不了多少。"昔者孟轲好辩,孔道以明,辙环天下,卒老于行。荀卿守正,大论是弘,逃谗于楚,废死兰陵。"②

---

① 据许富宏:《前言》,《鬼谷子集校集注》,第3、4页。
② 韩愈:《进学解》。

由此可见,游说的方法技巧对于自己的政治学说是否被接受至关重要。有鉴于此,《鬼谷子》对游说方法、论辩技巧作了丰富、系统、独特的理论总结。由此可见,《鬼谷子》是一部以"仁义"之道和"捭阖"之术为天下"抵巇"补漏的论著。

从总体上说,《鬼谷子》谈论捭阖之"术"的部分比较多,重点在被诸子忽略的言说技巧的探讨,所以呈现为一部方法论著。"捭阖"的本义是开口与闭口,与言与默、动与静、进与退、出与入等密切相关。成功的游说是谋士根据游说对象的反应对开与闭及言与默、动与静、进与退、出与入等游说技巧的灵活把握,所以《鬼谷子》又叫《捭阖策》。《鬼谷子》主张谋士游说时,凭借三寸之舌与过人机智上天入地、纵横驰骋、变化无常、出神入化。其弟子苏秦"合众弱以攻一强",佩戴六国相印,成为合纵派的代表;另一弟子张仪"事一强以攻众弱",是连横派的代表。因此,《鬼谷子》又被视为"纵横家"的代表著作。

二、目的论:处乱世为天下"抵巇"补漏

《抵巇》属于《鬼谷子》的第四篇。该篇掩藏在《鬼谷子》第一部分关于"捭阖"之术的论析中,其独特的意义常被人们忽略。其实,它的命题方式与第一部分其他五篇的联合结构不同,属于动宾结构;它的意义也与第一部分的其他五篇不同,其他五篇讲游说方法,此篇则讲为什么从事游说的政治抱负,属于目的论。

何为"抵巇"?《抵巇》说:"巇者,罅也"、"隙"也。而这个"抵"字,《抵巇》解释并不明确。结合上下文,可理解为抵挡、抗击、拯救。由此分解出二义,一为弥补、修补,二为取代,进而重建。《抵巇》说的是对社会漏洞的弥补、对政治危机的拯救。它道出了纵横家的崇高理想和历史使命,对理解第一部分其他五篇乃至全书的含义具有指导意义,值得人们给予特别关注。

大千世界,万事万物都是发展变化的,有合有分、有始有终。在走向分解、终结的过程中,出现象征衰败的巇隙是必然的。"自天地之合离、终始,必有巇隙。"巇隙起初很小,如同"秋毫之末",但发展下去,可以很大,直至撼动"太山之本"。自然界的现象是如此,人类社会的状况也是如此。当时社会存在的"巇罅"就是礼崩乐坏、道德沦丧,突出表现是诸侯征伐、君臣相欺、父子反目:"天下纷错,上无明主,公侯无道德,则小人谗贼,贤人不用,圣人鼠匿,贪利诈伪者作,君臣相惑,土崩瓦解而相伐射,父子离散,乖乱反目。"纵横家的使命就是为这个纷乱的社会"抵巇",即抵抗这些能够亡国、亡天下的"巇罅"。"圣人见萌芽巇罅,则抵之以法。"[①]这个"法"不是法家

---

① 《鬼谷子·抵巇》。

之法律,而是纵横家之法术,主要指第一部分其他五篇所论的游说方法。

如何为世所用呢? 孔子早已说过:"天下有道则见,无道则隐。"①《易传》重申:"君子藏器于身,待时而动。"②《抵巇》也指出:当游说的条件不成熟时,纵横家应"深隐而待时",当隐士;当"时有可抵",才可以出来游说效力。什么是"可抵"之时呢? 既有大的社会环境提出的历史需要,比如漏洞百出、裂缝弥漫、国将不国、大厦将倾的战国时代,急需有志之士出来挽救;也有小环境的契合,比如遇到志同道合的国君、君主的志趣与自己大体相合之时,就可以同谋共事。

当"时有可抵",出来游说国君时,应做好两手准备,从两方面"为之谋":"世可以治,则抵而塞之;不可治,则抵而得之"。"抵而塞之",指修补它、改良它;"抵而得之",指取代它、革它的命。这是关于"抵巇"的战略定位。历史上,和平禅让的"五帝之政"可视为"抵而塞之"的范例,夏商周三代以革命的方式改朝换代为主的"三王之事"可视为"抵而得之"的范例(按:夏启不是用革命手段登位的,《抵巇》是约说)。战国时期,"诸侯相抵"的事情"不可胜数"。这是纵横家出仕为诸侯国抵巇补漏、呈计效力的大好时机。"当此之时,能抵为右(上也)"。纵横家既可以效仿五帝,帮助诸侯国君"抵而塞之",弥补"细微"的"巇隙",挽救"事之危",也可向三王学习,面对诸侯国不可补救的巨大漏洞,推翻天地,"抵而得之"③,重建新社会。

三、本体论:从道家之道到儒家之德

唯利是图,朝秦暮楚,反复无常,是历史上对于纵横家的一种常有的成见。纵横家中的某些人固然有这种毛病,但如果把它放大为整个纵横家学派的特点,则是莫大的误解。作为纵横家学说的经典著作,《鬼谷子》给我们提供了由道而儒的本体论追求。

《鬼谷子》儒道合一的本体论追求是分散在各篇当中论述的,不是见得很分明,需要我们动些心思去整合、去提炼、去领悟。

道家始祖老子的本体论有"道德"之说。"道"为无之体,"德"为有之用。《鬼谷子》的本体论有点与此相似。它以儒家有形可见、有章可循的仁义礼教规范为本体性的"德",以道家无形可见但却客观存在的本体性的

---

① 《论语·泰伯》。
② 《周易·系辞下》。
③ 《鬼谷子·抵巇》。

"道"为天地之始、万物之源,从而形成了特殊的本体性的人生追求与政治操守。

先看它的道家本源论。《本经阴符七术·盛神法五龙》指出:"道者,天地之始,一其纪也。物之所造,天之所生。包容无形化气,先天地而成,莫见其形,莫知其名。"陶弘景注曰:"无,名天地之始,故曰道者天地之始也。……言天道混成,阴阳陶铸,万物以之造化,天地以之生成。"《盛神法五龙》又说:"生受之天,谓之真人;真人者,与天为一。"人为天道所化生,"养神之所",当"归诸道"。天道大爱无私,生养万物。真正的得道之人——圣王明君亦当如此施行仁义之德:"真人者,同天而合道,执一而养产万类,怀天心,施德养,无为以包志虑思意,而行威势者也。"《本经阴符七术·实意法腾蛇》指出"真人"的人生修养:"实意者,气之虑也。""实意必从心术始。""无为而求,安静五脏,和通六腑。精神魂魄固守不动,乃能内视反听,定志虑之太虚,待神往来,以观天地开辟,知万物所造化,见阴阳之终始,原人事之政理。"这就叫"不出户而知天下,不窥牖而见天道;不见而命,不行而至"。"内视反听"而后知"天道",这是道家倡导的认识、修养方法,儒家亚圣孟子吸收而创"万物皆备于我""尽性而后知天"之说,与此是一个意思。

"道"生万物,拯救天下的"仁义"道德,自然也导源于它。《中经》篇指出:"圣人所贵道微妙者,诚以其可以转危为安、救亡使存矣。"《中经》特别强调"有守"。"守"即操守。保持什么样的操守呢?"守义者,谓守以人义。""非贤者,不能守家以义,不能守国以道。"道义的操守本于儒家《诗》《书》:"有守之人,目不视非,耳不听邪,言必《诗》《书》,行不淫僻,以道为形,以义为容。"《内楗》篇要求士子"由夫道德仁义、礼乐忠信计谋","先取《诗》《书》,混说损益,议论去就","立功建德"。《意林》卷二引《鬼谷子》佚文云:"以德养民,犹草木之得时;以仁化人,犹天生草木以雨润泽之。"

《鬼谷子》要求士人向君主推销仁义礼乐学说,同时也希望君主成为能够仁爱万民、克己自律、兼听纳善的圣王明君。《持枢》篇要求"人君"必须以尊重"春生、夏长、秋收、冬藏"的"天道"为治理天下的关键("枢"),与民"生养成藏","不可干而逆之"。"此天道、人君之大纲也。"《符言》则进一步对"人主"的作为提出了系统要求。人主贵因,要懂得依托合理的赏罚满足大臣要求,借以调动大臣效力的积极性、主动性。"君为五官之长。为善者,君与之赏;为非者,君与之罚。君因其所以求,因与之,则不劳。圣人用之,故能赏之。因之循理,故能长久。""用赏贵信,用刑贵正。"人主须有纳谏之德。"德之术曰：勿坚而拒之，许之则（臣）防守，拒之则（臣）闭塞。"人主应有兼听之明："目贵明，耳贵聪，心贵智。以天下之目视者，则无不见；以天下之耳听者，则无不闻；以天下之心思虑者，则无不知；辐辏并进，则明不可塞。"其间提及"长目""飞耳""树明"要求，陶弘景释云："用天下之目视，故曰长目；用天下之耳听，故曰飞耳；用天下之心虑，故曰树明。"人主听取意见要全面、了解情况要周全："人主不可不周；人主不周，则群臣生乱，家于其无常也，内外不通，安知所闻，开闭不善，不见原也。"

综上所述，不难看出，《鬼谷子》拯救天下危乱的良方，是儒道合一的本体论。道家的天道既是儒家人道的源头，也是理想的君主清虚无为、内视反省、克己复礼的准则。而儒家人道乃是周公开辟、西周奉行的礼义道德的重续与发展，是战国中期治国安邦、恢复西周政治秩序的不二选择。

四、方法论之一：以"捭阖"为核心的游说之术

《鬼谷子》第一部分六篇，除《抵巇》外，其余五篇分别由五对阴阳概念组成了一个游说的方法论系统，即"捭阖""内楗""忤合""反应""飞箝"。其中，以"捭阖"为核心。"捭阖"即言与默、动与静阴阳相生的游说技巧。何时开口言说、何时闭口无语，须根据与游说对象"忤"与"合"的关系来决定。关系相合就入而进言（"内"），关系相忤就出而闭口（"楗"）。进言前要运用"反以知复"的"反应"方法探明对方心理实情，运用欲擒故纵的"飞箝"方法控制对方心理走向，从而决定自己如何一捭一阖、张弛有度地去说服对方接受自己的计谋和主张。在五对方法概念中，道家的阴阳相生是处理每对概念的基本原则。

1. 论"捭阖"：游说之术的关键

《捭阖》是《鬼谷子》的首篇，论述的中心问题是"捭阖"的技巧与智谋。"捭阖"是纵横家最为关键的抵巇之术。"捭"者，开也、张也，指张口进言，通"阳"，属"动"；"阖"者，合也、闭也，指闭口止言，通"阴"，属"静"。"捭之者，开也、言也、阳也；阖之者，闭也、默也、阴也。"[①]成功的游说不是自说自话、说个不停。"智者不以言失人之言。"[②]聪明人不会一直滔滔不绝而不听他人言说，而应懂得沉默、无言、停顿，善于倾听对方、观察对方反应，该开则开，该合则合，该说则说，该默则默。正如孔子所言："可与言而不与之言，失

---

① 《鬼谷子·捭阖》。
② 《鬼谷子·本经阴符七术·损悦》。

人;不可与言而与之言,失言。"①所以,贯穿"捭阖"始终、主宰"捭阖"的本体是"阴阳"之道:"阴阳其和,终始其义。""捭阖者,以变动阴阳。""捭阖之道,以阴阳试之。""阴阳相求,由捭阖也。此天地阴阳之道,而说人之法也。"②"捭阖"必须遵守阴阳相生之道,注意控制一开一合、一张一弛的节奏变化。

语言是心灵的门户。支配嘴巴开合的是心灵的思想感情。所以,心灵对于"捭阖"起着决定作用。"口者,心之门户也;心者,神之主也。志意、喜欲、思虑、智谋,此皆由门户出入,故关(把守)之以捭阖,制之以出入。"③"捭阖者……说之变也。"掌握这种开合出入的对立统一变化规律至关重要。小则关系到游说者的穷达安危,大则关系到天下、国家的兴衰存亡。所以说:"必豫审其变化,吉凶大命系焉。""观阴阳之开阖以名命物,知存亡之门户,筹策万类之终始。"④放眼而望,"捭阖者,天地之道",圣人必须遵守这个"天地之道"。由阴阳、刚柔这个"天地之道"主宰的游说的开合相间之道,就是纵横家自古及今奉行的一贯之道。"圣人(纵横家自称)之在天下也,自古及今,其道一也。变化无穷,各有所归:或阴或阳,或柔或刚,或开或闭,或弛或张。"

"捭阖"之道不仅要注意动静相生、言默相间,还有一些技巧值得注意。

"欲捭之贵周,即欲阖之贵密。"开口说话要考虑周全,闭口不言要密不通风。没有考虑好就匆匆进言,不该说的地方不小心漏风,这是纵横家的大忌。

"捭阖"必须坚持基本的法则,即对"同其情"的对象"开而示之",对"异其诚"的对象"阖而闭之"⑤。这个原则,《忤合》《内楗》及《摩篇》又有所论述。"物类相应。""听必合于情,故曰情合者听。"⑥"同其情"者,谓之"合","异其诚"者,谓之"忤"。"合"则进言,"忤"则闭口。⑦"事有不合""不见其类"者,就楗其口;"合于谋"者,就进其言。⑧

纵横家如何了解游说对象与自己是"同其情"还是"异其诚"呢?通过察言观色,"审定有无与其实虚,随其嗜欲以见其志意",从而"实得其指"、掌握实情。了解了对方的真实想法后,游说者要懂得投其所好,该说则说,避其所恶,该默则默。在"达人心之理,见变化之朕"的基础上,"守司其门

---

① 《论语·卫灵公》。
②③⑤ 《鬼谷子·捭阖》。
④ 均见《鬼谷子·捭阖》。按:观阴阳之开阖以名命物,《道藏》本《鬼谷子》无"名"字。
⑥ 均见《鬼谷子·摩篇》。
⑦ 《鬼谷子·忤合》。
⑧ 《鬼谷子·内楗》。

户(嘴巴)",决定嘴巴怎么说,从而使游说立于不败之地。

在坚持这些基本原则之外,如何处理游说的开合变化,就靠因宜适变,根据对象的不同情况不主故常、灵活万变地加以处理了。"夫贤不肖、智愚、勇怯有差,乃可捭,乃可阖;乃可进,乃可退",一切应"无为以牧之"。"牧"者,治也。"无为"者,不自以为是,根据情况自然因应。这种因势利导、随机应变的思想,是道家思想的继承和发展,体现了对纵横家机智品质的要求。

要之,无论"捭"还是"阖",是开口进言还是闭口不说,只要遵循了上述原则,使用的方法恰当,都可能被君主亲近、重用。反之,如果无视对象的真实心理,当言时默默不语,不当言时夸夸其谈,那么无论说还是不说,都可能被对方疏远。"故捭者,或捭而出之,或捭而纳之;阖者,或阖而取之,或阖而去之。"

懂得了上述原则和技巧,能够恰当地使用捭阖之术,那么,小"可以说人,可以说家",大"可以说国,可以说天下",可以"为小无内,为大无外","无所不出,无所不入",最后达到"无所不可"的成功境界。

可见,"捭阖"中的阴阳之术,不仅体现在开闭、言默、动静、张弛、纵横的相反相成、对立统一方面,而且体现在纵横家与游说对象的去就、出入、背返、忤合关系等方面。"益损、去就、倍(背)反(返)皆以阴阳御其事。""捭阖者,以变动阴阳……纵横、反(返,入也)出、反覆、反忤必由此矣。"①由于"入出"出于"捭阖",所以有"内楗"概念及《内楗》篇;由于"反(反观)覆"出于"捭阖",所以有《反应》篇;由于"反(返)忤"出于"捭阖",所以有《忤合》篇。

2. 论"内楗":开与阖、言与默、亲与疏、入与出

"内楗"是与"捭阖"相似、交叉的一对概念。"内者,进说辞也;楗者,楗所谋也。""内"通"纳",使之接纳,即开口进言,与"捭"相通。"楗"的本义是木闩,引申为堵塞、关闭,即闭口不言,与"阖"相通。

既然是差不多的意思,为什么"捭阖"之外另立"内楗"呢?因为"内楗"侧重于从纵横家与君主关系的亲疏、远近,态度之"反(入)出"方面讲"捭阖"。"君臣上下之事,有远而亲,近而疏;就之不用,去之反求;日进前而不御,遥闻声而相思。"《鬼谷子》把这种关系叫作"事皆有内楗"。"内"者,"入"也、"就"也、"亲"也;"楗"者,"出"也、"去"也、"疏"也。道不同不相为谋。"事有不合者,圣人不为谋也。"君臣之间所以"近而疏者",是因为"志不合也"。所言不合君主所好,结果只能自讨没趣、碰壁而回。"不见其类而为之者,见逆。不得其情而说之者,见非。"反之,如果"合于谋",可共

---

① 《鬼谷子·捭阖》。

"决事",君臣就能"远而亲",君主对于这样的谋士就会"遥闻声而相思"。

纵横家如何不被君主疏远,获得君主亲近,走入君主身边呢？关键在于摸清君主喜好,进言其所好,避言其所恶:"或结(进言、交结)以道德,或结以党友,或结以财货,或结以采色。"总之要准确揣度君主好恶,顺着他的喜好去进言:"欲说者务稳度,计事者务循顺。"如果发现彼此有什么不合拍的地方,就及时调整:"夫内有不合者……乃揣切时宜,从便所为,以求其变,以变求内者。"这样自己的进言就便于被君主采纳。

《内楗》主张纵横家在游说君主时投其所好,并不意味着没有固定的操守、不讲自己的原则。相反,《内楗》要求游说者要根据"道德仁义、礼乐忠信"去"计谋",根据儒家的《诗》《书》和君主的需要"损益去就",综合"混说","欲合者用内,欲去者用外"。到底是将"道德仁义、礼乐忠信"、儒家《诗》《书》纳于使用之内,还是排除在使用之外,全靠"揣策来事,见疑决之"。由此可见,鬼谷子主张对于君主投其所好、避其所恶地决定"捭阖",是在坚持仁义道德这个大的方向一致的前提下枝节问题上的互动处理。在大方向志同道合的前提下,游说者可以根据游说中出现的情况敏锐揣度君主之意,随机应变,当机立断;确保自己所献之策万无一失,从而大展宏图,建德立功。纵横家向君主进言游说的过程,是与君主交流互动、不断调整、取得共识、最终走近君主的过程:"言往者,先顺辞也;说来者,以变言也。"要充分考虑进言的可行性,将得失说清楚,努力将君主的意志往自己坚持的操守、追求的理想方面靠拢,最后接受自己的主张。"阴虑可否,明言得失,以御其志。"

要之,纵横家如果"得其(君主)情","用其(君主)意"而"制其术"(控制对君主的游说之术),既坚持自己的价值追求,又注意尊重对方反应,及时加以调整,把握好"捭阖"的阴阳节奏,就"可楗可开""可出可入";与君主的关系就能亲密无间,"出无间,入无朕","独往独来,莫之能止";就能掌握主动权:"欲入则入,欲出则出;欲亲则亲,欲疏则疏;欲就则就,欲去则去;欲求(被君主寻求)则求,欲思(被君主思念)则思"①,实现自己的政治宏图。

3. 论"忤合":"合"则"捭""入","忤"则"阖""出"

与"内楗"(出入)相近的另一对概念是"忤合"。"忤"者,"背"也,逆也,相悖也,相当于"出";"合"者,"向"也,顺也,相契也,相当于"入"。"凡趋合倍反,计有适合。"这是指游说者与游说对象之间的关系,即君臣关系。纵横家与君主的关系有"忤"有"合"。纵横家立身于"天地之间",要想"御

---

① 以上所引均见《鬼谷子·内楗》。

世施教,扬声明名","必因事物之会,观天时之宜",置于"忤合之地而化转之,然后求合"。在诸侯争霸、此消彼长的年代,君臣关系的"忤合"是相对的:"反于是,(则)忤于彼;忤于此,(则)反于彼。"①纵横家的"计谋"不能"两忠","合于彼而离于此",则"必有反忤"。因此,"世无常贵,事无常师"。应破除一臣不事二主的传统教条,认清发展大势,择主而奉,择合而从,共图大业。历史上,伊尹、吕尚是"合于计谋"而"成于事"的典型例子。"伊尹五就汤,五就桀,而不能(为桀)所明,然后合于汤;吕尚三就文王,三入殷,而不能(被纣)有所明,然后合于文王"。伊尹不为桀看好而为商汤所器重,吕尚不被殷纣王看好而被周文王倚重。二臣择主而事、成就王业的成功事迹说明,明智的臣子不会愚蠢地在一棵树上吊死,"圣人无常与",所以"无不与"。"善背向者"深通"忤合之道","必自度材能知睿,量长短远近",择善主而栖。如果能够为志同道合的圣王明君所赏识,"用之于国"或"用之于天下",就可以共创"协四海,包诸侯"的王霸伟业;如果不能为天下、国家所用,也可以"用之于身",隐然世外,做好自己。一句话,懂得了"忤"与"合"的阴阳相生之道,"乃可以进,乃可以退,乃可以纵,乃可以横","大小进退,其用一也"②。

4. 论"反应":"知彼"的方法技巧

纵横捭阖之术,取得成功的前提是"达人心之理"③,掌握游说对象的真实心理。"反应""飞箝"就是其中的两种重要方法。

《鬼谷子》所说的"反应"是一对联合结构的阴阳概念。"反"是反向、反观、反激、反求,"应"是回应、应验、重复、因袭,与"复"相通。所以"反应"即"反复"。指反以求复、反向求知、以己知彼的认识方法,具体指通过欲擒故纵的反激方法套出对方实话,或通过将心比心、反求诸己的方法揣度对方实情。纵横捭阖必须建立在"反应"以"知彼"的前提之上,否则就会失去方向,无的放矢,劳而无功。"古善反听者,乃变鬼神以得其(对方)情。"

为什么能够反以求复、以己知彼呢?因为万物是同源同构的。《鬼谷子》继承老子的宇宙发生论,认为"道"是万物生成的本源。万物均由"道"所化生,所以同源。同时在阴阳五行的作用下五五对应,因而同构。于是,

---

① 反迕之反,即背反之反,通返,回也、合也、入也。许富宏《鬼谷子集校集释》将"反忤"之反解为逆,忤解为耦合之合(该书第92页注四),与《鬼谷子》"忤合"之忤(逆)的常用义不合,愚以为未确。
② 以上所引均见《鬼谷子·忤合》。
③ 《鬼谷子·捭阖》。

自然界、人类社会好多现象都是相通的。"事有反而得复者"①,比如过去与未来、古代与今天、别人与自己。依据过去,可以推知未来;依据古代,可以推知今天;依据他人,可以推知自己。事物会以一反一复的方式循环向前发展。对于未知的现象,可以通过对已知的同类现象的反观推知。这就叫"以反求复,观其所托"。所以,《鬼谷子》主张通过对过去、古代、他人的反观,获得对未来、今天、自己的认知,从而决定自己如何出入捭阖:"反以观往,复以验来;反以知古,复以知今;反以知彼,复以知己。"通过"反之"从而"复之""重之""袭之",也就是通过"反向"求知的方法声东击西、欲擒故纵地掌握游说对象的心理,进而"得人实"。这是一种"反以知彼"的认识方法,其特点是"以反求复":"欲闻其声反默,欲张反敛,欲高反下,欲取反与。"

具体说来,这种方法要求以静制动,通过对方的语言敏锐把握对方的真实心理。"己欲平静,以听其辞。""人言者,动也;己默者,静也。因其言,听其辞。"如果对方的表达没有达到了解其真实想法的目的,就运用反激(激将)的方法让他说得更多、暴露得更多:"言有不合者,反而求之,其应必出";"己反往,彼复来"。对方所言必然有所征象,所象之事必然可以类比,自己就能"见微知类",获得如何捭阖游说的有益启示。这就叫"言有象,事有比","象者象其事,比者比其辞也"。在这种不动声色、漫不经心的多次往返交流中,"钓(诱)语合事","以无形求有声",进而达到知人之情("得其情")的目的。

"反以知彼"的方法还包括以己度人、反己知彼。君主不会轻易暴露其喜好和用心。在向君主推销政治主张的时候,还必须将心比心,懂得从自己的经验出发,设身处地加以揣摩,洞悉对方言谈背后的真实用心。"故知之始己,自知而后知人也。""己审先定以牧人。""己不先定,牧人不正。"由自己的经验推知别人心理,"其伺言也,若声之与响;见其形也,若光之与影也;其察言也,不失若磁石之取针,舌之取燔骨"。这种由自己经验推知对方心理的方法不露痕迹,化于无形,"策而无形容,莫见其门";但却行之有效:"其与人也微(无形),其见情(人之情)也疾。"

既通过反激对手来了解对手(反彼知彼),又通过反观自我来推知对手,你中有我,我中有你,"如阴与阳,如阳与阴"。总之,通过"反以知复"的"反应"手段,来准确掌握游说对象的真实心理活动,是有备而来、有的放矢的成功游说的必要条件。②

---

① 《鬼谷子·反应》。
② 以上均见《鬼谷子·反应》。

5. 论"飞箝":"制彼"的方法技巧

"飞箝"也是一对阴阳概念,是侦探、控制对方心理及其变化的方法。"飞"者,誉也,钩也,抬举也;"箝"者,控也,引也,钳制也,通"钳"。"飞箝"的方法是说,向君主游说时要用抬举的方法钩出对方的意图和重心,套出对方的真话和喜好,再钳制住对方,使其被自己的意志牵着走。"审其意,知其所好恶,乃就说其所重,以飞钳之辞钩其所好,以钳求之。""立势而制事,必先察同异之计,别是非之语,见内外之辞,知有无之术,决安危之计,定亲疏之事,然后乃权量之。"发现"乃可征、乃可求、乃可用"的"隐括"、征兆,便"引钩钳之辞,飞而钳之"。对于"其不可善者",可"先征(引)之",而后"重累",不断抬高、美誉,伺机发现、抓住其破绽,最后控制它,或者"和之",或者"毁之"。要之,"飞箝"之术重点在"箝",即在用拔高对方、誉扬对方的方法使对方放松警惕、暴露真相后,为我所钳制、控引,"可钳而纵,可钳而横;可引而东,可引而西;可引而南,可引而北;可引而反,可引而覆"①,从而尽量充分地贯彻自己的意图和计策。

五、方法论之二:"揣摩""权谋""七术"对"捭阖"的补充

鬼谷子在第一部分的五篇论析了"捭阖"之术的五组方法概念后,鬼谷子的弟子又著五篇对此加以补充论述,其中前四篇更重要一些,它们丰富了鬼谷子所论的"捭阖"之术。

1.《揣篇》与《摩篇》:论对对方个人及国家情况的揣摩

《鬼谷子》第二部分的《揣篇》《摩篇》,讲对对方个人及国家情况的揣摩。这是第一部分《反应》篇反以知彼、以己知人的知彼主张,《飞箝》篇暗中设套、控制对方的制彼主张的进一步补充。

"揣"者,揣彼之情也。这个"彼",主要指当时的诸侯国君。《揣篇》开宗明义:"古之善用天下者,必量天下之权,而揣诸侯之情。"对于善于为天下诸侯所用的纵横家来说,正确地"揣诸侯之情"很重要。"说人主,则当审揣情。""揣情最难守司。""揣情不审(确),不知隐匿变化之动静",就无法有效地展开捭阖游说。如何"揣诸侯之情"呢?《鬼谷子》告诉人们一个窍门:当人极度兴奋或极度恐惧时,就无法隐瞒真情,会不自觉地说出真话,所以要抓住这个时机去把握对方真情。《揣篇》指出:"揣情者,必以其甚喜之时"或"甚惧之时"。人过度高兴时会"极其欲也",过度恐惧时会"极其恶也",而"不能隐其情"。所以这两种情况是了解对方真情的最宝贵的机会。"夫

---

① 以上均见《鬼谷子·飞箝》。

情变于内者,形见于外。"必须根据其外在所见,揣摩其内心所隐。"圣智之谋,非揣情,隐匿无所索之。"这就叫"测深揣情"。"此谋之本也,而说之法也。"①

"揣彼之情"的"彼",既然是指诸侯国君,则所揣之情,不仅指国君个人的心理,而且包括国君所辖诸侯国的情况。对对方国家情况的考量权衡,称为"量权"。"计国事者,则当审量权。""量权不审,不知强弱轻重之称。""何谓量权?曰:度于大小,谋于众寡。"具体而言,包括所谋国家"货财有无"的情况,"人民多少、饶乏"的情况,"地形之险易"的情况,"君臣之亲疏,孰贤、孰不肖"的情况,"宾客之智慧孰少、孰多"的情况,"百姓之心"的"好憎""去就"情况,"天时之祸福""吉凶"情况,诸侯之间的外交情况,等等。

"摩"是"揣"的一个分支。《摩篇》指出:"摩者,揣之术也。"揣摩的主要目标,是对方的"内符",即对方内在思想情感的外在表征。"内符者,揣之主也。""摩之在此,符应在彼,从而用之,事无不可。""摩"的对象是同类人。"摩之以其类。"如果"有不相应者",则以其所欲激发之,使其上钩。"摩"之法,不是被动地等待对方欲求的外在表现,而是故意"以其所欲""测而探之",促使其内心有所外在的回应:"内符必应""必有为之",在对方毫不知晓的情况下左右对方,"成其事而无患"。可见,"摩"是暗中设套抓住对方实情之法,与"飞而钳之"有异曲同工之效,是对"飞箝"之术的发展。"古之善摩者,如操钩而临深渊,饵而投之,必得鱼焉。"暗中设套的"摩"术有很多:"有以平,有以正,有以喜,有以怒,有以名,有以行,有以廉,有以信,有以利,有以卑。"由于"摩"是暗中的计谋,所以属于"阴谋"。但在暗中谋取对方内心征兆后设定计策成就大事,造福人民,却在明处。所以说:"圣人谋之于阴,故曰神;成之于阳,故曰明。"这种以暗中"摩"法"成事积德",使民众"安之而不知所以利"的纵横家,天下人比作"神明"②。

2.《权篇》《谋篇》:因势利导、顺势而为的游说之术

《鬼谷子》第二部分的《权篇》《谋篇》两篇,论述互有交叉重复。它们进一步探讨、总结了纵横捭阖的游说之术。《鬼谷子》的第四部分中有一篇《本经阴符七术》,是对权谋的补充论述。

《鬼谷子》从人性角度提出:"人之情,出言则欲听,举事则欲成。"纵横家必须以游说成功为坚定追求。成功的游说"繁言而不乱,翱翔而不迷,变

---

① 以上均见《鬼谷子·揣篇》。
② 以上均见《鬼谷子·摩篇》。

异而不危",其根本原因是"利道而动""睹要得理"。① 那么,这个成功之"道"之"理"是什么呢?

要选择有着同类取向的游说对象。"无目者,不可以示以五色;无耳者,不可告以五声。故不可以往者,无所开之也。""物有不通者,圣人故不事也。"对于不同类、不同道的对象,一定要关闭自己的嘴巴。"口者,机关也,所以关闭情意也。"②

要善于察言观色,揣摩掌握对方实际情况,准确判断对方真实面目,及时调整游说方略。"耳目者,心之佐助也,所以窥见奸邪。"③ "为人凡谋有道,必得其所因,以求其情。""夫度材、量能、揣情者,亦事之司南也。"④要懂得根据与对象关系的亲疏决定言说的深浅。"其身内,其言外者疏;其身外,其言深者危。"⑤

因势利导、顺势而为,是最为重要的游说之道。它们有如下一些具体技巧。

取对象之所长,避对象之所短。"谈者知用其所用也。"真正聪明的游说者("智者")在进行游说时,"不用其所短,而用愚人之所长;不用其所拙,而用愚人之所工"。要依据其所长讲其利,避其所短而言其害。"言其有利者,从其所长也;言其有害者,避其所短也。"⑥"人之有好也,学而顺之;人之有恶也,避而讳之。故阴道而阳取之也。"⑦

根据对象的特性进行有针对性的设计,因应变化,出奇制胜。"听贵聪,智贵明,辞贵奇。"⑧"愚者易蔽也,不肖者易惧也,贪者易诱也,是因事而裁之。""因其疑以变之,因其见以然之,因其说以要之,因其势以成之,因其恶以权之,因其患以斥之。""说人主者,必与之言奇;说人臣者,必与之言私。"⑨"与智者言,依于博;与拙者言,依于辩;与辩者言,依于要;与贵者言,依于势;与富者言,依于高;与贫者言,依于利;与贱者言,依于谦;与勇者言,依于敢;与过者言,依于锐。""故言多类,事多变。故终日言,不失其类,故事不乱。终日变,而不失其主,故智贵不妄。"⑩"摩而恐之,高而动之,微而证之,符而应之,拥而塞之,乱而惑之,是谓计谋。"⑪

与顺势而为相应的是,切忌逆向而动:"无以人之所不欲,而强之于人;无以人之所不知,而教之于人。""夫仁人轻货,不可诱以利,可使出费;勇士轻难,不可惧以患,可使据危;智者达于数,明于理,不可欺以诚,可示以

---

① ② ③ ⑥ ⑧ ⑩ 《鬼谷子·权篇》。
④ ⑤ ⑦ ⑨ ⑪ 《鬼谷子·谋篇》。

道理。"①

由于顺势而为、因势利导是在对游说对象特性不知不觉的扬长避短中加以因应、利用的,与不动声色、暗中成事的"阴"相连,是一种"阴"道。"故圣人之道阴,愚人之道阳。""天地之化,在高与深;圣人之道,在隐与匿。道理达于此义者,则可与语。"②或许,我们对这种"阴"道并不赞同。

显然,这是一种化繁为简、化难为易、己无为而事无不为的睿智之举,体现了纵横家的杰出智慧。"智用于众人之所不能知,而能用于众人之所不能见。""智者事易,而不智者事难。"所以,《鬼谷子》提出"无为而贵智"的口号。"贵智"者,"无为"也;"无为"者,因应自然、因人成己也。

3. 阴符七术:关于阴谋的七篇专论

《鬼谷子》第四部分的《本经阴符七术》,讲权谋筹划时为阴、实现时为阳的特点。这大概是"阴谋"联言的最早出处和依据,所以又叫"阴符"。陶弘景释云:"阴符者,私志于内,物应于外,若合符契,故曰阴符。"具体分七篇论析。《盛神》云:"道者,神明之源。""养神之所归诸道。"《养志》云:"欲多"则"志衰","志衰则思不达"。陶弘景释曰:"此明寡欲者,能养其志。"《实意》云:"计谋者,存亡之枢机。""虑深远则计谋成。""计谋之虑,务在实意。""实意必从心术始。"心灵只有"安静""无为",才能"内视反听","知万物所造化","原人事之政理"。《分威》讲将自己的精神之威分与他人、笼罩他人的方法:"静意固志,神归其舍,则威覆盛矣。"《散势》讲分散他人之势,使对方"精神不专"、心分意散,从而"揣说图事"。《转圆》讲捭阖者以"不测之智"求"无穷之计"的机智,即以变化万千的"智略计谋"应对千变万化的各种情况,体现了《鬼谷子》对纵横家"智慧"的重视。这与整个周代思想界重人贵智的特点是一致的。《损兑》提出的"损兑"概念极为费解。陶弘景将"兑"解为"目"也,"心眼",将"损兑"解为减损他虑以心眼洞察。许宏富则将"兑"解为"直",将"损兑"解为行事注重计谋变化,反对直来直去。③全文侧重讲因应自然、见机而动、不自以为是之意。

综上所述,不难看出:作为周代纵横家思想的源头和代表,《鬼谷子》不仅阐述了"抵巇"补天的远大理想,儒道合一、仁义为本的救国方略,而且着重分析了根据对对方心理的揣摩采取的动静相生的"捭阖"游说之术,是一部集目的论、本体论和方法论于一体的纵横家理论著作。它对纵横捭阖的游说心理及技巧的精细探讨,从一个特殊的侧面证明了周人的理性觉醒。

①② 《鬼谷子·谋篇》。
③ 许富宏:《鬼谷子集校集注》,第232页。

第八章　周代"以人为本"的"天人之辨"

本章提要：周代虽然出现了贵人轻神的"人的觉醒",但传统的神灵观念依然大量存在,甚至上神从殷商时期的"帝"或"上帝"演变为"天"或"昊天"。整个周代思想界,"天"与"人"的概念始终纠缠在一起,在彼此互动中发生着微妙的变化。周代的"天"既有至上神的含义,也不尽然,还指大自然的概称。"天人关系"是周代论辩的重要问题。周代的"天人之辨"既包括"神人之辨",又涉及"人与自然"之辨。周代的"天人之辨",早先承认鬼神存在和至上神权威,主张"尊天敬神""以人法天";后来认识到人间道德与天时、地利的作用,主张"神民俱顺""循天顺人";到战国时期则普遍认识到"吉凶由人""祸福人召",否认鬼神的决定作用,降低天时地利的权重地位,主张"贵人""先人","人定胜天"。在790年的思想历程中,周人完成了"天人感应"向"天人相分"、"以人法天"向"以人定天"的演变,确立了由"应乎人"决定"顺乎天"的"天人合一",在"天人之辨"中体现了"以人为本"的主导倾向。①

周代一方面出现了"人"对自身本性、作用、地位的觉醒,另一方面仍然保留着上古至夏商的神灵概念,主张"神人相和"。于是,"神人关系"成为周代思想界思考论辩的重要问题。周人称至上神,较之殷商有一个显著变化,即殷商普遍称"帝""上帝",周人普遍称"天""昊天"。所以"神人关系"又表现为"天人关系"。而"天"在周代的话语体系中又指与"地"相对的天空之"天"和包括天地万物在内的大自然,所以周代的"天人关系"又包括"人与天时""人与自然"的关系。周代的"天人之辨"就是一个包含着"神人之辨",但外延又远远大于"神人之辨"的命题。可以说:中国古代思想史上包括"天人之分"与"天人感应"、"以人法天"与"由人定天"在内的"天人之辨",是由周代思想界奠定的。

---

① 本章以同题发表于《东南学术》2022年第1期。

周代的"天人关系"论非常复杂,各种论述、观点都有,常常使人有失轩轾,不知轻重。有人被周代"以人法天""天人感应"论述的表象所迷惑,看不到周代思想界由殷商的"神本"向此时的"人本"的重心转化,认为殷周思想界是一体的、无分别的,如张光直、葛兆光。张光直说:"商周之际,只有一个文明系统的继续发展,找不到任何重要的中断与不整合的现象。"①葛兆光认为:"西周的思想世界与殷商的思想世界,实际上同多而异少。"②另有一些研究者虽然注意到周人对人事道德的重视,但着眼于"天意"的人道实质,便得出周代"神人并重""天民平衡"的结论③,没有透过"平衡"的表象,看到周代思想界"天"向"民"的倾斜和"民本""先人"的实质。

笔者认为,由商到周,周人一方面保留着商人的万物有灵、神灵至上思想,认为"天人""神人"之间会发生感应,要求得人间的幸福,人必须"尊神""祭神","敬天""法天"。另一方面,周人又清醒地意识到,祭神拜天并不灵验,"天人"之间存在分别,人间的幸福要靠人自己创造,与其拜神灵,不如敬人事,与其仰视"天",不如驾驭"天",行善得福,作恶遭祸,吉凶由"人"不由"天"。在此之外,对于商人留下的"尊神""贵天"观念,周人不敢也不可能全部否定,于是利用"天意""天命"的名义,将"民意""人道"打扮成"天志""天道",就更加有助于"民意""人道"的贯彻推行。郭沫若曾经揭示个中奥秘:"周人根本在怀疑天,只是把天来利用着当成了一种工具。""周人之继承殷人天的思想只是政策上的继承,他们是把宗教思想视为了愚民政策,自己尽管知道那是不可信的东西,但拿来统治素来信仰它的民族,却是很大的一个方便。"④如果不做绝对化的理解,郭氏的这一揭示恰恰是很有道理的。

周代的"天人之辨"很复杂,也很丰富。周代虽然出现了贵人轻神的"人的觉醒",但传统的神灵观念依然大量存在,其至上神从殷商时期的"帝"或"上帝"演变为"天"或"昊天"。整个周代思想界,"天"与"人"的概念始终纠缠在一起,在彼此互动中发生着微妙的变化。周代的"天"既有至上神的含义,也不尽然,还指大自然的概称。周代的"天人之辨",早先承认鬼神存在和至上神权威,主张"尊天敬神""以人法天";后来认识到人间道德与天时、地利的作用,主张"神民俱顺""循天顺人";到战国时期则普遍认识到"吉凶由人""祸福人召",否认鬼神的决定作用,降低天时地利的权重地位,主张"贵人""先人","人定胜天"。在近八百年的思想历程中,周人完

---

① 转引自韦政通:《中国思想史》上册,吉林出版集团有限责任公司2009年版,第23页。
② 葛兆光:《中国思想史》第一卷,复旦大学出版社2001年版,第34页。
③ 赵法生:《殷周之际的宗教革命与人文精神》,《文史哲》2020年第3期。
④ 郭沫若:《中国古代社会研究》,河北教育出版社2000年版,第320页。

成了"天人感应"向"天人相分"、"以人法天"向"以人定天"的演变,确立了由"应乎人"决定"顺乎天"的"天人合一",在"天人之辨"中体现了"以人为本"的主导倾向,是周代思想界"人的觉醒"的又一雄辩证明。

一、神灵概念在周代的存在形态及其祭祀方式

殷人"尊神""先鬼",周代"近人""尊礼",甚至出现了"无神"论。《墨子》就记载了春秋时期大量"无鬼"论者对鬼神的否定:"鬼神者,固无有。"天下有谁亲眼见过"鬼神之物"、亲耳听过"鬼神之声"呢?① 荀子也是自然神的否定论者。不过就普遍情况来看,神灵在周人的心目中依然是普遍存在的。老子否定至上神的概念,但并不否定神灵的存在,"神""鬼"概念曾在《老子》中出现过。孔子虽然"敬鬼神而远之",但从未否定"鬼神",而是尊敬有加。《左传》中记载"鬼神"的地方达64处之多。② 在有些记载中,神灵甚至煞有介事、栩栩如生地存在。如《左传》记载:"秋七月,有神降于莘","神居莘六月"③。墨子认为,神鬼能够显灵,"为善者赏之,为不善者罚之"④,故称"神明",这是神鬼存在的雄辩证明。《墨子·明鬼》举了史书记载的许多例子说明,神鬼通过奖善罚恶显示、证明它的存在:"以若书之说观之,则鬼神之有,岂可疑哉!"任何怀疑鬼神存在的观点不仅是有害的,而且是荒谬的。"今若使天下之人,偕若信鬼神之能赏贤而罚暴也,则夫天下岂乱哉!"

周代的"神灵"观念表现为"天神""地神""人神"。它们有不同的专门称谓。"天神曰灵,地神曰祇,人神曰鬼。"⑤另一种说法是:天神叫"神"、地神叫"示"、人神叫"鬼"。《周礼·春官·大宗伯》说:"大宗伯之职,掌建邦之天神、人鬼、地示之礼,以佐王建保邦国。""天神"包括日神、月神、星神、云神、风神。东方青龙、北方玄武、西方白虎、南方朱雀属于四方星宿之神。屈原《九歌》中的"东君"(日神)、"东皇太一"、"云中君"等,都属于天神。天神中的"帝""上帝"或"天""昊天"不仅在天神中地位最高,而且是在诸神中占主宰地位的至上神。

"地示"或"地祇",包括土神和谷神,通常称"社稷";"五岳"之神,指东岳岱宗、南岳衡山、西岳华山、北岳恒山、中岳嵩山的山神;"五官之神",即春

---

① 《墨子·明鬼下》。
② 同一话题含多个"鬼、神"字只算一处。以出现次数计算:"鬼神"25次,"鬼"8次,"厉鬼"1次,"神"76次,"明神"8次,"神人"2次,"大神"2次,"河神"1次,"汾神"1次,"山川神"1次,"星晨神"1次。
③ 《左传·鲁庄公三十二年》。
④ 《墨子·公孟》。
⑤ 《尸子》卷下。

神句芒、夏神祝融、中央神后土、秋神蓐收、冬神玄冥;以及"百物"之神。《九歌》中的"山鬼"、"河伯"、"湘君"(湘水之神)就属于"地祇"。

人死后的神灵,叫"鬼"。为什么叫作"鬼"呢? 因为人来到世界,不过是短暂的寄存,死亡是对生命来处的回归,所以死人叫"归人",死后的神灵叫"鬼"。"人生也,亦少矣;而岁往之,亦速矣。""人生于天地之间,寄也。寄者,固归也。""鬼者,归也,故古者谓死人为归人。"①"大凡生于天地之间者,皆曰命。其万物死,皆曰折;人死曰鬼。"②"众生必死,死必归土,此之谓鬼。"③《九歌》中的"湘夫人"及"大司命"(掌管人的寿夭之神)、"少司命"(主管人间子嗣的神)属于"人鬼"的代表。

既然神灵是客观存在的,能够奖善惩恶、降福垂祸,所以必须对神灵恭敬地加以祭祀,祈福禳灾。东周惠王时期内史过指出:"古者,先王既有天下,又崇立上帝、明神而敬事之。"④祭祀鬼神,是周代早已有之的祖制。周代从天子诸侯,到卿大夫、士庶人,对天地山川、日月星辰、宗庙祖先"群神"的祭祀都非常虔诚。周代有吉、凶、宾、军、嘉五礼,其中"吉礼"是祭祀鬼神、祈求吉祥的神圣仪式。《周礼·春官·大宗伯》说:"以吉礼事邦国之(人)鬼、(天)神、(地)示。""吉礼"要求在进献"百物之产"时配以乐舞:"以礼乐合天地之化,百物之产,以事鬼神。"

对神灵的祭礼有不同称谓。祭祀天神叫"祀",祭祀地示叫"祭",祭祀人鬼叫"享"。它们之下,又有不同的专名。

祭天仪式往往在郊区进行,所以称"郊祀"。《礼记·郊特牲》称之为"郊之祭……大报天而主日也"。祭天神的仪式是"燔柴"。"燔柴于泰坛,祭天也。"⑤"天神在上,非燔柴不足以达之。"⑥祭天神的方式有"禋祀""槱祀""实柴"。"槱祀""实柴"指以祭品牲体置于柴堆上焚烧、以光焰和烟气上达天神。"禋祀"是以祭祀至上神昊天上帝为主、最为隆重的祭天仪式,在投放牲体焚烧之外,还需加玉帛于柴中焚烧。

祭地仪式以祭祀土地神为主,故称"社祭"。《礼记·郊特牲》称为"社祭土而主阴气也"。祭地神的仪式是"瘞埋"。"瘞埋于泰折,祭地也。"⑦"地示在下,非瘞埋不足以达之。"⑧对地神的祭祀方式主要有"血祭""埋沉"。"血祭"即用牲血祭祀。"埋沉"指将牲体、玉帛埋在山里、沉于河中。

---

① 《尸子》卷下。
②⑤⑦ 《礼记·祭法》。
③ 《礼记·祭义》。
④ 《内史过论晋惠公必无后》,《国语·周语上》。
⑥⑧ 《礼记·郊特牲》。

人鬼多指祖先神。对祖先神的祭享在宗庙进行。"祭之宗庙,以鬼飨之。"①祭享方式有"肆""献""祼""馈食",指进献剔解过的牲体、血腥、香酒、饭食,供其享用。一年四季以牲体、牲血、酒醴、饭食祭祀先王之灵,使之受享,叫"祠""禴""尝""烝",②或者叫"礿""禘""尝""烝":"凡祭有四时:春祭曰礿,夏祭曰禘,秋祭曰尝,冬祭曰烝。礿、禘,阳义也;尝、烝,阴义也。禘者阳之盛也,尝者阴之盛也。故曰:莫重于禘、尝。"③

　　《国语·鲁语上》说:"凡禘、郊、祖、宗、报,此五者国之典祀也。"④"禘祭""郊祭""祖祭""宗祭""报祭"是国家重要的祭祖典礼。其中,"祖祭""宗祭"是祭祀祖先的不同称谓。"报祭"有报答祖先恩德的意思,亦称"告祭",又写作答谢神灵的"祰"。祭祀的祖先如果是始祖,叫"禘祭",在祭祖礼中更为重要,表示不忘所自。"天下之礼,致反始也,致鬼神也……致反始,以厚其本也;致鬼神,以尊上也。"⑤"郊祭"是周代最为隆重的祭典,"牲用骍,尚赤也;用犊,贵诚也"⑥。本来,"郊所以明天道也",与此同时,这种祭天典礼"受命于祖庙,作龟于祢(亡父)宫",在祖庙、祢宫中进行,表达"尊祖亲考之义",所以又有祭祖功能。所以"郊祭"实际上是祭天与祭祖的统一。它将始祖当作天神、上帝一样祭拜,用祭天的盛大典礼来祭祖,是对祖先的最高祭礼。"万物本乎天,人本乎祖,此所以配上帝也。郊之祭也,大报本反始也。"⑦"禘祭""郊祭""祖祭""宗祭",是周代以前古已有之的传统。"有虞氏禘黄帝而郊喾,祖颛顼而宗尧。夏后氏亦禘黄帝而郊鲧,祖颛顼而宗禹。殷人禘喾而郊冥,祖契而宗汤"⑧一说,"有虞氏禘黄帝而祖颛顼,郊尧而宗舜;夏后氏禘黄帝而祖颛顼,郊鲧而宗禹;商人禘舜而祖契,郊冥而宗汤"⑨。周代继承了这些祭祖传统:"周人禘喾而郊稷,祖文王而宗武王。"⑩

　　在各种祭品中,玉是最高级的。周人按照天苍地黄及四方之神的颜色,要求进献不同色彩、质地、形状的玉器作为祭品。具体说来是:用苍璧进献天神,用黄琮进献地神,用青圭进献东方之神青龙,用赤璋进献南方之神朱雀,用白琥进献西方之神白虎,用玄璜进献北方之神玄武。为了

---

① 《礼记·问丧》。
② 《周礼·春官·大宗伯》。
③ 《礼记·祭统》。
④⑨ 《展禽论祭爰居非政之宜》,《国语·鲁语上》。
⑤ 《礼记·祭义》。
⑥⑦ 《礼记·郊特牲》。
⑧ 《礼记·祭法》。
⑩ 《礼记·祭法》。另见《展禽论祭爰居非政之宜》,《国语·鲁语上》。

表示对神灵的虔诚,重大的祭祀活动日期要求提前三天占卜确定,做好充分的准备活动。①

周代从事祭祀的神职人员形成了庞大的队伍和丰富复杂的分工。按《周礼》的记载,周代祭祀神灵活动的主祭是"大宗伯",辅祭是"小宗伯",此外有"大卜""卜师""龟人""菙氏""占人""筮人""占梦""视祲"及"大祝""小祝""丧祝""甸祝""诅祝""司巫""男巫""女巫"等十六种神职人员。他们各有分工,密切合作,从事沟通人神的工作。这是专业性很强的职业,不是什么人都能做的。由于他们能够理解"神"意,代"神"立言,所以成为"神"的化身。

在周代流行的神灵祭祀中,本来神职人员与普通民众、天上的神灵与地上生活的人类是各司其职、不相混淆的。但是到了西周末年,出现了幽王之乱;平王东迁后,出现了"民、神杂糅""莫之能御"的乱象②,导致神怨民怨,祸乱频发。对此,春秋末期楚大夫观射父提出重回颛顼时期的重、黎之道,"绝地天通",严神民之别,强化神职人员的专业性,恢复"神"的权威和神职人员的神圣性。

在观射父看来,世界万物,可分为"天""地""民""神"四类。"神"高高在上,与"天"一体,可视为一组。"民"生活于大地,与"地"密切相连,可视为一组。宗伯、巫觋、太祝作为"神"的代言人,观射父视为"神"的化身。观射父由古论今。他追溯历史,指出古往今来天"天"与"地"、"民"与"神"的关系演变经历了三阶段。第一阶段是上古到少皞之前,这时"民神不杂","天""地"不通,"民神异业",各司其职。"民"不能"登天",只有宗伯、巫觋、太祝才可以"登天"。因而,"神"降福于民,"民""忠信"于神,天人和谐,天下安宁。③第二阶段是少皞末世,出现了九黎叛乱,"民神异业"的界限被打破,巫觋的神圣感消失殆尽,什么人都可以充当神职人员。于是从"民神杂糅"发展到"民神同位"、天地相通,"神"不再降"明德"于"民","民"也失去了对"神"的敬畏,天人失调,灾祸横生。第三阶段是颛顼宗教改革之后至夏商周这段时期。整体特点是"民神分离""绝地天通"。颛顼继少皞君临天下后,针对当时宗教界的混乱状况进行重大改革。他命"重"负责"天""神"事务,命"黎"主管"地""民"事务,"使复旧常,无相侵渎",重回上古"民神不杂""绝地天通"④的状况。这一宗教改革获得了初步成功。颛顼死后,他的这一改革成果遭到三苗部落的反扑,他们要回到九黎部落"民神

---

① 参徐正英、常佩雨译注:《周礼》上册,中华书局 2014 年版,第 412、414 页。
②③④ 《观射父论绝地天通》,《国语·楚语下》。

杂糅"的老路上去。但尧帝有力阻击了这种复辟举动。尧注重提携、培养"重"的后代"羲"与"黎"的后代"和",让"羲"负责天官事务,"和"掌地官事务。自此,天官与地官分离、民众与神职人员分离,"天""神"及神职人员的神圣地位重新得到确立,这种状况一直延续到夏、商及西周。当东周以来"遭世之乱""民神同位"的情况又出现时,观射父主张以"重""黎"之道"绝地天通",回到西周"民神不杂"的合理状态中去。

由此可见,由于原始思维方式的残留,传统"神本"观念的影响,以及奖善惩恶、维护天下安宁的现实需要,周代普遍存在着万物有灵的神灵观念。这些神灵呈现为天神、地祇、人鬼三类,通过赏善罚恶、降福禳灾显示着自身的存在。为了祈福禳灾,周人分别以燔柴的方式祭拜天神、以沉埋的方式祭拜地祇、以报享的方式祭拜人鬼。其中,祭天与祭祖合一的"郊祭"和祭拜始祖的"禘祭"最受重视。神灵虽然通过"为善者福之,为暴者祸之"[①]与人类发生着因果感应,但沟通民神、天人的联系必须靠专业的神职人员。如果天人不分、民神混杂,就会导致人们对神灵失去敬畏,对自身行为失去约束,最后天下大乱。

二、"天人同构""以人法天"与"神道设教""以天统君"

当周人承认奖善罚恶的神灵存在的时候,神灵是有意志的,能够感应、明辨人间的是非善恶的。周人上自朝廷下至百姓,虔诚地举行各种祭神活动,周代从事人神沟通的神职队伍不断壮大,分工日益细化,都说明了天人感应、神人互通观念在西周的存在。发展到东周时期,周人在道家"道生万物"的宇宙发生论和阴阳五行学说的宇宙结构论的全新视野下,揭示了天人关系的同源本质、类比结构,提出了"天人合一"的观点和"以人法天"的主张。与此同时,儒家提出了"神道设教"的"天谴"学说,希望"以天统君",用会惩恶的"天"来约束君主不要胡作非为,保证德治的推行。

天人感应、神人相通,这是自上古有神论诞生以来人们的基本认识。西周人也这么看。那么,天人何以互感、神人何以相通呢?这个问题,直到东周以后才逐步形成明确的答案。春秋后期,老子提出"道生一,一生二,二生三,三生万物"的宇宙生成模式。这个"三"之"三才",即天、地、人。而神灵不外是天神、地祇、人鬼三类,依附于天、地、人,也是"道"所生。于是,天地人神,本质上是同源的,也是同构的。"天地万物,一人之身也。此之谓大同。"[②]这样,"人"与"天""地"以及天神、地祇也就可以相通、互感了。

---

① 《墨子·公孟》。
② 《吕氏春秋·有始览·有始》。

春秋战国时期,伴随着阴阳五行学说,形成了五五对应重叠的宇宙结构论。《吕氏春秋》将这种宇宙结构论与道家的宇宙发生论综合在一起,将天下万物编织成一个庞大而整饬的同源同构系统。在这个系统中,太一生两仪,两仪生阴阳,天有四时,地有五行,四时加上一个长夏与五行相配,于是诞生了五五对应、连绵重叠、趋于无尽的宇宙万物。五方、五帝、五神、五祀、五虫、五脏、五音、五味、五臭、五色、五谷、五畜等,五五重叠,一一对应。①

在这种框架、系统中,万物与人是同构的:"六合之内,一人之形也。"②"万物之形虽异,其情一体也。"③周人普遍认为,事物类同,可以产生相互感应、共鸣的结果。"类固相召。"④"气同则合,声比则应。"⑤"同声相应,同气相求。"⑥例如:"鼓宫而宫动,鼓角而角动。"⑦"水流湿,火就燥,云从龙,风从虎。"⑧"山"与"草莽"为伍,"水"与"鱼鳞"相聚,"旱"与"烟火"相伴,"雨"与"水波"共生。万物"无不皆类其所生以示人"⑨。"开春始雷,则蛰虫动矣;时雨降,则草木育矣;饮食居处适,则九窍百节千脉皆通利矣。"⑩这些都是物类相同、相互感应的例子。《吕氏春秋》称之为"类召""应同"。

在这种框架、系统中,天地与人也是同构的。"天地之间,一人之身也。"⑪"人与天、地相类。"⑫"人之与天、地也同。"⑬由于天人相类,所以"天之与人有以相通"⑭,可以相互感应。如文子指出:"人受天地变化而生……头圆法天,足方象地;天有四时、五行、九解、三百六十日,人有四支、五藏、九窍、三百六十节;天有风雨寒暑,人有取与喜怒;胆为云,肺为气,脾为风,肾为雨,肝为雷。"⑮"天气下,地气上,阴阳交通,万物齐同,君子用事,小人消亡,天地之道也。天气不下,地气不上,阴阳不通,万物不昌,小人得势,君子消亡。"⑯"政失于春,岁星盈缩,不居其常;政失于夏,荧惑逆行;政失于秋,太白不当,出入无常;政失于冬,辰星不效其乡(向)。四时失政,镇星摇荡,日月见谪,五星悖乱,彗星出。"⑰再如"本乎天者亲上,本乎地者亲下,则各从其类也"⑱,也

---

① 参《吕氏春秋·季春纪》。
②⑪ 《文子·下德》。
③ 《吕氏春秋·仲春纪·情欲》。
④⑤ 《吕氏春秋·八览·应同》。另见《八览·召类》。
⑥⑧⑱ 《周易·乾卦·文言》载孔子语。
⑦⑨ 《吕氏春秋·八览·应同》。
⑩ 《吕氏春秋·六论·开春》。
⑫⑮ 《文子·九守》。
⑬ 《吕氏春秋·仲春纪·情欲》。
⑭⑰ 《文子·精诚》。
⑯ 《文子·上德》。

是天人感应的例子。

既然天人类同是天人感应的原因,而天是奖善罚恶、明辨是非、主持正义的,所以处理天人关系、获得神灵庇佑必须恪守的原则就是尊天敬神、"以人法天",做"天"会降福的善事,不做"天"会降灾的恶事,进而达到"天人合一"。

"天人感应"的首要含义指"神人感应"。这种情况下,"天人合一"指"以人法天",人与主持正义的神意保持一致。自古以来,"神"就是明辨是非、奖善罚恶的正义化身。《尚书·商书》记载伊尹的告诫:"上帝不常。作善,降之百祥;作不善,降之百殃。"周代以德治国,恰恰可以借助"神意""天志"的正义品格来约束统治者为所欲为,所以"以人法天"就与"以天统君"达成了某种统一。周人深信:"天"与"人"同类相感,可以干预人事。天子不仁不义,"天"就会出现灾异给予谴责;如果实行德治,"天"就会降下祥瑞给予鼓励。《周书·泰誓》指出:"天矜于民,民之所欲,天必从之。""天意"与"民欲"是一致的,君主顺"天"就必须应"人"。《诗经·小明》告诫统治者要"正直":"嗟尔君子,无恒安处。靖共尔位,正直是与。神之听之,介(助)尔景(大)福。"管子治国崇尚"天道"①。这个"天道"与"人道"是统一的。"信明圣者,皆受天赏……惛而忘也者,皆受天祸。""其功顺天者天助之,其功逆天者天违之。"②"人与天调,然后天地之美生。"③晏子辅佐齐景公,多次借彗星、火星之象的出现告诫景公要及时检讨自己的失德行为。"此天教也。……彗星之出,天为民之乱见之,故诏之妖祥,以戒不敬。""嗜酒而并于乐,政不饰而宽于小人,近谗好优,恶文而疏圣贤人,何暇在彗,茀又将见矣!"④"君居处无节,衣服无度,不听正谏,兴事无已,赋敛无厌,使民如将不胜,万民怨怼。茀星又将见梦,奚独彗星乎!"⑤孔子编《春秋》,重视对各种自然灾异的记载,用意在于警醒君主从天象灾异中体会到神灵的谴告,反省改过。"孔子《春秋》所书日食、星变,岂无意乎?""当时儒者以为人主至尊,无所畏惮,借天象以示儆,庶使其君有失德者犹知恐惧修省。此《春秋》以元统天、以天统君之义。"⑥于是,"以人法天"走向了"以人定天","以天统君"变成了"以民统君"。《周易·观卦·彖辞》云:"观天之神道,而四

---

① 《管子·枢言》。
② 均见《管子·形势》。
③ 《管子·五行》。
④ 《晏子春秋·内篇谏上》之十八。
⑤ 《晏子春秋·外篇第七》之三。
⑥ 皮锡瑞:《经学历史》,中华书局2012年版,第69页。

时不忒。圣人以神道设教,而天下服矣。"这"神道"所设的道德之"教",亦有以"天"的名义注入民意人道来"统君"的用心。

周人所说的"天",更多的不是指高高在上的神灵,而是指天地自然。所以,周人强调的"天人合一",有遵循自然规律,从而造福人类之义。这是周人"以人法天"主张的主要含义。这种含义的表述,以《周礼》《文子》《管子》《吕氏春秋》《易传》最为突出。

《周礼》以天官、地官、春官、夏官、秋官、冬官等六篇为全书框架。天、地、春、夏、秋、冬即天地四方六合,是古人所说的宇宙。人间六官的设置乃是宇宙结构框架的仿效,因而符合天理,具有万世不易的权威性。《周礼》六官,每官下设六十官职。六官职官的总数为三百六十,这正是周天的度数。在"天官"系统中,"大宰"是天官之长、六官之首,既"掌建邦之六典",作为天、地、春、夏、秋、冬六个系统官吏的典则,又掌理王国的"八法""八则""八柄""八统"和"九职""九赋""九式""九贡""九两"等,权力最大,体现了"天"的无上地位。《周礼》还将阴阳、五行概念运用到政治机制的层面。政令分"阳令""阴令"①,礼仪有"阳礼""阴礼"②,德行分"阴德""阳德",祭祀有"阳祀""阴祀"③。南为阳,故天子南面听朝;北为阴,故王后北面治市。左为阳,是人道所向,故祖庙在左;右为阴,是地道所尊,故社稷在右。正如钱穆《〈周官〉著作时代考》所说:《周礼》"把整个宇宙、全部人生,都阴阳配偶化了"。在五行系统中,牛为土畜,鸡为木畜,羊为火畜,犬为金畜、豕为水畜。在《周礼》记载的国家重大祭祀中,地官奉牛牲、春官奉鸡牲、夏官奉羊牲、秋官奉犬牲、冬官奉豕牲。地官有"牛人"一职,春官有"鸡人"一职,夏官有"羊人"一职,秋官有"犬人"一职,冬官有"豕人"一职。五官所设五职、所奉五牲,与五行思想中五畜、五方完全对应。如此等等,不一而足。

《文子》认为,既然天人同构,可以相互感应,所以人主必须效法天地阴阳之德,这样才能保证天下安康。"圣人法天顺地……以天为父,以地为母,阴阳为纲,四时为纪。"④"天静以清,地定以宁,万物逆之死,顺之生。"⑤"古之得道者,静而法天地,动而顺日月,喜怒合四时,号令比雷霆,音气不戾八风,诎伸不获五度。"⑥"高莫高于天也,下莫下于泽也。天高泽下,圣人法之,尊卑有叙,天下定矣。""地势深厚,水泉入聚;地道方广,故能久长。圣人

---

① 《周礼·天官·内小臣》。
② 《周礼·天官·内宰》。
③ 《周礼·地官·牧人》。
④⑤ 《文子·九守》。
⑥ 《文子·自然》。

法之,德无不容。""阳灭阴,万物肥,阴灭阳,万物衰,故王公尚阳道则万物昌,尚阴道则天下亡。""阴进阳退,小人得势……。阳气动,万物缓而得其所,是以圣人顺阳道。""阳不下阴,则万物不成;君不下臣,德化不行。故君下臣则聪明,不下臣则闇聋。"①"帝者体太一,王者法阴阳,霸者则四时,君者用六律。""体太一者,明于天地之情,通于道德之论,聪明照于日月,精神通于万物,动静调于阴阳,喜怒和于四时。""法阴阳者,承天地之和,德与天地参,光明与日月并照,精神与鬼神齐灵。""则四时者,春生夏长,秋收冬藏,取与有节,出入有量,喜怒刚柔,不离其理。""用六律者,生之与杀也,赏之与罚也,与之与夺也,非此无道也。伐乱禁暴,兴贤良,废不肖,匡邪以为正,攘险以为平,矫枉以为直。"②

《管子》主张"尊天"。这个"天",包括阴阳、天地、四时、五行。其中重要的是阴阳、五行。因为天地是由阴阳派生的,四时属天时,是阴阳的衍生物。"'天'策'阳'也,'壤'策'阴'也,此谓'事名二'。"③"阳"生"天","阴"生"地",取法阴阳,体现为"法天地之位"④:"通乎阳气,所以事天也","通乎阴气,所以事地也"⑤。天尊地卑,故有君臣之礼。"天有常象,地有常形,人有常礼。……君失其道,无以有其国;臣失其事,无以有其位。然则上之畜下不妄,而下之事上不虚矣。"⑥"天……无私覆也;……地……无私载也"⑦,圣人法之,若天地然,"亦行其所行而百姓被其利"⑧。"天地之位,有前有后,有左有右,圣人法之,以建经纪。"⑨"日掌阳,月掌阴",圣人法之,故"阳为德,阴为刑";"日食,则失德之国恶之;月食,则失刑之国恶之"⑩。天有四时,圣人法之,"象四时之行,以治天下"⑪。"四时之行,有寒有暑,圣人法之,故有文有武。"⑫春主耕,夏主芸,秋主获,冬主藏,圣人法之,"德始于春,长于夏;刑始于秋,流于冬"⑬。"在趣耕而不耕,民以不令,不耕之害也;宜芸而不芸,百草皆存,民以仅存,不芸之害也;宜获而不获,风雨将作,五谷以削,士民零落,不获之害也;宜藏而不藏,雾气阳阳,宜死者生,宜蛰者鸣,

---

① 均见《文子·上德》。
② 均见《文子·下德》。
③ 《管子·揆度》。
④⑨⑪⑫ 《管子·版法解》。
⑤ 均见《管子·五行》。
⑥ 《管子·君臣上》。
⑦ 《管子·心术下》。
⑧ 均见《管子·白心》。
⑩ 《管子·四时》。
⑬ 均见《管子·四时》。

不藏之害也。"①天有四时,地有五行。"权也,衡也,规也,矩也,准也,此谓'正名五'。其在色者,青黄白黑赤也;其在声者,宫商羽徵角也;其在味者,酸辛咸苦甘也。"②天地相生,故"春夏秋冬将何行"必须融入五行要求。以春为例:"东方曰星,其时曰春,其气曰风,风生木与骨。其德喜嬴,而发出节时。其事:号令修除神位,谨祷弊梗,宗正阳,治堤防,耕芸树艺,正津梁,修沟渎,甃屋行水,解怨赦罪,通四方。然则柔风甘雨乃至,百姓乃寿,百虫乃蕃,此谓星德。……是故春三月以甲乙之日发五政。一政曰论幼孤,舍有罪;二政曰赋爵列,授禄位;三政曰冻解修沟渎,复亡人(土地解冻就修筑沟渠,深埋死者);四政曰端险阻,修封疆,正千伯;五政曰无杀麑夭(幼鹿),毋蹇华绝芋(掐摘花萼)。五政苟时,春雨乃来。"管子所说的"以人法天",不仅要尊重天时地宜,而且要尊重阴阳五行:"二五者……人君以数制之人。……人君失二五者亡其国,大夫失二五者亡其势,民失二五者亡其家。此国之至机也,谓之国机。"③

《吕氏春秋》要求人类"法天地"④,按照"天之道""地之理"制定"人之纪",对此作了至为丰富的阐述。"天道圜,地道方。圣王法之,所以立上下。"⑤"生"为"天之道","宁"为"地之理"⑥。人法天地,必须以万物化育、人民安宁为"人纪"依据。春主生、夏主长、秋主杀、冬主藏。一年四季的人事应按照这个自然规律去安排。每季分为孟、仲、季三月,于是一年分十二纪。每纪的时节有细微差别,从"天子"到"三公、九卿、诸侯、大夫"以至"兆民"所做的事情也有不同的要求。比如《孟春纪》提出孟春一月的人纪要求:"是月也,以立春。……立春之日,天子亲率三公、九卿、诸侯、大夫,以迎春于东郊;还,乃赏公卿、诸侯、大夫于朝。命相布德和令,行庆施惠,下及兆民。……是月也,天子乃以元日祈谷于上帝。乃择元辰,天子亲载耒耜,措之参于保介之御间,率三公、九卿、诸侯、大夫,躬耕帝籍田。……是月也,天气下降,地气上腾,天地和同,草木繁动。王布农事,命田舍东郊,皆修封疆,审端径术。善相丘陵阪险原隰,土地所宜,五谷所殖,以教道民,以躬亲之。田事既饬,先定准直,农乃不惑。是月也,命乐正入学习舞。乃修祭典,命祀山林川泽,牺牲无用牝,禁止伐木;无覆巢,无杀孩虫、胎夭、飞鸟,无麛无卵;无聚大众,无置城郭,掩骼霾髊。是月也,不可以称兵,称兵必有天殃。兵戎不起,不可以从我始。"《仲春纪》提出仲春二月的人纪要求:"是月也,安萌

---

① 《管子·牧民》。
②③ 《管子·揆度》。
④⑥ 《吕氏春秋·季冬纪·序意》。
⑤ 《吕氏春秋·季春纪·圜道》。

牙,养幼少,存诸孤;择元日,命人社;命有司,省囹圄,去桎梏,无肆掠,止狱讼。……是月也,日夜分,雷乃发声,始电。蛰虫咸动,开户始出,先雷三日,奋铎以令于兆民曰:雷且发声,有不戒其容止者,生子不备,必有凶灾。日夜分,则同度量,钧衡石,角斗桶,正权概。是月也,耕者少舍,乃修阖扇,寝庙必备;无作大事,以妨农功。是月也,无竭川泽,无漉陂池,无焚山林。天子乃献羔开冰,先荐寝庙。上丁(上旬丁日),命乐正入舞舍采,天子乃率三公、九卿、诸侯,亲往视之。中丁(中旬丁日),又命乐正入学习乐。是月也,祀不用牺牲,用圭璧,更皮币。"如果这种"天人合一"的规律、顺序被打乱,灾难就会发生:"孟春行夏令,则风雨不时,草木早槁,国乃有恐;行秋令,则民大疫,疾风暴雨数至,藜莠蓬蒿并兴;行冬令,则水潦为败,霜雪大挚,首种不入。""孟夏行秋令,则苦雨数来,五谷不滋,四鄙入保;行冬令,则草木早枯,后乃大水,败其城郭;行春令,则虫蝗为败,暴风来格,秀草不实。""孟秋行冬令,则阴气大胜,介虫败谷,戎兵乃来;行春令,则其国乃旱,阳气复还,五谷不实;行夏令,则多火灾,寒热不节,民多疟疾。""孟冬行春令,则冻闭不密,地气发泄,民多流亡。行夏令,则国多暴风,方冬不寒,蛰虫复出。行秋令,则雪霜不时,小兵时起,土地侵削。"①《吕氏春秋》还将四时与五行中的木、火、金、水,五方中的东、南、西、北,五帝中的太皞、炎帝、少皞、颛顼,五神中的句芒、祝融、蓐收、玄冥,五虫中的鳞虫、羽虫、毛虫、介(甲)虫,五音中的角、徵、商、羽,五味中的酸、苦、辛、咸,五臭中的膻、焦、腥、朽,五祀中的祀户神、祀灶神、祀门神、祀行神,五脏中的脾、肺、肝、肾,五色中的青、赤、白、黑,五谷中的麦、菽、麻、黍,五畜中的羊、鸡、狗、猪对应在一起。比如孟春的主宰之帝是太皞,它以木德统治天下;辅佐他的神祇为句芒,是木神,又是司春之神,主管春天树木的发芽生长,并主管太阳每天早上升起的那片地方——东方,所以太皞又称东方上帝。春天草木发青,故色为青;与时相应的动物是鱼龙之类;这个月的味道是酸味,气味是膻气,举行的祭祀是户祭,祭品是脾脏。天子应住在东向明堂的左侧室,乘坐饰有青凤图案的车子,驾着青色的马,车上插着青色的旗帜,穿着青色的衣服,佩戴着青色的佩玉,食用的五谷是麦子,五畜是羊。在承认阴阳五行天人感应的前提下,强调以人法天,遵循天地之道、自然规律更好地为营造人事的福利服务。如《有始览·应同》说:"凡帝王者之将兴也,天必先见祥乎下民。黄帝之时,天先见大螾大蝼。黄帝曰土气胜。土气胜,故其色尚黄,其事则(效法)土。及禹之时,天先见草木秋冬不杀。禹曰木气胜。木气胜,故其色

---

① 分别见《吕氏春秋》十二纪的《孟春纪》《孟夏纪》《孟秋纪》《孟冬纪》。

尚青,其事则木。及汤之时,天先见金刃生于水。汤曰金气胜。金气胜,故其色尚白,其事则金。及文王之时,天先见火赤乌衔丹书集于周社。文王曰火气胜。火气胜,故其色尚赤,其事则火。代火者必将水,天且先见水气胜。水气胜,故其色尚黑,其事则水。"可以说,以天地、四时、五行解释的"天人感应""以人法天"的"天人合一"学说,在《吕氏春秋》"十二纪"的论述中得到了最为精细、绵密的表述。在这里,"天人合一"的含义是要求人事与天地自然的特征与规律保持同一,认为只有这样才会给人类带来幸福。

到了战国时期,《易传》由博返约,对"人法天地"的"天人合一"要义作了精辟总结:"天地变化,圣人效之。"①"有天地,然后有万物;有万物,然后有男女;有男女,然后有夫妇,有夫妇,然后有父子;有父子,然后有君臣;有君臣,然后有上下;有上下,然后礼义有所错。"②

于是我们看到,周代从职官体制到制度安排,从政治之道到经济之道,从君臣之道到家庭之道,所有的"人道"设计都与"天道"的效法密切相关。

三、"昊天不平""天难忱斯"与"天人之分""吉凶由人"

"天"本来是明辨是非、主持公道、扬善罚恶的正义的化身。然而事实上,神灵是不存在的、无法显灵的。当为善屡屡不见神灵赐福,作恶屡屡不见神灵降殃,就会对神灵是否正义、可信发生怀疑,从而动摇对神灵的崇拜。这种现象,恰恰在周代发生了。周人凭借人类特有的聪明的智慧,基于朴素的唯物主义考察,清醒地认识到"昊天不平",神不可信,从而走向了对"天"神的质疑甚至否定。

《诗经》作为一部西周初年至春秋中叶诗歌的汇编,对此留下了许多记载。《云汉》描写西周末年发生大旱,尽管"靡神不举""靡神不宗",但"昊天上帝,则不我虞",导致"周余黎民,靡有孑遗"。《黄鸟》描写春秋初期秦穆公死时以大量的活人殉葬,发出这样的呼唤:"彼苍者天,歼我良人!"《板》讥刺周厉王作恶多端却受到天佑:"上帝板板(反常)","天之方难","天之方虐"。《桑柔》讥刺上天不怜悯在厉王恶政之下痛苦挣扎的百姓:"倬彼昊天,宁不我矜?"《雨无正》《节南山》《小旻》《巧言》《蓼莪》《小弁》《召旻》《瞻卬》等不约而同地将幽王时期的黑暗归咎到了天命的不公上。"昊天不

---

① 《周易·系辞上》。
② 《周易·序卦》。

平,我王不宁。不惩其心,覆怨其正。"①"浩浩昊天,不骏其德。降丧饥馑,斩伐四国。"②周人发现:"天命靡常。"③"天难忱斯。"④上天喜怒无常,不值得信赖。他们向昊天上帝发出诅咒:"昊天不佣,降此鞠讻。昊天不惠,降此大戾。"⑤"荡荡上帝,下民之辟。疾威上帝,其命多辟。"⑥

同样的思想我们在周代其他典籍中也可以看到。《国语》记载:"或见神以兴,亦或以亡。"⑦神灵并不一定降福。《尸子》记载:"莒君好鬼巫而国亡。"⑧由于鬼神并不一定英明、灵验,所以,儒家"以天为不明,以鬼为不神"⑨。兵家也主张打仗取胜"不可取于鬼神"⑩,"合龟兆,视吉凶"很愚蠢⑪,应当坚持"不卜筮而事吉"⑫,"不祷祠而得福"⑬。

上古原始思维的特征是万物有灵,天人不分。周代思想界取得的伟大历史进步之一,是认识到天人相分,两不相干。晏子认为自然界许多异常现象都是客观的自然现象,与神灵并无关系。昭公二十六年,彗星在齐国出现,齐景公以为不祥,派祝史举行祈祷消灾的祭神仪式。晏子认为这样做只是自欺欺人,"天道"有自己的运行规律,"若之何禳之?"⑭景公出猎,一次上山见到虎,下水见到蛇,以为"不祥",惊慌不已,晏子告诉他:山是"虎之室",泽是"蛇之穴"。来到虎之室、蛇之穴见到虎与蛇,"曷为不祥也?"⑮他还指出地震是神灵无法改变的自然现象,揭露太卜自称"臣能动地"是明显的欺骗伎俩。⑯鲁僖公十六年,宋国发生了陨石坠落、鸟儿倒飞的天象。周朝内史叔兴认为,此为"阴阳之事","非吉凶所出也"⑰。鲁昭公十七年冬,彗星出现。鲁国、郑国的朝臣认为不祥,纷纷请求子产祭天消灾。但子产偏

---

① 《诗·小雅·节南山》。
② 《诗·小雅·雨无正》。
③ 《诗·大雅·文王》。
④ 《诗·大雅·大明》。忱,信。
⑤ 《诗·小雅·节南山》。佣,明,一解为平。
⑥ 《诗·大雅·荡》。前一辟字,君王;后一辟字,邪僻。
⑦ 《内史过论神》,《国语·周语上》。
⑧ 《尸子》卷下。
⑨ 《墨子·公孟》。
⑩ 《孙子兵法·用间篇》。
⑪ 《尉缭子·武议》。徐勇译注:《尉缭子 吴子》,中州古籍出版社2018年版。版本下同。
⑫ 《尉缭子·战威》。
⑬ 《尉缭子·武议》。
⑭ 《左传·昭公二十六年》。
⑮ 《晏子春秋·内篇谏下》之十。
⑯ 《晏子春秋·外篇第七》之二十一。
⑰ 《左传·僖公十六年》。

偏不为所动。他说:"天道远,人道迩。非所及也,何以知之?"他不信神,也不采取祭祀措施。最终火灾并未发生,说明神灵确实不存在。①《墨子》记载了当时人们对"鬼神"存在的大量质疑和"鬼神者固无有"②的无神论思想。在大量无神论思想的基础上,荀子提出了"天人之分"的概念,要求"至人""明于天人之分"③。他明确指出:"天"不是神,而是自然物。"天""地""四时"等自然物是无意志的,与人世间的治乱吉凶无关。"治乱,天邪?曰:日月星辰瑞历,是禹桀之所同也,禹以治,桀以乱;治乱非天也。时邪?曰:繁启蕃长于春夏,畜积收藏于秋冬,是禹桀之所同也,禹以治,桀以乱;治乱非时也。地邪?曰:得地则生,失地则死,是又禹桀之所同也,禹以治,桀以乱;治乱,非地也。"怪异的天象并不是神意的体现,而是"物之罕至"的反常现象,不必害怕。"夫星之队,木之鸣,是天地之变,阴阳之化,物之罕至者也;怪之,可也;而畏之,非也。"祭神会下雨,其实不祭神也会下雨。"雩而雨","犹不雩而雨也"。这说明自然神未必存在。人们所以"天旱而雩",乃至"卜筮然后决大事",不是以为"神"一定存在,不过是作为一种外在仪式罢了。但"君子以为'文'",而"百姓以为'神'","以为'神'则凶也"。自然规律是不可改变的:"天有常道矣,地有常数矣。""天不为人之恶寒也辍冬,地不为人之恶辽远也辍广。"对于客观存在自然规律,人们也不应奢望改变。这就叫"不与天争职"。④ 韩非继承荀子的思想,明确否认鬼神的存在,指出"龟策鬼神"属于不可"参验"、没有用处的"弗能"之举,如果信以为真,就愚不可及。"龟策鬼神不足举胜……然而持之,愚莫大焉。"⑤"无参验而必之者,愚也。"⑥对不可验证的东西置信不疑,简直就是欺骗:"弗能必而据之者,诬也。"⑦君主如果把主要精力放在鬼神祭祀上,就会导致亡国的最终恶果:"用时日事鬼神,信卜筮而好祭祀者,可亡也。"⑧他进一步分析说:"有祸则畏鬼","鬼神"实际上是担心灾祸、心理恐惧产生的幻觉。如果"内无痤疽瘅痔之害,而外无刑罚法诛之祸",就会"轻恬鬼也甚"。尽到人事努力后,鬼神就不会伤害到人。⑨ 正是在周代对天神的存在和威力普遍怀疑的基础上,屈原在《天问》中向"天"发问,一口气提了173个问题,这在周代以

---

① 《左传·昭公十八年》。
② 《墨子·明鬼下》。
③ 《荀子·天论》。
④ 均见《荀子·天论》。
⑤ 《韩非子·饰邪》。
⑥⑦ 《韩非子·五蠹》。
⑧ 《韩非子·亡征》。
⑨ 《韩非子·解老》。

前是不可想象的。

人间的祸福不取决于神灵,那取决于什么呢?周人发现,取决于"人"自己的所作所为。《吕氏春秋·季夏纪·明理》指出:"众正之所积,其福无不及也;众邪之所积,其祸无不逮也。"《季夏纪·制乐》记载了周文王对于地震灾异反应的故事,充分反映了周初就有事在人为、"吉凶由人"的思想:

> 周文王立国八年,岁六月,文王寝疾五日而地动,东西南北不出国郊。百吏皆请曰:"臣闻地之动,为人主也。今王寝疾五日而地动,四面不出周郊,群臣皆恐,曰'请移之'。"文王曰:"若何其移之也?"对曰:"兴事动众,以增国城,其可以移之乎!"文王曰:"不可。夫天之见妖也,以罚有罪也。我必有罪,故天以此罚我也。今故兴事动众以增国城,是重吾罪也。不可。"文王曰:"昌也请改行重善以移之,其可以免乎!"于是谨其礼秩、皮革,以交诸侯;饬其辞令、币帛,以礼豪士;颁其爵列、等级、田畴,以赏群臣。无几何,疾乃止。文王即位八年而地动,已动之后四十三年,凡文王立国五十一年而终。此文王之所以止殃翦妖也。

春秋时期,这种思想更加普遍。周内史叔兴指出:"吉凶由人。"[1]鲁国大夫闵子马提出:"祸福无门,唯人所召。"[2]另一位鲁国大夫申繻分析道:"妖由人兴也。人无衅焉,妖不自作。人弃常,则妖兴,故有妖。"[3]由于吉凶祸福是由"人"决定的,依道德行事就可把握吉凶,所以管子提出:"能无卜筮而知吉凶乎?"[4]"不卜不筮,而谨知吉凶。"[5]春秋后期,晋国发生日食,晋君咨询吉凶,文伯回答:"不善政之谓也。国无政,不用善,则自取谪(谴)于日月之灾。"为政之务,重在"择人""因民"[6]。在上述思想的基础上,荀子总结说:天象的反常只是自然现象,实际上并不可怕,人间的反常才是最"可畏"的。人世间的反常怪事,荀子称之为"人祆"。"楛(粗)耕伤稼,楛耨失岁,政险失民,田薉(荒)稼恶,籴贵民饥,道路有死人:夫是之谓人祆。政令不明,举错不时,本事不理,勉力不时,则牛马相生,六畜作祆:夫是之谓人祆。

---

[1] 《左传·僖公二十六年》。
[2] 《左传·襄公二十三年》。
[3] 《左传·庄公十四年》。
[4] 《管子·内业》。
[5] 《管子·白心》。
[6] 《左传·昭公七年》。

礼义不修,内外无别,男女淫乱,则父子相疑,上下乖离,寇难并至:夫是之谓人祆。""人祆"是政治昏乱导致的结果,它才是祸国殃民、国无宁日的根源。防止并消除"人祆",才是国泰民安、人间幸福的根本途径。

不难看出,周代虽然保留着传统的"尊神"思想和大量的祭神仪式,但同时,涌现了大量"疑神""无神""尊人"的新思想。这确是殷商没有出现过的新气象。

四、从"事神保民""循天顺人"到"以人为本""以人为先"

在"尊神"与"尊人"新旧两种思想交互斗争、此消彼长的过程中,部分周人提出了"神人并尊"的思想。他们既不否定神灵力量的存在,也不否定"人"的作用和地位。晋大夫胥臣指出,周文王所以成为万世圣王,在于"亿(安)宁百神,柔和万民"①。周穆王卿士祭公谋父指出,"事神保民"②,乃是周武王的政治方针,值得遵守。周厉王大臣芮良夫主张,治理天下须"使神人百物无不得其极"③。周宣王时虢文公要求"媚于神而和于民"④。周惠王大臣内史过提出"神飨民听,民神无怨"的要求,批评"离民怒神而求利焉"⑤。周景王伶官州鸠提出"德音不愆,以合神人"的主张,反对"离民怒神"⑥。齐相管子尊神与敬人并提:"祥于鬼者义于人。"⑦晏子继承管子思想,也主张"顺神合民",使"神民俱顺"⑧。随国大夫季梁提出,治国之道是"忠于民而信于神"⑨。晋国卿士赵孟主张治理国家兼顾"民神",反对"弃神人"而导致"神怒民叛"⑩。这就从原来神灵至上的"唯神论"论走向了"神人二元论","人"具有了与"神"平起平坐的地位。

由于周人习惯称上帝为"天",所以"神人并尊"的思想又体现为"天人并尊"的表述。如管子说:"上之随天,其次随人。人不倡不和,天不始不随。"⑪不过,周人所说的"天",还指整个自然界或自然界中与"地"相对、并立的那个"天"。周人强调的"天人并尊",还有尊重自然规律、兼顾人事努

---

① 《胥臣论教诲之力》,《国语·晋语四》。
② 《祭公谏穆王征犬戎》,《国语·周语上》。
③ 《芮良夫论荣夷公专利》,《国语·周语上》。
④ 《虢文公谏宣王不籍千亩》,《国语·周语上》。
⑤ 《内史过论神》,《国语·周语上》。
⑥ 《单穆公谏景王铸大钟》,《国语·周语下》。
⑦ 《管子·白心》。
⑧ 《晏子春秋·内篇问上》之十。
⑨ 《左传·桓公六年》。
⑩ 《左传·昭公元年》。
⑪ 《管子·白心》。

力的含义。如文子说:"知天之所为,知人之所行,即有以经于世矣。"①韩非子说:霸王之道即"循天顺人"②。作为与"地"并列的"天",周代出于对"人"的地位的尊重,将"人"与"天""地"并列视为"三才",从"天人并尊"的二元论中发展出"天地人并尊"的三元论。这种思想最早萌芽于《易经》经卦的设计。经卦共分八卦,每卦由三爻构成。这三爻即是"天地人""三才"的象征。后来两两经卦组合,演绎为由六爻构成的六十四卦,仍然包含着对"三才"的并尊。《易传》解释说:"兼三才而两之,故六;六者非它也,三材之道。"③"是以立天之道,曰阴与阳;立地之道,曰柔与刚;立人之道,曰仁与义。兼三才而两之,故易六画而成卦。"④这个"天地人并尊"的思想,为道家所继承。老子提出:"域中有四大:道大、天大、地大、人亦大。"在"道"所派生的万物中,"人"顶天立地,与"天""地"并列。文子提出:治理天下必须"仰取象于天,俯取度于地,中取法于人"⑤,充分发挥"三才"的力量,实现天时、地利、人力的和谐发展。孙膑指出:"天时、地利、人和,三者不得,虽胜有央(殃)。"战争胜利的条件在于"上知天之道,下知地之理,内得其民之心"⑥。越国谋臣范蠡指出:"人事必与天地相参,然后乃可以成功。"⑦荀子总结说:"上不失天时,下不失地利,中得人和,而百事不废。"⑧在"天地人并尊"之外,墨子提出"天鬼人并利"的三元论:"上利乎天,中利乎鬼,下利乎人。"⑨"凡言凡动,利于天、鬼、百姓者为之。"⑩

无论"神人并尊""天人并尊",还是"天地人并尊""天鬼人并尊",这些观点都体现了"人"的地位在周代的提升。就是说,到了周代,"人"的地位提高了,与"神""天"的地位平起平坐了。

然而,周人并未就此停下脚步。与此同时,我们看到周代另有一部分思想家彻底抛弃了对"天""神"的迷信,将祸福吉凶的原因完全归结为"人"的作为。于是"天""神"的地位进一步下降,"人"的地位提升到至高无上,出现了"以人为本""舍天先人""以人为贵""以人代神"等等更为清醒的

---

① 《文子·微明》。
② 《韩非子·用人》。
③ 《周易·系辞上》。
④ 《周易·说卦》。
⑤ 《文子·上礼》。
⑥ 《孙膑兵法·上编·八阵》。
⑦ 《范蠡谓人事与天地相参乃可以成功》,《国语·越语下》。
⑧ 《荀子·王霸》。
⑨ 《墨子·天志中》。
⑩ 《墨子·贵义》。

思想。

"以人为本"是管子最早提出来的："霸王所始，以人为本。本安则国固，本乱则国危。"①这个"本"是国家基础之意，是对夏禹"民为邦本"古训的吸收和强调。战国后期的鹖冠子同样这样忠告君主："君也者，端（正）神明者也。神明者，以人为本者也。"②君主必须端正自己的思想，统一到"以人为本"的理念上来。

"以人为先"的思想早在春秋时期就为随国大夫季梁涉及："圣王先成民而后致力于神。"③后来，鹖冠子在比较了"法天则戾""法地则辱""法时则贰"后，提出"先人"的"圣人之道"。《鹖冠子·近迭》记录了提出这个观点的过程与思路。"庞子问鹖冠子曰：'圣人之道何先？'鹖冠子曰：'先人。'……庞子曰：'何以舍天而先人乎？'鹖冠子曰：'天高而难知，有福不可请，有祸不可避，法天则戾；地广大深厚，多利而鲜威，法地则辱；时举错代更无一，法时则贰。三者不可以立化树俗，故圣人弗法……是故先人。'"《鹖冠子·泰鸿》还记录了一段对话。问："天、地、人事，三者孰急？"答："爱精养神内端者，所以希天。""希天"即"轻天""后天"之意，与《近迭》讲的"舍天"而"先人"是相通的。

关于"以人为贵"。周武王说"惟人，万物之灵"。按汉儒孔安国的解释，此语通过将"人"视为万物中至高无上的"神灵"，说明"天地所生，惟人为贵"④。发展到战国后期，"以人为贵"的思想成为周人普遍的共识。《孝经》明确声称："天地之性人为贵。"孙武论兵道，不取鬼神，"必取于人"⑤。《孙膑兵法》通篇没有提一个神灵的"神"字。在孙膑看来："兵不能胜大患，不能合民心者也。"⑥"天地之间，莫贵于人。"⑦尉缭子论兵，与此一脉相承："圣人所贵，人事而已。"⑧"先神先鬼"，不如"先稽我智"⑨。尽管"天时""地利""人和"都重要，但比较而言，"人和"更重要。所以不断有人重申："天官不若人事。"⑩"天时不如地利，地利不如人和。"⑪因此，荀子深情地礼

---

① 《管子·霸言》。
② 《鹖冠子·博选》。
③ 《左传·桓公六年》。
④ 《尚书正义》孔安国传，《十三经注疏》本。
⑤ 《孙子兵法·用间》。
⑥ 《孙膑兵法·下编·兵失》。
⑦ 《孙膑兵法·上编·月战》。
⑧ 《尉缭子·战威》。
⑨⑩ 《尉缭子·天官》。
⑪ 见《尉缭子·战威》《孟子·公孙丑下》。

赞"人"："大天而思之,孰与物畜而制之？从天而颂之,孰与制天命而用之？望时而待之,孰与应时而使之？因物而多之,孰与骋能而化之？"①

关于"以人为神"的思想。周武王在讨伐殷纣王的誓词中说："惟人"为"万物之灵"②。这个"灵"依孔安国的解释,指神圣的至上神,不可亵渎、践踏。《礼记》热情赞美："人"为"鬼神之会"③。为什么说人是鬼神的交会呢？因为自古以来,人可以通神,代神立言,所以存在着大量的巫觋队伍。更重要的是周人发现,"夫民,神之主也"④,"神""聪明正直""依人而行"⑤。民心主宰着神意,神实际上是人的化身。周武王说："天视自我民视,天听自我民听。"⑥周成王指出："皇天无亲,惟德是辅。"⑦虞国大夫宫之奇提醒国君："神所冯依,将在德矣。"⑧齐景公也认识到："人行善者天赏之,行不善者天殃之。"⑨天意就是民德。墨子也认为,"天欲义而恶不义"⑩,"天志"就是民意。顺乎人心,就合符天意,这就是《易传》所谓的"顺乎天而应乎人"之意。⑪所以,虚幻的神灵不存在,"人"就是现实中决定人间祸福的至上之"神"。

于是,周人就从"以人为神"走到了"以人代神"。既然神灵决定不了人间吉凶,"祸福人或召之"⑫,所以出现了反对过分迷信卜筮、祭祀鬼神的声音,强调尽人力,将命运的缰绳掌握在自己的手里。虢国史嚚警告说："国将兴,听于民;将亡,听于神。"⑬管子反对"上恃龟筮,好用巫医"⑭,指出"神筮不灵",主张"神龟不卜"⑮,主张"求诸人而得之己","思之思之,又重思之",作出最大的人事努力。⑯晏子反对君主"轻身而恃巫","慢行而繁祭",主张王者"德厚足以安世,行广足以容众",指出这才是"天地四时和

---

① 《荀子·天论》。
② 《尚书·周书·泰誓上》。
③ 《礼记·礼运》。
④ 《左传·桓公六年》,隋大夫季梁语。
⑤ 《左传·庄公三十二年》。
⑥ 《尚书·周书·泰誓中》。
⑦ 《周书·蔡仲之命》。
⑧ 《左传·僖公五年》。
⑨ 《晏子春秋·内篇谏上》之二十一。
⑩ 《墨子·法仪》。
⑪ 《易·革·彖辞》。
⑫ 《吕氏春秋·有始览·应同》。
⑬ 《左传·庄公三十二年》。
⑭ 《管子·权修》。
⑮ 《管子·五行》。
⑯ 《管子·内业》。

而不失,星辰日月顺而不乱",成为"帝王之君、明神之主"的根本之道。①文子认为,为政的关键不在于祭神敬鬼,而在于行善积德。"天道无亲,唯德是与。"②"夫祸之至也,人自生之;福之来也,人自成之。"③"故善为政者,积其德。"④"圣人之于善也,无小而不行;其于过也,无微而不改。行不用巫觋,而鬼神不敢先,可谓至贵矣。"⑤荀子在尊重自然规律的同时,主张"天人相参","敬其在己者",发挥主观能动性,"制天命而用之",积极介入自然、改造自然。⑥《吕氏春秋》设"必己"篇,讲命运由自己的努力决定;设"慎人"篇,讲慎重对待人事努力。按照类同相报的规律,主张多做善事,多修德行。"齐类同皆有合。""尧为善而众善至,桀为非而众非来。"⑦《尸子》指出:"从道必吉,反道必凶,如影如响。"⑧内史过指出:君主有德,"故明神降之,观其政德而均布福焉";君主失德,"故神亦往焉,观其苛慝而降之祸"。"国之将兴",君主"齐明衷正、精洁惠和,其德足以昭其馨香,其惠足以同其民人",结果"神飨"福临。"国之将亡",君主"贪冒辟邪、淫佚荒怠、粗秽暴虐",结果"馨香不登"⑨。国家的命运是吉是凶,取决于君主是否有德。至此,"人"被提升到远高于神灵的至高无上的位置,周代思想界完成了从"神本"到"人本"的转变。周代思想界的时代特征,是"重人轻天""贵民贱神"。正如王国维指出:"殷周之兴亡,乃有德与无德之兴亡。"⑩徐复观揭示:"周人建立了一个由'敬'所贯注的'敬德''明德'的观念世界,来照察、指导自己的行为,对自己的行为负责,这正是中国人人文精神最早的出现。""人的信心的根据,渐由神而转移向自己本身行为的谨慎与努力。"⑪

于是,从承认鬼神存在和至上神权威,主张"尊天敬神""以人法天",到认识到"人"的作用,主张"神民俱顺""循天顺人",再到认识到"吉凶由人","祸福人召",进而否认鬼神的决定作用,主张"贵人""先人""以人为本""以人定天",周代思想界在"天"与"人"、"神"与"人"的双向互动中,完

---

① 《晏子春秋·内篇谏上》之十四。另参《晏子春秋·内篇谏上》之十五。
② 《文子·符言》。
③⑤ 《文子·微明》。
④ 《文子·下德》。
⑥ 《荀子·天论》。
⑦ 《吕氏春秋·有始览·应同》。
⑧ 《尸子》卷下。
⑨ 《内史过论神》,《国语·周语上》。
⑩ 王国维:《殷周制度论》,周锡山编校:《王国维集》第4册,中国社会科学出版社2008年版,第136页。
⑪ 徐复观:《中国人性论史·先秦篇》,上海三联书店2001年版,第20页。

成了殷商的"神灵至上"向周代"唯人为贵"的转变。这时的"人本",虽然在承认神灵存在的论者那里仍然披着"天人合一"的传统外衣,但已经不是由"神"定"人"、"以人法天"构成的"天人合一",而是由"应乎人"决定"顺乎天"①,由"利乎人"决定"利乎鬼""利乎天"②的"天人合一"。

---

① 《易·革·彖辞》。
② 《墨子·天志中》。

第九章　周代的崇德观念与德治思想

本章提要：周代"人的觉醒",体现为在社会生活的祸福中"人"的主宰地位对"神"的地位的取代。"人"所以能够决定上自天子、下至百姓的幸福,关键取决于人的道德修为,所谓"作善降之百祥,作不善降之百殃"。所以"德"取代了原来上帝的地位,成为周人心目中的至上神,物化为高高在上的"天"。周之代殷,是有道伐无道的产物。目睹殷纣王失德而亡的教训,周初政治家继承尧、舜、禹、汤之道和公刘、古公亶父、文王等周代先王之德,将道德提高到关系天下国家生死存亡的至高无上的地位,经过周公、召公的倡导及成王、康王、穆王的努力,道德至上的观念在西周获得了空前的巩固。周代崇德观念是通过道德的天命化实现的,通过制度设计,将德治思想渗透到各方面,成为周代"大异于商者"的最显著、最突出的特征。①

众所周知,道德至上,道德天尊,是中国传统文化区别于西方的一大民族特征。这个特征是在周代奠定的。殷商以前,中国思想界以神为本,神灵至上。周代思想界发生了一个重大变化,即以人为本,道德至上。王国维在分析周代思想文化不同于殷商的时代特征时指出:"殷周之兴亡,乃有德无德之争。"②徐复观指出:"周人建立了一个由'敬'所贯注的'敬德''明德'的观念世界,来照察、指导自己的行为,对自己的行为负责,这正是中国人文精神最早的出现。"③正是在这样的思想转变中,形成了周代丰富的道德观念和敬德保民的德治思想,印证着周代以人为本的"人的觉醒"。

一、周代道德至上观念确立的时代语境

周代道德至上观念的确立,有着特殊的时代语境。这就是周武王推翻残暴无道的殷纣王的革命。这场以臣伐君的革命早在周文王时期就开始酝

---

① 本章以"周代道德至上理念与德治建设论析"为题,发表于《澳门理工学报》2024年第1期。
② 王国维:《殷商制度论》,周锡山编校:《王国维集》第4册,中国社会科学出版社2008年版,第136页。
③ 徐复观:《中国人性论史》,台湾商务印书馆1969年版,第21页。

酿、准备,到周武王手中付诸实施并取得成功。周本来是殷商的属国。文王、武王都是殷纣王的臣子。在政治清明的时期,以臣伐君属于天下共诛之的大逆不道之举,但武王革命在《周书》中则获得了高度一致的称赞。为什么呢? 因为武王革命时,殷商的政治已进入极不正常的黑暗时期,君主失去了"立君为民"的本职,成为虐待百姓的无道之君、天怨民怒的独夫世仇,于是有道之臣伐无道之君的革命就具有了顺天应人的神圣的合法性。周武王在讨伐殷纣王的誓词中说:"今商王受,弗敬上天,降灾下民,沉湎冒色,敢行暴虐,罪人以族,官人以世,惟宫室、台榭、陂池、侈服以残害于尔万姓。焚炙忠良,刳剔孕妇。……商罪贯盈,天命诛之。"①"今商王受,狎侮五常,荒怠弗敬。自绝于天,结怨于民。斫朝涉之胫,剖贤人之心,作威杀戮,毒痡四海。崇信奸回,放黜师保,屏弃典刑,囚奴正士,郊社不修,宗庙不享,作奇技淫巧以悦妇人。上帝弗顺,祝降时丧。尔其孜孜,奉予一人,恭行天罚。古人有言曰:'抚我则后(君主),虐我则仇。'独夫受洪惟作威,乃汝世仇。树德务滋,除恶务本,肆予小子诞以尔众士,殄歼乃仇。"②武王替天行道、诛"独夫""世仇"的革命思想影响深远。春秋战国时期君主易位不断,其中一个重要的法理依据就是周武王以有道伐无道的革命思想。比如《国语》记载:晋厉公被大臣杀了,鲁成公拿这件事在大臣中讨论:"臣杀其君,谁之过也?"里革回答:"君之过也。夫君人者,其威大矣。失威而至于杀,其过多矣。且夫君也者,将牧民而正其邪者也。若君纵私回而弃民事,民旁有慝,无由省之,益邪多矣。若以邪临民,陷而不振,用善不肯专,则不能使。至于殄灭而莫之恤也,将安用之?"晋厉公遭杀,过不在于臣,而在其自身。应当从这件事中吸取教训的不是大臣而是国君。③ 秦公子絷旗帜鲜明地声称:"杀无道而就有道,仁也。"④鲁襄公十四年,卫国的臣民把他们的国君赶跑了。晋悼公在与师旷谈起这件事时说:"卫人出其君,不亦甚乎?"师旷却回答:不是卫人,而是卫君做得太过分了。"夫君,神之主而民之望也。若困民之主,匮神乏祀,百姓绝望,社稷无主,将安用之? 弗去何为?""天之爱民甚矣。岂其使一人肆于民上,以从其淫,而弃天地之性? 必不然矣。"⑤春秋后期,鲁国发生了大夫季氏放逐、赶走鲁昭公的事件⑥,不仅百姓拥护,其他

---

① 《尚书·周书·泰誓中》。
② 《尚书·周书·泰誓下》。
③ 《里革论君之过》,《国语·鲁语上》。
④ 《秦侵晋止惠公于秦》,《国语·晋语三》。
⑤ 《左传·襄公十四年》。
⑥ 鲁昭公二十五年,发生昭公被季平子赶跑事件。鲁昭公先出奔到齐国,三年后转到晋国,最终于鲁昭公三十二年病死在晋国。

诸侯也都默认。晋大夫赵简子问史墨:"季氏出其君,而民服焉,诸侯与之,君死于外,而莫之或罪也。"这是不是太过分了。太史史墨回答:"社稷无常奉,君臣无常位,自古以然。""天生季氏,以贰鲁侯,为日久矣。"由于"鲁君世纵其失","民忘君矣,虽死于外,其谁矜之?""季氏世修其勤","民之服焉,不亦宜乎?"①孟子说:"君有大过则谏,反复之而不听,则易位。"②"贼仁者谓之'贼',贼义者谓之'残'。残贼之人,谓之'一夫'。闻诛一夫纣矣,未闻弑君也。"③《易传》说:"汤武革命,顺乎天而应乎人!"不难看出,"诛无道"的"革命"思想成为从周初到战国后期一以贯之的共识。

在失德、无德就应该被推翻的革命思想的时代语境下,"敬德""修德"成为与统治地位生死攸关的重大使命得到周朝君臣的重视和倡导。周武王、周公及召公以殷纣为前车之鉴,将统治者自己的道德修养提高到关系国家生死存亡的高度。经过周成王、康王、穆王的传承与奖倡,"敬德""修德"成为西周奠定的优良传统。君主无德就会失去天下,臣民有德也能拥有天下,成为《诗经》咏物、《国语》《左传》叙事的一个重要主题。《诗经》借周文王数落商纣王之口批判周厉王无德:"女炰烋(咆哮)于中国,敛怨以为德。不明尔德,时无背无侧。尔德不明,以无陪无卿。"④规劝周王:"敬慎威仪,以近有德。"⑤"辟尔为德,俾臧俾嘉,淑慎尔止,不愆于仪。""温温恭人,维德之基。"启发周王:"无德不报",只要"有觉德行",就"四国顺之"⑥。呼唤"良人""圣人":"维此惠君,民人所瞻。"⑦强调只有那些与民同乐、道德广远的"君子"才能充当"民之父母"一样的君主:"岂弟君子,民之父母。""岂弟君子,民之攸归。"⑧"岂弟君子,四方为则。""岂弟君子,四方为纲。"⑨"乐只君子,民之父母。"⑩《国语》指出:美德,是称霸天下的根本。君主有德,"国之将兴";君主无德,"国之将亡"⑪。内史兴论晋文公必霸⑫,单襄公论

---

① 《左传·昭公三十二年》。
② 《孟子·万章下》。
③ 《孟子·梁惠王下》。
④ 《诗经·大雅·荡》。
⑤ 《诗经·大雅·民劳》。
⑥ 《诗经·大雅·抑》。
⑦ 《诗经·大雅·桑柔》。
⑧ 《诗经·大雅·泂酌》。
⑨ 《诗经·大雅·卷阿》。
⑩ 《诗经·大雅·南山有台》。
⑪ 《内史过论神》,《国语·周语上》。按:《国语》中《内史过论神》的记载要比《左传·庄公三十二年》的相关记载详细、丰富得多,更值得重视。
⑫ 《内史兴论晋文公必霸》,《国语·周语上》。

晋周将成为晋君①,依据的都是他们具有美德。《左传》强调:"祸福无门,唯人所召。"②祸福与人的德行密切相关。"德,国家之基也。有基无坏,无亦是务乎?有德则乐,乐则能久。"③"君人者"的道德修养及其德治对国家的祸福至关重要。春秋战国时期,虽然道德传统不断受到乱臣贼子的挑战,但道德是立国立身之本的思想仍然是支撑仁人志士、正人君子的根本信念。春秋中期,鲁大夫叔孙豹提出"三不朽"说,将"立德"置于人生目标的最高位置。"太上有立德,其次有立功,其次有立言。虽久不废,此之谓不朽。"④管子辅佐齐桓公成为春秋第一霸主,其霸王之道是德治。他总结说:"霸王之形,德义胜之。"⑤"德礼不易,无人不怀。"⑥"凡君所以有众者,爱施之德也。"⑦"欲用天下之权者,必先布德诸侯。""无德而欲王者危,施薄而求厚者孤。"⑧"畜之以道,则民和;养之以德,则民合。""(率)常至命,尊贤授德,则帝;身仁行义,服忠用信,则王;审谋章礼,选士利械,则霸。"⑨孔子说:"为政以德,譬如北辰,居其所而众星共(同拱)之。"⑩"其身正,不令而行;其身不正,虽令不从。"⑪"道之以政,齐之以刑,民免而无耻;道之以德,齐之以礼,有耻且格。"⑫《吕氏春秋》提出"上德"概念。"上德"即以德为上,道德至上。这主要是针对君主提出的要求。"善为君者……德厚也。"⑬"德也者,万民之宰也。"⑭君主"上德",就体现为"德治"。"为天下及国,莫如以德,莫如行义。……以德以义,则四海之大,江河之水,不能亢矣;太华之高,会稽之险,不能障矣;阖庐之教,孙、吴之兵,不能当矣。"⑮如此等等,不一而足。

二、西周尚德的历史资源与德治建设

既然君主的安危祸福取决于道德修养,那么,君主修养道德、实行德治就显得特别重要。面对殷纣失德而亡前车之鉴,周初的君臣深深认识到这

---

① 《单襄公论晋周将得晋国》,《国语·周语下》。
② 《左传·襄公二十三年》。
③④ 《左传·襄公二十四年》。
⑤⑧ 均见《管子·霸言》。
⑥ 《左传·僖公七年》。
⑦ 《管子·版法解》。
⑨ 均见《管子·幼官》。
⑩⑫ 《论语·为政》。
⑪ 《论语·子路》。
⑬ 《吕氏春秋·仲春纪·功名》。
⑭ 《吕氏春秋·季秋纪·精通》。
⑮ 《吕氏春秋·离俗览·上德》。

一点,对此反复加以强调,而其间接取用和直接继承的历史资源就是尧舜禹汤之道和周代先王之德。

学界曾流行一种看法,认为在周代以前,不存在真正意义上的"道德"观念。论者还以殷商甲骨文"德"字的构造解析为据说明这个观点。这种观点无视上古君主产生的道德依据和充满道德色彩的三皇五帝历史传说和尧舜禹汤之道,割断了道德观念发展的历史渐进性,好像道德观念是在周代一下子诞生,并占取全社会思想界统治地位的。显然,这种说法经不起逻辑推敲,也不符合史实。

立君为民,以德服人,实行德治,是古代圣王留下的传统。"夫以德得民心以立大功名者,上世多有之矣。"①"故古之王者,德回乎天地,澹乎四海,东西南北,极日月之所烛。天覆地载,爱恶不臧。""以德以义,不赏而民劝,不罚而邪止。此神农、黄帝之政也。"②历史上关于三皇五帝,充满了许多道德传说。下及尧、舜、禹、汤,都是品德高尚的明君圣王。根据《尚书·虞夏书·尧典》说尧:"允恭克让,光被四表,格于上下。克明俊德,以亲九族……平章百姓……协和万邦。"《大禹谟》记载伯益对帝尧的赞美:"帝德广运,乃圣乃神,乃武乃文。"记载皋陶对舜的赞美:"帝德罔愆,临下以简,御众以宽……好生之德,洽于民心。"记载伯益对禹的赞美:"惟德动天,无远弗届。"《吕氏春秋》记载舜德:"三苗不服,禹请攻之,舜曰:以德可也。行德三年,而三苗服。"③根据《尚书·商书》的记载,商汤及商朝的中兴君主盘庚也是道德修养的楷模。《仲虺之诰》记载仲虺对汤王功德的赞美:"惟王不迩声色,不殖货利……用人惟己,改过不吝。克宽克仁,彰信兆民。""佑贤辅德,显忠遂良……德日新,万邦惟怀……懋昭大德,建中于民,以义制事,以礼制心,垂裕后昆。"商汤即位后,作《汤诰》,强调德治:"凡我造邦,无从匪彝,无即慆淫,各守尔典,以承天休。尔有善,朕弗敢蔽;罪当朕躬,弗敢自赦,惟简在上帝之心。其尔万方有罪,在予一人;予一人有罪,无以尔万方。"《盘庚》中多处讲到"德":"予亦不敢动用非德","式敷民德,永肩一心"。"邦之臧(善),惟汝众;邦之不臧,惟予一人有佚(失)罚。"商朝的重臣也以德治为重。如伊尹告诫商汤嫡长孙、商朝第四位君主太甲:"德惟治,否德乱。""民罔常怀,怀于有仁。"④"天难谌,命靡常。常厥德,保厥位……非天私我有商,惟天佑于一德;非商求于下民,惟民归于一德。德惟一,动罔不

---

① 《吕氏春秋·季秋纪·顺民》。
②③ 《吕氏春秋·离俗览·上德》。
④ 《尚书·商书·太甲》。

吉;德二三,动罔不凶。……今嗣王新服厥命,惟新厥德。终始惟一,时乃日新。……德无常师,主善为师。善无常主,协于克一。"①三皇五帝及尧舜禹汤之道被周初政治家一再征引,它是西周尚德传统的间接思想资源。

与此同时,周代先王也留下了重视道德、以德治国的优良传统,这成为西周尚德传统的直接思想资源。周族始祖、后稷的儿子不窋在夏朝废除农官,"自窜于戎、翟(狄)之间"的困境中,"不敢怠业,时序其德,纂修其绪,修其训典,朝夕恪勤,守以敦,奉以忠信,奕世(累世)载德,不忝前人"②。文王的祖父周太王古公亶父、父亲季历也是如此以德自律。"厥亦惟我周太王、王季,克自抑畏。"③"先王之于民也,茂正其德,而厚其性;阜(大、盛多)其财求,而利其器用;明利害之乡(向),以文修之,使务利而避害,怀德而畏威,故能保(守)世以滋(益)大。"④文王将先王的德治传统作了重大发展。"文王……徽柔懿恭,怀保小民,惠鲜鳏寡。自朝至于日中昃,不遑暇食,用咸和万民。文王不敢盘于游田,以(使用)庶邦惟正(税)之供。"⑤"文王克明德慎罚。"⑥"礼下贤者,日中不暇食以待士,士以此多归之。"⑦他在世时,"大国畏其力,小国怀其德"⑧,形成了闻名遐迩的"文王之德",天下三分而周有其二。

周武王继承三皇五帝、尧舜禹汤之道和周代先王之德,"昭前之光明,而加之以慈和,事神保民,莫不欣喜。"⑨顺应民意,为民除害,推翻了殷商暴政:"商王帝辛,大恶于民,庶民弗忍,欣戴武王,以致戎于商牧。是先王非务武也,勤恤民隐,而除其害也。"⑩在推翻纣王的革命成功后刀枪入库,偃武修文,推行仁政,确定了德治方针,大力开展道德建设。周公在《周颂·时迈》中赞颂武王说:"载戢干戈,载櫜(藏也,音郭)弓矢;我求懿德,肆(陈)于时(是)夏(华夏)。"⑪革命胜利后的周武王一直不敢放纵自己,始终注意道德反省和自律。"百姓有过,在予一人"⑫,是周武王留下的严于道德反省的名言。周康王感叹说:"武王敷大德于天下,用克受殷命。"⑬

但周武王在创立周朝之后的第三年便病逝。打理周朝天下的历史使命落在了周公身上。周公制礼作乐,是西周仁政方略的实际制定者和德治传

---

① 《尚书·商书·咸有一德》。
②④⑨⑩⑪ 《祭公谏穆王征犬戎》,《国语·周语上》。
③⑤ 《尚书·周书·无逸》。
⑥ 《尚书·周书·康诰》。
⑦ 《史记·周本纪》。
⑧ 《尚书·周书·武成》。
⑫ 《尚书·周书·泰誓中》。
⑬ 《尚书·周书·毕命》。

统的实际奠定者。周公目睹了殷商因失德而灭亡、周朝因有德而崛起的全过程。在《尚书·周书》记载的周公发布的所有诰辞中,周公反复阐述着尊天敬德的主题。他从"天命"的角度对即位的成王提出"敬德"的告诫①,告诫成王要知稼穑之艰难②,对诸侯国君提出"明德"的要求③,呼吁君主对于黎民要"如保赤子"④,"无胥虐,至于敬寡"⑤。

尚德是周初政治家的共同追求。周初另一位重臣召公与周公互为肱股,也从天命、保民的角度向武王、成王提出"慎德""敬德"的忠告:"天亦哀于四方民……王其疾(速)敬德。""王敬作所,不可不敬德。"⑥"玩人丧德,玩物丧志。""不贵异物贱用物,民乃足。""明王慎德,四夷咸宾。"⑦

周成王不负周公、召公的嘱托,不仅自己注重道德修养,而且告诫官员:"凡我有官君子,钦乃攸司,慎乃出令,令出惟行,弗惟反;以公灭私,民其允怀。……位不期骄,禄不期侈。恭俭惟德,无载尔伪。作德,心逸日休;作伪,心劳日拙。居宠思危……推贤让能,庶官乃和。"⑧周公死后,成王发布策书,命令君陈继任周公职务,要求君臣继续执行周公遗法,实行德政:"君陈,惟尔令德孝恭。惟孝友于兄弟,克施有政。……昔周公师保万民,民怀其德。往慎乃司,兹率厥常,懋昭周公之训,惟民其乂。我闻曰:'至治馨香,感于神明。黍稷非馨,明德惟馨尔。'尚式时周公之猷训,惟日孜孜,无敢逸豫。"⑨

康王继位后,以"惟德惟义"为"大训","彰善瘅恶",反对"以荡陵德",奢靡享乐。即位后第十二年,册命四朝元老毕公继承君陈的事业。他对毕公说:"商俗靡靡,利口惟贤,余风未殄,公其念哉! ……以荡陵德,实悖天道。敝化奢丽,万世同流。兹殷庶士,席宠惟旧,怙侈灭义,服美于人。骄淫矜侉,将由恶终。虽收放心,闲(束)之惟艰。资富能训,惟以永年。惟德惟义,时乃大训。""邦之安危,惟兹殷士。不刚不柔,厥德允修。"⑩

周朝第五位君主穆王继承德治传统,在任命伯冏为太仆正的册命书中说:"惟予弗克于德,嗣先人宅(居)丕后(大君)。怵惕惟厉,中夜以兴,思免

---

① ② 《尚书·周书·无逸》。
③ 《尚书·周书·梓材》、《康诰》。
④ 《尚书·周书·康诰》。
⑤ 《尚书·周书·梓材》。
⑥ 《尚书·周书·召诰》。
⑦ 《尚书·周书·旅獒》。
⑧ 《尚书·周书·周官》。
⑨ 《尚书·周书·君陈》。
⑩ 《尚书·周书·毕命》。

厥愆。昔在文、武,聪明齐圣,小大之臣,咸怀忠良。其侍御仆从,罔匪正人,以旦夕承弼厥辟(君),出入起居,罔有不钦(慎重),发号施令,罔有不臧。""今予命汝作大正,正于群仆侍御之臣,懋乃后德,交(共)修不逮。慎简(择)乃僚,无以巧言令色,便辟侧媚,其惟吉士。仆臣正,厥后克正;仆臣谀,厥后自圣(自以为圣)。后德惟臣,不德惟臣。"①他希望伯冏选出正直的仆臣,勉励君王修养德行,帮助君王弥补不足。

综上所述,传说中的三皇五帝、尧舜禹汤之道,为西周统治者提供了尚德的间接资源,从不窋到古公亶父、王季、周文王形成的道德传统,为西周统治者提供了尚德的直接资源。周朝推翻殷朝、建立新朝伊始,周武王、周公及召公以殷纣为前车之鉴,将统治者自己的道德提高到至高无上的地位。经过周成王、康王、穆王的传承与奖倡,道德至上的地位在西周获得了空前的巩固,成为周代区别于前朝的时代标志。在周代,优良品德称为"令德""懿德""嘉德""明德""吉德",丑恶品行称为"凶德""凉德""败德""昏德""悖德"。与殷王多以甲、乙等十干中的日子命名不同,周天子的名号都具有道德评价的意义。具有正面意义的道德用语如"文""武""昭""穆""恭""懿""孝"等,便体现了周人对君主"懿德""嘉德"的崇尚和期许。

三、道德至上的主要途径:"道德"的"天命"化

《诗经·大雅·文王》云:"周虽旧邦,其命维新。"西周奠定了"上德""道德至上"的新文化传统。这个"道德至上"新文化传统的确立又是通过"道德"的"天命"化来实现的。

上古至殷商时期,中国思想界盛行的是万物有灵论和神灵至上论。人们以为,人世间一切的幸福都来自上帝的庇佑。周初的统治者将殷商的"帝"或"上帝"改造为"天"或"皇天",将"天意"与"道德"联系起来,使之"道德"化。周初的君臣认识到,"天命"是以"道德"为转移的。"皇天无亲,惟德是辅。"②商纣王不德,所以"天命"改变:"皇天上帝,改其元子。"③周王有德,所以皇天上帝将天子、帝王大任降命于周。"惟我周王……克堪用德,惟典神天。天惟式教我用休,简畀殷命,尹尔多方。"④"文王克明德……天

---

① 《尚书·周书·冏命》。
② 《尚书·周书·蔡仲之命》,周成王语。
③ 《尚书·周书·召诰》,召公语。
④ 《尚书·周书·多方》,周公语。

乃大命文王。""若德裕乃身,不废在王命。"①君德体现为保民。尊天就应当保民。民意就是天意。"天佑下民","天矜下民"②。通过保民来尊天,是君主德治的基本要求。

在道德天命化的历史进程中,周公作出了很大贡献。在《尚书·周书》记载的周公发布的所有诰辞中,周公反复阐释了夏朝和殷商如何以德受命和失德坠命的过程。原来殷商高高在上的"帝""上帝","在周初被结合天意与人事的'德'所取代"③。"天命"获得了人文道德的规定,而人文道德则被以"天命"的神圣形态供奉起来。首先,周公将殷商的"帝"概念改称为"天"。周公诰辞中"天"字出现的次数要远远多于"帝"。如《大诰》中有18个"天"字、2个"帝"字。《康诰》中有8个"天"字、2个"帝"字。《多士》中有17个"天"字、10个上帝的"帝"字。《多方》中有20个"天"字、3个上帝的"帝"字。《酒诰》中有7个"天"字。《洛诰》中有4个"天"字。于是,"天"成为周公,乃至周人心目中的类似于上帝一样的至上神。其次,周公将"天"道德化,以"德"配"天",于是产生了中华民族伦理性的至上神——"皇天上帝"。从"天命"的角度,周公对即位的成王提出"敬德"的告诫④,对诸侯国君提出"明德"的要求⑤。再次,君主之德主要体现为恤民保民,天德合一又体现为天民合一。《康诰》呼吁君主对于黎民要"如保赤子",《无逸》告诫成王要知稼穑之艰难,《梓材》提出君主要"无胥虐,至于敬寡"。王国维指出周初政治家对尊天、敬德、保民三位一体的贡献:"《康诰》以下九篇,周之经纶天下之道胥在焉,其书以皆以民为言。《召诰》一篇,言之尤为反覆详尽,曰命、曰天、曰民、曰德,四者一以贯之……且其所谓'德'者,又非徒仁民之谓,必天子自纳于德而使民则之。"⑥其中,周公对"天道即人道论"的独创性贡献最大。傅斯年指出:"敬畏上帝乃周人之基本思想……盖亟畏上天,熟察人事,两个因素化合而成如是之天人论,此诚兴国之气象。"⑦"惟有修人事者方足以永天命","一切固保天命之方案,皆明言在人事之中……事事托命于天,而无一事舍人事而言天,'祈天永命'而以为'惟德之用',如是之

---

① 《尚书·周书·康诰》,周公语。
② 《尚书·周书·泰誓》。
③ 张光直语,转引自郑开:《德礼之间:前诸子时期的思想史》,生活·读书·新知三联书店2009年版,第271页。
④ 《尚书·周书·无逸》。
⑤ 《尚书·周书·梓材》、《康诰》。
⑥ 王国维:《殷周制度论》,周锡山编校:《王国维集》第4册,中国社会科学出版社2008年版,第135页。
⑦ 傅斯年:《性命古训辨证》,河北教育出版社1996年版,第96—97页。

天道即人道论,其周公所创耶?"①

《诗经》给我们留下了西周道德天命化过程的丰富记录。殷商称至上神为"帝"或"上帝",《诗经》仍保留了这样的概念,称上帝本来是明辨善恶、主持公道的,周王及其始祖代商而立,是得到上帝庇佑的。如《大雅·皇矣》说:"皇矣上帝,临下有赫。"上帝洞察到商朝的政治不得民心,于是"上帝耆(指)之,憎(增)其(周)式廓"。第一步,上帝让太王古公亶父打退犬戎、开辟岐山:"帝迁明德,串夷载路。"第二步,上帝让古公亶父之子王季建立了周国:"帝省其山……作邦作对,自大伯王季。维此王季,帝度其心。"第三步,上帝对文王循循善诱,谆谆教导,让他戒暴明德、团结诸侯:"帝谓文王:予怀明德,不大声以色,不长夏以革。不识不知,顺帝之则。""帝谓文王:询尔仇方,同尔弟兄。以尔钩援,与尔临冲,以伐崇墉。"最后文王取得了伐崇伐密的胜利,开创了周朝江山:"比于文王,其德靡悔,既受帝祉,施于孙子。"关于文王受帝之佑,《大雅·文王》说:"上帝既命……侯服于周","文王陟降,在帝左右"。《大明》说:"维此文王,小心翼翼,昭事上帝,聿怀多福。"可见,周人是相信至上神的存在的。不过,在沿袭前代传统概念之外,《诗经》更多地用"天"或"昊天""上天""苍天"来指称过去的"上帝"称谓。《大雅·板》说:"昊天曰明。""昊天曰旦。"《大雅·大明》说:"天位殷嫡,使不挟四方。""天监在下,有命既集。""有命自天,命此文王。"上天本来将天子之位赐给了殷纣,但又因其失德剥夺了他统辖四方的天子之位。上天明察人世间的善恶,将天命集中体现在周文王身上。上天有使命降临人间,天命就降给这位周文王。《下武》说周成王:"受天之祜。"《周颂·昊天有成命》说:"昊天有成命,二后(指文王、武王)受之。"《小雅·天保》说:"天保定尔,亦孔之固。""天保定尔,俾尔戬(福)榖(禄)。""天保定尔,以莫不兴。""神之吊矣,诒尔多福。"诗歌表达了召伯虎在宣王登基之初对新王的热情鼓励及殷切期望。《大雅·文王》说:"天命靡常。"天命不是永恒不变的,它随人的道德状况而转移。有德就获得天佑,无德就遭到天谴。所以《小明》告诫人们修德:"嗟尔君子,无恒安处。靖共尔位,正直是与。神之听之,式榖(禄)以女。""嗟尔君子,无恒安处。靖共尔位,正直是与。神之听之,介(助)尔景(大)福。"到了西周后期,与"上帝""昊天"有着"天命"联系的天子厉王、幽王的昏庸暴虐、世道黑暗,使人们认识到"昊天上帝"并不总是正义的化身,它也有反常的时候,也会作恶降祸。于是对失去公正英明道德属性的上帝、昊天发出尖锐的批判。如《大雅·板》云:"上帝板板(反常)","天之方虐"。

---

① 傅斯年:《性命古训辨证》,河北教育出版社1996年,第88页。

《大雅·荡》云："荡荡（骄纵放荡）上帝，下民之辟（君主，指厉王）。疾威上帝，其命多辟（邪僻）。"《雨无正》《节南山》《小旻》《巧言》《蓼莪》《小弁》《召旻》《瞻卬》都是刺幽王诗。它们都将幽王时期的黑暗归咎到了"昊天"的不公、失德身上。

在《国语·周语》中，神灵奖善罚恶，到底是降福还是降祸，取决于人事的作为是否有德。君主有德，"故明神降之，观其政德而均布福焉"；君主失德，"故神亦往焉，观其苛慝而降之祸"①。君主只有"齐明、衷正、精洁、惠和，其德足以昭其馨香，其惠足以同其民人"，才能"神飨而民听"。反之，国君"贪冒、辟邪、淫佚、荒怠、粗秽、暴虐"，"其政腥臊""其刑矫诬"，就会"馨香不登""百姓携贰"②。墨子将"仁义"视为"天志""鬼意"，《中庸》讲"诚"是天理，孟子讲"尽性而后知天"，善性即是天性，都是春秋战国时期道德天命化的例证。

四、周代道德概念的制度化建设

为了保证道德规范的实施，从西周开始，统治者便将道德贯穿在制度设计的各方面。王国维指出："武王克商，成王定之。选建明德，以藩屏周。"③"周人制度之大异于商者，一曰立子立嫡之制，由是而生宗法及丧服之制，并由是而有封建子弟之制，君天下、臣诸侯之制。二曰庙数之制。三曰同姓不婚之制。此数者皆周之所以纲纪天下，其旨则在纳上下于道德，而合天子诸侯卿大夫士庶民以成一道德之团体。故知周之制度典礼，实皆为道德而设。""周之制度典礼乃道德之器械。"④

周礼是周代统治者对国民进行道德教育的重要制度保障。周代成人礼"冠礼"的意义，在于帮助受礼者确立"孝弟忠顺"的做人道德。"孝弟忠顺之行立，而后可以为人。"⑤"婚礼""合二姓之好"，旨在"成男女之别，而立夫妇之义"。"夫妇有义，而后父子有亲；父子有亲，而后君臣有正。"⑥"丧礼""祭礼"都是表达对父母之孝的外在仪礼，而"孝"在周人心目中是天下最大的道德。"朝觐之礼，所以明君臣之义也。"⑦"乡射礼"旨在实现人与人

---

① 《内史过论神》，《国语·周语上》。
② 《内史过论神》，《国语·周语上》。按：《国语》中《内史过论神》的记载比《左传·庄公三十二年》的相关记载详细、丰富得多，更值得重视。
③ 《左传·定公四年》。
④ 王国维：《殷周制度论》，周锡山编校：《王国维集》第4册，第135页。
⑤ 《礼记·冠义》。
⑥ 《礼记·昏义》。
⑦ 《礼记·明堂位》。

之间的和谐共处。"乡饮酒之礼者,所以明长幼之序也。"①其中,乡饮酒礼旨在培养人与人之间的互敬尊让和尊长养老的孝悌之德。②"乡射礼"的意义主要在于培养"外体直""内志正""行有不得反求诸己"的"德行"。《周礼》将"礼"分为祭祀之事的"吉礼"、丧葬之事的"凶礼"、军旅之事的"军礼"、宾客之事的"宾礼"、冠婚之事的"嘉礼",所谓"以吉礼事邦国之鬼、神、示","以凶礼哀邦国之忧","以宾礼亲邦国","以军礼同邦国","以嘉礼亲万民","以五礼防万民之伪而教之中"③,无不浸透着道德精神。所以,《左传》记载说:"礼乐,德之则也。"④"备物之飨"的礼仪旨在"以象其德"⑤。

  道德也渗透在祭礼制度的设计中。殷人的祭礼重在祭上帝或天神地祇。祭品极为丰盛,还使用大量人殉。周人的祭礼所祭之神从上帝天神向有功德于民的祖宗神方面转化。祭神实际上是祭祀人鬼、尊崇功德的仪式。在以德配天的观念下,周人认识到,祖先神灵最喜欢的祭品不是牛羊或者人殉,而是德行,所谓"黍稷非馨,明德惟馨香"⑥,所以周人祭礼的祭品大为简化,周期大为缩短,人殉基本废止。《左传》记录周人所祭祖先神的功德云:"昔烈山氏之有天下也,其子曰柱,能殖百谷百蔬;夏之兴也,周弃(周朝之祖弃)继之(柱之农功),故(后人)祀以为稷(谷神)。共工氏之伯九有(州)也,其子曰后土,能平九土,故后人祀以为社(土神)。黄帝能成命(名)百物,以明民共财。颛顼能修之。帝喾能序三辰(调顺时节,促进农业)以固(安)民。尧能单(尽)均刑法以仪(善)民。舜勤民事而野死。鲧鄣洪水而殛死。禹能以德修鲧之功。契(殷之祖)为司徒(尧之司徒)而民辑(和)。冥(契之六世孙,夏朝治水之官)勤其官而水死。汤以宽治民而除其邪。稷(周弃)勤百谷而山死(死于黑水之山)。文王以文(文德)昭。武王去民之秽(指纣王)。"根据祖先神的功德,后人以禘祭、祖祭、郊祭、宗祭、报祭五种仪式加以顶礼膜拜。"有虞氏禘黄帝而祖颛顼,郊尧而宗舜;夏后氏禘黄帝而祖颛顼,郊鲧而宗禹;商人禘舜而祖契,郊冥而宗汤;周人禘喾而郊稷,祖文王而宗武王。""幕(舜之后,虞思),能帅(循)颛顼者也,有虞氏报焉。杼(禹七世孙,即少康之子季杼),能帅(循)禹者也,夏后氏报焉。上甲微(契八世孙),能帅(循)契者也,商人报焉;高圉(后稷十世孙)、大王(高圉曾孙

---

① 《礼记·射义》。
② 《礼记·乡饮酒义》。
③ 《周礼·地官·大司徒》。
④ 《左传·僖公二十五年》。
⑤ 《左传·僖公三十年》。
⑥ 《诗·大雅·民劳》。

古公亶父),能帅稷者也,周人报焉。"①可见,周人对祖宗神的祭礼实际上体现着对祖先道德的崇尚。

在以礼载德之外,周朝统治者还采取了许多具体的德治措施。对此,《周礼》有颇为具体的记载。《地官》提出:大司徒负责"施教法于邦国、都鄙,使之各以教其所治民。令五家为比,使之相保;五比为闾,使之相爱;四闾为族,使之相葬;五族为党,使之相救;五党为州,使之相赒;五州为乡,使之相宾"。以"三物"教万民:"一曰六德:知、仁、圣、义、忠、和。二曰六行:教、友、睦、姻、任、恤。三曰六艺:礼、乐、射、御、书、数。"从十二方面对百姓实施教化:"一曰以祀礼教敬,则民不苟。二曰以阳礼教让,则民不争。三曰以阴礼教亲,则民不怨。四曰以乐礼教和,则民不乖。五曰以仪辨等,则民不越。六曰以俗教安,则民不偷。七曰以刑教中,则民不暴。八曰以誓教恤,则民不怠。九曰以度教节,则民知足。十曰以世事教能,则民不失职。十有一曰以贤制爵,则民慎德。十有二曰以庸制禄,则民兴功。"要在每年之初组织宣传德教政令,"以考其德行、道艺而劝之,以纠其过恶而戒之"。要派员经常考察、督促百姓的德教状况:"司谏掌纠万民之德而劝之朋友。正其行而强之道艺,巡问而观察之,以时书其德行道艺,辨其能而可任于国事者。"要定期举行评比检查,举荐贤能,奖励先进:"三年则大比,考其德行、道艺,而兴贤能者","使民兴贤,出使长之;使民兴能,入使治之"。道德教化不仅是针对基层民众的,也是针对王公贵族及其子弟的:"师氏掌以媺诏王。以三德教国子:一曰至德,以为道本;二曰敏德,以为行本;三曰孝德,以知逆恶。教三行:一曰孝行,以亲父母;二曰友行,以尊贤良;三曰顺行,以事师长。""保氏掌谏王恶,而养国子以道。乃教之六艺,一曰五礼,二曰六乐,三曰五射,四曰五驭,五曰六书,六曰九数。"②德治还包括乐教。《周礼》的记录是:"大司乐掌成均(大学)之法,以治建国之学政,而合国之子弟焉。凡有道者,有德者,使教焉。……以乐德教国子,中、和、祗(敬)、庸(常)、孝、友;以乐语教国子,兴、道、讽、诵、言、语;以乐舞教国子,舞《云门》、《大卷》(黄帝之舞)、《大咸》(唐尧之舞)、《大韶》(虞舜之舞)、《大夏》(夏禹之舞)、《大濩》(商汤之舞)、《大武》(周武王之舞)。以六律、六同(偶数六律,又称六吕)、五声、八音、六舞大合乐,以致鬼、神、示,以和邦国,以谐万民,以安宾客,以说远人,以作(生)动物。"③"乐师掌国学之政,以教国子小舞。"④

---

① 《展禽论祭爰居非政之宜》,《国语·鲁语上》。
② 以上引文见《周礼·地官》各篇。
③ 《周礼·春官·大司乐》。
④ 《周礼·春官·乐师》。

"大师掌六律、六同,以合阴阳之声。……教六诗:曰风,曰赋,曰比,曰兴、曰雅,曰颂。以六德为之本,以六律为之音。"①乐教的目的在于"以六乐防万民之情而教之和"②。

周代的刑法设计也体现了道德的初衷。这就是《尚书·周书》反复强调的"明德慎罚"和孔子为代表的儒家崇尚的"德主刑辅"。此不详述。(详本书第二十五章)王国维指出:"周制刑之意,亦本于德治、礼治之大经,其所以致太平与刑措者,盖可睹矣。"③周德对于刑法至关重要。它不仅是立法的初衷,也是司法的手段。以法律手段维护道德,也就成了周代法律的重要功能。

五、周代道德概念的空前繁荣

周代的道德成为伦理性的至上神"天",君主从落实"天命"的高度以德修身、以德治国,并从制度设计方面加以保障,由此给周代思想界带来的新气象是:道德概念告别了殷商以前的粗疏形态,获得了丰富的发展,诞生了若干子范畴,呈现出空前繁荣的状态。

道德不是自然、物理概念,而属于人道、人文范畴。傅斯年指出:"周之代商,绝不代表物质文明之进展",其标志在"人道主义之黎明"④。徐复观指出:"在忧患意识的跃动之下,人的信心的根据,渐由神而转移向自己本身行为的谨慎与努力。"⑤"这正是中国人文精神最早的出现。"⑥而"人道""人文"范畴,正是在周代出现的。

汉语中的"人道",最早见于《礼记》《易传》《荀子》。《荀子·礼论》强调:"礼者,人道之极也。"⑦它与"天道""地道"并列,具有如天、地一样高贵的地位。如《易·系辞传》说:"《易》之为出也,广大悉备。有天道焉,有人道焉,有地道焉。"它是一种政治之道,如《礼记·大传》说:"圣人南面而治天下,必自人道始矣。"也是一种做人之道,如荀子说:"道者,非天之道、非地之道,人之所以道也,君子之所道也。"⑧《礼记·中庸》说:"诚者,天之道也;诚之者,人之道也。"按照"仁义"的道德规范修养身心,就是最基本的"人道"。如《易·说卦传》云:"立天之道,曰阴与阳;立地之道,曰柔与刚;立人之道,曰仁与义。"

---

① 《周礼·春官·大师》。
② 《周礼·地官·大司徒》。
③ 王国维:《殷商制度论》,周锡山编校:《王国维集》第4册,第136页。
④ 傅斯年:《性命古训辨证》,第89—90页。
⑤ 徐复观:《中国人性论史》,第20页。
⑥ 徐复观:《中国人性论史》,第21页。
⑦⑧ 《荀子·礼论》。

"人文"一词,最早见于《周易·贲》中的《彖》传。"文明以止,人文也。观乎天文,以察时变。观乎人文,以化成天下。""文明以止"本来指贲卦的双重卦义。《易传》认为贲卦"文明以止"的双重含义就是"人文"的注脚。如何理解"文明以止"即"人文"的含义呢?王弼的注解是:"止物不以威武,而以文明,人之文也。"孔颖达的注解是:"用此文明之道裁止于人,是人之文、德之教。"可见,"人文"的含义就是"文明以止";"文明以止"就是用文明之道治人安物,实现天下稳定。这个"人之文"作为控制原始欲望冲动的仪礼规范,指"中正"的道德教化。《离·彖》要求"重明以丽乎正","柔丽乎中正",指出这样"化成天下","故亨"。《离·象》指出"大人以继明照于四方",意即以明而又明之德照耀四方,君临天下。又《同人·彖》云:"文明以健,中正而应,君子正也。"《大有·彖》云:"其德刚健而文明,应乎天而时行,是以元亨。"《临·象》尤其强调文明道德的中正之道:"大君之宜,行中之谓也。"《革·彖》云:"文明以说,大亨以正。"唐代的孔颖达径直将"文明"解释为"道德":"能思文明之德以说(悦)于人,所以革命而为民所信也。""民既说文明之德而从之,所以大通而利正也。"

"人文"与"人道"相通,是人用道德对自己的行为加以文饰美化的意思。于是,"人文"之"文"成为周代特有的道德术语。春秋时期的单襄公在评论晋悼公孙周的道德品质时,提出"文"这个道德概念及其统辖的一系列道德子概念:"其行也文……夫敬,文之恭也;忠,文之实也;信,文之孚也;仁,文之爱也;义,文之制也;智,文之舆也;勇,文之帅也;教,文之施也;孝,文之本也;惠,文之慈也;让,文之材也……此十一者,夫子皆有焉。"①敬、忠、信、仁、义、智、勇、教、孝、惠、让,是"文"德的不同表现形态。其实"文"所包含的道德形态还有许多,孙周身上主要具备上述十一种。荀子指出:"君子宽而不僈,廉而不刿,辩而不争,察而不激,直立而不胜,坚强而不暴,柔从而不流,恭敬谨慎而容。夫是之谓至文。"②单襄公及荀子对"文"的解释,可以帮助我们理解"周文王"名号中"文"的崇高道德含义。

周代"人文"之道的突出表现形态是"礼"。"礼"在夏商承担着沟通人神的职责,但到了周代,侧重向人伦等级规范发展。"礼"成为"经国家,定社稷,序民人,利后嗣"的道德法则。③由"礼"派生出一系列具体的等级道德范畴。管子指出:"礼有八经":"上下有义,贵贱有分,长幼有等,贫富有

---

① 《单襄公论晋周将得晋国》,《国语·周语下》。
② 《荀子·不苟》。
③ 《左传·隐公十一年》。

度。凡此八者,礼之经也。"①"为主而惠,为父母而慈,为臣下而忠,为子妇而孝,四者人之高行也。"②晏子指出:"君令臣共,父慈子孝,兄爱弟敬,夫和妻柔,姑(婆婆)慈妇(媳妇)听,礼也。""君令而不违,臣共而不贰;父慈而教,子孝而箴;兄爱而友,弟敬而顺;夫和而义,妻柔而正;姑慈而从,妇听而婉:礼之善物也。"③社会角色不同,"礼"所规定的道德规范也就不同。令、共、慈、孝、爱、敬、和、柔、慈、听,就是君、臣、父、子、兄、弟、夫、妻、姑、妇分别应当遵守的行为范畴。"君令臣共"又叫"君义臣行":"君义、臣行、父慈、子孝、兄爱、弟敬,所谓六顺也。"④郑国的子大叔还将"礼"作了比晏子更加广泛的发挥:"是故为礼以奉之:为六畜、五牲、三牺,以奉五味;为九文、六采、五章,以奉五色;为九歌、八风、七音、六律,以奉五声;为君臣、上下,以则地义;为夫妇、外内,以经二物;为父子、兄弟、姑姊、甥舅、昏媾(翁婿)、姻亚(连襟),以象天明;为政事、庸力、行务,以从四时;为刑罚、威狱,使民畏忌,以类其震曜杀戮;为温慈、惠和,以效天之生殖长育。"⑤"礼"渗透到人类社会生活的各个领域。

在"礼教"的基础上,管仲将"礼"与"义""廉""耻"联合在一起,作为"守国"的四种基本道德规范。"国有四维,一维绝则倾,二维绝则危,三维绝则覆,四维绝则灭。……何谓四维?一曰礼、二曰义、三曰廉、四曰耻。礼不踰节,义不自进,廉不蔽恶,耻不从枉。"⑥其中,"义有七体":"孝悌慈惠,以养亲戚;恭敬忠信,以事君上;中正比宜,以行礼节;整齐撙诎,以辟刑僇;纤啬省用,以备饥馑;敦蒙纯固,以备祸乱;和协辑睦,以备寇戎。凡此七者,义之体也。"⑦管子还指出:治理民众,应"通之以道,畜之以惠,亲之以仁,养之以义,报之以德,结之以信,接之以礼,和之以乐"⑧。其中"德有六兴":"所谓六兴者何?曰:辟田畴,利坛宅,修树艺,劝士民,勉稼穑,修墙屋,此谓厚其生;发伏利,输墆积,修道途,便关市,慎将宿,此谓输之以财;导水潦,利陂沟,决潘渚,溃泥滞,通郁闭,慎津梁,此谓遗之以利;薄征敛,轻征赋,弛刑罚,赦罪戾,宥小过,此谓宽其政;养长老,慈幼孤,恤鳏寡,问疾病,吊祸丧,此谓匡其急;衣冻寒,食饥渴,匡贫窭,振罢露,资乏绝,此谓振其穷。"⑨

---

① 《管子·五辅》。
②⑦⑨ 《管子·形势解》。
③ 《左传·昭公二十六年》。
④ 《左传·隐公三年》。
⑤ 《左传·昭公二十五年》。
⑥ 《管子·牧民》。
⑧ 《管子·幼官》。

孔子创立了儒家"仁学"道德体系。他将"仁"视为"礼"的原初根据,认为"人而不仁,如礼何"①? 主张治国"道之以德,齐之以礼"②。"仁",基本含义是"爱人"。由此产生出"己欲立而立人,己欲达而达人"的"忠"、"己所不欲,勿施于人"的"恕"。"爱人"必须从对父母长辈的爱和对兄弟朋友的敬做起。所以"仁"又衍生出"孝""悌","孝""悌"是"仁"的出发点。"爱人"之"仁"的最终归属是对君主的"忠",所谓"臣事君以忠"③。"仁"主爱人,"礼"主敬人,所以"仁"与"礼"密切相关,"仁"包含着对"礼"的恪守。"克己复礼为仁。一日克己复礼,天下归仁焉。"④"礼"是调节人与人、人与神之间和谐关系的理性规范,是对个人自然欲望的克制。"恭而无礼则劳,慎而无礼则葸(畏惧),勇而无礼则乱,直而无礼则绞(刻薄)。"⑤"礼"与"乐"是紧密联系在一起的。"礼乐"具有外在的形式,"仁"是"礼乐"的实质内容。华而不实,"巧言令色,鲜矣仁。"⑥"刚毅木讷,近仁。"⑦"仁"还包括"义""智""勇""贤"。"君子义以为上。"⑧"见义不为,无勇也。"⑨"未知(智)焉得仁?"⑩"仁者必有勇。"⑪"子贡问为仁。子曰:'……居是邦也,事其大夫之贤者,友其士之仁者。'"⑫"仁"还包含"恭、宽、信、敏、惠"等范畴。子张问仁于孔子。孔子说:"能行五者于天下为仁矣。"这"五者"即"恭、宽、信、敏、惠","恭则不侮,宽则得众,信则人任焉,敏则有功,惠则足以使人"⑬。可见这"五者"都是"仁"的不同表现形态。

战国时期,虽然礼崩乐坏,周代原有的道德礼义不能得到有效贯彻,但并不是说这个时期就不崇尚道德。相反,在《战国策》的记载中,我们看到不同阶层的人面对挑战,都在宣扬和守护这传统道德。冯谖为孟尝君"市义"就是典型的例子。《战国策》以欲扬先抑的手法生动传神地描写了这个故事。⑭ 冯谖为孟尝君所买之"义",是通过烧掉孟尝君在薛地的所有债券、免除薛地平民所欠孟尝君的所有债务实现的。当初曾遭到孟尝君误解,直到

---

① 《论语·八佾》。
② 《论语·为政》。
③⑥ 《论语·学而》。
④ 《论语·颜渊》。
⑤ 《论语·泰伯》。
⑦ 《论语·子路》。
⑧⑬ 《论语·阳货》。
⑨ 《论语·为政》。
⑩ 《论语·公冶长》。
⑪ 《论语·宪问》。
⑫ 《论语·卫灵公》。
⑭ 《齐人有冯谖》,《战国策·齐策》。

一年后落难时受到薛地人民的热烈欢迎,才意识到冯谖"市义"的价值。公元前 257 年,秦国攻打赵国,信陵君盗符救赵立了大功,赵孝成王为此举行大礼答谢信陵君。魏国谋士唐雎提醒信陵君切勿恃功受赏:"事有……不可忘者,有不可不忘者。""人之有德于我也,不忘也;吾有德于人也,不可不忘也。今君杀晋鄙,救邯郸,破秦人,存赵国,此大德也。今赵王自郊迎,卒然见赵王,愿君之忘之也。"①信陵君接受了唐雎的谏议,践行功成弗居的至德。此外,这个时期诞生的《中庸》提出"诚"是人之道,孟子发展出"仁义礼智"这"四德",荀子提出"劝学""隆师""征圣""宗经",都彰显着这个时期道德概念的繁荣。有道德修养,就有道德修养的最终结果产生。于是《诗经》提出"良人""吉士"的人格风范,周代出现了"君子""圣人""大丈夫"的人生追求。超凡入圣,成为全社会的做人理想。诚如有学者指出:"就整体来说,商周之际的思想变革的确是将关注的目光由天国神灵转向了人间民众,周人的'德'就是这个转变的明证。"②

---

① 《唐雎说信陵君》,《战国策·魏策》。
② 晁福林:《先秦时期"德"观念的起源及其发展》,《中国社会科学》2005 年第 4 期。

下 编

周代的"人道"探寻及其系统结构

第十章 周代"人道"的"内圣外王"思路

本章提要：周代重人轻神，认为人间的幸福最终由人自己决定，于是区别于殷人热衷于探索占卜的"神道"，转而热衷探讨"人道"。周人探讨的"人道"，是围绕着"内圣外王"的思路展开的。"内圣"指自我道德修养，"外王"指经邦济世。对于士大夫而言，"内圣外王"之道要求坚持正道直行，不同流合污，天下有道就出仕济世，兼济天下，天下无道就深藏归隐，独善其身。对于君主而言，"内圣外王"之道要求以身作则，"成己而后成人"，通过"内圣"赢得民心，称王天下。"内圣"是"外王"的依据，"治人"不过是"修身"的延伸。周代"人道"系统的建构，正是按"内圣外王"的总体思路展开的。①

周代尊天敬人，重点是敬重人事，以人为本。于是周代就从"人本"主义，走向了"人道"主义。傅斯年指出，"周之代商，绝不代表物质文明之进展"，其标志在"人道主义之黎明"②。徐复观指出："在忧患意识的跃动之下，人的信心的根据，渐由神而转移向自己本身行为的谨慎与努力。"③"人道"概念最早见于周代的《礼记》《易传》《荀子》。《易·系辞传》说："《易》之为出也，广大悉备。有天道焉，有人道焉，有地道焉。"《礼记·中庸》说："诚者，天之道也；诚之者，人之道也。""人道"既是一种修身之道、君子之道，也是一种济世之道、外王之道。

作为修身之道，荀子说："道者，非天之道、非地之道，人之所以道也，君子之所道也。"④作为外王之道，《礼记·大传》说："圣人南面而治天下，必自人道始矣。"周人热衷讨论的"人道"，不是按照现代的学科分工展开的，而

---

① 本章以"周代'内圣外王之道'系统评析"为题，发表于《东方论坛—青岛大学学报》2024年第4期。
② 傅斯年：《性命古训辨证》，河北教育出版社1996年版，第89—90页。
③ 徐复观：《中国人性论史》，上海三联书店2001年版，第20页。
④ 《荀子·儒效》。

是按照"内圣外王"的思路展开的。因此,周代的"人道"就集中体现为"内圣外王之道"。

"内圣外王之道"语出《庄子·天下》:"是故内圣外王之道暗而不明,郁而不发,天下之人各为其所欲焉,以自为方。"庄子提倡"内圣外王之道",对"内圣外王之道暗而不明,郁而不发"这种现象持否定态度。"内圣"就是修身,"外王"就是治人。无论道家还是儒家,都认为"内圣"而后方可"外王"。这是周人关于"人道"的普遍共识。周人普遍认为,修身成圣,是每一个人的使命;如果有余力也有机会,就出而为仕,经邦济世,为天下服务。修身是济世的根本,济世是修身的延伸和扩大。

"外王"本于"内圣",这是上古君主官员产生的自然规则。周人对此有清晰的认识。如文子指出:"古之立帝王者,非以奉养其欲也。圣人践位者,非以逸乐其身也。为天下之民强陵弱,众暴寡,诈者欺愚,勇者侵怯,又为其怀智诈不以相教,积财不以相分,故立天子以齐一之。为一人之明不能遍照海内,故立三公九卿以辅翼之。为绝国殊俗,不得被泽,故立诸侯以教诲之。"①墨子总结说:"天下之所以乱者,生于无政长。是故选天下之贤可者,立以为天子。"②"天子立,以其力为未足,又选天下之贤可者,置立之以为三公。天子、三公既以立,以天下为博大,远国异土之民是非利害之辩不可一二而明知,故画分万国,立诸侯国君。诸侯国君既已立,以其力为未足,又选择其国之贤可者,置立之以为正长。"③天子、三公、诸侯、将军、大夫的设置是为统一"天下之义"、平息"天下之乱"服务的,他们都必须是"贤可"之人。古代的三皇五帝是这样的人,夏商以来圣明的天子、国君和贤臣也是这样的人。于是,"外王"本于"内圣","内圣"而后"外王",在春秋战国时期成为人们的自觉认识。周代是一个以德治天下的朝代,每一个人都有道德修养的使命。但能否有机会经邦济世,为国效力,则取决于时命等不确定因素。周人的普遍主张是:先把自己的人品做好。有机会,就出仕为天下效力,没机会,就安于做一个道德君子。

一、儒家:"有道则见,无道则隐""独善其身,兼济天下"

孔子身处春秋末期。这是一个"礼崩乐坏"的时代。他坚持"天下有道则见,无道则隐"④的原则,一直没有出来做官。51岁时在阳虎的游说与邀

---

① 《文子·自然》。
②③ 《墨子·尚同上》。
④ 《论语·泰伯》。

请下出仕。四年后因鲁国君臣沉湎于齐国送来的女色,不理朝政,志不能行,便辞官而去,践行他"无道则隐"的承诺。在他看来,"邦有道,谷;邦无道,谷,耻也"①。如果"邦有道",出来做官拿俸禄是利己利国、问心无愧的。如果"邦无道",仍然出来做官拿俸禄,是可耻的行为。什么叫"邦有道""邦无道"呢?"礼乐征伐自天子出"而不是自诸侯、大夫出;一国之政"不在大夫"而在国君;国泰民安,"庶人不议",这是"天下有道"的标志。"礼乐征伐自诸侯出",臣子犯上作乱,挟天子以令诸侯,这是"天下无道"的标志。春秋时期是中央集权走向瓦解、天子大权落入诸侯手中,诸侯大权落入大夫,甚至家臣手中的"无道"时期。孔子生活的鲁定公时期,大权被定公的叔父孟孙氏、叔孙氏、季孙氏三家控制,鲁定公成了傀儡。阳虎以季孙氏家臣之身,跻身鲁国卿大夫行列,指挥季孙氏、孟孙氏、叔孙氏,开鲁国"家臣执国政"的先河。孔子开始受阳虎之邀,入仕从政。

　　从鲁定公九年到十三年,孔子在鲁国从中都宰、司空做到司寇、代理宰相,其政绩恰如他自己原来所期:"苟有用我者,期月而已可也,三年有成。"②关于他的政绩,《吕氏春秋》记载说:"孔子始用于鲁……用三年,男子行乎涂右,女子行乎涂左,财物之遗者,民莫之举;大智之用,固难逾也。"③《史记》记载说,孔子"与闻国政三月"就大有起色,贩卖猪、羊的商人不再漫天要价,"男女行者别于涂;涂不拾遗,四方之客至乎邑者不求有司,皆予之以归"④。鲁国因孔子大治,"齐人闻而惧",认为"孔子为政必霸,霸则吾地近焉,我之为先并矣"。于是鲁定公十三年春,齐人"选齐国中女子好者八十人,皆衣文衣而舞康乐,文马三十驷,遗鲁君"⑤。"季桓子受之,三日不朝。"⑥从此鲁国君臣沉迷于女色之中,无心于朝政,孔子的政治主张得不到有效贯彻。本着"天下有道则见,无道则隐"的初衷,孔子去鲁适卫,开始了十四年周游列国游说仁政学说的活动,此后终身未仕。孔子一再强调:"邦有道则知(智),邦无道则愚。"⑦"邦有道则仕,邦无道,则可卷而怀之。"⑧"用之则行,舍之则藏。"⑨"道不行,乘桴浮于海。"⑩"无道则隐""无道则愚""舍之则藏""无道则可卷而怀之"云云,说的是如果君王无道,政治黑

---

① 《论语·宪问》。
② 《论语·子路》。
③ 《吕氏春秋·先识览·乐成》。
④⑤ 《史记·孔子世家》。
⑥ 《论语·微子》。
⑦⑩ 《论语·公冶长》。
⑧ 《论语·卫灵公》。
⑨ 《论语·述而》。

暗,君子为了保持自己的节操,应当离开君王,不同流合污。这是"内圣"之道。"有道则仕""有道则智""有道则见""用之则行"云云,强调的是如果君王有道,政治清明,那就应当出来辅佐君主经邦济世,以道济天下。这是"外王"之道。孔子还指出:"内圣"是入仕济世之本,应"修己以安百姓"①。因此,主政者必须"修己以敬","严于律己"②,加强自己的道德修养。他揭示其中的道理:"政者,正也。子率以正,孰敢不正?""子欲善,而民善矣。"③

曾参是孔子的得意弟子。他笔录、阐释的《大学》对孔子提出的"内圣外王"之道作了进一步的阐述。《大学》开宗明义:"大学之道,在明明德,在亲(通"新")民。""明明德",指修身、自新。"新民",指治人、济世。《大学》的核心思想,是讲"修己治人之方"④。《大学》记录孔子语:"物格而后知至,知至而后意诚,意诚而后心正,心正而后身修,身修而后家齐,家齐而后国治,国治而后天下平。"朱熹解释:"'修身'以上,'明明德'之事也;'齐家'以下,'新民'之事也。""'正心'以上,皆所以修身也;'齐家'以下,则举此而措之耳。"《大学》所讲的"格物、致知、正心、诚意、修身",指涉的是"修己""内圣"之道;"齐家、治国、平天下",指涉的是"治人""外王"之道。前者是"本",后者是"末"。孔子云:"古之欲明明德于天下者,先治其国;欲治其国者,先齐其家;欲齐其家者,先修其身","身修而后家齐,家齐而后国治,国治而后天下平"⑤。"自天子以至于庶人,一是皆以修身为本",未有"本乱而末治者"⑥。朱熹据此强调:"明德为本,新民为末。"⑦"明德"指明己德。"新民"指使民众、他人明德改过、以求新变。

曾参弟子、孔子的孙子子思(孔伋)留下《中庸》和《孝经》,也沿袭着孔子提出的这个思路。《中庸》在论述由"诚"决定的"中庸"之道时,始终是把它们当作"外内之道"的综合看待的。"外"者"成物","内"者"成己"。"成己,仁也;成物,知(智)也。"⑧"成己"的准则是"仁","成物"的功德需要"智"。"知所以修身,则知所以治人。"⑨"修身""成己"是"治人""成物"的前提和依据。"君子之道,本诸身,征诸庶民。"⑩"君子笃恭

---

① 《论语·宪问》。
② 《论语·卫灵公》。
③ 《论语·颜渊》。
④ 均见朱熹:《大学章句序》,《四书章句集注》,中华书局1983年版。
⑤ 朱熹:《大学章句》,《四书章句集注》,第3、4页。
⑥ 朱熹:《大学章句》,《四书章句集注》,第4页。
⑦ 朱熹:《大学章句》,《四书章句集注》,第3页。
⑧ 《中庸》第二十五章。
⑨ 《中庸》第二十章。
⑩ 《中庸》第二十九章。

而天下平。"①"治人""成物"的条件是天下有道,政治清明;反之则退而"修身""成己",亦可"明哲保身"。"保身"不是全身避祸之意,而是保全名节,不同流合污之意。于是《中庸》提出了一个响亮的口号:"国有道,其言足以兴;国无道,其默足以容。"②

《孝经》通篇由孔子与曾参的对话构成,系孔子为曾参讲述孝道的记录。虽然这个记录由子思完成,实际还是孔子思想的补充。《孝经》指出:"人之行,莫大于孝。""夫孝,始于事亲,中于事君,终于立身。"这个"始于事亲"的孝道,既包括"立身"的内圣之道,也包括"事君"的外王之道。就二者的关系来说,"立身"的内圣之道是"事君"的外王之道之本。"君子之事亲孝,故忠可移于君;事兄悌,故顺可移于长;居家理,故治可移于官。是以行成于内,而名立于后世矣。"人只有居家"事亲孝""事兄悌",把家庭、家族这个小社会的宗法关系处理好了,才能在为官一方、经邦济世时忠诚君主、尊敬同僚,把一方天地管理得井井有条。于是《孝经》提出以孝治天下的"圣治"思想。"夫圣人之德,又何以加于孝乎? 故亲生之膝下,以养父母日严。圣人因严以教敬,因亲以教爱。圣人之教不肃而成,其政不严而治,其所因者本也。""故不爱其亲而爱他人者,谓之悖德;不敬其亲而敬他人者,谓之悖礼。"不仅修身的"父子之道"是济世的"君臣之义"之本,对于执政者而言,自我的道德修善也是民众仿效、政令推行、德被天下、政治成功的关键。"言思可道,行思可乐,德义可尊,作事可法,容止可观,进退可度,以临其民。是以其民畏而爱之,则而象之,故能成其德教,而行其政令。"

孟子从子思那里忠实地继承了孔子的这一思路,对"内圣外王"之道又有进一步的发展。在孟子看来:"天下之本在国,国之本在家,家之本在身。"③"君子之守,修其身而天下平。"④"人人亲其亲,长其长,而天下平。"⑤所以实践仁政首先必须从内圣修养做起。他提出:"大人者正己而物正。"⑥"天下有道,以道殉身;天下无道,以身殉道。"⑦"士穷不失义,达不离道。穷不失义,故士得己焉;达不离道,故民不失望焉。"⑧"得志与民由之,不得志独行其道。"⑨"得志,泽加于民;不得志,修身见于世。穷则独善其身,达则兼善天下。"⑩孟子的思想学说主要是围绕"内圣外王"之道展开的。孟子思想的重点虽然是"仁政"学说,不过"仁政"乃是仁爱之心的政治实践,它导源

---

① 《中庸》第三十三章。
② 《中庸》第二十七章。
③⑤ 《孟子·离娄上》。
④⑥⑦⑧⑩ 《孟子·尽心上》。
⑨ 《孟子·滕文公下》。

于仁爱之心的内圣修养,而内圣修养又缘于仁义礼智乃是人之特性的认识。所以,从性善论到内圣论、再到外王论,就构成了孟子学说的内在逻辑。

荀子是先秦儒家的集大成者。在"内圣外王"的思路上,他与孔、孟一脉相承。有人请教他"为国"之道。荀子回答:"闻修身,未尝闻为国也。君者仪也,仪正而景(影)正;君者盘也,盘圆而水圆;君者盂也,盂方而水方。""君者,民之原也,原清则流清,原浊则流浊。""君子者,治之原也。……故上好礼义,尚贤使能,无贪利之心,则下亦将綦辞让,致忠信。"①这是从君主以身作则的影响和作用方面强调执政者自身道德修养的重要。君主之道的实质是君子之道。君子之道的实质是礼义之道。"道者,非天之道,非地之道,人之所以道也,君子之所道也。"②对于有志于拯救天下的有识之士而言,"人主用之,则势在本朝而宜;不用,则退编百姓而悫……虽穷困冻餧,必不以邪道为贪;无置锥之地,而明于持社稷之大义。""势在人上,则王公之材也;在人下,则社稷之臣,国君之宝也。虽隐于穷阎漏屋,人莫不贵之,道诚存也。"③这是对孔子"有道则见,无道则隐"、孟子"达则兼济天下,穷则独善其身"的具体诠释。

成书于战国时期的《易传》据说是孔子再传弟子所为。《系辞传下》所讲"君子藏器于身,待时而动",是诠解孔子关于修身为济世之本、"天下有道则见无道则隐"思想的另外一种版本。

二、道家:"内以修身,外以治人""逢时即进,不时即退"

道家的思想主张与儒家不一致,但在"内圣外王"的"人道"思路上却不谋而合。"圣人"这个概念在《老子》中频频出现,既指君子,也指明王。《老子》中讲了许多"圣人之道"。由于老子的"圣人"既指君子,也指明王,所以老子的"圣人之道"就包括"内圣"之道、"外王"之道。老子的"内圣"之道,可概括为"守柔曰强"。"以退为进""以予为取"等等,都是其表现。老子的"外王"之道,可概括为"无为而治"。"贵以贱为本""高以下为基"云云,都是"外王"之道的特殊表述。在老子看来,只有修身入圣,才有资格成为明君圣王。当然,老子心目中的"圣人"与儒家不同。儒家的"圣人"是坚守"仁义礼智"道德的君子,老子的"圣人"是恪守道家"道德"、清虚无为、以静制动的"真人"。

文子是老子的弟子。老子"圣人之道"中的内圣外王特点,被他抉发挑

---

① 《荀子·君道》。
②③ 《荀子·儒效》。

明了。他指出:"夫道……内以修身,外以治人。"①道家清虚无欲之道,既是修身的指南,也是治国的方针。在两者关系中,前者是后者之根据和出发点。己身不修,无以治国。治国之本"在于治身"。因此,文子强调:"未尝闻身治而国乱者也。""身乱而国治者,未有也。"②"为天下之要也,不在于彼而在于我,不在于人而在于身,身得则万物备矣。"③在治身与治国两者中,治身更重要:"真人者……贵治身而贱治人。""圣人忘乎治人,而在乎自理。"④"能得人心者,必自得者也。未有得己而失人者也,未有失己而得人者也。"⑤"声自召也,类自求也,名自命也,人自官也,无非己者。"⑥"怨人不如自怨,勉求诸人,不如求诸己。"⑦"夫所谓大丈夫者,内强而外明。内强如天地,外明如日月,天地无不覆载,日月无不照明。"⑧他还提醒人们:个体的道德善修养好了,并不一定就能得到相应的任用。"君子能为善,不能必得其福;不忍而为非,而未必免于祸。"这当中有个时命的问题。"命所遭于时也,有其才不遇其世,天也。"君子应当采取"逢时即进,不时即退"的人生态度。"君子逢时即进,得之以义,何幸之有!不时即退,让之以礼,何不幸之有!"⑨

到了战国时期,庄子对这个思路又有进一步阐释。"内圣外王之道",是《庄子·天下》中明确提出来的。《庄子·天地》对此加以阐释:"天下有道,则与物皆昌;天下无道,则修德就闲。"《庄子·让王》说:"道之真以治身,其绪余以为国家,其土苴以治天下。由此观之,帝王之功,圣人之余事也。"《庄子·胠箧》说:"贵以身于为天下,则可以托天下;爱以身于为天下,则可以治天下。"这是以"治身"为"治天下"之本。道家所说的"治身",指保生全性,也就是保持自己的生命存在和清虚无为的道德本性,在有余力的情况下再去操心"为国家""治天下"的事。如果觉得"为国家""治天下"妨碍了自己的生命本性和生命存在,就"让王"归隐。出于这种考虑,历史上出现过许多主动辞让王位的"真人"。"尧以天下让许由,许由不受。又让于子州支父,子州之父曰:'……我适有幽忧之病,方且治之,未暇治天下也。'夫天下至重也,而不以害其生,又况他物乎!"舜帝"让天下于子州之伯",子州之伯谢

---

① 《文子·道德》。
② 《文子·上仁》。
③ 《文子·九守》。
④ 均见《文子·道原》。
⑤ 《文子·下德》。
⑥⑦ 《文子·上德》。
⑧ 《文子·精诚》。
⑨ 均见《文子·符言》。

辞:"予适有幽忧之病,方且治之,未暇治天下也。""天下大器也,而不以易生。此有道者之所以异乎俗者也。"舜又以天下让善卷,善卷同样请辞:"余立于宇宙之中,冬日衣皮毛,夏日衣葛絺。春耕种,形足以劳动;秋收敛,身足以休食。日出而作,日入而息,逍遥于天地之间,而心意自得。吾何以天下为哉!"因此"不受"舜帝的天子之位,躲得远远的,"去而入深山","莫知其处"。舜又"以天下让其友石户之农",石户之农也辞而不受,"夫负妻戴,携子以入于海,终身不反也"①。《庄子·缮性》还说:"当时命而大行乎天下,则反一无迹;不当时命而大穷乎天下,则深根宁极而待。此存身之道也。"

三、良臣:"听则进,否则退"、君主:"治其身而天下治"

"内圣"而后"外王","修身"而后"治人",天下无道则"修身",天下有道则"治人",这不仅是儒家、道家的"人道"思路,也是春秋战国时期其他诸子的共识。

比如春秋末期的晏子。他说:"古之能行道者,世可以正则正,不可以正则曲。其正也,不失上下之伦;其曲也,不失仁义之理。道用,与世乐业;不用,有所依归。"②

比如春秋末期晋国大夫史黯。他在辩论什么是"良臣"时指出:"夫事君者,谏过而赏善,荐可而替否,献能而进贤,择材而荐之,朝夕诵善败而纳之(早晚讲述善恶成败的事迹给君主听)。道之以文,行之以顺,勤之以力,致之以死。听则进,否则退。"③"听则进,否则退"是良臣应有的选择。

比如战国中期的法家代表商鞅、杂家人物尸佼和战国后期的杂家代表吕不韦。商鞅指出:"得天下者,先自得者也;能胜强敌者,先自胜者也。"④这是从君主的角度立论。尸佼也认为,君主以仁义道德君临天下,就要求必须先修己德,成为君子,"修其身以君天下"⑤。"治己则人治矣。"⑥"政也者,正人者也。身不正则人不从。""上纲苟直,百目皆开;德行苟直,群物皆正。""圣人正己,而四方治矣。"⑦"天高明,然后能烛临万物;地广大,然后能载任群体。其本不美,则其枝叶茎心不得美矣。此古今之大径也。是故圣王谨修其身以君天下,则天道至焉,地道稽焉,万物度焉。"⑧吕不韦提出君

---

① 均见《庄子·让王》。
② 《晏子春秋·内篇问下》之二十五。
③ 《史黯论良臣》,《国语·晋语九》。
④ 《商君书·画策》。
⑤⑧ 《尸子·明堂》。
⑥ 《尸子·处道》。
⑦ 《尸子·神明》。

主称王天下,必须先从自己的道德修养做起。"欲胜人者,必先自胜;欲论人者,必先自论;欲知人者,必先自知。"①他对君主提出"先己"要求。"先己",即君主先把自己的人品做好。"为国之本,在于为身。身为而家为,家为而国为,国为而天下为。故曰以身为家,以家为国,以国为天下。此四者,异位同本。故圣人之事,广之则极宇宙,穷日月,约之则无出乎身者也。"②取天下先取身,治其身而天下治。"凡事之本,必先治身……昔者,先圣王成其身而天下成,治其身而天下治。""故反其道而身善矣;行义则人善矣;乐备君道而百官已治矣,万民已利矣。"③"天子不可强为,必先知道。道者止彼在己,己成而天子成……故审近所以知远也,成己所以成人也。"④"由此观之,帝王之功,圣人之余事也,非所以完身养生之道也。今世俗之君子,危身弃生以徇物,彼且奚以此之也?"⑤

综上所述,不难看出:周代思想界热衷探讨的"人道",是"内圣外王""修身治人"之道。其中,"外王"不只是指称王天下,而且包括为官天下,包括"济世治人"。它不仅是对士子、臣民提出的要求,也是对君主、官员提出的要求。对于士子、臣民而言,"内圣外王"之道要求坚持正道直行,不为了一己利益与世同流合污,天下有道、政治昌明就出仕济世,造福天下,天下无道、政治昏暗就深藏归隐,守住名节。对于君主而言,他应深通"成己而后成人"的道理,以身作则,率先垂范,通过"内圣"赢得民心,称王天下。官员兼有两重身份。第一重身份是士子、臣民。"内圣外王"之道要求君主有道则智、无道则默,有道则进,无道则退,做一个不贪私利、不恋权位的"良臣"和有风骨操守的"贤士"。第二重身份是享有君主赋予的"治人"权力的执政队伍的一员。这就要求他像君主一样率先垂范,修养好自身的人品,"身治而后治人"。于是,"修身""内圣"是每个人都必须承担的道德使命,也是济世、称王的成功依据和基础;"外王""治人"是"修身""内圣"的延伸和放大,是在"修身""内圣"之上的锦上添花。周代的"人道"思想总体上都是围绕着这两个主题展开的。

---

① ③ 《吕氏春秋·季春纪·先己》。
② 《吕氏春秋·审分览·执一》。
④ 《吕氏春秋·孝行览·本味》。
⑤ 《吕氏春秋·仲春纪·贵生》。

第十一章　周代内圣论之一："君子之道"与"真人之道"

　　本章提要：周人认为，修身的最高理想是超凡入圣，但成为"圣人"是很难的，退而求其次，则"内圣"之道集中表现为"君子之道"。周朝以仁德治天下，"君子之道"学说应运而生。儒家在继承、综合西周德治思想的基础上，进一步构建了"君子之道"。"君子之道"是进德修善之道，所修道德主要是"仁""义""礼""智""信""孝"。道家以清虚无为的道德取代儒家仁义礼智的道德，主张归真返朴，清虚无为，其修身之道主要表现为"真人之道"。周人修身以儒家积极进取的"君子之道"为主，而道家虚静无为的"真人之道"则是补充和平衡，二者构成了周人"修身之道"的完整形态，奠定了后世中国文人儒道互补的"内圣"方式。①

　　周代重视"人道"。"人道"作为"人之所以道"②，包括"修身""内圣"与"济世""外王"两部分。其中，"外王"本于"内圣"，"治身"是"治人"之本。所以，"人道"的起点是修身之道。修身的最高理想是超凡入圣，所谓"人皆可以为尧舜"③，故名之"内圣之道"。但"圣人"是人格的最高境界，成为"圣人"是很难的。退而求其次，则追求成为"君子"。孔子曾说：别人称他"圣人"不敢当，他不过是"君子"而已。"'圣人'吾不得而见之矣！得见'君子'者，斯可矣。"④于是，修身之道作为"内圣之道"，集中表现为"君子之所道"⑤，亦即"君子之道"。"君子"尽管抵不上"圣人"完美，但都属于道德上崇高的人，所以又称"大人""大丈夫"。值得注意的是，"君子"在周代的含义并不都指有道之士。在西周，它常常指贵族男子、夫君（丈夫）。贵族

---

①　本章以"周代的修身之道学说——兼论'君子之道'与'真人之道'之互补"为题，发表于《艺术传播研究》2024年第3期。
②⑤　《荀子·儒效》。
③　《孟子·告子下》。
④　《论语·述而》。

男子或夫君这两个阶层中,有的人可能道德品性很差,这与后世将"君子"等同于"有道之士"的同义词判然有别。这种情况甚至延续到战国时代。不过在西周,也有用"君子"来指称"有道之士"的情况。到东周时期,这种情况更为普遍。除了极个别的例外,"君子"一般都指"有道之士"。周代推翻殷纣暴政、建立新朝后,刀枪入库,马放南山,制礼作乐,以仁德治天下,"君子"品德的修养成为对全社会每一个成员的基本要求。东周时期诞生的儒家学说乃是对西周德治思想的继承、综合与发展,"君子之道"由此建构。"君子"成为儒家指称有德之士的专用语。"君子"所修的"道德"是"仁""义""礼""智""信""孝"等贴着儒家标签的道德。这种道德虽然受到老、庄的反思与批判,但并未动摇它在周人道德修养中的主导地位。老、庄以道家清虚无为的"道德"取代儒家仁义礼智的"道德",要求以此修身,修身的最高境界亦称"圣人",但道家所谓的"圣人"不同于儒家的"圣人"。作为"圣人"的候补者,儒家称"君子",道家则称"真人",很少称"君子"①。所以道家的修身之道主要表现为"真人之道"。孔子曾感叹:"不得中行而与之,必也狂狷乎!狂者进取,狷者有所不为也。"②他主张中庸之道,对违反中庸之道的"狂者"与"狷者"都颇有微词。但从总体上说,儒家的"君子之道"可视为"进取"之道,道家的"真人之道"可视为"不为"之道。二者互补,构成了周代思想界的"修身之道"学说。

一、周代"君子"概念含义的演变与定型

根据反映西周历史、动态的《诗经》《国语》记载,"君子"在西周并不都指有德之人,贵族男性是"君子"的常用义。如《关雎》:"窈窕淑女,君子好逑。"《载驰》:"大夫君子,无我有尤。"《鱼丽》:"君子有酒,旨且多。"《南有嘉鱼》:"君子有酒,嘉宾式燕以乐。"《瓠叶》:"君子有酒,酌言尝之。"这里的"君子"均指贵族男性。这贵族男性包括天子、国君、士大夫。指周朝天子,如《蓼萧》:"既见君子,我心写(舒畅)兮。"《瞻彼洛矣》:"君子至止,韎韐有奭。君子万年,保其家室。""君子至止,福禄既同。君子万年,保其家邦。"《頍弁》:"未见君子,忧心怲怲;既见君子,庶几有臧。"指诸侯国君,如《庭燎》:"君子至止,鸾声将将。""君子至止"即诸侯来朝。《桑扈》云:"君子乐胥,受天之祜。君子乐胥,万邦之屏。"《采菽》云:"君子来朝,何锡予之。""乐只君子,天子命之,乐只君子,福禄申之。"《国语》指出:"君子之行,欲其

---

① 《老子》中有一例称"君子",但多称"圣人"。《庄子》多称"真人"或"神人"。
② 《论语·子路》。

道也,故进退周旋,唯道是从。"①此处的"君子"也指国君。"君子"指士大夫,如《淇奥》云:"有匪(斐)君子,如切如磋,如琢如磨。"周代早期"君子"指贵族男性的含义,在战国时期仍然保留着。如《孟子·滕文公上》:"无君子莫治野人,无野人莫养君子。"这里,"君子"是与"野人"相对的贵族概念。

贵族男子拥有很高的社会地位,理所当然是女子理想的夫君,所以"君子"又有"夫君""丈夫"之义。《诗经·樛木》云:"乐只君子,福履绥之。"《鸳鸯》云:"君子万年,福禄宜之。"诗中的"君子"均指新郎。《汝坟》:"未见君子,惄如调饥。""既见君子,不我遐弃。"《召南·草虫》:"陟彼南山,言采其薇;未见君子,我心伤悲。亦既见止,亦既觏止,我心则夷。"《殷其雷》:"振振君子,归哉归哉!"《君子于役》:"君子于役,不知其期。"《风雨》:"风雨如晦,鸡鸣不已。既见君子,云胡不喜?"《小戎》:"言念君子,温其如玉。"《晨风》:"未见君子,忧心如醉。如何如何,忘我实多!"《隰桑》:"既见君子,其乐如何?"诗中的"君子"均指丈夫。

由于"君子"是贵族阶层的称谓,而贵族阶层与道德善并无必然联系,可能存在道德上的不足,所以西周时期的"君子"与后来说的"道德君子"是两回事。如《伐檀》讥刺说:"彼君子兮,不素餐兮。"《雄雉》批评说:"百尔君子,不知德行。"《巧言》讽刺周幽王听信谗言而祸国殃民:"乱之初生,僭(通潜,潜言)始既涵。乱之又生,君子信谗。""君子屡盟(结党),乱是用长。君子信盗,乱是用暴。"

不过,在《诗经》的另一些地方,"君子"指道德上完美的良人贤士。《淇奥》运用大量比喻,寓示君子之美在于后天的积学修养、磨砺道德。"瞻彼淇奥,绿竹猗猗。有匪君子,如切如磋,如琢如磨。""瞻彼淇奥,绿竹青青。有匪君子,充耳秀莹,会弁如星。""瞻彼淇奥,绿竹如箦。有匪君子,如金如锡,如圭如璧。"《毛诗序》云:"《淇奥》,美武公之德也。有文章,又能听其规谏,以礼自防,故能入相于周,美而作是诗也。"这个武公,是卫国的武和,曾担任过周平王的卿士,品德高尚,受人尊敬,诗人作《淇奥》来赞美他。又《鸤鸠》云:"淑人君子,其仪一兮。""淑人君子,其仪不忒。""淑人君子,正是国人。"《鼓钟》云:"淑人君子,其德不回(邪)。淑人君子,其德不犹(毛病)。"这里,"君子"与"淑(善)人"是连在一起的,"君子"就是道德上的"淑人"。又《青绳》云:"岂弟君子,无信谗言。"《南山有台》云:"乐只君子,德音是茂。"《蓼萧》云:"既见君子,为龙为光。其德不爽……令德寿岂。"《湛露》云:"显允君子,莫不令德。岂弟君子,莫不令仪。"《菁菁者莪》云:"既见君子,乐且

---

① 《左史倚相儆司马子期唯道是从》,《国语·楚语上》。

有仪。""既见君子,我心则喜。"这里的"君子"都是道德高尚的楷模。《诗经》又赞美"德音莫违"①"德音不忘"②的"吉士""吉人""良人"。作为有德之士,"君子"在这种状况下是"吉士""吉人""良人"的同义语。

《诗经》是西周初期至春秋时期的诗歌汇编。如果说在《诗经》记载的周代中前期的"君子"一语是多义的,那么到了春秋战国时期,"君子"指道德比较完美的"良人""吉士"则成为主要用义。《论语》中孔子谈"内圣"修养,"君子"都指这个含义。在此基础上,孟子提出了"大丈夫"的做人理想。真正的"大丈夫",应当"居天下之广居(即仁),立天下之正位(即礼),行天下之大道(即义),得志与民由之,不得志独行其道,富贵不能淫,贫贱不能移,威武不能屈"。③ 孟子还提出"大人"概念。"大人者,不失其赤子之心者也。"④"赤子之心"是童心,即最初的无污染的善心。无论"大丈夫"还是"大人",都指道德上崇高的人。在成书于战国时期的《易传》中,"君子"是一个与道德上的"小人"相对的概念,是不断进行道德修养的"大人"的化身。《乾·文言》云:"君子以成德为行。""君子进德修业,欲及时也,故无咎。"《大畜·象》云:"君子以多识前言往行,以蓄其德。"《坎·象》云:"君子以常德行,习教事。"《升·象》云:"君子以顺德,积小以高大。"《小畜·象》云:"君子以懿(积小至大)文德。"《晋·象》云:"君子以自昭明德。"《蹇·象》云:"君子以反身修德。"《蛊·象》云:"君子以振民育德。"《礼记》中的"君子"也是与"小人"对举的概念,指道德崇高的"大人"。《礼运》篇说:"礼之于人也,犹酒之有糵也,君子以厚,小人以薄。"《表记》篇说:"君子之接如水,小人之接如醴;君子淡以成,小人甘以坏。""君子"的特点是尊德性而敦善行。如《中庸》篇说:"君子尊德性而道问学。"《曲礼上》说:"博闻强识而让,敦善行而不怠,谓之君子。"在此基础上,荀子明确总结说:"君子,小人之反也。"⑤"君子"是"小人"的对立面,即能以礼义控制情欲的道德之士。

值得注意的是荀子关于"君子"在道德之士中所处地位的划分。在道德之士中,"君子"处于中端位置,级别较高的有"贤人",最高的是"圣人",级别较低的是"士"。《哀公》篇通过孔子之口,将人分为由低到高的"庸人""士""君子""贤人""大圣"五类。"庸人"指"口不道善言","从物如流,不

---

① 《诗经·邶风·谷风》。
② 《诗经·郑风·有女同车》。
③ 《孟子·滕文公下》。
④ 《孟子·离娄下》。
⑤ 《荀子·不苟》。

知所归","动行不知所务,止立不知所定","心从而坏"的那类人,其实与"小人"是一类。"士"指"虽不能尽道术,必有率(循)也;虽不能遍美善,必有处也","富贵不足以益也,卑贱不足以损也"的那类人。"君子"指"言忠信而心不德(自以为德),仁义在身而色不伐(矜夸),思虑明通而辞不争"的一类人。"贤人"指"行中规绳而不伤于本,言足法于天下而不伤于身,富有天下而无怨财,布施天下而不病贫"的一类人。"大圣"指"知通乎大道,应变而不穷,辨乎万物之情性者也","大辨乎天地,明察乎日月","若天之嗣"的一类人。《儒效》去除了"贤人"环节,将为善之人分为"圣人""君子""士"三个高低级别:"彼学者,行之,曰士也;敦慕焉,君子也;知之,圣人也。上为圣人,下为士、君子。"《修身》指出:"好法而行,士也;笃志而体,君子也;齐明而不竭,圣人也。"又将人分为"众人""小儒""大儒"三类:"志不免于曲私,而冀人之以己为公也;行不免于污漫,而冀人之以己为修也;甚愚陋沟瞀,而冀人之以己为知也:是众人也。""志忍私,然后能公;行忍情性,然后能修;知而好问,然后能才……可谓小儒矣。""志安公,行安修,知通统类:如是则可谓大儒矣。""大儒者,天子三公也;小儒者,诸侯、大夫、士也;众人者,工农商贾也。""君子"与士大夫之类的能够以公克私的"小儒"类似,而全心全意为公众服务的"大儒"则是"圣人"境界。

由上分析可知,"君子"概念在西周虽有"贵族男子""夫君""道德之士"("大人""大丈夫")多义,但到东周时期,"道德之士"的含义趋于定型,成为主导含义或常用含义。作为为善之人,其道德完善程度比一般的知识分子"士"要高,比尽善尽美的"圣人"略低。至此,"君子"的含义和位置得到准确厘定。

二、"进取""自强"与"好学""劝学"

周人以德治天下,对天下万民的道德要求既不像"圣人"那样难以企及,也不像"士"那样标准偏低,而是提出"君子"的标准。既然外王本之内圣,修身是做人的起点与基础,所以"君子"的道德修养就应该成为不计利害的自觉使命。

"君子之道"是建立在"荣辱之来,必象其德"①的荣辱观基础之上的。真正受人尊重的不是爵位、财富,而是礼义道德。有德光荣,无德可耻。只有确立了这种荣辱观,才能启发君子道德修养的内在自觉。荀子说得好:

---

① 《荀子·劝学》。

"先义而后利者荣,先利而后义者辱;荣者常通,辱者常穷;通者常制人,穷者常制于人:是荣辱之大分也。""盗跖贪凶,名声若日月,与舜禹俱传而不息;然而君子不贵者,非礼义之中也。"①值得注意的是孟子关于"天爵"与"人爵"的区分以及对通过道德修养取得的"天爵"的高度肯定。"有天爵者,有人爵者。仁义忠信,乐善不倦,此天爵也;公卿大夫,此人爵也。"②"人爵"是世俗的官爵,如公卿大夫之类,它有许多人为的不合理因素,未必能获得人们真正的尊重。"天爵"则是君子通过修养"仁义忠信"在人们心中确立的崇高地位,它符合天理,神圣不可怀疑。孟子批评说:"古之人修其天爵,而人爵从之。今之人修其天爵,以要(邀)人爵,既得人爵,而弃其天爵,则惑之甚者也,终亦必亡而已矣。"③孟子希望君子修养以"天爵"为目标,不为世俗认可的"人爵"所左右,并在此基础上确立起码的羞耻心。"人不可以无耻。无耻之耻,无耻矣。"④《礼记·表记》亦强调行己有耻:"君子耻服其服而无其容,耻有其容而无其辞,耻有其辞而无其德,耻有其德而无其行。"《礼记·杂记下》告诫:"君子有五耻:居其位,无其言,君子耻之;有其言,无其行,君子耻之;既得之而又失之,君子耻之;地有余而民不足,君子耻之;众寡均而倍焉,君子耻之。"无论是否被承认,都不可放松自我的道德修行。荀子告诫说:"君子能为可贵,而不能使人必贵己;能为可信,而不能使人必信己;能为可用,而不能使人必用己。故君子耻不修,不耻见污;耻不信,不耻不见信;耻不能,不耻不见用。是以不诱于誉,不恐于诽,率道而行,端然正己,不为物倾侧:夫是之谓诚君子。"⑤

儒家的"君子之道"追求自我完善和兼济天下,实即"进取"之道。《周易·乾·象》云:"天行健,君子自强不息。"《周易·大畜·象》云:"刚健笃实,辉光日新。"荀子说:"以修身自强,则名配尧禹。"⑥超凡入圣,是君子应有的理想;进取自强,是君子应有的人生态度。但进取自强、超凡入圣的路不是一帆风顺的。在追求强大、实现理想的过程中,总会遇到种种挫折。因此,"君子"要学会居安思危,充分考虑和预防各种不可预测的困难与危险:"君子终日乾乾,夕惕若厉。"⑦"君子以恐惧修省。"⑧"君子以思患而豫(通

---

① 《荀子·不苟》。
②③ 《孟子·告子上》。
④ 《孟子·尽心上》。
⑤ 《荀子·非十二子》。王先谦:"诚,实也,谓无虚伪也。"《荀子·大略》亦云:"君子能为可贵,不能使人必贵己;能为可用,不能使人必用己。"
⑥ 《荀子·修身》。
⑦ 《周易·乾》。
⑧ 《周易·震·象》。

预)防之。"①"君子安而不忘危,存而不忘亡,治而不忘乱。"②要懂得相反相成、以退为进的人生策略和进取规律。"君子尚消息盈虚。"③"无平不陂,无往不复。"④"知进退存亡,而不失其正者,其唯圣人乎!"⑤遭遇挫折与困境,应处险不惊,镇定从容:"不怨天,不尤人。"⑥"君子以惩忿窒欲。"⑦"险以说(悦),困而不失其所。"⑧"君子藏器于身,待时而动。"⑨挫折与不幸,固然是修身自强的绊脚石,但也是锻炼意志的磨刀石、人生路上的好老师。失败中总结教训,找出战胜困难的途径,挫折和不幸就会转化成一笔宝贵财富。历史上,"舜发于畎亩之中⑩;傅说举于版筑之间⑪,胶鬲举于鱼盐之中⑫,管夷吾举于士,孙叔敖举于海,百里奚举于市"⑬。孟子以历史上这些著名的事例说明:"故天将降大任于斯人也,必先苦其心志,劳其筋骨,饿其体肤,空乏其身,行拂乱其所为,所以动心忍性,曾益其所不能……然后知生于忧患而死于安乐也。"⑭"人之有德、慧、术、知者,恒存乎疢疾。独孤臣孽子,其操心也危,其虑患也深,故达。"⑮

如何积极进取呢? 根本途径是"学"。儒家所谓的"学",主要含义指道德修养、人格培育。孔子说:"就有道而正焉,可谓'好学'也已。"⑯"德之不修,学之不讲,闻义不能徙,不善不能改,是吾忧也。"⑰其弟子子夏说:"君子学以致其道。"⑱《礼记》有《学记》《大学》,"学"都指道德修养。如《学记》指出:"君子如欲化民成俗,其必由学乎!""玉不琢,不成器;人不学,不知道。""虽有至道,弗学,不知其善也。"《大学》指出:"大学之道,在明明德,在亲(新)民,在止于至善。"荀子亦云:"伦类不通,仁义不一,不足谓善学。"

---

① 《周易·既济·象》。
② 《周易·系辞上》。
③ 《周易·剥·象》。
④ 《周易·泰》。
⑤ 《周易·乾·文言》。
⑥ 《论语·宪问》。
⑦ 《周易·损·象》。
⑧ 《周易·困·象》。
⑨ 《周易·系辞下》。
⑩ 畎:音犬。畎亩:田地、田间。
⑪ 用夹板筑土墙。传说傅说出身卑微,但自幼聪慧,勤学好问,对国家大事颇有见解。在一个建筑工地上,他遇到了以布衣身份游历的商王武丁,最后被启用,官至宰相。
⑫ 鬲:音立,一音隔。胶鬲原为商纣王臣,后被周文王发现启用。
⑬⑭ 《孟子·告子下》。曾:通"增"。
⑮ 《孟子·尽心上》。
⑯⑰ 《论语·述而》。
⑱ 《论语·子张》。

"学"是超凡入圣的唯一途径,舍此别无他途。这就叫"学以成圣"。在这个意义上,"学"与"文饰""修饰"的"文"相通,合称"文学"。"人之于文学也,犹玉之于琢磨也。"①"学"的目标及顺序是:"始乎为士",中乎为君子,"终乎为圣人"②。

关于"学"的修身路径,儒家提出的主张有"好学""问学""善学""博学""积学""劝学"。

孔子论学,以"好学"著称。这个"好学"即"学之不已"③的意思,所谓"学而时习之,不亦悦乎?"④孔子坦陈:"我非生而知之者,好古,敏以求之者也。"⑤自己所以能在修身方面取得一些成就,不过是由于"好学"罢了:"十室之邑,必有忠信如丘者焉,不如丘之好学也。"⑥他历数"不好学"的种种危害:"好仁不好学,其蔽也愚;好知不好学,其蔽也荡;好信不好学,其蔽也贼;好直不好学,其蔽也绞;好勇不好学,其蔽也乱;好刚不好学,其蔽也狂。"⑦孔子学习的主要内容是周文王、周武王之道。卫人公孙朝问子贡:"仲尼焉学?"子贡回答:"文武之道。"⑧孔子教学的内容,不只是御、书、数、射之类的技艺,而且包括礼、诗之类的道德内容。他对学生说:"小子何莫学夫《诗》?《诗》,可以兴,可以观,可以群,可以怨。迩之事父,远之事君;多识于鸟兽草木之名。"⑨孔子弟子三千,贤人七十二,但在他看来,称得上"好学"的很少很少。鲁哀公曾问:"弟子孰为好学?"孔子回答:"有颜回者好学,不迁怒,不贰过,不幸短命死矣。今也则亡,未闻好学者也。"⑩子夏忠实继承了孔子的"好学"思想,强调:"日知其所亡,月无忘其所能,可谓'好学'也已矣。"⑪

《礼记》相传为孔子的七十二弟子及其学生们所作。《礼记》论"学",有几个关键词。一是"博学",即广泛地学习、全面地修养。孔子弟子子夏曾提出"博学而笃志"⑫。《礼记·儒行》亦云:"儒有博学而不穷,笃行而不倦。"荀子后来也重申:"君子博学而日参省乎己,则知明而行无过矣。"⑬二是"善学"。《礼记·学记》云:"学者有四失……人之学也,或失则多,或失则寡,

---

① 《荀子·大略》。
②⑬ 《荀子·劝学》。
③ 朱熹:《论语集注·学而》。
④ 《论语·学而》。
⑤ 《论语·述而》。
⑥ 《论语·公冶长》。
⑦⑨ 《论语·阳货》。
⑧⑪⑫ 《论语·子张》。
⑩ 《论语·雍也》。

或失则易,或失则止。""善学者,师逸而功倍,又从而庸之。不善学者,师勤而功半,又从而怨之。"三是"学问"。《礼记·中庸》主张:"博学之,审问之,慎思之,明辨之,笃行之。"《礼记·学记》论及"学问"之道:"善问者如攻坚木,先其易者,后其节目,及其久也,相说以解。不善问者反此。"

　　孟子论学,拈出"学问",以此相尚。他说:"学问之道无他,求其放心而已矣。"①"放心",即散失的天赋善心。"学问之道"即"求其放心"之道。"学问"即带着问题、思考进行道德修养。"学问"之道反映的是对"学""思"关系的认识。孔子早已告诫要"学""思"兼顾:"学而不思则罔,思而不学则殆。"②但在二者中,他还是更重视"学":"吾尝终日不食,终夜不寝,以思,无益,不如学也。"③孔子的弟子子夏依据孔子带着思考、问题去修养的思想,提出"博学而笃志,切问而近思"④的要求。《中庸》提出"博学审问,慎思明辨",《学记》论及"学问"方法。孟子之后,荀子进一步强调"学问"概念,提出"君子学以聚之,问以辩之,宽以居之,仁以行之"⑤,但在"学""思"关系中,更重视"学"的地位:"吾尝终日而思矣,不如须臾之所学也;吾尝跂而望矣,不如登高之博见也。登高而招,臂非加长也,而见者远;顺风而呼,声非加疾也,而闻者彰。假舆马者,非利足也,而致千里;假舟楫者,非能水也,而绝江河。君子生非异也,善假于物也。"⑥这与孔子一脉相承。

　　在对"学"高度重视的基础上,荀子举起"劝学"旗帜。"劝学"成为荀子的标志。在荀子看来,人性本恶,"学"是化性起伪、超凡入圣的根本途径。"我欲贱而贵,愚而智,贫而富,可乎?曰:其唯学乎!"⑦"性也者,吾所不能为也,然而可化也。……注错习俗,所以化性也。"⑧荀子继承《学记》的"善学"思想,提出横向的"博学"要求和纵向的"积学"主张。"君子博学",指从修养的范围来说,"入乎耳,着乎心,布乎四体,形乎动静",全方位地修养自我,追求尽善尽美。"君子贵其全也"。"全之尽之,然后学者也。君子知夫不全不粹之不足以为美也,故诵数以贯之,思索以通之,为其人以处之,除其害者以持养之;使目非是无欲见也,使口非是无欲言也,使心非是无欲虑也。"⑨"博学"不是一两次的心血来潮,而是贯穿一生的道德使命,所以荀子

---

① 《孟子·告子上》。
② 《论语·为政》。
③ 《论语·卫灵公》。
④ 《论语·子张》。
⑤ 《周易·乾·文言》。
⑥⑨ 《荀子·劝学》。
⑦⑧ 《荀子·儒效》。

叫"君子博学而日参省乎己"。这是日积月累、永不停顿的"积学"过程。"君子曰：学不可以已……则知明而行无过矣。""学数有终，若其义则不可须臾舍也。""不积跬步，无以至千里；不积小流，无以成江海""积善成德，而神明自得，圣心备焉"。①"积耨耕而为农夫，积斫削而为工匠，积反货而为商贾，积礼义而为君子。""积土而为山，积水而为海……积善而全尽，谓之圣人。"②

荀子的"劝学"主张，包括"善学""博学""积学"以及上述"问学"。在此之外，他还提出"隆师""征圣""宗经"的要求作为补充。"隆师"即"尊师重傅"。"国将兴，必贵师而重傅；贵师而重傅，则法度存。"③"人无师无法，而知则必为盗，勇则必为贼，能则必为乱，察则必为怪，辩则必为诞；人有师有法，而知则速通，勇则速威，能则速成，察则速尽，辩则速论。故有师法者，人之大宝也；无师法者，人之大殃也。"④这可看作是对《学记》"严师"思想的发展："凡学之道，严师为难。师严然后道尊，道尊然后民知敬学。""大学之礼，虽诏于天子，(师傅)无北面，所以尊师也。"古代的圣人是最好的导师，所以"尊师"便走向"征圣"。"圣人者，人道之极也。故学者，固学为圣人也。"⑤"学也者，固学止之也。恶乎止之？曰：止诸至足。曷谓至足？曰：圣王。""故学者以圣王为师，案以圣王之制为法……向是而务，士也；类是而几，君子也；知之，圣人也。"⑥古代圣人的思想言行大多保留在经典中，所以"征圣"必然"宗经"。"学恶乎始？……始乎诵经。"荀子时代被奉为"经"的有《诗》《书》《礼》《乐》《春秋》。"《诗》言是其志也，《书》言是其事也，《礼》言是其行也，《乐》言是其和也，《春秋》言是其微也。……天下之道毕是矣。"⑦东周儒家"君子之道"对"学"的重视和要求，到荀子手中而能事尽矣。

三、"君子"之道的基本要求："正心诚意"与"仁义礼智信孝"

确立了超凡入圣的"进取"心，和"好学""劝学"的积极态度与修身原则，从哪些方面入手进行"君子"修养呢？儒家"君子之道"的基本要求大抵有两部分，一是本于"格物致知"之上"正心诚意"心态的修养。二是"仁义礼智信孝"这些基本道德规范的修养。

---

① 《荀子·劝学》。
②④⑦ 《荀子·儒效》。
③ 《荀子·大略》。
⑤ 《荀子·礼论》。
⑥ 《荀子·解蔽》。

进行"仁义礼智信孝"等道德规范修养的前提,是具有客观公正的虔诚的心态。《大学》称之为"正心诚意"。《大学》记载孔子语:"欲修其身者,先正其心;欲正其心者,先诚其意。""意诚而后心正,心正而后身修。"所谓"正心",强调的是心灵不为情感所左右,能排除情感好恶的干扰,保持平和、公正、客观、清明的状态,否则就会颠倒黑白,混淆是非。所谓"诚意",指"君子必慎其独","毋自欺也"①,以问心无愧的心态修德立身。如何做到"正心诚意"呢?《大学》指出:这源于"格物致知"。"欲诚其意者,先致其知;致知在格物。""物格而后知至,知至而后意诚。""格物"即"穷至事物之理"。"致知"即"吾心之所知无不尽"②。"欲致吾之知,在即物而穷理也。"③通过"格物"认知客观事物中的至理,就叫"格物致知"。《大学》一方面强调:只有先"格物致知",才能达到"正心诚意"。但另一方面,鉴于情欲之动会妨碍穷理正心,所以《大学》又强调:心灵只有保持静止安定的状态,才能"格物致知"。"知止而后有定,定而后能静,静而后能安,安而后能虑,虑而后能得。""知止为始,能得为终。"于是,"格物致知"与"正心诚意"就形成了互为因果的关系。由于"格物致知"的前提是"正心""静心",所以心灵的虚静无情决定着对外物天理的认识。后来孟子对此加以明确揭示:"尽其心者,知其性也。知其性,则知天矣。"④"尽心"即心灵修养,其实质在于"寡欲",所以孟子说:"养心莫善于寡欲。"⑤

通过"正心诚意""养心寡欲"认知的"物理"或"天理"是什么呢?儒家论述最多的是"仁义礼智信孝"。相传为周公所作的《周礼》明确提出:"设官分职,以为民极";安邦治国,"得民"为本。从民本出发,《周礼》形成了丰富的惠民、化民的仁政学说。《天官·大宰》要求"以九职任万民",保证万民基本生活需求的满足。《地官·大司徒》主张分配十二种职业,保证天下百姓各有所养,颁布六项政策养育万民,推行六种传统风俗安定百姓。遇到荒年,就采取十二种措施赈济百姓,保证民众不流离失所。⑥ 在保障民生的基础上,《周礼》主张对百姓实施道德教化。《周礼·地官》提出:大司徒负责"施教法于邦国、都鄙,使之各以教其所治民"。以"三物"教万民:"一曰六德:知、仁、圣、义、忠、和。二曰六行:教、友、睦、姻、任、恤。三曰六艺:礼、乐、射、御、书、数。"另从十二方面对百姓实施教化:"一曰以祀礼教敬,则民不苟。二曰以阳礼教让,则民不争。三曰以阴礼教亲,则民不怨。四曰以

---

① 《大学》,曾子语。
②③ 朱熹:《大学章句》。
④⑤ 《孟子·尽心上》。
⑥ 均见《地官·大司徒》。

乐礼教和,则民不乖。五曰以仪辨等,则民不越。六曰以俗教安,则民不偷。七曰以刑教中,则民不暴。八曰以誓教恤,则民不怠。九曰以度教节,则民知足。十曰以世事教能,则民不失职。十有一曰以贤制爵,则民慎德。十有二曰以庸制禄,则民兴功。"周代仁政德治的思想,在《尚书·周书》中也有若干记载(详本书第九章)。孔子创立的儒家学说在君子修养方面进一步综合、发展了周代统治者的道德要求。他说:"君子道者三……'仁'者不忧,'知'者不惑,'勇'者不惧。"①"君子'义'以为质,'礼'以行之,'孙'(逊)以出之,'信'以成之,君子哉!"②孟子继承孔子的"君子"学说,高标"君子所性,仁义礼智根于心"③。

先看关于"仁"的论述。"仁"是一种"爱人"、利他的情怀。孔子说:"君子成人之美,不成人之恶。"④孟子说:"君子莫大乎与人为善。"⑤"成人之美""与人为善",为人着想,助人为乐,是"仁"的最好注脚。但儒家"爱人"的"仁爱"又是不排除"自爱"的,究其实,是"自爱"推己及人的扩大。所谓"己欲立而立人,己欲达而达人"⑥,"己所不欲,勿施于人"⑦即是如此。这种仁爱的道德是"君子"必备的首要素质。孔子说:"君子去仁,恶乎成名?君子无终食之间违仁,造次比于是,颠沛必于是。""苟志于仁矣,无恶也。"⑧在各种道德规范中,"仁"的地位在孔子心目中是最高的。"好仁者,无以尚之。"⑨尽管如此,"仁"并非高不可攀。通过自己努力,是可以达到"仁"的。"仁远乎哉?我欲仁,斯仁至矣。"⑩孟子认为,"仁"即"恻隐之心"。有无"恻隐之心",是"人"与"非人"的根本区别。所以他说:"仁,人之安宅也。"⑪一方面,他继承孔子,强调"爱人":"仁者爱人","爱人者,人恒爱之"⑫。另一方面,他又告诫:儒家的"爱人"既不是杨朱一味利己的"私爱",也不是墨家抛弃自爱的"兼爱",而是"自爱"与"兼爱"的统一,所谓"老吾老以及人之老,幼吾幼以及人之幼"⑬。"杨氏为我,是无君也;墨氏兼

---

① 《论语·宪问》。
② 《论语·卫灵公》。
③ 《孟子·尽心上》。
④⑦ 《论语·颜渊》。
⑤ 《孟子·公孙丑上》。
⑥ 《论语·雍也》。
⑧⑨ 《论语·里仁》。
⑩ 《论语·述而》。
⑪ 《孟子·离娄上》。
⑫ 《孟子·离娄下》。
⑬ 《孟子·梁惠王上》。

爱,是无父也。无父无君,是禽兽也。"①荀子通过记载孔子与弟子的对话,阐明了"仁"的准确含义是本于"自爱"的"爱人"。君子所修之"仁",应是爱己与爱人的统一:"子路入,子曰:'由!……仁者若何?'子路对曰:'……仁者使人爱己。'子曰:'可谓士矣。'子贡入,子曰:'赐!……仁者若何?'子贡对曰:'……仁者爱人。'子曰:'可谓士君子矣。'颜渊入,子曰:'回!……仁者若何?'颜渊对曰:'……仁者自爱。'子曰:'可谓明君子矣。'"②可见,儒家的"仁爱",是"爱人"与"自爱"的兼顾。由爱人,走向忠君;由自爱,走向孝悌。

"仁"之外,儒家说得最多的要推"义"了。孔子说:"君子义以为上。"③"见义不为,无勇也。"④孟子指出:"羞恶之心,义也。"⑤"无羞恶之心,非人也。"⑥"义,人路也。"⑦"义,人之正路也。"⑧于是孟子"仁义"相联:"居仁由义,大人之事备矣。"⑨"吾身不能居仁由义,谓之自弃也。"⑩《易·说卦》将"仁"与"义"并列为"人道"之两仪:"立天之道,曰阴与阳;立地之道,曰柔与刚;立人之道,曰仁与义。"如此等等,不一而足。

关于"礼",孔子强调:"不学礼无以立。"⑪"非礼勿视,非礼勿听,非礼勿言,非礼勿动。"⑫孟子也强调:"人无礼则不生。"⑬他解释说:"礼"讲对人的恭敬礼让:"辞让之心,礼之端也。"⑭"无辞让之心,非人也。"⑮他告诫:尊敬别人是被人尊敬的根本途径。"有礼者,敬人。……敬人者,人恒敬之。"⑯荀子"贵礼",云:"凡人之所以贵于禽兽者,以有礼也。"⑰"礼者,人道之极也。"⑱"凡治气养心之术,莫径由礼。""礼者,所以正身也……无礼何以正身?""凡用血气、志意、知虑,由礼则治通,不由礼则勃乱提僈;食饮、衣服、居处、动静,由礼则和节,不由礼则触陷生疾;容貌、态度、进退、趋行,由礼则

---

① 《孟子·滕文公下》。
② 《荀子·子道》。
③ 《论语·阳货》。
④ 《论语·为政》。
⑤⑦ 《孟子·告子上》。
⑥⑭⑮ 《孟子·公孙丑上》。
⑧⑩ 《孟子·离娄上》。
⑨ 《孟子·尽心上》。
⑪ 《论语·季氏》。
⑫ 《论语·颜渊》。
⑬ 《荀子·修身》。
⑯ 《孟子·离娄下》。
⑰ 《晏子春秋·内篇谏上二》。
⑱ 《荀子·礼论》。

雅,不由礼则夷固僻违、庸众而野。故人无礼则不生,事无礼则不成。"①"礼者,人之所履也,失所履,必颠蹶陷溺。所失微而其为乱大者,礼也。"②"故学至乎礼而止矣。夫是之谓道德之极。"③

孔子尚"仁",但他说:"未知(智),焉得仁?"④洞悉是非真谛的"智"是达到"仁"的关键。孟子指出:"是非之心,智也。"⑤"无是非之心,非人也。"⑥"智"不仅包括"知己",而且包括"知人"。孔子曾说:"言未及之而言谓之躁,言及之而不言谓之隐,未见颜色而言谓之瞽。"⑦大概是"知己"的智慧。又说:"可与人言而不言,失人;不可言而与之言,失言。知者不失人,亦不失言。"⑧大概是"知人"的智慧。荀子记载孔子与弟子的对话:"子路入,子曰:'由!知者若何?……'子路对曰:'知者使人知己……'子曰:'可谓士矣。'子贡入,子曰:'赐!知者若何?……'子贡对曰:'知者知人……'子曰:'可谓士君子矣。'颜渊入,子曰:'回!知者若何?……'颜渊对曰:'知者自知……'子曰:'可谓明君子矣。'"⑨可见孔子赞赏的君子之"智"是知己与知人的统一。兵家所谓"知己知彼",是君子之"智"的生动注脚。

关于"诚"或"信"。"诚"既是一种虔诚无伪的心态,也是一种真实不欺的美德。"信"的内涵是信守诺言、言行一致,与"诚"是近义词。"诚信"作为一切道德规范的原点,失去了它,"仁义礼智"都是作秀,将不复存在。因此,"诚信"在君子之道中是立身之本。孔子说:"民无信不立。"⑩"人而无信,不知其可也。"⑪"言必信,行必果。"⑫他反复强调:"君子耻其言而过其行。"⑬"巧言、令色、足恭,左丘明耻之,丘亦耻之。"⑭"始吾于人也,听其言而信其行;今吾于人也,听其言而观其行。"⑮"恶紫之夺朱也,恶郑声之乱雅乐也,恶利口之覆邦家者。"⑯孔子以"四教"教导弟子,"信"是其中之一。⑰

---

① 《荀子·修身》。
② 《荀子·大略》。
③ 《荀子·劝学》。
④⑭⑮ 《论语·公冶长》。
⑤ 《孟子·告子上》。
⑥ 《孟子·公孙丑上》。
⑦ 《论语·季氏》。
⑧ 《论语·卫灵公》。
⑨ 《荀子·子道》。
⑩ 《论语·颜渊》。
⑪ 《论语·为政》。
⑫ 《论语·子路》。
⑬ 《论语·宪问》。
⑯⑰ 《论语·述而》。

孟子强调:"反身而诚,乐莫大焉。"①他将"诚"说成"天道",要求"人道"恪守"天道"而"思诚",向"诚"看齐:"'诚'者,天之道也;'思诚'者,人之道也。"②"声闻过情,君子耻之。"③荀子说:"耻不信,不耻不见信。"④"君子养心莫善于诚,致诚则无它事矣。……诚心守仁则形,形则神,神则能化矣。诚心行义则理,理则明,明则能变矣。""君子至德……以慎其独者也。""天地为大矣,不诚则不能化万物;圣人为知矣,不诚则不能化万民;父子为亲矣,不诚则疏;君上为尊矣,不诚则卑。夫诚者,君子之所守也,而政事之本也。"⑤"公生明,偏生闇;端悫生通,诈伪生塞;诚信生神,夸诞生惑。此六生者,君子慎之,而禹桀所以分也。"⑥《礼记》建构了"人道之极"的"礼",而"忠信,礼之本也"⑦。所以说:"儒有不宝金石,而忠信以为宝。"⑧"君子不失口于人,故言足信也。"⑨《左传》指出:"失信不立。"⑩"君子之言,信而有征。"⑪"无信患作。"⑫"君子之言,信而有规,故怨远于其身;小人之言,僭而无征,故怨咎及之。"⑬《易传》说:"闲(防)邪存其诚。""君子进德修业,忠信所以进德也;修辞立其诚,所以居业也。"⑭

关于"孝"。"孝"字上部分从"老",下部分从"子",本意是"事亲"⑮,或者叫"善事父母"⑯。"孝莫大于严父",故"敬";"资于事父以事母",故"爱"。"因严以教敬,因亲以教爱",因此,"爱敬尽于事亲","善事父母"表现为对父母的"爱敬"。⑰"孝"这种道德古已有之。传说虞舜就是以"孝"道著称的典范。《尚书·尧典》记载:舜"父顽、母嚚",但舜"以孝,烝烝乂,不格奸",与父母关系"克偕"。夏商时期,"孝"的道德意识渗透、凝聚在祖宗神祭祀中。殷商时期祭祖仪礼已制度化,"商人通过祭祀追思父祖之恩,

---

① 《孟子·尽心上》。
② 《孟子·离娄上》。
③ 《孟子·离娄下》。
④ 《荀子·非十二子》。
⑤⑥ 《荀子·不苟》。
⑦ 《礼记·礼器》。
⑧ 《礼记·儒行》。
⑨ 《礼记·表记》。
⑩ 《左传·襄公二十二年》。
⑪ 《左传·昭公八年》。
⑫ 《左传·僖公十四年》。
⑬ 《左传·昭公八年》。
⑭ 《周易·乾·文言》。
⑮ 《孝经》。
⑯ 《说文解字》。
⑰ 均见《孝经》。

先公、先王都有宗庙,受到子孙定期或不定期的享祀"①。周代继承、发展了殷商"孝""享"合一的祭祖仪式,并作了重要改革,将祭祖活动建立在宗法制基础之上,在宗法祭祖仪式中表现孝道。

与此同时,周人将"孝"从祭祖活动中抽象出来,作为对在世父母给予爱敬、赡养、服从、尊重的道德规范提出来。例如《尚书·周书》将"不孝不友,子弗祗服厥父事"视为"元恶大憝"②。《诗经》呼吁:"父兮生我,母兮鞠我。拊我畜我,长我育我,顾我复我,出入腹我。欲报之德,昊天罔极!"③春秋战国时期,孔子及其弟子对"孝"这个道德概念作了极大的发展和丰富。孔子强调:"仁者,人也,亲亲为大。"④"仁"作为一种爱,要从对父母、前辈的敬爱做起。这种敬爱,不仅体现为父母在世时物质上的供养,而且体现为对父母精神上的敬爱。这种精神上的敬爱体现为对父母之命的"无违"⑤。同时,这种"无违"并不是绝对的无条件的顺从。对于父母身上的过错,孔子认为孝子应该委婉地加以劝谏,以免陷父母于不义。孔子之后,曾子将"孝"发展成为一种具有本体意义、普遍意义的道德准则。"夫孝,置之而塞于天地,溥之而衡于四海,施诸后世而无朝夕。推而放诸东海而准,推而放诸西海而准,推而放诸南海而准,推而放诸北海而准。"⑥只有通过"孝"才能体现"仁"、彰显"义"、走向"忠"、养成"信"、体会"礼"。子思将"孝"道思想记录、发挥、扩展为《孝经》。⑦《孝经》说:"夫孝,天之经也,地之义也,民之行也。天地之经,而民是则之。""人之行,莫大于孝。""不爱其亲而爱他人者,谓之悖德;不敬其亲而敬他人者,谓之悖礼。""五刑之属三千,而罪莫大于不孝。"《孝经》尤其记述了孔子对曾子将"孝"理解为不分是非的"子从父之令"的批评。当父"不义",则"子不可以不争于父"。"当不义,则争之。从父之令,又焉得为'孝'乎!"孟子继承孔子、子思等前辈的"孝"道思想,从"尊亲""事亲"方面进一步阐释"孝"。"孝子之至,莫大于尊亲。"⑧"事孰为大?事亲为大。"⑨他要求:"大孝终身慕父母。"⑩物质的供养,是对父母之

---

① 彭林、黄朴民主编:《中国思想史参考资料集·先秦至魏晋南北朝卷》第三章"编者按语",清华大学出版社 2005 年版,第 44 页。
② 《尚书·周书·康诰》。
③ 《诗经·小雅·蓼莪》。
④ 《中庸》。
⑤ 《论语·为政》。
⑥ 《大戴礼记·曾子大孝》。
⑦ 关于《孝经》作者说法不一,以子思为合理。据汪受宽:《孝经译注》前言,上海古籍出版社 1998 年版。
⑧⑩ 《孟子·万章上》。
⑨ 《孟子·离娄上》。

孝的起码要求。对父母发自内心的敬爱尊重,是"孝"的更高要求。孟子告诫说:"食而弗爱,豕交之也;爱而不敬,兽畜之也。"①只是物质供养而不具备爱,那就如同养猪一样;只有爱而没有恭敬,那就如养鸟儿爱犬等畜生一样。"孝"还体现在生儿育女、延续父母血脉上。"不孝有三,无后为大。"②《诗经》云:"有孝有德,以引以翼。"③侯外庐先生指出:"'德'和'孝'是西周统治阶级的道德纲领。"④于是,"孝"成为周人修身的另一道德规范。《孝经》讲得极分明:"夫孝,德之本也。""夫孝,始于事亲,中于事君,终于立身。"

四、君子修养的其他要求:形神、文质、内外、人我、义利、改过、谦虚

除此之外,"君子之道"还论及其他道德修养的要求。如:"君子以思不出其位。"⑤"君子以言有物而行有恒。"⑥"言行,君子之枢机。枢机之发,荣辱之主也。言行,君子之所以动天地也,可不慎乎!"⑦"君子服其服,则文以君子之容;有其容,则文以君子之辞;遂其辞,则实以君子之德。"⑧"君子有九思:视思明,听思聪,色思温,貌思恭,言思忠,事思敬,疑思问,忿思难,见得思义。"⑨"君子宽而不僈,廉而不刿,辩而不争,察而不激,直立而不胜,坚强而不暴,柔从而不流,恭敬谨慎而容。夫是之谓至文。"⑩等等。概括说来,涉及如何处理形神、文质关系,内外、人我、上下关系,义利关系,以及改过、谦虚等问题。

人有形神之分,"君子之道"认为"相形不如论心"⑪,主张重视心神修养。荀子说:"形相虽恶,而心术善,无害为君子也;形相虽善,而心术恶,无害为小人也。"⑫形相与吉凶没有必然的联系,决定吉凶的根本因素在道德上是君子还是小人:"君子之谓吉,小人之谓凶。故长短小大,善恶形相,非吉凶也。"⑬在坚持心术修养为主的前提下,"君子之道"又主张文质兼顾。孔子说:"质胜文则野,文胜质则史。文质彬彬,然后君子。"⑭

在内外关系上,"君子之道"主张内外兼修。《周易》说:"君子敬以直

---

① 《孟子·尽心上》。
② 《孟子·离娄上》。
③ 《诗经·大雅·卷阿》。
④ 侯外庐主编:《中国思想史纲》上册,中国青年出版社 1963 年版,第 27 页。
⑤ 《周易·艮·象》。
⑥ 《周易·家人·象》。
⑦ 《周易·系辞上》。
⑧ 《礼记·表记》。
⑨ 《论语·季氏》。
⑩ 《荀子·不苟》。
⑪⑫⑬ 《荀子·非相》。
⑭ 《论语·雍也》。

内,义以方外,敬义立而德不孤。"①"内阳而外阴,内健而外顺……君子道长,小人道消也。"②一方面,君子必须坚守是非标准,敢于表达好恶:"唯仁者,能好人,能恶人。"③"恶称人之恶者,恶居下流而讪上者,恶勇而无礼者,恶果敢而窒者。"另一方面,君子能够内方外圆,善于与自己意见不同的人和谐共处。"君子和而不同,小人同而不和。"④"君子矜而不争,群而不党。"⑤子夏说:"君子有三变:望之俨然,即之也温,听其言也厉。"⑥孔子就是这样的代表:"子温而厉,威而不猛,恭而安。"⑦

在人我关系上,君子宽于待人,严于律己。孔子说:"君子求诸己,小人求诸人。"⑧"彰人之善,而美人之功,以求下贤。是故君子虽自卑而民敬尊之。"⑨荀子说:"君子崇人之德,扬人之美,非谄谀也;正义直指,举人之过,非毁疵也;言己之光美,拟于舜禹,参于天地,非夸诞也;与时屈伸,柔从若蒲苇,非慑怯也;刚强猛毅,靡所不信,非骄暴也;以义变应,知当曲直故也。"⑩《礼记·表记》云:"君子不以其所能者病人,不以人之所不能者愧人。""君子不自大其事,不自尚其功……彰人之善而美人之功,以求下贤。""君子不失足于人,不失色于人,不失口于人。""盗言孔甘",君子"不以口誉人"。"故君子问人之寒,则衣之;问人之饥,则食之;称人之美,则爵之。"在处理上下关系时,君子注意不亢不卑,平等待人。"君子居上位不骄,在下位不忧。"⑪"君子上交不谄,下交不渎。"⑫

在"义""利"关系,"君子之道"主张以欲从道、以利从义。孔子指出:"君子怀德,小人怀土(田产);君子怀刑,小人怀惠。""君子喻于义,小人喻于利。"⑬"君子固穷,小人穷斯滥矣。""君子谋道不谋食……君子忧道不忧贫。"⑭"志士仁人,无求生以害仁,有杀身以成仁。"⑮孟子告诫:做人不能"以小害大",应"修其大者":"体有贵贱,有小大。无以小害大,无以贱害贵。养其小者为小人,养其大者为大人。""饮食之人,则人贱之矣,为其养小

---

① 《周易·坤·文言》。
② 《周易·泰·彖》。
③ 《论语·里仁》。
④ 《论语·子路》。
⑤⑧⑭⑮ 《论语·卫灵公》。
⑥ 《论语·子张》。
⑦⑬ 《论语·述而》。
⑨ 《礼记》卷五十二《表记第三十二》。
⑩ 《荀子·不苟》。
⑪ 《周易·乾·文言》。
⑫ 《周易·系辞下》。

以失大也。"①做人的大忌,在于只知道吃吃喝喝。"生,亦我所欲也;义,亦我所欲也。二者不可得兼,舍生而取义者也。""生亦我所欲,所欲有甚于生者,故不为苟得也;死亦我所恶,所恶有甚于死者,故患有所不辟(避)也。"在肉体生命之外,有着更高的人生意义。"由是则生而有不用也,由是则可以辟患而有不为也。"②荀子亦云,面对利欲,君子必须以理性加以权衡取舍:"见其可欲也,则必前后虑其可恶也者;见其可利也,则必前后虑其可害也者,而兼权之,孰计之,然后定其欲恶取舍。如是则常不失陷矣。"③在义利不能两全时,应舍生取义:"人之所欲生甚矣,人之恶死甚矣;然而人有从生成死者,非不欲生而欲死也,不可以生而可以死也。"④

君子修养的实质是扬善去恶,所谓"君子以遏恶扬善,顺天休命"⑤。去恶即改过。改过,是"君子"修养的重要使命。如何对待自己的过错,是检测"君子"与"小人"的试金石。"小人"的特点是文过饰非,拒不认错。子夏指出:"小人之过也必文。"⑥孟子指出:"今之君子,过则顺之……岂徒顺之?又从为之辞。"⑦"君子"则恰恰相反,勇于承认和改正自己的错误。金无足赤,人无完人。"人谁无过,过而能改,善莫大焉。"⑧孔子坦陈:"吾非生而知之者。""过而不改,是谓过矣。"⑨"德之不修,学之不讲,闻义不能徙,不善不能改,是吾忧也。"⑩"君子求诸己,小人求诸人。""躬自厚而薄责于人,则远怨矣。"⑪他所以成为道德上的"圣人",不是天生没有过错,而是善改过而已。所以孔子主张不要自以为是、刚愎自用,"过则勿惮改"⑫,"毋意、毋必、毋固、毋我"⑬。《周易》指出:"无咎者,善补过也。"⑭"君子以见善则迁,有过则改。"⑮如何发现自己过错呢?一是勇于进行自我的道德内省:"见贤而思齐焉,见不贤而内自省也。"⑯"见善,修然必以自存也;见不善,愀然必以

---

①② 《孟子·告子上》。
③ 《荀子·不苟》。
④ 《荀子·正名》。
⑤ 《周易·大有·象》。
⑥ 《论语·子张》。
⑦ 《孟子·公孙丑下》。
⑧ 《左传·宣公二年》。
⑨ 《论语·卫灵公》。
⑩ 《论语·述而》,孔子语。
⑪⑫ 《论语·学而》。
⑬ 《论语·子罕》。朱熹:意,私意也。必,期必也。固,执滞也。我,私己也。
⑭ 《周易·系辞上》。
⑮ 《周易·益》。
⑯ 《论语·里仁》,孔子语。

自省也。"①二是虚心接受益友的真诚劝告。孔子指出:"益者三友,损者三友。友直,友谅,友多闻,益矣。友便辟,友善柔,友便佞,损矣。"②曾子说:"君子……以友辅仁。"③荀子说:"非我而当者,吾师也;是我吾当者,吾友也;谄谀我者,吾贼也。故君子隆师而亲友,以致恶其贼。好善无厌,受谏而能诫,虽欲无进,得乎哉?小人反是,致乱而恶人之非己也,致不肖而欲人之贤己也;心如虎狼、行如禽兽,而又恶人之贼己也。谄谀者亲,谏争者疏,修正为笑,至忠为贼,虽欲无灭亡,得乎哉?"④发现错误后应立即改正。过错如同日食、月食,掩饰是徒劳的。改正后,如同日食、月食到日圆、月圆,恰恰会赢得人们的尊敬。"君子之过也,如日月之食焉。过也,人皆见之;更也,人皆仰之。"⑤

"君子"进德修业、功成名就后,还必须修行"谦"德,做谦谦君子,切忌居功炫耀,矜夸自傲。《尚书·大禹谟》告诫:"满招损,谦受益。"《周易》中有"谦"卦,其《彖》辞云:"天道下济而光明;地道卑而上行。""天道亏盈而益谦;地道变盈而流谦;鬼神害盈而福谦;人道恶盈而好谦。谦,尊而光,卑而不可逾,君子之终也。"其《象》辞云:"谦谦君子,卑以自牧也。"《易传》屡云:"地势坤,君子以厚德载物。"⑥"君子以施禄及下,居德则忌。"⑦"善世而不伐,德博而化。"⑧"乾始能以美利利天下,不言所利,大矣哉!"⑨"君子劳而不伐,有功而不德,厚之至也,语以其功下人者也。德言盛,礼言恭。谦也者,致恭以存其位者也。"⑩孔子指出:"君子泰而不骄,小人骄而不泰。"⑪"如有周公之才之美,使骄且吝,其余不足观也已。"⑫"劳而不伐,有功而不德,厚之至也,语以其功下人者也。德言盛,礼言恭,谦也者,致恭以存其位者也。"⑬"君子不自大其事,不自尚其功。"⑭荀子指出:"君子能亦好,不能亦好;小人能亦丑,不能亦丑。君子能则宽容易直以开道人,不能则恭敬繜绌以畏事人⑮;小人能则倨傲僻违以骄溢人,不能则妒嫉怨诽以倾覆人。故

---

① ④ 《荀子·修身》。
② 《论语·季氏》。
③ 《论语·颜渊》。
⑤ 《论语·子张》,子贡语。
⑥ 《周易·坤·象》。
⑦ 《周易·夬·象》。
⑧ ⑨ 《周易·乾·文言》。
⑩ ⑬ 《周易·系辞上》。
⑪ 《论语·子路》。
⑫ 《论语·泰伯》。
⑭ 《礼记》卷五十二《表记第三十二》。
⑮ 繜:通撙,撙节、抑制。撙:音zǔn。绌:通黜,贬责。

曰：君子能则人荣学焉①，不能则人乐告之；小人能则贱学焉，不能则人羞告之。是君子、小人之分也。"②谦虚的表现，是保持谨慎，居安思危。孔子告诫说："君子安而不忘危，存而不忘亡，治而不忘乱，是以身安而国家可保也。"③《周易》说："君子终日乾乾（行事不息），夕惕若厉（至于夕而忧惧若危）。"④"君子以恐惧修省。"⑤"君子以思患而豫（通预）防之。"⑥谨慎从事，要求不放纵，时刻保持恭敬，以"敬"克己，亦以"敬"事人。《周易·系辞》提出："敬以直内。"《孝经》主张"广敬"，不仅"以敬事长"，而且"居上敬下"："礼者，敬而已矣。""敬一人而千万人悦。"谦虚还要求虚怀若谷，善于向别人的长处学习。如孔子说："三人行，必有我师焉，择其善者而从之，其不善者而改之。"⑦荀子说："积土而为山，乘之而后高，积水而为海，积之而后深。故圣者众之所积也。"

五、"真人之道"：静漠无为、贵虚持后、怀柔处下、无智无情

儒家所论的"君子之道"是进取之道。然而，进取路上总会受挫。而且，儒家的仁义道德在功利社会中往往成为以名邀利的骗人的幌子，异化为道德之薄、祸乱之根。所以老子批判说："夫礼者，忠信之薄，而乱之首。"⑧庄子批判说："道德不废，安取仁义！性情不离，安用礼乐"⑨所以道家又提出不同于"进取"的"无为"之道。老子多称之为"圣人之道"，庄子多称之为"真人之道"。因为儒家也谈"圣人之道"（包含君子之道，主要是君子之道），为了避免与此混淆，这里我们用"真人之道"作为对道家所论修身之道的概括。

先看老子的论述。如何修养自我的人格，成为老子心目中的"圣人"呢？老子依据"弱者道之用"⑩的辩证法，主张以"天下之至柔驰骋天下之至坚"⑪，"知其雄，守其雌"⑫，以柔克刚、以弱致强，"无为而无不为"。具

---

① 荣：幸也。指别人有机会学习他。
② 《荀子·不苟》。
③ 《周易》卷七《系辞下》。
④ 《周易·乾》。
⑤ 《周易·震·象》。
⑥ 《周易·既济·象》。
⑦ 《论语·述而》。
⑧ 《老子》第三十八章。
⑨ 《庄子·马蹄》。
⑩ 《老子》第四十章。
⑪ 《老子》第四十三章。
⑫ 《老子》第二十八章。

体的修养路径是:(一)以静驭动,以无驭有。"重为轻根,静为躁君。"①"致虚极,守静笃。"②"无,名万物之始也。"③"圣人欲不欲,不贵难得之货。"④(二)以退为进,以不争求胜。"上善若水,水善利万物而不争。处众人之所恶,故几于道。……夫唯不争,故无尤。"⑤"天之道,利而不害;圣人之道,为而不争。"⑥"夫唯不争,故天下莫能与之争。"⑦(三)以与为取,在利他中利己。"圣人欲不欲,不贵难得之货。"⑧"圣人后其身而身先,外其身而身存。非以其无私邪,故能成其私!"⑨(四)守辱求荣,不自我矜夸。"大丈夫处其厚,不居其薄;处其实,不居其华。"⑩"知其荣,守其辱,为天下谷。为天下谷,常德乃足。"⑪"圣人被褐而怀玉。"⑫"圣人……光而不耀。"⑬"圣人……自爱不自贵。"⑭"不自见,故明;不自是,故彰;不自伐,故有功;不自矜,故长。"⑮(五)居安思危,防患于未然。"民之从事,常于几成而败之。慎终如始,则无败事。"⑯"持而盈之,不如其已;揣而锐之,不可长保;金玉满堂,莫之能守;富贵而骄,自遗其咎。"⑰

老子的弟子文子继承老子以"道德"修身的思想,主张"真人体道"。"静漠者神明之宅,虚无者道之所居。"⑱"道者,虚无、平易、清静、柔弱、纯粹素朴,此五者,道之形象也。""真人体之以虚无、平易、清静、柔弱、纯粹素朴,不与物杂,至德天地之道,故谓之真人。"⑲"真人"又叫"圣人":"圣人心平志易,精神内守,物不能惑。""圣人审动静之变,而适受与之度,理好憎之情,和喜怒之节。"⑳"真人""圣人"都是崇高的得道之士,所以又称"大丈夫":"大丈夫恬然无思,惔然无虑,以天为盖,以地为车,以四时为马,以阴阳为

---

① 《老子》第二十六章。
② 《老子》第十六章。
③ 《老子》第一章。
④⑧⑯ 《老子》第六十四章。
⑤ 《老子》第八章。
⑥ 《老子》第八十一章。
⑦⑮ 《老子》第二十三章。
⑨ 《老子》第七章。
⑩ 《老子》第三十八章。
⑪⑬ 《老子》第二十八章。
⑫ 《老子》第七十章。
⑭ 《老子》第七十二章。
⑰ 《老子》第九章。
⑱ 《文子·九守》。
⑲ 《文子·道原》。
⑳ 《文子·下德》。

御,行乎无路,游乎无怠,出乎无门。"①在"虚静无为"的基础上,文子提出"十守"的修身具体原则,即"守虚""守无""守平""守易""守清""守真""守静""守法""守弱""守朴"②。文子认为,人为精气所生,是形、神的统一体。修身的过程实即顺应、回归人的本性的过程。其中,顺应人的精神本性比顺应人的感官本性显得更为重要。人的精神本性是虚静清明的,而人的感官本性则往往会破坏、打破这种虚静和清明。所以道德修身的真谛,在于守住精神的清明虚静,以神制形,以心制欲,以内制外,使人的情感欲望符合虚静朴素的精神本性,整个身心与清虚无为的道德本体合一,成为"真人""圣人""大丈夫"。

到了战国前期,出现了另一位道家的代表人物列子。列子提出"贵虚""持后"的治身主张,是对老子修身之道的发展。列子曾以壶丘子为师。他从壶丘子那儿得到的教导是"务外游"不如"务内观"。"内观"修养的根本途径是得"道"。"道"的最突出的特征是"虚静"。"静也虚也,得其居矣。"③所以后人称列子"贵虚"。"虚静"反对动用心机智慧。"圣人恃道化而不恃智巧。"④"方寸之地虚","几圣人也"⑤。"齐智之所知,则浅矣。"⑥"无知为知","亦无所不知","亦知"⑦,而且是"至知"。"虚静"反对动用是非判断。《仲尼》篇记载列子的修行历程,到达心凝形释、超越是非这个境界时,"则理无所隐矣",什么是非之理都能加以把握。"虚静"反对动用好恶爱憎。《黄帝》篇崇尚"无爱憎",主张"美恶不滑其心"。《仲尼》篇塑造了"几圣人"的龙叔形象:"乡誉不以为荣,国毁不以为辱,得而不喜,失而弗忧,视生如死,视富如贫,视人如豕,视吾如人;处吾之家,如逆旅之舍;观吾之乡,如戎蛮之国……爵赏不能劝,刑罚不能威,盛衰利害不能易,哀乐不能移。""贵虚"之外,列子另一个重要主张是"持后",即以后为先、以退为进。"持后"之道,在于"吾爵益高,吾志益下;吾官益大,吾心益小;吾禄益厚,吾施益博",这样就可以"免于三怨"⑧。出于同一思路,列子主张以柔为刚、以弱为强。"天下有常胜之道,有不常胜之道。常胜之道曰柔,常不胜之道曰强。"⑨"夫忧者所以为昌也,喜者所以为亡也。""善持胜者以强为弱。"⑩"色盛者骄,力盛者奋,未可以语道也。……故治国之难在于知贤而

---

① 《文子·道原》。
② 《文子·九守》。按:篇目称"九守",其实论及十守。
③⑤⑦ 《列子·仲尼》。
④⑧⑩ 《列子·说符》。
⑥⑨ 《列子·黄帝》。

不在自贤。"①

由于列子"贵虚",所以被神仙化了。列子所论的"真人之道"常常表现为"神人之道"。《列子》讲了许多蹈虚而行、上天入地的"神人""化人"之事,如描写列姑射山上"神人"的神通特异:"吸风饮露,不食五谷;心如渊泉,形如处女;不偎不爱,仙圣为之臣;不畏不怒,愿悫为之使;不施不惠,而物自足;不聚不敛,而已无愆。"②神仙亦真亦幻,超越生死之隔。"有生之气,有形之状,尽幻也。造化之所始,阴阳之所变者,谓之生,谓之死。穷数达变,因形移易者,谓之化,谓之幻。造物者其巧妙,其功深,固难穷难终。因形者其巧显,其功浅,故随起随灭。知幻化之不异生死也,始可与学幻矣。"③于是修身成圣异化成了修身成神,这成为后世道教修仙之道奉行的依据。

战国后期的庄子是道家学说的集大成者。庄子论修身之道,主张"安其性命之情",顺应人性的实际。人的"性命之情"或者人性实际是怎样的呢?在庄子看来,人的本性即道德本性,这就是"自然""无意志"。关于"自然",庄子又常叫"块然""柴然"。关于"无意志",庄子提出"无心""刳心"的概念,主张"形若槁木,心若死灰"④。"无心"包括"无识""无欲""无情"。关于"无识",《山木》要求:"侗乎其无识。"《庚桑楚》教导人们:"全汝形,抱汝生(通性),无使汝思虑营营。"关于"无欲",《马蹄》说:"同乎无欲,是谓素朴,素朴而民性得矣。"《徐无鬼》说:"盈嗜欲,长好恶,则性命之情病矣。"关于"无情",《德充符》记载庄子语:"吾所谓无情者,言人之不以好恶内伤其身,常因自然而不益生(性也)。"《庚桑楚》指出:"恶欲,喜怒,哀乐,六者累德也。"《刻意》指出:"心不忧乐,德之至也。"通过"无识""无欲""无情"的修养活动,最后达到"复初"的"真人"境界。《缮性》说:"缮性于俗学,以求复其初。"《山木》说:"既雕既琢,复归于朴。"人的修身的过程即回归"无欲""无知""无情"的人性的过程。《庄子》中描述的"真人""至人""神人",都有一个共同特点,即"保生全性""无情无欲""无思无虑"。

周人修身以儒家积极进取的"君子之道"为主,而道家虚静无为的"真人之道"则是在进取受挫时的补充和平衡。"进取"的"君子之道"与"无为"的"真人之道"二者构成了周人"修身之道"的完整形态,奠定了后世中国文人儒道互补的"内圣"方式。

---

① 《列子·说符》。
② 《列子·黄帝》。
③ 《列子·周穆王》。
④ 关于该句,《庄子·齐物论》《知北游》《庚桑楚》三处论及,可参看。

第十二章　周代内圣论之二："孝道"论与"孝治"观

本章提要：百善孝为先。内圣之道包括修身齐家，"孝"就是修身齐家之道中的一个特别重要的道德规范。所谓"孝"，指对父母、长辈的供养、尊敬。周代继承从上古到夏商祭祖活动中的"孝行"并加以宗法改造，从中抽象出自觉的、理性的"孝道"观念。西周的孝道观念在《周书》《诗经》中有明确的记载。春秋末期，孔子、曾子对此作了重要发展。思孟学派，特别是《孝经》据此提出了以孝平天下的"孝治"观。战国后期，《礼记》《荀子》对"孝道"规范和内涵作了进一步的补充。与此相应，《左传》《战国策》以赞美的态度记录了春秋战国时期的孝行，《吕氏春秋》则综合儒家学说，提出了"务本莫贵于孝"的孝治思想。①

内圣之道包括修身齐家，"孝"就是修身齐家之道中的一个特别重要的道德规范。《诗经·大雅·卷阿》说："有冯有翼，有孝有德，以引以翼。岂弟君子，四方为则。"侯外庐指出："'德'和'孝'是西周统治阶级的道德纲领。"②"孝"是修身之道，指向济世之道，二者之间并无不可逾越的鸿沟。本章探讨、总结周代的孝道观及其孝治思想。

一、从上古的"孝行"到周代的"孝道"

所谓"孝"，指对父母、长辈的供养、尊敬。《礼记·祭统》谓："孝者，畜也。"《说文解字》云："孝，善事父母者。"《尔雅》云："善事父母为孝。""孝"是人类最原始、最朴素的血缘亲情，也是人类最基本的道德规范。所以孟子指出："入则孝，出则悌"是"先王之道"③。历史地看，从上古到夏商，是先有

---

① 本章以"周代的'孝道'论与'孝治'观"为题，发表于《辽宁大学学报》2024年第3期。
② 侯外庐主编：《中国思想史纲》上册，中国青年出版社1963年版，第27页。
③ 《孟子·滕文公下》。

"孝行",到周代,在祭祖的孝行基础上产生明确的理性自觉的"孝道"观念。

上古的"孝行",集中体现为对祖宗神的祭礼。这种祭礼从虞舜时就有了:"有虞氏禘(祭祀最早的祖先)黄帝而郊喾,祖颛顼而宗尧。夏后氏亦禘黄帝而郊鲧,祖颛顼而宗禹。殷人禘喾而郊冥,祖契而宗汤。"①周代关于祖先鬼神的祭礼,乃是古老祭礼的继承和发展。"周人禘喾而郊稷,祖文王而宗武王。"②

史籍中关于"孝行"的记载,最早追溯到尧舜。孟子说:"尧舜之道,孝悌而已矣。"③尧的孝行,主要体现为对舜的孝行的认可。关于舜的孝行,史籍有许多记载。在这些记载中,舜成为孝子的榜样。《郭店楚墓竹简·唐虞之道》云:"古者虞舜笃事瞽叟,乃弋其孝;忠事帝尧,乃弋其臣。爱亲尊贤,虞舜其人也。""古者尧之与舜也,闻舜孝,知其能养天下之老也;闻舜弟,知其能嗣天下之长也……其为瞽叟子也,甚孝;及其为尧臣也,甚忠。"④另据《史记·五帝本纪》,"舜母死,瞽叟更娶妻而生象,象傲。瞽叟爱后妻子,常欲杀舜,舜避逃;及有小过,则受罪。舜事父及后母与弟,日以笃谨,匪有解。"于是舜"年二十以孝闻",最后被人举荐给尧。尧由舜之孝行知舜之德行,最终将帝位禅让给舜。

夏商时期,"孝行"体现在对祖宗神的崇拜与祭祀中。殷商时期,"祭祖形式已经制度化,商人通过祭祀追思父祖之恩,先公、先王都有宗庙,受到子孙定期或不定期的享祀"⑤。殷商卜辞、金文中最早出现了"孝"字。先秦著作中有"孝己"的记载。孝己为殷高宗武丁之子,以孝行著,因遭后母谗言,被放逐,忧郁而死。后被奉为孝子的典范。《庄子·外物》云:"人亲莫不欲其子之孝,而孝未必爱,故孝己忧而曾参悲。"成玄英疏:"孝己,殷高宗之子也,遭后母之难,忧苦而死。"据《吕氏春秋·孝行》所引《商书》曰:"刑三百,罪莫重于不孝。"不过,殷商卜辞、金文中尽管出现了"孝"字,但很少,卜辞中仅有一处,用于地名;金文中也仅有一处,用于人名。"孝"在殷商似乎尚未形成明确、成熟的道德概念。

周代继承前代的孝行和殷商的祭祖制度,并对殷商祭祖制度进行了重大改革,将祭祖活动建立在宗法制基础之上,在宗法祭祖仪式中体现孝行、表现孝道。孝于先祖,要求"小宗"孝于"大宗",诸侯孝于宗室。因此,"用享孝于大宗""用享孝于宗室""用享孝于宗老""用享孝于皇神祖考"之类的

---

①② 《礼记·祭法》。
③ 《孟子·告子下》。
④ 荆门博物馆:《郭店楚墓竹简》,文物出版社1998年版。
⑤ 彭林、黄朴民主编:《中国思想史参考资料集·先秦至魏晋南北朝卷》第三章"编者按语",清华大学出版社2005年版,第44页。

铭文屡见于这个时期宗庙的青铜礼器上。《诗经》也说："率见昭考,以孝以享(祭也)。"①"吉蠲为饎,是用孝享。"②对去世父母、先祖的祭享,又称"追孝"。如"用追孝于刺仲","用追孝于皇考己伯"③,"汝克绍乃显祖,汝肇刑文、武,用会绍乃辟,追孝于前文人"④。周代的祭祖,往往以祭天的形式表现出来。"昔者周公郊祀后稷以配天。"⑤孝享祖先既"燕及皇天",又"克昌厥后"⑥。祭天与祭祖常常是统一的。

周武王、周公是孝祖的典范。《中庸》记载："武王、周公,其达孝矣乎!"周成王也是孝敬先祖的表率。《诗经》记载："成王之孚,下土之式。永言孝思,孝思维则。"⑦"于乎皇考,永世克孝。念兹皇祖,陟降庭止。维予小子,夙夜敬止。于乎皇王,继序思不忘。"⑧《诗经》中对周人祖先后稷、公刘、古公亶父、文王的吟诵追思,乃是祭享之孝的充分表现。于是,"孝子"的概念在这个时候出现了。"假哉皇考!绥予孝子。宣哲维人,文武维后。燕及皇天,克昌厥后。"⑨"威仪孔时,君子有孝子。孝子不匮,永锡尔类。"⑩"孝"的道德观念在对周代祖先的祭享中得到充分培育和发展。

与此同时,西周将"孝"从祭祖活动的孝行中抽象出来,作为对在世父母给予尊重、服从的道德概念提出来。这在《周书》和《诗经》中已有所反映。《周书》说："肇牵车牛,远服贾,用孝养厥父母。"⑪说的是为了奉养父母而到远方经商。如果"不孝不友,子弗祗服厥父事",则被视为"元恶大憝"⑫。《诗经》要求对于父母"必恭敬止"⑬;开导人们对辛劳一生的父母要懂得感恩,如果不能终养父母,将是最大的悲痛。"蓼蓼者莪,匪莪伊蒿;哀哀父母,生我劬劳。蓼蓼者莪,匪莪伊蔚;哀哀父母,生我劳瘁。瓶之罄矣,维罍之耻。鲜民之生,不如死之久矣。无父何怙?无母何恃?出则衔恤,入则靡至。父兮生我,母兮鞠我。拊我畜我,长我育我,顾我复我,出入腹我。欲报之德,昊天罔

---

① 《诗经·周颂·载见》。
② 《诗经·小雅·天保》。
③ 均据《殷周金文集成释文》,香港中文大学中国文化研究所2001年版;罗振玉编:《三代吉金文存》,中华书局1983年版。
④ 《尚书·周书·文侯之命》。
⑤ 《孝经·圣治章》。
⑥⑨ 《诗经·周颂·雝》。
⑦ 《诗经·大雅·下武》。
⑧ 《诗经·周颂·闵予小子》。
⑩ 《诗经·大雅·既醉》。
⑪ 《尚书·周书·酒诰》。
⑫ 《尚书·周书·康诰》。
⑬ 《诗经·小雅·小弁》。

极!"①孝敬父母包括婚姻上尊重父母之命。"娶妻如之何？必告父母"②。如果找了"可怀"的伴侣，但未经父母认可，就不可私自结合："岂敢爱之，畏我父母"，"父母之言，亦可畏也"③。于是，"孝道"在西周就开始出现。

二、孔子、曾子对"孝道"观念的重要发展

到了东周春秋末期，孔子、曾子对"孝道"观念的发展作出了重要贡献。《论语》中，孔子有十多处论及"孝"，要求弟子"入则孝，出则弟"④。

"仁"是孔子提出的人的行为的最高道德准则。孔子强调"仁"要从"亲亲"之"孝"做起。"仁者，人也，亲亲为大。"⑤"仁"作为一种爱，要从对父母、前辈的敬爱做起。这种敬爱，首先体现为对父母所给予的自己的身体的保全，因为它是传宗接代的根本。孔子说："身体发肤，受之父母，不敢毁伤，孝之始也。"⑥这种敬爱又体现为对父母要求的"无违"⑦，尽管对父母意见的错误可以委婉讽谏。孔子说："事父母几谏，见志不从，又敬不违，劳而不怨。"⑧侍奉父母，对他们的缺点可以委婉地劝止。如果自己的意见没被父母接受，仍必须对他们表示恭敬，不可违抗；虽然很操劳，但不能怨恨。

"孝"道包括对父母身体上、物质上的养育，所谓"能养"，"唯其疾之忧"。孔子说："父母在，不远游，游必有方。"方，道理、缘由。孔子的意思是说，父母年迈在世，尽量不长期在外地。不得已，必须告诉父母去哪里，为什么去，什么时候回来，安排好父母的供养。"孝"还包括对父母精神上的呵护，这是更为重要的。"子游问孝。子曰：'今之孝者，是谓能养。至于犬马，皆能有养；不敬，何以别乎？'"⑨朱熹《论语集注》云："养，谓饮食供奉也。犬马待人而食，亦若养然。言人畜犬马，皆能有以养之。若能养其亲而敬不至，则与养犬马者何异？"

孔子还要求将"孝"贯穿到父母的生前与死后。"父在观其志，父没观其行，三年无改于父之道。"⑩无论父亲生前生后，都要谨遵父亲的教诲。"生，事之以礼；死，葬之以礼，祭之以礼。"⑪无论父母生前或死后，都应按照礼的规定来行孝。

---

① 《诗经·小雅·蓼莪》。
② 《诗经·齐风·南山》。
③ 《诗经·郑风·将仲子》。
④⑩ 《论语·学而》。
⑤ 《中庸》。
⑥ 《孝经·开宗明义章》，孔子语。
⑦⑨⑪ 《论语·为政》。
⑧ 《论语·里仁》。

尊敬父母的"孝"与尊敬兄长的"悌"、尊敬君主的"忠"不是分开的,而是相互联系的。"孝"的实质是对长辈的敬。所以对父母"孝",必然要求对兄长"悌"。《论语》中多次"孝悌"连用,认为"孝悌"为"仁之本"①,并指出:"其为人也孝悌,而好犯上者,鲜矣。不好犯上而好作乱者,未之有也。"②事长之孝与事君之忠是一致的。曾有人问孔子为什么长期不从政。孔子回答:"《书》云:'孝乎惟孝,友于兄弟,施于有政。'是亦为政。"③行孝与从政不是分开的。没有什么行为比"行孝"称得上"为政"的了。

曾子是孔子的弟子。他对孔子的"孝道"思想作了重要的继承和发展。首先,他指出:保全好自己的身体,传宗接代,就是对父母最大的孝敬:"身者,父母之遗体也。行父母之遗体,敢不敬乎?"④"父母生之,子弗敢杀;父母置之,子弗敢废;父母全之,子弗敢阙。故舟而不游,道而不径,能全支体,以守宗庙,可谓孝矣。"⑤这是对孔子"身体发肤,受之父母,不敢毁伤"⑥说法的发挥。其次,曾子指出"孝"道的高中下三种不同的内涵形态:"孝有三:大孝尊亲,其次弗辱,其下能养。"⑦"孝"的最高境界是"尊亲",光宗耀祖:"居处不庄,非孝也;事君不忠,非孝也;莅官不敬,非孝也;朋友不笃,非孝也;战阵无勇,非孝也。五行不遂,灾及乎亲,敢不敬乎?"⑧再次,修行"仁""义""忠""信""礼",都是为了报答父母双亲,体现大孝。所以"孝"为五行之本。"民之本教曰孝……夫仁者,仁此者也;义者,义此者也;忠者,忠此者也;信者,信此者也;礼者,礼此者也。"⑨复次,"孝"是放之四海而皆准、人人必须遵守的道德原则:"夫孝,置之而塞于天地,溥之而衡于四海……推而放诸东海而准,推而放诸西海而准,推而放诸南海而准,推而放诸北海而准。"⑩最后,在宗法制度下,国君是一国最大的家长,事君与事长是一致的,所以"孝"包含着"忠":"事君不忠,非孝也;莅官不敬,非孝也!"⑪只有以孝治天下,才能保证政治稳定。

三、《孝经》的孝治观与孟子的孝道思想

思孟学派继承孔子、曾子的以孝为政观,开创了儒家的"孝治"派。

思孟学派的代表人物是子思。子思是曾子的弟子。据说他留下过两部

---

①② 《论语·学而》。
③ 《论语·为政》。
④⑤⑧ 《吕氏春秋·孝行览·孝行》。
⑥ 《孝经·开宗明义章》,孔子语。
⑦ 《礼记·祭义》。
⑨⑩⑪ 《大戴礼记·曾子大孝》。

著作。一部是《中庸》,一部是《孝经》。《中庸》记载孔子论"孝"是修身之道:"践其位,行其礼,奏其乐,敬其所尊,爱其所亲,事死如事生,事亡如事存,孝之至也。"也是治国之道:"宗庙之礼,所以祀乎其先也。……禘尝之义,治国其如示诸掌乎。"①于是"孝"成为连接"齐家"与"治国"的关键。《孝经》集中剖析、阐释"孝治"这个问题,指出"孝"是"父子之道,天性也",同时也是"君臣之义也"②。作为子思记录孔子为曾参讲述孝道的儒家经典,《孝经》从"天道"论证"孝道"的神圣性,将"孝道"提升为"天地之经",要求上至天子国君,下至大夫士人庶民,都加以服从恪守,对以孝治天下的政治观作了极为丰富、深刻的论述。

首先,《孝经》从"天道"论证"孝道"的神圣性。《孝经·三才章》云:"夫孝,天之经也,地之义也。""天地之经,而民是则之。"守"孝"是"则天之明,因地之利,以顺天下"。《圣治章》指出:"孝莫大于严父。""严父莫大于配天。"孝道是顺应天性、符合天命的,尽孝与事奉天地神明是相通的,可获得神明庇佑。《感应章》云:"昔者明王事父孝,故事天明;事母孝,故事地察;长幼顺,故上下治。天地明察,神明彰矣。""故虽天子,必有尊也,言有父也;必有先也,言有兄也。宗庙致敬,不忘亲也;修身慎行,恐辱先(祖先)也。宗庙致敬(祭祖),鬼神著矣。"要之,"孝悌之至,通于神明,光于四海,无所不通。"在获得天命授权的前提下,《圣治章》指出:"孝"是人间最大的德行:"人之行,莫大于孝。""夫圣人之德,又何以加于孝乎?""不爱其亲而爱他人者,谓之悖德;不敬其亲而敬他人者,谓之悖礼。"

其次,《孝经》论证"孝"是"立身"之道。《开宗明义章》记载孔子说:"夫孝,德之本也,教之所由生也。"《广至德》云:"子曰:君子之……教以孝,所以敬天下之为人父者也;教以悌,所以敬天下之为人兄者也。"《五刑章》云:"子曰:五刑之属三千,而罪莫大于不孝。""非孝者无亲,此大乱之道也。"对父母的"孝"要从父母平时的起居、供养、生病、丧葬、祭祀五方面做起。"孝子之事亲也,居则致其敬,养则致其乐,病则致其忧,丧则致其哀,祭则致其严。五者备矣,然后能事亲。"③《孝经》主"孝",但反对一味盲从父命的愚孝,指出"孝"不是对父命言听计从、逆来顺受,对父辈言行的"不义"之处应加以谏诤。《谏诤章》记述:曾子曰:"敢问子从父之令,可谓孝乎?"子曰:"是何言与,是何言与!……父有争子,则身不陷于不义。则子不可以

---

① 均见《中庸》第十九章。周礼,夏祭曰禘,秋祭曰尝。指天子、诸侯祭祖的大典。
② 《孝经·圣智章》。
③ 《孝经·纪孝行章》。

不争于父……故当不义,则争之。从父之令,又焉得为孝乎!"

再次,"孝"也是"事君""治天下"之道。"孝"不仅是修身之道,也是济世的外王之道,于是《孝经》提出"孝治"思想。这"孝治"思想是针对大臣和君主两方面而言的。对大臣而言,事亲之孝与事君之忠是联系在一起的,可以相互转化的,事君"忠"是事父之"孝"的类推和扩大。"资于事父以事君,而敬同。""故以孝事君则忠。忠顺不失,以事其上。"对于君主而言,"以孝治天下",就能保证家庭的和谐和社会的稳定。《孝治章》云:"子曰:昔者明王之以孝治天下也,不敢遗小国之臣,而况于公、侯、伯、子、男乎?故得万国之欢心,以事其先王。(以孝——引者按)治国者,不敢侮于鳏寡,而况于士民乎?故得百姓之欢心,以事其先君。……夫然,故生则亲安之,祭则鬼享之,是以天下和平,灾害不生,祸乱不作。故明王之以孝治天下也如此。"天子以孝治天下,诸侯以孝治国家,从而"得万国之欢心","得百姓之欢心",如此就可以达到"天下和平"的社会理想。

思孟学派的另一位代表是孟子。孟子继承孔子的"亲亲"思想,从"尊亲""事亲"方面阐释"孝"。"孝子之至,莫大于尊亲。"①"事孰为大?事亲为大。"②由此出发,孟子把"孝悌"作为五伦的基本原则提出来。五伦即"父子有亲、君臣有义、夫妇有别、长幼有序、朋友有信"③。五伦中父子、君臣两伦最重要。"仁之实,事亲是也;义之实,从兄是也"④,因此,"孝悌"成为五伦的中心。"人人亲其亲,长其长",就会"天下平"⑤。所以"孝悌"也是一种政治原则。其次,孟子重新诠释了"孝"的含义。"大孝终身慕父母。"⑥他批评说:"世俗所谓不孝者五:惰其四支,不顾父母之养,一不孝也;博弈好饮酒,不顾父母之养,二不孝也;好货财,私妻子,不顾父母之养,三不孝也;从耳目之欲,以为父母戮(同辱),四不孝也;好勇斗狠,以危父母,五不孝也。"⑦"孝"包含对父母的物质供养,还包括对父母怀有发自内心的敬爱。孟子告诫说:"食而弗爱,豕交之也;爱而不敬,兽畜之也。恭敬者,币(礼物)之未将(送)者也。"⑧只是物质供养而不具备爱,那就如同养猪一样;只有爱而没有恭敬,那就如养鸟儿爱犬等畜生一样。恭敬之心是在送出礼物之前就有了的。"孝"还体现在生儿育女、传宗接代上。"不孝有三,无后为大。"⑨这是对孔子、曾子"保身为孝"论的继承和发展。

---

①⑥ 《孟子·万章上》。
②④⑤ 《孟子·离娄上》。
③ 《孟子·滕文公上》。
⑦⑨ 《孟子·离娄下》。
⑧ 《孟子·尽心上》。

四、《礼记》《荀子》对"孝道"的进一步发展

春秋战国时期的孝道思想主要是由儒家倡导、发展的。其中,战国后期的《礼记》《荀子》有曲终奏雅之功。

《礼记》为孔子七十子后学阐发礼义的论文汇编。《礼记》关于"孝"的论述可以作为思孟学派"孝治"观的补充。《礼记》指出,对父母的最大的尊敬就是"孝"。"身也者,父母之遗体也……敢不敬乎?"①"孝子之事亲也,有三道焉:生则养,没则丧,丧毕则祭。"②在父母健在,供养他们时,"孝"体现为对父母的顺从,这就叫"养则观其顺也"③。在父母过世之际,"孝"体现为表达哀痛的"丧礼";在丧礼结束、父母下葬之后,"孝"体现为表达尊敬的"祭礼"。这就叫"丧则观其哀也,祭则观其敬而时也";"祭者,所以追养继孝也"④。与"冠礼""婚礼"相比,"丧祭"之礼显得更加重要,所以《礼记》强调"重于丧祭"。

"丧礼"有一系列的繁文缛节,目的只有一个:显示对去世父母的哀痛。《问丧》说:父亲或母亲刚死的时候,脱冠、括发、光脚,将衣服的前襟掖在腰间,交手痛哭,"恻怛之心,痛疾之意,伤肾、干肝、焦肺,水浆不入口,三日不举火,故邻里为之糜粥以饮食之"。所以衣冠不整,"形变于外""口不甘味,身不安美",是因为"悲哀在中""痛疾在心"。所以要守尸三日而后下葬,是因为"孝子亲死,悲哀志懑,故匍匐而哭之……以俟其生(死而复生)也";同时也是为了给丧事的筹办、入殓衣物的准备和远方亲戚的到来留下足够的时间,"是故圣人为之断决以三日为之礼制也"。三天后"动尸举柩"往送下葬途中呼天抢地、捶胸顿足、"哭踊无数","望望然、汲汲然如有追而弗及也",是因为"悲哀痛疾之至也"。入土后返回途中失声痛哭,回家以后睹物思人而"哭泣辟踊",是因为"若有求而弗得也",逝者死而不可复生也。于是三年守丧,"不入处室,居于倚庐""寝苫枕块""哭泣无时",是因为一直怀念在荒郊野外土中长眠的考妣。所以要配一根哭丧棒给孝子,是因为"孝子丧亲,哭泣无数,服勤三年,身病体羸,以杖扶病也"。

"丧礼"办完之后,要继续表示对已故父母的怀念和崇敬,就得举行"祭礼","祭之宗庙,以鬼飨之"⑤。宗庙里祭拜的考妣及祖先的亡灵,就是民间所说的"人鬼"或"鬼"。"大凡生于天地之间者,皆曰命。其万物死,皆曰

---

① 《礼记·祭义》曾子语。
②③④ 《礼记·祭统》。
⑤ 《礼记·问丧》。

折；人死曰鬼；此五代之所不变也。"①宗庙祭祖，实际上就是祭鬼。反过来说，祭鬼只能发生在宗庙，对鬼神的祭祀乃是"孝子""贤者"对先祖虔诚的孝敬之心的表现："唯贤者能尽祭之义。""是故，贤者之祭也，致其诚信与其忠敬，奉之以物，道之以礼，安之以乐，参之以时……此孝子之心也。"②祭祀鬼神或祖宗亡灵的主要意义，是"反古复始"，也就是"不忘其所由生"："众生必死，死必归土，此之谓鬼。骨肉毙于下，阴为野土；其气发扬于上，为昭明，焄蒿，凄怆，此百物之精也，神之著也。因物之精，制为之极，明命鬼神，以为黔首则，百众以畏，万民以服。圣人以是为未足也，筑为宫室，谓为宗祧（宗庙），以别亲疏远迩，教民反古复始，不忘其所由生也……是以致其敬，发其情，竭力从事，以报其亲，不敢弗尽也。""天下之礼，致反始也，致鬼神也……致反始，以厚其本也；致鬼神，以尊上也。"③这里，祭祀鬼神就是推尊祖先，不忘所自。对祖先鬼神的祭祀因四时而有不同的称谓："凡祭有四时：春祭曰礿，夏祭曰禘，秋祭曰尝，冬祭曰烝。礿、禘，阳义也；尝、烝，阴义也。禘者阳之盛也，尝者阴之盛也。故曰：莫重于禘、尝。"④

周代的祭礼不仅包括祭鬼祭祖，还包括祭天祭地。祭天称"郊"祭，祭地称"社"祭。祭天神的仪式是"燔柴"，祭地祇的仪式是"瘗埋"。郊天之礼是周代最为隆重的祭典。"于郊"而祭，"故谓之郊"⑤。一方面，"郊所以明天道也"，郊祭是对天神、上帝的一种祭礼，但同时，"受命于祖庙，作龟于祢（亡父）宫"，仪式在祖庙、祢宫中进行，表达"尊祖亲考之义"，所以又具有"报本反始"的祭祖功能。郊祭实际上是祭天与祭祖的统一。它将祖先当作天神、上帝一样祭拜，用祭天的盛大典礼来祭祖，是对祖先的最高祭礼。"万物本乎天，人本乎祖，此所以配上帝也。郊之祭也，大报本反始也。"⑥

荀子是战国后期儒家的代表人物。如果说《礼记》对"孝道"的论述完善了对父母的"无违"和对祖先的"孝敬"的孝道论，那么荀子的孝道论则是对孔子"几谏"说和《孝经》"谏诤"说的进一步发展。他指出：对君父的唯唯诺诺，绝对顺从，只是人之"小行""中行"，从道不从君，从义不从父，才是人之"大行"："入孝出弟，人之小行也；上顺下笃，人之中行也；从道不从君，从义不从父，人之大行也。"⑦他补充孔子语："昔万乘之国，有争臣四人，则封疆不削；千乘之国，有争臣三人，则社稷不危；百乘之家，有争臣二人，则宗庙不毁。父有

---

① 《礼记·祭法》。
②④ 《礼记·祭统》。
③ 《礼记·祭义》。
⑤⑥ 《礼记·郊特牲》。
⑦ 《荀子·子道》。

争子,不为无礼;士有争友,不为不义。故子从父,奚子孝?臣从君,奚臣贞?审其所以从之之谓孝、之谓贞也。"①这里,荀子借孔子之口,提出不要简单地把"孝"等同于"子从父",把"贞"等同于"臣从君",是否"孝"与"贞",要看"其所以从之"是否符合道义。关于"从义不从父"的孝道,荀子具体论证说:"孝子所不从命有三:从命则亲危,不从命则亲安,孝子不从命乃衷;从命则亲辱,不从命则亲荣,孝子不从命乃义;从命则禽兽,不从命则修饰,孝子不从命乃敬。故可以从命而不从,是不子也;未可以从而从,是不衷也;明于从、不从之义,而能致恭敬、忠信、端悫以慎行之,则可谓大孝矣。"②

五、《左传》《战国策》记录的孝行与《吕氏春秋》的孝论

春秋战国时期,在孔门儒家对"孝道"观念和"孝治"思想作出重大发展的同时,孝行的事迹也在《左传》《战国策》中有所反映。

"郑伯克段于鄢"是《左传》中人们耳熟能详的故事。这个故事所蕴含的意义是多方面的。其中一个重要的主旨是宣扬孝道。即便是母亲做了错事,儿子曾经发过毒誓与母亲永不相见,儿子也应想方设法尽孝。郑武公与武姜生有二子:长子寤生、少子共叔段。因寤生是难产而生,所以武姜不喜欢寤生,而宠爱共叔段。郑武公病重时,武姜曾请求立共叔段为太子,但武公不允。武公去世后,寤生即位,为郑庄公。庄公即位后,母亲暗中帮助小儿子政变谋反,试图推翻郑庄公。庄公事先得知消息,平定了叛乱,一气之下,把母亲软禁在城颍,发誓"不及黄泉,无相见也",发完毒誓后马上又后悔了。庄公想念母亲,但又不愿违背誓言,后来在堪称孝子的颍谷地方官员颍考叔智慧的建议下,郑庄公掘地及泉,与母亲在隧道中相见,恢复了当初的母子关系。《左传》作者评点说:"颍考叔,纯孝也,爱其母,施及庄公。《诗》曰:'孝子不匮,永锡尔类。'其是之谓乎!"③

《战国策》记录了下面一个故事。秦王嬴政的生母赵姬与假太监嫪毐淫乱的事情败露后,秦王处死嫪毐,将母亲囚禁在曾与嫪毐居住过并生下二子的雍县,并下令:谁敢为太后说情,砍断四肢,格杀勿论。秦士顿弱冒死以谏秦王复"孝之名"、行"孝之实"。事情是由秦王挑起的。秦王政想召见顿弱。顿弱欲擒故纵地说:臣有一种坏习惯,就是对君王不行参拜之礼。假如大王能特许免我行参拜之礼,可见大王,否则,恕臣不见王。秦王答应了他的条件。于是顿弱入见,对秦王说:"天下有有其实而无其名者,有无其实而有其名者,有无其名又无其实者。王知之乎?"秦王说:"弗知。"顿弱说:"有其实而无其

---

①② 《荀子·子道》。
③ 《左传·隐公元年》。

名者,商人是也:无把铫推耨之势,而有积粟之实,此有其实而无其名者也。无其实而有其名者,农夫是也:解冻而耕,暴背而耨,无积粟之实,此无其实而有其名者也。无其名又无其实者,王乃是也:已立为万乘,无孝之名;以千里养,无孝之实。"秦王勃然而怒,顿弱面不改色,继续说:"山东战国有六,威不掩于山东,而掩于母,臣窃为大王不取也。"①大王只将声威施加于母后,却不能征服山东六国,这是很不妥的。秦王虽然没有立即接受他的意见恢复孝道,也没有处罚他,而是与他讨论起兼并山东六国的方略来,说明行孝仍然是战国末期可以冒死以谏的道德高地。

《战国策》外,战国末期秦相吕不韦为统一六国、称霸天下组织门客编纂的《吕氏春秋》杂取各家学说,为"帝王之道"服务,其中一项是儒家的孝道。《孝行览·孝行》指出:"凡为天下,治国家,必务本而后末。……务本莫贵于孝。人主孝,则名章荣,下服听,天下誉;人臣孝,则事君忠,处官廉,临难死;士民孝,则耕芸疾,守战固,不罢北。夫孝,三皇五帝之本务,而万事之纪也。夫执一术而百善至,百邪去,天下从者,其惟孝也!"孝道的实质是爱其亲、敬其亲:"故爱其亲,不敢恶人;敬其亲,不敢慢人。爱敬尽于事亲,光耀加于百姓,究于四海,此天子之孝也。""民之本教曰孝,其行孝曰养。"爱其亲、践行孝道的基本要求是物质的赡养:"养有五道:修宫室、安床第、节饮食、养体之道也;树五色、施五采、列文章,养目之道也;正六律、和五声、杂八音,养耳之道也;熟五谷,烹六畜,和煎调,养口之道也;和颜色,说言语,敬进退,养志之道也。"在物质赡养的基础上,追求敬其亲:"养可能也,敬为难;敬可能也,安为难;安可能也,卒为难。"敬亲的最高表现,是"父母既没,敬行其身,无遗父母恶名",给父母增光添彩。"仁""礼""义""信""强"五者都要围绕着"孝"展开:"仁者,仁此者也;礼者,履此者也;义者,宜此者也;信者,信此者也;强者,强此者也。"《似顺论·处方》强调:父与子在尊卑贵贱上应是有差别的,否则就会出乱子;君臣、夫妇的地位也如此。在尊敬父母的基础上,建立起君臣、父子、夫妇三纲:"凡为治必先定分:君臣、父子、夫妇。君臣、父子、夫妇六者当位,则下不逾节,而上不苟为矣,少不悍辟,而长不简慢矣。……故异所以安同也,同所以危异也。同异之分,贵贱之别,长少之义,此先王之所慎,而治乱之纪也。"《慎行论·一行》由三纲中包含的"长少之义"拓展到五伦:"凡人伦,以十际为安者也。"君臣、父子、兄弟、朋友、夫妻"十际皆败,乱莫大焉"②。

周代的孝道观念和孝治思想,为汉代以孝治天下奠定了坚实的思想基础。

---

① 《秦王欲见顿弱》,《战国策·秦策》。
② 《吕氏春秋·慎行论·一行》。

第十三章　周代内圣论之三：教学思想与制度建设

　　本章提要：内圣修养必须从青少年的学校教育入手。重视学校教育对君子人格形成的培养，是周代内圣之道的一个重要方面。在学校教育方面，周代形成了丰富系统的思想，并以相应的教学机构和机制为贯彻实施这种教学思想提供制度保障。西周的教学机构有"国学"与"乡学"、"小学"与"大学"、"辟雍"与"泮宫"之分，教育对象以贵族子弟为主，教学内容是"六艺"。西周学校教育由官府垄断。东周孔子打破"学在官府"的垄断，创办私学，平民子弟也可通过学习改变命运。周代的教学理念是"学以致其道"。教学方法论及"治人"的教育方法与"治己"的学习方法。为了防止"卑师者不听"，周人提出了"严师"的要求，师道尊严的思想由此奠定起来。①

　　周代强调个体的内圣修养。这对于贵族子弟来说尤为重要。内圣修养必须有一个载体，而且必须从小培育，这就是学校教育。在学校教育方面，周代形成了丰富系统的思想，并以相应的教学机构和机制为贯彻实施这种教学思想提供制度保障。西周的教学机构分"国学"与"乡学"，教学机制分"小学"与"大学"，其中，天子的大学是"辟雍"，诸侯的大学叫"泮宫"，教育对象是贵族子弟，教育内容是"六艺"，以礼乐道德为主，教学目标是学以成人、经邦济世。西周"学在官府"，学校教育由官府垄断。东周时期孔子创办私学，"学在官府"的传统被打破，私人办学蔚然成风，平民子弟也可入学，"学而优则仕"，通过学习可以改变原来的社会地位和人生命运，为挽救礼崩乐坏的世道服务。伴随着教学机构的繁荣和教学机制的完善，周代形成了丰富的教学理念和教学方法思想。教学理念是"学以致其道"，进而"成身""成圣"，最终"致仕"，治国平天下。因而周人倡导"劝学""好学""积学"，"学"都是道

---

① 本章以"'建国君民，教学为先'——周代国家治理文化中的教育思想与体制研究"为题，发表于《中国政法大学学报》2024年第4期。

德修养的意思。周人总结的教学方法包括"治人"的教育方法与"治己"的学习方法。为了防止"卑师者不听",周人提出了"严师""尊师"的要求,主张君主"不臣"师,"事师犹事父",并对弟子尊重老师的细则作了若干规定。其所体现的师道尊严思想,在今天的学校教育中仍有很强的借鉴意义。

一、教学机构:"国学"与"乡学"、"小学"与"大学"、"辟雍"与"泮宫"

"古之王者,建国君民,教学为先。""君子如欲化民成俗,其必由学乎!"①适应"建国君民"、"化民成俗"、统治天下的政治需要,五帝之时就诞生了专门的教学机构,叫"成均"。《周礼·春官·大司乐》云:"掌成均之法,以治建国之学政,而合国之子弟焉。"郑玄注引董仲舒云:"成均,五帝之学。"《礼记·文王世子》云:"三而一有焉,乃进其等,以其序,谓之郊人,远之,于成均,以及取爵于上尊也。"郑玄注:"董仲舒曰:五帝名大学曰成均。"

因为学校承担着祭祖教孝、详述礼事的功能,到了虞舜的时候,又出现了"庠""上庠""下庠""米廪"的称谓。"庠之言详也,于以考礼详事也。"②其中"上庠"指大学,"下庠"指小学。《礼记·王制》云:"凡养老,有虞氏以燕礼。""有虞氏养国老于上庠,养庶老于下庠。"郑玄注:"上庠……大学也,在西郊。下庠……小学也,在国中王宫之东。"③《礼记·明堂位》称:"米廪,有虞氏之庠也。"郑玄注:"庠……亦学也。……鲁谓之米廪。虞帝上孝,令藏粢盛之委焉。"元代陈澔《礼记集说》:"鲁所藏粢盛米之廪,即虞氏之庠。谓藏此米于学宫也,亦教孝之义。"《孟子·滕文公上》朱熹《集注》云:"庠以养老为义。"

夏朝的学校称"学""校""序"。《孟子·滕文公上》云:"设为庠、序、学、校以教之……校者,教也……夏曰校,殷曰序,周曰庠,学则三代共之,皆所以明人伦也。"所以称"序",以其功能是"次序王事"得名。大学称"东序",小学称"西序"。《礼记·明堂位》云:"序,夏后氏之序也。"郑玄注:"序亦学也。……序,次序王事也。"又《礼记·王制》云:"夏后氏养国老于东序,养庶老于西序。"郑玄注:"东序……亦大学,在国中王宫之东。西序……亦小学也。西序在西郊。"④

殷商甲骨卜辞有学校的记载。《甲骨兽骨文字》卷二第25页9片、《甲骨续存》下编459片说明:商代存在着学校教育。⑤ 殷朝的学校保留着夏朝"学""庠""序"的称谓。蔡邕《独断》云:"殷曰庠。"《孟子·滕文公上》云:

---

① 《礼记·学记》。孙希旦:《礼记集解》中册,中华书局1989年版,第957页。
② 《礼记·明堂位》,《十三经注疏》上册,上海古籍出版社1997年版,第1491页。
③④ 《十三经注疏》,上册,第1346页。
⑤ 参杨宽:《西周史》,上海人民出版社2016年版,第706页。

"殷曰序。""学则三代共之。"与夏朝称大学、小学为"东序""西序"不同,殷朝称大学、小学为"右学""左学"。《礼记·王制》云:"殷人养国老于右学,养庶老于左学。"郑玄注:"右学,大学也,在西郊……左学,小学也,在国中王宫之东。"①值得注意的是,殷朝对于大学还有一个特别的称谓,叫"瞽宗"。《礼记·明堂位》云:"瞽宗,殷学也。"郑玄注:"瞽宗,乐师瞽朦之所宗也。古者有道德者使教焉,死则以为乐主,于此祭之。"②

周代保留了前代学校的"成均""庠""序""学""瞽宗"的称谓。《孟子·滕文公上》云:"周曰庠,学则三代共之。"蔡邕《独断》云:"三代学校之别名:夏曰校,殷曰庠,周曰序。"《礼记·文王世子》云:"凡学世子及学士,必时。春夏学干戈,秋冬学羽籥,皆于东序。小乐正学干,大胥赞之;籥师学戈,籥师丞赞之;胥鼓南,春诵夏弦,大师诏之。瞽宗秋学礼,执礼者诏之;冬读书,典书者诏之。礼在瞽宗,书在上庠。凡祭与养老乞言、合语之礼,皆小乐正诏之于东序。大乐正学舞干戚、语说,命乞言,皆大乐正授数,大司成论说在东序。"周代沿袭了小学、大学的教学体制,并发展出"五学"的大学建制。如《大戴礼记·保傅》云:"及太子少长,知妃色,则入于小学,小者所学之宫也。学礼曰:帝入东学,上亲而贵仁,则亲疏有序,如恩相及矣。帝入南学,上齿而贵信,则长幼有差,如民不诬矣。帝入西学,上贤而贵德,则圣智在位,而功不匮矣。帝入北学,上贵而尊爵,则贵贱有等,而下不逾矣。帝入太学,承师问道,退习而端于太傅,太傅罚其不则,而达其不及,则德智长而理道得矣。此五义者既成于上,则百姓黎民化辑于下矣。学成治就,此殷周之所以长有道也。"西周大学设东学、西学、南学、北学和太学,总称"五学"。在周代,"瞽宗""成均"分别属于五学之一,为大学之一种。因"瞽宗"位于辟雍之西,也称"西雍"。《周礼·春官·大司乐》"大司乐掌成均之法"孙诒让《正义》:"周制,国中为小学,在王宫之左;南郊为五学,是为大学……郑锷云:'周五学,中曰辟雍,环之以水;水南为成均,水北为上庠,水东为东序,水西为瞽宗。'"西周官办的大学在保留了前代"成均""上庠""东序""瞽宗"机构的同时,又改造了它们的功能,使其成为"辟雍"的辅助机构。同时还出现了新的教学机构"頖宫",一作"泮宫"。《礼记·明堂位》称:"頖宫,周学也。"此外,周代还将前代的学校称谓作了改造,用以指称不同区域和覆盖范围的学校。

---

① 《十三经注疏》,上海古籍出版社1997年版,上册,第1346页。
② 《十三经注疏》,下册,第1491页。另参孙培青主编:《中国教育史》(第三版,华东师范大学出版社2009年)第二章《夏、商、西周与春秋时期的教育》第一节《夏、商的教育》。

周代的学校称谓异常繁多,令人眼花缭乱。这一方面体现着周代教育事业的高度发达,另一方面也给今人了解周代的教学机构带来了难度。有必要根据古籍中的各种描述作一个全面的梳理。

周代的学校从主办单位及覆盖范围来看分为两类:一类是中央朝廷或诸侯国在王城或国都办的学校,统称"国学"。一类是地方政府主办的地方学校,称"乡学"。《礼记·学记》说:"古之教者,家有塾,党有庠,术有序,国有学。"郑玄注:"术,当为遂声之误也。古者仕焉而已也,归教于闾里之间,朝夕坐于门,门侧之堂谓之塾。周礼:五百家为党,万二千五百家为遂。党属于乡,遂在远郊之外。"①"塾"相当于弄堂学校。五百家为"党","党"内设立的学校叫"庠"。一万二千五百家为"遂","遂"内设置的学校叫"序"。"塾""庠""序"属于"乡学"。也有人认为,这一时期地方学校分为"乡校""州序""党庠""家塾"。周王和国君在王城国都办的学校叫"国学"。《孟子·滕文公上》云:"庠者,养也;校者,教也;序者,射也。夏曰校,殷曰序,周曰庠,学则三代共之,皆所以明人伦也。"朱熹《孟子集注》注云:"庠以养老为义,校以教民为义,序以习射为义,皆乡学也。学,国学也。共之,无异名也。"这里给"校""序""庠"提供了另一种解释,它们都属于地方政府办的"乡学"。夏商周三代天子或国君办的学校则统一称为"国学"。

自夏朝起,学校教育就有小学、大学之分。周代继承了这个学制。《礼记·王制》:"天子命之教,然后为学。小学在公宫南之左,大学在郊,天子曰辟雍,诸侯曰頖宫。"汉伏生《尚书大传》云:"古之帝王者必立大学、小学,使王太子、王子、群后之子以至卿大夫、元士之嫡子,十有三年始入小学","年二十入大学"。关于小学、大学的入学年龄,说法略有差异。一般认为八岁入小学,十五岁成童时入大学,学至二十岁成人时。《大戴礼记·保傅》云:"古者年八岁而出就外舍,学小艺焉,履小节焉。束发而就大学,学大艺焉,履大节焉。"《礼记·内则》云:"六年教之以数与方名……八年,出入门户,及即席饮食,必后长者,始教之让。九年,教之数日。十年,出就外傅,居宿于外,学书计。衣不帛襦裤,礼帅初,朝夕学幼仪,请肄简谅。十有三年,学乐诵诗,舞《勺》。成童,舞《象》,学射御。二十而冠,始学礼,可以衣裘帛,舞《大夏》,惇行孝弟,博学不教,内而不出。"《公羊传·僖公十年》何休注:"诸侯之子,八岁受之少傅,教之以小学","十五受之太傅,教之以大学。"《白虎通·辟雍》:"八岁入学,学书计,十五成童志明,入大学,学经籍。"综合而言,西周小学的入学年龄一般为 8 至 15 岁,修业年限一般为 7 年或更

---

① 《十三经注疏》下册,第 1521 页。

长。小学之后是大学,一般入学年龄在15至20岁不等。西周的大学与小学之间存在着递升关系。小学毕业的王室、贵族子弟和经过严格选拔的士人子弟方可入大学进一步深造。

西周的学校教育以"六艺"为基本教学内容。所谓"六艺",即礼、乐、射、御、书、数。"六艺"之中,又有"大艺""小艺"之分。书、数作为"小艺",是小学的主要课程。礼、乐、射、御作为"大艺",是大学的课程。《礼记·大学》云:"大学之道,在明明德,在亲(新)民,在止于至善。"《礼记·学记》云:"君子如欲化民成俗,其必由学乎!""玉不琢,不成器;人不学,不知道。是故古之王者建国君民,教学为先。"朱熹《孟子集注》云:"父子有亲,君臣有义,夫妇有别,长幼有序,朋友有信,此人之大伦也。庠序学校,皆以明此而已。"小学所学的"小艺"是为"大艺"打基础的。大学所学的"大艺"核心是做人的道德。

西周的大学分天子主办的大学与诸侯主办的大学。天子主办的大学叫"辟雍"。诸侯主办的大学叫"頖宫"。《礼记·王制》所谓"天子曰辟雍,诸侯曰頖宫"即然。"辟雍"作为西周的天子大学,建在王城镐京的郊区,四周有水池环绕,中央高地建有厅堂式的草屋,附近有广大的园林。所以称"辟雍","辟"为"璧"之本字。① "雍"通"壅"。《韩诗说》:辟雍"圆如璧,壅之以水"。《诗经·大雅·灵台》毛传:"水旋丘如璧,曰辟雍。"另一种解释,认为"雍"通"邕"。②《说文解字》:"邕,邑四方有水,自邕成池者。"辟雍之水为人工开挖的池,故辟雍又叫"辟池"。辟雍的水中高地上有建筑,叫"明堂"。《大戴礼记·盛德》云:"明堂者……以茅盖屋,上圆下方……外水曰辟雍。"《韩诗说》云:辟雍"立明堂于中","盖以茅"。《礼记·王制》说"大学在郊",郊,指王城之郊。西周王城为镐京。《诗经·大雅·文王有声》:"镐京辟雍,自西自东,自南自北,无思不服,皇王烝哉!"这镐京的辟雍位于哪里呢?麦尊、静簋都说辟雍在菜京,知菜京为镐京东郊的地名,非别有都城。③汉蔡邕《独断》云:"天子曰辟雍,谓流水四面如璧,以节观者。""辟雍"作为西周天子大学,不是单一的建筑,而是由"五学"构成的完整的教学系统。它呈四合院的形式,东南西北中各设一学。各学的名称和教育内容各有不同。"辟雍"居中,亦称"太学""明堂",为承师问道、天子自学、举行典礼之所,由太师、太保、太傅主持。"东学"亦称"东序",为学习干戈羽籥之所,由乐师主持。"南学"亦称"成均",为学乐之所,由大司乐主持。"西学"亦称"瞽

---

① ② 杨宽:《西周史》,上海人民出版社2016年版,第710页。
③ 杨宽:《西周史》,第709页。

宗""西雍",为习礼之所,由礼官主持。"北学"亦称"上庠",为学书之所,由诏书者主持。四学环绕"辟雍"而设,构成一个统一而又相对独立的大学教学机构。由于五学之中"辟雍"最为尊贵,因此整个天子大学也统称"辟雍"。"辟雍"是周朝的最高学府,又称"学宫"。

"頖宫",是西周诸侯国都的大学,又称"泮宫"。"宫"指学宫。"頖""泮"从"半"取义,半面临水。《诗经·鲁颂·泮水》郑玄注:"泮之言半也。半水者,盖东西门以南通水,北无也。"《说文解字》云:"泮,诸侯乡射之宫,西南为水,东北为墙。"《白虎通·辟雍》云:"诸侯曰泮宫者,半于天子之宫也……半者象璜也,独南面礼仪之方有水耳,其余壅之。"《汉书·郊祀志》云:"周公相成王,王道大洽,制礼作乐,天子曰明堂辟雍,诸侯曰泮宫。"可知"泮宫"一般指东西门以南的一半环水的学宫,取"半于天子之宫"之义。且"辟雍"四周有四学相辅,而"泮宫"仅是独立的存在,无东学、西学、南学、北学四学围绕。

西周时期"学在官府",受学对象主要限于王室及贵族子弟,称"国子"。小学学书数,大学学礼乐御射,主要学习内容是道德人伦,教学目的是培养君子作官员,为以德治国输送人才。春秋时期,孔子打破"学在官府"的传统,首创私学,提出"有教无类"①的教学理念,生员对象从过去的贵族子弟扩大到平民子弟,人人不分贵贱,都可以接受教育。他以低廉的学费招生("束脩"),使平民百姓子弟有了通过教育入仕成为贵族的可能,改变了过去只有贵族子弟才能上学的局面。孔子的学生多数出身贫贱,颜回是典型的例子。此后私人办学成为常态。

关于周代学校的教学管理,《学记》有一段记载可作参考:"比年(隔一年)入学,中年考校。一年视离经辨志;三年视敬业乐群;五年视博习亲师;七年视论学取友,谓之小成。九年知类通达,强立而不反,谓之大成。夫然后足以化民易俗,近者说(悦)服而远者怀之,此大学之道也。"说的是学校每年招收新生入学,每隔一年对学生考查一次。第一年考查学生断句分章等基本阅读能力,第三年考查学生是否专心学习、团结同学,第五年考查学生是否能够广泛学习、尊敬老师,第七年考查学生讨论学业是非和识别朋友的能力,这一阶段学习合格叫"小成"。第九年学生能举一反三,推论事理,有坚韧不拔的信念,不违背老师的教诲,达到这一阶段的学习标准,叫作"大成"。唯有这样,学成之后才能教化百姓,移风易俗,使人们心悦诚服,愿意归顺。

---

① 《论语·卫灵公》。

二、教学理念:"学以致道"与"好学""劝学"

建国君民,经邦济世,是古来君主办学的传统。周代学校教育的目的只有一个:学以致仕,治国安邦。己不正,不可正人。治国安邦者首要的任务,是成为道德君子。所以《周礼·地官·师氏》说:"师氏掌以媺(善也)诏王。以三德教国子:一曰至德,以为道本;二曰敏德,以为行本;三曰孝德,以知逆恶。教三行:一曰孝行,以亲父母;二曰友行,以尊贤良;三曰顺行,以事师长。……凡国之贵游子弟学焉。"同时还必须具备相当的技能。所以《周礼·地官·师氏》又说:"保氏掌谏王恶,而养国子以道。乃教之六艺,一曰五礼,二曰六乐,三曰五射,四曰五驭,五曰六书,六曰九数。"这里提到"六艺"。其中,书、数是周代小学的主要教学内容。礼乐射御是周代大学的主要教学内容。

"书"指文字书写。文字的认读、书写是继承前代经验和祖先文化的基本能力。西周时期的文字不再局限于甲骨,而是刻写于金石之上。文字构成遵循"六书"原则,结构趋于稳定,表达的音义更加广泛。数学不仅是经济管理的必备技能,也是掌握天文历法知识的基础。西周"数"的概念也已发展得很完备。不仅有了数字,而且掌握了十进制记数法和四则运算以及一定的几何知识。

西周社会等级森严,"礼"便是这种等级的制度规范。"礼"的内容包括各种典章制度、祭祀仪轨、人伦规范、孝悌之义,广及仪容仪表、冠冕服饰、衣食住行、婚丧嫁娶等社会生活的一切方面。如果说"礼"是硬性的等级规范,"乐"则是柔性的情感教化。"乐以象德"。"乐"与"礼"相互配合,互为表里,教化成人。

"射"即射箭技能,既是周代基本的军事技能,也与道德修养密切相关。《礼记·射义》阐释"射礼"的道德含义:"射者,仁之道也。射求正诸己,己正然后发,发而不中,则不怨胜己者,反求诸己而已矣。""射者,进退周还必中礼,内志正,外体直,然后持弓矢审固;持弓矢审固,然后可以言中,此可以观德行矣。""射者,男子之事也,因而饰之以礼乐也。故事之尽礼乐、而可数为、以立德行者,莫若射,故圣王务焉。""御",从彳从卸。徐锴《说文解字系传》云:"卸,解车马也。彳,行也。或行或卸,皆御者之职也。"车马是西周重要的交通工具,战车则是西周重要的兵器。"御"不仅是驾驭车马的技术,也有"内(纳)之于善"的道德意义。

东周时期诸子私人办学兴起后,教学内容在"六艺"之外又加入自己的学说。比如孔子办学在"六艺"外又开设"德行""言语""政事""文学"四门课程,还推行"四教":"文、行、忠、信"①。"文"指古籍文献,"行"指德行实践,"忠"指待人忠厚,"信"指诚实无伪。要之,道德成人、学成君子,是周代学校教育的主旨。

"好学",是走向仁德、成为君子的关键。所以,"好学""劝学"成为东周诸子反复阐述的主题。孔子最早提出"好学"概念。所谓"学",不单指知识、技艺的学习,更多地是指道德修养、人格的培育。孔子指出:"就有道而正焉,可谓'好学'也已。"②孔子学习、修养的主要对象是周文王、周武王的仁德之道。卫国的公孙朝问子贡:"仲尼焉学?"子贡回答:"文武之道"。③孔子要求:"志于道,据于德,依于仁,游于艺。"④孔子声明:"我非生而知之者,好古,敏以求之者也。"⑤他所达到的仁德境界,只是不断努力、学习的结果。"吾尝终日不食,终夜不寝,以思,无益,不如学也。"⑥"十室之邑,必有忠信如丘者焉,不如丘之好学也。"⑦"学而时习之,不亦悦乎?"⑧他曾分析过"不好学"的种种弊病:"好仁不好学,其蔽也愚;好知不好学,其蔽也荡;好信不好学,其蔽也贼;好直不好学,其蔽也绞;好勇不好学,其蔽也乱;好刚不好学,其蔽也狂。"⑨

孔子年轻时以为人办丧事儒生为业,30岁时开办私人学校,聚徒讲学,声名日隆。51岁后被鲁国的实际掌权人阳货邀请从政,四年后因与季康子及鲁定公政见不合,带领弟子周游列国。十四年后结束周游列国游说政治主张的活动,整理鲁国所保留的周代文化典籍,同时向弟子传授。孔子的一生大多是在教育弟子中度过的。孔子将办学作为培养内圣、实现外王的一份神圣的事业。孔子办学的目的,是培养从政的道德君子,"学而优则仕"。因此,孔子将道德教育放在学校教育的首位。除"六艺"中的礼乐外,他提出:"弟子入则孝,出则悌,谨而信,泛爱众,而亲仁。"⑩"仁"与"礼"成为孔子道德教育的主要内容。"仁"为最高道德准则,"礼"为外在行为规范。"仁"是"礼"的内容,"礼"是"仁"的形式。他对学生的教育,不只是御、书、数、射之类的技艺,而且包括礼、诗之类的道德内容。他对学生说:"小子何莫学夫《诗》?《诗》,可以兴,可以观,可以群,可以怨。迩之事父,远之事君;多识于鸟兽草木之名。"⑪在他看来,弟子中只有颜回称得上"好学"。鲁

---

①②④⑤ 《论语·述而》。
③ 《论语·子张》。
⑥ 《论语·卫灵公》。
⑦ 《论语·公冶长》。
⑧⑩ 《论语·学而》。
⑨⑪ 《论语·阳货》。

哀公问:"弟子孰为好学?"孔子对曰:"有颜回者好学,不迁怒,不贰过,不幸短命死矣。今也则亡,未闻好学者也。"①其弟子子夏补充说明"学"的道德含义:"君子学以致其道。""博学而笃志,切问而近思,仁在其中矣。""日知其所亡,月无忘其所能,可谓好学也已矣。"②

《礼记》为孔子弟子及后学所闻所记。孔子"好学求道"的思想,在《学记》《大学》中有很好的发挥。《礼记·学记》揭示:"玉不琢,不成器;人不学,不知道。是故古之王者建国君民,教学为先。"《礼记·大学》指出:"大学之道,在明明德,在亲(新)民,在止于至善。""教"与"学",总是与道德修养联系在一起的。

到了战国时期的儒家著作《荀子》以及杂家著作《尸子》《吕氏春秋》中,孔子的"好学"易名为"劝学"被一再强调。《荀子》设《劝学》篇,阐释"学"的目标在于道德成圣:"学恶乎始?恶乎终?曰:其数则始乎诵经,终乎读礼;其义则始乎为士,终乎为圣人。""故学数有终,若其义则不可须臾舍也。为之,人也;舍之,禽兽也。""木受绳则直,金就砺则利,君子博学而日参省乎己,则知明而行无过矣。""吾尝终日而思矣,不如须臾之所学也。""学至乎礼而止矣。夫是之谓道德之极。""君子之学也,入乎耳,着乎心,布乎四体,形乎动静。端而言,蠕而动,一可以为法则。""君子知夫不全不粹之不足以为美也,故诵数以贯之,思索以通之,为其人以处之,除其害者以持养之。使目非是无欲见也,使耳非是无欲闻也,使口非是无欲言也,使心非是无欲虑也。……夫是之谓德操。德操然后能定,能定然后能应。能定能应,夫是之谓成人。天见其明,地见其光,君子贵其全也。"《劝学》还提出了"善学""积学"的方法问题。所谓"善学",即矢志靡他,锲而不舍。"百发失一,不足谓善射;千里跬步不至,不足谓善御;伦类不通,仁义不一,不足谓善学。学也者,固学一之也。一出焉,一入焉,涂巷之人也;其善者少,不善者多,桀纣盗跖也;全之尽之,然后学者也。""蚓无爪牙之利,筋骨之强,上食埃土,下饮黄泉,用心一也。蟹六跪而二螯,非蛇鳝之穴无可寄托者,用心躁也。""骐骥一跃,不能十步;驽马十驾,功在不舍。锲而舍之,朽木不折;锲而不舍,金石可镂。"持之以恒的学习也就是"积学"的问题:不积跬步,无以至千里;不积小流,无以成江海;"积善成德,而神明自得,圣心备焉"。"学不可以已。""真积力久则入,学至乎没而后止也。"《儒效》篇进一步论证说明矢志如一的"积学"对"化性成圣"的重要性:"性也者,吾所不能为也,然而可化也。积

---

① 《论语·雍也》。
② 《论语·子张》。

也者,非吾所有也,然而可为也。注错习俗,所以化性也;并一而不二,所以成积也。习俗移志,安久移质。并一而不二,则通于神明,参于天地矣。故积土而为山,积水而为海,旦暮积谓之岁,至高谓之天,至下谓之地,宇中六指谓之极。涂之人百姓积善而全尽,谓之圣人。""人积耨耕而为农夫,积斲削而为工匠,积反(贩)货而为商贾,积礼义而为君子。""彼求之而后得,为之而后成,积之而后高,尽之而后圣。故圣人也者,人之所积也。"学以成圣,成为人格修养的必由之路:"我欲贱而贵,愚而智,贫而富,可乎? 曰:其唯学乎。"①

《尸子》也设《劝学》篇,强调"学"对于道德成人的重要性:"学不倦,所以治己也。""身者茧也,舍而不治则知行腐蠹。""子路,卞之野人;子贡,卫之贾人;颜涿聚,盗也;颛孙师(字子张),驵(马贩子)也。孔子教之,皆为显士。夫学譬之犹砺也……砺之与弗砺,其相去远矣。今人皆知砺其剑,而弗知砺其身。夫学,身之砺砥也。"《尸子·劝学》还指出:"贵,非爵列也。""爵列者,德行之舍也。""天子诸侯,人之所以贵也,桀纣处之则贱矣。是故曰爵列非贵也。""贵人者,贵其心。""夫德义也者……天地以正,万物以遍,无爵而贵,不禄而尊也。"这就从荣辱方面进一步强调了"学"的道德内容。

《吕氏春秋·孟夏纪》中也有《劝学》篇,论及忠孝显荣离不开理义的学习。"先王之教,莫荣于孝,莫显于忠。忠孝,人君人亲之所甚欲也。显荣,人子人臣之所甚愿也。然而人君人亲不得其所欲,人子人臣不得其所愿,此生于不知理义。不知理义,生于不学。""圣人生于疾学。不疾学而能为魁士名人者,未之尝有也。"与《劝学》相辅的还有《尊师》篇,也谈到"学"的重要性。首先,《尊师》提出"善学"概念,指出"学"有助于开发人心体认真理的天性:"且天生人也,而使其耳可以闻,不学,其闻不若聋;使其目可以见,不学,其见不若盲;使其口可以言,不学,其言不若爽;使其心可以知,不学,其知不若狂。故凡学,非能益也,达天性也。能全天之所生而勿败之,是谓善学。"其次,人们体认了做人的道理之后加以修养践行,就可以"成身",成为孝子、忠臣、明君:"学也者,知之盛者也。……知之盛者,莫大于成身,成身莫大于学。身成则为人子弗使而孝矣,为人臣弗令而忠矣,为人君弗强而平矣,有大势可以为天下正矣。"由此可见,道德修养的"学"不仅是"人子""人臣"的任务,也是"人君"的任务。

三、教学方法:"教之所由兴"与"学者有四失"

从西周官学,到东周私学,周代的学校教育事业蓬勃发展,形成了丰富

---

① 《荀子·儒效》。

的教学方法思想。如果说"学"的主要任务是"治己",那么"教"的主要职责是"治人"。"学不倦,所以治己也;教不厌,所以治人也。"①从教师教的方法一端说,《学记》作了很好的总结:"君子既知教之所由兴,又知教之所由废,然后可以为人师也。"②什么是"教之所由兴"的方法呢?"禁于未发之谓豫;当其可之谓时;不凌节而施之谓孙;相观而善之谓摩。此四者,教之所由兴也。"什么是"教之所由废"的方法呢?"发然后禁,则扞格而不胜;时过然后学,则勤苦而难成;杂施而不孙,则坏乱而不修;独学而无友,则孤陋而寡闻;燕朋逆其师,燕辟废其学。此六者,教之所由废也。"择要说来,《学记》在这里总结的成功的教育方法有:

(一)未雨绸缪、防患未然。教师要善于总结学生学习中经常出现的教训加以提醒预防,避免重蹈覆辙。"禁于未发之谓豫","发然后禁,则扞格而不胜"。

(二)抓住时机,及时施教。"当其可之谓时","时过然后学,则勤苦而难成"。发现问题不能拖拉,必须及时解决。

(三)循序渐进,"学不躐等"③。针对当时教育出现的"及于数进而不顾其安"④,追求进度、揠苗助长的情况,《学记》提出:"不陵节而施之谓孙","杂施而不孙,则坏乱而不修"。

(四)观而弗语、启而不发。针对"今之教者""多其讯言"的状况,《学记》提出:"记问之学,不足以为人师,必也听语乎!""相观而善之谓摩。""时观而弗语,存其心也。""君子之教,喻也。道而弗牵,强而弗抑,开而弗达。道而弗牵则和,强而弗抑则易,开而弗达则思。和易以思,可谓善喻矣。""君子知至学之难易而知其美恶,然后能博喻,能博喻然后能为师。""善歌者,使人继其声;善教者,使人继其志。其言也,约而达,微而臧,罕譬而喻,可谓继志矣。""善待问者如撞钟,叩之以小者则小鸣,叩之以大者则大鸣,待其从容,然后尽其声。不善答问者反此。"⑤这是对孔子启发式教学思想的继承和发展。孔子最早提出"不愤不启,不悱不发"⑥的教学方法。学生对某一问题正在积极思考,急于解决而又尚未搞通时的矛盾心理状态,这是"愤"。此时教师应对学生给以指导,以帮助学生开启思路,这就是"启"。学生对某一问题已经有一段时间的思考,但尚未考虑成熟,处于想说又难以表达的一种矛盾心理状态,这是"悱"。教师帮助学生明确思路,然后用比较准确的语

---

① 《尸子·劝学》。
②③④⑤ 《礼记·学记》。
⑥ 《论语·述而》。

言表达出来,这就是"发"。教师切忌直接把答案告诉学生的填鸭式教学方法,通过启发式教学,培养学生的独立思考能力。

(五)因材施教,"教人不尽其材,其施之也悖"①。

(六)温故知新,"学而时习之"②,"温故而知新,可以为师矣"③。

(七)与友人切磋探讨,孔子说"诗可以群","群"即"群居相切磋"(孔安国)之意,这也即《学记》所说离开课堂后"乐其友而信其道",相互讨论之意,"独学而无友,则孤陋而寡闻"④,可见交友之道对于学以成人很重要,"故非我而当者,吾师也;是我而当者,吾友也;谄谀我者,吾贼也。故君子隆师而亲友,以致恶其贼。好善无厌,受谏而能诫,虽欲无进,得乎哉!"⑤

(八)课内与课外、专与博相结合,"大学之教也,时教必有正业,退息必有居学。不学操缦,不能安弦;不学博依,不能安诗;不学杂服,不能安礼;不兴其艺,不能乐学。故君子之于学也,藏焉修焉,息焉游焉。夫然,故安其学而亲其师,乐其友而信其道,是以虽离师辅而不反也"⑥。

除了教育方法,周人还总结出不少学习方法。

(一)尊师重傅、征圣宗经。"人无师无法,而知则必为盗,勇则必为贼,云能则必为乱,察则必为怪,辩则必为诞。人有师有法,而知则速通,勇则速威,云能则速成,察则速尽,辩则速论。故有师法者,人之大宝也;无师法者,人之大殃也。"⑦古代圣人是最好的老师,所以"尊师"必"征圣"。"圣人者,人道之极也。故学者,固学为圣人也。"⑧"圣人也者,道之管也,天下之道管是矣,百王之道一是矣。故诗书礼乐之道归是矣。"⑨古代"圣王"是天下人格道德修养的表率,所以"征圣"又走向取法"圣王",或者叫"法先王"。"学也者,固学止之也。恶乎止之?曰:止诸至足。曷谓至足?曰:圣王。""故学者以圣王为师,案以圣王之制为法……向是而务,士也;类是而几,君子也;知之,圣人也。"⑩"礼莫大于圣王","凡言不合先王,不顺礼义,谓之奸言"⑪。古代圣人的思想保留在经典中。所以由"征圣"走向"宗经"。"学恶乎始?……始乎诵经。""《礼》之敬文也,《乐》之中和也,《诗》《书》之博

---

①④⑥ 《礼记·学记》。
② 《论语·学而》。
③ 《论语·为政》。
⑤ 《荀子·修身》。
⑦⑨ 《荀子·儒效》。
⑧ 《荀子·礼论》。
⑩ 《荀子·解蔽》。
⑪ 《荀子·非相》。

也,《春秋》之微也,在天地之间者毕矣。"①"《诗》言是其志也,《书》言是其事也,《礼》言是其行也,《乐》言是其和也,《春秋》言是其微也。……天下之道毕是矣。"②

（二）由浅入深、由难入易。"学者有四失"："人之学也,或失则多,或失则寡,或失则易,或失则止。此四者心之莫同也。知其心,然后能救其失也。""善问者如攻坚木,先其易者,后其节目,及其久也,相说以解。不善问者反此。"③

（三）"举一反三"④"闻一知十"⑤。"古之学者,比物丑类,鼓无当于五声,五声弗得不和;水无当于五色,五色弗得不章。"⑥古代善于求学的人,能够对同类事物进行比较,举一反三,触类旁通。鼓不等同于五声,而五声中没有鼓音,就不和谐;水不等同于五色,但五色没有水调和,就不能鲜明悦目。触类旁通的道理与此相类。如此就能收到事半功倍的效果。"善学者,师逸而功倍,又从而庸之。不善学者,师勤而功半,又从而怨之。"⑦

（四）抓住重点,一以贯之。《论语·卫灵公》记载："子曰：'赐也！女以予为多学而识之者与？'对曰：'然,非与？'曰：'非也。予一以贯之。'"子贡以为孔子的博学是由苦学、多学造成的,孔子说不是这样的,这当中有学习的技巧,即抓住重点,用一个根本的线索把各种知识贯穿起来。

（五）学思结合,实事求是。"学而不思则罔,思而不学则殆。"⑧读书与思考必须兼顾,不能偏废一端。"知之为知之,不知为不知,是知也。"⑨"敏而好学,不耻下问。"⑩要有一种"学而不厌"⑪、求真务实、探索真理的精神。

（六）学以致用,知行合一。孔子曾批评说："诵《诗》三百,授之以政,不达；使于四方,不能专对。虽多,亦奚以为？"⑫

关于教与学的相互关系,周人论及"教学相长"："虽有佳肴,弗食不知其旨也；虽有至道,弗学不知其善也。是故学然后知不足,教然后知困(困惑)。知不足然后能自反也,知困然后能自强也。故曰：教学相长(促进)也。"⑬

四、师道尊严：《吕氏春秋·尊师》与《管子·弟子职》

在周代的教学思想中,讨论得最多的是师道尊严问题。《吕氏春秋·孟

---

① 均见《荀子·劝学》。
② 《荀子·儒效》。
③⑥⑦⑬ 《礼记·学记》。
④⑪ 《论语·述而》。
⑤⑩ 《论语·公冶长》。
⑧⑨ 《论语·为政》。
⑫ 《论语·子路》。

夏纪》明确提出"尊师"要求。"疾学在于尊师,师尊则言信矣、道论矣。""古之圣王未有不尊师者也。"①为什么呢?因为古往今来的圣王贤君都离不开师傅的教导。"神农师悉诸,黄帝师大挠,帝颛顼师伯夷父,帝喾师伯招,帝尧师子州支父,帝舜师许由,禹师大成贽,汤师小臣,文王、武王师吕望、周公旦,齐桓公师管夷吾,晋文公师咎犯、随会,秦穆公师百里奚、公孙枝,楚庄王师孙叔敖、沈尹巫,吴王阖闾师伍子胥、文之仪,越王勾践师范蠡、大夫种。此十圣人、六贤者,未有不尊师者也。今尊不至于帝,智不至于圣,而欲无尊师,奚由至哉?此五帝之所以绝,三代之所以灭。"②《学记》甚至指出:"教也者,义之大者。"教师为人师表,是道德楷模,"能为师然后能为长,能为长然后能为君",所以"三王四代唯其师",古代君王只尊敬老师。"天子入太学,祭先圣,则齿(排列)尝为师者,弗臣(与曾经当过自己老师的人并排站立,不把他当作臣子看待),所以见敬学与尊师也。""大学之礼,(师)虽诏于天子,无北面,所以尊师也。"因此《学记》提出"严师尊道"要求:"君子之学也,说义必称师以论道,听从必尽力以光明。""凡学之道:严师为难。师严然后道尊,道尊然后民知敬学。"荀子则将"贵师而重傅"提到国家兴旺的高度加以强调:"国将兴,必贵师而重傅;贵师而重傅,则法度存。国将衰,必贱师而轻傅;贱师而轻傅,则人有快(杨倞注:肆意),人有快则法度坏。"③

周人倡导全社会"尊师"。对于教师来说,他必须为人师表,胜理行义,才有资格受到人们的尊敬。"故为师之务,在于胜理,在于行义。理胜义立则位尊矣,王公大人弗敢骄也,上至于天子,朝之而不惭。故师必胜理行义然后尊。"④从教学的规律来说,教师如果得不到足够的尊重,就没法有效地传道授业,学生也没法真正地学到真经。"往教(应召而教)者不化,召师(被使唤)者不化,自卑者不听,卑师者不听。师操不化不听之术而以强教之,欲道之行、身之尊也,不亦远乎?学者处不化不听之势而以自行,欲名之显、身之安也,是怀腐而欲香也,是入水而恶濡也。"⑤学生只有"事师之犹事父",教师才能"尽智竭道以教"⑥。

如何"尊师"呢?《吕氏春秋》"尊师"篇提出了一套具体做法:"凡学,必务进业,心则无营。疾讽诵,谨司闻,观欢愉,问书意,顺耳目,不逆志。退思虑,求所谓,时辨说,以论道。不苟辨,必中法。得之无矜,失之无惭,必反其

---

① ④ ⑤ ⑥ 《吕氏春秋·孟夏纪·劝学》。
② 《吕氏春秋·孟夏纪·尊师》。
③ 《荀子·大略》。

本。"学习一定要追求上进,专心致志,心无杂念。重视背诵,认真听讲,在老师怡悦时请教问题,对老师神态和顺,不忤逆老师的教导。离开老师后不忘老师所说的话,仔细回味其中深意,时时征引论辩,阐说道理。不强词夺理,中规中矩。不斤斤计较于得失成败,永远不离尊师重道的根本。该篇还规定了几条"尊师"的细则:"生则谨养,谨养之道,养心为贵;死则敬祭,敬祭之术,时节为务;此所以尊师也。"老师健在的时候应虔诚崇奉,崇奉的方法以顺应老师心愿为上;老师逝世后应恭敬祭拜,拜祭的方法以谨守相关的忌日、节令为务。"治唐圃,疾灌寖,务种树;织葩屦,结置网,捆蒲苇;之田野,力耕耘,事五谷;如山林,入川泽,取鱼鳖,求鸟兽;此所以尊师也。"为老师治理场圃,浇水种树;织麻鞋网具,捆蒲草苇叶;帮助老师耕耘田地,种植五谷;乃至为老师进山林河泽,打鱼捉鳖,猎兽捕鸟。"视舆马,慎驾御;适衣服,务轻暖;临饮食,必蠲絜;善调和,务甘肥。必恭敬,和颜色,审辞令,疾趋翔,必严肃;此所以尊师也。"做好老师车马的养护,保证老师安全出行。保障好老师的穿着得体和饮食健康。对老师要恭敬庄重,和颜悦色,对与老师说话的分寸,乃至在老师面前走路的节奏都应有合适的把握。

战国时期的稷下学宫是由齐威王创立、官方举办、私家主持的特殊高等学府。当时的齐国君主相当开明,对精英知识分子采取了十分优礼的态度,封了不少学者为"士大夫","受上大夫之禄",允许他们"不治而议论"①,即"不任职而论国事"②。它以稷下学宫为中心,招贤纳士,兼容并包,容纳了当时诸子百家中的几乎各个学派,汇集了上千人的天下贤士,有力地促成了"百家争鸣"学术繁荣、思想自由局面的形成。在学生管理上,稷下学宫制定了中国历史上第一个学生守则《弟子职》,从尊敬师长到敬德修业,从饮食起居到衣着仪表,从课堂授课到课后复习均有严格规定。《弟子职》全文收在《管子》一书中。

《弟子职》提出的总的要求是:"先生施教,弟子是则。温恭自虚,所受是极。见善从之,闻义则服。温柔孝悌,毋骄恃力。志无虚邪,行必正直。游居有常,必就有德。颜色整齐,中心必式。夙兴夜寐,衣带必饰。朝益暮习,小心翼翼。一此不解(懈),是谓学则。"先生给予的教诲,学生必须严格遵守。要谦恭虚心,所学就能彻底。见善应跟着去做,闻义须身体力行。学生要温和柔顺,讲究孝悌,切忌恃勇傲慢。心志不可虚邪,行为必须正直。出外居家都要与有德之士相处。容色端庄,内心守正。早起迟眠,衣冠整

---

① 《史记·田敬仲完世家》。
② 《盐铁论·论儒》。

齐。朝学暮习,小心谨慎。专心遵守这些而不懈怠,这就是为学的法则。

接着,《弟子职》叙说了学生尊敬老师的各方面的规定。

"少者之事,夜寐早作。……摄衣共(恭)盥,先生乃作。沃盥彻盥,泛拚正席,先生乃坐。出入恭敬,如见宾客。危坐乡师,颜色毋怍。"少年学子要注意晚睡早起。要在老师起床时轻手轻脚为先生摆设盥洗之器,服侍先生用完后撤下盥器,又洒扫室屋摆好讲席。先生入坐讲席后,弟子出入都得保持恭敬,如同与宾客会见一般。端正地坐着面向老师,不可随便地改变容色。

"受业之纪,必由长始。一周则然,其余则否。始诵必作,其次则已。凡言与行,思中以为纪。……后至就席,狭(近)坐则起。若有宾客,弟子骏作,对客无让,应且遂行。趋进受命,所求虽不在,必以反命,反坐复业。若有所疑,奉手问之。师出皆起。"接受先生讲课的次序,一定要从年长的同学开始。第一遍这样进行,以后则不必如此。首次诵读必须站起身来,以后也无须如此。一切言语行动,以符合中和之道为准则。后到的同学入席就坐,旁坐者应及时站起。若是有客人来到,弟子要迅速起立,边应边走,快进来向先生请示,不可怠慢。即使来宾所找的人不在,也必须回头禀告客人,然后回原位继续学习。学习中若有疑难,便拱手相问。先生下课走出时,学生一律起立示敬。

"至于食时,先生将食,弟子馔馈。摄衽盥漱,跪坐而馈。置酱错食,陈膳毋悖。凡置彼食,鸟兽鱼鳖,必先菜羹。羹胾中别,胾在酱前,其设要方。饭是为卒,左酒右酱。告具而退,奉手而立。三饭二斗,左执虚豆,右执挟匕,周还而贰(添饭),唯嗛(食尽)之视,……周则有始,柄尺不跪,是谓贰纪。先生已食,弟子乃彻,趋走进漱,拚前敛祭。"及至用饭之时,先生将食,弟子把饭菜送上。挽起衣袖洗漱之后,跪坐把饭菜献给师长。摆放酱和饭菜,饭桌陈列不可杂乱无章。一般上菜的程序是:先上蔬菜羹汤,再上肉食。羹与肉相间排列,肉放在酱的前方,其席面应摆成正方形状。饭则最后上。左放酒右放酱。饭菜上完即可退下,拱手立于一旁。一般是三碗饭和两斗酒,弟子左手拿着空碗,右手拿着筷勺,将酒饭轮流添上,以喝完食尽为尚。周而复始,用长勺就无须跪着送上。这都是添饭的规矩。待先生吃饭完毕,弟子便撤下食具,赶忙为先生送来漱器,再清扫席前,收起祭品。

"先生有命,弟子乃食。以齿相要,坐必尽席。饭必奉揽,羹不以手。亦有据膝,毋有隐肘。既食乃饱,循咡覆手。振衽扫席,已食者作。抠衣而降,旋而乡席,各彻其馈,如于宾客。既彻并器,乃还而立。"先生盼咐之后,弟子才可进餐。按年龄坐好,坐席要尽量靠前。饭须用手捧食,羹汤自不能用手拿拣。可以使两手凭靠膝头,不可使两肘依伏桌面。待至吃完吃饱,用手拭净嘴边。抖动衣襟,移开坐垫,吃完即起,提衣离开桌面。过一会又须回到席前,各自撤下所食,就象替宾客撤席一般。撤席后就要把食器收起,弟子返回原处垂手站立。

"凡拚之道,实水于盘,攘臂袂及肘,堂上则播洒,室中握手。执箕膺揲,厥中有帚。入户而立,其仪不忒。执帚下箕,倚于户侧。凡拚之纪,必由奥始,俯仰磬折,拚毋有彻。拚前而退,聚于户内,坐板排之,以叶适己,实帚于箕。先生若作,乃兴而辞。坐执而立,遂出弃之。既拚反立,是协是稽,暮食复礼。"关于洒扫的做法是:把清水打进盆里,把衣袖挽到肘部,堂屋宽广可以扬手洒水,内室窄小应当掬手近泼。手拿畚箕使箕舌对着自身,畚箕里要同时放进扫帚。到屋里站立一会,其仪止不容差错。拿起扫帚就同时放下畚箕,一般是把它靠在门侧。凡按照洒扫的规矩行事,必须从西南的角落扫起,俯仰进退,不可碰动其他东西。从前边往后边退着洒扫,最后把垃圾聚在门里。蹲下来用木板排进垃圾,注意使箕舌对着自己,还要把扫帚放进畚箕。先生若此时出来做事,便起来上前告止。再蹲下取箕帚又站起来,然后使出门倒掉垃圾。洒扫完仍然回来站立。晚饭时仍然要遵守礼仪。

"昏将举火,执烛隅坐。错总之法,横于坐所。栉之远近,乃承厥火,居句如矩,蒸间容蒸,然者处下,捧桵以为绪。右手执烛,左手正栉,有堕代烛,交坐毋倍尊者。乃取厥栉,遂出是去。"傍晚时准备点燃火炬,弟子要执火炬坐在屋的一隅。要注意安放柴束的方法,应当是横放在所坐之地。要看着烛烬的长短,对火炬进行接续,如法在原处安放上去。柴束之间还要留有可容一柴的空隙。燃烧的灰烬落下,要捧碗来盛装火绪余灰。用右手拿着火炬,用左手修整烛烬。一人疲倦另一人及时接替,轮番交坐,不可背向老师。最后把余烬收拾起来,到外边把它们倾倒出去。

"先生将息,弟子皆起。敬奉枕席,问何所趾。俶衽则请,有常有否。""先生既息,各就其友,相切相磋,各长其仪。"先生要休息时,弟子都应起来服侍。恭敬地奉上枕席,问老师足向何处。第一次铺床要问清楚,以后即无需再提。先生已经休息,弟子还会同学友继续学习。互相切磋琢磨,各自加深理解所学的仪礼。

《弟子职》叙说了弟子对于老师从起床到授业、饮食、盥洗、入睡一整天行程应尽的伺候、服务职责,要求比《吕氏春秋·尊师》更加全面具体。它可以帮助我们今人更好地了解周代的"师道尊严"。这些规定虽然在今天有些过时了,但它突出的师道尊严,对于教师"尽智竭道以教",学生全心全意以听,防止"卑师者不听",以收到良好的教学效果,仍然是有很好的现实启示意义的。

第十四章　周代外王论之一："立君为民"的"君道"论

本章提要： 自本章起,逐一论析周代的外王之道。本章聚焦周代"立君为民"的"君道"论。"君道"即"君主之道"。周代的"君道"学说从探讨君主产生的原因、过程入手,确立了"立君为民""利群治乱"的君主起源论,建立了"君为民主""代民做主"的君主专制论、"为民父母,养民教民"的君主职责论、"神圣者王,仁智者君"的君主素质论,以及"公平无私,无偏无陂"的君主"王道"论。周代的"君道"学说从君主的产生机制论证君主的权力与责任、条件和为政之道,存有若干有价值的与现代政治文明相通的成分,在今天的中国式现代化政治文明建设中理当发挥积极作用。①

周代高度重视"外王之道"的探讨。周代的"外王之道"首先从"君道"开始。"君"者,"主"也,主宰者也。"君道"即"君主之道"。君主作为臣民的主宰者、统治者,拥有定于一尊、为民做主的专制特权,所以在周代君主又称"民之主"或"民主"。那么,拥有统治特权的"君主"最初是怎样在民众中产生的?民众为什么赋予君主主宰自己的特权?充当"民主"的君主应当具备什么样的素质?君主在拥有主宰民众特权的同时应当承担什么样的责任?君主应当如何统治人民、成为人民拥戴的明君?于是,君主起源论、君主特权论、君主素质论、君主职责论、君主政治论等等,就构成了周代丰富完整的"君主"学说。总体而论,周人的"君主"学说从君主的产生动因与机制论证君主的职责和为政之道,提出"立天子以为天下"②、"立君以为民"③,从汉代至清成为历朝历代统治者执政的基本理念,保证了中国古代专制政治的人民性初衷和理想,与追求人民利益的现代政治文明客观上存在相通

---

① 本章以"'立天子以为天下'——周代'立君为民'学说的现代性观照"为题,发表于《社会科学战线》2022年第1期。
② 《慎子·威德》。
③ 《荀子·大略》。

之处,具有积极的政治意义和现代活力。那种因为君主专制而简单否定古代政治人民性本位的激进主义观点,既是似是而非的,也是简单粗暴的。让我们以事实说话,来还原周代"君主"学说的历史真相。

一、君主起源论:"天之立君以为民"

亘古洪荒,众生芸芸,本来众生平等,没什么高人一等的君主。但人是有私欲私利的。不同的人从私欲私利出发,就产生了不同的是非标准。为了利益,必然会各执一词发生争夺;发展到严重阶段,就会走向相互残杀。于是,君主适应为天下百姓"一义""治乱"的需求应运而生。"一义"即"同一天下之义"①。"治乱"即"立君以禁暴乱"②,或"立君治乱"③。同时,人的个体力量在自然面前显得很渺小,必须团结起来共同协作,才能对付自然威胁,谋取生活财富。这也需要一位领袖人物把全体社会成员统合起来、领导起来。这就叫"君道立则利出于群。"④于是,为民"治乱","一义""利群",不是利己,而是"无私""贵公",成为周代君主起源论或发生论的几个重要含义。

《尚书》是周人编订的上古文诰汇编。不仅《尚书》中的《周书》直接反映着周人的思想,而且《虞夏书》或《商书》也间接反映着周人的思想。《尚书》的核心思想,是独特的"民主"学说。⑤《尚书》揭示:"民心无常"⑥,"惟惠是怀"⑦,"小人难保"⑧。人民身上具有自私自利的天性。他们目光短浅,不明大义,往往会为眼前的一点个人利益相互争斗,"为恶不同,同归于乱"⑨。周人以商汤王左相仲虺说的"天生民有欲,无主乃乱"⑩为依据,强调"天佑下民,作之君,作之师"⑪。而商汤就是这样的顺应民心,并得到天命的英明的"民主"。"天惟时求民主,乃大降显休命于成汤,刑殄有夏。"⑫周人借此说明:人心有私,无主乃乱,推选睿智英明、乐意为天下服务的圣人作为"天子",不仅是民心所向,也是天命的必然选择。

---

① 《墨子·尚同中》。
② 《文子·上义》。
③ 唐代贾公彦《周礼正义序》指出:"夫天育烝民,无主则乱;立君治乱,事资贤辅。"
④ 《吕氏春秋·恃君览·恃君》。
⑤ 参拙作:《〈尚书〉"民主"学说新探》,《贵州师范大学学报》2019年第1期。
⑥⑦⑨ 《尚书·周书·蔡仲之命》。
⑧ 《尚书·周书·康诰》。
⑩ 《尚书·商书·仲虺之诰》。
⑪ 均见《尚书·周书·泰誓上》。
⑫ 《尚书·周书·多方》。

《尚书》中包含的这个"立君治乱"思想,被春秋末期的管子、文子作了明确揭示。管子曾辅佐齐桓公称霸诸侯,有"春秋第一相"美誉。管子指出:远古无君主,民众为各自的生存竞相争斗,为了保证大家的生存利益,主持公道、为大家兴利除害、平暴禁恶的"智者"应运而生。"古者未有君臣上下之别,未有夫妇妃匹之合,兽处群居,以力相征。于是智者诈愚,强者凌弱,老幼孤独不得其所。故智者假众力以禁强虐,而暴人止;为民兴利除害,正民之德,而民师之。"①这个"正民之德",能够调动"众力""为民兴利除害"而民众师从的"智者",就发展为君主。"为天下致利除害",是君主所以被人拥戴的原因。"夫利莫大于治,害莫大于乱。夫五帝三王所以成功立名,显于后世者,以为天下致利除害也。"②

　文子是老子弟子。他留下的《文子》过去一直被疑为"伪书"。然而,1973 年河北省定县八角廊村 40 号汉墓出土的《文子》残简说明现有《文子》不伪。③ 关于君主的起源,《文子》提出"所为立君者,以禁暴乱也"④这个响亮论断。这"暴乱"是指"天下之民"为了争夺私利而"强陵弱,众暴寡,诈者欺愚,勇者侵怯"引发的暴乱。"古之立帝王者,非以奉养其欲也。圣人践位者,非以逸乐其身也。为天下之民强陵弱,众暴寡,诈者欺愚,勇者侵怯,又为其怀智诈不以相教,积财不以相分,故立天子以齐一之。"⑤"帝王"及"诸侯"的产生是为天下百姓兴利除害,除暴安良,公平地分配生活财富服务的,而不是为了让君主"奉养其欲""逸乐其身"。

　立君为民的思想,是春秋时期流行的普遍观念。这在《左传》中有两处记载。一是邾国占卜迁都时邾文公说的一段话。"邾文公卜迁于绎。史曰:'利于民而不利于君。'邾子曰:'苟利于民,孤之利也。天生民而树之君,以利之也。民既利矣,孤必与焉。'"⑥一是晋大夫师旷说的一段话。"师旷侍于晋侯。晋侯曰:'卫人出其君,不亦甚乎?'对曰:'或者其君实甚。良君将赏善而刑淫,养民如子,盖之如天,容之如地。民奉其君,爱之如父母,仰之如日月,敬之如神明,畏之如雷霆,其可出乎? 夫君,神之主而民之望也。若困民之主,匮神乏祀,百姓绝望,社稷无主,将安用之? 弗去何为? 天生民而立之君,使司牧之,勿使失性。'"⑦"性",本义通"生",指"生"的天性。邾文

---

① 《管子·君臣下》。
② 均见《管子·正世》。
③ 徐慧君、李定生校注:《文子要诠》,复旦大学出版社 1988 年版,第 3 页。
④ 《文子·上义》。
⑤ 《文子·自然》。
⑥ 《左传》文公十三年。
⑦ 《左传》襄公十四年。

公所践行的"天生民而树之君,以利之也"的信念,师旷所肯定的"天生民而立之君,使司牧之,勿使失性",若民不聊生,人民就有权利将暴君驱逐、推翻,是对立君利民理念的重申和强调。

到了战国初期,墨子对"立君治乱"的产生机制和"治乱"的途径有了更为深入的认识。他认为"天下之所以乱者,生于无政长"①;而天下所以相互争斗而理直气壮,是源于"一人一义""百人百义"。所以"政长"消除天下暴乱的根本途径,是站在天下人的立场,统一天下人都能接受的"正义"标准。他指出:"古者天之始生民,未有正长也……若苟百姓为人,是一人一义,十人十义,百人百义,千人千义。逮至人之众,不可胜计也;则其所谓义者,亦不可胜计。此皆是其义,而非人之义。是以厚者有斗,而薄者有争。是故天下之欲同一天下之义也,是故选择贤可者,立为天子。"②"古者民始生,未有刑政之时,盖其语人异义。是以一人则一义,二人则二义,十人则十义。其人兹众,其所谓义者亦兹众。是以人是其义,以非人之义,故交相非也。是以内者父子兄弟作,离散不能相和合;天下之百姓,皆以水火毒药相亏害。至有余力,不能以相劳;腐朽余财,不以相分;隐匿良道,不以相教。天下之乱,若禽兽然。"在墨子看来,"天子"最初产生于人民统一是非标准、实施社会管理的需要,他是人民依据德能标准共同推举出来的,是正义的代表与化身。然而单靠一个人的力量管理天下是不够的,所以任命贤臣、分封诸侯共同管理:"天子立,以其力为未足,又选天下之贤可者,置立之以为三公。天子、三公既以立,以天下为博大,远国异土之民是非利害之辩不可一二而明知,故画分万国,立诸侯国君。"③"天子三公既已立矣,以为天下博大,山林远土之民不可得而一也,是故靡分天下,设以为万诸侯国君,使从事乎一同其国之义。"④要之,原始社会无"政长",是"天下之所以乱"的根本原因。所以"选天下之贤可者,立以为天子"⑤。"天子"只有是"天下之贤可者",才能被天下人推选出来。国君也只有是"天下之贤可者",才能被天子分封任命。他们都是为了统一天下是非标准,为天下、国家止暴平乱服务的。

战国中期,商鞅对"立君治乱"的思想又有进一步的阐释。《商君书·开塞》篇将人类历史的发展阶段划分为"上世""中世""下世",指出"上世"是无君的乱世,"中世"是贤者统治的仁爱之世;"下世"是君主统治的法治之世。君主不是古已有之的,也不是一下子产生的,而是由"贤者""仁者"及"圣人""官吏"这些过渡而来的。"天地设而民生之。"这是人类社会最初

---

①③⑤ 《墨子·尚同上》。
②④ 《墨子·尚同中》。

的"上世"。"当此之时也,民知其母而不知其父,其道亲亲而爱私。亲亲则别,爱私则险。民众而以别、险为务,则民乱。"适应"治乱"的社会需求,贤人管理社会的"中世"应运而生:"故贤者立中正,设无私,而民说仁。""凡仁者以爱利为务,而贤者以相出(奉献)为道。"①这是一个"上贤而说仁"的"中正"时代,也是一个以"无私"的仁政为特点的王道时代。不仅统治者"无私",而且要求天下万民"使私无行"、相亲相爱。② 在商鞅看来,神农之世就属于这个时代:"神农之世,男耕而食,妇织而衣,刑政不用而治,甲兵不起而王。"③从黄帝时代开始,仅靠"贤者""仁者"主持中正公道、倡导仁爱无私不管用了,必须借助"刑政""甲兵",于是拥有更高权威、厉行法治的"君主"应运而生,人类历史进入"下世"阶段:"民众而无制,久而相出为道,则有乱。故圣人承之,作为土地、货财、男女之分。分定而无制,不可,故立禁;禁立而莫之司,不可,故立官;官设而莫之一,不可,故立君。"④他指出黄帝之世的这种变化:"神农既没,以强胜弱,以众暴寡,故黄帝作为君臣上下之义、义子兄弟之礼、夫妇妃匹之合,内行刀锯,外用甲兵,故时变也。"⑤黄帝以来,"五霸以法正诸侯"⑥,都属于"下世"阶段。从历史来看,君主的产生是社会管理的必然选择和社会发展的必由之路,具有积极的历史进步意义。"古者未有君臣、上下之时,民乱而不治。是以圣人列贵贱,制爵位,立名号,以别君臣上下之义……"⑦"古者,民聚生而群处,乱,故求有上也。然则天下之乐有上也,将以为治也。"⑧

既然"立君"是"治乱"的需要,到了战国末期,《吕氏春秋》明确提出"恃君"主张。该书专辟《恃君览》,列举"无君"之患,论证"恃君"是历史的必然:"太古尝无君矣,其民聚生群处,知母不知父,无亲戚兄弟夫妻男女之别,无上下长幼之道,无进退揖让之礼,无衣服履带宫室畜积之便,无器械舟车城郭险阻之备。此无君之患。"无君时代,"其民(如)麋鹿禽兽,少者使长,长者畏壮,有力者贤,暴傲者尊,日夜相残,无时休息,以尽其类。"为了根除"无君之患",保护天下、国家的整体利益和长远利益,所以天下设"天子",国家设"国君"。这是民意所向,也是天意选择。"圣人深见此患也,故为天下长虑,莫如置天子也;为一国长虑,莫如置君也。"⑨在《孟秋纪·荡兵》

---

① 《商君书·画策》篇列举的神农"刑政不用而治,甲兵不起而王"之世,属于中世。
② 均见《商君书·开塞》。
③⑤ 《商君书·画策》。
④⑧ 《商君书·开塞》。
⑥ 《商君书·修权》。
⑦ 《商君书·君臣》。
⑨ 《吕氏春秋·恃君览·恃君》。

中,《吕氏春秋》也作过同样揭示:"未有蚩尤之时,民固剥林木以战矣,胜者为长。长则犹不足治之,故立君。君又不足以治之,故立天子。天子之立也出于君,君之立也出于长,长之立也出于争。争斗之所自来者久矣,不可禁,不可止。"《吕氏春秋》还指出:君主的产生也是率领、团结民众共同对付自然,谋取生活财富的必然选择,这就叫"立君以利群"。"凡人之性,爪牙不足以自守卫,肌肤不足以捍寒暑,筋骨不足以从利辟害,勇敢不足以却猛禁悍。然且犹裁万物,制禽兽,服狡虫,寒暑燥湿弗能害,不唯先有其备,而以群聚邪!群之可聚也,相与利之也。利之出于群也,君道立也。故君道立则利出于群。"①目睹现实社会中"天子""国君"以天下、国家为一己之私服务的异化状况,《吕氏春秋》强调:"置天子非以阿天子也","置君非以阿君也","衰德乱世,然后天子利天下,国君利国"②。

既然君主是适应"治乱""利群"的社会需要产生的,因而只有"贵公"责任,没有谋私的权利。"贵公"与"去私"是一体两面。"贵公"必然要求"去私","去私"是为了"贵公"。相传为姜太公留下的《太公六韬》强调:"天下非一人之天下,乃天下之天下也。"③商鞅学说虽以效忠君主受人诟病,但他效忠的君主不是只顾个人享乐、为所欲为的暴君,而是尧舜、三王(指禹、汤、文武)、五霸这样的"非私天下之利""为天下治天下"的仁君:"尧舜之位(莅)天下也,非私天下之利也,为天下位天下也。……故三王以义亲,五霸以法正诸侯,皆非私天下之利也,为天下治天下。是故擅其名而有其功,天下乐其政,而莫之能伤也。"他批评只顾私利的"乱世之君":"今乱世之君、臣,区区然皆擅一国之利而管一官之重,以便其私,此国之所以危也。"④慎到承此而来,提出"立天子以为天下,非立天下以为天子","立国君以为国,非立国以为君"⑤的响亮命题。慎到还揭示了一条真理:是百姓养育了君主,而不是君主养育了百姓。"百姓之于圣人也,养之也,非使圣人养己也。"⑥在此基础上,《吕氏春秋》开设《贵公》《去私》两篇,明确对君主提出"贵公""去私"的原则,并提出了"凡主之立也,生于公"⑦,"万民之主,不阿一人"⑧,"天下非一人之天下也,天下之天下也"⑨等一系列光彩夺目的口号。他论析说:"智而用私,不若愚而用公。"⑩"能养天之所生而勿撄之谓天

---

①② 《吕氏春秋·恃君览·恃君》。
③ 《六韬·文韬·文师》。
④ 《商君书·修权》。
⑤⑥ 《慎子·威德》。
⑦⑧⑨⑩ 《吕氏春秋·孟春纪·贵公》。

子。天子之动也,以全天为故者也。"①"昔先圣王之治天下也,必先公。公则天下平矣。"②"天地大矣,生而弗子,成而弗有,万物皆被其泽,得其利,而莫知其所由始。此三皇五帝之德也。"③"尧有子十人,不与其子而授舜;舜有子九人,不与其子而授禹:至公也。"④"天无私覆也,地无私载也,日月无私烛也,四时无私行也。行其德而万物得遂长焉。""庖人调和而弗敢食,故可以为庖。若使庖人调和而食之,则不可以为庖矣。王伯之君亦然。"⑤"夫私视使目盲,私听使耳聋,私虑使心狂。三者皆私设……则智无由公。智不公,则福日衰,灾日隆。"⑥荀子在综合以前各种相关论述的基础上,提出了一个精辟的总结:"天之生民,非为君也;天之立君,以为民也。"⑦这是对周代富有积极意义的君主起源论的最好概括。

二、君主专制论:君者,"民之主也"

君主本来是芸芸众生中的一员,是平民百姓的一分子,由于他是"贤可者",被民众推举为君主后,民众就赋予了他主宰万民、为民做主的特权。之所以要确立君主定于一尊、高高在上的地位,赋予他代民做主的专制特权,乃是统一"天下之义"、实施天下公理、平息"一人一义"纷争的不二选择。正如慎子指出:"古者立天子而贵之者,非以利一人也。曰:天下无一贵,则理无由通,通理以为天下也。"⑧

为了有助于君主确立"天下之义",平息天下纷争,周人强调君主必须具有定于一尊的专制权力。文子指出:面对乱世纷争,天子的主要使命就是"齐一"⑨。管子论及君主权势的重要性:"凡人君之所以为君者,势也。故人君失势,则臣制之矣。势在下,则君制于臣矣;势在上,则臣制于君矣。"⑩墨子提出"尚同","同一天下"。文子强调君道是"执一"之道:"立君以一之。君执一即治,无常即乱。""君失一,其乱甚于无君也。君必执一而后能群矣。"⑪"渊不两蛟,雌不二雄,一即定,两即争。"⑫孟子呼吁天下、国家"定

---

① 《吕氏春秋·孟春纪·本生》。
②④⑤ 《吕氏春秋·孟春纪·去私》。
③ 《吕氏春秋·孟春纪·贵公》。
⑥ 《吕氏春秋·季冬纪·序意》。
⑦ 《荀子·大略》。
⑧ 《慎子·威德》。
⑨ 《文子·自然》。
⑩ 《管子·法法》。
⑪ 《文子·道德》。
⑫ 《文子·上德》。

于一"。法家论君道重"势","势"即权位,所以强调君主一言九鼎、独断朝纲的专制特权。商鞅认为,"民之不治者,君道卑也。"①欲制其民,必先树立君道的权威,君主必须"秉权而立,垂法而治"②。申不害明确提出君主独裁:"独视者谓明,独听者谓聪。能独断者,故可以为天下主。"③"明君治国……一言正而天下定,一言倚而天下靡。"④慎到也主张君主专制:"民一于君……是国之大道也。"⑤荀子主张"一天下"。韩非子主张"一匡天下":"夫势者,便治而利乱者也。"⑥"势者,胜众之资也。"⑦"万乘之主,千乘之君,所以制天下而征诸侯者,以其威势也。"⑧"势重者,人君之渊也。君人者,势重于人臣之间。"⑨君主的威势就是独断专制的权势:"主之所以尊者,权也。""明君操权而上重,一政而国治。"⑩"事在四方,要在中央;圣人执要,四方来效。"⑪《吕氏春秋》吸取法家学说,强调加强天子定于一尊的威势:"权钧则不能相使,势等则不能相并。""王也者,势也。王也者,势无敌也。势有敌则王者废矣。""夫欲定一世,安黔首之命,功名著乎盘盂,铭篆著乎壶鉴,其势不厌尊,其实不厌多。"⑫主张"王者执一而为万物正",指出"国必有君,所以一之也;天下必有天子,所以一之也"⑬;"一则治,异则乱;一则安,异则危"⑭。可见,君主的专制特权论在春秋战国时代成为有效平定天下叛乱的一种政治共识。

由于君主具有独断专制、为民做主的特权,所以其又称"民之主",或"民主"。《尚书·周书·多方》说:成汤"代夏作民主"。这是说成汤代替夏桀作了万民之主。又说:"天惟五年须暇之子孙,诞作民主。"这是说虽然商王骄纵淫逸,但上天仍然等待其子孙悔改,再宽暇五年的时间,让他继续做民之君主。《国语·晋语一》记载郭偃对晋献公的一番进谏:"民之主也,纵惑不疚,肆侈不违,流志而行,无所不疚,是以及亡而不获追鉴。"这里"民之主"指晋献公。《国语·晋语四》云:"事君不贰是谓臣,好恶不易是谓君。

---

① ② 《商君书·一言》。
③ 《韩非子·外储说右上》引。
④ 《意林》卷二引。
⑤ 《慎子·逸文》。
⑥ 《韩非子·显学》。
⑦ 《韩非子·八经》。
⑧ 《韩非子·人主》。
⑨ 《韩非子·喻老》。
⑩ 《韩非子·心度》。
⑪ 《韩非子·物权》。
⑫ 均见《吕氏春秋·审分览·慎势》。
⑬ 《吕氏春秋·审分览·执一》。
⑭ 《吕氏春秋·审分览·不二》。

君君臣臣,是谓明训。明训能终,民之主也。……今君之德宇,何不宽裕也?恶其所好,其能久矣?君实不能明训,而弃民主。"这里"民主"或"民之主"指晋文公。《左传·文公十七年》云:"齐君之语偷,臧文仲有言曰:民主偷,必死。"此处的"民主"指齐懿公。当然,周代的"民主"也指具有为民做主权力的朝廷重臣,但主要含义指"君主"。"君者民主"①,是周初以来的通行称谓,它体现的是周代对君主具有代民做主专制特权的普遍认识。

周代的君主特权论也体现在周代关于君主的"民之父母"的指称中。周代是宗法制发展得最为完备的时代。宗法制强调对血缘等级的尊重。在这种血缘等级中,父母对于子女拥有绝对的支配地位和决定权。同时,父母给孩子代为做主,也是因为孩子涉世不深,不能给自己做出有益的决定,而父母能够为孩子做出更为明智的决定。因"治乱""利群"需要而产生的"民主"与民众的关系恰恰和父母与子女的关系相似。君主之于子民,既有代民做主的特权,又有爱民如子、"治乱""利群"的责任。因而,周人习惯将"民主"称为"民之父母"。如《周书》说:"天子作民父母,以为天下王。"②《诗经·大雅·泂酌》说:"岂弟君子,民之父母。"荀子说:"汤武者,民之父母也。"③其中有一个潜在含义,即指君主对于人民具有父母对于子女一样的决定权、主宰权。所以,相对于"民之父母"的君主,人民又称"子民"。这就赋予了君与民的尊卑关系。因此被君主主宰的"子民"又称"臣民"。

"民主"的产生主要源于"为民治乱"的需要。民众无主,为什么会生乱呢?因为民众太自私、愚蠢了,没有长远眼光,也没有大局意识,一切以眼前的个人利益为转移。周人反复揭示,人具有自私自利的人欲与克己复礼的道心二重性。以"理"节"欲"是"君子""大人"的修养,但芸芸众生只是小民,往往做不到这一点,而是自私自利的欲望占行动决策的主导地位。《周书》一再强调:百姓"惟惠是怀"④,只注重实际利益,"无主乃乱"⑤,如果没有英明的君主给他们作决定,就会相互争夺,自相残杀,乱成一团。道家先驱鹖子指出:"民者,积愚也。"⑥《商君书·更法》指出:"愚者闇于成事,知者见于未萌。"底层民众就是这样没有远见的"愚者":"民不可与虑始,而可与乐成。"《周易》"革"卦的卦辞说:"巳日乃孚。"这是说,底层民众目光短

---

① 宋濂:《宋文宪公全集》卷三十七。
② 《尚书·周书·洪范》。
③ 《荀子·正论》。
④ 《尚书·周书·蔡仲之命》。
⑤ 《尚书·商书·仲虺之诰》。
⑥ 《鹖子·撰吏(一)》。

浅,没有长远眼光,只有到了变革完成、大功告成之时,这种变革才能取信于他们,而在谋事之初是不会得到他们支持的。《孟子·梁惠王上》指出:底层百姓没有忠贞不变的精神追求,为了利益什么坏事都干得出来:"若民,则无恒产,因无恒心。苟无恒心,放辟邪侈,无不为已。"荀子指出:人情本恶,若不加节制,就会生乱,而普通民众就是这样的人。"人之情乎,甚不美!"①"今人之性,生而有好利焉,顺是,故争夺生而辞让亡焉;生而有疾恶焉,顺是,故残贼生而忠信亡焉;生而有耳目之欲,有好声色焉,顺是,故淫乱生而礼义文理亡焉。然则从人之性,顺人之情,必出于争夺,合于犯分乱理,而归于暴。""用此观之,人之性恶明矣。"②韩非子是荀子的学生。他根据荀子的"性恶"论提出:"民智之不可用,犹婴儿之心也。"③不难看出,周代的"民主"论,是建立在人性恶、民性愚的总体认识之上的。这个认识后来一直是中国古代"民主"学说的人性依据。芸芸众生是尚未觉醒、糊涂愚昧的群氓,需要英明的圣人来充当他们的君主,领导他们,为他们做出英明的决策。这与西方现代"民主"论建立在民粹主义的人性论基础上,认为多数人的民意能够做出正确的决策这种乐观认识迥然不同。

三、君主职责论:"为民父母,养民教民"

显然,人民群众赋予君主独断专制、代民做主的特权,是让他为人民"治乱""利群"服务的。在拥有"民之主"权力的同时,君主还承担着为人民作出更加有利的决策,帮助人民兴利除害的义务和职责。所以周人反复强调君主"无私""为民"的责任。文子说:"帝者,天下之适也;王者,天下之往也。天下不适不往,不可谓帝王。"④管子说:"为人君者,倍道弃法,而好行私,谓之乱。"⑤"无私者,可置以为政。"⑥"古者三王五伯,皆人主之利天下者也。""人主之所以使下尽力而亲上者,必为天下致利除害也。故德泽加于天下,惠施厚于万物,父子得以安,群生得以育,故万民欢尽其力而乐为上用。"⑦《礼记·经解》说:"天子者,与天地参。故德配天地,兼利万物,与日月并明,明照四海而不遗微小。"荀子指出君主的职责是"能群":"君者,何也?曰:能群也。"什么叫"能群"呢?"善生养人者,人亲之;善班治(治理)

---

①② 《荀子·性恶》。
③ 《韩非子·显学》。
④ 《文子·道德》。
⑤ 《管子·君臣下》。
⑥ 《管子·牧民》。
⑦ 均见《管子·形势解》。

人者,人安之;善显设(任用)人者,人乐之;善藩饰人者,人荣之。四统者俱,而天下归之,夫是之谓'能群'。"①

君主为天下百姓"致利除害",前提是站在天下人利益的角度,统一"天下之义",确定对天下人都有益的道义标准。天下人所以相争相害,是因为每个人站在自己利益的立场确定是非标准,"一人一义","百人百义","此亦一是非,彼亦一是非"②,"天下是非无所定"③。要消除纷争,就需要君主站在天下人利益的立场,在兼顾绝大多数民众利益的基础上,代表"天下之欲",统一"天下之义"④。于是,君主所奉行的"义"就不是他天子一人的私利,而是"爱利万民"的"交利""公义"。君主再将这个"公义"以道德、法律的形态确立下来,调动特有的国家权力敦促全民遵守,从而平定社会纷争,确保天下稳定,国泰民安。

在这个前提下,周人用"民之父母"作标准,要求君主"为民父母",像对待自己的孩子一样爱护子民,履行"养民""教民"的职责。其中,"爱民"是出发点,"养民""教民"是最终结果。君主为民服务,首先必须确立"爱民"情怀。传说姜太公曾担任过文王、武王的导师。他曾教导周武王说:"善为国者,遇民如父母之爱子……闻其饥寒为之哀,见其劳苦为之悲,赏罚如加于身,敛赋如取己物。此爱民之道也。"⑤《礼记·表记》说:"君天下,生无私,死不厚其子,子民如父母。"孔颖达疏:"'子'谓子爱,于民如父母爱子也。""子民"即像父母爱护孩子一样爱万民,即爱民如子之意。孟子说:"人皆有不忍人之心。……以不忍人之心,行不忍人之政,治天下可运之掌上。"⑥"老吾老以及人之老,幼吾幼以及人之幼,天下可运于掌。"⑦荀子说:"上之于下,如保赤子。""上莫不致爱其下。"⑧也是这个意思。

君主的"爱民"之情最终要落实到行动上。周代的家庭中,父母对于孩子有不同的角色分工。母亲负责孩子的身体养育、衣食起居,父亲负责孩子的精神成人、道德教化。君主作为"民之父母",必须同时肩负起母亲的"养民"职责与父亲的"教民"职责。"《诗》云:'岂弟君子,民之父母。'彼君子者,固有'为民父母'之说焉。父能生之,不能养之;母能食之,不能教诲之。

---

① 均见《荀子·君道》。
② 《庄子·齐物论》。
③ 《文子·道德》。
④ 《墨子·尚同中》。
⑤ 《说苑·政理》。
⑥ 《孟子·公孙丑上》。
⑦ 《孟子·梁惠王上》。
⑧ 《荀子·王霸》。

君者,已能食之矣,又能教诲之者也。"①为了承担起"养民""教民"的职责,历史上圣明的君主"衣寒食饥,养老弱、息劳倦,无不以也"②。他们不"贪禄慕位"、养尊处优,为了"起天下之利,除万民之害",日夜操劳,鞠躬尽瘁。"燧人上观辰星、下察五木以为火。""燧人之世,天下多水,故教民以渔。""伏羲始画八卦,列八节而化天下。""虙牺(即伏羲)氏之世,天下多兽,故教民以猎。""神农氏夫负妻戴以治天下。""神农氏治天下,欲雨则雨。五日为行雨,旬为谷雨,旬五日为时雨。正四时之制,万物咸利,故谓之神。"③"神农形悴,尧瘦臞,舜霉黑,禹胼胝。"④"人之言君天下者,瑶台九累,而尧白屋(白茅所盖之屋);黼衣九种,而尧大布(粗布);宫中三市(指宫殿极大),而尧鹣居(野处、无常处);珍馐百种,而尧粝饭菜粥;麒麟青龙(良马),而尧素车玄驹。""舜兼爱百姓,务利天下。其田历山也,荷彼耒耜,耕彼南亩,与四海俱得其力。其渔雷泽也,旱则为耕者凿渎,险则为猎者表(标记)虎。故有光若日月,天下归之若父母。"⑤"禹兴利除害,为万民种(布德)也。""古者,龙门未辟,吕梁未凿。河出于孟门之上,大溢逆流,无有丘陵,高阜灭之,名曰洪水。禹于是疏河决江,十年不窥其家,手不爪,胫不生毛,生偏枯之病,步不相过,人曰禹步。""汤之救旱也,乘素车白马,著布衣,身婴白茅,以身为牲,祷于桑林之野。""文王四乳,是谓至仁。""武王亲射恶来之口,亲斫殷纣之颈。""武王已战之后,三革不累,五刃不砥,牛马放之历山,终身弗乘也。"⑥《礼记·礼运》说:"大道之行也,天下为公。"三皇、五帝、三王就是"大道之行"时代"天下为公"的楷模。他们堪称为天下人民尽心竭力的"公仆",但中国古代不叫"公仆",而是誉之为"民之父母"。

四、君主素质论:"神圣者王,仁智者君"

既然君主是为天下兴利除害产生的,有代民作出正确决策、养民教民的责任,那么充当君主的人就必须具备相应的素质或条件。"神圣者王,仁智者君。"⑦"天下者,至重也,非至强莫之能任;至大也,非至辨莫之能分;至众也,非至明莫之能和。此三至者,非圣人莫之能尽,故非圣人莫之能王。"⑧概括而论,君主的素质或条件主要集中在两方面,一是智慧,二是德行。

---

① 《荀子·礼论》。
②④ 《文子·自然》。
③⑤⑥ 《尸子》卷下。
⑦ 《管子·君臣下》。
⑧ 《荀子·非十二子》。

先说智慧。民众为私欲所困,愚昧糊涂,无大局意识和长远眼光,不能给自己作出明智的决定。因而他们选举出来的君主,首先必须是聪明过人、智慧英明之人。《尚书》反复强调:"亶聪明,作元后,元后作民父母。"①"惟天生民有欲,无主乃乱,惟天生聪明时乂。"②只有聪明智慧的人才可以胜任君主的神圣使命,所以上帝委派聪明智慧之人来担任君主,为民众决策。管子从君主的起源论证君主必须是"智者":"古者未有君臣上下之别,未有夫妇妃匹之合,兽处群居,以力相征,于是智者诈愚,强者凌弱,老幼孤独不得其所。故智者假众力以禁强虐,而暴人止;为民兴利除害,正民之德,而民师之。"③这个"为民兴利除害","假众力以禁强虐",能够"正民之德"、使民众自觉师从的"智者",才能被人民推举为君主。若无远见卓识,人民凭什么把自己的命运交给他来主宰呢?历史上的圣王明君,都是聪明盖世的伟大发明家。如燧人氏开创了熟食文明,伏羲氏开创了渔猎文明,神农氏开创了农耕文明;黄帝发明了医学、文字、宫室,颛顼发明了历法、改革了宗教,誉"聪以知远,明以察微"④,尧"其智如神"⑤,舜"浚哲文明"⑥。所以周人称"圣人"为"上智",与"下愚"的"小民"相对。

再说仁德。如果只有过人的智慧,但只为自己谋利,没有为天下服务的仁德,同样不能担负君主的职责。殷纣王就是这方面的典型。史书上记载他:"资辨捷疾,闻见甚敏……知足以距谏,言足以饰非;矜人臣以能,高天下以声,以为皆出己之下。"⑦他将"天子"这个为天下人奉献的位置异化成了自我享乐、为所欲为的位置,将"天下"异化成了一人享用的私产,最后众叛亲离,兵败身死。周人吸取殷鉴,所以强调克己为民的仁德是君主必须具备的素质。"善为君者……德厚也。"⑧"德也者,万民之宰也。"⑨这个"德",最根本的一点,就是推己及人、爱及万物的"仁"。"天子者,固天下之仁人也。"⑩"仁也者,仁乎其类者也。故仁人之于民也,可以便之,无不行也。"⑪"圣人处上,能无害人。"⑫"人主之思,神不驰于胸中,智不出于四域,怀其仁

---

① 《尚书·周书·泰誓上》。
② 《尚书·商书·仲虺之诰》。
③ 《管子·君臣下》。
④⑤ 《史记·五帝本纪》。
⑥ 《尚书·舜典》。
⑦ 《史记·殷本纪》。
⑧ 《吕氏春秋·仲春纪·功名》。
⑨ 《吕氏春秋·季秋纪·精通》。
⑩ 《墨子·尚同中》。
⑪ 《吕氏春秋·开春论·爱类》。
⑫ 《慎子·威德》。

诚之心,甘雨以时,五谷蕃殖,春生夏长,秋收冬藏,月省时考,终岁献贡,养民以公。……此圣人之思也。"①

历史上,商汤王、邾文公、齐景公都是具有仁德的君主。他们"重民轻身"、舍己为民,被传为美谈。《吕氏春秋》《荀子》《尸子》等均记载了"汤祷桑林"的故事。汤王即位不久,发生了一场旷日持久的干旱。汤王天天派人祭神求雨,但七年过去了,大旱依旧。史官占卜后说:应以人为祭品。汤王说:我是为民请雨,如果必须以人为祭品,那就用我的身躯。于是在桑林设立祭坛,剪发断爪以为祭品,沐浴斋戒后,乘素车白马,著大麻布衣,向上天虔诚祷告自责。此举感动了上帝,最终大雨倾盆而至,化解了干旱。《左传·文公十三年》记载了"邾迁于绎"的事迹,讲的是邾文公为了民利不顾个人安危毅然迁都到"绎"这个地方。"邾文公卜迁于绎。史曰:'利于民而不利于君。'邾子曰:'苟利于民,孤之利也。天生民而树之君,以利之也。民既利矣,孤必与焉。'"《晏子春秋·内篇谏上》记载了"景祠于旱"的事迹。齐国大旱,齐景公打算祭祀求雨,被晏子一一否定。最后,齐景公听取了晏子的建议,"野居暴露",与民同苦,表达对上天的诚意,上天终于被感动,将甘霖洒向齐地。

君主"爱民""利民"之"仁"与个人欲望的满足是矛盾、冲突的,所以克制私欲是君主之德的另一个要求。"古者明君,取下有节,自养有度,必计岁而收,量民积聚,知有余不足之数,然后取奉。……其惨怛于民也,国有饥者,食不重味,民有寒者,冬不被裘,与民同苦乐,即天下无哀民。"②"夫明王不美宫室,非喜小也;不听钟鼓,非恶乐也,为其伤于本事,而妨于教也。"③"人君唯毋听观乐玩好,则败。凡观乐者,宫室、台池、珠玉、声乐也,此皆费财尽力伤国之道也。……而人君听之,焉得毋败?"④周人还告诫君主:"高上尊贵,不以骄人;聪明圣知,不以穷人;齐给速通,不争先人;刚毅勇敢,不以伤人;不知则问,不能则学,虽能必让,然后为德。"⑤

君主克己爱民,为民造福,但切忌居功自傲。相反,为而不恃,将天下大治的成就归于百姓,将存在问题的责任归于自己,不断反省改过,止于至善,是君主道德修养的另一使命。《尚书》记载,历史上,商汤、盘庚、周武王都是宽以待人、严以律己、虚怀若谷、不自大其功、不断自我反省、克己改过的模

---

① 《文子·精诚》。
② 均见《文子·上仁》。
③ 《管子·禁藏》。
④ 《管子·立政九败解》。毋,语助词,无义。
⑤ 《荀子·非十二子》。

范君主。商汤说:"尔有善,朕弗敢蔽;罪当朕躬,弗敢自赦。""尔万方有罪,在予一人;予一人有罪,无以尔万方。"①盘庚是商朝中兴之主,但他总是觉得自己做得很不够:"邦之臧(善),惟汝众;邦之不臧,惟予一人有佚(失)罚。"②周武王每每感叹:"百姓有过,在予一人。"③管子据此总结说:"明王有过则反之于身,有善则归之于民。有过而反之身则身惧,有善而归之民则民喜。往喜民,来惧身,此明王之所以治民也。""善罪身者,民不得罪也;不能罪身者,民罪之。故称身之过者,强也;治身之节者,惠也;不以不善归人者,仁也。"④他告诫君主:"夫谄臣者常使其主不悔其过、不更其失者也。""人君……听谄谀饰过之言,则败。"⑤鹖子提醒说:人往往缺少自知之明,会自以为贤智,然而智与愚、贤与不肖是有客观标准的,它们体现在言行上,别人看得清清楚楚。"不肖者,不自谓不肖也,而不肖见于行,虽自谓贤,人犹谓之不肖也。愚者不自谓愚,而愚见于言,虽自谓智,人犹谓之愚。"⑥所以君主改过从善的道德修养要按照公认的社会评价这个标准去进行。

周人常以"民之父母"作为"君主"的代称。鉴于"民之父母"的责任和素质,周人一再强调,只有道德高尚的"君子",才能充当"民之父母"。"君主"必须首先是"君子"。一个不是"君子"的人是没有资格充当"君主"的。《诗经》反复吟咏:"岂弟君子,民之父母。""乐只君子,民之父母。"要求充当"民之父母"的天子、国君必须同时是与民同乐的"君子"。孔子说:"君子之所谓'仁'者,其难乎!《诗》云:'凯弟君子,民之父母。''凯',以强教之;'弟',以说安之。乐而毋荒,有礼而亲,威庄而安,孝慈而敬。使民有父之尊,有母之亲,如此而后可以为民父母矣。非至德其孰能如此乎?"⑦孔子还说:'夫民之父母乎,必达于礼乐之原,以致五至,而行三无,以横于天下。'"⑧曾子说:"《诗》云:'岂弟君子,民之父母。'非至德,其孰能顺民如此?其大者乎!"⑨惠子说:"《诗》曰:'恺悌君子,民之父母'。恺者,大也;悌者,长也。君子之德,长且大者,则为民父母。"⑩《大学》说:"'乐只君子,

---

① 《尚书·商书·汤诰》。
② 《尚书·商书·盘庚上》。
③ 《尚书·泰誓中》。
④ 《管子·小称》。
⑤ 《管子·立政九败解》。
⑥ 《鹖子·道符》。
⑦ 《礼记·表记》。
⑧ 《礼记·仲尼闲居》。
⑨ 《孝经·广至德》。
⑩ 《吕氏春秋·审应览·不屈》。

民之父母。'民之所好好之；民之所恶恶之，此之谓'民之父母'。"①因此，将天下、国家当作一人私产，不顾人民死活，只管自己享乐的君主是配不上"民之父母"称号的。"为民父母，使民盼盼然，将终岁勤动，不得以养其父母，又称贷而益之，使老稚转乎沟壑，恶在其为民父母也？"②像桀纣那样"怒民骄身"，"有善则反之于身，有过则归之于民"，最终只会导致"失身"③、灭亡。穷奢极欲、草菅人命的君主不配"民之父母"的称号，只能叫"民之怨贼"，应当被其他代表人民要求和利益的道德君子取代。荀子指出："汤武者，民之父母也；桀纣者，民之怨贼也。""天下归之之谓王，天下去之之谓亡。故桀纣无天下，汤武不弑君，由此效之也。"④尧、舜、禹、汤、盘庚、周文王、周武王这样的至德之人才无愧于"民之父母"的光荣称号。

五、君主"王道"论："王道正直，无偏无陂"

君主之道，既包括修身之道，也包括治人之道。君主被人民拥戴产生后，应当如何君临天下、治理天下呢？周人总结说：君道大体有三种，一是"王道"，二是"霸道"，三是"亡道"。"王道"靠仁义贤德赢得民心和天下，"霸道"靠武力刑威征服人心和天下，而"亡道"以私利权谋为转移，最终导致君民离心离德。"用国者，义立而王，信立而霸，权谋立而亡。"⑤"君人者，隆礼尊贤而王，重法爱民而霸，好利多诈而危。"⑥三者中，"亡道"背离"王道"，应引以为戒。"王道高于霸道。"⑦"凡用民，太上以义，其次以赏罚。"⑧"威……必有所托，然后可行。恶乎托？托于爱利。爱利之心谕，威乃可行。""不得其道，而徒多其威，威愈多，民愈不用。"⑨

那么，君临天下、赢得民心的"王道"到底是什么呢？《周书·洪范》中，箕子依据古代流传下来的《洛书》，向周武王传授统治天下的大法，其中有一条："无偏无陂（颇），遵王之义；无有作好（私好），遵王之道；无有作恶，遵王之路。无偏无党，王道荡荡；无党无偏，王道平平；无反无侧，王道正直……以近天子之光。曰天子作民父母，以为天下王。"⑩只有"无偏无陂"、正直无私，"敬德保民"，"天子"才配得上"作民父母"，"为天下王"。可见"王道"

---

① 《大学》。
② 《孟子·滕文公上》。盼，怒视。勤动，劳苦。
③ 均见《管子·小称》。
④ 《荀子·正论》。
⑤⑦ 《荀子·王霸》。
⑥ 《荀子·大略》。
⑧⑨ 《吕氏春秋·离俗览·用民》。
⑩ 《尚书·周书·洪范》。

必须是"正直""公平""无私"之道。

其实"正直"之道即"公平"之道,"公平"之道即"无私"之道,它们最后都落实在"无偏无陂"、"天下为公"上。"正直"是价值判断。什么是统治天下的"正直"之道呢？就是"公平"之道。"公"是"私"之反。尚"公"的意思是"无私"。所以"公平"之道即"无私"之道。只是立足点不一、侧重点不一,才有"公平"之道与"无私"之道的不同说法。其实二者往往是联系在一起的。

治理天下的"公平"之道,即周人所说的"养民以公"①、"夙夜在公"②、"天下为公"③、"天下非一人之天下也,天下之天下"④的意思。君主只有不忘"主之立,生于公"⑤的初心,全心全意地为民兴利除害,才会赢得人民的衷心拥戴,天下才能长治久安。姜太公警告："同天下之利者,则得天下；擅天下之利者,则失天下。"⑥"利天下者,天下启之；害天下者,天下闭之。"⑦孟子告诫："保民而王,莫之能御。"⑧《吕氏春秋》反复论述："人主有能以民为务者,则天下归之矣。"⑨"圣人南面而立,以爱利民为心,号令未出,而天下皆延颈举踵矣,则精通乎民也。"⑩"先王先顺民心,故功名成。……失民心而立功名者,未之曾有也。"⑪"得民必有道。万乘之国,百户之邑,民无有不说。取民之所说而民取矣。"⑫"行德爱人,则民亲其上；民亲其上,则皆乐为其君死矣。""人主其胡可以无务行德爱人乎？"⑬"上世之王者众矣,而事皆不同,其当世之急、忧民之利、除民之害同。"⑭荀子总结说："君人者,爱民而安。"⑮"人主欲强固安乐,则莫若反之民。"⑯

"公"的反面是"私"。君主"为民"与"克己"是互为因果、相辅相成的。但周人清醒地认识到："无私"与"利己"实际上是对立统一、相反相成的。

---

① 《文子·精诚》。
② 《诗经·召南·采蘩》。
③ 《礼记·礼运》。
④⑤ 《吕氏春秋·孟春纪·贵公》。
⑥ 《六韬·文韬·文师》。
⑦ 《六韬·武韬·发启》。
⑧ 《孟子·梁惠王上》。
⑨⑭ 《吕氏春秋·开春论·爱类》。
⑩ 《吕氏春秋·季秋纪·精通》。
⑪⑫ 《吕氏春秋·季秋纪·顺民》。
⑬ 《吕氏春秋·仲秋纪·爱士》。
⑮ 《荀子·强国》。
⑯ 《荀子·君道》。

君主为了人民利益克制个人利益,实际上是对君主利益的最大维护。姜太公开导周文王:"无取于民者,取民者也;无取于国者,取国者也;无取于天下者,取天下者也。"①管子告诫君主:"莅民如父母,则民亲爱之。""莅民如仇雠,则民疏之。""古者三王五伯,皆人主之利天下者也,故身贵显而子孙被其泽;桀、纣、幽、厉,皆人主之害天下者也,故身困伤而子孙蒙其祸。"②师旷说:"天之爱民甚矣。岂其使一人肆于民上,以从其淫,而弃天地之性?必不然矣。"③荀子指出:"有社稷者而不能爱民、不能利民,而求民之亲爱己,不可得也。民不亲不爱,而求为己用,为己死,不可得也。"④"使民夏不宛暍(中暑),冬不冻寒,急不伤力,缓不后时,事成功立,上下俱富,而百姓皆爱其上,人归之如流水,亲之欢如父母。"⑤"传曰:'君者,舟也,庶人者,水也;水则载舟,水则覆舟。'此之谓也。故君人者,欲安,则莫若平政爱民矣。"⑥

君主行"公平""无私"的"正直"之政,约束自我享受,济民之利,解民之患,为天下万民服务,是"仁义道德"的表现,因而,"王道"是"仁政"。姜太公说:"天有时,地有财,能与人共之者,'仁'也;仁之所在,天下归之。免人之死,解人之难,救人之患,济人之急者,'德'也;德之所在,天下归之。与人同忧、同乐、同好、同恶者,'义'也;义之所在,天下赴之。凡人恶死而乐生,好德而归利,能生利者,'道'也;道之所在,天下归之。"⑦荀子说:"仁眇(尽)天下,故天下莫不亲也。义眇天下,故天下莫不贵也;威眇天下,故天下莫敢敌也。"⑧"仁义"之政以"德治"为主,而不同于"霸王之道"以严酷的"法治"为主。"为天下及国,莫如以德,莫如行义。"⑨"夫以德得民心以立大功名者,上世多有之矣。"⑩"以德以义,不赏而民劝,不罚而邪止。"⑪以"德治"为主的"仁政"有两个基本点,一是"养民"——保障民生,二是"教民"——使民守礼。孟子描述的"仁政"理想就是从这两方面切入的。"五亩之宅,树之以桑,五十者可以衣帛矣;鸡豚狗彘之畜,无失其时,七十者可以食肉矣;百亩之田,勿夺其时,数口之家可以无饥矣。谨庠序之教,申之以

---

① 《六韬·武韬·发启》。
② 《管子·形势解》。
③ 《左传》襄公十四年。
④ 《荀子·君道》。
⑤ 《荀子·富国》。
⑥⑧ 《荀子·王制》。
⑦ 《六韬·文韬·文师》。
⑨⑪ 《吕氏春秋·离俗览·上德》。
⑩ 《吕氏春秋·季秋纪·顺民》。

孝悌之义，颁白者不负戴于道路矣。"①荀子进一步明确指出"富以养民情""教以理民性"的"仁政"路径："不富无以养民情，不教无以理民性。故家五亩宅，百亩田，务其业，而勿夺其时，所以富之也。立大学，设庠序，修六礼，明七教，所以道之也。诗曰：'饮之食之，教之诲之。'王事具矣。"②

周代的"君主"学说从探讨君主诞生的原因和过程入手，确立了"立君为民""利群治乱"的君主起源论，建立了君为民主、代民做主的君主专制论，和"为民父母，养民教民"的君主职责论、"神圣者王，仁智者君"、"岂弟君子，民之父母"的君主素质论，以及"公平无私，无偏无陂"的君主"王道"论。要之，周人的"君主"学说从君主的产生动因与机制论证君主的权力与责任、条件和为政之道，具有极大的人民性和进步意义，对后世产生了积极的影响。比如西汉宣帝时盖宽饶上书，劝宣帝引咎逊位："五帝官天下，三王家天下。家以传子，官以传贤。若四时之运，功成者去，不得其人，则不居其位。"③汉元帝时朝纲不振，贡禹亦上书劝元帝自责："天生圣人，盖为万民，非独使自娱乐而已也。"④汉成帝时，谷永上书说："天生蒸民，不能相治，为立王者以统理之。方制海内，非为天子，列土封疆，非为诸侯，皆以为民也。……去无道，开（立）有德，不私一姓，明天下乃天下之天下，非一人之天下也。……夫去恶夺弱，迁命贤圣（去恶弱的旧君，改立贤圣为新君），天地之常经，百王之所同也。"⑤汉哀帝时，鲍宣上书说："天下乃皇天之天下也。陛下上为天子，下为黎庶父母，为天牧养元元（民），视之（官与民）当如一……今贫民菜食不厌（饱），衣又穿空（孔），父子夫妇不能相保，诚可为酸鼻。陛下不救，将安所归命乎！夫官爵非陛下之官爵，乃天下之官爵也。陛下取非其官（私用官爵），官非其人（私用小人），而望天悦民服，岂不难哉！"⑥"立君为民"的思想，是中国古代君主论中最有价值和现代意义的资源，在今天的政治生活中仍然应当好好加以继承。

---

① 《孟子·梁惠王上》。
② 《荀子·大略》。
③ 《汉书·盖宽饶传》。
④ 《汉书·王贡两龚鲍传》。
⑤ 《汉书·谷永传》。
⑥ 《汉书·鲍宣传》。

第十五章　周代外王论之二:"从道不从君"的"臣道"论

本章提要:周代"外王之道"探讨的第二个专题是"臣道"。"臣"是协助君主平定天下、为天下苍生服务的"辅翼",既有"君令臣共"、事君以忠的责任,又有"从道不从君"的权利。周代并未出现"君为臣纲"的单向要求,而是设置了"君义臣忠"的互为因果契约。如果君主失去"仁义"之道,臣子就应当"逆命而利君";如果君主一意孤行,成为独夫民贼,臣子就有"革命"的权利把他推翻。周代的"臣道"学说从辅君为民的发生机制论及君臣的各自职责,强调匡君之邪、"纳善于君"的谏诤之道才是真正的"忠臣"之道。其核心主张是:"忠臣"所忠,应是国泰民安之道;明君行道,就从道忠君;昏君悖道,就从道逆君。周代的"臣道"学说奠定了中国古代外王之道中的民本基石和对君主的制衡机制,为现代政治文明建设提供了值得借鉴的思想资源。①

周人讨论的"外王之道","君道"之后就是"臣道"。一方面,"臣"是适应君主"为民治乱"、兴利除害的需求设立的,"臣道"是"君道"的延伸,二者具有一致性。另一方面,周代的君臣关系是"五伦"中重要的一伦,其伦理关系是君尊臣卑、君令臣共。"臣事君"如同"子事父,妻事夫"一样,是"天下之常道"②。不过,在君尊臣卑的关系中,"臣道"应当是对君命的绝对遵从吗?不。周人普遍的共识是,对于君主之命只知一味听从,不敢有一点异议,是"谄臣""谀臣",骨子里是一心维护私利的"逆臣"。相反,不顾个人安危,对于君主之过失敢于发表批评意见,那才是真正的"忠臣""良臣"。于是,"从道不从君","逆命而立君",成为周人所论"臣道"的核心思想。

---

① 本章以"周代'从道不从君'的'臣道'论"为题,发表于《东方论坛—青岛大学学报》2025年第2期。
② 《韩非子·忠孝》。

一、臣道的产生机制：辅君为民

忠臣所守之"道"，是社稷稳固、生民安康之道。这个崇高的道义，是伴随着"立君以为民"的君主发生机制产生的。文子指出："为天下之民强陵弱，众暴寡，诈者欺愚，勇者侵怯，又为其怀智诈不以相教，积财不以相分，故立天子以齐一之。为一人之明不能照遍海内，故立三公九卿以辅翼之。"① 适应生民除暴安良、平均分配生活财富、实现天下安康的需要，君主被民众推选产生了；适应"辅翼"天子"齐一"天下、平定天下的需求，"三公九卿"的大臣又相伴而生。墨子进一步分析说：天子被天下人推举出来后，由于仅靠自己一个人的力量无法治理得了天下，不得不选贤为臣、分封诸侯，共治天下："天子立，以其力为未足，又选天下之贤可者，置立之以为三公。天子、三公既以立，以天下为博大，远国异土之民，是非利害之辩，不可一二而明知，故画分万国，立诸侯国君。"②"天子既以立矣，以为唯其耳目之请不能独一同天下之义，是故选择天下赞阅贤良、圣知、辩慧之人，置以为三公，与从事乎一同天下之义。天子三公既已立矣，以为天下博大，山林远土之民，不可得而一也，是故靡分天下，设以为万诸侯国君，使从事乎一同其国之义。"③诸侯国君对于天子来说是臣子，对于国内民众来说又是君主。国家之大，也是国君一人无法治理的，所以国君又必须设立官长，帮助国君管理国家。"诸侯国君既已立，以其力为未足，又选择其国之贤可者，置立之以为正长。"④"国君既已立矣，又以为唯其耳目之请，不能一同其国之义，是故择其国之贤者，置以为左右将军大夫，以至乎乡里之长，与从事乎一同其国之义。"⑤慎到也指出：君主既不可能全知全能，也不可能有三头六臂，任贤为官、借助群臣的力量辅佐自己共同治理天下，是实现天下安康的唯一选择。"廊庙之材，盖非一木之枝也；粹白之裘，盖非一狐之皮也。治乱安危，存亡荣辱之施，非一人之力也。"⑥"治国之君，非一人之力也。""将治乱，在乎贤使任职。"⑦由于官长是君主从为民治乱兴利的大义出发设立的，自然要求官长的一切作为符合、服从君主为民兴利治乱的大义，所以从三公群臣到诸侯大夫，在向天子认可的"义"看齐，"从事乎一同其国之义"这个大方向上，是一致的、统一的。

---

① 《文子·自然》。
②④ 《墨子·尚同上》。
③⑤ 《墨子·尚同中》。
⑥⑦ 《慎子·知忠》。

二、周代的君臣关系:"君令臣共"与"君仁臣忠"

大臣适应君主为民治乱、安定天下的需求产生,对于芸芸众生而言,他们都是为民做主的"民之主",君臣关系是一种共治天下民众的同盟关系。但在君臣之间,又存在着上下级的尊卑关系。"臣"对于"君"而言又是"民","君"为"臣"之主。周代形成、出现了"五伦",即"父子有亲、君臣有义、夫妇有别、长幼有序、朋友有信"①。它以"礼"教的形式规定下来,要求全社会的人各司其职,共同遵守。其中,对君臣关系的要求是:"君君,臣臣。"②君有君道,臣有臣道。一方面,君有发号施令的尊严,臣有执行君命的职责。这就叫"君令臣共"③。另一方面,君有仁义的要求,这是"臣忠""臣行"的前提,所谓"君仁臣忠"④、"君义臣行"⑤。"君使臣以礼,臣事君以忠。"⑥如果君主昏庸暴虐,有失仁义之君道,大臣就有权利"从道不从君"⑦,对君命之过实施谏议。如果君主刚愎自用,一意孤行,大臣或者可以辞官而去,甚至可以走上"革命"道路,把君主推翻。这就叫:"君不君则臣不臣。……上失其位则下逾其节。"⑧"君之视臣如手足,则臣视君如腹心;君之视臣如犬马,则臣视君如国人;君之视臣如土芥,则臣视君如寇仇。"⑨周代虽然承认君主的权威和"君令臣共"的人伦、礼教法则,也出现了"臣事君,子事父,妻事夫"的"常道"⑩,但并未出现"君为臣纲","君要臣死,臣不得不死"的愚忠要求。"三纲"的说法直到汉代董仲舒才开始出现。而后班固《白虎通·三纲六纪》云:"三纲者,何谓也? 君臣、父子、夫妇也。"《礼纬·含文嘉》云:"三纲谓君为臣纲,父为子纲,夫为妻纲。"这是汉承秦制、进一步加强君主集权的产物。而在封建分权的周代,君臣关系总体来说是健康的、正常的,没有出现大臣无条件服从君主的不合理要求。正如子可"从义不从父",臣也可"从道不从君",这在周代被视为"人之大行也"⑪。这是值得我们注意的现象。正是在周代这样一种正常、健康的君臣关系中,诞生了对"为臣之道",主要是"忠臣之道"的丰富探讨,以及对"佞臣之道"的深刻批判。

---

① 《孟子·滕文公上》。
② 《论语·颜渊》,孔子语。
③⑤ 《左传·隐公三年》。
④ 《礼记·礼运》。
⑥ 《论语·八佾》。
⑦⑪ 《荀子·臣道》。
⑧ 《管子·形势》。
⑨ 《孟子·离娄下》。
⑩ 《韩非子·忠孝》。

三、管子、晏子、墨子、史䮾、文子论"和而不同"的"谏臣"之道

先来看管子。史载管仲为齐相时,"俗之所欲,因而予之;俗之所否,因而去之。"①齐桓公曾向管子咨询为政"勿失"之道。管子提出向古代圣王学习,虚心听取群臣谏议,建立"啧室之议"制度,鼓励臣民议论政治得失,进而引以为戒:"黄帝立明台之议者,上观于贤也;尧有衢室之问者,下听于人也;舜有告善之旌,而主不蔽也;禹立谏鼓于朝,而备讯矣;汤有总街之庭,以观人诽也;武王有灵台之复,而贤者进也。此古圣帝明王所以有而勿失,得而勿忘(通亡)者也。""人有非上之所过,谓之正士,内(纳)于啧室之议。""毋以私好恶害公正,察民所恶,以自为戒。"②齐桓公最终采纳了管子的建议,集思广益,顺应民意,励精图治,成为春秋第一霸主。管子还警示君主:"为人君而不明君臣之义以正其臣,则臣不知于为臣之理以事其主矣。故曰:君不君则臣不臣。"③

管子在齐国开辟的这个传统,得到了晏子的继承。管子将如实指出君主过失的人称为"正士",晏子则称之为"忠臣"。史载景公问晏子"忠臣之行"是怎样的。晏子的回答是:"不掩君过,谏乎前,不华(哗)乎外;选贤进能,不私乎内;称身就位,计能定禄;睹贤不居其上,受禄不过其量……不掩贤以隐长,不刻下以谀上;君在不事太子,国危不交诸侯;顺则进,否则退,不与君行邪也。"④"故忠臣也者,能纳善于君,不能与君陷于难。"⑤真正的"忠臣"不是"刻下谀上",掩饰君过,"与君行邪",而是能从"为民治乱"、天下安康的道义出发,"不掩君过"、"纳善于君"、"顺则行,否则退",决不与错误的君命或一意孤行的君主同流合污。

在此基础上,围绕着"忠臣"之道,晏子作了更深刻的总结和论析。

首先,"忠臣之道"是与君主"和而不同"之道。"和"不是"同"。不论是非,事事附和君主的意见,与君主保持绝对的同一,这叫"同"。这不是真正的"忠臣"之道。真正的忠臣,与君主的关系是"和"而不是"同"。什么叫"和"呢?"和"是在维护国泰民安这个大方向上与君主保持和谐,但在君命出现错误时能够及时提出不同意见补缺纠偏。"'和'如羹焉。水火醯醢盐梅,以烹鱼肉,燀之以薪,宰夫和之,齐之以味,济其不及;以泄其过,君子食

---

① 司马迁《史记·管晏列传》。
② 《管子·桓公问》。
③ 《管子·形势解》。
④ 《晏子春秋·内篇问上》之二十。
⑤ 《晏子春秋·内篇问上》之十九。

之,以平其心。"①君臣的关系也应这样处理。"所谓'和'者,君甘则臣酸,君淡则臣咸"②。"君所谓'可',而有否焉,臣献其否,以成其可;君所谓'否',而有可焉,臣献其可,以去其否,是以政平而不干,民无争心。"③如果"君所谓可"臣"亦曰可","君所谓否"臣"亦曰否",君主的失误就不能得到及时纠正。大臣与君主总是用一个声音说话,就如同"以水济水,谁能食之"?又如同"琴瑟之专一,谁能听之"?晏子由此得出结论说:"'同'之不可也如是。"④易言之,真正的为臣之道应是"和"而不是"同"。正如美味是各种味道的调和、美妙的音乐是各种音符的组合,和谐的政治也应当是各种意见的综合。

其次,在厘定"和"是忠臣之道的同时,晏子指出:事事附和君主的"同"是"谀臣"之道。"谀臣"表面上附和君主,好像是"忠臣",实际上陷君于不义,是"逆臣",晏子明确指出:"君僻臣从谓之逆。"⑤这些逆臣、谀臣"观上之所欲,而微为之偶;求君逼迩,而阴为之与","求上采听,而幸以求进"⑥,乃是陷君不义、危害国家的"社鼠猛狗"⑦,晏子对此给予尖锐批评。晏子批评的"谀臣",有梁丘据、裔款、会遣、艾孔等人。齐景公游牛山,感叹生命无常,潸然泪下,梁丘据、艾孔也陪着哭泣。⑧ 景公久病不愈,要杀太史、太祝取悦上帝,梁丘据、会遣就附和说好。⑨ 景公好色,梁丘据就送去能歌善舞的歌伎⑩。景公爱玩,梁丘据、裔款就给他造出奢靡的宫室⑪。景公嗜酒,梁丘据就深夜陪盏⑫。在所有谀臣中,梁丘据做得最地道,正如景公所感叹:"吾有喜于玩好,有司未能我具也,则据以其所有共我","每有风雨,暮夜求必存"⑬,夸赞他"忠且爱我"⑭。晏子则不以为然。他提醒齐景公:梁丘据"营君以邪",何不去除?⑮"臣专其君,谓之不忠。""今四封之民,皆君之臣也,而维据尽力以爱君,何爱者之少邪?四封之货,皆君之有也,而维据也以其私财忠于君,何忠者之寡邪?据之防塞群臣,拥蔽君,无乃甚乎?"⑯《庄子·天地》篇也指出:"孝子不谀其亲,忠臣不谄其君。"

---

① ③ ④ 《晏子春秋·外篇第七》之五。
② 《晏子春秋·内篇谏上》之十八。
⑤ 《晏子春秋·内篇谏上》之七。
⑥ 均见《晏子春秋·内篇问上》之二十一。
⑦ 《晏子春秋·内篇问上》之九。
⑧ 《晏子春秋·内篇谏上》之十七。
⑨ 《晏子春秋·内篇谏上》之十二。
⑩ 《晏子春秋·内篇谏上》之六。
⑪⑮ 《晏子春秋·内篇谏下》之十五。
⑫ 《晏子春秋·内篇杂上》之十二。
⑬⑭⑯ 《晏子春秋·内篇谏下》之二十二。

再次,忠臣应当"进不失忠,退不失行"①,"不怀暴君之禄,不处乱国之位"②。如果与君主"和而不同"的忠心能够为君主所理解,就不顾私利,建言献策,直言君过,纳善于君。如果君主不能理解和接受自己"和而不同"的忠心,就不恋栈官位,辞官退隐,守住君子的一份清高。晏子屡言:"士逢有道之君,则顺其令;逢无道之君,则争其不义。"③"事明君者,竭心力以没其身,行不逮则退,不以谀(欺)持禄;事惰君者,优游其身以没其世,力不能则去,不以谀持危。""君子之事君也,进不失忠,退不失行。不苟合以隐忠,可谓不失忠;不持利以伤廉,可谓不失行。"④"正士……通则事上,使恤其下,穷则教下,使顺其上;事君尽礼行忠,不求爵禄,不用则去而不议。"⑤"君子有力于民,则进爵禄,不辞富贵;无力于民而旅食,不恶贫贱。"⑥"君子怀不逆之君,居治国之位。……不怀暴君之禄,不处乱国之位。"⑦晏子是这么说的,也是这么做的。庄公"众而无义,强而无礼,好勇而恶贤","婴言不用,愿请身去"。于是"徒行而东,耕于海滨"⑧,直到庄公被杀。晏子说:"言不用者,不受其禄……吾于庄公行之矣。"⑨景公时,有人打晏子的小报告,景公信以为真,晏子辞而不为臣,隐退东耕于海滨。直到七年后景公认错恳请,才重新回来任职。⑩ 景公晚年,为及时享乐,"春夏游猎,又起大台之役"。晏子谏而无果,本着"顺则行,否则退"的理念,又提出辞官:"臣闻忠臣不避死,谏不违罪。君不听臣,臣将逝矣。"景公只好收回成命,改弦更张。⑪

复次,主张忠臣保持臣子的人格和尊严,"不与乱国俱灭,不与暴君偕亡"⑫。晏子一方面承认君主主宰、使唤大臣的权力,另一方面,在诸侯争霸的春秋末期,晏子也强调大臣有"择君而事"、择主而栖的权利。"君者,择臣而使之。臣虽贱,亦得择君而事之。"⑬臣子的选择权就是:"君顺怀之,政治(和也、安也)归之。""见兆则退,不与乱国俱灭,不与暴君偕亡"。⑭他是这么说的,也是这么做的。庄公尚武好色,不听劝告,我行我素,最后被崔杼等人杀害。晏子并不赞成崔杼弑君的做法,但也没有陪同庄公一起死,而是

---

① ④ 《晏子春秋·内篇问下》之十八。
② ⑦ 《晏子春秋·内篇问下》之十。
③ 《晏子春秋·内篇问上》之二十八。
⑤ 《晏子春秋·内篇问下》之十九。
⑥ ⑧ 《晏子春秋·内篇杂上》之一。
⑨ ⑫ ⑭ 《晏子春秋·外篇第七》之十九。
⑩ 《晏子春秋·外篇第七》之二十二。
⑪ 《晏子春秋·内篇谏下》之八。
⑬ 《晏子春秋·内篇问上》之二十二。

庆幸自己有先见之明，早早离开庄公，远避了灾祸。崔杼杀死庄公后，晏子立崔杼之门，有从者问：是不是跟着庄公一块死呢？晏子的回答是："君为社稷死，则死之；为社稷亡，则亡之。若君为己死而为己亡，非其私昵，孰能任之？"崔杼见到晏子后也羞辱他："子何不死？"晏子毫无愧色："祸始，吾不在也；祸终，吾不知也，吾何为死？且吾闻之，以亡为行者，不足以存君；以死为义者，不足以立功。婴岂其婢子也哉？其缢而从之也？"①臣子不是君主的奴婢，君主由于自己的原因而死，咎由自取，臣子不必陪死，完全可以过自己的生活。齐景公曾问晏子忠臣如何事君。晏子明确回答："有难不死，出亡不送。"景公很不高兴："君裂地而封之，疏爵而贵之，君有难不死，出亡不送，可谓忠乎？"晏子答：国君"有难""出亡"，是不采纳大臣善言的结果，大臣如果陪死，那是"妄死"；如果陪亡，那是欺君："言而见用，终身无难，臣奚死焉？谋而见从，终身不出，臣奚送焉？若言不用，有难而死之，是妄死也；谋而不从，出亡而送之，是诈伪也。"②由此出发，晏子产生了一个革命性的思想："汤、武用兵而不为逆，并国而不为贪，仁义之理也。""勇力之立也，以行其礼义也。"③如果君主失道，臣子高举"仁义""礼义"的大旗，运用武力手段讨伐、推翻他，不仅不是"逆"，而是正义之举。《晏子春秋》还记载了这样的故事。景公游于麦丘，见到守边的老人，与之攀谈起来，让他说几句祝辞。老人竟然说："使君无得罪于民。"景公大怒，说："诚有鄙民得罪于君则可，安有君得罪于民者乎？"晏子谏曰："君过矣！……敢问：桀纣，君诛乎，民诛乎？"④君主如果得罪了臣民，臣民就有权利诛杀君主。这是周代"革命"思想的最早记载。

晏子一生辅佐过齐灵公、庄公、景公三朝，辅政长达五十余年，其中辅佐景公的时间最长。他在辅佐君主的过程中一直保持"从道不从君"的独立人格，敢谏、智谏、善谏，谏议行则留，谏议废则退，不仅对"忠臣"之道作出了深刻论述，而且很好地践行了这个"忠臣"之道。

晏子提出的"和而不同"的为臣之道，在《墨子》一书记载的墨子与鲁阳文君的一段对话中也可以看到。鲁阳文君请教墨子："有语我以'忠臣'者，令之俯则俯，令之仰则仰，处则静，呼则应，可谓忠臣乎？"这与齐景公把事事处处与自己保持绝对同一的梁丘据视为"忠臣"是一个思路。但墨子却说："令之俯则俯，令之仰则仰，是似景（影也）也；处则静，呼则应，是似响（回

---

① 《晏子春秋·内篇杂上》之二。
② 《晏子春秋·内篇问上》之十九。
③ 《晏子春秋·内篇谏上》之十六。
④ 《晏子春秋·内篇谏上》之十三。

声)也。君将何得于景与响哉？若以翟之所谓忠臣者，上有过，则微之以谏；己有善(好的意见)，则访之上，而无敢以告(告知他人)。外匡其邪，而入其善。……此翟之谓忠臣者也。"①

与此差不多同时，春秋时期的晋国大夫史黯在辩论什么是"良臣"时也提出了与晏子几乎相同的见解："夫事君者，谏过而赏善，荐可而替否，献能而进贤，择材而荐之，朝夕诵善败而纳之(早晚讲述善恶成败的事迹给君主听)。道之以文，行之以顺，勤之以力，致之以死。听则进，否则退。"②

春秋时期老子有个弟子叫庚桑楚，留下了一部《亢仓子》。此书虽然普遍认为是唐人整理假托，但可参看。《亢仓子》有一篇为《臣道》，将"和而不同"、放言无忌、"纳谏于君"作为国家兴盛时期的"臣道"："夫国之将兴也，朝廷百吏，或短或长，或丑或美，或怡或厉，或是或非。虽听其言，观其貌，有似不同，然察其志、征其心，尽于为国，所以刚讦不怨，黜退不愕，得其中无违乎理。"反之，如果"朝廷百吏姿貌多美，颜色谐和，词气华柔，动止详润，虽观其貌、听其言有若欢洽，然察其志、征其心，尽在竞位。所以闻奇则怪，见异必愕"，这种朝堂之上群臣为了晋升权位众口一词、唯唯诺诺、谐和同一的气象，恰恰是"国之将亡"的表征。所以说："荣名而臣人者，心莫若公，貌莫若和，言莫若正。""臣居上位不谏，下位不公，不合赡其禄。"

四、荀子论"忠臣"之道即"逆命而利君"之道

到了战国后期，在《荀子》一书专辟《臣道》篇，对"忠臣之道"作了集大成式的总结。荀子指出："人臣"总体上分"贤不肖""吉凶"两大类。"人臣之论也，吉凶、贤不肖之极也。"每一大类中又分几个层次。"不肖"之臣有"态臣""谄臣""篡臣"之分。"态臣"即"谄臣"。"从命而不利君谓之'谄'。""内不足使一民，外不足使距难，百姓不亲，诸侯不信，然而巧敏佞说，善取宠乎上，是态臣者也。"如"齐之苏秦、楚之州侯、秦之张仪，可谓态臣者也"。"态臣"即平庸无能、只懂得献媚取宠的"谄谀之臣"。"逆命而不利君谓之'篡'。""上不忠乎君，下善取誉乎民，不恤公道通义，朋党比周，以环主图私为务，是篡臣者也。"如"韩之张去疾、赵之奉阳、齐之孟尝，可谓篡臣也"。"篡臣"即不知忠君为公、一心结党营私之臣。"用篡臣者危，用态臣者亡。"所以"不肖"之臣是"凶臣"。

与此形成鲜明对照的是"贤臣"。"贤臣"有"功臣""圣臣""顺臣""忠

---

① 《墨子·鲁问》。
② 《史黯论良臣》，《国语·晋语九》。

臣"之别。"功臣"即忠君爱民、治国安邦之臣:"内足使以一民,外足使以距难,民亲之,士信之,上忠乎君,下爱百姓而不倦,是功臣者也。"如"齐之管仲、晋之咎犯、楚之孙叔敖,可谓功臣矣"。"圣臣"是比"功臣"更高一级的境界:"上则能尊君,下则能爱民,政令教化,刑下如影,应卒遇变,齐给如响,推类接誉,以待无方,曲成制象,是圣臣者也。""殷之伊尹、周之太公,可谓圣臣矣。"又从"从君"与"利君"的不同关系上看,"从命而利君",谓之"顺臣"。"逆命而利君",谓之"忠臣"。用"圣臣""忠臣"者王,用"顺臣""功臣"者强。所以"贤臣"是"吉臣"①。

基于"逆命而利君谓之'忠'"的认识,荀子将大臣对君主的"忠"解释为"从道不从君"。"忠臣"的表现形态又分别表现为"谏臣""争臣""辅臣""拂臣"。所谏之言"用则可,不用则去",这叫"谏臣"。"用则可,不用则死",这叫"争臣"。"率群臣百吏而相与强君挢君,君虽不安,不能不听,遂以解国之大患,除国之大害,成于尊君安国",这叫"辅臣"。"能抗君之命,窃君之重,反君之事,以安国之危,除君之辱,功伐足以成国之大利",叫"拂臣"。"谏臣""争臣""辅臣""拂臣",是"社稷之臣也,国君之宝也"②。与"谏""争""辅""拂"相反的是"谄""篡"。"谄臣""篡臣""不恤君之荣辱,不恤国之臧否,偷合苟容,以持禄养交而已耳",其实是"国贼"。"正义之臣设,则朝廷不颇。谏争辅拂之人信,则君过不犯。"然而,在现实生活中,"明主好同,而暗主好独,明主尚贤使能而飨其盛,暗主妒贤畏能而灭其功。""谏臣""争臣""辅臣""拂臣"只为"明君之所尊厚",但"闇主惑君以为己贼也";而那些"偷合苟容"的"谀臣""国贼"倒很可能被昏君视为国宝。"罚其忠,赏其贼,夫是之谓至暗。"③桀、纣就是这样的"闇主惑君"。"桀纣者,其志虑至险也,其志意至闇也,其行为至乱也;亲者疏之,贤者贱之,生民怨之。……身死国亡,为天下之大僇(辱)。"④"汤武之诛桀纣也,拱把指挥,而强暴之国莫不趋使,诛桀纣若诛独夫。"⑤由于汤、武原来是桀、纣的臣子,所以对于汤武取代桀纣,当时有一种"篡位""弑君"的说法:荀子明确否定这种说法。他指出:"汤、武非取天下也,修其道,行其义,兴天下之同利,除天下之同害,而天下归之也。桀纣非去天下也,反禹汤之德,乱礼义之分,禽兽之行,积其凶,全其恶,而天下去之也。天下归之之谓王,天下去之之谓亡。故桀纣无天下,汤武不弑君,由此效之也。""汤武者,民之父母也;桀纣者、民

---

①②③ 《荀子·臣道》。

④ 《荀子·正论》。

⑤ 《荀子·议兵》。

之怨贼也。今世俗之为说者,以桀纣为君,而以汤武为弑,然则是诛民之父母,而师民之怨贼也,不祥莫大焉。""故至贤畴(囊括)四海,汤武是也;至罢(极无才德)不能容妻子,桀纣是也。今世俗之为说者,以桀纣为有天下,而臣汤武,岂不过甚矣哉!"①鉴于臣民"从道不从君"的"革命"权利,荀子引用孔子的一段话告诫君主居安思危:"君者,舟也;庶人者,水也。水则载舟,水则覆舟。君以此思危,则危将焉而不至矣。"②

从管子、晏子、墨子、史䲡、孔子、庚桑楚到荀子,春秋战国时期政治家、思想家探讨、总结的为臣之道主要有如下几个要点:(一)人臣分"贤臣"与"不肖之臣"、"忠臣"与"逆臣"。"忠臣"是"吉臣",是"国之宝"。"逆臣"是"凶臣",是"国之贼"。(二)"忠臣"是从"利君"的大义出发"和而不同"、敢于"从道不从君"的"逆命"之臣,是奋不顾身、匡君之邪、"纳善于君"的谏诤之臣。(三)"逆臣"是从保护自己的"私利"出发,事事附和君主、"从命而不利君"、与君主保持绝对同一、陷君于难的"谄臣""谀臣"。(四)由于君为臣主,所以"忠臣"的产生是需要条件的,"君仁"则"臣忠","君僻"则"臣不从"。所以"谀臣"的产生,根子在"君邪";"忠臣"的受用,源头在"君明"。"忠臣之道"与"明君之道"或"仁君之道"骨子里是一致的。(五)"忠臣"不可与昏君、僻君同流合污。如果在大是大非问题上君主不能接受自己的谏议,为臣者应当选择离开,决不能"与君行邪"。这就叫"顺则行,否则退","进不失忠,退不失行"。(六)如果君主刚愎自用、一意孤行、众叛亲离,成为独夫民贼,"忠臣"就可以而且应该从"民意"出发替天行道,用暴力革命的手段推翻暴君。要之,"忠臣"所忠,是国泰民安之道。明君行道,就从道忠君;昏君悖道,就从道逆君。这就是周代关于"臣道"的基本思想主张。它为制衡君主独裁、匡正君主刚愎自用提供了一定的制度保障。

---

① 《荀子·正论》。
② 《荀子·哀公》。

第十六章　周代外王论之三："君臣异术"论

本章提要："君臣异术"思想是周代留给后代的重要政治思想财富。它讨论的是君臣的不同分工与协作互补原则，即"上下之分不同任"。其要义是"因者君术，为者臣道"，"君道知人，臣术知事"。这种学说认为，君主虽有独断乾纲的地位和特权，但在行政方法上又切忌大权独揽、专断自为，告诫君主其并非全知全能，时间和精力也有限，不可越俎代庖，与臣争能，必须借助群臣百官的专业特长实现对天下的有效管理。"君臣异术"思想是道家"贵因"思想与法家"法术"思想合璧的产物，后来遍及儒家、墨家、兵家、杂家学说，重点在于限制"人君自任而躬事"，造成"君臣易位"，天下不治。这当中包含着君臣各司其职、互不越界而又互相配合、共治天下的政治智慧，在现代政治文明中具有建设性意义。①

　　周人论述的"君道"与"臣道"既有相通的地方，都是为"治乱""利群"、天下安康服务的，也有不同之处。这个不同之处不仅体现为君、臣各有角色分工，所谓"君仁臣忠"，也体现为君、臣各有不同的职责分工和活动原则，道家称之为"上下不同道"，法家称之为"君臣异术"。其主旨即"君道知人，臣道知事"，君"无为"而臣"有为"，君"无事"而臣"有事"。君王的主要职责及工作方法在于知人善任，将有能力、有特长的大臣用得其所地为自己办事，大臣的主要职责及工作方法是在合适的岗位上发挥自己的办事能力，将君王托付的事情做好。这样就能君王"无为"而天下事"无不为"。

　　周代的政治思想虽然肯定君主具有最高的地位和权力，但在具体方法上又反对君主大权独揽、事必躬亲，告诫君主其既不是全知全能的，也没有三头六臂，时间和精力都是有限的，必须借助各有专长的大臣才能实行对天下的有效

---

① 本章以"周代政治文明中的'君臣异术'思想析微"为题，发表于《辽宁大学学报》2025年第3期。

管理。如果事无巨细亲力亲为,越俎代庖与臣争能,不仅会心劳力拙,捉襟见肘,而且势必导致群臣的懈怠和不作为,产生事与愿违、不可收拾的消极后果。于是,周代的君主专制就走向了君臣各司其职、互不干涉而又相互配合的共治。

周人"君臣异术"的思想,是老子、文子、庄子、鹖冠子为代表的道家"贵因"思想与管子、申不害、慎到、韩非子为代表的法家"法术"学说相互结合的产物,后来在后期儒家著作《荀子》和杂家著作《吕氏春秋》中又有所择取综合。本章基于对周代所有典籍的筛选、过滤、研究、总结,对周代政治文明中君主与大臣既各有分工、各司其职,又各尽其责、相互配合的"君臣异术"思想加以系统评析,希望对现代政治文明建设有所裨益。

一、道家:"君道知人,臣术知事","无为而无不为"

道家"贵因",强调君道因臣所为,事无不为;知人善任者君上,尽职效力者臣下,二者各有职责,不可错乱。其思想发展坐标是老子、文子、庄子、列子、鹖冠子。

老子《道德经》第三十七章揭示:"道常无为而无不为。"这个"道"不仅是天道,也是人道。君道是人道中的重要组成部分。周人要求"以人法天",所以"天道"往往是"人道""君道"。天道无为,而万物自生;君道无为,而事无不成。君主为什么能够"无为而无不为"呢? 因为他可以借助三公九卿、诸侯百官的臣子效力。君主"无为"不是君主懈怠、不尽责的表现,而是有助于臣子发挥工作主动性、积极性的需要。易言之,君主"无为"是臣子"无不为"的前提和保证。若君主太过"有为",事必躬亲,干涉太多,大臣是无法作为的,最终也就无法实现治理天下"无不为"的理想。所以,"无为而无不为"作为一种"君道",其中有深刻的政治智慧。

老子的弟子文子留下一部《文子》。《文子》过去曾被疑为"伪书",汉初出土文献证明不伪。《文子》中有一篇叫《自然》,明确提出"能因,则无敌于天下"的君王之道。"因"什么呢?"因民之性""因民之资",指"乘众人之智""用众人之力"。文子指出,"道"的真谛在于因应自然:"物必有自然而后人事有治也。"从天道来说,"古之渎水者,因水之流也;生稼者,因地之宜也。""古之善为君者法江海,江海无为以成其大,窳下以成其广,故能长久。"君主治天下之道也是如此。"为天下溪谷,其德乃足。无为故能取百川,不求故能得,不行故能至,是以取天下而无事。""以道治天下,非易人性也,因其所有而条畅之,故因即大,作即小。……能因,则无敌于天下矣。""故先王之制法,因民之性而为之节文。""因其性即天下听从,拂其性即法度张而不用。"治理天下的大忌,是自作聪明、自以为是,违反人性,甚至剥夺人性。"不自贵故富,不自见故明,不自矜故长,处不有之地,故为天下王,不争,故莫能与之争,终不为大,故能成其大。"着眼于因应自然之道,文子揭示:"江海近于道,故能长久,与天地相保。王公修道,则功成而不有,不有即强固。"运用因应之道处理君臣关系,是懂得发挥臣子的所长,让他们为自己的天下伟业服务。这方面尧帝作出了很好的表率:"昔尧之治天下也,舜为司徒,契为司马,禹为司空,后稷为田畴,奚仲为工师。"运用因应之道处理君民的关系,应懂得"乘众人之智""用众人之力"。这方面尧帝也做得很好:"其导民也,水处者渔,林处者采,谷处者牧,陵处者田。地宜其事,事宜其械,械宜其材,皋泽织网,陵阪耕田,如是则民得以所有易所无,以所工易所拙。"因此,文子说:"乘众人之智者,即无不任也,用众人之力者,即无不胜也。……故圣人举事,未尝不因其资而用之也。"①在此基础上,文子总结出一个政治命题:"君臣异道即治,同道即乱。"②告诫君臣"各德其宜,处有其当"③,提醒君主切忌"与臣争事"、越俎代庖。"人君舍其所守,而与臣争事,则制于有司。以自为悖位,守职者以听从取容,臣下藏智而不用,反以事专其上。人君者,不任能而好自为,则智日困而自负责;数穷于下,则不能申理;行堕于位,则不能持制。智不足以为治,威不足以行刑,则无以与天下交矣。"④

《文子》之后,庄子对君道"无为"而臣道"有为"的不同道术作了进一步的分析和论证。庄子对君主提出"天道",对大臣提出"人道",主张君行"天道",臣行"人道"。《在宥》指出:"有天道,有人道。无为而尊者,天道也;有为而累者,人道也。""主者,天道也;臣者,人道也。""天道"贵"因",特点是"无为",但因人而为,故无不为。臣道"有为",所以能帮助君主"无不为"。《天道》告诫说:君上"无为"之"天道"与臣下"有为"之"人道"不可颠倒搞乱。君上"无为",但臣下不可"无为"。"上无为也,下亦无为也,是下与上同德。下与上同德则不臣。"臣下"有为",但君上不可"有为"。"下有为也,上亦有为也,是上与下同道。上与下同道则不主。"君上的"无为"与臣下的"有为"必须紧密结合起来,才能实现"天下大治"。"上必无为而用天下,下必有为为天下用,此不易之道也。""本在于上,末在于下;要在于主,详在于臣。"

从君道无为方面说,庄子在《在宥》篇中强调:"民"至卑,但"不可不因",为君之道,不仅不可轻视民,而且必须"恃于民"。《天道》篇指出:君主治天下的"无为"之"天道",实际上是"乘天地、驰万物"的"用人群之

---

① 均见《文子·自然》。
②③ 《文子·上义》。
④ 《文子·上仁》。

道"。具体做法是:"知(智)虽落天地,不自虑也;辩虽雕万物,不自说也;能虽穷海内,不自为也。"君主"无为也,则用天下而有余;有为也,则为天下用而不足"。"君天下"之道"原于德而成于天",即"虚静恬淡寂漠无为"之道。"玄古之君天下,无为也,天德而已矣。""夫帝王之德,以天地为宗,以道德为主,以无为为常。""静而圣……无为也而尊,朴素而天下莫能与之争美。""夫虚静恬淡寂漠无为者,天地之平而道德之至,故帝王圣人休焉。"正因为君主用臣所为、用民所为而无所不为,所以天下大治时就不应当居功自傲,而应功成弗居,所谓"泽及万世而不为仁"。《应帝王》篇亦云:"游心于淡,合气于漠,顺物自然而无容私焉,而天下治矣。""明王之治,功盖天下而似不自己,化贷万物而民弗恃。""无为名尸,无为谋府,无为事任,无为知主。体尽无穷,而游无朕。尽其所受乎天而无见得,亦虚而已……故能胜物而不伤。"

从"有为"的"人道"——"臣道"一端看,它实际上也是取法"天道"的产物。《庄子·天道》指出:"天尊地卑,神明之位也;春夏先秋冬后,四时之序也。""尊卑先后,天地之行也","圣人取象焉",制定了"尊卑先后"的"人道"。不仅"君先而臣从",乃至"父先而子从,兄先而弟从,长先而少从,男先而女从,夫先而妇从"都属于"人道"。一方面,庄子承认:"宗庙尚亲,朝廷尚尊,乡党尚齿,行事尚贤,大道之序也。"另一方面,庄子又指出,这些"人道"属于"末学":"三军五兵之运,德之末也;赏罚利害,五刑之辟,教之末也;礼法度数,形名比详,治之末也;钟鼓之音,羽旄之容,乐之末也;哭泣衰绖,隆杀之服,哀之末也。""末学"之道,虽然古已有之,不得不用,但一方面,"非所以先也",另一方面,"须精神之运"灵活处理。比如臣应从君,但"忠臣不谄其君";子应从父,但"孝子不谀其亲"。

由此可见,治理天下必须把因而不为的"天道""君道"与等而下之的"人道""臣道"相反相成地结合在一起。正如《天道》所总结:"古之明大道者,先明天而道德次之,道德已明而仁义次之,仁义已明而分守次之,分守已明而形名次之,形名已明而因任次之,因任已明而原省(考察)次之,原省已明而是非次之,是非已明而赏罚次之,赏罚已明而愚知处宜,贵贱履位,仁贤不肖袭情(符合事实)。必分其能,必由其名。以此事上,以此畜下;以此治物,以此修身。知谋不用,必归其天(天性、自然)。此之谓太平,治之至也。"

与庄子同时的列子也说过:君主"治国之难,在于知贤,而不在自贤"①。"知贤"指圣君知人善任。"自贤"指乱主自逞其能。

战国后期成书的《鹖冠子》作为道家的殿军之作。一方面,它承认"尊

---

① 《列子·说符》。

君卑臣"的政治现实①,提出"清静无为"的君道:"有道南面执政,以卫神明,左右前后,静侍中央。"②同时提出君道"举贤用能",无为而无不为:"夫寒温之变,非一精之所化也;天下之事,非一人之所能独知也;海水广大,非独仰一川之流也。是以明主之治世也,急于求人,弗独为也。""事不任贤,无功必败。"在此基础上,他提出"君道知人,臣术知事"③的主张。"知人"即"任贤",善于选用百官。"先王置士也,举贤用能,无阿于世。仁人居左,忠臣居前,义臣居右,圣人居后。左法仁,则春生殖;前法忠,则夏功立;右法义,则秋成熟;后法圣,则冬闭藏。""此四大夫者,君之所取于外也。""故临货分财使仁,犯患应难使勇,受言结辞使辩,虑事定计使智,理民处平使谦,宾奏赞见使礼,用民获众使贤,出封越境适绝国使信,制天地御诸侯使圣。"贤能用得其所,则群臣献功。"下不怨上,辩士之功;释怨解难,智士之功;事至而治,难至而应,忠臣之功;正言直行,矫拂王过,义臣之功;存亡继绝,救弱诛暴,信臣之功;正不易言,贞谦之功,废私立公,礼臣之功;尊君卑臣,贤士之功;敌国惮之,四境不侵,圣人之功。"由于百官的积极性、能动性都调动起来了,所以,君王就可以"高而不坠,安而不亡"④。

二、法家:"君知其道,臣知其事""臣事事,而君无事"

法家论君道,既强调君主高高在上、一言九鼎的"势",也讲究君主驭臣之"术"。春秋战国时期,法家在道家"贵因"、"无为而无不为"思想的启发、指引下,吸收其"上下不同道""帝王无为而天下功""下(臣)必有为为天下用"的观点,对"君臣异术"问题作了进一步的探讨。

《管子》的思想包罗万象,有人视为杂家著作。因其中包含法家思想,又被视为法家源头。《管子·九守》中有一个专篇,叫《主明》,指出作为君主,必须具有过人之"明",所谓"目贵明,耳贵聪,心贵智"。如何达到过人之"明"呢? 管子说:"以天下之目视则无不见也,以天下之耳听则无不闻也,以天下之心虑则无不知也。辐凑并进,则明不塞矣。"⑤"明主之举事也,任圣人之虑,用众人之力,而不自与焉,故事成而福生。"⑥"明主不用其智,而任圣人之智;不用其力,而任众人之力。故以圣人之智思虑者,无不知也;以

---

① 黄怀信:《鹖冠子校注·天则》,中华书局2014年版,下同。
② 《鹖冠子·泰鸿》。
③④ 《鹖冠子·道端》。
⑤ 《管子·主明》。
⑥ 《管子·形势解》。

众人之力起事者,无不成也。能自去而因天下之智力起,则身逸而福多。"①君主只有善于集中天下人的智慧,才会达到至高无上的圣明境界。"论材量能,谋德而举之,上之道也……有道之君,正其德以莅民,而不言智能聪明。"②"知善,人君也;身善,人役也。君身善,则不公矣。"③然而,在现实中,由于君主具有专制特权,常常会发生自以为是、越俎代庖、与臣争能的事。管子深刻分析、批评了君主这种做法的危害。"为人君者,下及官中之事,则有司不任。"④"乱主自智也,而不因圣人之虑;矜奋自功,而不因众人之力;专用己,而不听正谏,故事败而祸生。""乱主独用其智,而不任圣人之智;独用其力,而不任众人之力,故其身劳而祸多。"⑤"君"与"臣"的关系正如"心"与"九窍"的关系一样,一方面有主从之分,另一方面各有职责分工,不可逾等。君主虽然大权在握,但对于大臣的职责不可越界。"君"不能代"臣"做事,正如"心"不能代替感官产生欲望、代替耳目参与视听之事一样。"心之在体,君之位也;九窍之有职,官之分也。""夫心有欲者,物过而目不见,声至而耳不闻也。故曰:上离其道,下失其事。""耳目者,视听之官也。心而无与于视听之事,则官得守其分矣。""心术者,无为而制窍者也。故曰君毋代马走、毋代鸟飞,此言不夺能,不与下试也。"⑥管子进而指出:"智能聪明者,下之职也;所以用智能聪明者,上之道也。上之人明其道,下之人守其职,上下之分不同任,而复合为一体。"⑦

战国中期的法家代表人物申不害以重视"术"著称于世。他提出"君知其道,臣知其事"的论断。这是他对"君臣异术"思想的精辟概括。一方面,他肯定君尊臣卑,"明君如身,臣如手;君若号,臣如响"⑧,"能独断者,故可以为天下主"⑨。另一方面,他又强调,君主牢牢把握最终的决定权,并不意味着事必躬亲,恰恰相反,这是君主的大忌。"主处其大,臣处其细。""君设其本,臣操其末;君治其要,臣行其详;君操其柄,臣事其常。""君知其道也,臣知其事也。十言十当,百为百富者,人臣之事也,非君人之道也。"⑩所以,君主"治不逾官,虽知(智)不言"。"故善为主者,倚于愚,立于不盈,设于不敢,藏于无事,窜端匿疏,示天下无,是以近者亲之,远者怀之。"他还告诫君主:"示人有余者,人夺之;示人不足者,人与之。刚者折,危者覆,动者摇,静者安。"正如"鼓不与于五音,而为五音主","有道者不为五官

---

① ⑤ 《管子·形势解》。
② ③ ④ ⑦ 《管子·君臣上》。
⑥ 《管子·心术》。
⑧ ⑩ 《群书治要》卷三六引。
⑨ 《韩非子·外储说右上》引。

之事,而为治主"。①君主亲力亲为,不仅不值得鼓励,反而是要力戒的君道大忌。

申不害之后,另一位法家代表人物慎到进一步提出了"臣事事而君无事"的"治之正道":"君臣之道,臣事事而君无事,君逸乐而臣任劳。""人君苟任臣而勿自躬,则臣皆事事矣。""臣尽智力以善其事,而君无与焉,仰成而已,故事无不治,治之正道然也。"反之,如果君主自以为高明,事事专权独断,就会适得其反,遗患无穷。慎到斥之为"逆乱之道"。"人君自任,而务为善以先下,则是代负任蒙劳也,臣反逸矣。""君人者,好为善以先下,则下不敢与君争为善以先君矣,皆私其所知以自覆掩。有过,则臣反责君,逆乱之道也。""君之智,未必最贤于众也。以未最贤而欲以善尽被下,则不赡矣。若使君之智最贤,以一君而尽赡下则劳,劳则有倦,倦则衰,衰则复反于不赡之道也。"由此可见:"人君自任而躬事,则臣不事事,是君臣易位也。谓之倒逆,倒逆则乱矣。"慎到指出:"任臣而勿自躬""臣事事而君无事,君逸乐而臣任劳",乃是"君臣之顺、治乱之分","不可不察也"。②

韩非总结前人的法术思想,对与臣道相异的君道作出了进一步的深入论析。首先,韩非提出君道贵因是君主能力有限的必然选择。君主不是十全十美、无所不知、无所不能的神,天下之事那么多,必须依靠天下人的力量才能办好。因人之力、尽人之智是治理天下最明智的也是唯一的君道。君主"力不敌众,智不尽物。与其用(自己)一人,不如用一国(之人)"。"下君尽己之能,中君尽人之力,上君尽人之智。"③"夫物者有所宜,材者有所施,各处其宜,故上下无为。使鸡司夜,令狸执鼠,皆用其能,上乃无事。"反之,"上有所长,事乃不方;矜而好能,下之所欺;辩惠好生,下因其材。上下易用,国故不治。"④其次,韩非提出"圣人治吏不治民"⑤。如上所述,"上君尽人之智","中君尽人之力",这里的"人",主要指"民之本纲者"的"吏"。君主不可能直接管理芸芸众生,他只有通过"尽吏之智""尽吏之力",才能实现天下大治。"明君之道,使智者尽其虑,而君因以断事,故君不躬于智;贤者敕(一作效)其材,君因而任之,故君不躬于能;有功则君有其贤,有过则臣任其罪,故君不躬于名。臣有其劳,君有其成功,此之谓贤主之经也。"⑥再

---

① 《群书治要》卷三六引。
② 《慎子·民杂》。
③ 《韩非子·八经》。
④ 《韩非子·扬权》。
⑤ 《韩非子·外储说右下》。
⑥ 《韩非子·主道》。

次,基于君道在于依靠吏治,为了防止君主专己之能,独断自为,韩非将"执一以静""虚静无事"作为一项君道的原则确定下来。君主"执一以静,使名自命,令事自定",即对大臣官吏"因而任之,使自事之;因而予之,彼将自举之;正与处之,使皆自定之"①。由于君主"虚静以待,令名自命也,令事自定也","有言者自为名,有事者自为形",所以,"君乃无事焉"②。"虚静无事"是君道的常态,君主的职责只在于把大臣官吏选用好、管理好。

三、儒家、墨家、兵家:"主道知人,臣道知事"

儒家强调"君仁臣忠",孔子、孟子的著作中均不讨论君主的权术,所以《论语》《孟子》没有"君臣异术"的思想。但是到了战国后期,荀子作为儒家学说的集大成者,吸收了法家君臣不同道的法术思想,提出"主道知人,臣道知事"③的主张,告诫君主切勿滥用权力,矜才使能,与臣争功。他指出:治理天下千头万绪,君主无法事必躬亲。"主道""治一不治二","是治之极也"④。其要义是"使人为之"而不"自为"。"人主者,以官人为能者也;匹夫者,以自能为能者也。人主得使人为之,匹夫则无所移之。……今以一人兼听天下,日有余而治不足者,使人为之也。大有天下,小有一国,必自为之然后可,则劳苦耗悴莫甚焉。"⑤圣明的君主总是懂得克制自己的作为,依靠群臣而百事治。"天子……足能行,待相者然后进;口能言,待官人然后诏。不视而见,不听而聪,不言而信,不虑而知,不动而功。"⑥《尧问》篇中记载了一则故事,讲的是战国初期魏武侯谋划政事得当,大臣无人能及,因而沾沾自喜。吴起不以为然,认为这不是好兆头。他以春秋时期的楚庄王为例委婉加以劝谏。楚庄王谋事而当,群臣莫能及,但他不以为喜,反以为忧。因为君主"得师者王,得友者霸,得疑者存,自为谋而莫己若者亡"。"以不谷之不肖,而群臣莫能逮,吾国几于亡乎!是以忧也"。魏武侯拜谢吴起的劝谏:"天使夫子振寡人之过也。"这个故事中的寓意,不言自明。

墨家是儒学的支流。墨子早年"学儒者之术,受孔子之业"⑦。孔子虽然没有论及"君臣异术",但墨子有所涉及:"善为君者,劳于论人而佚于治官。不能为君者,伤形费神,愁心劳意,然国逾危,身逾辱。"⑧所谓"劳于论

---

① 《韩非子·扬权》。
② 均见《韩非子·主道》。
③ 《荀子·大略》。
④⑤ 《荀子·王霸》。
⑥ 《荀子·君子》。
⑦ 《淮南子·要略》。
⑧ 《墨子·所染》。

人",指君主要在知人善任方面多花心思。所谓"佚于治官",指君主在尚贤用能、百官效力之后自己可以享受事无不为的安逸。这是善于"为君"者的标志。反之,事事都管,但由于自己并非全知全能,不断出错,"伤形费神,愁心劳意",造成"国逾危,身逾辱"的后果,这是"不能为君"者的表现。兵家代表人物孙武引用同样的思想告诫君主:"将能而君不御者胜。"①君主用人不疑,疑人不用。将在外而君命有所不受。指挥打仗是一个专业性很强的事,何况有许多突发情况,无法及时请示君命。所以君主万不可以君命掣肘将领,否则必败无疑。这还是说的是君主对于所命将官的职责静而不扰的意思。他有权任命将官,无权干扰将官,代其决策。

四、杂家著作《吕氏春秋》:"贤主劳于求人,而佚于治事"

战国末期吕不韦主编的杂家著作《吕氏春秋》是一部综合百家思想讨论帝王之道的巨著,体大思精,包罗万象。它糅合道家的"贵因"思想与法家的"法术"思想,对"君臣异术"的政治智慧作了最为丰富、全面、深刻的论述。

吕不韦主编的帝王之书《吕氏春秋》在总结道家因应自然、人性、民力、臣能治理天下道德思想的基础上,明确为君主献上"贵因"主张。《吕氏春秋·慎大览》特辟《贵因》篇,指出因势利导,是历代圣王留给我们的思想遗产:"禹通三江五湖,决伊阙,沟回陆,注之东海,因水之力也。舜一徙成邑,再徙城都,三徙成国,而尧授之禅位,因人之心也。汤、武以千乘制夏、商,因民之欲也。"也是遍布于我们生活中的道理:"如秦者立而至,有车也;适越者坐而至,有舟也。秦、越,远涂也,靖立安坐而至者,因其械也。"这里,"因"既有"因借"的意思,也有"顺应"的意思。因借械之便、水之力只是举例、比喻,重要的在于强调"因人之心""因民之欲",这是君主称王天下的根本之道。《吕氏春秋》进而提出:"三代所宝,莫如因,因则无敌。"

君道贵因,臣道贵为。"君臣异术"说到底,讨论的是君臣分职问题。《吕氏春秋》专辟《审分》《分职》两个专篇加以讨论。"审分"即认识君臣各自的名分,明确君主应当做什么。"凡人主必审分,然后治可以至。""至治之务,在于正名。名正则人主不忧劳矣。""正名审分,是治之辔已。……不审名分,是恶壅而愈塞也。"②"分职"是指将君臣的职责分开,重点强调的是君王应明确自己虚静无为、用臣有为的职责,切忌自以为是、越俎代庖,取代臣下去做臣下应做的事。

---

① 《孙子·谋攻篇》。
② 《吕氏春秋·审分览·审分》。

君主"贵因",表现为"虚静无为"。"因则静矣。"①"古之王者,其所为少,其所因多。因者,君术也;为者,臣道也。"②"得道者必静,静者无知,知乃无知。"③"去想去意,静虚以待。"④"无言无思,静以待时。"⑤"有道之主,因而不为,责而不诏。"⑥也就是依靠别人去作为,自己不亲自作为;检查大臣怎么做,而无须指导大臣怎么做。"夫君也者,处虚素服而无智,故能使众智也;智反无能,故能使众能也;能执无为,故能使众为也。无智、无能、无为,此君之所执也。"虽然"用非其有",但"如己有之","通乎君道者也"⑦。"夫以众者,此君人之大宝也。"⑧可见,"善为君者无识,其次无事"。"大圣无事,而千官尽能。此乃谓不教之教,无言之诏。"⑨"故有道之主……不伐之言,不夺之事,督名审实,官使自司,以不知为道,以奈何为实。"⑩

君主因人因众,因借的重点是百官大臣。"绝江者托于船,致远者托于骥,霸王者托于贤。"⑪"凡君也者,处平静,任德化,以听其要。"⑫"有术之主者,非一自行之也,知百官之要也。知百官之要,故事省而国治也。"⑬"古之善为君者,劳于论人而佚于官事,得其经也。"⑭"百官慎职,而莫敢愉诞。"⑮"故善为君者,矜服性命之情,而百官已治矣,黔首已亲矣,名号已章矣。"⑯历史上英明的圣王都是善于知人、用人的典范。"大桡作甲子,黔如作虏首,容成作历,羲和作占日,尚仪作占月,后益作占岁,胡曹作衣,夷羿作弓,祝融作市,仪狄作酒,高元作室,虞姁作舟,伯益作井,赤冀作臼,乘雅作驾,寒哀作御,王冰作服牛,史皇作图,巫彭作医,巫咸作筮。此二十官者,圣人之所以治天下也。圣王不能二十官之事,然而使二十官尽其巧,毕其能,圣王在上故也。圣王之所不能也,所以能之也;所不知也,所以知之也。"⑰周初的武王、春秋第一霸主齐桓公亦然。"武王之佐五人,武王之于五人者之事无能也,然而世皆曰取天下者武王也。故武王取非其有如己有之,通乎君道也。通乎君道,则能令智者谋矣,能令勇者怒矣,能令辩者语矣。"⑱"有司请事于齐桓公,桓公曰:'以告仲父。'有司又请,公曰:'告仲父。'若是三。习者曰:'一则仲父,二则仲父,易哉为君!'桓公曰:'吾未得仲父则难,已得仲父之后,曷为其不易也?'桓公得管子,事犹大易,又况于得

---

①②⑤ 《吕氏春秋·审分览·任数》。
③ 《吕氏春秋·审分览·君守》。
④⑥⑩⑬ 《吕氏春秋·审分览·知度》。
⑦⑪⑱ 《吕氏春秋·似顺论·分职》。
⑧ 《吕氏春秋·孟夏纪·用众》。
⑨ 均见《吕氏春秋·审分览·君守》。
⑫⑮⑯⑰ 《吕氏春秋·审分览·勿躬》。
⑭ 《吕氏春秋·仲春纪·当染》。

道术乎?"①桓公以此用管子为相,也以此接受了管子的用人申请:"垦田大邑,辟土艺粟,尽地力之利,臣不若宁速,请置以为大田。登降辞让,进退闲习,臣不若隰朋,请置以为大行。早入晏出,犯君颜色,进谏必忠,不辟死亡,不重贵富,臣不如东郭牙,请置以为大谏臣。平原广城,车不结轨,士不旋踵,鼓之,三军之士视死如归,臣不若王子城父,请置以为大司马。决狱折中,不杀不辜,不诬无罪,臣不若弦章,请置以为大理。君若欲治国强兵,则五子者足矣。"桓公采纳了管子的提议,五子用得其所,"十年,九合诸侯,一匡天下"。② 由此可见,君主的这种不显山不露水的"无智之智""无能之能""无为之为"是一种"至智""至能""至为"。所以说:"至智弃智,至仁忘仁,至德不德"③。

君道必须虚静无为。反之,"为则扰矣"④。当时常见一些糊涂的国君,为了显示自己的高明,利用君主专制的权力干预臣事,代行臣职,逞才使能。这就给国家治理带来了很大的麻烦。《吕氏春秋》批评"人主之所惑者""以其智强智,以其能强能,以其为强为",指出这实际上是不自觉把自己降低到"人臣之职"的位置上去了。"处人臣之职而欲无雍塞,虽舜不能为。"⑤天下的事情那么多,君主不可能全知全能,如果事事亲自出马,势必见有不周,屡屡出错,影响君主的威信,导致百官的怀疑,产生糟糕的后果。"明君者,非遍见万物也。"⑥"有识则有不备矣,有事则有不恢矣。不备不恢,此官之所以疑,而邪之所从来也。"⑦"人主好暴(显露)示能,以好唱自奋",百官就只能"以不争持位,以听从取容";君主"代有司为有司",百官就只能"后随以进其业"。⑧"人主自智而愚人,自巧而拙人,若此则愚拙者请矣,巧智者诏矣,诏多则请者愈多矣。""请者愈多,且无不请也,主虽巧智,未无不知也。以未无不知,应无不请,其道固穷。""为人主而数穷於其下,将何以君人乎?"又有甚者,某些君主"穷而不知其穷","又将反以自多",这就成了"重塞"之主,如此这般,"无存国矣"。⑨君主"不知乘物,而自怙恃,夺其智能,多其教诏,而好自以,若此则百官恫扰,少长相越,万邪并起。"⑩最终,虽然"伤形费神,愁心劳耳目",但"国愈危,身愈辱"⑪。"亡国之主,其耳非不可以闻也,其目非不可以见也,其心非不可以知也。君臣扰乱,上下不分别,虽

---

① ③ ④ ⑧ 《吕氏春秋·审分览·任数》。
② 《吕氏春秋·审分览·勿躬》。
⑤ 《吕氏春秋·似顺论·分职》。
⑥ ⑨ 《吕氏春秋·审分览·知度》。
⑦ 《吕氏春秋·审分览·君守》。
⑩ 《吕氏春秋·审分览·审分》。
⑪ 《吕氏春秋·仲春纪·当染》。

闻曷闻？虽见曷见？虽知曷知？"①

由此可见，"君道无知无为，而贤于有知有为"②。"贤主劳于求人，而佚于治事。"③"先王不能尽知，执一而万物治"④。英明的君主懂得"无恃其能勇力诚信"⑤，充分相信百官的"能勇力诚信"，放手让他们开展工作，发挥工作的积极性、能动性。"百官各处其职，治其事以待主，主无不安矣；以此治国，国无不利矣"⑥。"君者固无任，而以职受（授）任。工拙，下也；赏罚，法也；君奚事哉？"⑦"上操其名，以责其实，臣守其职，以效其功。"⑧君主的职责，在于"问而不诏，知而不为，和而不矜，成而不处，止者不行，行者不止，因刑而任之，不制于物，无肯为使，清静以公，神通乎六合，德耀乎海外，意观乎无穷，誉流乎无止。"⑨"人主之术，处无为之事，而行不言之教，清静而不动，一度而不摇，因循而任下，责成而不劳。"⑩

周人"君臣异术"的思想，强调君臣具有不同的职责分工、必须各司其职互不干预，才能保证政治清明、天下大治。这是周代政治家、思想家的一种共识。它是对君主专制特权的一种有益的制约和补充。

周代的这一政治智慧影响深远。汉代王褒《圣主得贤臣颂》云："君人者勤于求贤而逸于得人。"《淮南子·诠言》云："位愈尊而身逾佚，身逾大事逾少。譬次张琴，小弦虽急，大弦必缓。"三国时魏国刘劭《人物志·序》云："（君主）劳聪明于求人，获安逸于任使。"晋代郭象《庄子注·天道注》云："工人无为于刻木，而有为于用斧；主上无为于亲事，而有为于用臣。"唐代李筌《太白阴经·鉴才篇》云："君道知臣，臣术知事。"宋代王禹偁《待漏院记》云："君逸于上，臣劳于下。"范祖禹《唐鉴》卷九《宪宗》云："明主劳于求人，而逸于任人。"如此等等，都可以看到君术用人、臣术劳事、"君臣异术"思想的延续。周代政治文明留下的这笔政治思想财富，值得今人好好品味。

---

①② 《吕氏春秋·审分览·任数》。
③ 《吕氏春秋·季冬纪·士节》。
④ 《吕氏春秋·审分览·知度》。
⑤ 《吕氏春秋·审分览·勿躬》。
⑥ 《吕氏春秋·季春纪·圜道》。
⑦ 《吕氏春秋·分职》。
⑧ 《吕氏春秋·修务训》。
⑨ 《吕氏春秋·审分览·审分》。
⑩ 《吕氏春秋·主术训》。

第十七章　周代外王论之四："尚贤"说

本章提要：本章讨论周代外王之道中的"尚贤"学说。"尚贤"指君主对于大臣官吏的选拔任用。既属于"君道"，也与"臣道"相交叉，同时呈现出相对独立的思想系统。君临天下，君主必须通过群臣百官才能实现对基层民众的行政管理。选官必尚贤。"贤"指才德杰出。依据其杰出程度，周人分为"英""俊""杰""豪"。周代的"尚贤"说从选拔官吏治国安邦、兼并诸侯称霸天下、打破世袭解放人才诸方面，反复强调"尚贤"的重要性，具体探讨了君主"求贤""知贤""用贤""尽贤"的注意事项。在周代普遍"尚贤"的思想氛围之下，"举贤""让贤"成为社会上不断涌现的佳话。周代"尚贤"说为今天的吏治建设提供了值得借鉴的思想财富。①

在外王之道中，君主必须通过大臣百官才能实现对基层民众的行政管理。什么样的人可以成为大臣百官呢？当然是贤人。"人主不可以不慎贵，不可以不慎民……慎贵在举贤，慎民在置官。"②于是，"尚贤"，成为周代外王之道的一个重要组成部分。

一、"贤"的含义、类别及周代"尚贤"的主题

"贤"，不仅指品行高尚，如《周礼·大宰》"三曰进贤"郑玄注"贤"："有善行也。"《庄子·徐无鬼》云："以财分人谓'贤'。"也指才能杰出，如许慎《说文解字》云："贤，多才也。"综合二义，"贤"指才德杰出的人。关于贤才的类别和高低，文子有过独特的划分："智过万人谓之'英'，千人者谓之'俊'，百人者谓之'杰'，十人者谓之'豪'。""明于天地之道，通于人情之理，大足以容众，惠足以怀远，智足以知权，'人英'也。德足以教化，行足以

---

① 本章以"周代'尚贤'学说的系统阐释"为题，发表于《东方论坛—青岛大学学报（社会科学版）》2023 年第 5 期。中国人民大学复印资料《政治学》2024 年第 1 期全文转载。
② 《管子·枢言》。

隐义,信足以得众,明足以照下,'人俊'也。行可以为仪表,智足以决嫌疑,信可以守约,廉可以使分财,作事可法,出言可道,'人杰'也。守职不废,处义不比,见难不苟免,见利不苟得,'人豪'也。"①"尚贤",即把有才德的"英""俊""豪""杰"任用到各层各级管理万民的官吏岗位上去。"有道之君,任用俊雄,动则明白。"②

周代的文、武之道是对尧、舜、禹、汤之道的继承。"尚欲祖述尧舜禹汤之道,将不可以不尚贤。"③所以"尚贤"成为周代政治之道的一个重要主题。《尚书·周书·周官》早就提出"推贤让能""举能其官"的要求。《周礼·大宰》"以八统诏王驭万民",其中两项就是"进贤"与"使能"。《礼记》崇尚:"大道之行也……选贤与能。"春秋战国时期,诸子竞放宏议。"尚贤"成为除老庄外各家普遍强调的主张。管子指出:"霸王所始,以人为本。"④"夫争天下者,必先争人。"⑤管子说的"争人",指人才的争夺:"论材量能,谋德而奉之,上之道也。"⑥晏子为齐相,一再向景公建议"举贤以临国"⑦。冉雍向孔子请教怎么为政。孔子提出三条原则,其中之一是"举贤才"⑧。《墨子》一书专设《尚贤》篇,提出"归国宝,不若献贤而进士"⑨,"夫尚贤者,政之本也"⑩的命题,并从"上可而利天,中可而利鬼,下可而利人"的角度,论证"尚贤"是"天、鬼、百姓之利"而"政事之本"⑪。荀子重申:"论德使能而官施之者,圣王之道也。"⑫

具体说来,"尚贤"包括哪些做法呢?晏子提出"知贤""用贤""任贤":"有贤而不知,一不祥;知而不用,二不祥;用而不任,三不祥也。"⑬尸子提出"用贤""求贤""尽贤""进贤""知贤"数端:"国之所以不治者三:不知用贤,此其一也;虽知用贤,求不能得,此其二也;虽得贤,不能尽,此其三也。""为人君者,以用贤为功。""虑事而当,不若进贤;进贤而当,不若知贤;知贤

---

① 《文子·上礼》。《鹖冠子·度万》的解释与此有异:"是以德万人者谓之俊,德千人者谓之豪,德百人者谓之英。"
② 《鹖冠子·道端》。
③ 《墨子·尚贤上》。
④⑤ 《管子·霸言》。
⑥ 《管子·君臣》。
⑦ 《晏子春秋·内篇问上》之十三。
⑧ 《论语·子路》。
⑨ 《墨子·亲士》。
⑩ 《墨子·尚贤上》。
⑪ 《墨子·尚贤下》。
⑫ 《荀子·王霸》。
⑬ 《晏子春秋·内篇谏下》之十。

又能用之,备矣。"①文子提出"知贤""爱贤""尊贤""敬贤""乐贤"五项,并以此重新解释"仁义礼智乐"的含义:"知贤之谓'智',爱贤之谓'仁',尊贤之谓'义',敬贤之谓'礼',乐贤之谓'乐'。"②如此等等。周人主张,通过多种"尚贤"措施,让"英俊豪杰各以大小之材处其位","由本流末,以重制轻",从而最终实现"四海之内,一心同归""上唱下和"③、天下大治的政治理想。

二、"尚贤"的必要性与重要性

周人反复强调"尚贤"。为什么要"尚贤"呢?周人对其必要性和重要性作了多方面的论证。

首先,这是选吏任官、治国安邦的需要。"古者天之始生民,未有正长也……若苟百姓为人,是一人一义,十人十义,百人百义……是以厚者有斗,而薄者有争。是故天下之欲同一天下之义也,是故选择贤可者,立为天子。"④"天子立,以其力为未足,又选天下之贤可者,置立之以为三公……"⑤君主是适应统一天下大义、为民平暴治乱的需求,被人民大众推举产生的。由于他能力有限,所以必须选择"贤可者"为三公九卿、大臣百官共同治理天下,管理万民。尚贤使能,授贤为官,是君道的必然选择。"功名之立,由事之本也,得贤之化也。非贤,其孰知乎事化?故曰其本在得贤。"⑥"立功名亦然,要在得贤。"⑦"凡国不徒安,名不徒显,必得贤士。"⑧"圣人举贤以立功。"⑨"天下之高,以为三公;一州之高,以为九卿;一国之高,以为二十七大夫;一乡之高,以为八十一元士。"⑩"禹之治天下也……得七大夫以佐其身,以治天下,以天下治。"⑪"汤之治天下也……得七大夫佐以治天下,而天下治。"⑫汤得伊尹而有夏,文王得吕望而有商。⑬ 齐桓公所

---

① 《尸子·发蒙》。
② 《文子·上仁》。"尊贤之谓'义'",原为"尊仁之谓'义'",据杜道坚《文子缵义》校改。
③ 《文子·上礼》。
④ 《墨子·尚同中》。
⑤ 《墨子·尚同上》。
⑥ 《吕氏春秋·孝行览·本味》。
⑦ 《吕氏春秋·开春论·察贤》。
⑧ 《吕氏春秋·开春论·期贤》。
⑨ 《文子·上义》。
⑩ 《文子·上礼》。
⑪ 《鹖冠子·禹政》。
⑫ 《鹖冠子·汤政》。
⑬ 《吕氏春秋·不苟论·赞能》。

以成为"春秋第一霸主",关键原因在于不计前嫌任用管仲为相,"能假其群臣之谋以益其智也"①。"是以先王置士也,举贤用能,无阿于世。仁人居左,忠臣居前,义臣居右,圣人居后。左法仁,则春生殖;前法忠,则夏功立;右法义,则秋成熟;后法圣,则冬闭藏。""故临货分财使仁,犯患应难使勇,受言结辞使辩,虑事定计使智,理民处平使谦,宾奏赞见使礼,用民获众使贤,出封越境适绝国使信,制天地御诸侯使圣。"用人得当,则群臣献功。"下不怨上,辩士之功;释怨解难,智士之功;事至而治,难至而应,忠臣之功;正言直行,矫拂王过,义臣之功;存亡继绝,救弱诛暴,信臣之功;正不易言,贞谦之功;废私立公,礼臣之功;尊君卑臣,贤士之功;敌国惮之,四境不侵,圣人之功。"②要之,"国有俊士,世有贤人"③。"尚贤使能则民知方。"④"身定、国安、天下治,必贤人。……得贤人,国无不安,名无不荣;失贤人,国无不危,名无不辱。"⑤

其次,"尚贤"也是春秋战国时期兼并诸侯、称霸天下的现实需要。当时的诸侯国,"为政于国家者皆欲国家之富,人民之众,刑政之治",然而大多事与愿违,兵败国削,被人吞并,什么缘故呢?一个重要原因是"不能以尚贤事能为政"⑥。于是,不肖在上,贤者居下,黄钟毁弃,瓦釜雷鸣。"使不肖临贤,虽严刑不能禁其奸。"⑦"自贵且智者为政乎愚且贱者则治,自愚贱者为政乎贵且智者则乱。"⑧要改变这种状况,就必须正本清源,唯贤是举,量能授官,努力营造"无德不尊,无能不官"⑨的健康政治生态。"小不能制大,弱不能使强,天地之性也"⑩。"以贤易不肖,不待卜而后知吉。"⑪"国有贤良之士众,则国家之治厚;贤良之士寡,则国家之治薄。故大人之务,将在于众(集聚)贤而已。"⑫战国时期,诸侯争霸愈演愈烈,各国竞相争夺人才,招贤纳士、礼贤下士就显得更加迫切。"度于往古,观于先王,非求贤务士而能立功于天下、成名于后世者,未之尝有也。"⑬

再次,以贤取官,进贤为臣,也是打破爵禄世袭制度、解放人才创造力的

---

① 《管子·小匡》。
② 《鹖冠子·道端》。
③⑪ 《荀子·大略》。
④ 《荀子·君道》。
⑤ 《吕氏春秋·慎行览·求人》。
⑥⑫ 《墨子·尚贤上》。
⑦⑩ 《文子·上礼》。
⑧ 《墨子·尚贤中》。
⑨ 《文子·上仁》。
⑬ 《尸子·明堂》。

需要。世卿世禄制是夏商以来朝廷实行的一种选官制度,其本质是爵位和官职的世袭。原始社会末期,"天下为公,选贤与能"的禅让制被破坏后,出现了"大人世及以为礼"的王位世袭制,世卿世禄制也相伴而生。通过家族血缘关系来确定各级官员的任命,依血缘亲疏确定等级尊卑和官爵高下。凡有爵位与官职者,世代都享有采邑和封地。西周沿袭了这种制度,但到东周出现了松动和瓦解。春秋时期,适应兼并他国的需求,甚至出现了"社稷无常奉,君臣无常位,自古以然"①的呼声。与此同步,面对爵禄世袭制,人们纷纷要求打破束缚,唯才是举,能者上、庸者下。鹖子公然声称:"夫国者,卿相无世(世袭),贤者有之。"②墨子不仅提出了"官无常贵,而民无终贱"这个振聋发聩的口号,而且明确主张:"有能则举之,无能则下之。""以德就列,以官服事,以劳殿赏,量功而分禄"③。针对世卿世禄制度,荀子旗帜鲜明地呼吁"论德而定次,量能而授官"④。在任人唯贤、打破世袭的爵禄制度限制方面,孔子是个实实在在的践行者。公元前513年,晋国魏舒"分祁氏之田以为七县,分羊舌氏之田以为三县",派了十个人做县大夫。孔子对这种打破宗族世袭制、直接任命地方官吏的做法深表肯定和支持。他说:"魏子之举","近不失亲"(大夫中的一个是魏舒的庶子),"远不失贤","以贤举,义也"⑤。秦穆公打破惯例,对虞国奴隶百里奚"爵以大夫","授之以政",对此,孔子也大加赞赏,认为这是秦国能称霸西戎的一个重要原因。⑥对于压制、排挤"贤人"的做法,孔子则毫不留情地加以抨击。鲁国大夫臧文仲执政很长时间,对于"直道而事人"的"贤者"柳下惠不仅不安排职位,反而三次撤掉了他的官职。⑦孔子愤愤然批评说:"臧文仲,其窃位者欤!知柳下惠之贤,而不与立也。"⑧

三、"求贤"与"举贤""让贤"

既然选贤任官对于天下安康至关重要,所以君主必须以"求贤"为务。在"求贤"问题上,君主必须放下身段,礼贤下士。"夫求士,不遵其道而能

---

① 《左传·昭公三十二年》。
② 《鹖子·道符》。
③ 《墨子·尚贤上》。
④ 《荀子·君道》。
⑤ 《左传·昭公二十八年》。
⑥ 《史记·孔子世家》。
⑦ 《论语·微子》。
⑧ 《论语·卫灵公》。

致士者,未之尝见也。""夫士不可妄致也……待士不敬,举士不信,则善士不往焉。"①"虽有贤者,而无礼以接之,贤奚由尽忠?"②"贤主必自知士,故士尽力竭智,直言交争,而不辞其患。"③"士虽骄之,而己愈礼之,士安得不规制?"④"尧传天下于舜,礼之诸侯,妻以二女,臣以十子,身请北面朝之:至卑也。伊尹,庖厨之臣也;傅说,殷之胥靡也,皆上相天子:至贱也。"⑤"昔者禹一沐而三捉发,一食而三起,以礼有道之士,通乎己之不足也。通乎己之不足,则不与物(指贤士)争矣。愉易平静以待之,使夫自得之;因然而然之,使夫自言之。"⑥"文王之见太公望也,一日五反;桓公之奉管仲也,列城有数。"⑦周公"一沐三捉发,一饭三吐哺,起以待士"⑧,唯恐怠慢天下贤人。

君主求贤,切忌自大而轻贤。《尚书·商书》记载商汤王左相仲虺的告诫:"能自得师者王,谓人莫己若者亡。"⑨《周书·洪范》记录箕子对武王的告诫:"汝则有大疑,谋及卿士,谋及庶人。"周人还认识到:"亡国非无智士也,非无贤者也,其主无由接故也。无由接之患,自以为智,智必不接。今不接而自以为智,悖。若此则国无以存矣,主无以安矣。"⑩"亡国之主,必自骄,必自智,必轻物。自骄则简士,自智则专独,轻物则无备。无备召祸,专独位危,简士壅塞。欲无壅塞,必礼士;欲位无危,必得众;欲无召祸,必完备。三者,人君之大经也。"⑪"亡国之主……乃自贤而少人。少人则说者持(控制)容而不极(尽言),听者自多而不得。虽有天下(之贤士),何益焉?"⑫

周代统治者认识到贤士的宝贵与重要,礼贤下士,招贤纳士,于是"举贤""让贤"在周代传为美谈。周人的举贤,崇尚出以公心、光明磊落,传诵着不避亲、不避仇的佳话。最典型的例子是祁奚荐贤。《左传·襄公三年》记载:"祁奚请老,晋侯问嗣焉,称解狐,其仇也。将立之而卒。又问焉,对曰:'午也可。'于是羊舌职死矣,晋侯曰:'孰可以代之?'对曰:'赤也可。'于是使祁午为中军尉,羊舌赤佐之。君子谓祁奚于是能举善矣。称其仇,不为谄;立其子,不为比;举其偏,不为党。"《晋语七》详细叙述了祁奚向晋悼公

---

① 《尸子·明堂》。
② 《吕氏春秋·孝行览·本味》。
③ 《吕氏春秋·季冬纪·不侵》。
④ 《吕氏春秋·慎大览·下贤》。
⑤ 《吕氏春秋·慎行论·求人》。
⑥⑫ 《吕氏春秋·有始览·谨听》。
⑦ 《吕氏春秋·尸子·治天下》。
⑧ 《吕氏春秋·史记·鲁周公世家》。
⑨ 《尚书·商书·仲虺之诰》。
⑩ 《吕氏春秋·先识览·知接》。
⑪ 《吕氏春秋·恃君览·骄恣》。

举荐自己的儿子祁午接任自己任职的故事。"祁奚辞于军尉,公问焉,曰:'孰可?'对曰:'臣之子午可。……午之少也,婉以从令,游有乡,处有所,好学而不戏。其壮也,强志而用命,守业而不淫。其冠也,和安而好敬,柔惠小物,而镇定大事,有直质而无流心,非义不变,非上不举。若临大事,其可以贤于臣。臣请荐所能择,而君比义(宜)焉。'"于是晋悼公委任祁午为军尉。一直到晋平公死,军队中没有出现过什么重大失误,证明祁奚推荐自己儿子是正确的。

晋大夫臼季举荐晋文公仇人之后的故事,也颇富传奇色彩。臼季奉命出使,在冀邑郊外住了一宿。这天他看到冀缺在田中锄草,妻子给他送饭来,夫妻相敬如宾。"夫敬,德之恪也。恪于德以临事,其何不济!"臼季觉得他是个难得的贤才,上去一打听,才知道他就是冀芮的儿子,而冀芮恰恰是当今晋国君主晋文公的仇人。但他还是把冀缺带回到国都,向晋文公举荐为官。文公曰:"其父有罪,可乎?"臼季答:"国之良也,灭其前恶,是故舜之刑也殛鲧,其举也兴禹。今君之所闻也,齐桓公亲举管敬子,其贼也。"最后,晋文公亲自接见了冀缺,任命他为下军大夫。①

臼季引述的齐桓公亲举仇人管仲任齐相的故事,《国语·齐语》中有生动的记载。管仲与鲍叔牙原来是一对好朋友。齐君死掉后,公子诸当上了国君,是为齐襄公。不过他每天沉迷于享乐,二人预感齐国会发生内乱,管仲便带着公子纠逃到鲁国,鲍叔牙则带着公子小白逃到莒国。不久,齐襄公被人杀死,齐国果真发生了内乱。管仲想杀掉小白,让纠能顺利当上国君,遗憾的是管仲在暗算小白的时候,把箭射偏了,只射到小白的腰带,小白幸免一死。后来,鲍叔牙和小白抢先回到齐国,小白就当上了齐国的国君,即齐桓公。即位后,齐桓公打算封鲍叔牙为宰相,鲍叔牙却对桓公说:"臣,君之庸臣也。君加惠于臣,使不冻馁,则是君之赐也。若必治国家者,则非臣之所能也。若必治国家者,则其管夷吾乎!臣之所不若夷吾者五:宽惠柔民,弗若也;治国家不失其柄,弗若也;忠信可结于百姓,弗若也;制礼义可法于四方,弗若也;执枹鼓立于军门,使百姓皆加勇焉,弗若也。"桓公说:"夫管夷吾射寡人中钩,是以滨于死。"你难道忘了吗?鲍叔牙回答说:"夫为其君动也。君若宥而反之,夫犹是也。"不过这时,管仲被扣在鲁国。鲍叔牙设计让人将管仲带回齐国。"桓公亲逆之于郊,而与之坐而问焉。"②最后,齐桓公在管仲的辅佐下成为"春秋第一霸主",管仲也成为功劳卓著的"春秋第一相"。

---

① 《臼季举冀缺》,《国语·晋语五》。
② 《管仲对桓公以霸术》,《国语·齐语》。

上面的例子既反映了齐桓公能够不计旧恶用贤,又反映了鲍叔牙能够胸怀坦荡让贤。让贤的例子,《国语》中记载很多。赵衰是跟随晋文公流亡多年、辅佐晋文公回国夺取君位的重要功臣,后辅佐晋文公成为春秋第二霸主,厥功甚伟,颇受文公倚重。但他从不争权夺利,不计较个人地位,而是一再让贤。《国语·晋语四》记载,晋文公问他谁可以担任元帅,他举荐郤縠;让他担任卿士,他又推荐栾枝、先轸和胥臣。后来上军帅狐毛去世,晋文公让他继任,他又推荐先且居。晋文公称赞他的让贤为"不失德义",每次都让给社稷之臣,利于晋国。

> 文公问元帅于赵衰,对曰:"郤縠可,行年五十矣,守学弥惇。夫先王之法志,德义之府也。夫德义,生民之本也。能惇笃者,不忘百姓也。请使郤縠。"公从之。
>
> 公使赵衰为卿,辞曰:"栾枝贞慎,先轸有谋,胥臣多闻,皆可以为辅佐,臣弗若也。"乃使栾枝将下军,先轸佐之。取五鹿,先轸之谋也。郤縠卒,使先轸代之。胥臣佐下军。
>
> 公使原季(即赵衰)为卿,辞曰:"夫三德者,偃之出也。以德纪民,其章大矣,不可废也。"使狐偃为卿,辞曰:"毛(狐偃之兄)之智,贤于臣,其齿(年齿)又长。毛也不在位,不敢闻命。"乃使狐毛将上军,狐偃佐之。
>
> 狐毛卒,使赵衰代之,辞曰:"城濮之役,先且居之佐军也善,军伐有赏,善君有赏,能其官有赏。且居有三赏,不可废也……"乃使先且居将上军。

赵衰一再让贤,晋文公很感动:"赵衰三让。其所让,皆社稷之卫也。废让,是废德也。"于是,文公把原来的三军扩充为五军,任命赵衰担任五军之一的新上军统帅。狐偃死后,先且居请求文公委派上军副帅。文公说:"夫赵衰三让不失义。让,推贤也。义,广德也。德广贤至,又何患矣。请令衰也从子。"晋文公便派赵衰担任上军的副帅。①

有了这样一个传统,晋国让贤蔚成风气。晋悼公时,任命张老为卿,张老辞谢说:"臣不如魏绛。夫绛之智能治大官,其仁可以利公室……,其勇不疚于刑,其学不废先人之职。若在卿位,外内必平。且鸡丘之会,其官不犯而辞顺,不可不赏也。"悼公五次任命张老为卿,他都坚决推辞,于是让他任中军司马,命魏绛为新军副帅。② 晋定公时,少室周为晋国重臣赵简子驾

---

① 《文公任贤与赵衰举贤》,《国语·晋语四》。
② 《悼公使魏绛佐新军》,《国语·晋语七》。

车。他发现牛谈力气很大,觉得牛谈为赵简子驾车比自己更合适,于是将车右的职位主动让给牛谈。赵简子对此很赞赏,便安排少室周为家里总管,说:"知贤而让,可以训矣。"①

四、"知贤"的意义与门径

上级求贤,下级举贤、让贤,尚贤成为周代社会上下流行的一种风气。对于君主而言,求贤必先知贤。有贤士、圣人而不能认知,这对君主来说是莫大的损失。"千里而有一士,比肩也;累世而有一圣人,继踵也。士与圣人之所自来,若此其难也……虽幸而有,未必知也,不知则与无贤同。""太公钓于滋泉,遭纣之世也,故文王得之。文王,千乘也;纣,天子也。天子失之,而千乘得之,知之与不知也。"②因此,君主具备识贤知士的素质和眼光,就显得特别重要。

物以类聚,人以群分。"同声相应,同气相求。"③只有贤主,才能识贤得贤。"能使士待千里者,其惟贤者也。"④"贤主得贤者而民得。"⑤"主贤世治,则贤者在上;主不肖世乱,则贤者在下。"⑥君主是否贤明的衡量标准,是看他能否正确辨别忠、逆,或贤、不肖。"凡乱者,刑名不当也。……夫贤不肖,善邪辟,可悖逆,国不乱,身不危,奚待也?"⑦"至忠逆于耳,倒于心,非贤主,其孰能听之?"⑧只有"当理不避其难,临患忘利,遗生行义,视死如归"⑨,才是真正的贤士。"欲知平直,则必准绳;欲知方圆,则必规矩;人主欲自知,则必直士。"⑩贤君充分认识到自己的不足,因而肯定为自己补缺纠偏的大臣是"贤士""忠臣"。反之,昏君自以为是,不知己过,视忠为逆,以贤为不肖。"不知而自以为知,百祸之宗也。""不深知贤者之所言,不祥莫大焉。"⑪"世主之患,耻不知而矜自用,好覆过而恶听谏,以至于危。"⑫"败莫大于不自知。"⑬

---

① 《少室周知贤而让》,《国语·晋语九》。
②⑥ 《吕氏春秋·先识览·观世》。
③ 《易传·乾文言》。
④ 《吕氏春秋·季秋纪·知士》。
⑤ 《吕氏春秋·先识览·先识》。
⑦ 《吕氏春秋·先识览·正名》。
⑧ 《吕氏春秋·仲冬纪·至忠》。
⑨ 《吕氏春秋·季冬纪·士节》。
⑩⑬ 《吕氏春秋·不苟论·自知》。
⑪ 《吕氏春秋·有始览·谨听》。
⑫ 《吕氏春秋·似顺论·似顺》。

君主如果不能确定自己的判断力绝对准确,那么,根据民意的评价来选贤,也不失为一个参考方法。"左右皆曰贤,未可也;诸大夫皆曰贤,未可也;国人皆曰贤,然后察之。见贤焉,然后用之。"①民众的反映是选贤的标准:"民者,贤、不肖之杖也。"②民众的反映也是选吏的标准:"民者,吏之程也。""明主撰(选)吏,必使民兴(举也)焉。士民与之,明上举之;士民苦之,明上去之。"③选贤任官,就是要把人民爱戴的人选上来:"民者,至卑也,而使之取吏焉,必取所爱。故十人爱之,则十人之吏也;百人爱之,则百人之吏也;千人爱之,则千人之吏也;万人爱之,则万人之吏也。故万人之吏撰(选为)卿相矣。"④

"知贤"还包括在各种环境下的动态考察。晏子主张:"通则视其所举,穷则视其所不为,富则视其所不取。"⑤文子进一步提出:"故论人之道:贵即观其所举,富即观其所施,穷即观其所受,贱即观其所为。视其所患难,以知其所勇;动以喜乐,以观其守;委以财货,以观其仁;振以恐惧,以观其节。"⑥鹖冠子提醒说:"异而后可以见人……临利而后可以见信,临财而后可以见仁,临难而后可以见勇,临事而后可以见术数之士。"⑦"富者观其所予,足以知仁;贵者观其所举,足以知忠。观其大祥(端也),长不让少,贵不让贱,足以知礼达;观其所不行,足以知义;受官任治,观其去就,足以知智;迫之不惧,足以知勇;口利辞巧,足以知辩;使之不隐,足以知信;贫者观其所不取,足以知廉;贱者观其所不为,足以知贤;测深观天,足以知圣。"⑧《吕氏春秋》提出了外用"八观六验",内用"六戚四隐"的考察贤才方法。"八观六验,此贤主之所以论人也。""凡论人,通则观其所礼,贵则观其所进,富则观其所养,听则观其所行,止则观其所好,习则观其所言,穷则观其所不受,贱则观其所不为。喜之以验其守,乐之以验其僻,怒之以验其节,惧之以验其特,哀之以验其人,苦之以验其志。""论人者,又必以六戚四隐。何谓六戚?父、母、兄、弟、妻、子。何为四隐?交友、故旧、邑里、门郭。"内外结合,家庭中、社会上的表现综合起来加以考察,"人之情伪、贪鄙、美恶无所失矣","此先圣王之所以知人也"⑨。

---

① 《孟子·梁惠王下》。
②③④ 《鹖子·撰吏》。
⑤ 《晏子春秋·内篇问上》之十三。
⑥ 《文子·上义》。
⑦ 《鹖冠子·天则》。
⑧ 《鹖冠子·道端》。
⑨ 《吕氏春秋·季春纪·论人》。

此外,还要注意"举之以语,考之以事"①,听其言而观其行,言行一致地加以考察,防止夸夸其谈,口惠而实不至。另外要注意其是否贪恋爵禄私利,考察其品节高下:"夫上士,难进而易退也;其次,易进易退也;其下,易进难退也。"②

五、"用贤"的原则与"任贤"的理念

知贤、识贤之后,把人才任命到合适的官员岗位上,接下来的问题就是如何用贤和任贤了。

"用贤"的基本原则,是用得其所,德位相配。管子说:"爵材禄能,则强。"③尸子说:"君子量才而受(授)爵,量功而受禄。"④荀子说:"德以叙位,能以授官。"⑤"德必称位,位必称禄,禄必称用。"⑥在这个问题上最值得防范的问题,是德不配位、能不当官。正如管子指出:"君之所审者三:一曰德不当其位;二曰功不当其禄;三曰能不当其官。此三本者,治乱之原也。"⑦

此外值得注意的是,贤人并不是完人。用贤为官,要从大处着眼,取其所长,不计其短。金无足赤,人无完人。用贤不能求全责备。晏子指出:"地不同生,而任之以一种,责其俱生不可得;人不同能,而任之以一事,不可责遍成。责焉无已,智者有不能给;求焉无餍,天地有不能赡也。故明王之任人,谄谀不迩乎左右,阿党不治乎本朝;任人之长,不强其短,任人之工,不强其拙。此任人之大略也。"⑧文子指出:"夫夏后氏之璜,不能无瑕;明月之珠,不能无秽。然天下宝之者,不以小恶妨大美。""自古及今,未有能全其行者也;故君子不责备于一人。""故人有厚德,无间其小节;人有大誉,无疵其小故。夫人情莫不有所短,成其大略是也。""屈寸而申尺,小枉而大直,圣人为之。""今志人之所短,忘人之所长,而欲求贤于天下,即难矣。"⑨尸子指出:"羊不任驾盐车,橡不可为楣栋。""使牛捕鼠,不如猫牲之捷。""夫买马不论足力,而以黑白为仪,必无走马矣;买玉不论美恶,而以大小为仪,必无

---

① 《晏子春秋·内篇问上》之二十七。
② 《晏子春秋·内篇问上》之十三。
③ 《管子·幼官》。
④ 《尸子》卷下。
⑤ 《荀子·致士》。
⑥ 《荀子·富国》。
⑦ 《管子·立政》。
⑧ 《晏子春秋·内篇问上》之二十四。
⑨ 《文子·上义》。

良宝矣;举士不论才,而以贵势为仪,则伊尹、管仲不为臣矣。"①《吕氏春秋》指出:人人都有不足,即便是尧、舜、禹、汤、周武王这样的圣王亦非完人。如果求全责备,天下便无可用之人。"以理义斫削,神农、黄帝犹有可非,微独舜、汤。飞兔、要褭,古之骏马也,材犹有短。故以绳墨取木,则宫室不成矣。"②"尺之木必有节目,寸之玉必有瑕适。先王知物之不可全也,故择务而贵取一也。"③用贤实即用众人所长。"物固莫不有长……人亦然……无丑不能,无恶不知。……虽桀、纣犹有可畏可取者,而况于贤者乎?""天下无粹白之狐,而有粹白之裘,取之众白也。夫取于众,此三皇五帝之所以大立功名也。凡君之所以立,出乎众也。"④

用贤的第三条原则是出以公心,去除亲疏。墨子强调:"古者圣王甚尊尚贤而任使能,不党父兄,不偏贵富,不嬖颜色。贤者举而上之,富而贵之,以为官长;不肖者抑而废之,贫而贱之以为徒役。""可使治国者,使治国;可使长官者,使长官;可使治邑者,使治邑。凡所使治国家、官府、邑里,此皆国之贤者也。"⑤尸子重申:"古者明王之求贤也,不避远近,不论贵贱。"⑥"尧举舜于畎亩,汤举伊尹于雍人。内举不避亲,外举不避仇。仁者之于善也,无择也,无恶也,惟善之所在。"⑦

礼贤下士不仅体现在求贤环节的态度上,也应当落实在用贤的具体行动中。要以优厚的物质待遇吸引贤士,表达对贤人的足够尊重。"国虽小,其食足以食天下之贤者,其车足以乘天下之贤者,其财足以礼天下之贤者。"⑧要为贤人提供必要的用武之地和活动条件。"必且富之、贵之、敬之、誉之,然后国之良士,亦将可得而众也。""圣王之为政,列德而尚贤,虽在农与工肆之人,有能则举之。高予之爵,重予之禄,任之以事,断予之令。曰:爵位不高,则民弗敬;蓄禄不厚,则民不信;政令不断,则民不畏。举三者授之贤者,非为贤赐也,欲其事之成。"⑨

君主"用贤",还必须防止口是心非,言行不一。"人主之害,不在乎不言用贤,而在乎不诚必用贤。夫言用贤者,口也;却贤者,行也。口行相反,

---

① 《尸子》卷下。
② 《吕氏春秋·离俗览·离俗》。
③ 《吕氏春秋·离俗览·举难》。
④ 《吕氏春秋·孟夏纪·用众》。
⑤ 《墨子·尚贤中》。
⑥ 《尸子·明堂》。
⑦ 《尸子·仁意》。
⑧ 《吕氏春秋·慎大览·报更》。
⑨ 《墨子·尚贤上》。

而欲贤者之至,不肖者之退也,不亦难乎!"①

君主"用贤",也须戒备臣下妒贤嫉能,相互排挤。"君有妒臣,则贤人不至。蔽公者谓之'昧',隐贤者谓之'妒'。奉'妒昧'者谓之交谲。交谲之人,妒昧之臣,国之秽孽也。"②

"任贤"是"用贤"的最高境界。所谓"任贤",即"尽贤",也就是信任贤人,让贤人放手开展工作,发挥名副其实的忠贤谏议作用。

君主用贤,不仅是用他们的专长来管理万民、为天下做事,也是用他们的智慧来匡正自己不足、补救自己过失。君主必须充分认识到自己不是全知全能的、尽善尽美的,如果刚愎自用、讳疾忌医,就会带来可怕的灾难。"败莫大于不自知。"③"不知而自以为知,百祸之宗也。""不深知贤者之所言,不祥莫大焉。"④"世主之患,耻不知而矜自用,好愎过而恶听谏,以至于危。"⑤古来英明的君主清醒地认识到"人故不能自知,人主犹甚"这一点,所以"天子立辅弼,设师保,所以举过也"。"尧有欲谏之鼓,舜有诽谤之木,汤有司过之士"⑥,"禹之治天下也,以五声听,门悬钟、鼓、铎、磬,而置鼗,以得四海之士。"⑦他发布告示称:"教寡人以道者击鼓,教寡人以义者击钟,教寡人以事者振铎,语寡人以忧者击磬,语寡人以狱讼者挥鼗。"⑧周代君主继承了尧舜禹汤的谏议之道,"武王有戒慎之鼗"⑨。在制度设计上,"有君而为之贰,使师保之,勿使过度"。"是故天子有公,诸侯有卿,卿置侧室,大夫有贰宗,士有朋友,庶人、工、商、皂、隶、牧、圉皆有亲昵,以相辅佐也。善则赏之,过则匡之,患则救之,失则革之。自王以下,各有父兄子弟,以补察其政。史为书,瞽为诗,工诵箴谏,大夫规诲,士传言,庶人谤,商旅于市,百工献艺。"⑩朝臣百官的主要职责之一,是帮助君主"举过",以确保君主最终决策万无一失。

因此,君主"尽贤",就必须有听取贤臣不同意见,尤其是尖锐的批评意见的胸怀,容许并鼓励贤臣百官发挥其举过匡失的谏议功能:"贤主……所以贵士,为其直言也,言直则枉者见矣。人主之患,欲闻枉而恶直言,是障其

---

① 《荀子·致士》。
② 《荀子·大略》。
③⑨ 《吕氏春秋·不苟论·自知》。
④ 《吕氏春秋·有始览·谨听》。
⑤ 《吕氏春秋·似顺论·似顺》。
⑥ 《吕氏春秋·不苟论·自知》。
⑦⑧ 《鹖子·禹政》。
⑩ 《左传·襄公十四年》。

源而欲其水也,水奚自至?"①"亡国之主不可以直言。不可以直言,则过无道闻,而善无自至矣。"②"言极则怒,怒则说者危,非贤者孰肯犯危？而非贤者也,将以要利矣。要利之人,犯危何益？故不肖主无贤者。无贤则不闻极言。不闻极言,则奸人比周,百邪悉起,若此则无以存矣。"③真正的"忠臣""贤士"不是"令之俯则俯,令之仰则仰"的"谀臣",而是敢于"外匡其邪,而入其善"的谏臣。"所谓'忠臣'者,上有过,则微之以谏；已有善,则访之上……外匡其邪,而入其善。……是以美善在上,而怨雠在下；安乐在上,而忧戚在臣。"④所以,君主对待贤士百官所言的态度或方法,应"后其言",让其言无不尽；应"顺其言",让其言有自信；应"记其言",令其不妄其所言；"验其言",以核实其言的正确性。"人主出声应容,不可不审。凡主有识,言不欲先。人唱我和,人先我随,以其出为之入,以其言为之名。取其实以责其名,则说者不敢妄言,而人主之所执其要矣。"⑤周人特别提醒君主："得万人之兵,不如闻一言之当；得隋侯之珠,不如得事之所由；得和氏之璧,不如得事之所适。"⑥"使言之而是,虽商夫刍荛,犹不可弃也；言之而非,虽在人君卿相,犹不可用也。是非之处,不可以贵贱尊卑论也。其计可用,不差其位；其言可行,不贵其辩。""国之兴也,天遗之贤人与极言之士；国之亡也,天遗之乱人与善谀之士。"⑦能够"任贤""尽贤",是贤主明王。反之,"亲习邪枉","疏远卑贱","有言者,穷之以辞","有谏者,诛之以罪",则是"暗主""昏君"。"如此而欲安海内,存万方,其离聪明亦以远矣。"⑧

能否尽贤,关键在于君主的态度。《鹖冠子》总结说："故北面而事之,则伯(百)己者至；先趋而后息,先问而后默,则什己者至；人趋己趋,则若己者至；凭几据杖,指麾而使,则厮役者至；乐嗟苦咄,则徒隶之人至矣。""帝者与师处,王者与友处,亡主与徒处。"把贤人当作师傅相待,就能称帝；把贤人当作朋友相待,只能称王；把贤人当作徒隶使唤,就会沦为亡国之君。

综上所述,可知周代的"尚贤"学说,涉及君主"求贤"("进贤")、"知贤"("识贤")、"用贤""尽贤"("任贤")等各种问题。此外还谈到"育贤"问题："一年之计,莫如树谷；十年之计,莫如树木；终身之计,莫如树人。一

---

① 《吕氏春秋·贵直论·贵直》。
② 《吕氏春秋·贵直论·壅塞》。
③ 《吕氏春秋·贵直论·直谏》。
④ 《墨子·鲁问》。
⑤ 《吕氏春秋·审应览·审应》。
⑥ 《文子·符言》。
⑦ 《吕氏春秋·先识览·先识》。
⑧ 《文子·上仁》。

树一获者,谷也;一树十获者,木也;一树百获者,人也。"①这是对君主的要求。在群臣之间,又有"举贤""让贤"的传说和美谈。可以说,"尚贤"是重视"人道"的周代社会的一个特征,在诸侯争霸的春秋战国时期尤其突出。这在迷信鬼神的殷商是不可想象、绝无可能的。"泰山不让土壤,故能成其大;河海不择细流,故能就其深;王者不却众庶,故能明其德。……此五帝三王之所以无敌也。"②周代开辟的这一"尚贤"传统,成为汉代"举秀才""察孝廉"的直接依据,在魏文帝实施的九品官人制和隋唐科举选士制度诞生之前,它一直是历朝历代选吏任官安邦济世的人才选拔法则。

---

① 《管子·权修》。
② 李斯:《谏逐客书》。

第十八章　周代外王论之五:"民本"说

本章提要:本章论析周代外王之道中的"民本"理念。无论"立君为民"的"君道"论,还是"逆君为民"的"臣道"论,都贯穿着一个"以民为本"的执政理念。周代的"民本"理念在发展中形成了丰富完整的思想,涉及如何处理民与天的关系、民与国的关系、民与君的关系、民与吏的关系,提出了民为天之本、民为国之本、民为君之本、民为吏之本的四条原则,是周代政治家、思想家在政治实践中积累的宝贵财富,在今天中国共产党"以人为本"、全心全意为人民服务的政治文明建设中具有十分重要的本土意义和现实意义。①

"民本"是周代外王之道讨论的一个核心政治理念。无论"立君为民"的"君道"论,还是"逆君为民"的"臣道"论,都贯穿着"民本"思想。本章从民为天之本、民为国之本、民为君之本、民为吏之本四方面系统详述周代的"民本"思想。

一、民为"神"之本、"天"之本

"民"是从属于"人"的子概念。周代的"民本"思想,是统辖于"人本"思想系统之下的一个特殊的表现形态。所以周代的"民本"思想不仅讨论"民"与"国"、与"君"、与"吏"的关系,而且论及"民"与"神"、与"天"的关系。

一个普遍的共识是:"殷人尊神"②;"周人尊礼","近人而忠"③。周代虽然还保留着强大的神灵概念,但神灵的地位不再像以前那样是至高无上的了,而是出现了人、神并重,民、神共举的思想。周穆王的大臣祭公谋父所

---

① 参祁志祥《国学中的"民本"论及其现代意义》,《安徽师范大学学报》2012年第2期;祁志祥《国学中的"民本"思想》,《文汇报》"每周演讲"专版,2010年7月7日。
②③ 《礼记·表记》。

谓"事神保民"、周厉王大臣芮良夫所谓"使神人百物无不得其极"、西周时期虢国国君虢文公所谓"媚于神而和于民"、春秋初期随国大夫季梁所谓"忠于民而信于神"、周惠王大臣内史过所谓"国之将兴……神飨而民听,民神无怨,……国之将亡……民神怨痛,无所依怀","离民怒神而求利,不亦难乎"①,都是这种神、人二元论的体现。然而,周代思想界发生的情况还不仅停留于此,更重要的是在此基础上再前进一步,认为神意是由民意决定的,"人"的地位比"神"更高贵。虢国大夫史嚚说:"国将兴,听于民;将亡,听于神。神,聪明正直而一者也,依人而行。"②随国大夫季梁认为:"夫民,神之主也,是以圣王先成民而后致力于神。"③齐人孙武论兵家取胜之道,始终贯穿着"必取于人","不可取于鬼神"的理念。④ 于是,"人"取代了原先"神"的地位。周武王誓师伐纣时高喊的口号是:"惟人万物之灵。"⑤孔安国注释说:"灵,神也。"武王的意思是说:"人"就是万物中的神灵。战国末期的《孝经》直接提出:"天地之性人为贵。"

在周代,殷商的至上神"帝"或"上帝"较多地易名为"天"或"昊天",所以民意决定神意往往表现为民意决定天意,"人"的地位比"神"高常常表现为比"天"高。周武王早就意识到:"天视自我民视,天听自我民听。"⑥"民之所欲,天必从之。"⑦史载齐桓公曾问管仲:"王者何贵?"管仲回答:"贵天。"桓公仰而视天。管仲指出:"所谓'天'者,非谓苍苍莽莽之天也。君人者,以百姓为'天'。百姓与之则安,辅之则强,非之则危,背之则亡。……民怨其上,不遂亡者,未之有也。"⑧在这里,管子明确提出了"君人者以百姓为天"的论断,高度肯定了"民"在周代政治生活中的至上地位。管子之后,出现了主张"爱利万民"的墨子。墨子主张"爱利万民",高举的大旗是"尊天事鬼"。在春秋诸子中,墨子是少有的公开承认、肯定鬼神、天神存在的思想家。但他所说的"神意""天志",都落实在"爱民利民"上。他告诫统治者:"顺天之意何若?曰:兼爱天下之人。"⑨"顺天意者,兼相爱、交相利","反

---

① 《国语·周语》。
② 《左传·庄公三十二年》。
③ 《左传·桓公六年》。
④ 《孙子兵法·用间》。
⑤ 《尚书·周书·泰誓》。
⑥ 《尚书·周书·泰誓中》。《尚书·虞夏书·皋陶谟》记载舜时大臣皋陶的话:"天聪明,自我民聪明;天明畏,自我民明威。"按《尚书》为周人编订,皋陶的这段话也可作为周人思想的间接反映,可参。
⑦ 《尚书·周书·泰誓上》。
⑧ 《说苑·建本》。
⑨ 《墨子·天志下》。

天意者,别相恶,交相贼"①。"天必欲人之相爱相利,而不欲人之相恶相贼也。""爱人利人者,天必福之;恶人贼人者,天必祸之。"②"利人多,功故又大,是以天赏之,鬼富之,人誉之,使贵为天子,富有天下,名参乎天地。"③"爱利万民,是故天、鬼赏之,立为天子,以为民父母,万民从而誉之圣王。""贼傲万民,是故天、鬼罚之,使身死而为刑戮,子孙离散,室家丧灭,绝无后嗣,万民从而非之曰暴王。"④在这些思想的基础上,孟子揭示:君主权力的交接,实际上是人民的选择打着天意的旗号进行的。"天子不能以天下与人。"舜手中的天下实际上不是尧授予的,而是"天与之,人与之"。"使之主祭而百神享之,是天受(授)之;使之主事而事治,百姓安之,是民受(授)之也。"⑤这里,民意实际上是天意之本。战国后期成书的《易传》说:"汤武革命,顺乎天而应乎人。"表面上是"顺天""应人"的二元论,实际上"应人"是"顺天"之实,民意是敬天之本。

在周代,"天"除了指至上神之外,还指自然界的"天时""上苍"。周人重视"人事"的作用,但也兼顾"天时""地利"的条件,但在这三者中,更强调"人事"的地位。孟子论战争:"天时不如地利,地利不如人和。三里之城,七里之郭,环而攻之而不胜。夫环而攻之,必有得天时者矣;然而不胜者,是天时不如地利也。城非不高也,池非不深也,兵革非不坚利也,米粟非不多也,委而去之,是地利不如人和也。故曰:域民不以封疆之界,固国不以山溪之险,威天下不以兵革之利。得道者多助,失道者寡助;寡助之至,亲戚畔之;多助之至,天下顺之。以天下之所顺,攻亲戚之所畔,故君子有不战,战必胜矣。"⑥兵家尉缭子亦云:"天时不如地利,地利不如人和。圣人所贵,人事而已。"⑦孙膑重申:"天地之间,莫贵于人。""天时、地利、人和,三者不得,虽胜有央(殃)。"⑧其实,不只是战争的胜利取决于"人和",举凡治国安邦的一切天下大事,无不如此。所以荀子总结说:"上不失天时,下不失地利,中不失人和,而百事不废。"⑨"上失天时,下失地利,中失人和,天下敖然若烧若焦。"⑩

---

① 《墨子·天志上》。
② 均见《墨子·法仪》。
③ 《墨子·非攻下》。
④ 《墨子·尚贤中》。
⑤ 《孟子·万章上》。
⑥ 《孟子·公孙丑下》。
⑦ 《尉缭子·战威》。
⑧ 《孙膑兵法·月战》。
⑨ 《荀子·王霸》。
⑩ 《荀子·富国》。

二、民为"邦"之本、"国之本"

既然"人""民"是"神""天"的最终决定者,"人""民"取代了"神""天",成为国家政治生活中的最高依据,所以,"人""民"自然成为天下之本、邦国之本。与处理"神""人"关系时"人"包含君主百官、"人道"包含"君道""臣道"不同,在处理"人"与"天下""邦国"关系时,"人"不包括君主百官,主要指被君臣统治的底层民众。民众虽然是被统治者,处在社会最底层,但它是天下、邦国的基石。如果这个基石不牢靠,建立在它上面的国家大厦迟早会倒塌。所以,夏朝的开国君主夏禹早就留下政治训诫:"民可近,不可下;民惟邦本,本固邦宁。"①这段话收在周人编订的《尚书·虞夏书》中。既可视为夏禹的执政理念(这是符合史籍关于夏禹的传说的),也可视为周人崇尚、信奉的执政理念。夏商的政治家还认识到,"后(君主)非民,罔以辟(统治)四方。"②"后非众,罔与守邦。"③如果"四海困穷",百姓冻馁,就会天下不保,"天禄永终"④。要实现天下的安康,必须实施"养民""安民"的德政:"德惟善政,政在养民。"⑤"安民则惠,黎民怀之。"⑥周代政治家将这些思想继承、保留了下来,并发扬光大。周初帝师箕子向周武王传授治国之法:"天阴骘下民。"⑦周武王重申:"惟天惠民。"⑧周公告诫周成王:即位后千万不可骄奢淫逸"⑨。又告诫康叔:"人无于水监,当于民监。"⑩惠民保国成为《尚书》反复阐述的一个重要思想。

周公还留下一部《周礼》。全书分六官,分述周代职官建制。天官主管宫廷事务,负责"邦治",是"治官";地官主管民政,负责"邦教",是"教官";春官主管宗族,负责"邦礼",是"礼官";夏官主管军事,负责"邦政",是"政官";秋官主管刑罚,负责"邦禁",是"刑官";冬官主管营造,负责"邦事",是工程官。现存《冬官》体例与前五官不一,系后人补充。在《天官》《地官》《春官》《夏官》《秋官》开头,安插着一段"叙官",概述本类职官的设置思想和官名、爵等、员数。这个不断被重复的指导思想是:"惟王建宫,体国经野,设官分职,以为民极。"五官揭示的一个主旨,是民为立国之本,治国安邦,必

---

① 《尚书·虞夏书·五子之歌》。
② 《尚书·商书·太甲》。
③④⑤ 《尚书·虞夏书·大禹谟》。
⑥ 《尚书·虞夏书·皋陶谟》。
⑦ 《尚书·周书·洪范》。
⑧ 《尚书·周书·泰誓中》。
⑨ 《尚书·周书·无逸》。
⑩ 《尚书·周书·酒诰》。

须围绕着"万民"的利益与和谐去考虑。一方面,《周礼》的职官设置是为了邦国的长治久安,如《夏官·大司马》所谓"平邦国""正邦国""作邦国""纠邦国""任邦国""用邦国""安邦国""和邦国"等等。另一方面,维系邦国的根本途径在于赢得民心。如《天官·大宰》说:"以'九两'系邦国之民:一曰牧,以地得民。二曰长,以贵得民。三曰师,以贤得民。四曰儒,以道得民。五曰宗,以族得民。六曰主,以利得民。七曰吏,以治得民。八曰友,以任得民。九曰薮,以富得民。"《天官·大宰》还指出《周礼》所建"邦之六典":"一曰治典,以经邦国,以治官府,以纪万民。二曰教典,以安邦国,以教官府,以扰万民。三曰礼典,以和邦国,以统百官,以谐万民。四曰政典,以平邦国,以正百官,以均万民。五曰刑典,以诘邦国,以刑百官,以纠万民。六曰事典,以富邦国,以任百官,以生万民。"这里,"治典""教典""礼典""政典""刑典""事典"是为了"纪万民""安万民""谐万民""均万民""纠万民""生万民"。《天官·小宰》提出:"以官府之六职辨邦治:一曰治职,以平邦国,以均万民,以节财用。二曰教职,以安邦国,以宁万民,以怀宾客。三曰礼职,以和邦国,以谐万民,以事鬼神。四曰政职,以服邦国,以正万民,以聚百物。五曰刑职,以诘邦国,以纠万民,以除盗贼。六曰事职,以富邦国,以养万民,以生百物。"这是说,六官的设置是为了"均万民""宁万民""谐万民""正万民""纠万民""养万民"。治国之道即得民之道。治国安邦不外是用各种手段、从各个方面赢得民心。以"得民"为标志的"民本"理念,是《周礼》安邦治国学说反复阐述的主题。

到了春秋时期,诸子蓬勃而出,民为邦本,成为反复强调的政治共识。齐桓公请教管子为国之道,管子说:"始于爱民。"①"慈爱百姓。"②"凡治国之道,必先富民。……故治国常富,而乱国常贫。是以善为国者,必先富民,然后治之。"③管子还提出一个响亮的命题:"夫霸王之所始也,以人为本。本理则国固,本乱则国危。"④这里的"人",不言而喻是指下层百姓之"民"。"民"是国家为政之本:"政之所兴,在顺民心;政之所废,在逆民心。"⑤文子说:"民者,国之基也。"⑥"国有常,而利民为本。"⑦陈国大夫逢滑对陈君说:

---

① 《管子·小匡》。
② 《管子·中匡》。
③ 《管子·治国》。
④ 《管子·霸言》。
⑤ 《管子·牧民》。
⑥ 《文子·上仁》。
⑦ 《文子·上义》。

"国之兴也,视民如伤;其亡也,以民为土芥,是其祸也。"①孟子甚至振聋发聩地提出:"民为贵,社稷次之。"②《礼记·大学》提出国利与民利的相反相成关系:"财聚则民散,财散则民聚。"国家的财富积累得太多了,人民手中就没钱了,就会离心离德;如果将钱财散发到民间,人民就可以同心合力为国效劳。荀子一方面提出"足国之道"在"节用裕民"③,另一方面反对国家与民争利,主张藏富于民:"亡国富筐箧,实府库。筐箧已富,府库已实,而百姓贫,夫是之谓上溢而下漏。入不可以守,出不可以战,则倾覆灭亡可立而待也。""聚敛者,召寇、肥敌、亡国、危身之道也。"④战国末期的尉缭子也强调,男耕女织创造的生活财富不可都收缴到国库里,一定要懂得分利于民,不然就有亡国危险。"王国富民,霸国富士,仅存之国富大夫,亡国富仓府。""上溢而下漏,故患无所救。"⑤如此等等,旨在说明:人民利益就是国家的最高利益,必须确立被统治的人民在国家政治生活中至高无上的地位,以此来处理国家与人民的利益关系,通过保障人民安居乐业,去实现天下、国家的长治久安。

三、民为君之本:"民为贵,君为轻"

周朝承袭夏、商家天下的世袭制和诸侯分封制,天下属于最高君主周天子所有,所谓"普天之下,莫非王土,率土之滨,莫非王臣"⑥。于是"民为邦本"就转变为"民为君本"。天下、国家之中,虽然天子、国君高高在上,为万民之主,具有统辖、主宰臣民的无上权力,但周代思想家一方面从君主发生机制出发,说明"立天子以为天下"⑦,"立君以为民"⑧,君主最初是为"利群""治乱"被民众推举产生的⑨,其职责是为民众服务,所以"民"为"君"本;另一方面又从高与下、贵与贱、君与民的相反相成的角度,强调"民者君之本也"⑩。如《孔子家语》记云:"君者舟也,庶人者水也。水所以载舟,亦所以覆舟。"⑪《春秋谷梁传》亦云:"民为君之本。"⑫孟子明确宣称:"得乎天

---

① 《左传·哀公元年》。
② 《孟子·尽心下》。
③ 《荀子·富国》。
④ 《荀子·王制》。
⑤ 《尉缭子·战威》。
⑥ 《诗经·小雅·北山》。
⑦ 《慎子·威德》。
⑧ 《荀子·大略》。
⑨ 《墨子·经上》:"君,臣萌(通氓)通约也。"
⑩ 《左传·僖公二十六年》。
⑪ 《孔子家语·五仪解》。
⑫ 《春秋谷梁传·桓公十四年》。

子为诸侯,得乎诸侯为大夫,得乎丘民而为天子。""民为贵,君为轻。"①战国时期赵威后亦云:"民为本,君为末。"②齐国隐士颜斶公然声称:"士贵耳,王者不贵。"③

从历时的顺序来看,《尚书》最早保留、反映了民为君本的思想。《尚书》指出:"君"与"民"的关系是相辅相成的。"后(君主)非民罔使,民非后罔事"④。如果下层民众不能尽心尽力,君王就做不成任何功业。"匹夫匹妇不获自尽,民主罔与成厥功。"⑤对于充当"民主"的君主而言,"无自广以狭人"⑥,千万不可自大轻民。君主"民弃不保"⑦,就会导致最终被臣民的革命推翻。汤伐桀、武王伐纣,就是最典型的例子。

到了春秋时期,诸子对民为君本的道理作了非常丰富的论析。首先是管子。管子为齐相,辅佐齐桓公成为"春秋第一霸主"。他取得成功的执政理念就是"人本""民本"。他指出:"霸王所始,以人为本。"⑧"古之圣王,所以取明名广誉,厚功大业,显于天下,不忘于后世,非得人者,未之尝闻。"⑨这个"得人""以人为本"的"人",指民众。所以管子说:"先王善与民为一体。"⑩"得天下之众者王,得其半者霸。"⑪君主要赢得人民拥戴,首先要树立"爱民"之心。"凡众者,爱之则亲……是故明君……明爱以亲之。"⑫其次应推行"利民"政策。管子指出:"百姓无宝,以利为首。"⑬"得人之道,莫如利之。"⑭"凡众者……利之则至。是故明君设利以致之。"⑮"民,利之则来,害之则去。……故欲来民者,先起其利,虽不召而民自至。"⑯"圣人者……其治人民也,期于利民而止。"⑰在处理君利与民利的关系时,要分利于民、与民同利:"天下不患无财,患无人以分之。"⑱"凡人者,莫不欲利而恶害,是故与天下同利者,天下持之;擅天下之利者,天下谋之。"⑲再次,是顺应民心,倾听民意,满足人民多方面的诉求。"欲知者知之,欲利者利之,欲勇者

---

① 《孟子·尽心下》。
②③ 《战国策·齐策》。
④⑤⑥ 《尚书·商书·咸有一德》。
⑦ 《尚书·虞书·大禹谟》。
⑧⑪ 《管子·霸言》。
⑨⑭ 《管子·五辅》。
⑩ 《管子·君臣上》。
⑫⑮⑲ 《管子·版法解》。
⑬ 《管子·侈靡》。
⑯ 《管子·形势解》。
⑰ 《管子·正世》。
⑱ 《管子·牧民》。

勇之,欲贵者贵之。"①"民恶忧劳,我佚乐之。民恶贫贱,我富贵之,民恶危坠,我存安之。民恶灭绝,我生育之。"②"明君顺人心,安情性,而发于众心之所聚。"③"人主出言不逆于民心,不悖于理义,其所言足以安天下者也,人唯恐其不复言也。""明主之治天下也,静其民而不扰,佚其民而不劳。"④史载管仲为相时,"俗之所欲,因而予之;俗之所否,因而去之。"⑤齐国之强盛,与管仲实行的"民本"政策密切相关。

  管子之后是晏子。晏子也在齐为相,一生辅佐三代齐君。他继承管子的"民本"传统,提出"意莫高于爱民,行莫厚于乐民"⑥的执政理念。当时晏子所处的时代,"世乱不遵道,上辟不用义;正行则民遗,曲行则道废"⑦。面对这种是非颠倒的混乱局面,晏子强调必须毫不动摇地坚守"以民为本"的方针:"卑而不失尊、曲而不失正者,以民为本也。""苟持民矣,安有遗道!苟遗民矣,安有正行焉!"⑧"义谋之法,以民事之本也。""昔三代之兴也,谋必度其义,事必因于民。"⑨"持民""因民"就是最大的"遵道""正行"。君主"爱民",则"其取下节,其自养俭","不从欲以劳民","下无冻馁之民"⑩。"薄于身而厚于民,约于身而广于世。"⑪"为君节养其余以顾民,则君尊而民安。"⑫

  孔子是儒家学说的创始人。孔子的儒家学说,包含着对《尚书》、管、晏思想的继承与综合。孔子主张以仁心施政,这源于他对"君"与"民"相反相成关系的深刻认识。他说:"民以君为心,君以民为体。心庄则体舒,心肃则容敬。心好之,身必安之;君好之,民必欲之。心以体全,亦以体伤。君以民存,亦以民亡。"⑬基于"君以民存"的民本思想,孔子主张"因民之所利而利之"⑭,并告诫君主民利才是真正的君利:"百姓足,君孰与不足?百姓不足,君孰与足?"⑮

---

① 《管子·枢言》。
② 《管子·牧民》。
③ 《管子·君臣上》。
④ 《管子·形势解》。
⑤ 司马迁《史记·管晏列传》。
⑥⑦⑧ 《晏子春秋·内篇问下》之二十二。
⑨ 《晏子春秋·内篇问上》之十二。
⑩ 均见《晏子春秋·内篇问上》之十七。
⑪ 《晏子春秋·内篇问上》之十一。
⑫ 《晏子春秋·内篇问上》之十四。
⑬ 《礼记·缁衣》。
⑭ 《论语·尧曰》。
⑮ 《论语·颜渊》。

墨家是儒家的支流。墨子从"兼爱"出发，不仅强调"爱利万民"是鬼神的意志，而且强调"民利"即"君利"，民众的丰衣足食，是立君之本："凡五谷者，民之所仰也，君之所以为养也。故民无仰，则君无养；民无食，则不可事。故食不可不务也，地不可不立也，用不可不节也。"①

与孔子几乎同时，老子弟子文子立足于道家高下、贵贱、进退、强弱、取与等对立统一的辩证法，论证高以下为基、贵以贱为本、民为君之本。君之于民，必须"以卑取尊，以退取先"②。"夫道，退故能先，守柔弱故能矜，自卑下故能高人，自损弊故实坚，自亏缺故盛全，处浊辱故新鲜，见不足故能贤，道无为而无不为也。"③"圣人之欲贵于人者，先贵人；欲尊于人者，先尊人；欲胜人者，先自胜；欲卑人者，先自卑。故贵贱尊卑，道以制之。夫古之圣王以其言下人，以其身后人，即天下乐推而不厌，戴而不重，此德重有余而气顺也。故知与之为取，后之为先，即几于道矣。"④"夫道者……始于柔弱，成于刚强，始于短寡，成于众长，十围之木始于把，百仞之台始于下，此天之道也。圣人法之，卑者所以自下，退者所以自后，俭者所以自小，损之所以自少。卑则尊，退则先，俭则广，损则大，此天道所成也。"⑤"人主之有民，犹城中之有基、木之有根；根深即本固，基厚即上安。"⑥"三皇五帝，法籍殊方，其得民心，一也。"⑦"所谓得天下者，非谓履其势位，称尊号，言其运天下心，得天下力也！"⑧如果君主不懂得相反相成之道，为逞一人之欲，肆意凌辱子民，最终势必被人民推翻。"以一人与天下为仇，虽欲长久，不可得也。"⑨在此基础上，文子对那些只顾自己享受，不顾人民死活的贪主昏君给予尖锐批判："古者明君，取下有节，自养有度，必计岁而收，量民积聚，知有余不足之数，然后取奉。……其惨怛于民也，国有饥者，食不重味，民有寒者，冬不被裘，与民同苦乐，即天下无哀民。""暗主即不然，取民不裁其力，求下不量其积，男女不得耕织之业，以供上求，力勤财尽，有旦无暮，君臣相疾。""乱主……处一主之势，竭百姓之力，以奉耳目之欲，志专于宫室台榭、沟池苑囿、猛兽珍怪。贫民饥饿，虎狼厌刍豢；百姓冻寒，宫室衣绮绣。故人主畜兹无用之

---

① 《墨子·七患》。
② 《文子·道原》。
③ 《文子·上仁》。
④ 《文子·符言》。
⑤ 《文子·道德》。
⑥ 均见《文子·上义》。
⑦ 均见《文子·自然》。
⑧ 《文子·下德》。
⑨ 均见《文子·道德》。

物,而天下不安其性命矣。""贪主暴君,涸渔其下,以适无极之欲,则百姓不被天和履地德矣。""故有道以理之,法虽少,足以治;无道以理之,法虽众,足以乱。"①

到了战国中期,杂家代表人物尸佼杂取儒道墨诸家思想,以"鱼"离不开"水"论证"君"离不开"民":"鱼失水则死,水失鱼犹为水也。"君主"仁则人亲之",反之,"天子忘民则灭,诸侯忘民则亡"。因此,君主必须"兼爱百姓,务利天下"②。"夫爱民,且利之也。"③"益天下以财为仁。"④"天无私于物,地无私于物。袭此行者,谓之天子。"⑤"天、帝、皇、后、辟、公、弘、廓、宏、溥、介、纯、夏、幠、冢、晊、昄……十有余名而实一也","皆大也",即大爱、"广泽"⑥。"尧瘦,舜墨,禹胝不生毛,文王至日昃不暇饮食",是因大爱广泽获得万民拥戴,"富有天下,贵为天子"⑦的典范。

稍后的孟子不仅明确提出"民贵君轻"的口号,而且提出保证民利、与民同乐的"王道":"易(耕种)其田畴,薄其税敛,民可使富也。"⑧"明君制民之产,必使仰足以事父母,俯足以畜妻子,乐岁终身饱,凶年免于死亡。然后驱而之善,故民之从之也轻。"⑨"乐民之乐者,民亦乐其乐;忧民之忧者,民亦忧其忧。乐以天下,忧以天下,然而不王者,未之有也。"⑩

荀子是儒家思想的集大成者。在民为君本的问题上,荀子也显示了综合兼融的特色。他从君主发生论方面强调民本:"天之生民,非为君也,天之立君以为民也。"⑪又从君民相反相成、对立统一方面强调民本:"传曰:'君者,舟也;庶人者,水也。水则载舟,水则覆舟。'此之谓也。故君人者,欲安,则莫若平政爱民矣。"⑫"人主欲强固安乐,则莫若反之民。"⑬民本要从"爱民"做起:"有社稷者而不能爱民,而求民之亲爱己,不可得也。民不亲不爱,而求为己用,为己死,不可得也。"⑭君主爱民如子,子民才会像对待父母一

---

① 均见《文子·上仁》。
②⑦ 《尸子》卷下。
③ 《尸子·发蒙》。
④ 《尸子·贵言》。
⑤ 《尸子·治天下》。
⑥ 《尸子·广泽》。
⑧ 《孟子·尽心上》。
⑨ 《孟子·梁惠王上》。
⑩ 《孟子·梁惠王下》。
⑪ 《荀子·大略》。
⑫ 《荀子·王制》。
⑬⑭ 《荀子·君道》。

样爱戴君主。"上莫不致爱其下……上之于下,如保赤子……故下之亲上,欢如父母"①。君主"养长"百姓"如保赤子","是故百姓贵之如帝,亲之如父母",为之出生入死也在所不辞②。作为"民之父母",既须"养民""富民",又须"教民""化民"。"不富无以养民情","不教无以理民性"③。民穷则国危,民富则国安。"自古及今,未有穷其下而能无危者也。"④"故家五亩宅,百亩田,务其业,而勿夺其时,所以富之也。"⑤富民之道,一是让利于民。"上好功则国贫,上好利则国贫。""使天下必有余,而上不忧不足。如是,则上下俱富……是知国计之极也。"⑥"下贫则上贫,下富则上富。"⑦二是轻赋薄敛。"田野什一,关市几而不征,山林泽梁,以时禁发而不税。"⑧"轻田野之赋,平关市之征,省商贾之数,罕兴力役,无夺农时,如是则国富矣。夫是之谓以政裕民。"⑨三是开源节流。"计利而畜民,度人力而授事,使民必胜事,事必出利,利足以生民。""故知节用裕民,则必有仁圣贤良之名,而且有富厚丘山之积矣。"⑩人之为人,在于有礼。若只是吃饱穿暖,则与禽兽无异。人的基本欲求有合理性,应该满足,但过分的欲求具有恶性,又应当节制。所以,如同父母管孩子吃饭穿衣,精神成人,作为"民之父母"的君主对待子民还承担着道德教化的职责。"圣人以人之性恶,以为偏险而不正,悖乱而不治,故为之立君上之势以临之,明礼义以化之,起法正以治之,重刑罚以禁之,使天下皆出于治,合于善也。"⑪"立大学,设庠序,修六礼……,所以道之也。"⑫应当说,民为君本,到荀子的论述中,已相当全面。

　　荀子之后,又有些补充。战国末期出现的《鹖冠子》提出君必"因民"⑬的"得人"主张。"因民"即根据民欲民意,依靠群众力量。"为之以民,道之要也。唯民知极,弗之代也。此圣王授业,所以守制也。"只有"因民",才能"得人"、得天下:"所谓德者,能得人者也。"⑭"凤凰者,鹑火之禽,阳之精也;骐麟者,元枵之兽,阴之精也;万民者,德之精也。德能致之,其精毕至。"⑮

---

① ② 《荀子·王霸》。
③ ⑤ ⑫ 《荀子·大略》。
④ 《荀子·哀公》。
⑥ ⑧ 《荀子·王制》。
⑦ ⑨ ⑩ 《荀子·富国》。
⑪ 《荀子·性恶》。
⑬ 《鹖冠子·天则》。
⑭ 《鹖冠子·环流》。
⑮ 《鹖冠子·度万》。

战国末期,吕不韦组织门客编了一部《吕氏春秋》,总结"帝王之道"。这是一部集大成的杂家著作。在论述"民为君本"的帝王之道时亦然。从君主产生的本意、初心来看:"凡君之所以立,出乎众也。立已定而舍其众,是得其末而失其本。""夫以众者,此君人之大宝也。""夫取于众,此三皇、五帝之所以大立功名也。"①从君爱民才能民拥君的因果互动关系来说,"行德爱人,则民亲其上;民亲其上,则皆乐为其君死矣。"②"王也者,非必坚甲利兵选卒练士也,非必隳人之城郭杀人之士民也。上世之王者众矣,而事皆不同,其当世之急、忧民之利、除民之害同。"③人主之威,"必有所托,然后可行。恶乎托?托于爱利"。"爱利之心息,而徒疾行威,身必咎矣。""不得其道,而徒多其威,威愈多,民愈不用。亡国之主,多以多威使其民矣。故威不可无有,而不足专恃。"④"人主其胡可以无务行德爱人乎?"⑤《吕氏春秋·季夏纪·制乐》还记述了宋景公宁可自己死也不愿移祸于民的故事:

> 宋景公之时,荧惑(彗星之一种)在心(方位)。公惧,召子韦而问焉,曰:"荧惑在心,何也?"子韦曰:"荧惑者,天罚也;心者,宋之分野也。祸当于君。虽然,可移于宰相。"公曰:"宰相,所与治国家也。而移死焉,不祥。"子韦曰:"可移于民。"公曰:"民死,寡人将谁为君乎?宁独死!"子韦曰:"可移于岁。"公曰:"岁害则民饥,民饥必死。为人君而杀其民以自活也,其谁以我为君乎?是寡人之命固尽已,子无复言矣。"子韦还走,北面载拜曰:"臣敢贺君。天之处高而听卑。君有至德之言三,天必三赏君。今夕荧惑其徙三舍,君延年二十一岁。"……是夕荧惑果徙三舍。

春秋战国诸侯陷入兼并混战以来,"天下之民穷矣苦矣"已数百年,"民之穷苦弥甚,王者之弥易","凡王也者,穷苦之救也"⑥。值此之际,只要顺势而为,确立"民本"之道,"行德爱人",就能"因者无敌"⑦,统一天下。

诸子之外,周代的史书《国语》《左传》也记录、反映了民为君本、反对君主亏民以恣欲的思想。

---

① 《吕氏春秋·孟夏纪·用众》。
② 《吕氏春秋·似顺论·处方》。
③ 《吕氏春秋·开春论·爱类》。
④ 《吕氏春秋·离俗览·用民》。
⑤ 《吕氏春秋·仲秋纪·爱士》。
⑥ 《吕氏春秋·审分览·慎势》。
⑦ 《吕氏春秋·慎大览·贵因》。

《国语》是春秋末年鲁国史官左丘明编撰的一部国别体史书。记录的历史上起周穆王十二年(公元前990年)西征犬戎(约公元前947年),下至智伯被灭(公元前453年)。《晋语》中,晋大夫赵衰引《礼志》的话:"欲人之爱己也,必先爱人。欲人之从己也,必先从人。"①说明君主"求用于人",必先"仁"而利民。《晋语一》云:"为仁者,亲爱之谓仁。"《周语中》云:"仁,所以保民也。"从"爱人""保民"思想出发,《国语》反对君主损民以自利。荣夷公用垄断经营的方法与民争利,赢得周厉王的欢心。大夫芮良夫劝谏说:实行朝廷专利,会激起民怨沸腾,潜藏着巨大危险:"王室其将卑乎! 夫荣公好专利而不知大难。夫利,百物之所生也,天地之所载也,而或专之,其害多矣。天地百物,皆将取焉,胡可专也?所怒甚多,而不备大难,以是教王,王能久乎?……今王学专利,其可乎?"②周宣王继位后,废除天子带头农耕之礼。卿士虢文公劝阻说:"夫民之大事在农,上帝之粢盛于是乎出,民之蕃庶于是乎生",所以,自古以来,君主"唯农是务"。"今天子欲修先王之绪而弃其大功,匮神乏祀而困民之财,将何以求福用民?"③东周时期,周天子逐渐被架空,周王室财政日见窘迫。周景王在位时,朝廷财政是如此困难,连器皿都要向诸侯国乞讨。然而,在这种状况下,周景王仍然耗费巨资铸大钱、造大钟。"景王二十一年,将铸大钱。""大钱"即"重币""母钱",面额大,费料多。卿士单穆公进谏:"不可。古者,天灾降戾,于是乎量资币,权轻重,以振救民。民患轻,则为作重币以行之,于是乎有母权子而行,民皆得焉。若不堪重,则多作轻而行之,亦不废重,于是有子权母而行,小大利之。今王废轻而作重,民失其资,能无匮乎? 若匮,王将有所乏,乏将厚取于民。民不给,将有远志(逃往远方的想法),是离民也……无乃不可乎?"但周景王不仅继续"铸大钱"④,而且变本加厉,两年后又铸大钟。单穆公再次进谏说:"不可。作重币以绝民资,又铸大钟以鲜其继。若积聚既丧,又鲜其继,生何以殖?……今王作钟也,听之弗及,比之不度,钟声不可以知和,制度不可以出节,无益于乐,而鲜民财,将焉用之!"伶官州鸠也提出了同样的批评意见:"若夫匮财用,罢民力,以逞淫心,听之不和,比之不度,无益于教,而离民怒神,非臣所闻也。"景王不听,"卒铸大钟"⑤。在《国语》中,这是作为反面案例来存照处理的。同样的事例在楚国也发生过。楚灵王是春秋后期以穷奢

---

① 《重耳婚媾怀嬴》,《国语·晋语四》。
② 《芮良夫论荣夷公专利》,《国语·周语上》。
③ 《虢文公谏宣王不籍千亩》,《国语·周语上》。
④ 《单穆公谏景王铸大钱》,《国语·周语下》。
⑤ 《单穆公谏景王铸大钟》,《国语·周语下》。

极欲著称的暴君。他曾大兴土木,建造章华之台,赞叹"台美夫"！一旁的大臣伍举则提出不同意见:"若于目观则美,缩于财用则匮,是聚民利以自封而瘠民也,胡美之为？""臣闻国君……安民以为乐,听德以为聪,致远以为明;不闻其以土木之崇高、彤镂为美,而以金石匏竹之昌大、嚣庶为乐,不闻其以观大、视侈、淫色以为明。""若敛民利以成其私欲,使民蒿（耗其财力）焉望其安乐,而有远心,其为恶也甚矣,安用目观？""若君谓此台美而为之正,楚其殆矣!"①楚灵王最终在臣民的暴动中逃亡,吊死在郊外。《国语》也把此事作为反面案例记录在案。

　　《左传》是左丘明根据鲁国国史《春秋》加以叙写,记叙范围起自鲁隐公元年(前722年),迄于鲁哀公二十七年(前468年)。《左传》以民为本,要求君主保障民生,以民利为君利。鲁文公六年,因为闰月,文公不举行"告朔"仪式,《左传》作者认为"非礼也"。"闰以正时,时以作事,事以厚生,生民之道,于是乎在矣。不告闰朔,弃时政也,何以为民？"②闰月用来补正四时,根据四时来安排农事,农事合于时令可以使民生得到保障,所以,闰月告朔是养活百姓的重要手段。鲁文公不举行闰月告朔仪式,是放弃了施政的时令,怎能保障民生？鲁文公十三年,邾文公派人占卜迁都到绎邑是否吉利。巫史占卜的结果是:"利于民而不利于君。"邾文公说:"苟利于民,孤之利也。天生民而树之君,以利之也。民既利矣,孤必与（分享）焉。"迁都！左右大臣说:"命可长也,君何弗为？"既然不迁都可以延长大王的寿命,为什么不遵从神意呢？邾文公说:"命在养民。死之短长,时也。民苟利矣,迁也,吉莫如之。"生死是由时运决定的,与迁不迁都没有关系。民利就是最大的君利。只要利于民,没有比这更吉利的了。"遂迁于绎。"③《左传》的民本思想,还体现为尊重民意的主张。晋大夫师旷曾对晋悼公说:"天生民而立之君,使司牧之,勿使失性。""有君而为之贰,使师保之,勿使过度"。"贰""师"都指辅佐的臣民。他们既充当国君的左膀右臂,也负责为国君纠偏补差,不让他做出格的事。"是故天子有公,诸侯有卿,卿置侧室,大夫有贰宗,士有朋友,庶人、工、商、皂、隶、牧、圉皆有亲昵,以相辅佐也。善则赏（褒奖）之,过则匡之,患则救之,失则革之。""自王以下,各有父兄子弟,以补察其政。"此外还有"史""瞽""工""大夫""士""庶人""商旅""百工"通过议论"补察其政",所谓"史为书,瞽为诗,工诵箴谏,大夫规诲,士

---

① 《伍举论台美而楚殆》,《国语·楚语上》。
② 《左传·文公六年》。
③ 《左传·文公十三年》。

传言,庶人谤,商旅于市(在集市议论君主政治得失),百工献艺(通过献艺讽谏)。"①

民为君之本,是周代"民本"学说中论述得最充分的部分。

四、民为吏之本:"民者,吏之程也"

官吏作为君主管理、统治下层民众的膀臂,他是君主意志的延伸和执行者,属于"民之主",与底层之"民"存在着统治者与被统治者的尊卑关系。那么作为君主意志的执行者和底层民众的主宰者,"吏"与"民"的关系是怎样的呢?道家先驱人物鬻子依据相反相成的辩证法,指出民不仅是君之本,也是吏之本。"昔之帝王,所以为明者,以其吏也;昔之君子,其所以为功者,以其民也。力生于民,而功最(聚)于吏,福归于君。"②"民者,至卑也,而使之取吏焉,必取所爱。故十人爱之,则十人之吏也;百人爱之,则百人之吏也;千人爱之,则千人之吏也;万人爱之,则万人之吏也。故万人之吏撰(选为)卿相矣。"③可见,民众的拥护是选吏的标准:"民者,吏之程也。""明主撰(选)吏,必使民兴(举也)焉。士民与之,明上举之;士民苦之,明上去之。"④选吏就是要把人民爱戴的贤人选上来,选贤以任官。底层民众的反应,不仅是选吏的标准,也是辨贤的标准。"民者,贤、不肖之杖也。"⑤

后来孟子补充说明这个道理:"左右皆曰贤,未可也;诸大夫皆曰贤,未可也;国人皆曰贤,然后察之,见贤焉,然后用之。左右皆曰贤,未可也;诸大夫皆曰贤,未可也;国人皆曰贤,然后察之,见贤焉,然后用之。左右皆曰不可,勿听;诸大夫皆曰不可,勿听;国人皆曰不可,然后察之,见不可焉,然后去之。"⑥

周代论述民为吏本的言论并不多,但种下了思想的萌芽,为后世的进一步发展奠定了思想基础。汉初贾谊对此有进一步的揭示和论证:"夫民者,唯君者有之;为人臣者,助君理之。故夫为人臣者,以富乐民为功,以贫苦民为罪。故君以知贤为明,吏以爱民为忠。""闻之于政也,民无不为本也:国以为本,君以为本,吏以为本。故国以民为安危,君以民为威侮,吏以民为贵贱,此之谓民无不为本也。"⑦官吏本质上是由人民供养的,所以唐代的柳宗

---

① 《左传·襄公十四年》。
② 《鬻子·禹政》。
③④⑤ 《鬻子·撰(选)吏》。
⑥ 《孟子·离娄上》。
⑦ 《新书·大政》。

元提出:"夫为吏者,人役也。"①"凡吏于土者,若知其职乎? 盖民之役,非以役民而已也。"②人民供养官吏,目的是要官吏公平地为自己办事。在这个意义上,官吏扮演的是人民公仆的角色,不能反过来凌驾于人民之上奴役人民、鱼肉人民;做官的只有好好报答养育他的人民、勤勤恳恳为百姓服务,才可以问心无愧。"役于人而食其力,可无报耶? 今吾将致其慈爱礼节,而去其欺伪凌暴,以惠斯人,而后有其禄,庶可平吾心而不愧于色。"③"凡民之食于土者,出其什一佣乎吏,使司平于我也。今我受其值怠其事者,天下皆然。岂惟怠之,又从而盗之。向使佣一夫于家,受若值,怠若事,又盗若货器,则必甚怒而黜罚之矣。"④明代海瑞指出:"爵位者,所托以为民之器也。"⑤清代陈宏谋指出:"朝廷设官,原以为民,官必爱民,乃为尽职,固府州县官以'知'为名,又名之曰'地方官',谓地方之事,府州县当无所不知也。"⑥至此,"民"为"吏"本,发展成为中国古代"民本"理念的重要组成部分。

---

① ③ 《柳河东集·送宁国范明府诗序》。
② ④ 《柳河东集·送薛存义序》。
⑤ 海瑞:《政序》。
⑥ 陈宏谋:《申饬官箴檄》,《清经世文编》卷二十一《吏政》。

第十九章　周代外王论之六："革命"说

本章提要："民本"是周代思想界讨论的君主、官吏的执政理念。从"民本"理念出发，周人顺理成章地推导出"革命"学说。这个学说源出《尚书》，既是为了给周代商而立提供合法性依据，也是为了给周朝的统治者提供警诫：如果不实行以民为本的仁政德治，像商纣王那样作威作福，导致民不聊生，臣民就有"革命"推翻他的权利。《尚书》首倡"恭行天罚"、诛"独夫世仇"论。春秋时期，里革公开声称"臣杀其君君之过"，师旷反诘"困民之主，弗去何为"，管子指出"君不君则臣不臣"，"上失其位则下逾其节"，文子肯定君主"残贼万民""何谓不除"。战国时期，孟子提出"诛一夫残贼"、荀子提出"汤、武不弑君"，《易传》则提出："汤武革命，顺乎天而应乎人！""以有道伐无道"的"革命"法理成为周代思想界普遍的共识。①

"民惟邦本""立君为民"的"民本"思想确立了底层民众在国家政治生活中的基础地位和主体资格。既然"民为君本"，当君主忘记了"立君为民"的本义和使命，把自己凌驾于人民之上作威作福、为所欲为，逼得人民走投无路时，君主就成了众叛亲离的"独夫民贼"，丧失了"君主"的资格，人民就有权利发动"革命"的武装斗争，推翻已异化为"独夫民贼"的贪主暴君的统治。

西周在"民本"理念的指导下，以夏桀、殷纣的暴政为前车之鉴，实施了一种与他们诅咒、推翻的桀纣暴政不同的"仁政"。"仁政"的核心是爱人利民。为了保护人民的生命权益，对于暴君暴政就必须动用军事手段加以制止。所以除暴灭恶的"革命"与"仁义"不是对立的，而是"仁义"的应在之义。放弃对荼毒百姓、残害忠良的贪主暴君的抗争，就是对天下苍生的最大不仁。所以臣民推翻暴君暴政的"革命"斗争具有正当性、合法性。正是在周代"民本"思想的大背景下，周代思想界形成了丰富的"革命"学说，对君主的专制暴政形成了一种强大的威慑。

---

① 本章以"周代外王论中的'革命'学说"为题，发表于《文化中国》2025年第2期。

一、《尚书》对"汤武革命"的肯定

"革命"一词,见诸《尚书》和《易传》。《尚书·周书》中有一篇《多士》,其中提到"殷革夏命",这是"革命"一语的最初出处。战国时期成书的《易传》在解释"革"卦时提及"汤、武革命","革命"联言,由此始也。周代的"革命"思想,与汤伐夏桀、武王伐纣的两场"革命"密切相关。于是,"汤武革命",成为周代讨论"革命"合法与否的焦点案例。

以"汤武革命"为标志的"革命"有两大特点。一是臣伐君,并且运用暴力手段、战争手段。商汤原是夏朝属国商国的诸侯,是夏桀的臣子。周武王之父周文王原是殷纣三公之一、西方诸侯之长,亦为纣王之臣。而夏桀、殷纣则是夏朝、商朝的天子,地位显赫的君主。汤曾组织敢死队6 000人,联合各诸侯国军队,组成一支联军,动用战车70辆,与夏桀在鸣条决战。最终夏桀兵败被俘,被放逐到南巢,活活饿死。周武王继承文王的未竟事业,率领各诸侯国义师,组成了一支规模更大的军队,调动猛士3 000人、士兵45 000人、战车300乘,在牧野与殷纣展开决战,最终殷军倒戈,纣王自焚。

二是替天行道,以善罚不善。周代确立了"臣事君,子事父,妻事夫"的社会伦理法则,指出"三者顺则天下治,三者逆则天下乱,此天下之常道也"①,要求"君令臣共"②,恪守"臣事君"的"常道",认为以臣伐君属于犯上作乱、大逆不道的"篡位",代君而立之臣属于乱臣贼子,甚至有人提出"人主虽不肖,臣不敢侵也"③的愚忠原则。然而事实是,如果这种说法成立,那么,周朝的存在就没有合法性了,周朝的开国君主也就要重新评价了。显然,这是周朝统治者不能容忍的,同时,也不符合周代流行的"立君为民"④的本义。周人的普遍认识是,天佑下民,谁与民为仇,老天就会降灾于他。殷纣王就是这样的与民为仇的独夫民贼,天意自然要讨伐他。武王伐纣、代纣而立,是替天行道的正义之举,否则,老天倒是要追究他的责任。所以周武王在率领诸侯出兵的誓师大会上历数殷纣王残害百姓的罪状,说明自己讨伐纣王的理由:"惟天地万物父母,惟人万物之灵。亶聪明,作元后,元后作民父母。今商王受,弗敬上天,降灾下民。沈湎冒色,敢行暴虐,罪人以族,官人以世,惟宫室、台榭、陂池、侈服,以残害于尔万姓。焚炙忠良,刳剔

---

① ③ 《韩非子·忠孝》。
② 《左传·隐公三年》。
④ 《荀子·大略》。

孕妇。皇天震怒,命我文考,肃将天威,大勋未集。肆予小子发,以尔友邦冢君,观政于商。……天佑下民,作之君,作之师,惟其克相上帝,宠绥四方。……商罪贯盈,天命诛之。予弗顺天,厥罪惟钧。予小子夙夜祗惧,受命文考,类于上帝,宜于冢土,以尔有众,底天之罚。天矜于民,民之所欲,天必从之。尔尚弼予一人,永清四海,时哉弗可失!"①"今商王受,力行无度,播弃犁老,昵比罪人,淫酗肆虐,臣下化之,朋家作仇,胁权相灭。无辜吁天,秽德彰闻。惟天惠民,惟辟奉天。"②"今商王受,狎侮五常,荒怠弗敬。自绝于天,结怨于民。斫朝涉之胫,剖贤人之心,作威杀戮,毒痡四海。崇信奸回,放黜师保,屏弃典刑,囚奴正士,郊社不修,宗庙不享,作奇技淫巧以悦妇人。上帝弗顺,祝降时丧。尔其孜孜,奉予一人,恭行天罚。古人有言曰:'抚我则后(君主),虐我则仇。'独夫受洪惟作威,乃汝世仇。树德务滋,除恶务本,肆予小子诞以尔众士,殄歼乃仇。"③在这里,武王明确把纣王定性为"虐民""害民"的"独夫""世仇"。在牧野与纣王的军队决战前,武王在讨伐誓词中又说:"今商王受惟妇言是用……俾暴虐于百姓,以奸宄于商邑。今予发惟恭行天之罚。"④伐纣成功后,武王曾经叙说自己代纣而立的经过:"今商王受无道,暴殄天物,害虐烝民,为天下逋逃主,萃渊薮。予小子既获仁人,敢祗承上帝,以遏乱略。"⑤在这些表述中,周武王力图说明:纣王贼虐谏辅,焚炙忠良,残害万姓,恶贯满盈,已经失去了君主爱民为民的本义,导致民怨沸腾。而天命本自民意,所以,武王率兵伐纣,属于"恭行天罚","殄歼乃仇",即消灭天怨人怒的共同仇敌,具有神圣的合理性、正义性。

为了证明周人伐纣的合法性,《尚书》还找到了商汤伐桀的历史依据。正如殷纣王本名"辛",但因为是个坏蛋,天下谓之"纣",夏桀本名"癸",因为非常残暴,所以汤给他取了个谥号叫"桀"。他是如此凶恶,以至于底层百姓发出了"时日曷丧?予及汝皆亡"的呼唤。汤在讨伐夏桀的誓词中说:"格尔众庶,悉听朕言:非台(我)小子,敢行称乱!有夏多罪,天命殛之。……夏氏有罪,予畏上帝,不敢不正。……夏德若兹,今朕必往。""尔尚辅予一人,致天之罚。"⑥伐桀胜利后作《汤诰》,历数夏桀罪状,说明伐桀来

---

① 《尚书·周书·泰誓上》。
② 《尚书·周书·泰誓中》。
③ 《尚书·周书·泰誓下》。
④ 《尚书·周书·牧誓》。
⑤ 《尚书·周书·武成》。
⑥ 《尚书·商书·汤誓》。

自不可违抗的天命:"夏王灭德作威,以敷虐于尔万方百姓。尔万方百姓,罹其凶害,弗忍荼毒,并告无辜于上下神祇。天道福善祸淫,降灾于夏,以彰厥罪。肆(故)台小子,将天命明威,不敢赦。敢用玄牡,敢昭告于上天神后,请罪有夏。"①汤伐桀胜利后,因为自己是臣伐君,担心授人以柄,"来世以台(我)为口实"②。因而有"惭德",感到愧疚。左相仲虺作诰,再次为其合法性正名:"有夏昏德,民坠涂炭,天乃锡王勇智,表正万邦,缵禹旧服,兹率厥典,奉若天命。""夏王有罪,矫诬上天,以布命于下。帝用(因夏桀)不臧,式商受命,用爽厥师。""殖有礼,覆昏暴。钦崇天道,永保天命。"③成汤没后,丞相伊尹作《伊训》,进一步论证商代夏而立是皇天命汤扬善降灾的结果:"古有夏先后(夏禹),方懋厥德,罔有天灾。山川鬼神,亦莫不宁,暨鸟兽鱼鳖咸若。于其子孙弗率,皇天降灾,假手于我有命,造攻自鸣条,朕哉自亳。惟我商王,布昭圣武,代虐以宽,兆民允怀。……惟上帝不常,作善降之百祥,作不善降之百殃。"④《商书》及《周书》关于"汤武革命"的记录和表述,完全是以后世可能产生的非议为潜在的论辩靶子的。在这种论辩中,汤武革命顺天应人、替天行道、诛独夫民仇的合法性、正义性得到了鲜明、充分的论证和肯定。

二、东周诸子对诛独夫民贼的"革命"的肯定

然而争论并没有因《尚书》的权威性而停止。一方面,不承认臣伐无道之君的"革命"的合法性,就无法承认周朝取代商朝的合法性。另一方面,承认了臣伐无道之君的"革命"的合法性,势必不利于维护当朝君主统治的绝对性,不仅会对当朝君主的行为形成巨大的约束,而且会将君主的命运交到臣民关于君主是否有道的判断抉择中,危及自己的统治地位。所以,听说晋人杀厉公,鲁成公要求当朝大臣引以为戒。他问群臣:"臣杀其君,谁之过也?"群臣莫敢回答。因为鲁成公认为"臣杀其君"是臣之过。卫国的老百姓把他们的君主给驱逐了,晋悼公问师旷:"卫人出其君,不亦甚乎?"他认为是卫国的人民做得太过分了,而不是君主有责任。齐宣王问孟子:"汤放桀,武王伐纣,有诸?"孟子对曰:"有之。"齐宣王再问:"臣弑其君,可乎?"他的答案很明确:不可以。君主再怎么有过错,臣子都不可伐君。总之,"臣事君"是"天下之常道","贤臣而弗易也"⑤。韩非子从维护国君绝对统治地

---

① 《尚书·商书·汤诰》。
②④ 《尚书·商书·仲虺之诰》。
③ 《尚书·商书·伊训》。
⑤ 《韩非子·忠孝》。

位的角度出发,认为西周以来肯定汤武革命的思想是导致春秋战国以来各诸侯国君主不断被臣子推翻、诛杀而更迭的原因。"汤、武为人臣而弑其主、刑其尸,而天下誉之,此天下所以至今不治者也。""所谓'贤臣'者,能明法辟、治官职以戴其君者也。今……舜自以为贤而不能以戴尧;汤、武自以为义而弑其君长,此……贤臣且常取也。故至今……为人臣者有取其君之国者矣。"①

然而,另一方面,周代又普遍存在一种思想:"天下非一人之天下,乃天下之天下也。"②"万民之主,不阿一人。"③天命无常,唯德是辅。"社稷无常奉,君臣无常位,自古以然。"④"天生民而立之君,使司牧之,勿使失性。""夫君,神之主而民之望也。若困民之主,匮神乏祀,百姓绝望,社稷无主,将安用之?弗去何为?"⑤所以,更多的声音是不赞成对君主不辨善恶的愚忠,肯定贤臣诛无道的"革命"义举。

《国语》《左传》记载了春秋时期政治家、思想家肯定"革命"的不少言论。鲁国太史里革公开提出一个振聋发聩的论断:"臣杀其君,君之过"。事见《国语》:"晋人杀厉公,边人以告。(鲁)成公在朝。公曰:'臣杀其君,谁之过也?'大夫莫对。里革曰:'君之过也。'"为什么这么说呢?"夫君人者,其威大矣,失威而至于杀,其过多矣。"此其一。"且夫君也者,将牧民而正其邪者也。若君纵私回而弃民事,民旁有慝无由省之,益邪多矣。若以邪临民,陷而不振,用善不肯专,则不能使,至于殄灭而莫之恤也,将安用之?"此其二。臣民因君主"以邪临民"而推翻君主的例子古已有之,"桀奔南巢,纣踣于京,厉流于彘,幽灭于戏,皆是术也。"不值得怀疑非议,此其三。⑥ "君主"的职责是"牧民而正其邪者也"。如果"以邪临民","用善不专",还留着他干什么?臣民把他推翻是他咎由自取。《左传》记载"卫人出其君",晋悼公对师旷说:"不亦甚乎?"师旷回答:"或者其君实甚。"不是卫人太过分了,而是君主做得太过分了。师旷从君主为什么会产生的起源论及君主的职责:"天生民而立之君,使司牧之,勿使失性。""夫君,神之主而民之望也。"然后提出"良君"对待万民应当"养民如子,盖之如天,容之如地"。只有这样,君主才会得到民众的拥护,才能"民奉其君,爱之如父母,仰之如日月,敬

---

① 《韩非子·忠孝》。
② 《六韬·文韬·文师》。同样的话另见《吕氏春秋·孟春纪·贵公》。
③ 《吕氏春秋·孟春纪·贵公》。
④ 《左传·昭公三十二年》。
⑤ 《左传·襄公十四年》。
⑥ 《国语·鲁语》。

之如神明,畏之如雷霆",君主也就不会有被民众赶跑的下场。反之,如果君主"困民",使民"失性",即失去生活来源,无法生存,那么,君主就不配做君主了,要他有什么用? 不把他赶下台干什么? 难道还应让他凌驾于人民头上为所欲为、作威作福? 民意天意肯定不答应。"若困民之主,匮神之祀,百姓绝望,社稷无主,将安用之? 弗去何为?""岂其使一人肆于民上,以从其淫而天地之性? 必不休矣。"①要之,"君义"才"臣行"②。如果君主不讲爱民之义,臣民就不必恪守忠君之行。

与此同时,春秋诸子也对诛无道的"革命"学说作出了大量论述。

最早是管子。汤放桀、武王伐纣,属于"臣而代其君"③,有人视为"篡",但当时也有人把汤、武革命当作"仁义"之举加以歌颂。"篡何能歌"④? 齐桓公问管子:"昔三王者,既弑其君。今言'仁义',则必以三王为法度,不识其故何也?"⑤管仲的解释是:"君不君,则臣不臣。""上失其位则下逾其节。""昔者禹平治天下,及桀而乱之,汤放桀,以定禹功也。汤平治天下,及纣而乱之,武王伐纣,以定汤功也。且善之伐不善也,自古至今,未有改之。君何疑焉?"⑥管仲在这里提出了两个犀利的观点。一是"君不君,则臣不臣","上失其位,则下逾其节"。二是为民除害,以"善之伐不善",汤武革命不仅具有毋庸置疑的正义性、合法性,而且是惠及苍生、践行"仁义"的楷模、典范。

其后是孔子。孔子虽然强调"君君、臣臣"⑦的尊卑等级,但同时又强调"君待臣有礼,臣事上以忠"⑧。

与孔子几乎同时的文子分析揭示"革命"的理由:"所以立君者,以禁暴乱也。今乘万民之力,反为残贼,是以虎附翼,何谓不除? 夫畜鱼者,必去其蝙獭;养禽兽者,必除其豺狼;又况牧民乎! 是故兵革之所为起也。"⑨君主忘记为民禁暴除恶的职责,蜕变为荼毒百姓的"残贼",为什么不能除掉他? 正如"畜鱼者必去其蝙獭,养禽兽者必除其豺狼","牧民""养民"者必除其暴君。

到了战国时期,这种肯定"革命"的思想又有进一步的发展。孟子继承

---

① 《左传·襄公十四年》。
② 《左传·隐公三年》。
③④ 《管子·白心》。
⑤ 《管子·中匡》。
⑥ 《管子·形势解》。
⑦ 《论语·颜渊》。
⑧ 《论语·八佾》。
⑨ 《文子·上义》。

孔子"君待臣有礼,臣事上以忠"的"君仁臣忠"①思想,提出"臣忠"与"君仁"是相反相成,并以"君仁"为条件的:"君之视臣如手足,则臣视君如腹心"②。反之,如果君不仁,就不要怪臣不义:"君之视臣如犬马,则臣视君如国人;君之视臣如土芥,则臣视君如寇仇。"③汤武革命就是典型的案例。齐宣王曾问孟子:"汤放桀,武王伐纣,有诸?"孟子对曰:"于传有之。"齐宣王再问:"臣弑其君,可乎?"孟子继承并发展了《尚书》的"独夫"说法,指出:"贼仁者谓之'贼',贼义者谓之'残';'残贼'之人,谓之'一夫'。闻诛'一夫'纣矣,未闻'弑君'也。"④"一夫"即周武王所说的"独夫"。"残贼"即周武王所说的"世仇"。后世所谓"独夫民贼",其实是对周武王讨伐殷纣王的誓词及孟子对桀纣的批判的综合化用。至此,诛独夫民贼的"革命"的合法性被彻底奠定下来。罗隆基曾这样肯定孟子的"诛独夫"思想:"孟子所谓'闻诛一夫纣矣,未闻弑君也',这就是承认革命权的先例。"⑤"一切的人权,都可以被人侵略,被人蹂躏,被人剥夺,只有革命的人权是永远在人民手里。这自然是人民最后的生机。"⑥

到了荀子那里,对于臣诛无道、代君而立的革命法理,又有了更为全面的总结。荀子响亮地提出:如果君主残暴无道,臣民"从道不从君",就无可厚非,是"人之大行也"⑦。对于社会上存在的"汤武革命"是"篡位"的某些非议,他给予迎头痛斥。"世俗之为说者曰:'桀、纣有天下,汤、武篡而夺之。'是不然。""汤、武非取天下也。修其道,行其义,兴天下之同利,除天下之同害,而天下归之也。桀、纣非去天下也。反禹、汤之德,乱礼义之分,禽兽之行,积其凶,全其恶,而天下去之也。""天下归之之谓'王',天下去之之谓'亡'。故桀、纣无天下,而汤、武不弑君,由此效之也。""汤、武者,民之父母也;桀、纣者,民之怨贼也。今世俗之为说者,以桀、纣为君,而以汤、武为弑,然则是诛民之父母,而师民之怨贼也,不祥莫大焉。"⑧管子论证诛无道的"革命"是大仁大爱,荀子亦指出:运用军队、动用武力禁暴除恶的"革命"非但与"爱人"的"仁义"不相矛盾,而且是为民除害的"仁义"的必然选择。荀子议兵"常以仁义为本"。这让人不解:"凡所为有兵者,为争夺也。""仁者爱人,义者循理,然则又何以兵为?"荀子的解释是:"彼仁者爱人,爱人故

---

① 《礼记·礼运》。
②③ 《孟子·离娄下》。
④ 《孟子·梁惠王下》。
⑤⑥ 罗隆基《论人权》,《新月》第2卷第5号,1929年7月。
⑦ 《荀子·臣道》。
⑧ 《荀子·正论》。

恶人之害之也;义者循理,循理故恶人之乱之也。彼兵者,所以禁暴除害也,非争夺也。故仁者之兵,所存者神,所过者化,若时雨之降,莫不说喜。"由此出发,他高度肯定"汤伐有夏""武王伐纣"等革命战争:"是以尧伐驩兜,舜伐有苗,禹伐共工,汤伐有夏,文王伐崇,武王伐纣,此四帝两王,皆以仁义之兵行于天下也。故近者亲其善,远方慕其德,兵不血刃,远迩来服,德盛于此,施及四极。"①于是,流血杀人的"革命"不仅不是大逆不道,反而是理直气壮的"仁义"之举。

战国时期肯定臣伐君的"革命"思想,在这个时期成书的其他典籍中也可以看到。如《黄帝四经》揭示:"顺天者昌,逆天者亡。""苛而不已,人将杀之。"《韩非子·难四》记录时人见解:"或曰:天子失道,诸侯伐之,故有汤、武;诸侯失道,大夫伐之,故有齐、晋。……君有失也,故臣有得也。""或曰:臣主之施,分也;臣能夺君者,以得相踦也。故非其分而取者,众之所夺也;辞其分而取者,民之所予也。是以桀索岷山之女,纣求比干之心,而天下离;汤身易名(臣易名为王),武身受詈(周武王推翻君主纣受到指责),而海内服。""汤、武之所以王","彼得之而后以君处之也",是顺应民心、道义之后人民的自觉选择。

在《尚书》《国语》《左传》到春秋战国时期诸子积累的大量"革命"学说的基础上,战国时期《易经》"革"卦的《彖传》总结出一个极为响亮的命题:"汤、武革命,顺乎天而应乎人。"透过汤放夏桀、武王灭纣、晋人杀晋厉公、周厉王被国人流放、周幽王被戎兵诛杀等活生生的事件,周人形成了"以善罚不善""诛独夫民贼"的"革命"逻辑。

周代的"革命"学说后来得到了汉代儒学思想大师董仲舒的进一步继承和发展。他将周人"以善伐不善"的"革命"逻辑总结为"以有道伐无道"的"天理":"故夏无道而殷伐之,殷无道而周伐之,周无道而秦伐之,秦无道而汉伐之。有道伐无道,此天理也,所从来久矣,宁能至汤武而然耶?夫非汤武之伐桀纣者,亦将非秦之伐周,汉之伐秦,非徒不知天理,又不明人礼。"②于是,"有道伐无道","诛独夫民贼",成为中国古代肯定、赞美"革命"的法理依据,其积极意义在于对在位君主滥行暴政形成一种威慑和制衡。

周代的"革命"学说,与西方近代民主政治从"天赋人权"出发,以宪法赋予人民"革命权"有相通之处。恩格斯指出:"须知革命权总是唯一的真

---

① 《荀子·议兵》。
② 《春秋繁露·尧舜不擅移,汤武不专杀》。

正'历史权利'——是所有现代国家一无例外都以它为基础建立起来的唯一权利。"①1776年美利坚合众国《独立宣言》宣称：人人生而平等，造物主赋予了人"生命、自由与追求幸福"之"不可剥夺的权利"，"当政府长期倒行逆施，一意孤行地把人民压制在绝对的君主专制统治之下的时候，人民就有权利、有义务推翻这样的政府，并为其未来的安全建立新的保障"②。1789年法国《人权宣言》说："一切政治结合的目的都在于保存自然的、不可消灭的人权；这些权利是自由、财产、安全和反抗压迫。""反抗压迫"的另一种说法就是"革命"。当人民被专制统治剥夺得一无所有的时候，他们还剩最后一项权利，这就是不惜用生命推翻这种统治的"革命"权。禁止人民抗暴的革命权，意味着默认和放纵统治者肆无忌惮的暴虐统治。正是在这个意义上，人们把无数赞美献给"革命"。中外近现代历史上，美国独立战争、法国大革命、中国的辛亥革命、中国共产党领导的反帝反封建的新民主主义革命，都属于这种"诛无道"的民主革命。这些"革命"对专制独裁统治形成了巨大的威慑，极大保护了人民的生存权利，其革命思想是一笔宝贵的思想财富。

---

① 恩格斯《〈1848年至1850年法兰西阶级斗争〉导言》，《马克思恩格斯全集》第二十二卷，人民出版社1965年版，第608页。
② 《美国法典·宪法行政卷》，中国社会科学出版社1993年版，第5页。

第二十章　周代外王论之七："仁政"说

本章提要：本章旨在以对周代史料的全面占有和翔实研究全新揭示："仁政"思想不是儒家创立之后才有的产物，而是儒家对周初文、武、周公之道的继承与发展；春秋战国时期虽然周初确定、西周实行的仁政方针遭到破坏，仁政主张只是儒家的一家之言，但依然是各封建诸侯国评价政治得失的价值标准。本章以独特的视野，揭示了周代"仁政"思想发展的三阶段。周武王伐纣胜利归来后，马放南山，偃武修文；周公继之，制礼作乐。周初政治家制定的"敬德保民"方针奠定了西周"仁义之道，满乎天下"的政治传统。进入东周春秋时期，国君虽无德，但贤臣诸子"以义相支持"，仁德传统"余业遗烈，流而未灭"。战国时期，上下失序，兵革不休，"虽有道德，不得施谋"，但"仁政"更受饱受战争煎熬的人民的期盼，也被视为赢得民心、统一天下的根本之道。①

周朝（前1046年—前256年）是中国历史上寿命最长的一个朝代，共传国君32代37王，享国790年。周朝所以能生存这么长时间，一个十分重要的原因是周初的统治者在推翻殷纣王的革命成功以后，及时停止继续革命和斗争思维，制定并实施了爱民保民的"仁政"方针，完成了政治之道的攻守转换。据《尚书·周书·武成》记载：周武王伐殷胜利归来后，"乃偃武修文，归马于华山之阳，放牛于桃林之野，示天下弗服（用）"。《诗经·时迈》记载周公赞颂武王在伐殷胜利后马上转入德治："载戢（藏）干戈，载櫜（音郭，藏）弓矢；我求懿德，肆（陈）于时（是）夏（华夏）。"周武王死后，成王尚幼，周公摄政。《尚书大传》说他："一年救乱，二年克殷，三年践奄，四年建侯卫，五年营成周，六年制礼作乐，七年致政成王。"②相传《周礼》《仪礼》就是周公主持修订的。由周武王创建的周王朝定都镐京，营造东都成周洛邑

---

① 本章以"西周仁政理念的主导地位及其在东周的衰变与守护"为题，发表于《广西民族大学学报》2023年第5期。
② 伏生：《尚书大传》，陈寿祺辑校，吴人整理，上海书店出版社2012年，第40页。

(今河南洛阳)。其后周穆王筑宫南郑,周懿王迁都犬丘(今陕西咸阳)。公元前771年,镐京陷落,西周灭亡。公元前770年,平王东迁,定都成周,此后这段时期的周朝称为东周。其中,以"三家分晋"为标志,分为春秋、战国两个时期。西周280年,通行的大政方针是建立在"敬德保民"的"民本"学说基础上的"仁政"思想,其时代特征是"仁义之道,满乎天下"。这是周代"仁政"思想发展的第一阶段。进入东周春秋时期,人君虽无德,仁政被打破,但人臣诸子起而拯救,"以义相支持",仁德传统依然"余业遗烈,流而未灭"。这是周代"仁政"思想发展的第二阶段。下及战国时期,"捐礼让而贵战争,弃仁义而用诈谲",上下失序,兵革不休,"虽有道德,不得施谋",但"仁政"更受饱经战争煎熬的人民的期盼,也是赢得民心、统一天下的根本之道,所以广为诸子人臣坚守和强调。这是周代"仁政"思想发展的第三阶段。总体看来,春秋战国时期"仁政"思想的主导地位遭到日益失德的诸侯君主的挑战,但仍有不少有识之士从传统出发加以守护,有诸子百家从帝王之道出发加以建构。"仁政"虽然不是春秋战国时期占主导地位的政治学说,但仍然是影响很大的学说。

关于仁政思想在周代不同时期的发展演变,汉代刘向在《〈战国策〉序》中曾有一个精辟的分析。他将周代思想史分为三个阶段。第一阶段是西周,这是一个仁义道德占主导地位的时代:"周室自文、武始兴,崇道德,隆礼义……叙人伦,正夫妇……仁义之道,满乎天下。""下及康、昭之后,虽有衰德,其纲纪尚明。"第二个阶段是东周的春秋,这是西周的仁义道德"余业遗烈,流而未灭",诸子起而拯救弘扬的时代。"时君虽无德,人臣辅其君者,若郑之子产,晋之叔向,齐之晏婴,挟君辅政,以并立于中国,犹以义相支持……天子之命,犹有所行……小国得有所依,百姓得有所息。"第三个阶段是战国,这是一个"君德浅薄"、礼崩乐坏,"道德大废,上下失序"的时代。早期的情况是:"捐礼让而贵战争,弃仁义而用诈谲,苟以取强而已矣。夫篡盗之人,列为侯王;诈谲之国,兴立为强。传相放效,后生师之,遂相吞灭,并大兼小,暴师经岁,流血满野。"到了战国后期,"上无天子,下无方伯;力功争强,胜者为右;兵革不休,诈伪并起。""为之谋策者,不得不因势而为资,据时而为画。故其谋扶急持倾,为一切之权;虽不可以临教化,兵革救急之势也。"由此给思想界带来的结果是:"虽有道德,不得施谋。"① 但"不得施谋"不是没有"道德",相反,我们在战国诸子的著作和史书《战国策》中,依然看到对仁义道德的崇尚和对寡仁缺德的批判。可以这么看,西周的仁政思想是占支配地位的没有受到挑战的政治思想;春秋的仁政思想虽然受到失德之君短视的霸道

---

① 刘向:《战国策》,洁明辑评,上海古籍出版社2008年,第568—570页。

思想挑战,但仍然受到春秋诸子及人臣的捍卫和守护,尚屹立不倒;战国时期,仁政思想虽然被礼崩乐坏、狡诈篡位的愈演愈烈的兵革战争所抛弃,但仁政仍然是在战争下呻吟的人民的普遍诉求,是各家各派提出的拯救天下、统一天下的普遍主张,因而仍然是社会评价是非、普遍奉行的价值标准。

一、西周:"仁义之道,满乎天下"

周代是在顺应民意、集聚民力、推翻殷商暴政的基础上创立的。目睹殷纣王虐民而亡的教训和自己爱民而王的经验,从周武王、周公到姜太公、箕子,周初的君臣高度统一地认识到:要避免重蹈殷纣王灭亡的覆辙,保证周朝的稳固安康,必须实行敬德保民的仁政方针。整个西周,思想界的显著特征是"仁义之道,满乎天下"。我们可以从记载周初姜太公政治军事思想的兵书《六韬》《司马法》及反映周初君主思想的《周易》《尚书·周书》《周礼》《诗经》《国语·周语》中来看这个特征。

姜太公传说是周文王、周武王的军师。他的思想,保留在春秋战国时期成书的《六韬》及《司马法》中。这两部书虽是兵书,但渗透着以仁用兵的政治思想,可以说是周文王、周武王仁德思想的滥觞。

先看《六韬》。《六韬》是战国时人们整理的姜太公与周文王、周武王的对话记录,又名《太公六韬》。《六韬》首先谈的不是武略,而是文韬。这个文韬就是"爱民""利民"的"仁义"之政。文王曾问太公"国之大务",太公回答:"爱民而已。"如何"爱民"呢?"利而勿害,成而不败,生而勿杀,与而勿夺,乐而勿苦,喜而勿怒。""民不失务,则利之;农不失时,则成之;省刑罚,则生之;薄赋敛,则与之;俭宫室台榭,则乐之;吏清不苛扰,则喜之。""故善为国者,驭民如父母之爱子,如兄之爱弟。见其饥寒则为之忧,见其劳苦则为之悲;赏罚如加于身,赋敛如取己物。此爱民之道也。"①爱民之道即顺应人性、赢得民心之道。人性好生恶死、好利恶害。"凡人恶死而乐生,好德而归利。"②"民如牛马,数喂食之,从而爱之。"③所以爱民之道即利民之道。君主应"惠施于民"④。"能生利者,道也。道之所在,天下归之。""同天下之利者,则得天下;擅天下之利者,则失天下。"⑤"取天下者,若逐野兽,而天下皆有分肉之心。"⑥"若同舟而济,济则皆同其利,败则皆同其害。"⑦"大农、大工、大商谓之三宝。农一其乡,则谷足;工一其乡,则器足;商一其乡,则货足。三宝各安其处,民乃不虑。……三宝完,则国安。"⑧概括

---

① 均见《六韬·文韬·国务》。
②⑤ 《六韬·文韬·文师》。
③④ 《六韬·武韬·三疑》。
⑥⑦ 《六韬·武韬·文启》。
⑧ 《六韬·文韬·六守》。

而言,利民之道,就叫"仁""德""义"。"天有时,地有财,能与人共之者,仁也。""免人之死,解人之难,救人之患,济人之急者,德也。""与人同忧、同乐、同好、同恶者,义也。"①"人君从事于富。不富无以为仁,不施无以合亲。"②"仁之所在,天下归之","德之所在,天下归之","义之所在,天下赴之"③。"仁盖天下,然后能怀天下;恩盖天下,然后能保天下。""故利天下者,天下启之,害天下者,天下闭之;生天下者,天下德之,杀天下者,天下贼之;彻天下者,天下通之,穷天下者,天下仇之;安天下者,天下恃之,危天下者,天下灾之。"④在此文韬后,《六韬》提出"兵为凶器,不得已而用之"⑤的武略。什么是"不得已"的情况呢? 太公在《司马法》中具体论述了这个问题。

《司马法》成书于春秋齐威王时代⑥,是司马穰苴阐释姜太公《司马兵法》的产物。战争是以流血杀敌为特征的,不能轻易发动,只有在"不得已"的情况下才能用兵。这个"不得已"就是战争具有的法理性。这个法理依据是什么呢? 就是"爱其民"而"攻其国","攻之可也";"杀人安人,杀之可也";"以战止战,虽战可也"⑦。"杀人"是为了"安人"、发动战争是为了平息战争,这就使得杀人的战争具有了正义性。所以姜太公提出"讨不义""诛有罪"的义战主张。⑧"凭弱犯寡,则眚(省也,削弱)之;贼贤害民,则伐之;暴内陵外,则坛(墠,废除)之;野荒民散,则削之;负固不服,则侵之;贼杀其亲,则正(征)之;放弑其君,则残之;犯令陵政,则杜(绝)之;外内乱,禽兽行,则灭之。"⑨在详细讨论了战争的正义原则之外,《司马法》还提出了"以仁为胜"⑩的口号,具体分析了爱护本国乃至敌国人民生命的"仁"德措施。"战道:不违时,不历民病,所以爱吾民也;不加丧,不因凶,所以爱夫其民也;冬夏不兴师,所以兼爱其民也。"⑪不违背农时,不在疾病流行时兴兵作战,不在冬夏两季兴师出兵,不趁敌人国丧时去进攻它,也不趁敌国灾荒时去进攻它,为的是爱护双方的民众。"不穷不能而哀怜伤病,是以明其仁也。"⑫战争中不杀丧失战斗力的敌人,体恤敌方的伤病人员,也是为了体现"仁"。"礼"是贯彻"仁"的外在规范。尚"仁"必守"礼",于是,《司马法》又提出"以礼为固"的要求。如不追击逃跑得太远、超过百步的敌人,也不追击退却得太远的敌人。⑬不仅战争要讲"仁""礼",还要讲"信""义""勇"

---

①③ 《六韬·文韬·文师》。
② 《六韬·文韬·守土》。
④ 《六韬·武韬·顺启》。
⑤ 《六韬·文韬·兵道》。陈曦译注:《六韬》,中华书局2017年版。
⑥ 陈曦:《〈司马法〉前言》,《吴子 司马法》,第204页。
⑦⑧⑨⑪⑫ 《司马法·仁本》。
⑩⑬ 《司马法·天子之义》。

"智"。"信"要求等敌人布阵完毕再发起进攻。"勇"要求赦免降服之敌。"义"反对为了自己利益无故发动战争。① 这些都体现了战争的仁德原则。仁德原则是赢得军心和民心、最终取得胜利的根本:"唯仁有亲。"②"故仁见亲,义见说(喜爱),智见恃,勇见身(效法),信(诚信)见信(信任)。内得爱焉,所以守也;外得威焉,所以战也。"③

姜太公的仁德文韬与义兵武略,或许可视为周文王、周武王仁政思想的渊源。

《周易》是一部卜筮之书。其六十四卦传说是周文王演绎发明的。然而按照《易传》的解释,六十四卦的卦义多以讲道德为主。例如:"《履》,德之基也;《谦》,德之柄也;《复》,德之本也;《恒》,德之固也;《损》,德之修也;《益》,德之裕也;《困》,德之辨也;《井》,德之地也;《巽》,德之制也。""《履》以和行,《谦》以制礼,《复》以自知,《恒》以一德,《损》以远害,《益》以兴利,《困》以寡怨,《井》以辨义,《巽》以行权。"④这从一个侧面说明了《周易》这部卜筮之书的道德色彩。

《尚书》收有《周书》,这是周武王及周公等周初君主仁德政治思想的直接记录。同时收有《虞夏书》《商书》,主要记载了夏禹、商汤的仁德思想,为周代君主的仁政思想提供历史依据。"保民"是"仁政"主张的思想基础。"敬德""保民"是《尚书》反复强调的主题。君主为什么要"保民"而治?因为"匹夫匹妇不获自尽,民主罔与成厥功"⑤。如果臣民百姓不能尽心尽力,君王就做不成任何功业。君主要牢记"四海困穷,天禄永终"⑥的道理,切勿"自广以狭人"⑦;要从天下长治久安的战略利益出发,全心全意地实施"养民""惠民"的德政。"德惟善政,政在养民。"⑧"安民则惠,黎民怀之。"⑨周公这样评论周文王:"徽柔懿恭,怀保小民。"⑩周成王这样告诫官员:"以公灭私,民其允怀。"⑪"保民"旨在保证民众的基本利益,这势必要求君主敬修己德,克制己欲。"民弃不保"是"反道败德"的表现⑫。只有"允迪(履行)厥德",才能"谟明弼谐"⑬。尧、舜、禹都是品德高尚的先王。西周的先祖和天子,从古公亶父、王季、文王到武王、周公,下及成王、康王、穆王,无一不秉

---

① 《司马法·天子之义》。
② 《司马法·定爵》。
③ 《司马法·仁本》。
④ 《周易·系辞上》。
⑤⑦ 《商书·咸有一德》。
⑥⑧⑫ 《虞书·大禹谟》。
⑨⑬ 《虞书·皋陶谟》。
⑩ 《尚书·周书·无逸》。
⑪ 《尚书·周书·周官》。

承这个修德传统。周武王严于道德反省,常说:"百姓有过,在予一人。"①周公对成王提出"敬德""无逸"的告诫。② 召公向成王提出"慎德"③"敬德"④的劝谏。周成王不仅这样敬修己德,也这样要求官员:"位不期骄,禄不期侈。恭俭惟德,无载尔伪。作德,心逸日休;作伪,心劳日拙。居宠思危……推贤让能,庶官乃和。"⑤周公死后,成王发布策书,命令君陈继任周公职务,继续推行周公制定的德政方针。⑥ 康王继承"惟德惟义"的"大训",反对"以荡陵德",提倡"厥德允修"⑦。西周第五位君主周穆王任命伯冏为太仆正。他在册命书中希望伯冏选出正直的贤臣,帮助君王修养德行,弥补不足。⑧"保民"不仅要求君主以德克己,以"仁"惠民,还要求君主以"仁"司法。"明德慎罚"的传统是周文王奠定的⑨,周公加以继承,周成王加以重申。⑩ 所谓"慎罚",指处罚犯罪应从仁德动机出发,不"乱罚无罪",不乱"杀无辜"⑪,"御众以宽",疑罪从轻。这个思想,是对舜帝的司法大臣皋陶"罪疑惟轻,功疑惟重""与其杀不辜,宁失不经"思想⑫的直接继承。《周书·吕刑》还以法律条文的方式固定下来,即"五刑之疑有赦"。

  周武王死后,周公代行王事,制礼作乐,施仁保民。《周礼》历史上传说是周公所作。其核心思想是建立在"得民"目的论基础上的仁政主张。仁政的基本要求,是保障老百姓的生计。《天官·大宰》要求"以九职任万民",保证万民基本生活需求的满足。《地官·大司徒》主张分配十二种职业使天下百姓各有所养,用"慈幼、养老、振穷、恤贫、宽疾、安富"六项政策"育万民",推行六种传统风俗"安万民",荒年以十二种赈济措施"聚万民"⑬。《地官》设置"小司徒",把土地分成三等,按人口、劳力多少加以分配,保证万民的基本生活需要;设"司稼"负责"均万民之食,而賙其急"⑭。在养育万民的天时,对百姓实施道德教化。《地官》提出:大司徒负责"施教法于邦

---

① 《尚书·周书·泰誓中》。
② 《尚书·周书·无逸》。
③ 《尚书·周书·旅獒》。
④ 《尚书·周书·召诰》。
⑤ 《尚书·周书·周官》。
⑥ 《尚书·周书·君陈》。
⑦ 《尚书·周书·毕命》。
⑧ 《尚书·周书·冏命》。
⑨ 《尚书·周书·康诰》。
⑩ 《尚书·周书·多方》。
⑪ 二语均见《尚书·周书·无逸》。
⑫ 《尚书·虞书·大禹谟》。
⑬ 均见《周礼·地官·大司徒》。
⑭ 《周礼·地官·司稼》。

国、都鄙,使之各以教其所治民"。要以"三物"教万民:"一曰六德:知、仁、圣、义、忠、和。二曰六行:孝、友、睦、姻、任、恤。三曰六艺:礼、乐、射、御、书、数。"要从十二方面对百姓实施教化:"一曰以祀礼教敬,则民不苟。二曰以阳礼教让,则民不争。三曰以阴礼教亲,则民不怨。四曰以乐礼教和,则民不乖。五曰以仪辨等,则民不越。六曰以俗教安,则民不偷。七曰以刑教中,则民不暴。八曰以誓教恤,则民不怠。九曰以度教节,则民知足。十曰以世事教能,则民不失职。十有一曰以贤制爵,则民慎德。十有二曰以庸制禄,则民兴功。"要在每年之初组织宣传德教政令,"以考其德行、道艺而劝之,以纠其过恶而戒之"。要派员经常考察、督促百姓的德教状况。要定期举行评比检查,举荐贤能,奖励先进。要重视对王公贵族及其子弟的道德教育:"以三德教国子:一曰至德,以为道本;二曰敏德,以为行本;三曰孝德,以知逆恶。教三行:一曰孝行,以亲父母;二曰友行,以尊贤良;三曰顺行,以事师长。"① 礼教是德治教化一个重要组成部分。要"以五礼防万民之伪而教之中"②。乐教是德治的另一个组成部分。要"以六乐防万民之情而教之和"③。道德教化并不是万能的。"其有不正,则国有常刑。"④ 所以,《周礼》在设置"春官"掌管礼教德治之外,又设置"秋官"掌管刑法。不过,使用刑法、实施处罚并非目的,刑法思想的立足点应是以仁立法、以德司法。《秋官·士师》提出预先告示"五禁",防患于未然,即将"宫禁""官禁""国禁""野禁""军禁""以木铎徇之于朝,书而县(悬)于门闾","毋使罪丽于民"。对于案件的审理,有"三刺"之法——讯问群臣、群吏、万民,查明实情;有"三宥"之法——区分故意行凶与误杀,宽恕因"不识""过失""遗忘"而杀人的案例;有"三赦"之法——对于幼弱、老耄、智障犯罪,加以赦免。对于过失犯罪,尽量采取民间调解;肇事后能民间调解的,尽量调解解决。⑤ 对于初犯,要给反省改过的机会。⑥ 对那些到处惹是生非但尚未触犯法律、不至于判刑的游民,可采取罚跪思过、拘役改造的方法加以惩罚,用"嘉石"来感化其改过向善:"以嘉石平罢民,凡万民之有罪过而未丽于法而害于州里者,桎梏而坐诸嘉石,役诸司空。"⑦《周礼》尤其注意保护下层百姓的申诉权利:"以肺石达穷民,凡远近茕独、老幼之欲有复于上,而其长弗达者,立于肺石三日,士听其辞,以告于上,而罪其长。"⑧

《诗经》不仅是一部诗集,也是了解西周思想的重要依据。它收录的诗,

---

① 以上引文均见《周礼·地官》各篇。
②③④ 《周礼·地官·大司徒》。
⑤ 《周礼·地官·调人》。
⑥⑦⑧ 《周礼·秋官·大司寇》。

上自西周初年,下至春秋中叶。其中不少诗所颂西周诸王之功,都是贤德的产物。《维天之命》赞美"文王之德之纯"。《思齐》赞美周文王善于修身齐家治国。《清庙》要求"济济多士,秉文(文王)之德"。《下武》赞美武王、成王"世德作求""应侯顺德""永言孝思"。《崧高》颂扬周宣王之舅"申伯之德,柔惠且直"。《烝民》赞扬周宣王之臣仲山甫:"民之秉彝,好是懿德。"反之,如果君主失德,就会遭到诗人的讥刺。如周厉王无德,《板》《荡》刺之;周幽王无道,《四月》《十月之交》《雨无正》《小旻》《小宛》刺之。

《国语》是一部国别体史书,记事时间上起西周中期,下迄春秋战国之交。其中《周语》记载西周穆王、宣王、厉王事迹,反映了西周君臣的仁政德治取向。如周穆王准备讨伐远方犬戎,卿士祭公谋父以"先王耀德不观兵"谏之:"先王之于民也,茂正其德,而厚其性。"这些仁德的先王包括不窋:"奕世(累世)载德,不忝前人";武王:"昭前之光明,而加之以慈和,事神保民,莫不欣喜"①。周厉王禁言,邵公谏之,所谓"防民之口甚于防川","为川者决之使导,为民者宣之使言"②。周厉王听信荣夷公建议,凡是挣钱的行业都由朝廷专营专利,大臣芮良夫进言君主与民分利,切勿专利③;周宣王贪图享乐,废除春天天子带头农耕的传统仪式,虢文公从"民之大事在农""民之蕃庶于是乎生"的角度进言恢复这个传统。④ 这些表明,西周后期,虽然周初的仁德政治传统逐渐受到忘记殷鉴、高枕无忧、追求逸乐的周天子的冷落甚至丢弃,但朝廷有责任感的重臣仍然坚定履职,捍卫着仁德的政治传统于不倒。

二、春秋:"余业遗烈,流而未灭"

芮良夫、虢文公的守卫并没能改变大势。不久,平王东迁,是为东周。进入东周的一个最大特点是天子与诸侯的君臣之礼开始被打破,周天子逐渐被架空。但较之战国时期,此时"天子之命,犹有所行"⑤;虽然诸侯国之间开始了兼并战争,但还不像战国时期那么残酷强烈,因而"小国得有所依,百姓得有所息"⑥。一些诸侯国君虽然对周天子不守君臣之礼,对诸侯兄弟不讲仁爱信义,但其国中辅佐执政的重臣,依然坚守着仁义兴邦的传统。此即刘向所谓"时君虽无德,人臣辅其君者,若郑之子产,晋之叔向,齐之晏婴,挟君辅政,以并立于中国,犹以义相支持"⑦。

---

① 《祭公谏穆王征犬戎》,《国语·周语上》。
② 《邵公谏周厉王弭谤》,《国语·周语上》。
③ 《芮良夫论荣夷公专利》,《国语·周语上》。
④ 《虢文公谏宣王不籍千亩》,《国语·周语上》。
⑤⑥⑦ 刘向:《〈战国策〉序》。

我们先以《左传》为据,来看一看"郑之子产、晋之叔向、齐之晏婴"是如何"以义相支持"挟君辅政的。

子产,公元前543年到前522年执掌郑国国政,使国家达到中兴。他治国倡导以礼德为主,以刑罚为辅,提出"德,国家之基也"①,"唯有德者能以宽服民"②。"夫礼,天之经也,地之义也,民之行也。"③一方面,国家的利益是至高无上的,"苟利国家,死生以之"④;另一方面,国家利益与人民的利益又不是对立的,必须照顾民利,防止国家专利,"专欲无成,犯众兴祸"⑤。更重要的,不仅要保障民利,而且要允许民言。对于民众的批评意见,应当"小决使道","闻而药之",以"忠善"的态度"损怨"⑥。

叔向,历事晋悼公、平公、昭公三世,为晋平公上大夫。治国主张仁政为主、慎用刑罚。"礼,政之舆也"⑦;"明王之制……讲礼于等"⑧;"忠信,礼之器也;卑让,礼之宗也"⑨。"行之以礼,守之以信,奉之以仁","诲之以忠,耸之以行,教之以务,使之以和,临之以敬"⑩。

晏婴是齐相。他高举以礼治国的大旗,主张"正德"以"幅(限)利",提出"君令臣共,父慈子孝,兄爱弟敬,夫和妻柔,姑慈妇听"的十项规范⑪。这十项规范在政治实践中,"君令臣共"最为重要。"君令"的要求是"不违"而有"信","臣共"的要求是"不贰"而有"恭",所以晏子提出:"君人执信,臣人执共(通恭),忠信笃敬,上下同之,天之道也。"⑫大臣的"恭",不是意味着什么意见都要与君主保持"同",而是从独立的是非判断出发,"和"而不"同",对君主的意见加以臧否补察,从根本上维护君主的权威和利益。所谓"君所谓可而有否焉,臣献其否以成其可;君所谓否而有可焉,臣献其可以去其否"⑬。在家庭关系中,父子关系有尊卑之分,父辈对子女有教育的权利,也有慈爱的责任,子女对对父辈也有孝顺的责任,也有规谏的权利,这就叫

---

① 《左传·襄公二十四年》。
② 《左传·昭公二十年》。
③ 转引自《左传·昭公二十五年》。
④ 《左传·昭公四年》。
⑤ 《左传·襄公十年》。
⑥ 《左传·襄公三十一年》。
⑦ 《左传·襄公二十一年》。
⑧ 《左传·昭公十三年》。
⑨ 《左传·昭公二年》。
⑩ 均见《左传·昭公六年》。
⑪ 《左传·昭公二十六年》。
⑫ 《左传·襄公二十二年》。
⑬ 《左传·昭公二十年》。

"父慈而教,子孝而箴"①。

上述三人之外,《左传》还记载了提出"神所冯依,将在德矣"的虞国大臣宫之奇,提出"神,聪明正直,依人而行"的虢国太史史嚚,提出"夫民,神之主也"、主张"先成民而后致力于神"的随国大夫季梁,提出"天生民而树之君,以利之也"、"民利"即"君利"的邾文公,提出"天生民而立之君,使司牧之,勿使失性","困民之主,百姓绝望,弗去何为"的晋大夫师旷,提出"社稷无常奉,君臣无常位","民忘君矣,虽死于外,其谁矜之"的晋太史史墨,提出"太上有立德,其次有立功,其次有立言""三不朽"的鲁国大夫穆叔。这些都是春秋仁德思想的直接或间接反映。

春秋的仁德思想,在《国语》中也有不少反映。比如晋大夫赵衰曾引《礼志》的话,说明"爱人"之仁是用人、取人之道:"将有请于人,必先有入焉。欲人之爱己也,必先爱人。欲人之从己也,必先从人。无德于人,而求用于人,罪也。"②"仁"既包括"爱亲"、孝父,也包括"利国"、为民。"为仁者,爱亲之谓仁;为国者,利国之谓仁。"③当二者发生矛盾时,"利国"之仁更能赢得民心。春秋时期讲述西周仁政之道的经典如《诗》《礼》《乐》《春秋》已经诞生。所以楚庄王向申叔时请教如何教育太子时,申叔时回答:"教之《春秋》,而为之耸善而抑恶焉,以戒劝其一二……教之《诗》,而为之导广显德,以耀明其志;教之《礼》,使知上下之则;教之《乐》,以疏其秽而镇其浮……明施舍以导之忠,明久长以导之信,明度量以导之义,明等级以导之礼,明恭俭以导之孝,明敬戒以导之事,明慈爱以导之仁,明昭利以导之文,明除害以导之武,明精意以导之罚,明正德以导之赏……且夫诵《诗》以辅相之,威仪以先后之,体貌以左右之,明行以宣翼之,制节义以动行之,恭敬以临监之,勤勉以劝之,孝顺以纳之,忠信以发之,德音以扬之,教备而不从者,非人也。"④晋献公的太子申生就是在这种主流教育中诞生的孝子。献公在骊姬的挑唆下要废太子,大臣提醒严加防范,太子却恪守愚孝,逆来顺受:"吾闻之羊舌大夫曰:'事君以敬,事父以孝。'受命不迁为敬,敬顺所安为孝。弃命不敬,作令不孝,又何图焉?且夫间父之爱而嘉其贶,有不忠焉,废人以自成,有不贞焉。孝、敬、忠、贞,君父之所安也。弃安而图,远于孝矣,吾其止也。"⑤对于晋献公的乱德行为,大臣荀息也恪守愚忠,唯命是从:"吾

---

① 《左传·昭公二十六年》。
② 《重耳婚媾怀嬴》,《国语·晋语四》。
③ 《优施教骊姬潜申生》,《国语·晋语一》。
④ 《申叔时论傅太子之道》,《国语·楚语上》。
⑤ 《献公将黜太子申生而立奚齐》,《国语·晋语一》。

闻事君者，竭力以役事，不闻违命。君立臣从，何贰之有？"但丕郑对于这种愚孝愚忠行为则不以为然："吾闻事君者，从其义，不阿其惑。惑则误民，民误失德，是弃民也。民之有君，以治义也。义以生利，利以丰民，若之何其民之与处而弃之也？"①这完全是周武王敬德保民、讨伐无道的传统。晋大臣公子絷明确提出："杀无道而就有道，仁也。"②另一位晋朝大臣郭偃也持同样意见："吾闻以乱得聚者，非谋不卒时，非人不免难，非礼不终年，非义不尽齿，非德不及世，非天不离数。今不据其安，不可谓能谋；行之以齿牙，不可谓得人；废国而向己，不可谓礼；不度而迁求，不可谓义；以宠贾怨，不可谓德；少族而多敌，不可谓天。德义不行，礼义不则，弃人失谋，天亦不赞。""民之主也，纵惑不疚，肆侈不违，流志而行，无所不疚，是以及亡而不获追鉴。"因此，夏、商及西周"三季王之亡也宜"③。

除了史书《左传》《国语》给我们提供了相关的历史记载，在诸子著作如《管子》《晏子春秋》《孔子》《墨子》《鹖子》《文子》中，我们也可以看到西周的仁德政治传统在春秋时"余业遗烈，流而未灭"。

管子的思想主要见《管子》。历史上有视《管子》为法家著作的看法。其实，《管子》中论述仁义政治主张的篇章比论述法治的多得多。这些篇目有：《牧民》《权修》《治国》《立政》《霸言》《五辅》《君臣》《四称》《枢言》《幼官》《心术》《桓公问》《形势解》《版法解》《中匡》《小匡》《水地》《正》等。可以说，仁政主张是管子的政治本体论。

管子提出："霸王之事"，"仁义"是关键，所谓"事有本而仁义其要也"④。齐桓公问管子："吾欲行广仁大义，以利天下，奚为而可？"管子回答："诛暴禁非，存亡继绝，而赦无罪，则仁广而义大矣。"⑤这是典型的仁政主张。管子主张实行爱利万民的仁政，目的是为了赢得人民拥戴，以厚功大业称霸天下。"人不可不务也，此天下之极也。""古之圣王，所以取明名广誉，厚功大业，显于天下，不忘于后世，非得人者，未之尝闻。"⑥"得天下之众者王，得其半者霸。"⑦"政之所兴，在顺民心；政之所废，在逆民心。"⑧"予之为取者，政之宝也。"⑨如何得到人民拥戴呢？根本的一条是顺应民心，满足人民的基本需求。"民恶忧劳，我佚乐之；民恶贫贱，我富贵之；民恶危坠，我存

---

① 《献公将黜太子申生而立奚齐》，《国语·晋语一》。
② 《秦侵晋止惠公于秦》，《国语·晋语三》。
③ 《史苏论献公伐骊戎而不吉》，《国语·晋语一》。
④⑥ 《管子·五辅》。
⑤ 《管子·小问》。
⑦ 《管子·霸言》。
⑧⑨ 《管子·牧民》。

安之;民恶灭绝,我生育之。""从其四欲,则远者自亲;行其四恶,则近者叛之。故知予之为取者,政之宝也。"①"欲知者知之,欲利者利之,欲勇者勇之,欲贵者贵之。彼欲贵,我贵之,人谓我有礼;彼欲勇,我勇之,人谓我恭;彼欲利,我利之,人谓我仁;彼欲知,我知之,人谓我慗。"②

顺应民心,不仅意味着尊重民众的物质生活需求,还意味着倾听民意、允许民言:"夫民别而听之则愚,合而听之则圣。虽有汤武之德,复合于市人之言。是以明君顺人心,安情性,而发于众心之所聚。"③齐桓公曾向管子咨询为政"勿失"之道,管子提出建立"啧室之议"制度,鼓励臣民议论政治得失,从而引以为戒:"毋以私好恶害公正,察民所恶,以自为戒。黄帝立明台之议者,上观于贤也;尧有衢室之问者,下听于人也;舜有告善之旌,而主不蔽也;禹立谏鼓于朝,而备讯唉;汤有总街之庭,以观人诽也;武王有灵台之复,而贤者进也。此古圣帝明王所以有而勿失,得而勿忘(通亡)者也。""人有非上之所过,谓之正士,内(纳)于啧室之议。"④

仁政说到底是一种德政。"凡君所以有众者,爱施之德也。"⑤"欲用天下之权者,必先布德诸侯。""无德而欲王者危,施薄而求厚者孤。""霸王之形,德义胜之。"⑥"畜之以道,则民和;养之以德,则民合。""(率)常至命,尊贤授德,则帝;身仁行义,服忠用信,则王;审谋章礼,选士利械,则霸。"⑦

以德治国的"德"包括爱民利民:"爱之、生之、养之、成之,利民不德(不以为德),天下亲之,曰德。"⑧关于君主爱民,《管子》说:"兼爱无遗,是谓君心。"⑨"众者,不爱则不亲……是故明君兼爱以亲之。"⑩"凡众者,爱之则亲,利之则至。是故明君设利以致之,明爱以亲之。"⑪关于君主利民,《管子》指出:"百姓无宝,以利为首。"⑫"得人之道,莫如利之。"⑬"圣人者,明于治乱之道……其治人民也,期于利民而止。"⑭"凡治国之道,必先富民。民富则易治也,民贫则难治也。……故治国常富,而乱国常贫。是以善为国者,必先富民,然后治之。"⑮"凡有地牧民者,务在四时,守在仓廪。……仓

---

① 《管子·牧民》。
② 《管子·枢言》。
③ 《管子·君臣上》。
④ 《管子·桓公问》。
⑤⑨⑩⑪ 《管子·版法解》。
⑥ 均见《管子·霸言》。
⑦ 《管子·幼官》。
⑧⑭ 《管子·正世》。
⑫ 《管子·侈靡》。
⑬ 《管子·五辅》。
⑮ 《管子·治国》。

廪实,则知礼节;衣食足,则知荣辱。"①在君利与民利、国富与民富的关系上,君主应分利于民、与民同利:"与天下同利者,天下持之;擅天下之利者,天下谋之。"②"天下不患无财,患无人以分之。"③对民众的情欲需求,既要充分尊重,又要合理引导:"道也者,上之所以导民也。"④"圣王之身,治世之时,德行必有所是,道义必有所明。"⑤"为国者,反民性,然后可以与民戚。民欲佚,而教以劳;民欲生,而教以死。劳教定而国富,死教定而威行。"⑥规范百姓情欲的有效途径,是"通之以道,畜之以惠,亲之以仁,养之以义,报之以德,结之以信,接之以礼,和之以乐……"⑦"节怒莫若乐,节乐莫若礼。"⑧"圣王之教民也,以仁错之,以耻使之,修其能,致其所成而止。"⑨"国有四维……一曰礼、二曰义、三曰廉、四曰耻。礼不踰节,义不自进,廉不蔽恶,耻不从枉。"⑩

君主的德治不仅体现在以德治民方面,也体现在以德治身方面。"凡治乱之情,皆道上始。"⑪"君之在国都也,若心之在身体也。道德定于上,则百姓化于下矣。"⑫"御民之辔,在上之所贵。道民之门,在上之所先。召民之路,在上之所好恶。"⑬君主的道德修养不应是外在强制的,而是君主维系自己地位必须作出的自觉选择。"人主之所以使下尽力而亲上者,必为天下致利除害也。故德泽加于天下,惠施厚于万物,父子得以安,群生得以育,故万民欢尽其力而乐为上用。""莅民如父母,则民亲爱之。""莅民如仇雠,则民疏之。""人主能安其民,则事其主如事其父母。""古者三王五伯皆人主之利天下者也,故身贵显而子孙被其泽;桀、纣、幽、厉皆人主之害天下者也,故身困伤而子孙蒙其祸。"⑭君主的道德修养,必须以爱利万民这个根本为转移。"人主出言不逆于民心,不悖于理义,其所言足以安天下者也,人唯恐其不复言也。""明主之治天下也,静其民而不扰,佚其民而不劳。"⑮人是有私欲的,贪图享受的。君主爱民,就必须克己。"无私者,可置以为政。"⑯"为人君者,倍道弃法,而好行私,谓之乱。"⑰"明王不美宫室,非喜小也;不听钟鼓,

---

①③⑩⑬⑯ 《管子·牧民》。
② 《管子·版法解》。
④ 《管子·君臣上》。
⑤⑨ 《管子·法禁》。
⑥ 《管子·奢靡》。
⑦ 《管子·幼官》。
⑧ 《管子·心术下》。
⑪ 《管子·禁藏》。
⑫⑰ 《管子·君臣下》。
⑭⑮ 《管子·形势解》。

非恶乐也,为其伤于本事,而妨于教也"①。君主虽然为民造福,但切忌居功自傲。君主修德的另一项任务,是为而不恃、戒骄戒满,不断反思,内省己过。"明王有过则反之于身,有善则归之于民。有过而反之身则身惧,有善而归之民则民喜。往喜民,来惧身,此明王之所以治民也。今夫桀纣不然,有善则反之于身,有过则归之于民。归之于民则民怒,反之于身则身骄。往怒民,来骄身,此其所以失身也。"②

史载管仲为齐相时,"俗之所欲,因而予之;俗之所否,因而去之"③。因而辅佐齐桓公成为"春秋第一霸主"。

管子以仁政思想奠定了齐国的良好传统。晏子以这个政治传统辅佐齐灵公、庄公、景公三朝五十余年,对此作了进一步发展。晏子提出"善"这个君主努力的大方向,指出君主只有凭借"善"行而不是武力,才可以称霸诸侯。"能长保国者,能终善者也。诸侯并立,能终善者为长。"④什么是善恶的"善"?什么是正义的"义"?对民众的仁爱,就是最大的"善"、最高的"义"。"义谋之法,以民事之本也。""谋必度其义,事必因于民。"⑤君主"行善""度义",最终落实到"因民"上,就叫"以民为本"。"卑而不失尊、曲而不失正者,以民为本也。"⑥君主只有用道义、正行才能赢得民心,其国才能屹立于诸侯世界而不被别国所侵食。因此,晏子反对不义的兼并战争,反对靠不义的战争称霸诸侯。"强不暴弱,贵不凌贱……不以威强退人之君,不以众强兼人之地……其用兵,为众屏患……此长保威强勿失之道也。"⑦"不劫人以甲兵,不威人以众强,故天下皆欲其强;德行教训加于诸侯,慈爱利泽加于百姓,故海内归之若流水。"⑧"安仁义而乐利世者,能服天下。""倍仁义而贪名实者,不能威当世。"⑨不仁而攻义,适得其反。"伐人者德足以安其国,政足以和其民,国安民和,然后可以举兵而征暴。""攻义者不祥,危安者必困。"⑩"意莫高于爱民,行莫厚于乐民。"⑪君主的"爱民""乐民",是在正确处理君利与民利的相反相成关系中实现的。它要求君主为百姓的利益克

---

① 《管子・禁藏》。
② 《管子・小称》。
③ 司马迁《史记・管晏列传》。
④ 《晏子春秋・内篇谏上》之十六。
⑤ 《晏子春秋・内篇问上》之十二。
⑥ 《晏子春秋・内篇问下》之二十一。
⑦ 《晏子春秋・内篇问下》之十一。
⑧ 《晏子春秋・内篇问下》之五。
⑨ 《晏子春秋・内篇问上》之一。
⑩ 均见《晏子春秋・内篇问上》之三。
⑪ 《晏子春秋・内篇问下》之二十二。

制自己的奢侈享受。"为君节养其余以顾民,则君尊而民安。"①"薄于身而厚于民,约于身而广于世","其取财也,权有无,均贫富,不以养嗜欲"②;"其行爱民,其取下节,其自养俭","刻上而饶下,赦过而救穷","不从欲以劳民",则"上无朽蠹之藏,下无冻馁之民"③。

晏子主张执政为民,又反对迎合民众身上的劣根性。④ 这与管子"为国者反民性"的观点一脉相承。晏子认识到,民意是从自己利益出发的,并不都是正确合理的。因此主张君主同时承担"教民"的责任:"明其教令,而先之以行义;养民不苛,而防之以刑辟;所求于下者,不务于上;所禁于民者,不行于身。……故明王修道,一民同俗,上爱民为法,下相亲为义,是以天下不相遗,此明王教民之理也。"⑤在教化民众的过程中,"礼"扮演着重要的角色。因此晏子反复强调"礼教"。"礼"是人与动物、君子与庶人的根本区别。"凡人之所以贵于禽兽者,以有礼也。"⑥"君子无礼,是庶人也;庶人无礼,是禽兽也。"⑦"礼"也是治理国家、教人做人的根本法则。"夫礼者,民之纪,纪乱则民失,乱纪失民,危道也。"⑧"礼者所以御民也,辔者所以御马也;无礼而能治国家者,婴未之闻也。"⑨"礼"教法则渗透在君臣、父子、夫妇、兄弟、姑妇五伦之间。"礼之可以为国也久矣,与天地并立。君令臣忠,父慈子孝,兄爱弟敬,夫和妻柔,姑慈妇听,礼之经也。君令而不违,臣忠而不二,父慈而教,子孝而箴,兄爱而友,弟敬而顺,夫和而义,妻柔而贞,姑慈而从,妇听而婉,礼之质也。"⑩恪守礼教法则要从上做起,上行下效。"上若无礼,无以使其下;下若无礼,无以事其上。………人君无礼,无以临其邦;大夫无礼,官吏不恭;父子无礼,其家必凶;兄弟无礼,不能久同。""君若无礼,则好礼者去,无礼者至;君若好礼,则有礼者至,无礼者去。"⑪晏子不仅告诫景公守礼,本人也是礼的身体力行者。对于景公让他这样一位"社稷之臣"、朝廷重臣"进暖食""进服裘"的使唤,晏子以不合礼为由,明确拒绝接受⑫,成为身体力行"礼"的典范。

---

① 《晏子春秋·内篇问上》之十四。
② 《晏子春秋·内篇问上》之十一。
③ 均见《晏子春秋·内篇问上》之十七。
④ 《晏子春秋·内篇杂上》之四。同事的记载另见《晏子春秋·外篇第七》之二十。
⑤ 《晏子春秋·内篇问上》之十八。
⑥ 《晏子春秋·内篇谏上》之二。
⑦⑨ 《晏子春秋·内篇谏下》之二十五。
⑧ 《晏子春秋·内篇谏下》之十二。
⑩ 《晏子春秋·外篇第七》之十五。
⑪ 《晏子春秋·外篇第七》之一。
⑫ 《晏子春秋·内篇杂上》之十三。

管子、晏子之后，孔子继承尧、舜、禹、汤、文、武、周公之道，综合《周易》《周礼》《诗经》及管子、晏子等人的仁德理念，创立了儒家仁学以拯救乱世。孔子认为：民是君的立足之本。"君以民存，亦以民亡。"①为政应当从"仁"入手，将"爱人"之心扩大、推行到爱民、安民、利民的政治实践中去。"仁"的最高境界是在"修己以敬"的基础上"修己以安人"、"修己以安百姓"②，"博施于民而能济众"③。孔子明确反对暴政。"不教而杀谓之虐，不戒视成谓之暴。"④君主应当重视、顺应人民对于仁爱的期盼，实施宽厚爱民的仁政，使"老者安之，朋友信之，少者怀之"⑤。"宽则得众。"⑥"居上不宽……何以观之哉？"⑦仁政有两个基本点，一是富民、二是教民。⑧ 在富民方面，君主不可与民争利，应"因民之所利而利之"⑨。要坚持均贫富，使全体国民的生活都有保障。"有国有家者，不患寡而患不均，不患贫而患不安。"⑩从教化方面说，"尊五美，屏四恶，斯可以从政矣"⑪。

德治是仁政的突出表现形态。"为政以德，譬如北辰，居其所而众星共（同拱）之。"⑫"德"的重要构成部分是"礼"。"上好礼，则民易使也。"⑬"上好礼，则民莫敢不敬。"⑭"礼"的规范包括"君君、臣臣、父父、子子"⑮。比如君臣之间的礼教规范是："君使臣以礼，臣事君以忠。"⑯德治并不是万能的。在实现仁政的过程中不能仅用宽厚的德治，必须同时兼用严厉的法治："政宽则民慢……猛则民残……宽以济严，猛以济宽，政是以和。"⑰"刑罚不中，则民无所措手足。"同时，必须坚持德主刑辅。"礼乐不兴，则刑罚不中。"⑱

处在春秋末期连绵不断的兼并战争中，孔子认为，百姓们对于仁爱的需要，比对于水火的需要更迫切："民之于仁也，甚于水火。水火，吾见蹈而死

---

① 《礼记·缁衣》孔子语。
②⑬ 《论语·宪问》。
③ 《论语·雍也》。
④⑥⑨ 《论语·尧曰》。
⑤ 《论语·公冶长》。
⑦⑯ 《论语·八佾》。
⑧ 《论语·子路》：孔子到卫国，冉有为他驾车。孔子感叹卫国人丁兴旺。冉有问："既庶矣，又何加焉？"孔子回答："富之。"冉有又问："既富矣，又何加焉？"孔子答："教之。"
⑩ 《论语·季氏》。
⑪ 《论语·尧曰》。"五美"即："惠而不费，劳而不怨，欲而不贪，泰而不骄，威而不猛"；"四恶"即"虐""暴""贼""吝"。
⑫ 《论语·为政》。
⑭⑱ 《论语·子路》。
⑮ 《论语·颜渊》。
⑰ 《左传·昭公二十年》。

者矣,未见蹈仁而死者也。"①实行仁政德治正逢其时。

墨子早年"学儒者之业,受孔子之术"②,是"学仁义而流者也"③。尽管后来墨子告别了儒家学说,创立了墨家学说,甚至走向对儒家的批判——"非儒",其实,墨家的"兼爱"与儒家的"仁爱"在关爱民生疾苦和民众的生命存在这一核心观念上是一致的。所以战国时期人们"儒墨"并称④,或"孔墨"并称⑤。

尊天事鬼,是墨子立论的起点。天、鬼是有意志的。这个意志就是主持正义,赏善罚暴。于是,墨子就从"贵天"走向"贵义",强调"义,天下之良宝也"⑥,"万事莫贵于义"⑦。"义"是做人的标准。"手足口鼻耳从事于义,必为圣人。"⑧"义"更应当成为从政的准绳。"顺天意者,义政也;反天意者,力政也。"⑨"今王公大人欲王天下、正诸侯,夫无德义,将何以哉?"⑩墨子所说的"义",实质是"利人",所谓"义可以利人"⑪,"兼即仁矣,义矣"⑫。因此,尊重天意,就必然走向"爱利万民",墨子称之为"兼相爱,交相利"。"顺天之意何若?曰:兼爱天下之人。"⑬"顺天意者,兼相爱、交相利","反天意者,别相恶,交相贼"⑭。墨子处于春秋战国之交,当时社会状况是:"当今之时,天下之害孰为大?曰:若大国之攻小国也,大家之乱小家也,强之劫弱,众之暴寡,诈之谋愚,贵之敖贱,此天下之害也。又与(如也)为人君者之不惠也,臣者之不忠也,父者之不慈也,子者之不孝也,此又天下之害也。又与今人之贱人,执其兵刃毒药水火,以交相亏贼,此又天下之害也。"⑮墨子认为天下祸乱的根源在于太自私,不相爱。要从根源上制止战乱,就必须倡导"兼爱"。墨子在《兼爱上》中揭示:"若使天下兼相爱,国与国不相攻,家与家不相乱,盗贼无有,君臣父子皆能孝慈,若此,则天下治。"在《兼爱中》以"仁者"自居指出:"凡天下祸篡怨恨,其所以起者,以不相爱生也,是以仁者非之。"否定之后,提出"兼相爱、交相利之法"加以取代。这个方法的要义即:"视人之国,若视其国;视人之家,若视其家;视人之身,若视其身。"《兼

---

① 《论语·卫灵公》。
② 《淮南子·要略》。
③ 《河南程氏遗书》卷六。
④ 《韩非子·显学》。
⑤ 《列子·黄帝》。
⑥⑪ 《墨子·耕柱》。
⑦⑧ 《墨子·贵义》。
⑨⑭ 《墨子·天志上》。
⑩ 《墨子·尚同中》。
⑫⑮ 《墨子·兼爱下》。
⑬ 《墨子·天志下》。

爱下》说明:"兼爱"是圣王安定天下的制胜之道:"故兼者,圣王之道也,王公大人之所以安也,万民衣食之所以足也,故君子莫若审兼而务行之。为人君必惠,为人臣必忠;为人父必慈,为人子必孝;为人兄必友,为人弟必悌。故君子莫若欲为惠君、忠臣、慈父、孝子、友兄、悌弟。当若兼之,不可不行也。此圣王之道,而万民之大利也。"墨子的"兼爱"是动机、出发点,"民利"是行动、落脚点。"食者,国之宝也。""凡五谷者,民之所仰也,君之所以为养也。故民无仰,则君无养;民无食,则不可事。故食不可不务也,地不可不立也,用不可不节也。"①所以墨子常常"爱利万民""爱人利人"一起说:"天必欲人之相爱相利,而不欲人之相恶相贼也。""爱人利人者,天必福之;恶人贼人者,天必祸之。"②

提倡"兼爱",是为了消除战乱。所以"非攻"是"兼爱"的反题。由崇尚"兼爱",必然走向反对不义之战的"非攻"。墨子反对不义之战,但并不一概反对战争。恰恰相反,对于诛杀暴君的正义之战,他是大加肯定的。《非攻下》肯定汤诛桀、武王诛纣的"革命",认为它们顺天应人,具有正义性。从爱利万民出发,墨子不仅主张"非攻",而且主张"非乐""节用""节葬"。"子墨子之所以非乐者,非以大钟鸣鼓、琴瑟竽笙之声以为不乐也,非以刻镂华文章之色以为不美也,非以刍豢煎炙之味以为不甘也,非以高台厚榭邃野之居以为不安也。虽身知其安也,口知其甘也,目知其美也,耳知其乐也,然上考之不中圣王之事,下度之不中万民之利。是故子墨子曰:为乐非也。"③只有"去无用之费",才能"民德不劳,其兴利多",达到"天下之大利"④。"今天下之士君子,中请将欲为仁义,求为上士,上欲中圣王之道,下欲中国家百姓之利,故当若节丧之为政,而不可不察此者也。"⑤

道家是鄙薄仁义的,认为它比清虚无为的道德等而下之,但在人心不古的乱世,不得不求助仁义来治国,所以对仁义不可一概否定,虽然是一种无奈的选择。《鬻子》《文子》正是在这样的前提下对仁政主张表达了独特的肯定。

鬻子是道家先驱,生活在老子之先。其思想保留在后世辑佚的《鬻子》一书中。周代以人为贵。鬻子有同样论述:"天地辟而万物生,万物生而人

---

① 均见《墨子·七患》。
② 均见《墨子·法仪》。
③ 均见《墨子·非乐上》。
④ 均见《墨子·节用上》。
⑤ 均见《墨子·节葬下》。

为政焉。"①"政"者,正也,长也。"万物生而人为政",即指人是万物中的灵长。人所以区别于禽兽,成为万物中的灵长,是因为人有道德理性。"有天然后有地,有地然后有别,有别然后有义,有义然后有教,有教然后有道,有道然后有理,有理然后有数。""人化而为善,兽化而为恶。人而不善者谓之兽。"②鹖子还提醒人们:人往往缺少自知之明,会自以为贤智,然而善恶、智愚、贤不肖是有客观标准的,它们体现在言行上,别人看得清清楚楚。所以改恶从善要按照公认的社会评价标准去做。"不肖者,不自谓不肖也,而不肖见于行,虽自谓贤,人犹谓之不肖也。愚者不自谓愚,而愚见于言,虽自谓智,人犹谓之愚。"③在肯定人的道德理性是人之所以区别于其他动物、成为万物灵长的基础上,鹖子论及帝王之道。《贵道》篇提出"五帝之道":"昔者五帝之治天下也,其道昭昭若日月之明然,若以昼代夜然,其道若首然。万世为福、万世为教者,唯从黄帝以下、舜禹以上而已矣。君王欲缘五帝之道而不失,则可以长久。""五帝之道"是什么呢?就是"仁"与"信"、"和"与"道"。《道符》篇说:"发政施令,为天下福者,谓之道;上下相亲,谓之和;民不求而得所欲,谓之信;除去天下之害,谓之仁。仁与信、和与道,帝王之器。""仁"与"信"、"和"与"道"作为善的王道,帝王必须倍加小心地恪守。《周公》篇告诫帝王:"吾闻之于政也,知善不行者谓之狂,知恶不改者谓之惑。夫狂与惑者,圣王之戒也。"该篇还这样告诫"诛赏之慎":"与杀不辜,宁失有罪。无有无罪而见诛杀,无有有功而不赏。"这是以仁司法传统思想的重申。

　　文子是老子弟子。他继承老子无为为上的政治观,批评仁义治国是下策。然而他也不得不承认:面对伏羲以来情欲纷争的衰世,道家的"无为而治"是不行了,必须降格以求,以"仁义理智礼乐"治理天下。"道狭然后任智。"④"廉耻陵迟,及至世之衰……是以贵仁。""人鄙不齐,比周朋党……怀机械巧诈之心,是以贵义。""男女群居,杂而无别,是以贵礼。""性命之情,淫而相迫于不得已,则不和,是以贵乐。""故仁义礼乐者,所以救败也"⑤。"古之为君者……浅行之谓之仁义,薄行之谓之礼智。"此四者,"国家之纲维也"⑥。于是他又提出"上仁""上义""上礼"的主张。"治之本,仁义也。"⑦"上仁者,海内归之;上义者,一国归之;上礼者,一乡归之。""修仁义

----

① ② 《鹖子·汤政》。
③ 《鹖子·道符》。
④ 《文子·自然》。
⑤ 均见《文子·下德》。
⑥ 《文子·上仁》。
⑦ 《文子·上义》。

即正一国,修礼智即正一乡。"①"上义者,治国家,理境内,行仁义,布德施惠,立正法,塞邪道"②。"故德者民之所贵也,仁者民之所怀也,义者民之所畏也,礼者民之所敬也。此四者……圣人之所以御万物也。"无德、无仁、无义、无礼,叫无道,"无道不亡者,未之有也"③。"圣王在上……刑错而不用,礼乐修而任贤德也。""非修礼乐,廉耻不立;民无廉耻,不可以为治;不知礼义,不可以行法。"④"爱者仁也,正者义也,敬者礼也。"⑤"为礼者,雕琢人性,矫拂其情。目虽欲之禁以度,心虽乐之节以礼。""礼者,非能使人不欲也,而能止之。""乐(音乐之乐)者,非能使人勿乐(快乐之乐)也,而能防之。"⑥君主遵守仁义礼乐的要求,爱人正己,以礼敬人,乐不失和,则泽被百姓;君主以仁义礼乐教化天下,使人人都能爱人正己,以礼敬人,以乐求和,则天下安宁。

从上古的"道德"到后世的"仁义礼乐",虽然层级有所下降,但在克制过度欲望、制止社会纷争、照顾民情民心、实现天下安康这个大方向上,二者是一致的。"君子之道,静以修身,俭以养生。静即下不扰,下不扰即民不怨;下扰即政乱,民怨即德薄。"⑦"夫道德者,所以相生养也,所以相畜长也,所以相亲爱也,所以相敬贵也。"所以"道德"与"仁义礼"是相通的。"畜之养之,遂之长之,兼利无择,与天地合,此之谓德。""为上不矜其功,为下不羞其病,大不矜,小不偷,兼爱无私,久而不衰,此之谓仁也。""为上则辅弱,为下则守节,达不肆意,穷不易操,一度顺理,不私枉桡,此之谓义也。""为上则恭严,为下则卑敬,退让守柔,为天下雌,立于不敢,设于不能,此之谓礼也。""修其德则下从令,修其仁则下不争,修其义则下平正,修其礼则下尊敬,四者既修,国家安宁。"⑧背离了儒家的仁义,也就距离道家的道德更远了。

于是,崇尚与民同苦乐的仁君、批判鱼肉百姓的暴君,成为《文子》的一个主题。"古者明君,取下有节,自养有度,必计岁而收,量民积聚,知有余不足之数,然后取奉。……其惨怛于民也,国有饥者,食不重味,民有寒者,冬不被裘,与民同苦乐,即天下无哀民。""暗主即不然,取民不裁其力,求下不量其积,男女不得耕织之业,以供上求,力勤财尽,有旦无暮,君臣相疾。""乱主……处一主之势,竭百姓之力,以奉耳目之欲,志专于宫室台榭,沟池苑囿,猛兽珍怪;贫民饥饿,虎狼厌刍豢;百姓冻寒,宫室衣绮绣。故人主畜兹

---

①⑦ 《文子·上仁》。
② 《文子·上义》。
③⑤⑧ 《文子·道德》。
④⑥ 《文子·上礼》。

无用之物,而天下不安其性命矣。""贪主暴君,涸渔其下,以适无极之欲,则百姓不被天和履地德矣。""故有道以理之,法虽少,足以治;无道以理之,法虽众,足以乱。"①

三、战国:"虽有道德,不得施谋"

到了战国,诸侯兼并、大夫篡位的现象愈来愈普遍,上无天子,下无方伯,力功争强,兵革不休,"篡盗之人,列为侯王;诈谲之国,兴立为强",于是"捐礼让而贵战争,弃仁义而用诈谲","道德大废,上下失序","虽有道德,不得施谋"。然而如前所述,"不得施谋"不是说没有"道德"。相反,在道德大废、遍地流血的时代,仁政对于百姓来说就像久旱之后的甘霖一样,更受人民的期盼,更能赢得民心,更有助于称霸天下。正如孟子所揭示:"王者之不作,未有疏于此时者也;民之憔悴于虐政,未有甚于此时者也。饥者易为食,渴者易为饮。……当今之时,万乘之国行仁政,民之悦之,犹解倒悬也。故事半古之人,功必倍之,惟此时为然。"②"今夫天下之人牧,未有不嗜杀人者也。如有不嗜杀人者,则天下之民皆引领而望之矣。诚如是也,民归之,犹水之就下,沛然谁能御之?'"③

于是,儒家代表孟子在这个时候高举孔子的"仁学"大旗,明确提出"仁政"学说。"仁政"的基本精神是对人民有深切的同情和爱心。这种仁爱之心,孟子叫作"不忍人之心"。这是一种推己及人的爱心,所谓"老吾老以及人之老,幼吾幼以及人之幼"④。仁政即统治者将这种本有的爱人善心运用到政治实践中的产物。它是赢得民心、称王天下的根本途径。"人皆有不忍人之心。先王有不忍人之心,斯有不忍人之政矣。以不忍人之心,行不忍人之政,治天下可运之掌上。"⑤君主实行爱民的仁政,符合君主统治的最大政治利益,如果实行暴政,就会丧失民心,丢掉江山社稷。"三代之得天下也以仁,其失天下也以不仁。国之所以兴废存亡者亦然。天子不仁,不保四海;诸侯不仁,不保社稷;卿大夫不仁,不保宗庙;士庶人不仁,不保四体。""桀纣之失天下也,失其民也;失其民者,失其心也。得天下有道:得其民,斯得天下矣。得其民有道:得其心,斯得民矣。得其心有道:所欲与之聚之,所恶勿施尔也。"⑥"尧舜之道,不以仁政,不能平治天下。"⑦"保

---

① 均见《文子·上仁》。
②⑤ 《孟子·公孙丑上》。
③④ 《孟子·梁惠王上》。
⑥⑦ 《孟子·离娄上》。

民而王,莫之能御也。"①

如何赢得民心呢? 孟子提出: 首先必须尊重民利、保障民生。"民非水火不生活……圣人治天下,使有菽粟如水火。"②"诸侯……宝珠玉者,殃必及身。"③"君不乡(向)道,不志于仁,而求富之,是富桀也。"④为了保障民利,必须轻赋薄敛,减轻人民负担。"如施仁政于民,省刑罚,薄税敛。"⑤"易(耕种)其田畴,薄其税敛,民可使富也。"⑥"明君制民之产,必使仰足以事父母,俯足以畜妻子,乐岁终身饱,凶年免于死亡。然后驱而之善,故民之从之也轻。""黎民不饥不寒,然而不王者,未之有也。"⑦认识到民利即君利,就能乐民之利,与民同乐。"乐民之乐者,民亦乐其乐;忧民之忧者,民亦忧其忧。乐以天下,忧以天下,然而不王者,未之有也。"⑧

"仁政"并不满足于百姓有所养,而且主张百姓有所教。孟子说:"五亩之宅,树之以桑,五十者可以衣帛矣;鸡豚狗彘之畜,无失其时,七十者可以食肉矣;百亩之田,勿夺其时,八口之家可以无饥矣;谨庠序之教,申之以孝悌之义,颁白者不负戴于道路矣。"⑨然而孟子所处的战国中期,现实状况是:"今也制民之产,仰不足以事父母,俯不足以畜妻子,乐岁终身苦,凶年不免于死亡。此惟救死而恐不赡,奚暇治礼义哉?"⑩人民的生命安全都得不到保障,铤而走险、不守道德礼义的状况就更不可避免了。

不过,事物都是相反相成的。孟子指出: 在这种状况下实行保障民生、重树礼义的仁政,恰恰最受民众拥护,也最容易取得成功。"今王发政施仁,使天下仕者皆欲立于王之朝,耕者皆欲耕于王之野,商贾皆欲藏于王之市,行旅皆欲出于王之涂,天下之欲疾其君者皆欲赴诉于王,其若是,孰能御之?"⑪

荀子是儒家"仁政"学说的集大成者。在荀子看来,"君道"从总体上分为"王道""霸道""亡道"。"王道"靠仁义贤德赢得天下,"霸道"靠武力信誉称霸诸侯,"亡道"以利益权谋为转移,终将离心离德而亡。"用国者,义立而王,信立而霸,权谋立而亡。""与积礼义之君子为之则王,与端诚信全之士为之则霸,与权谋倾覆之人为之则亡。"⑫"君人者,隆礼尊贤而王,重法爱民而霸,好利多诈而危。"⑬在王道、霸道中,"王道高于霸道。王道得天下,

---

① ⑤ ⑦ ⑨ ⑩ ⑪ 《孟子·梁惠王上》。
② ⑥ 《孟子·尽心上》。
③ 《孟子·尽心下》。
④ 《孟子·告子下》。
⑧ 《孟子·梁惠王下》。
⑫ 《荀子·王霸》。
⑬ 《荀子·大略》。

霸道得诸侯"①。因此,"仁政"成为荀子最高的"王道"理想。"先王之道,仁之隆也,比中而行之。曷谓中?曰:礼义是也。"②"马骇舆,则莫若静之;庶人骇政,则莫若惠之。……故君人者,欲安,则莫若平政爱民矣;欲荣,则莫若隆礼敬士矣;欲立功名,则莫若尚贤使能矣。是人君之大节也。"③

"爱民"是仁政的起点和归宿。能获得人民拥戴的君主,必须从培养爱民、利民之心做起。"君人者,爱民而安。"④"有社稷者而不能爱民、不能利民,而求民之亲爱己,不可得也。民不亲不爱,而求为己用,为己死,不可得也。"⑤这爱民、利民之心,就是"仁""义"。以爱民之仁、利民之义君临天下的君主,人民爱之如"民之父母"。君者,"固有'为民父母'之说焉"。"父能生之,不能养之;母能食之,不能教诲之;君者,已能食之矣,又善教诲之者也。"⑥"上之于下,如保赤子……故下之亲上,欢如父母"⑦。"养长之如保赤子","是故百姓贵之如帝,亲之如父母,为之出死断亡(无)而不愉"⑧。

仁君在承担养民教民职责的同时,还应注意自己个人道德的修养。君主"服天下之心"的途径是:"高上尊贵,不以骄人;聪明圣知,不以穷人;齐给速通,不争先人;刚毅勇敢,不以伤人;不知则问,不能则学,虽能必让,然后为德。""无不爱也,无不敬也,无与人争也,恢然如天地之苞万物。"⑨所以,天子必须是"备道全美"的"圣人":"天下者,至重也,非至强莫之能任;至大也,非至辨莫之能分;至众也,非至明莫之能和。此三至者,非圣人莫之能尽。故非圣人莫之能王。"⑩

"仁政"有两个基本点,一是"富以养民情",满足人民的生存欲求,二是"教以理民性",对人民进行道德教化。"不富无以养民情,不教无以理民性。故家五亩宅,百亩田,务其业,而勿夺其时,所以富之也。立大学,设庠序,修六礼,明七教,所以道之也。诗曰:'饮之食之,教之诲之。'王事具矣。"⑪从"养民"出发,荀子强调"富民"或"裕民"。民穷则国危,民富则国安。"自古及今,未有穷其下而能无危者也。"⑫"裕民以政。彼裕民,故多余。裕民则民富。""故知节用裕民,则必有仁圣贤良之名,而且有富厚丘山

---

① ⑦ ⑧ 《荀子·王霸》。
② 均见《荀子·儒效》。
③ 《荀子·王制》。
④ 《荀子·强国》。
⑤ 《荀子·君道》。
⑥ 《荀子·礼论》。
⑨ ⑩ 《荀子·非十二子》。
⑪ 《荀子·大略》。
⑫ 《荀子·哀公》。

之积矣。""计利而畜民,度人力而授事,使民必胜事,事必出利,利足以生民。"必须懂得民利是君利的基础。"下贫则上贫,下富则上富"①。"亡国富筐箧,实府库。筐箧已富,府库已实,而百姓贫,夫是之谓上溢而下漏。入不可以守,出不可以战,则倾覆灭亡可立而待也。""聚敛者,召寇、肥敌、亡国、危身之道也,故明君不蹈也。"②因此,荀子反对君主与民争利。"上好功则国贫,上好利则国贫。""使天下必有余,而上不忧不足。如是,则上下俱富……是知国计之极也。"分利于民的基本措施是轻赋薄敛。"田野什一,关市几而不征,山林泽梁,以时禁发而不税。"③"轻田野之赋,平关市之征,省商贾之数,罕兴力役,无夺农时,如是则国富矣。夫是之谓以政裕民。"④从"教民"出发,荀子提出礼刑兼顾。"圣人以人之性恶,以为偏险而不正,悖乱而不治,故为之立君上之势以临之,明礼义以化之,起法正以治之,重刑罚以禁之,使天下皆出于治,合于善也。"⑤

关于礼治,《荀子》专设《礼论》,还在《王制》《王霸》《强国》《富国》《君道》《大略》《乐论》《性恶》《赋》等篇中重点加以论述。"礼起于何也?曰:人生而有欲,欲而不得,则不能无求。求而无度量分界,则不能不争;争则乱,乱则穷。先王恶其乱也,故制礼义以分之,以养人之欲,给人之求。使欲必不穷于物,物必不屈于欲。两者相持而长,是礼之所起也。""故礼者养也。""礼义文理之所以养情也!"⑥"礼"既尊重人的情欲的合理诉求,又改造和化育自然情欲的恶性,它是各行各业、各色人等实现自己欲求的理性规范:"请问为人君?曰:以礼分施,均遍而不偏。请问为人臣?曰:以礼侍君,忠顺而不懈。请问为人父?曰:宽惠而有礼。请问为人子?曰:敬爱而致文。请问为人兄?曰:慈爱而见友。请问为人弟?曰:敬诎而不苟。请问为人夫?曰:致功而不流,致临而有辨。请问为人妻?曰:夫有礼则柔从听侍,夫无礼则恐惧而自竦也。此道也,偏立而乱,俱立而治,其足以稽矣。"⑦由此可见:"礼者,人道之极也。"⑧"礼"是治国的根本规矩和准绳:"国无礼则不正。礼之所以正国也。"⑨"礼之于正国家也,如权衡之于轻重也,如绳墨之于曲直也。"⑩荀子所说的"礼",常与信义相连,合称"礼义"。"人莫贵乎生,莫乐乎安,所以养生安乐者,莫大乎礼义。""故为人上者,必

---

①④　《荀子·富国》。
②③　《荀子·王制》。
⑤　《荀子·性恶》。
⑥⑧　均见《荀子·礼论》。
⑦　《荀子·君道》。
⑨　《荀子·王霸》。
⑩　《荀子·大略》。

将慎礼义,务忠信,然后可。此君人者之大本也。"①"礼"的理性色彩极强,具有强制色彩,因而,荀子主张辅之以温和的"乐"。"乐"在合理满足人的情感追求方面与"礼"是一致的,但更富于人情味和感染力。"仁义礼乐,其致一也。""乐也者,和之不可变者也;礼也者,理之不可易者也。乐合同,礼别异,礼乐之统,管乎人心矣。"②

在以礼乐规范、教化人情之外,荀子又主张兼用刑法,惩戒礼乐教化无法奏效的犯罪。"治之经,礼与刑,君子以修百姓宁。"③"听(断)政之大分:以善至者待之以礼,以不善至者待之以刑。"④"君道"不仅要"隆礼",而且要尊法⑤。法治的关键是公平,是量罪定刑,刑罪相当。"刑当罪则威,不当罪则侮。"⑥"刑称罪则治;不称罪则乱。故治则刑重,乱则刑轻。""罚不当罪,不祥莫大焉。"⑦荀子虽坚持反对重罪轻罚,但就总体来看,还是主张礼主刑辅,"明德慎罚"⑧。《荀子》中论及礼治的内容很多,论及法治的内容较少。这从一个侧面印证了荀子的仁学取向。

"仁政"思想不仅在战国时期孟子、荀子的儒家学说中得到进一步发展,而且在这个时期的道家殿军著作《鹖冠子》中也有特殊的强调。针对"乱世"的社会现实,《鹖冠子》提出了"死生同爱,居处同乐"的社会理想。"毋易天生,毋散天朴,自若则清,动之则浊。"⑨"寒者得衣,饥者得食,冤者得理,劳者得息,圣人之所期也。"⑩"为善者可得举,为恶者可得诛。莫敢道一旦之善,皆以终身为期。素无失次,化立而世无邪。化立俗成,少则同济,长则同友,游敖(遨)同品(区之误也),祭祀同福,死生同爱,祸灾同忧,居处同乐,行作同和,吊贺同杂(集之衍也),哭泣同哀,欢欣足以相助,侦谍足以相止。"⑪这是一个大化流行、人心淳朴、人与人之间没有钩心斗角,同呼吸共命运,互助互爱、有福同享、有难同当的至德之世。它有道家相安无事的"小国寡民"社会理想的影子,更多的是儒家相亲相爱的"大同之世"的成分。在这种理想社会中,君主的圣明仁德显得特别重要。"时君遇人有德,君子

---

① 《荀子·强国》。
② 均见《荀子·乐论》。
③⑧ 《荀子·成相》。
④ 《荀子·王制》。
⑤ 《荀子·君道》。
⑥ 《荀子·君子》。
⑦ 《荀子·正名》。
⑨ 《鹖冠子·泰鸿》。
⑩ 《鹖冠子·天则》。
⑪ 《鹖冠子·王鈇》。

至门,不言而信,万民附亲……是以为人君亲其民如子者,弗召自来……天下好之,其道日从,故卒必昌。"①如何治理天下呢？鹖冠子提出"善善"(以善为善)的治国理念："常知善善,昭缪(穆)不易,一揆至今。不知善善,故有身死国亡,绝祀灭宗。"善政就是"顺爱之政"："顺爱之政,殊类相通;逆爱之政,同类相亡。""顺爱"的核心是"仁义"："同和者,仁也;相容者,义也。仁义者,所乐同名也。"②《泰录》篇进而提出："扶义本仁,积顺之所成,先圣之所生也。"《道端》篇提出："服义行仁,以一王业。"并解释说："夫仁者,君之操也;义者,君之行也;忠者,君之政也;信者,君之教也;圣人者,君之师傅也。"《学问》篇记载："鹖冠子曰：所谓礼者,不犯者也;所谓乐者,无灾者也;所谓仁者,同好者也;所谓义者,同恶者也;所谓忠者,久愈亲者也;所谓信者,无二响(专一不移)者也。圣人以此六者,卦(卜)世得失逆顺之经。"

仁义顺爱的对象是民众。"因民"成为《鹖冠子》政治思想的一个核心概念。《天则》篇指出："田不因地形,不能成谷;为化不因民,不能成俗。""因民"即依靠民众。"为之以民,道之要也。唯民知极,弗之代也。此圣王授业,所以守制也。"《环流》篇指出："故所谓道者,无己者也;所谓德者,能得人者也。"民众就是"道德"取法、依据的对象。得人者得天下。《度万》以类比的方法告诫君主："凤凰者,鹑火之禽,阳之精也;骐麟者,元枵之兽,阴之精也;万民者,德之精也。德能致之,其精毕至。"君主只有以仁德赢得万民的拥戴,才能称霸天下。

周初的姜太公在兵书《六韬》《司马法》中就留下过"以仁为战"的"义战"思想。这种思想在战国后期的兵家著作《尉缭子》中又有所继承和发展。从天下安康的社会理想和爱利万民的政治之道出发,《尉缭子》提出了以"仁义"为本的战争观。首先,兵为凶器,出兵必须具有充分的理由和正义的合法性。只有在讨伐不义的暴乱、抗击敌人的侵略、保护国家和人民的生命财产安全时才可用兵。"兵者,凶器也;争者,逆德也。将者,死官(负责生死的官职)也。故不得已而用之。"③"事必有本,故王者伐暴乱,本仁义焉。"④其次,尽管"兵者凶器",但处于"以立威抗敌相图"的战国时代,又"不能废兵"⑤,所以,治兵必须"以武为表,以文为里"⑥。"以文为里"即以仁义为用兵的指导原则。"凡兵,不攻无过之城,不杀无罪之人。夫杀人之父兄,利人之货财,臣妾人之子女,此皆盗也。故兵者,所以诛暴乱、禁不义也。兵之所加者,农不离其田业,贾不离其肆宅,士大夫不离其官府……故兵不血刃而天下亲焉。"⑦于是,

---

① 《鹖冠子·道端》。
② 《鹖冠子·泰鸿》。
③⑦ 《尉缭子·武议》。
④⑤⑥ 《尉缭子·兵令上》。

兵为凶器,仁义为本,就成为《尉缭子》对战争性质和地位的基本把握。

战争是在非常时期不得已而为之的选择。在不打仗的正常社会状态下,君主应当实行照顾民生的仁政。处于战国中后期诸侯厮杀愈演愈烈的年代,《尉缭子》提出了反本合道、无私无欲、共寒共饥、天下一家的社会理想:"夫谓治(太平)者,使民无私也。民无私,则天下为一家,而无私耕私织。共寒其寒,共饥其饥。故如有子十人,不加一饭;有子一人,不损一饭。""反本缘理,出乎一道,则欲心去,争夺止,囹圄空,野充粟多,安民怀远,外无天下之难,内无暴乱之事,治之至也。"①这种社会理想,与《鹖冠子》颇为相类,也是儒家与道家的混合体。天下一家,相亲相爱,共寒共饥,有儒家"大同世界"的面影;反本缘理,出乎一道,心地淳厚,相安无扰,有道家"至德之世"的成分。要实现天下太平的社会理想,就必须以"去私"为根本之道。"善政执其制,使民无私。为下不敢私,则无为非者矣。"②《尉缭子》强调的"去私",是"无度"之"欲"。对于合度的生活之欲,比如吃饭穿衣的基本欲求,它是充分肯定的。如果连人民的这些基本生活欲求都满足不了,天下肯定不会太平。所以,《尉缭子》将"充腹有粒,盖形有缕",发展农业,抑制奢侈作为政治之道的一项要求提出来。"凡治人者何?曰:非五谷无以充腹,非丝麻无以盖形,故充腹有粒,盖形有缕。"所以要保证男耕女织,"夫在芸耨,妻在机杼",确保"夫无雕文刻镂之事,女无绣饰纂组之作"③。《尉缭子》还强调,人民创造的生活财富,不应都收到国库里,一定要分利于民,这样才能国泰民安。"王国富民,霸国富士,仅存之国富大夫,亡国富仓府。""上溢而下漏,故患无所救。"④

战国中后期是非混淆,名实混乱,因而出现了名家、纵横家的著作。我们发现,名家辨别是非善恶,"仁义"作为善名在辩论中得到进一步强调。纵横家研究纵横捭阖的游说技巧,而游说的内容、推销的主张恰恰是仁义之道。

《尹文子》是这个时期的一部名家著作。与《文子》《鹖冠子》有些相似,一方面,尹文从道家的大道出发,贬斥名、法、儒、墨⑤;另一方面,他并没有完全否定儒、墨、名、法,只是要求"以名、法、儒、墨治者""不得离道"而已⑥。尹文提出的治世八术中,"仁、义、礼、乐、名、法"赫然在目:"仁、义、礼、乐、名、法、刑、赏,凡此八者,五帝、三王治世之术也。故仁以道之,义以

---

① ② ③ 《尉缭子·治本》。
④ 《尉缭子·战威》。
⑤ ⑥ 《尹文子·大道上》。

宜之,礼以行之,乐以和之,名以正之,法以齐之,刑以威之,赏以劝之。""凡此八术,无隐于人而常存于世,非自显于尧、汤之时,非自逃于桀、纣之朝。用得其道,则天下治;用失其道,则天下乱。"什么是"用得其道"、什么是"用失其道"呢?"仁者所以博施于物,亦所以生偏私;义者所以立节行,亦所以成华伪;礼者所以行恭谨,亦所以生惰慢;乐者所以和情志,亦所以生淫放;名者所以正尊卑,亦所以生矜篡;法者所以齐众异,亦所以生乖分;刑者所以威不服,亦所以生陵暴;赏者所以劝忠能,亦所以生鄙争。"①前者属于"用得其道",后者属于"用失其道"。在治世八术中,尹文尤重养民利民的仁义与循名责实的法治:"国乱有三事:年饥民散,无食以聚之则乱;治国无法,则乱;有法而不能用,则乱。有食以聚民,有法而能行,国不治,未之有也。"②他主张以食聚民、反对严刑苛法,反对轻易发动战争,都体现了西周的仁政传统和儒墨的仁爱之心:"今万民之望人君……盖欲料长幼,平赋敛,时其饥寒,省其疾痛,赏罚不滥,使役以时,如此而已……然而弗酬,弗与同劳逸故也。故为人君,不可弗与民同劳逸焉。……人君不可不酬万民。不酬万民则万民之所不愿戴,所不愿戴则君位替矣。危莫甚焉,祸莫大焉。""凡民之不畏死,由刑罚过。刑罚过,则民不赖其生。生无所赖,视君之威末如也。""刑罚中则民畏死,畏死,由生之可乐也。知生之可乐,故可以死惧之。此人君之所宜执,臣下之所宜慎。"③"禁暴息兵,救世之斗,此仁君之德,可以为主矣。"④

《鬼谷子》是先秦时期留下的唯一一部纵横家著作。对于纵横家,历史上常有一种成见,即唯利是图,朝秦暮楚,反复无常。其实不尽然。比如我们在《鬼谷子》中就分明看到由道而儒的本体论追求。道家始祖老子的本体论是"道德"说。"道"为无之体,"德"为有之用。《鬼谷子》的本体论与此相似。它以道家无形可见但却客观存在的本体性的"道"为天地之始、万物之源,以儒家有形可见、有章可循的仁义礼教规范为本体性的"德",从而形成了特殊的本体性的政治追求。"道"生万物,拯救天下的"仁义"道德,自然也导源于它。《中经》篇特别强调"有守"。"守"即操守。保持什么样的操守呢?"守义者,谓守以人义。""非贤者,不能守家以义,不能守国以道。"道义的操守本于儒家《诗》《书》:"有守之人,目不视非,耳不听邪,言必《诗》《书》,行不淫僻,以道为形,以义为容。"《内楗》篇要求士子"由夫道德仁义、礼乐忠信计谋","先取《诗》《书》,混说损益,议论去就","立功建德"。《意林》卷二引《鬼谷子》佚文云:"以德养民,犹草木之得时;以仁化人,犹天生

---

① ③ 均见《尹文子·大道下》。
② ④ 《尹文子·大道上》。

草木以雨润泽之。"《鬼谷子》提出的拯救天下危乱的良方,是儒道合一的本体论。道家的天道既是儒家仁道的源头,也是君主清虚无为、内视反省、克己复礼的准则。

战国中后期还出现了一些杂家著作,如《尸子》《吕氏春秋》。杂家兼取各家学说融为己说。儒家的"仁政"学说是他们吸取的重要政治学说。

《尸子》的作者为尸佼,是战国中期人。所留《尸子》,据吕思勉《经子解题》,今本《尸子》所辑存者,"十之七八皆儒家言"。《尸子》所论,乃霸王之术。即便在靠武力说话的战国时代,尸佼仍然认为,仁义为本是赢得民心、称王天下的主要依据。《尸子》从多方面论述了这个政治主张。

关于治天下的基本理念,《尸子》强调得最多的是"仁"与"义"。关于"仁",尸佼指出:"仁"是天下最高的善。"天下之善者,惟仁也。"①"仁"指"爱"。"爱得其分曰仁。"②"仁"之爱指对天下的爱。"爱天下莫甚焉。"③对天下的爱体现为分利于民。"益天下以财为仁。"④"夫爱民,且利之也。爱而不利,则非慈母之德也。"⑤在这个意义上,"仁"与施财于人的"义"相通。"施得分曰义。"⑥"仁"不仅包括"义",而且包括"德"与"礼":"德者,天地万物得也;义者,天地万物宜也;礼者,天地万物体也。使天地万物皆得其宜、当其体者,谓之大仁。"⑦君与民的关系是鱼与水的关系:"鱼失水则死,水失鱼犹为水也。"君主"仁则人亲之"。反之,"天子忘民则灭"。所以,君主必须"兼爱百姓,务利天下"⑧。仁爱是一种推己及人的博爱。"己所不欲,毋加诸人。恶诸人,则去诸己;欲诸人,则求诸己。此恕也。"⑨这种博爱的特点,是"无私""贵公"。"无私,百智之宗也。"⑩"夫私心,井中也;公心,丘上也。故智载于私,则所知少;载于公,则所知多矣。"⑪"圣人于大私之中也为无私。"⑫"天无私于物,地无私于物,袭此行者,谓之天子。"⑬"天、帝、皇、后、辟、公、弘、廓、宏、溥、介、纯、夏、幠、冢、晊、昄……十有余名而实一也","皆大也",即大爱、"广泽"⑭。

关于"义",尸佼强调:"义则人尊之。""国之所以立者,义也;人之所以

---

①③⑫ 《尸子·仁意》。

②⑥ 《尸子·分》。

④ 《尸子·贵言》。

⑤ 《尸子·发蒙》。

⑦ 《尸子·处道》。

⑧ 《尸子》卷下。

⑨ 《尸子·恕》。

⑩⑬ 《尸子·治天下》。

⑪⑭ 《尸子·广泽》。

生者,亦义也。"①因此,必须非义勿视、勿听、勿食、勿服:"目之所美,心以为不义,弗敢视也;口之所甘,心以为不义,弗敢食也;耳之所乐,心以为不义,弗敢听也;身之所安,心以为不义,弗敢服也。"②治天下的过程实际上就是去除不义、恪守正义的活动。"贤者之治,去害义者也。虑之无益于义而虑之,此心之秽也;道之无益于义而道之,此言之秽也;为之无益于义而为之,此行之秽也。虑中义则智为上,言中义则言为师,事中义则行为法。"③

君主以仁义道德君临天下,这就要求必须先修己德,"修其身以君天下"④。修身的根本途径在于后天的学习修养。《尸子》开篇为《劝学》,反复强调这个问题:"学不倦,所以治己也。""夫茧,舍而不治,则腐蠹而弃;使女工缲之,以为美锦,大君服而朝之。""身者茧也,舍而不治则知行腐蠹;使贤者教之,以为世士,则天下诸侯莫敢不敬。""夫学,身之砺砥也。""土积成岳,则梗楠豫章生焉;水积成川,则吞舟之鱼生焉。夫学之积也,亦有所生也。""未有不因学而鉴道,不假学而光身者也。"君主不仅必须修身以德,还须以德化民。"教不厌,所以治人也。"⑤"国乱,则择其邪人而去之,则国治矣。""天下非无乱人也,尧舜之贵可教者众也。"⑥从仁义为政,到修身以德,以德化民,《尸子》的治天下主张,主要是儒家的仁政德治。

《吕氏春秋》是战国末期秦国丞相吕不韦组织门客编撰的一部总结帝王之道的巨著。战国后期尽管兼并战争愈演愈烈,但吕不韦仍然坚信:称霸诸侯,统一天下必须从仁德入手。"善为君者……德厚也。"⑦"德也者,万民之宰也。"⑧"为天下及国,莫如以德,莫如行义。"⑨《吕氏春秋》崇尚的帝王之德,是一种推己及人、爱人及物的仁德。"仁于他物,不仁于人,不得为仁。不仁于他物,独仁于人,犹若为仁。仁也者,仁乎其类者也。故仁人之于民也,可以便之,无不行也。"⑩"人主有能以民为务者,则天下归之矣。"⑪"圣人南面而立,以爱利民为心,号令未出,而天下皆延颈举踵矣,则精通乎民也。"⑫"得

---

① 《尸子》卷下。
② 《尸子·贵言》。
③ 《尸子·恕》。
④ 《尸子·明堂》。
⑤ 《尸子·劝学》。
⑥ 《尸子·处道》。
⑦ 《吕氏春秋·仲春纪·功名》。
⑧⑫ 《吕氏春秋·季秋纪·精通》。
⑨ 《吕氏春秋·离俗览·上德》。
⑩⑪ 《吕氏春秋·开春论·爱类》。

民必有道。万乘之国,百户之邑,民无有不说。取民之所说而民取矣……此取民之要也。"①用民亦有道,这就是德主刑辅、假仁施威。"凡用民,太上以义,其次以赏罚。"②"行德爱人,则民亲其上;民亲其上,则皆乐为其君死矣。"③"威……必有所托,然后可行。恶乎托? 托于爱利。爱利之心谕,威乃可行。威太甚则爱利之心息。爱利之心息,而徒疾行威,身必咎矣。""不得其道,而徒多其威,威愈多,民愈不用。……故威不可无有,而不足专恃。"④如此等等。尽管秦王嬴政统一六国后实行严刑峻法的暴政,但他的老师和仲父为他设计的帝王之道却不是霸道的暴政,而是王道的仁政。

战国诸子之外,《战国策》是认识战国时代思想状况的重要依据。《战国策》虽是"乱世之文",但诚如朱熹所说,"有英伟气"⑤。这个"英伟气",就是西周以来的"仁德"传统和"仁政"思想。在《战国策》中,我们看到周初以来几百年形成的仁德传统力量是巨大的,受到冲击的道德礼义在战国时代仍然有人在守护。冯谖为孟尝君"市义"就是典型的例子。《战国策》以欲扬先抑的手法生动传神地描写了这个故事。⑥ 冯谖为孟尝君所买之"义",是通过烧掉孟尝君在薛地的所有债券、免除薛地平民所欠孟尝君的所有债务实现的。孟尝君一开始并不理解冯谖自作主张的行为,起初他很不开心,直到一年后落难,受到薛地人民的热烈欢迎,他才意识到冯谖的智慧和"市义"的价值。

冯谖通过减免债务为孟尝君所买之"义",是周代爱人利民的"仁"德的表现。关于这种"仁"德的故事,《战国策》中有另一段记载。齐襄王在父王逃亡被杀、自己被立为齐君的过程中曾经与齐相田单发生过一些误会。一次过菑水,"有老人涉菑而寒,出不能行,坐于沙中。田单见其寒,欲使后车分衣,无可以分者,单解裘而衣之"。但田单的这些善举却引来了齐襄王的担忧,认为田单是以仁义之施收买人心,"将欲以取我国乎"? 后来遇到一位民间高人,给齐襄王出了主意:"单有是善而王嘉之,单之善,亦王之善已。"襄王一一照办,百姓果然收了田单的好处,但都归功于齐王⑦。

公元前257年,秦国攻打赵国,晋鄙奉魏安厘王之命率军救赵,但由于

---

① 《吕氏春秋·季秋纪·顺民》。
② 《吕氏春秋·离俗览·用民》。
③ 《吕氏春秋·仲秋纪·爱士》。
④ 《吕氏春秋·离俗览·用民》。
⑤ 转引自程夔初:《〈战国策〉序》。程夔初:《战国策集注》,上海古籍出版社2013年版,第1页。
⑥ 《齐人有冯谖者》,《战国策·齐策》。
⑦ 《燕攻齐章》,《战国策·齐策》。

惧怕秦军干涉,魏安厘王又下令阻止晋鄙进军。安厘王之弟信陵君得知此事后,派人盗取了兵符,击杀了晋鄙,引兵救赵,最终打败秦兵,救下邯郸,使赵国得以幸存。为此,赵孝成王举行大礼,准备亲自到郊外去迎接信陵君给予表彰答谢。在信陵君见赵王之前,魏国谋士唐雎及时提醒信陵君不要自恃其功,要尽快忘掉对人的恩德,哪怕是大德:"事有……不可忘者,有不可不忘者。""人之有德于我也,不可忘也;吾有德于人也,不可不忘也。今君杀晋鄙,救邯郸,破秦人,存赵国,此大德也。今赵王自郊迎,卒然见赵王,愿君之忘之也。"①信陵君是战国时期著名的仁德君子,他立即接受了唐雎的谏议,践行功成弗居的至德。

战国末期,赵惠文王死,赵威后代子孝成王摄政。齐襄王派使者来看望她。赵威后询问齐国使者说:"齐有处士曰钟离子,无恙耶? 是其为人也,有粮者亦食,无粮者亦食,有衣者亦衣,无衣者亦衣,是助王养其民者也,何以至今不业也? 叶阳子无恙乎? 是其为人,哀鳏寡,恤孤独,振困穷,补不足,是助王息(养)其民者也,何以至今不业也? 北宫之女婴儿子无恙耶? 彻其环瑱,至老不嫁,以养父母,是皆率民而出于孝情者也,胡为至今不朝也? 此二士弗业,一女不朝,何以王齐国,子万民乎?"②钟离子、叶阳子都是齐国广行慈善救济穷人的有名处士,婴儿子是德行高尚的有名孝女。齐王怎么可以对这两位处士不给予重用,对这位孝女不给予表彰?

从西周到春秋战国时期,"仁政"的思想经过从天子、君主到人臣、诸子的重申与诠释,呈现出它的基本要求:即保障民生与顺应民意并重、礼教德治与法治刑兵并行。其中,礼教德治为本,法治刑兵为末;前者为政治的常态,后者为非常时的补充。敬德保民,藏富于民、顺应民意;礼主刑辅,以仁立法、以刑惩恶、以兵平暴。这些是构成了周代"仁政"思想的基本含义。

---

① 《唐雎说信陵君》,《战国策·魏策》。
② 《齐王使使者问赵威后》,《战国策·齐策》。

第二十一章　仁政论之一：周代的"富民"学说

本章提要：本章集中探讨周代仁政思想的首要主张："富民"学说。"仁政"即爱民之政。人民有基本的生活需求。爱民必先利民、富民。民富是仁政之本，也是立国之基。周人认识到，实现民富，必须正确处理其与君富、国富的关系，以民富为君富、国富之本，轻赋薄敛，分利于民，避免与民争利。由此出发，重农抑商、开源节用构成周代经济思想的基调。本章以西周和东周不同阶段代表人物为历史坐标，系统揭示了周代"富民"学说的历史脉络及其涉及的经济思想概貌。①

政治之道即治民之道。治民之道，周人又叫"牧民"之道。② 周人认识到："凡治天下，必因人情。"③"人情"是什么呢？饥欲求食，渴欲求饮，寒欲着衣。要实现天下太平，就必须丰衣足食，满足人民群众的基本生活需求。所以说，"治国之道，必先富民。民富则易治也，民贫则难治也"④。于是，"富民"作为一项基本的国策，成为周代"仁政"方针的首要组成部分。《国语·周语上》指出："民乏财用，不亡何待？"《左传·宣公十二年》云："民生在勤，勤则不匮。"《战国策·赵策二》云："夫治国有常，而利民为本。"这是讲民富是立国之本。如何处理国富与民富的关系？荣夷公提出不顾民利的君主专利主张，商鞅提出以"弱民"的方式达到"富国"目的，但总体而论，周人认识到民富是君富、国富之本。如《国语·周语下》云："民若匮，王用将有所乏。"《国语·楚语上》云："民实瘠矣，君安得肥？"周代的经济思想大体上是围绕这个主旨展开的。让我们按照历时的顺序，来看一看周代"富民"主张及其经济思想在不同阶段留下的历史轨迹。

---

① 参祁志祥《中国古代"民生""民心"思想及其当代意义》，《浙江工商大学学报》2011年第4期。
② 《管子·牧民》。
③ 《韩非子·八经》。
④ 《管子·治国》。

一、周初:《尚书》的"惠民"思想与《周礼》的"富民"主张

应当说,民富而国安,是一个基本的政治常识。它是古已有之的圣王之道。根据《尚书·虞夏书》的记载,尧、舜、禹都是非常体恤人民疾苦的圣王明君。《尧典》说尧:"允恭克让,光被四表……克明俊德……平章百姓……协和万邦,黎民于变时(善)雍(和)。"《大禹谟》记载伯益对尧的赞美:"帝德广运,乃圣乃神,乃武乃文。"记载皋陶对舜的赞美:"帝德罔愆,临下以简,御众以宽……好生之德,洽于民心。"记载伯益对禹的赞美:"惟德动天,无远弗届。"舜帝的大臣皋陶告知夏禹的政治之道:"在知人,在安民。""安民则惠,黎民怀之。"①夏禹留下两句经典的政治名言:"民惟邦本,本固邦宁。"②"德惟善政,政在养民。"③商汤推翻夏桀"敷虐于尔万方百姓"的暴政,推行"孚佑下民""降衷(善)于下民"的仁政。④ 周初的政治家目睹殷纣王实施暴政而亡的教训,继承尧舜禹汤敬德保民之道。一方面,面对前朝暴君滥杀无辜,周初的政治家反复强调保护臣民的生命存在是神圣不可侵犯的"天意";另一方面,他们又认识到,"民情大可见,小人难保"⑤,"民心无常,惟惠是怀"⑥,要尽量满足民众基本的生活需求。

《尚书》的"保民""惠民""安民"思想,在周公留下的《周礼》中发展为"富民""得民"思想。《周礼》强调的主题是通过各种方法"得民":"以'九两'系邦国之民:一曰牧,以地得民;二曰长,以贵得民;三曰师,以贤得民;四曰儒,以道得民;五曰宗,以族得民;六曰主,以利得民;七曰吏,以治得民;八曰友,以任得民;九曰薮,以富得民。"⑦"得民"的重要方法之一是"富民"。《天官·大宰》指出,《周礼》所建"邦之六典",其中之一是"以富邦国,以任百官,以生万民"的"事典"。《天官·小宰》提出"以官府之六职辨邦治",其中之一是"以富邦国,以养万民,以生百物"的"事职"。可以说,"富民"的仁政思想是由周公的《周礼》最早提出来的。到了西周末期的周厉王时期,虽然荣夷公将"富民"与"富王室"对立起来,主张王室专利,反对与民分利,但大夫芮良夫仍然坚守着周初"藏富于民"的仁政之道,强调指出:"夫王人者,将导利而布之上下者也,使神人百物无不得其极,而犹日怵

---

① 《尚书·虞书·皋陶谟》。
② 《尚书·夏书·五子之歌》。
③ 《尚书·虞书·大禹谟》。
④ 《尚书·商书·汤诰》。
⑤ 《尚书·周书·康诰》周公语。
⑥ 《尚书·周书·蔡仲之命》成王语。
⑦ 《周礼·天官·大宰》。

惕惧怨之来也。"①

二、春秋前期：管子论"富民贵农"与晏子论"节俭爱民"

到了东周初期，天子的权力削弱了，诸侯国君纷纷利用自主权吞食他国发展壮大。齐国的相国管仲将周公的"富民"之道吸取过来作为称霸天下的强国之道，对此作了深刻、丰富的论析。首先他从人性方面分析概括：趋利避害，是人的天性。"凡人之性，见利莫能勿就，见害莫能勿避。"②"百姓无宝，以利为首。"③"民，利之则来，害之则去。民之从利也，如水之走下，于四方无择也。"④其次他认识到："霸王所始，以人为本。本理则国固，本乱则国危。"⑤要能够称王称霸于天下，必须赢得人性民心。如何赢得人性民心呢？就是要顺应人欲，满足人性的基本物质欲求。因此，"得人之道，莫如利之。"⑥"故欲来民者，先起其利，虽不召而民自至。"⑦"民恶贫贱，我富贵之。"⑧"欲利者利之"，"欲贵者贵之"。⑨"圣人者，明于治乱之道……其治人民也，期于利民而止。"⑩"治国常富，而乱国常贫。是以善为国者，必先富民，然后治之。"⑪"凡有地牧民者，务在四时，守在仓廪。……仓廪实，则知礼节；衣食足，则知荣辱。"⑫

可贵的是，从"利民""富民"的立场出发，管子就治理国家的经济政策发表了许多有价值的意见。《管子》全书有二十多篇论述到经济问题，这在先秦诸子中是没有的。《管子》的经济思想涉及面相当广泛，大体上可分为目标论、生产论、分配论、消费论、轻重论。

经济的目标是"富国富民"。谋求国富是《管子》思想的出发点和归宿。《牧民》是全书的开篇。第一句即宣称："凡有地牧民者，务在四时，守在仓廪。国多财，则远者来；地辟举，则民留处。"⑬富国的途径是藏富于民，而不是国富民弱："王者藏于民。""民富，君无与贫；民贫君无与富。故赋无钱

---

① 《国语·周语上》。
② 《管子·禁藏》。
③ 《管子·侈靡》。
④⑦ 《管子·形势解》。
⑤ 《管子·霸言》。
⑥ 《管子·五辅》。
⑧ 均见《管子·牧民》。
⑨ 《管子·枢言》。
⑩ 《管子·正世》。
⑪ 《管子·治国》。
⑫⑬ 《管子·牧民》。

布,府无藏财,赀藏于民。"①这与荣夷公与民争利、藏富于王的经济思想针锋相对。

民富国富的根本途径,是农业生产。于是,贵农重粟成为管子的基本经济主张。"粟也者,民之所归也;粟也者,财之所归也。""粟者,王之本事也,人主之大务,有人之涂,治国之道也。"②"王天下者何也?必国富而粟多也。夫富国多粟生于农,故先王贵之。""先王者善为民除害兴利,故天下之民归之。所谓兴利者,利农事也;所谓除害者,禁害农事也。农事胜则入粟多,入粟多则国富,国富则安乡重家,安乡重家则虽变俗易习、驱众移民,至于杀之,而民不恶也。此务粟之功也。"③贵农重粟,自然重视土地田亩的开垦。因为"粟也者,地之所归也。""田垦则粟多,粟多则国富。"④所以,"慎富在务地。"⑤"事农则田垦。"⑥有了足够的土地,还要不夺民时,不违农时,才能保证粮食的丰收。"不夺民时,故五谷兴丰。"⑦"春仁、夏忠、秋急、冬闭,顺天之时,约地之宜,忠人之和,故风雨时,五谷实,草木美多,六畜蕃息……"⑧在"务五谷"之外,管子还主张"养桑麻,育六畜"⑨,发展多种副业。

在"贵农"的同时,管子又提出"务本饬末"⑩的生产纲领。"本"指生活必需品的生产,即农业,又叫"本事";"末"指"雕文刻镂""美衣锦绣"之类生活奢侈品的生产,又叫"末产"。为了防止奢侈品业对农业的侵夺,管子明确提出禁止过度发展"末产"。"上不好本事,则末产不禁;末产不禁,则民缓于时事而轻地利;轻地利,而求田野之辟,仓廪之实,不可得也。"⑪"菽粟不足,末生不禁,民必有饥饿之色,而工以雕文刻镂相稚(骄也)也,谓之逆;布帛不足,衣服毋度,民必有冻寒之伤,而女以美衣锦绣綦组相稚也,谓之逆。"⑫"国侈则用费,用费则民贫,民贫则奸智生,奸智生则邪巧作;故奸邪之所生,生于匮不足;匮不足之所生,生于侈;侈之所生,生于毋度;故曰:审度量,节衣服,俭财用,禁侈泰,为国之急也。"⑬"毋听淫辞,毋作淫巧。……凡人君之所以内失百姓,外失诸侯,兵挫而地削,名卑而国亏,社稷灭覆,身

---

① 均见《管子·山至数》。
②③④⑥ 《管子·治国》。
⑤ 《管子·枢言》。
⑦ 《管子·巨乘马》。
⑧ 《管子·禁藏》。
⑨ 《管子·牧民》。
⑩ 《管子·幼官》。
⑪ 《管子·权修》。
⑫ 《管子·重令》。
⑬ 《管子·八观》。

体危殆,非生于诡淫者,未之尝闻也。"①"凡为国之急者,必先禁末作文巧。末作文巧禁则民无所游食,民无所游食则必农。……是以先王知众民、强兵、广地、富国之必生于粟也,故禁末作,止奇巧,而利农事。"②"工事无刻镂,女事无文章,国之富也。"③

因此,提倡俭朴,反对奢靡,成为管子的另一经济主张:"明君制宗庙,足以设宾祀,不求其美;为宫室台榭,足以避燥湿寒暑,不求其大;为雕文刻镂,足以辨贵贱,不求其观。……故曰:俭其道乎!"④"台榭相望者,亡国之庑也;驰车充国者,追寇之马也;羽剑珠饰者,斩生之斧也;文采纂组者,燔功之窑也。明王知其然,故远而不近也。能去此取彼,则人主道备矣。"⑤不过,管子也注意到,随着社会文明的发展,人们日益不满足于吃饱穿暖的物质生活需求,而有更高的超功利("无用")的生活追求,"事末作而民兴之","贱有实,敬无用",如"贱粟米而敬珠玉,好礼乐而贱事业",甚至"雕卵然后瀹之,雕橑然后爨之"⑥(鸡蛋雕画后再煮食,薪柴镂刻后再焚烧)。于是,发展工商业乃至珠玉等奢侈品业,不仅可以满足人们的生活需要,而且可以增加财政收入,所以《管子》又提出顺应时代发展,理财"莫善于侈靡"的主张作为补充。⑦管子将士、农、工、商四民并称为"国之石民"⑧,肯定商业互通有无、促进农业的作用,肯定手工业提供生产工具、作战兵器和生活用品的作用。可见,管子重农并不彻底否定和抹杀工商业乃至奢侈品业,而是主张对此进行整治和合理的控制。所以管子的"禁末"实际上应理解为"饬末"之意。

在分配环节,管子主张轻赋薄敛,保证劳动者拥有必需的生活财富。关于减轻赋税,分利于民,管子说:"圣人之所以为圣人者,善分(利于)民也。"⑨"薄税敛,毋苟于民,待以忠爱,而民可使亲。"⑩《海王》篇记载了管仲与齐桓公关于减税的一段对话。桓公想征房屋税,管仲说这等于叫人们拆毁房子。桓公又提出征收树木税、牲畜税、人口税的想法,都被管仲一一否定。管子还提出了多劳多得与均贫富兼顾的主张。一方面,国家按劳分配,"其积(同绩)多者,其食多;其积寡者,其食寡;无积者,不食"⑪。另一方面,

---

① ⑩ 《管子·五辅》。
② 《管子·治国》。
③ 《管子·立政》。
④ 《管子·法法》。
⑤ 《管子·七主七臣》。
⑥ ⑦ 《管子·侈靡》。
⑧ 《管子·小匡》。
⑨ 《管子·君臣上》。
⑪ 《管子·权修》。

君主又"能散积聚,钧(同均)羡(余)不足,分并财利"①。这样,既鼓励了"绩多食多",又避免了"贫富无度"。

在消费环节,管子认为"俭则伤事,侈则伤货"②,主张在奢侈与节俭之间取得某种平衡。一方面,他反对铺张消费:"能节宫室、适车舆以实藏,则国必富、位必尊;能适衣服、去玩好以奉本,而用必赡、身必安矣"③。另一方面,又主张在特定条件下激励饮食、车马、游乐、丧葬等消费,刺激生产、增加就业、促进流通。

"轻重"是管子经济思想中的一个独特范畴,《管子·轻重》分甲、乙、丙、丁、戊、己、庚七篇加以论述。其含义有二。一指市场供求关系形成的物价涨跌:"夫物多则贱,寡则贵,散(抛售)则轻(价跌),聚(囤积)则重(价涨)。"④二指国家遵照上述市场规律轻吸重抛,敛富余而补不足,平衡市场供求关系,也从中取得利差:"夫民有余则轻之,故人君敛之以轻;民不足则重之,故人君散之以重。敛积之以轻,散行之以重,故君必有十倍之利,而财之櫎(政府专卖的物价)可得而平也。"⑤根据这两项原则,管子论述了一系列"轻重之策",如国家掌握全部经济统计数字,垄断货币铸造、盐铁专卖、自然资源等,依据地区及季节差价、政令缓急、年成情况,囤积与抛售货物,满足民利,充实国库。"轻重"论所讲的核心含义是国家垄断重要产业和流通手段,依靠物价变动调节社会供求关系,满足国家财政需要。其中关于商品货币、物价规律、市场调节、国家垄断、财政收入及其相互关系的认识与谋略,使《管子》成为周代经济思想的一部奠基之作。

管子以他的"富民"主张和一整套经济思想帮助齐桓公成为"春秋第一霸主",奠定了齐国强大的基础。一百多年后,晏子继承管子的政治传统长期辅佐齐景公,也留下了一些经济思想。晏子说:"安仁义而乐利世者,能服天下。""不能爱邦内之民者,不能服境外之不善;轻士民之死力者,不能禁暴国之邪逆;愎谏傲贤者之言,不能威诸侯;倍仁义而贪名实者,不能威当世。而服天下者,此其道也已。"⑥"为君节养其余以顾民,则君尊而民安。"⑦"其行爱民,其取下节,其自养俭","不从欲以劳民"。⑧ "其取财也,权有无,均贫富,不以养嗜欲"⑨。从仁政利民的目的出发,晏子特别提倡贵族消费的

---

① ④ ⑤ 《管子·国蓄》。
② 《管子·乘马》。
③ 《管子·禁藏》。
⑥ 《晏子春秋·内篇问上》之一。
⑦ 《晏子春秋·内篇问上》之十四。
⑧ 均见《晏子春秋·内篇问上》之十七。
⑨ 《晏子春秋·内篇问上》之十一。

节俭:"厚敛则民散。""节俭,众民之术也。"①奢侈的享受侵夺民利,晏子一再反对。《晏子春秋》中记载了许多这样的故事。景公命人将路寝之台造得高大无比,自己攀登时很累,很难登上顶,于是发火说:"孰为高台,病人之甚也?"晏子说:这是您"使人高之",不要怪罪造台人。"古者之为宫室也,足以便生,不以为奢侈也,故节于身,调于民。及夏之衰也,其王桀背弃德行,为璇室玉门。殷之衰也,其王纣作为顷宫灵台,卑狭者有罪,高大者有赏,是以身及焉。今君高亦有罪,卑亦有罪,甚于夏殷之王。民力殚乏矣,而不免于罪,婴恐国之流失,而公不得享也!"②又有一次,景公打算用"服圣王之服,居圣王之室"的方式使诸侯朝服。晏子谏曰:"法其节俭则可,法其服,居其室,无益也。三王不同服而王,非以服致诸侯也。诚于爱民,果于行善,天下怀其德而归其义。若其衣服,节俭而众说也。夫冠足以修敬,不务其饰;衣足以掩形御寒,不务其美。……且古者尝有紩衣挛领而王天下者。其义好生而恶杀,节上而羡下,天下不朝其服,而共归其义。古者尝有处橧巢窟穴而不恶,予而不取,天下不朝其室,而共归其仁。及三代作服,为益敬也。首服足以修敬,而不重也;身服足以行洁,而不害于动作。服之轻重便于身,用财之费顺于民。……土事不文,木事不镂,示民知节也。及其衰也,衣服之侈过足以敬,宫室之美过避润湿。用力甚多,用财甚费,与民为雠。今君欲法圣王之服,不法其制。法其节俭也,则虽未成治,庶其有益也。"③

三、春秋末期:孔子论"因民之利"与墨子论"利民节用"

春秋末期,孔子创立儒家仁学。孔子主张,为政应当从"仁"入手,将"爱人"之心扩大,推行到爱民、安民、利民的政治实践中去。处在连年不断的战争中,政治家应当重视、顺应人民对于仁爱的期盼,实施宽厚爱民的仁政,使"老者安之,朋友信之,少者怀之"④。仁政的一个基本要求,是富民。孔子到卫国,给卫国出的主意是"庶之""富之"。⑤ 在富民方面,孔子提出,君主应"因民之所利而利之"⑥。其弟子有子申述此意说:"百姓足,君孰与不足? 百姓不足,君孰与足?"⑦孔子强调均贫富,使人人的基本生活都有保

---

① 《晏子春秋·内篇问下》之十四。
② 《晏子春秋·内篇谏下》之十八。
③ 《晏子春秋·内篇谏下》之十四。
④ 《论语·公冶长》。
⑤ 《论语·子路》:"子适卫,冉有仆。子曰:'庶矣哉。'冉有曰:'既庶矣,又何加焉?'曰:'富之'"。
⑥ 《论语·尧曰》。
⑦ 《论语·颜渊》。

障。"丘也闻有国有家者,不患寡而患不均,不患贫而患不安。盖均无贫,和无寡,安无倾。"①

墨子早年是孔子的学生。他创立的墨学是仁学的支流。在爱民利民这一点上,墨学与仁学是一致的。墨子尊天敬鬼。天、鬼是有意志的,这个意志就是主持正义。因而,墨子"贵义",强调"义,天下之良宝也"②,"万事莫贵于义"③。"顺天意者,义政也。"④"义可以利人"⑤,与兼爱之"仁"相通⑥。因此,墨子又说:"顺天意者,兼相爱、交相利。"⑦"兼爱"是动机、出发点,"民利"是行动、落脚点。"食者,国之宝也。"所以,墨子常常"爱利万民""爱人利人"一起说:"天必欲人之相爱相利,而不欲人之相恶相贼也。""爱人利人者,天必福之;恶人贼人者,天必祸之。"⑧

从爱利万民的"仁义"出发,墨子重农贵谷。他指出:"民有三患:饥者不得食,寒者不得衣,劳者不得息。"⑨"五谷者,民之所仰也,君之所以为养也。故民无仰,则君无养;民无食,则不可事。"⑩

从爱利万民的"仁义"出发,墨子主张"节用""节葬"。当时,"天下为政者,其所以寡人之道多。其使民劳,其籍敛厚,民财不足,冻饿死者,不可胜数也"。只有"去无用之费",才能"民德不劳,其兴利多",达到"天下之大利"⑪。"节用之法",即"凡天下群百工,轮车鞼匏、陶冶梓匠,使各从事其所能,曰凡足以奉给民用则止。诸加费不加于民利者,圣王弗为"⑫。因此,"圣王为政,其发令兴事、使民用财也,无不加用而为者。""圣人为政一国,一国可倍也;大之为政天下,天下可倍也。其倍之,非外取地也,因其国家去其无用之费,足以倍之。"⑬当时王公贵族的奢侈花费中,厚葬是突出的社会问题。"王公大人有丧者,曰棺椁必重,葬埋必厚,衣衾必多,文绣必繁,丘陇必巨;……存乎诸侯死者,虚车府,然后金玉珠玑比乎身,纶组节约,车马藏乎圹,又必多为屋幕、鼎鼓、几梃、壶滥、戈剑、羽旄、齿革,寝而埋之,……天子杀殉,众者数百,寡者数十;将军、大夫杀殉,众者数十,寡者数人。""匹夫贱人死者,殆竭家室"。至于"久丧",从君主到

---

① 《论语·季氏》。
②⑤ 《墨子·耕柱》。
③ 《墨子·贵义》。
④⑦ 《墨子·天志上》。
⑥ 《墨子·兼爱下》。
⑧ 《墨子·法仪》。
⑨ 《墨子·非乐上》。
⑩ 《墨子·七患》。
⑪⑬ 均见《墨子·节用上》。
⑫ 《墨子·节用中》。

父亲、妻子、长子，死后都得守丧三年，余此类推，耗费了大量人力财力。如此造成的后果，是"国家必贫，人民必寡"，故墨子坚决反对"厚葬久丧"①。

从爱利万民出发，墨子主张"非乐"，反对君主或贵族为了自己奢侈的声乐享受劳民伤财。"子墨子之所以非乐者，非以大钟鸣鼓、琴瑟竽笙之声以为不乐也，非以刻镂华文章之色以为不美也，非以犓豢煎炙之味以为不甘也，非以高台厚榭邃野之居以为不安也。虽身知其安也，口知其甘也，目知其美也，耳知其乐也，然上考之不中圣王之事，下度之不中万民之利。是故子墨子曰：为乐非也。""仁之事者……利人乎即为，不利人乎即止。且夫仁者之为天下度也，非为其目之所美，耳之所乐，口之所甘，身体之所安，以此亏夺民衣食之财，仁者弗为也。"②

四、战国前期：商鞅论"富国弱民"与孟子论"制民之产"

在周代的"富民"学说中，曾经出现过一种异样的声音，即"弱民"。发出这个声音的是战国前期的商鞅。他一方面强调驱民"务农"，另一方面又主张通过卖官鬻爵剥夺"民富"，保证"民弱"而"国富"，体现了独特的经济思想。这里略作介绍，作为了解周代"民富"学说不同声音的参考。

商鞅强国思想的核心是法治。法治以刑赏为特征，通过赏罚的调节，目的在于增强国力。所谓"力"，即实力。商鞅主张"明君之治""任其力不任其德"③。"治国能抟民力而一民务者，强。"④集中民力的根本在"一民务"，即将"民务"集中到一点上。"民非一，则无以致欲，故作一。作一则力抟，力抟则强。"⑤首先是"一于农"。在各种国力中，农业所创造的粮食财富是安身立命之本，是最核心的国力。"民一，则农。"⑥"圣人知治国之要，故令民归心于农。""明君修政作一，去无用，止浮学事淫之民，一之农，然后国家可富，而民力可抟也。"⑦农业只能带来国家内部的实力，不能代表外部实力。外部实力即军事实力。所以《商君书》在"一于农"之外，又提出"一于战"："入使民属于农，出使民一于战。""故圣人之为国

---

① 均见《墨子·节葬下》。
② 均见《墨子·非乐上》。
③ 《商君书·错法》。
④ 《商君书·一言》。
⑤ 《商君书·说民》。
⑥ 《商君书·算地》。
⑦ 《商君书·农战》。

也,入令民以属农,出令民以计战……富强之功,可坐而致也。"①于是,对内发展农业,对外发展战力,入农出战,富国强兵,成为统一民务、发展国力的两个基本点。"国之所以兴者,农战也。""国待农战而安,主待农战而尊。"②"故治国者,其抟力也,以富国强兵也。"③"为国者,边利尽归于兵,市利尽归于农。边利归于兵者强,市利归于农者富。故出战而强、入休而富者,王也。"④

不过,"夫农,民之所苦;而战,民之所危也"⑤。让人民"喜农而乐战"并不容易,需要找到合理的计策。这个计策就是根据人心喜好而立法、调动人的积极性。人一方面具有好逸恶劳、贪生怕死的天性,另一方面又具有趋利避害、好荣恶辱的天性。"民之于利也,若水于下也,四旁无择也。"⑥"名利之所凑,则民道之。""夫治国者,能尽地力而致民死者,名与利交至。"⑦君主应当懂得根据人的趋利、好荣天性设立刑赏,使人民克服好逸恶劳、贪生怕死的天性,乐于务农、勇于死战:"民生则计利,死则虑名。名利之所出,不可不审也。利出于地,则民尽力;名出于战,则民致死。入使民尽力,则草不荒;出使民致死,则胜敌。"⑧"民之欲利者,非耕不得;避害者,非战不免。境内之民莫不先务耕战,而后得其所乐,故地少粟多,民少兵强。"⑨他还指出:必须用重法敦促人民克服痛苦务农,克服恐惧力战:"民之内事,莫苦于农,故轻治不可以使之。""民之外事,莫难于战,故轻法不可以使之。"⑩

在加重处罚或激励的法令杠杆作用之外,商鞅提出了奖励垦荒、以粮买爵的农业政策。《垦令》篇提出了 20 种激励人民开垦土地的办法。但垦荒不是为了富民,恰恰相反,商鞅认为,人民富了就会放纵欲望,难以治理,故"有道之国,务在弱民"⑪。他还指出:民富与国强是势不两立的关系。"民有私荣,则贱列卑官;富则轻赏。"反之,"辱则贵爵,弱则尊官,贫则重赏。"要之,"民弱国强,国强民弱"。所以,不能让民富,只能让民穷。发展生产、民众有钱后如何"弱民"呢?商鞅提出一招:用卖官鬻爵的方法剥夺民众积累的财富,这样就可以将财富搜括到国库之中,使民众始终处于贫穷状态。对那些有钱不买官、花钱自己享受的人,则处以刑罚。"治国者

---

① ⑤ ⑦ ⑧ 《商君书·算地》。
②　《商君书·农战》。
③　《商君书·一言》。
④ ⑩　《商君书·外内》。
⑥　《商君书·君臣》。
⑨　《商君书·慎法》。
⑪　均见《商君书·弱民》。

贵民一,民一则朴,朴则农,农则易勤,勤则富。富者废之以爵,不淫(放纵);淫者废之以刑,而务农。"①"农有余粮,使民以粟出官爵,官爵必以其力,则农不怠。"②

商鞅主张尊农战之士,因而对诗书仁义之学和商贾技艺之民持反对态度。商鞅认为诗书仁义之学属于远离实际的"烦言饰辞",与强国之道背道而驰。他希望君主能够明确表态、率先垂范。"明君知好言之不可以强兵辟土也,惟圣人之治国作一、抟之于农而已矣。"③商鞅还提出"重本抑末"的主张。《一言》篇说:"能事本而禁末者,富。""本"指农战,特别是农业。"末"指商业和手工业。"事本"包括提高农产品的价格,使商人无法买进牟利。"禁末"包括提高商业及手工业产品的税率,以对它们形成抑制。《农战》篇指出:"农战之民百人,而有技艺者一人焉,百人者皆怠于农战矣。""事商贾,为技艺,皆以避农战。民以此为政,则粟焉得无少,而兵焉得无弱也。"《外内》篇说:"民之内事,莫苦于农,故轻治不可以使之。奚谓轻治?其农贫而商富,故其食贱而钱重。食贱则农贫,钱重则商富;末事不禁,则技巧之人利,而游食者众之谓也。……故曰:欲农富其国者,境内之食必贵,而不农之征必多,市利之租必重。""食贵则田者利,田者利则事者众。食贵,籴食不利,而又加重征,则民不得无去其商贾、技巧而事地利矣。故民之力尽在于地利矣。"

商鞅提出的"务农强兵"的经济思想自成一说,但他的"富国弱民"主张却是死心塌地为君主效劳、不顾人民利益的阴损之论,也是历史上少见的奇谈怪论。在他之后不久,孟子针锋相对地举起孔子的"仁义"大旗,重申利民富民的国策。他宣称:"三代之得天下也以仁,其失天下也以不仁。国之所以兴废存亡者亦然。天子不仁,不保四海;诸侯不仁,不保社稷;卿大夫不仁,不保宗庙;士庶人不仁,不保四体。""不仁而在高位,是播其恶于众也……上无礼,下无学,贼民兴,丧无日矣。""得天下有道:得其民,斯得天下矣。得其民有道:得其心,斯得民矣。得其心有道:所欲与之聚之,所恶勿施尔也。"④仁政是实现国泰民安的唯一选择。"惟仁者宜在高位。""保民而王,莫之能御也。"⑤

---

① 《商君书·一言》。
② 《商君书·靳令》。
③ 《商君书·农战》。
④ 《孟子·离娄上》。
⑤ 《孟子·梁惠王上》。

如何实施仁政、赢得民心呢？其中基本的一条途径，是"善政得民财"①。人民群众有基本的生活需求，需要给予满足。"民非水火不生活……圣人治天下，使有菽粟如水火。"②较之有精神追求的精英知识分子，普通百姓更重视物质利益："民之为道也，有恒产者有恒心，无恒产者无恒心。"③"无恒产而有恒心者，惟士为能。若民，则无恒产，因无恒心。苟无恒心，放僻邪侈，无不为已。"④因此，为政之道，必须"制民之产"。仁君"制民之产"，必使"仰足以事父母，俯足以畜妻子，乐岁终身饱，凶年免于死亡"，"黎民不饥不寒"，"七十者衣帛食肉"⑤。清人解释说："孟子以制民恒产为王道之本。然则民产不制，纵有善治，皆无本之政也。"⑥要正确处理好民利与君利、民富与国富之间的关系。二者不是对立的，而是相互统一的。民富是国富的基础。"民为贵，社稷次之。"⑦"如施仁政于民，省刑罚，薄税敛。"⑧"易其田畴，薄其税敛，民可使富也。"⑨"诸侯……宝珠玉者，殃必及身。"⑩孟子还批评说："今之事君者皆曰：'我能为君辟土地，充府库。'今之所谓'良臣'，古之所谓'民贼'也。"⑪矛头所指，就是商鞅这样的追求君国专利、"国富民弱"的鹰犬之臣。

五、战国后期：荀子论"裕民节用"与吕不韦论"利民务农"

战国中后期，儒家的富民主张与法家的经济思想分别在荀子与韩非子手中有所继承，最后在《吕氏春秋》中有所综合与发展。

"君道"是荀子讨论的一个重大主题。"君道"的实质是以民为本。荀子提出过一个响亮命题："天之生民，非为君也；天之立君，以为民也。"⑫君主的职责是什么呢？就是能"群"，能够把人民大众都凝聚在一起。"君者何也？曰：能群也。"君主怎样凝聚人民群众呢？首要一条是善于"生养人"⑬。"有社稷者而不能爱民、不能利民，而求民之亲爱己，不可得也。"⑭"马骇舆，则莫若静之；庶人骇政，则莫若惠之。"⑮"不富无以养民情。""故家五亩宅，百亩田，务其业，而勿夺其时，所以富之也。"⑯由"养民"衍生出裕民富民的基本国策。人生来有维持生命存在的物质欲望，必须给予合

---

① ② ⑨ 《孟子·尽心上》。
③ 《孟子·滕文公上》。
④ ⑤ ⑧ 《孟子·梁惠王上》。
⑥ 王源：《平书订·分民》。
⑦ ⑩ 《孟子·尽心下》。
⑪ 《孟子·告子下》。
⑫ ⑯ 《荀子·大略》。
⑬ ⑭ 《荀子·君道》。
⑮ 《荀子·王制》。

理的满足。"鸟穷则啄,兽穷则攫,人穷则诈。自古及今,未有穷其下而能无危者也。"①因此,裕民富民,成为保证国家稳定的最基本的国策。同时,人的物质欲望是无止境的,若不加节制,不仅会产生种种祸乱,而且会使财富的消费成为无底洞。所以在强调"裕民"的同时,荀子又强调"节用"。荀子说:"足国之道:节用裕民,而善臧其余。""节用以礼,裕民以政。彼裕民,故多余。裕民则民富。""计利而畜民,度人力而授事,使民必胜事,事必出利,利足以生民。"②仁政的归宿是民利而非君利。针对从周厉王时期的荣夷公到战国中期的商鞅提出的"君主专利""富国弱民"主张,荀子再次强调君利寓于民利、国富源于民富:"下贫则上贫,下富则上富"③。反之,如果国富民贫,这样的国家就必然危亡。"亡国富筐箧,实府库。筐箧已富,府库已实,而百姓贫,夫是之谓上溢而下漏。入不可以守,出不可以战,则倾覆灭亡可立而待也。""聚敛者,召寇、肥敌、亡国、危身之道也,故明君不蹈也。"④因此,荀子反对君主与民争利,主张国家分利于民。"上好功则国贫,上好利则国贫。""使天下必有余,而上不忧不足。如是,则上下俱富……是知国计之极也。"轻赋薄敛是分利于民的基本措施。"田野什一,关市几而不征,山林泽梁,以时禁发而不税。"⑤"轻田野之赋,平关市之征,省商贾之数,罕兴力役,无夺农时,如是则国富矣。夫是之谓以政裕民。"⑥

韩非生于荀子之后,是荀子的学生。他抛弃了荀子思想中仁政富民的一面,吸收了以法治国的一面加以强调,主张通过法治的奖惩,达到激励农战、富国强兵的目的。"夫耕之用力也劳,而民为之者,曰可得以富也。战之事也危,而民为之者,曰可得以贵也。""故民尽死力以从其上。""境内之民,其言谈者必轨于法,动作者归之于功(农也),为勇者尽之于军。是故无事则国富,有事则兵强,此之谓王资。"⑦

吕不韦是一位有远见、有眼光的政治家。身当战国末期,一方面,他看到各国之间的吞并靠的是武力,另一方面,他又能透过现象看本质,认识到最终能够统一天下,成为天下霸主的是以仁德征服民心。吕不韦指出,统一天下的帝王之道在"爱人""利民":"王也者,非必坚甲利兵选卒练士也,非必隳人之城郭杀人之士民也。上世之王者众矣,而事皆不同,其当世之急、

---

① 《荀子·哀公》。
②③⑥ 《荀子·富国》。
④⑤ 《荀子·王制》。
⑦ 均见《韩非子·五蠹》。

忧民之利、除民之害同。"①"行德爱人,则民亲其上;民亲其上,则皆乐为其君死矣。""人主其胡可以无务行德爱人乎?"②"不得其道,而徒多其威,威愈多,民愈不用。亡国之主,多以多威使其民矣。故威不可无有,而不足专恃。"③

除确立了爱人、利群这一统一天下的基本理念之外,吕不韦仔细讨论了统一天下的具体政策。《吕氏春秋》认为,人生而有欲,帝王要赢得民心,必须顺应、满足人民的生活欲求。"古之圣王,审顺其天而以行欲,则民无不令矣,功无不立矣。""使民无欲,上虽贤,犹不能用。夫无欲者,其视为天子也,与为舆隶同;其视有天下也,与无立锥之地同;其视为彭祖也,与为殇子同。天子,至贵也;天下,至富也;彭祖,至寿也。诚无欲,则是三者不足以劝。舆隶,至贱也;无立锥之地,至贫也;殇子,至夭也。诚无欲,则是三者不足以禁。"如果善于因势利导,将人追求功利名禄的欲望引导到国家需要的范围中来,就会产生巨大的排山倒海的利国利民的积极力量。"人之欲多者,其可得用亦多;人之欲少者,其得用亦少;无欲者,不可得用也。……善为上者,能令人得欲无穷,故人之可得用亦无穷也。"可见,"欲不正……以治国则亡。""强国,令其民争乐用也;弱国,令其民争竞不用也。"④引导欲望的正道,就叫"义"。人类社会的一切活动,究其实不过是在"义"的指导下追求欲望的活动。"故义者,百事之始也,万利之本也。"⑤"凡治国,令其民争行义也;乱国,令其民争为不义也。……此其为祸福也,天不能覆,地不能载。"⑥"君子计行虑义;小人计行其利,乃不利。有知不利之利者,则可与言理矣。"⑦"君子之自行也,动必缘义,行必诚义,俗虽谓之穷,通也。行不诚义,动不缘义,俗虽谓之通,穷也。"⑧在人的各种正当欲望中,吃饭穿衣是最基本的要求。这是由农业来满足的。所以《吕氏春秋》提出"上农"主张。"古先圣王之所以导其民者,先务于农。""民不力田……国家难治,……背本反则,失毁其国。"中国古代的农业形态是男耕女织,所以,到了合适的季节,天子妃嫔要带头耕织,以身示范:"所以务耕织者,以为本教也。是故天子亲率诸侯耕帝藉田……以教民尊地产也;后妃率九嫔蚕于郊,桑于公

---

① 《吕氏春秋·开春论·爱类》。
② 《吕氏春秋·仲秋纪·爱士》。
③ 《吕氏春秋·离俗览·用民》。
④⑥ 《吕氏春秋·仲春纪·为欲》。
⑤ 《吕氏春秋·慎行论·无义》。
⑦ 《吕氏春秋·慎行论·慎行》。
⑧ 《吕氏春秋·离俗览·高义》。

田……以力妇教也。"①与重视农业相关,《吕氏春秋》还特设《任地》《辩土》《审时》等篇论析根据不同的农时、土地情况如何因时制宜、因地制宜种植庄稼、发展农业、增加农产的问题,考虑堪称周全。

综上所述,《周书》从敬德保民的思想出发最早提出"惠民"主张,《周礼》从赢得民心出发提出"富民"的种种措施,奠定了周代以"富民"为标志的经济学说的基础。春秋前期齐国的管子明确提出"善为国者必先富民",从目标论、生产论、分配论、消费论、轻重论诸方面对"富民"的经济学说作了深刻论述。晏子继承管子的"富民"思想,并从君主节俭以保民利等方面作了重要补充。春秋末期,孔子从"纪学"出发提出"因民之利而利之",墨子从"仁义"出发强调"爱利万民",这是对周初政治家和管子、晏子思想的继承和发展。战国前期,虽然出现了商鞅片面维护君国利益的"富国弱民"杂音,但不久就被孟子保障民利的"仁政"学说所取代。战国后期,虽然韩非子重弹商鞅老调,但荀子从君主能"群"角度主张"裕民""富民",吕不韦从称霸天下角度主张"爱人""利民",将周初奠定的敬德保民传统一直保持到周末。它们表明,"富民"作为周代以民为本的仁政思想的一个组成部分,构成了周代经济思想的主题。

---

① 均见《吕氏春秋·士容论·上农》。

第二十二章　仁政论之二：周代的"民心"学说

本章提要：本章讨论周代仁政思想的另一个基本主张"民心"学说。人不仅有"饥者欲其食"的物质欲求，而且有"心之官则思"的精神欲求。爱民的仁政不仅要保障民生，而且要尊重民心。只有满足了民生需求，顺应了民心所向，才能获得人民拥戴，天下长治久安。如何尊重民心、顺应民心呢？就是要鼓励民言，健全谏议制度。关于鼓励民言，开放言禁，周人说："为川者决之使导，为民者宣之使言。""人无于水监，当于民监。""口之宣言也，善败于是乎兴。""民虑之于心而宣之于口，胡可壅也？"关于谏议制度，史籍记载："天子听政，使公卿至于列士献诗，瞽献曲，史献书，师箴，瞍赋，矇诵，百工谏，庶人传语，近臣尽规，亲戚补察，瞽史教诲，耆、艾修之，而后王斟酌焉，是以事行而不悖。"倾听民意、了解民情、吸纳民言、鼓励民谏的"民心"说在周代获得了丰富、深刻的阐释和肯定，具有发人深省的现实启示意义。①

一、"为民者宣之使言"的发生机制

"仁政"的基础理念是"民本"。人性具有物质与精神二重性。民众不仅有"饥者欲其食"的物质欲求，而且有"心之官则思"的思想诉求。所以"仁政"不仅要求顺应民欲，保障民生，而且要求顺应民心，允许民言。管子说："政之所兴，在顺民心；政之所废，在逆民心。"②孟子指出："得天下有道，得其民，斯得天下矣。得其民有道，得其心，斯得民矣。"③"桀、纣失天下也，失其民也；失其民者，失其心也"④。庄子说赵文王："中和民意，以安四乡。"⑤于是，"民心"学说及其鼓励民言的主张成为周代仁政思想的另一个

---

① 参祁志祥《中国古代"民生""民心"思想及其当代意义》，《浙江工商大学学报》2011年第4期。
② 《管子·牧民》。
③④ 《孟子·离娄上》。
⑤ 《庄子·说剑》。

重要组成部分。

周人的这个思想,与其对人性的弱点以及君主、臣民各自不同的职责的认识密切相关。从君主的产生原因及其职责、功能来看,立君以为民、立天子以为天下,是周人反复阐述、重申的思想。"天生民而立之君,使司牧之,勿使失性。"①君主的职责是管理天下民众,让广大民众的天性需求得到基本满足。但人性有弱点,往往缺少自知之明,自以为是,刚愎自用。"不肖者,不自谓不肖也,而不肖见于行;虽自谓贤,人犹谓之不肖也。愚者不自谓愚,而愚见于言;虽自谓智,人犹谓之愚。"②君主也难免人性的这个弱点。为了防止君主不贤而自以为贤、不智而自以为智,做出错误决定,背离立君为民的初衷,从古至周形成了这样的政治设计:"有君而为之贰,使师保之,勿使过度"③。"贰",指辅助者;"师",指佐师。按照人民的意愿和契约,设立君主的同时又设立辅佐者去帮助他、监督他、保护他,不让君主做出格的事。这样的辅佐者其实不仅存在于天子、国君身边,也存在于国卿、大夫身边,乃至士、庶人身边。"是故天子有公,诸侯有卿,卿置侧室,大夫有贰宗,士有朋友,庶人、工、商、皂、隶、牧、圉皆有亲昵,以相辅佐也。善则赏(褒奖)之,过则匡之,患则救之,失则革之。"④此外,在王室统治的天下,还有"史""瞽""工""大夫""士""庶人""商旅""百工"这样的人通过进谏"补察其政",所谓"史为书,瞽为诗,工诵箴谏,大夫规诲,士传言,庶人谤,商旅于市(在集市议论),百工献艺(通过献艺讽谏)。"⑤"故天子听政,使公卿至于列士献诗,瞽献曲,史献书,师箴,瞍赋,矇诵,百工谏,庶人传语,近臣尽规,亲戚补察,瞽、史教诲,耆、艾修之,而后王斟酌焉,是以事行而不悖。"⑥于是,"尧有九佐,舜有七友,禹有五丞,汤有三辅"⑦"天子有争臣七人,虽无道,不失其天下。诸侯有争臣五人,虽无道,不失其国。"不仅如此,"大夫有争臣三人,虽无道,不失其家。士有争友,则身不离令名。父有争子,则身不陷于不义"⑧。

因此,君主虽有为民做主的最高权力,但却没有禁言的权力,恰恰相反,必须开放言禁、鼓励民言。"是故为川者决之使导,为民者宣之使言。""民之有口,犹土之有山川也,财用于是乎出;犹原隰之有衍沃也,衣食于是乎生。口之宣言也,善败于是乎兴。行善而备败,其所以阜财用衣食者也。夫

---

① ③ ④ ⑤ 《左传·襄公十四年》,晋大夫师旷对晋悼公语。
② 《鹖子·道符》。
⑥ 《国语·周语上》。
⑦ 《齐宣王见颜斶》,《战国策·齐策》。
⑧ 《孝经·谏诤章》。

民虑之于心而宣之于口,胡可壅也?"①

二、明君之道求谏纳言

历史上为人传颂的圣王仁君不仅虚心纳谏,而且主动求谏。相传"帝尧之求谏","不简鄙讷,无弃刍荛","虚心受纳"②。尧时在朝廷外立"谏鼓",供人击鼓鸣冤;舜时在桥梁柱头立"谤木",供人们书写意见。如《邓析子·转辞》载:"尧置敢谏之鼓,舜立诽谤之木。"《吕氏春秋·不苟论》载:"尧有欲谏之鼓,舜有诽谤之木。"同时,尧、舜还设"进善之旌"悬挂在大路上,供人站在旌下陈说意见。《尸子》卷下载:"尧有进善之旌。"《管子·桓公问》载:"舜有告善之旌,而主不蔽也。"夏禹也是一位虚心求谏的榜样。他继承尧立谏鼓的传统,"禹立谏鼓于朝,而备讯矣"③。相传"禹之治天下也……得七大夫以佐其身,以治天下。""禹之治天下也,以五声听,门悬钟、鼓、铎、磬,而置鞉,以得四海之士。"并发布告示:"教寡人以道者击鼓,教寡人以义者击钟,教寡人以事者振铎,语寡人以忧者击磬,语寡人以狱讼者挥鞉。"他礼贤下士,"一馈而七起,日中而不暇饱食","是以四海之士皆至"④,成就了夏初的盛世。殷汤深刻认识到:"人视水见形,视民知治否。"⑤君主从人民的意见中了解政治得失,就像人们从水面中打量自己的形象一样自然、重要。"汤之治天下也……得七大夫佐以治天下,而天下治。"⑥"汤有总街之庭,以观人诽也。"⑦"总街之庭",当是纳谏场所。殷高宗则说:"木从绳则直,后(君主)从谏则圣。"⑧

周代君主继承了从尧、舜到禹、汤、殷高宗形成的自觉的求谏传统和纳谏主张。周文王曾问鬻子:"敢问人有大忌乎?"鬻子曰:"知其身之恶而不改也,以贼其身乃丧其躯。其行如此,是谓之大忌。"⑨讳疾忌医,拒不认错,不能改恶从善,是人君的"大忌"。商朝老臣箕子在周灭商后向周武王传授治国大法,其中一条是政治决策要充分听取大臣百姓的意见:"汝则有大疑,

---

① 《国语·周语上》邵公语。
② 吴兢《贞观政要·论封建》"李百药奏论"。
③⑦ 《管子·桓公问》。
④ 均见《鬻子·禹政》。
⑤ 《尚书·周书·酒诰》:"古人有言曰:'人无于水监,当于民监。'"《史记·殷本纪》引《汤政》:"汤曰:人视水见形,视民知治不。"
⑥ 《鬻子·汤政》。
⑧ 《尚书·商书·说命》。
⑨ 《鬻子·大道》。

谋及乃心,谋及卿士,谋及庶人。"①周武王总结出一条政治规律:"民之所欲,天必从之。"②"天视自我民视,天听自我民听。"③所以君主不能不听取臣民的心声。《管子·桓公问》载:"武王有灵台之覆,而贤者进也。""灵台之覆"当指纳谏场所。《吕氏春秋·不苟论》载:"武王有戒慎之鞀。""戒慎之鞀"是供进谏者摇响的小鼓,周公引用古语告诫卫国君主:"人无于水监,当于民监。"④君主应以人民的反应作为了解自己过失的镜子。《周书·无逸》还记载过周公告诫成王的一段话:"自殷王中宗及高宗、及祖甲、及我周文王,兹四人迪哲。厥或告之曰:'小人怨汝詈汝。'则皇自敬德。厥愆,曰:'朕之愆允若时。'不啻不敢含怒。⑤ 此厥不听,……怨有同,是丛于厥身。"周公的话大意是:人民有怨言,君主应该惕然反省。如果不是这样,就会成为众怒之的。成王务必引以为鉴。与尧立"谏鼓"、舜立"谤木",并设"进善之旌",禹悬钟、鼓、铎、磬、鞀"以五声听"不同,周代在朝堂外设红色的"肺石",让平民百姓站在"肺石"上诉说冤屈。《周礼·秋官·大司寇》记载:"以肺石达穷民,凡远近惸独老幼之欲有复于上,而其长弗达者,立于肺石,三日,士听其辞,以告于上,而罪其长。"又设采诗官制度,派采诗官到各诸侯国采集民歌,通过民歌反映的真实民情了解政治得失。《孔丛子·巡狩篇》载:"古者,天子命史采歌谣,以观民风。"《汉书·艺文志》记载:"古有采诗之官,王者所以观风俗,知得失,自考正也。"《汉书·食货志》记载,周朝朝廷派出专门的使者在农忙时到全国各地采集民谣,由周朝史官汇集整理后给天子看,目的在于了解民情。

到了春秋时期,诸侯争霸,但国君的辅臣或给国君出谋划策的诸子继承西周的传统,进一步从理论上阐述君主纳言纳谏的道理。齐桓公曾向管子咨询为政"勿失"之道,管子提出向古代圣王学习,建立"啧室之议"制度,鼓励臣民议论政治得失,从而引以为戒:"人有非上之所过,谓之'正士',内(纳)于啧室之议。""毋以私好恶害公正,察民所恶,以自为戒。黄帝立明台之议者,上观于贤也;尧有衢室之问者,下听于人也;舜有告善之旌,而主不蔽也;禹立谏鼓于朝,而备讯唉;汤有总街之庭,以观人诽也;武王有灵台之复,而贤者进也。此古圣帝明王所以有而勿失,得而勿忘(通

---

① 《尚书·周书·洪范》。
② 《尚书·周书·泰誓上》。
③ 《尚书·周书·泰誓中》。
④ 《尚书·周书·酒诰》。
⑤ 郑玄注:"不但不敢含怒,乃屡欲闻之,以知己政得失之源也。"

亡)者也。"①管子还告诫说:"夫民别而听之则愚,合而听之则圣。虽有汤武之德,复合于市人之言。是以明君顺人心,安情性,而发于众心之所聚。"②晏子指出:君主的意见不是绝对正确的,有可能是错误的,因此,君主不仅应当允许近臣纠错,而且应当鼓励百姓进言。禁锢人民思想是徒劳的:"饰民之欲,而严其听,禁其心,圣人所难也。"③禁止人民言论自由的结果最终对君主其实是有害的:"朝居严则下无言,下无言则上无闻矣。下无言则吾谓之喑,上无闻则吾谓之聋。聋喑,非害国家而如何也!""大山之高,非一石也,累卑然后高。天下者,非用一士之言也,固有受而不用,恶有拒而不受者哉!"④"下无直辞,上有隐君;民多讳言,君有骄行。"⑤所以,明君治国,恰恰是允许人民对政治提批评意见的:"明君在上,下多直辞;君上好善,民无讳言。"这种直接的批评意见有助于君主及时纠正政治失误,所以说,"下多直辞","是君之福也"。⑥晏子还告诫齐景公:臣民对君主的"和"不是对君主唯唯诺诺,与君主的意见保持绝对同一,而是帮助君主纠正错误,拾遗补阙:"君所谓可而有否焉,臣献其否以成其可;君所谓否而有可焉,臣献其可以去其否。"⑦文子指出:"得万人之兵,不如闻一言之当;得隋侯之珠,不如得事之所由;得和氏之璧,不如得事之所适。"⑧纳言应不分贵贱:"使言之而是,虽商夫刍荛,犹不可弃也;言之而非,虽在人君卿相,犹不可用也。是非之处,不可以贵贱尊卑论也。其计可用,不差其位;其言可行,不贵其辩。"反之,"有言者,穷之以辞;有谏者,诛之以罪。如此而欲安海内,存万方,其离聪明亦以远矣"。⑨鲁襄公三十一年,"郑人游于乡校,以论执政"。大夫然明向执政官子产建议:"毁乡校,何如?"子产没有同意。他说出了一段很有名的话:"夫人朝夕退而游焉,以议执政之善否。其所善者,吾则行之;其所恶者,吾则改之。是吾师也,若之何毁之?我闻(为政者)忠善以损怨,不闻作威以防怨,岂不遽止?然犹防川,大决所犯,伤人必多,吾不克救也。不如小决使道,不如吾闻而药之也。"⑩孔子的弟子子夏通过给《诗经》首篇《关雎》作《序》,明确提出一条原

---

① 《管子·桓公问》。
② 《管子·君臣上》。
③④ 《晏子春秋·内篇谏下》之一。
⑤⑥ 《晏子春秋·内篇杂上》之十一。
⑦ 《左传·昭公二〇年》。
⑧ 《文子·符言》。
⑨ 《文子·上仁》。
⑩ 《左传·襄公三十一年》。

则:"言之者无罪,闻之者足以戒。"①

于是,纳言纳谏,是周代天子、国君的常态。比如管子向齐桓公进言建立"啧室之议"制度,齐桓公最后便采纳了管子的建议。晏子一生给齐景公提过好多批评意见,最后都得到采纳。鲁宣公在鱼繁殖的夏天用渔网捕鱼,被里革割断渔网坚决阻止。他进谏说:"今鱼方别孕,不教鱼长,又行网罟,贪无艺(限度)也。"鲁宣公不但没有治里革的罪,反而对他褒奖有加,称赞里革好比是一张防止自己犯错的良网:"吾过而里革匡我,不亦善乎!是良罟也。"他还吩咐人把被割断的那张渔网保存起来,以便永远提醒他不忘这个教训。② 这就是历史上有名的里革"断网匡君"的故事。还是这个里革,发现鲁宣公的书信里有错误之处时,竟然冒着被杀的危险私加改正。鲁宣公发现后,问:"违君命者,女亦闻之乎?"里革对曰:"臣以死奋笔,奚啻闻之也!臣闻之曰:'毁则者为贼,掩贼者为藏,窃宝者为宄,用宄之财者为奸。'使君为藏奸者,不可不去也。臣违君命者,亦不可不杀也。"鲁宣公不但没有因私改君命、冒犯龙威杀里革,反而幡然自责:"寡人实贪,非子之罪。"于是赦免了里革。③

在这种时代氛围下,发生邹忌建议齐威王纳谏的故事就一点不奇怪了:

> 于是入朝见威王。曰:"臣诚知不如徐公美。臣之妻私臣,臣之妾畏臣,臣之客欲有求于臣,皆以美于徐公。今齐地方千里,百二十城,宫妇左右,莫不私王,朝廷之臣,莫不畏王,四境之内,莫不有求于王。由此观之,王之蔽甚矣!"王曰:"善!"乃下令:"群臣吏民能面刺寡人之过者,受上赏;上书谏寡人者,受中赏;能谤讥于市朝,闻寡人之耳者,受下赏。"令初下,群臣进谏,门庭若市。数月之后,时时而间进。期年之后,虽欲言,无可进者。燕、赵、韩、魏闻之,皆朝于齐。此所谓战胜于朝廷。④

臣民的批评意见尽管对君主及其统治有利,但良药苦口,忠言逆耳,拥有最高政治权力的君主如果不明大义,不加克制,不仅不会容忍、接纳,反而会禁止、动怒,对进言者加以问罪甚至诛杀。殷纣王就是这样的暴君。司马迁在《史记·殷本纪》中写他:"知足以距谏,言足以饰非;矜人臣以能,高天

---

① 《毛诗正义》卷一,《十三经注疏》上,上海古籍出版社1997年,第271页。
② 《里革断宣公罟而弃之》,《国语·鲁语上》。
③ 《里革更书逐莒太子仆》,《国语·鲁语上》。
④ 《战国策·齐策一》。

下以声,以为皆出己之下。""百姓怨望而诸侯有畔者,于是纣乃重刑辟,有炮烙之法。"面对纣王的暴虐,他的一些亲人近臣想用"仁德"的思想来劝谏他、感化他,结果"微子去之,箕子为之奴,比干谏而死"①,鄂侯被处以脯刑。但他这样做的结果,是天怒人怨,被臣民推翻。西周末期的周厉王也是如此。《国语·周语上》记载:"厉王虐,国人谤王。邵公告曰:'民不堪命矣!'王怒,得卫巫,使监谤者。以告,则杀之。国人莫敢言,道路以目。王喜,告邵公曰:'吾能弭谤矣,乃不敢言。'邵公曰:'是障之也。防民之口,甚于防川。川壅而溃,伤人必多。民亦如之。'……王不听。于是国莫敢出言。三年乃流王于彘。"②商鞅制定了维护君主专制的法令,主张通过"法官"宣示法令,使民众知法守法,如果民众在思想、言论上有逾越的嫌疑或做法,就相互监督和举报。③ 韩非将这个告奸制度发展为禁言、禁心制度:"是故禁奸之法,太上禁其心,其次禁其言。"④于是治民之法就成了"禁言"之法、"诛心"之法。民众如果言有出格、心有出轨,就会受到举报和惩处。商鞅、韩非的主意虽然迎合专制君主的口味,但却是亡国之道。秦始皇统一六国后,采取的就是这套禁言、禁心制度,并以焚书坑儒把它发展到极致。但最后的结果是秦朝的迅速灭亡。正如《易传》所云:"居上位,未得其实,以喜其为名者,必以骄奢为行。据慢骄奢,则凶从之。"⑤

三、良臣之道直言进谏

如果说明君的职责是容言纳谏,那么良臣的职责则是直言进谏。

什么是真正的"良臣"?春秋时晋国史官史黯与赵简子辩论说:"夫事君者,谏过而赏善,荐可而替否,献能而进贤,择材而荐之,朝夕诵善败而纳之(早晚讲述善恶成败的事迹给君主听)。道之以文,行之以顺,勤之以力,致之以死,听则进,否则退。"⑥

晏子也是这么看"良臣"的。梁丘据事事处处与齐景公保持一致。景公说什么,他就附和什么;景公到哪里玩乐,他就陪到哪里;景公好饮酒,哪怕深夜叫到梁丘据,他也立马起而陪盏。正如景公所说:"吾有喜于玩好,有司未能我具也,则据以其所有共我","每有风雨,暮夜求必存"⑦。一次,齐景

---

① 《论语·微子篇》。
② 《国语·周语上》。
③ 《商君·定分》。
④ 《韩非子·说疑》。
⑤ 按:这段话不见于今天所见《易传》。转引自《齐宣王见颜斶》,《战国策·齐策》。
⑥ 《史黯论良臣》,《国语·晋语九》。
⑦ 均见《晏子春秋·内篇谏下》之二十二。

公深有感叹:"唯据与我和夫!"只有梁丘据与我关系最和谐。晏子更正说:这是"同",不是"和"。齐景公问:"'和'与'同'异乎?"对曰:"异。'和'如羹焉,水火醯醢盐梅以烹鱼肉,燀之以薪。宰夫和之,齐之以味,济其不及,以泄其过,君子食之,以平其心。君臣亦然。君所谓可而有否焉,臣献其否以成其可;君所谓否而有可焉,臣献其可以去其否。是以政平而不干,民无争心。……先王之济五味、和五声也,以平其心,成其政也。声亦如味,一气、二体、三类、四物、五声、六律、七音、八风、九歌以相成也,清浊、大小、短长、疾徐、哀乐、刚柔、迟速、高下、出入、周疏以相济也。君子听之,以平其心。……今据不然,君所谓可,据亦曰'可';君所谓否,据亦曰'否'。若以水济水,谁能食之?若琴瑟之专一,谁能听之?'同'之不可也如是。"①齐景公曾问晏子曰:"忠臣之行何如?"晏子回答:"不掩君过,谏乎前,不华(哗)乎外;选贤进能,不私乎内;称身就位,计能定禄;睹贤不居其上,受禄不过其量……不掩贤以隐长,不刻下以谀上;君在不事太子,国危不交诸侯;顺则进,否则退,不与君行邪也。"②晏子曾宣称:"事明君者,竭心力以没其身,行不逮则退,不以诬持禄;事惰君者,优游其身以没其世,力不能则去,不以谀持危。""君子之事君也,进不失忠,退不失行。不苟合以隐忠,可谓不失忠;不持利以伤廉,可谓不失行。"③"君子……不怀暴君之禄,不处乱国之位。"④他是这么说的,也是这么做的。齐庄公"众而无义,强而无礼,好勇而恶贤","婴言不用,愿请身去"。于是交财于公,"徒行而东,耕于海滨"⑤,直到庄公被杀。齐景公时,有人进晏子的谗言,说他"废置不周于君前,谓之专;出言不讳于君前,谓之易",不遵守"君臣之道",不是"忠臣"。第二天晏子入朝,景公没给好脸色看。晏子回家后,立即收拾好行李,辞而隐居。直到七年后景公认错,一再恳请,才重新回来任职。⑥ 景公晚年,以为去日无多,为及时享乐,"春夏游猎,又起大台之役",晏子谏而无效,又抛出辞官的杀手锏:"臣闻忠臣不避死,谏不违罪。君不听臣,臣将逝矣。"逼得景公只好改弦更张,收回成命。⑦

孔子与晏子有过交集。他开始对晏子一生事三君有误解,对晏子的人品评价不高。后来了解了晏子不是根据三君的爱好"以三心事一君",而是

---

① 《左传·昭公二〇年》。
② 《晏子春秋·内篇问上》之二十。
③ 《晏子春秋·内篇问下》之十八。
④ 《晏子春秋·内篇问下》之十。
⑤ 《晏子春秋·内篇杂上》之一。
⑥ 《晏子春秋·外篇第七》之二十二。
⑦ 《晏子春秋·内篇谏下》之八。

"以一心事三君"①,这个"一心"就是"欲其国之安"②的良臣的忠心。《晏子春秋》就记载了晏子从良臣的忠心出发辅佐三君、诤谏三君的事迹。③后来孔子提出"君子和而不同,小人同而不和"④,未必不是受了晏子的启发。另据《荀子》记载:鲁哀公曾经问孔子:"子从父命,孝乎?臣从君命,贞乎?"三问而孔子不对。孔子离开后把这件事说给子贡听,问他怎么看。子贡曰:"子从父命,孝矣。臣从君命,贞矣。夫子有奚对焉?"孔子不以为然地说:"小人哉!赐不识也!昔万乘之国,有争臣四人,则封疆不削;千乘之国,有争臣三人,则社稷不危;百乘之家,有争臣二人,则宗庙不毁。父有争子,不为无礼;士有争友,不为不义。故子从父,奚子孝?臣从君,奚臣贞?审其所以从之之谓'孝'、之谓'贞'也。"⑤面对君主的错误敢于谏诤,是"贞臣"的最高境界;正如面对父辈的错误敢于谏诤,是"孝子"的最高境界一样。

墨子作为事事处处为底层人民考虑的墨学创始人,在良臣尽忠诤谏这一点上对前人的思想也有进一步的丰富。《墨子·鲁问》中记载了一段鲁阳文君与墨子的对话:"鲁阳文君谓子墨子曰:'有语我以忠臣者,令之俯则俯,令之仰则仰,处则静,呼则应,可谓忠臣乎?'子墨子曰:'令之俯则俯,令之仰则仰,是似景(影也)也;处则静,呼则应,是似响(回声)也。君将何得于景与响哉?若以翟之所谓忠臣者,上有过,则微之以谏;己有善,则访之上,而无敢以告(告知他人)。外匡其邪,而入其善。尚同而无下比(在下结党),是以美善在上,而怨雠在下;安乐在上,而忧戚在臣。此翟之谓忠臣者也。'"君主不能将大臣对自己言听计从、唯唯诺诺,"令之俯则俯,令之仰则仰"视为衡量"忠臣"的标准,应当以能够与君主共忧乐,敢于"外匡其邪,而入其善"为衡量"忠臣"的标准。

到了荀子那里,对进谏匡邪的忠臣之道又有更深刻明确的表述。荀子是将忠臣之道与孝子之道放在一起论述的。荀子指出:对君父的唯唯诺诺,绝对顺从,只是人之"小行""中行",从道不从君,从义不从父,才是人之"大行":"入孝出弟,人之小行也;上顺下笃,人之中行也;从道不从君,从义不从父,人之大行也。"⑥为了说明这个道理,荀子从孔子那里找到依据,提出不要简单地把"贞"等同于"臣从君",把"孝"等同于"子从父",是否"孝"与"贞",要看"其所以从之"是否符合道义。关于"从道不从君"的"臣道",荀子认为,

---

① 《晏子春秋·外篇第八》之四。
②③ 《晏子春秋·外篇第八》之三。
④ 《论语·学而》。
⑤⑥ 《荀子·子道》。

臣事君以忠,这是"礼"的应在之义。① 关键是怎样认识"忠"的含义和形态。"有大忠者,有次忠者,有下忠者,有国贼者。以德覆君而化之,大忠也;以德调君而辅之,次忠也;以是谏非而怒之,下忠也;不恤君之荣辱,不恤国之臧否,偷合苟容以持禄养交而已耳,国贼也。"② 一句话,"逆命而利君谓之忠"。反之,"从命而不利君谓之谄"。所以,"从道不从君",就是对良臣之"忠"的最好解释。③ "从道不从君""逆命而利君"的表现形态是"谏""争""辅""拂":"大臣父兄,有能进言于君,用则可,不用则去,谓之'谏';有能进言于君,用则可,不用则死,谓之'争';有能比知同力,率群臣百吏而相与强君挢(矫)君,君虽不安,不能不听,遂以解国之大患,除国之大害,成于尊君安国,谓之'辅';有能抗君之命,窃君之重,反君之事,以安国之危,除君之辱,功伐足以成国之大利,谓之'拂'。"谏臣、争臣、辅臣、拂臣,是"社稷之臣也,国君之宝也"④。

君主虽然起初在产生时是为民兴利除害、主持公道,但由于民众赋予了他为民做主的特权,这种特权在后世发生了为己谋利的异化,所以就出现了君主拒谏禁言、臣民因言获罪的现象。关龙逄是因忠谏而被夏桀所杀的名臣。比干是因强谏而被殷纣所杀的名臣。相传殷末纣王暴虐荒淫,横征暴敛,滥用重刑,比干叹曰:"主过不谏非忠也,畏死不言非勇也,过则谏不用则死,忠之至也。"遂至摘星楼强谏三日不去。纣问何以自恃,比干曰:"恃善行仁义所以自恃"。纣怒曰:"吾闻圣人心有七窍,信有诸乎?"遂杀比干剖视其心。所以荀子说:"言有招祸矣。"⑤但尽管如此,周代的大臣还是普遍怀着对明君的期待,本着"听则进,否则退""忠臣不避死,谏不违罪"的原则,一方面以"尽忠直言"、匡过纠偏为己职,另一方面又兼顾提意见的方式,讲究智谏谲谏,既能够全身避祸,又能够达到匡君之失的目的。后世称之为"主文而谲谏"⑥。这种情况,在《晏子春秋》中就有很多记载。在《战国策》中,这种智谏呈现为策士以三寸之舌鼓动君王、化险为夷的纵横家风采。《楚策》所记"有献不死之药于荆王者"的故事就是典型的一例:"有献不死之药于荆王者,谒者操以入。中射之士问曰:'可食乎?'曰:'可。'因夺而食之。王怒,使人杀中射之士。中射之士使人说王曰:'臣问谒者,谒者曰可食,臣故食之。是臣无罪,而罪在谒者也。且客献不死之药,臣食之而王杀臣,是死药也。王杀无罪之臣,而明人之欺王。'王乃不杀。"当然哪怕是智谏,也是高风险的。所以,进言的忠臣士民必须具有"威武不能屈"的视死如归的胆识。

---

① ② ③ ④ 《荀子·臣道》。
⑤ 《荀子·劝学》。
⑥ 子夏《毛诗序》。

在周代以民为本、敬德保民的仁政框架之下，倾听民意、鼓励民言是政治的必然选择，求谏纳言成为明君之道，直言进谏构成良臣之道。由此形成了周代丰富的"民心"学说，对周天子和诸侯国君调整政治得失发挥了积极的作用，在今天的政治民主建设中仍有宝贵的启示、借鉴意义。

第二十三章　仁政论之三：周代的"礼教"思想

本章提要：本章聚焦周代仁政论的另一个重要专题：礼教思想及其制度建设。周代的仁政思想认为，人生而有欲，欲则不能无求，扼杀人的自然欲求固然不可，但放纵人的自然欲求也会生乱。礼教就是满足人的基本生活欲求而又给予节制的理性规范。周朝的礼教思想经过周公的制度化建设，达到了相当完备、甚至烦琐的境界。周代的礼教思想认为，"礼"的核心含义是"敬"；"礼"标志着宗法等级差异，要求卑者尊贤而"义"，尊者慈爱而"仁"，进而实现各种人伦关系的"十顺"。周礼虽然规定着"敬神"的职责，但更多地发挥着"修身""齐家""治国""平天下"的功能。《仪礼》和《礼记》规定、阐释了周礼的纵向系统："始于冠，本于昏，重于丧祭，尊于朝聘，和于射乡"。《周礼》描述、揭示了周礼的横向系统，即"吉礼""凶礼""军礼""宾礼""嘉礼"五礼。纵横交错、无所不包的礼教之网，构成周代"顺鬼神，合人心，理万物"的根本保证。①

　　礼教是周代仁政方针的一个重要手段。周礼保留了上古之礼祭神事鬼的"神道"传统，同时侧重转向修身、齐家、治国、平天下的"人道"。

　　"礼"这种仪式和规范，上古早已有之。在对古礼的描述中，上古的"礼"体现为一种祭神的仪式。《礼记·礼运》描述"礼"产生的历史："夫礼之初，始诸饮食，其燔黍捭豚，污尊而抔饮，蒉桴而土鼓，犹若可以致其敬于鬼神。及其死也，升屋而号……然后饭腥而苴孰。""昔者先王，未有宫室，冬则居营窟，夏则居橧巢；未有火化，食草木之实，鸟兽之肉，饮其血，茹其毛；未有麻丝，衣其羽皮。后圣有作，然后修火之利，范金合土，以为台榭、宫室、牖户，以炮以燔，以亨以炙，以为醴酪；治其麻丝，以为布帛，以养生送死，以事鬼神上帝，皆从其朔。故玄酒在室，醴醆在户，粢醍在堂，澄酒在下。陈其牺牲，备其鼎俎，列其

---

① 本章以"周代的礼教思想与礼仪制度"为题，发表于《宝鸡文理学院学报》2021年第5期。另参祁志祥《〈礼记〉"尊礼""敬人"的思想取向及其系统构成》，《澳门理工学报》2019年第4期。

琴瑟管磬钟鼓,修其祝嘏,以降上神与其先祖。以正君臣,以笃父子,以睦兄弟,以齐上下,夫妇有所。……祝以孝告,嘏以慈告,是谓大祥。此礼之大成也。"汉代字书《说文解字》云:"礼,履也,所以事神致福。"事神致福是"礼"的古义。

下迄夏商周三代,"天下为家……大人世及以为礼,城郭沟池以为固,礼义以为纪:以正君臣,以笃父子,以睦兄弟,以和夫妇……禹、汤、文、武、成王、周公,由此其选也。"①夏礼继承了上古之"礼"的祭神功能。"殷因于夏礼"②,但有所"损益"。殷礼淡化了"神道"色彩,增加了"人道"的成分。由于"殷人尊神",而"礼"逐渐转向对"正君臣,笃父子,睦兄弟,和夫妇"的"人道"的重视,所以殷人"先鬼而后礼"③,"礼"与"鬼"出现了分离。"周因于殷礼"④,进一步强化了"礼"的"人道"意义,重心转向"人"。"礼者,人之所履也。"⑤"礼者,人道之极也。"⑥荀子的这两句话,是对周礼人本特色的最清晰的说明。周人"事鬼敬神而远之",所以更加"尊礼"⑦,与殷商的"先鬼后礼"形成鲜明的区别。于是,以人为本的礼教成为周代德治的重要组成部分。周代前后历时790年,是中国古代存在时间最长的朝代。所以能够生存这么长时间,与它在推翻殷朝的武装"革命"胜利后及时转变政治策略,刀枪入库、马放南山、制礼作乐、以德治国密切相关。据《礼记·明堂位》记载:"周公相武王以伐纣。武王崩,成王幼弱。周公践天子之位以治天下。六年,朝诸侯于明堂,制礼作乐,颁度量,而天下大服。"《仪礼》《周礼》都是周公"制礼作乐"的产物。《礼记》则是对《仪礼》的思想诠释。正是在周初的这个自觉的政治转向和周公的身体力行、大力倡导下,周代形成了丰富完备的礼教思想和礼仪制度。

一、"礼"的含义:"礼者敬人"、兼有"仁义"

作为一种"神道"特别是"人道","礼"的含义到底是什么呢?

周代是一个礼教昌明的时代。周人对"礼"的含义从各个方面加以论述,形成了丰富的礼教思想。

首先,"礼"与尊敬、恭敬的"敬"相联系,是表达尊敬的一种仪式。"有礼者敬人。"⑧"卑让,礼之宗也。"⑨"君子恭敬撙节退让以明礼。"⑩"君子以

---

① 《礼记·礼运》。孔子语。
②④ 《论语·为政》。
③⑦ 《礼记·表记》。孔子语。
⑤ 《荀子·大略》。
⑥ 《荀子·礼论》。
⑧ 《孟子·离娄下》。
⑨ 《左传·昭公二年》。叔向语。
⑩ 《礼记·曲礼上》。孙希旦《礼记集解》:"有所抑而不敢肆谓之撙,有所制而不敢过谓之节。"

此之为尊敬然。"①尊敬的对象包括天地、祖先神灵,以及人间的君亲师长。"天地者,生之本也;先祖者,类之本也;君师者,治之本也。……礼,上事天下事地,尊先祖而隆君师,是礼之三本也。"②正是传递敬意的"礼",可以将人与神、人与人沟通起来,达到天下万物的和谐共处:"礼也者,合于天时,设于地财,顺于鬼神,合于人心,理万物者也。"③

其次,周人所说的"礼",往往与"义"连在一起,合称"礼义"。为什么呢?"义者宜也,尊贤为大。"④"义"讲究"尊贤"等级,所以与讲究"辞让"尊敬的"礼"相通。"亲亲之杀,尊贤之等,礼所生也。"⑤"礼也者,义之实也。"⑥真正的尊敬是虔诚的、发自内心的,因而以"忠信"为特征。所以,"忠信,礼之器也"⑦。"礼义""辞让""忠信"是三位一体的:"道也者,何也?礼义、辞让、忠信是也。""人之所好者何也?曰:礼义、辞让、忠信是也。"⑧设立"礼"教的目的是实现天下之"大顺":"先王能修礼以达义,体信以达顺,故此顺之实也。"⑨

再次,"礼"作为"人道",是人与人之间的等级规范。不仅包括晚辈对长辈、下级对上级的尊敬,也包括长辈对晚辈、上级对下级的善意回应。这种回应必须符合以慈爱为特点的"仁"的要求。因此,"礼"又是包含"仁"的。颜渊曾问孔子什么是"仁",孔子回答:"克己复礼为'仁'。"颜渊问实行"仁"的条目,孔子回答:"非礼勿视,非礼勿听,非礼勿言,非礼勿动。"⑩

第四,在卑者"义"、尊者"仁"的基础上,诞生了"六顺""八经""十顺""十义"的礼教原则。东周初年,卫大夫石碏提出处理君臣、父子、兄弟关系的"六顺"规范。"君义、臣行、父慈、子孝、兄爱、弟敬,所谓六顺也。"⑪后来,管子提出"礼有八经",将礼教规范扩大到"上下""贵贱""长幼""贫富"八种角色中。"上下有义,贵贱有分,长幼有等,贫富有度。凡此八者,礼之经也。"⑫稍后,晏子将礼教原则扩大到君臣、父子、兄弟、夫妇、婆媳五大关系

---

① 《礼记·哀公问》。
② 《荀子·礼论》。
③ 《礼记·礼器》。
④⑤ 《礼记·中庸》。
⑥⑨ 《礼记·礼运》。
⑦ 《左传·昭公二年》。叔向语。
⑧ 《荀子·强国》。
⑩ 《论语·颜渊》。
⑪ 《左传·隐公三年》。
⑫ 《管子·五辅》。

中,提出"十顺"原则:"君令臣共,父慈子孝,兄爱弟敬,夫和妻柔,姑(婆)慈妇(媳)听,礼也。""君令而不违,臣共而不贰;父慈而教,子孝而箴;兄爱而友,弟敬而顺;夫和而义,妻柔而正;姑慈而从,妇听而婉:礼之善物也。"①"礼之可以为国也久矣,与天地并立。君令臣忠,父慈子孝,兄爱弟敬,夫和妻柔,姑慈妇听,礼之经也。君令而不违,臣忠而不二,父慈而教,子孝而箴,兄爱而友,弟敬而顺,夫和而义,妻柔而贞,姑慈而从,妇听而婉,礼之质也。"②在总结前人礼教思想的基础上,孔子提出治理"人情"的"十义"原则:"何谓人情?喜怒哀惧爱恶欲七者,弗学而能。何谓人义?父慈、子孝、兄良、弟弟、夫义、妇听、长惠、幼顺、君仁、臣忠十者,谓之人义。""圣人所以治人七情,修十义,讲信修睦,尚辞让去争夺,舍礼何以治之?"③

第五,周代的"礼"是与"乐"紧密联系在一起的。"礼"别"异",而"乐"统"同";"礼"追求"顺",而"乐"追求"和";"礼"主外在的"相敬",而"乐"主内在的"相亲";"礼"的最终境界是"不争","乐"的最终境界是"无怨"。要之,"礼"为了维护社会等级秩序,采取的手段是外在的、刚性的,带有强制性;"乐"作为维护社会统一的辅助手段,是柔性的,重在调动其作用对象的内在自觉。所以,"礼"需要"乐"的配合。"乐"也因此具有道德意蕴和教化使命。"乐者,所以象德也。""礼乐皆得,谓之有德。"④

第六,"礼"是调节人与神、人与人之间和谐关系的理性规范。所以,"礼"又与"理"相通。"礼也者,理也。"⑤作为理性规范,"礼"是对自然情欲的克制。人生来具有自私自利、趋利避害、趋乐避苦、好荣恶辱等情感欲望。礼教规范的主要功能,就是防止自然情欲越过理性规范,犯乱作恶:"夫礼,先王以承天之道,以治人之情。"⑥"礼起于何也?曰:人生而有欲,欲而不得,则不能无求。求而无度量分界,则不能不争;争则乱,乱则穷。先王恶其乱也,故制礼义以分之。"⑦"夫礼,禁乱之所由生,犹坊止水之所自来也。故以旧坊为无所用而坏之者,必有水败;以旧礼为无所用而去之者,必有乱患。""昏姻之礼废,则夫妇之道苦,而淫辟之罪多矣。乡饮酒之礼废,则长幼之序失,而争斗之狱繁矣。丧祭之礼废,则臣子之恩薄,而倍死忘生者众矣。

---

① 《左传·昭公二十六年》。
② 《晏子春秋·外篇第七》之十五。
③ 《礼记·礼运》。
④ 均见《礼记·乐记》。
⑤ 《礼记·仲尼燕居》。
⑥ 《礼记·礼运》,孔子语。
⑦ 《荀子·礼论》。

聘觐之礼废,则君臣之位失,诸侯之行恶,而倍畔侵陵之败起矣。"①周人以"礼"制欲,但这个"礼"并不都是"理",而是允许情欲基本满足、反对情欲无限满足的理性范围。在这个意义上说:"礼者,养也。""礼义文理之所以养情也!"②"礼者,断长续短,损有余,益不足。"③"物不能澹(赡),则必争,争则必乱,乱则穷矣。先王恶其乱也,故制礼义以分之,使有贫富贵贱之等足以相兼临者,是养天下之本也。"④

第七,"礼"不是抽象的理性概念,它伴有一定的仪式。"簠簋俎豆,制度文章,礼之器也;升降上下,周还裼袭,礼之文也。"这种仪式得到乐舞仪式的配合:"钟鼓管磬,羽龠干戚,乐之器也;屈伸俯仰,缀兆舒疾,乐之文也。"但仪式不是"礼"的重点和核心。正如"乐者,非谓黄钟大吕弦歌干扬也","铺筵席,陈尊俎,列笾豆,以升降为礼者,礼之末节也"。因此,"乐之隆,非极音也,食飨之礼,非致味也"⑤;"礼云礼云,玉帛云乎哉? 乐云乐云,钟鼓云乎哉?"⑥礼乐的重心和实质还是它所包含的理性内涵。

二、"礼"的地位: 敬神、修身、齐家、治国

周代重"人"而不废"神"。周礼既是"人道"又是"神道"。祭神离不开"礼",敬人也离不开"礼"。因而,"礼"在周代的地位是至高无上的,它渗透在社会生活的方方面面。孔子说:"安上治民,莫善于礼。"⑦"以奉宗庙则敬,以入朝廷则贵贱有位,以处室家则父子亲、兄弟和,以处乡里则长幼有序。"⑧下面我们来逐一看看周礼在周代社会生活中扮演的角色。

"礼"作为"神道",包括天神、地祇、人鬼的祭祀仪式,这是传达对神灵的尊敬、实现人神关系和谐的根本保障。《礼记·哀公问》说:"非礼无以节事天地之神也。"《礼记·曲礼上》说:"祷祠祭祀,供给鬼神,非礼不诚不庄。"《礼记·礼运》指出:"故礼义也者……所以养生送死、事鬼神之大端也,所以达天道、顺人情之大窦也。"

"礼"作为"人道",首先包括"仁""义""辞让""忠信"等修身的道德准则。失去了"礼义",人就不是人,而成为衣冠禽兽,或是令人不齿的"小人"。所以修身做人,必须从"礼"入手。晏子指出:"凡人之所以贵于禽兽

---

① ⑧ 《礼记·经解》。
② ③ 《荀子·礼论》。
④ 《荀子·王制》。
⑤ 均见《礼记·乐记》。
⑥ 《论语·阳货》。
⑦ 《礼记·经解》引。

者,以有礼也。"①"君子无礼,是庶人也;庶人无礼,是禽兽也。"②"夫礼者,民之纪,纪乱则民失。"③郑国正卿子大叔指出:"礼,上下之纪,天地之经纬也,民之所以生也。""故人之能自曲直以赴礼者,谓之成人。"④《礼记》说:"鹦鹉能言,不离飞鸟;猩猩能言,不离禽兽。今人而无礼,虽能言,不亦禽兽之心乎?夫唯禽兽无礼,故父子聚麀。是故圣人作,为礼以教人。使人以有礼,知自别于禽兽。"⑤荀子指出:"人之所以为人者,非特以二足而无毛也,以其有辨也。""人道莫不有辨,辨莫大于分,分莫大于礼。"⑥"古者圣人以人之性恶,以为偏险而不正,悖乱而不治,故为之立君上之势力以临之,明礼义以化之……是圣王之治而礼义之化也。"⑦"凡治气养心之术,莫径由礼。""礼者,所以正身也……无礼何以正身?……故非礼,是无法也……故学也者,礼法也。"⑧"礼者,法之大分,类之纲纪也。故学至乎礼而止矣。夫是之谓道德之极。"⑨所以荀子说:"在天者莫明于日月,在地者莫明于水火,在物者莫明于珠玉,在人者莫明于礼义。"⑩礼教道德,是人区别于禽兽、君子区别于小人的根本标志。所以孔子要求弟子"立于礼"⑪,告诫"不学礼,无以立"⑫,要求"博我以文,约我以礼"⑬。

"礼"作为"人道",其次是齐家的人伦准则。家庭是一个小社会,其中包含着宗法血缘的尊卑等级,必须讲礼教规范才能实现和谐共处。《礼记·郊特牲》指出:"礼,始于谨夫妇,为宫室,辨外内。""男帅女,女从男,夫妇之义由此始也。妇人,从人者也;幼从父兄,嫁从夫,夫死从子。夫也者,夫也;夫也者,以知帅人者也。"

"礼"作为"人道",还是治国安邦的大政方针。从天子、诸侯到大夫、庶民,天下是由若干等级构成的社会,各有各的权利和责任。以"礼"治天下,要求各就各位、各司其职。齐相管仲指出:"国有四维……一曰礼、二曰义、

---

① 《晏子春秋·内篇谏上》之二。
② 《晏子春秋·内篇谏下》之二十五。
③ 《晏子春秋·内篇谏下》之十二。
④ 《左传·昭公二十五年》。
⑤ 《礼记·曲礼上》。
⑥ 《荀子·非相》。
⑦ 均见《荀子·性恶》。
⑧ 《荀子·修身》。
⑨ 《荀子·劝学》。
⑩ 《荀子·天论》。
⑪ 《论语·泰伯》。
⑫ 《论语·季氏》。
⑬ 《论语·子罕》,颜渊语。

三曰廉、四曰耻。"①君臣父子夫妇各有职责和权利："为主而惠,为父母而慈,为臣下而忠,为子妇而孝,四者人之高行也。""为主而贼,为父母而暴,为臣下而不忠,为子妇而不孝,四者人之大失也。""为人君而不明君臣之义以正其臣,则臣不知于为臣之理以事其主矣。故曰：君不君则臣不臣。""为人父而不明父子之义以教其子而整齐之,则子不知为人子之道以事其父矣。故曰：父不父则子不子。"②礼义教化必须从小事抓起："凡牧民者,欲民之有礼也；欲民之有礼,则小礼不可不谨也；小礼不谨于国,而求百姓之行大礼,不可得也。"③"德礼不易,无人不怀。"④晏子指出："礼之可以为国也久矣,与天地并。"⑤对于逾越等级的行为,"唯礼可以已之"⑥。"礼者所以御民也,辔者所以御马也；无礼而能治国家者,婴未之闻也。"⑦楚大夫伍举说："诸侯无归,礼以为归。"⑧郑国执政卿子产说："夫礼,天之经也,地之义也,民之行也。"⑨晋国太傅叔向说："礼,政之舆也。"⑩《左传》的作者左丘明总结说："礼,经国家、定社稷、序民人、利后嗣者也。"⑪《礼记·经解》指出："礼之于正国也,犹衡之于轻重也,绳墨之于曲直也,规矩之于方圆也。"荀子总结说："治民不以礼,动斯陷矣。"⑫"国无礼则不正。礼之所以正国也,譬之犹衡之于轻重也,犹绳墨之于曲直也,犹规矩之于方圆也。"⑬一句话："国之命在礼。"⑭以"礼"治天下国家,是天下国家安定和谐的根本保障。

那么,周代礼仪制度,具体有哪些表现形态呢？

三、纵向系统："冠礼""婚礼""丧祭礼""朝聘礼""乡射礼"

"礼"发源于上古原始社会的祭神仪式,经过夏礼、殷礼的发展,到了周代形成了极为丰富的种类和相当烦琐的规定。大体说来,周代的礼教规范有纵、横两个系统。一是《仪礼》《礼记》揭示的纵向系统,侧重从人生历程

---

① 《管子·牧民》。
② 均见《管子·形势解》。
③ 《管子·权修》。
④ 《左传·僖公七年》。
⑤⑥ 《左传·昭公二十六年》。
⑦ 《晏子春秋·内篇谏下》之二十五。
⑧ 《左传·昭公四年》。伍举因封于椒,又称椒举,如原文中所称。
⑨ 《左传·昭公二十五年》。
⑩ 《左传·襄公二十一年》。
⑪ 《左传·隐公十一年》。
⑫ 《荀子·大略》。
⑬ 《荀子·王霸》。
⑭ 《荀子·强国》。

的各个环节去讨论不同的礼教规范,《礼记》概括为"冠礼""婚礼""丧祭礼""朝聘礼""乡射礼"五礼。另一是《周礼》揭示的横向系统,从礼教的不同功能出发将周礼分为"吉礼""凶礼""军礼""宾礼""嘉礼""五礼"加以论述。二者互有交叉,但总体上是不同的。这里先说周代纵向的礼教系统。

周代纵向的礼教系统,其具体操作细则在《仪礼》中得到了详细说明。《仪礼》记录说明的周礼涉及冠、婚、丧、祭、飨、射、朝、聘等礼教规范。它只是具体的操作说明书,没有思想意义的阐释。这个缺憾,恰恰由《礼记》弥补了。《礼记》所做的主要工作,正是对《仪礼》所记述的这些礼仪背后的思想意义的阐释。《礼记》总结"礼之大体":"夫礼,始于冠,本于昏(婚),重于丧祭,尊于朝聘,和于乡射。此礼之大体也。"①

"冠礼"是成人的加冕礼。对人生历程来说是"礼之始"。《礼记·冠义》阐释"冠礼"的地位和意义:"凡人之所以为人者,礼义也。礼义之始,在于正容体、齐颜色、顺辞令。容体正,颜色齐,辞令顺,而后礼义备。……故冠而后服备,服备而后容体正、颜色齐、辞令顺。故曰:冠者,礼之始也。是故古者圣王重冠。""敬冠事所以重礼。""冠礼"通俗地说就是"成人礼"。具体做法是"正容体、齐颜色、顺辞令"。"成人之者,将责成人礼焉也。"要求成为什么样的"人"呢?是为未来成为"人子""人弟""人臣""人少"作预演、准备。"责成人礼焉者,将责为人子、为人弟、为人臣、为人少者之礼行焉。"所以,成人礼最重要的是通过外在的神圣仪式,帮助受礼者确立"孝弟忠顺"的做人道德。"孝弟忠顺之行立,而后可以为人。""可以为人,而后可以治人也。"所以"为人"首先要从"冠礼"做起。

"婚礼"是男女好合、组成家庭的隆重仪式。它不仅是一个人安身立命的起始,也是完成传宗接代使命的根本。所以是"礼之本"。《礼记·昏义》阐释"婚礼"的意义:"昏礼者,将合二姓之好,上以事宗庙,而下以继后世也,故君子重之。"婚礼的仪式要求"敬慎重正",彰显"亲"爱。婚姻中必须承认"男先于女"的差别和夫妇不同的义务,从而保证家庭中男尊女卑、夫为妻纲。"礼之大体,而所以成男女之别,而立夫妇之义也。男女有别,而后夫妇有义。"只有确定夫为妻纲,才能保证父为子纲、君为臣纲。父为子纲、君为臣纲是夫为妻纲的必然延伸。"夫妇有义,而后父子有亲;父子有亲,而后君臣有正。"婚礼还包括"成妇礼"。行过此礼,出嫁女子才被承认加入了男方宗族,成为男方家族的一员。她有责任以和顺的态度处理好与男方家族原有成员的关系,保证家庭的和谐长久、绵延不绝。"成妇礼,明妇顺,又申

---

① 《礼记·昏礼》。

之以著代,所以重责妇顺焉也。妇顺者,顺于舅姑,和于室人;而后当于夫,以成丝麻布帛之事,以审守委积盖藏。"

"丧祭礼"是为逝去的父母送终祭祀的重要仪式,所以周人要求"重于丧祭"。"孝子之事亲也,有三道焉:生则养,没则丧,丧毕则祭。"①在父母健在,供养他们时,"孝"体现为对父母的顺从,这就叫"养则观其顺也"②。在父母过世之际,"孝"体现为表达哀痛的"丧礼",这就叫"丧则观其哀也";在丧礼结束、父母下葬之后,"孝"体现为表达尊敬的"祭礼",这就叫"祭则观其敬而时也","祭者,所以追养继孝也"③。可见,"丧礼""祭礼"都是表达对父母之孝的外在仪礼。"丧礼"的目的在于显示对去世父母的哀痛。《礼记·问丧》说:父亲或母亲刚死的时候,脱冠、括发、光脚,将衣服的前襟披在腰间,交手痛哭,"恻怛之心,痛疾之意,伤肾、干肝、焦肺,水浆不入口,三日不举火,故邻里为之糜粥以饮食之"。所以衣冠不整,"形变于外","口不甘味,身不安美",是因为"悲哀在中","痛疾在心"。之所以要守尸三日而后下葬,是因为"孝子亲死,悲哀志懑,故匍匐而哭之……以俟其生(死而复生)也"。同时,也是为了给丧事的筹办、入殓衣物的准备和远方亲戚的到来留下足够的时间,"是故圣人为之断决以三日为之礼制也"。三天后"动尸举枢",往送下葬途中抢天呼地、捶胸顿足、"哭踊无数","望望然、汲汲然如有追而弗及也",是因为"悲哀痛疾之至也"。入土后返回途中失声痛哭,回家以后睹物思人而"哭泣辟踊",是为了表示"若有求而弗得也",逝者死而不可复生也。三年守丧,"不入处室,居于倚庐","寝苫枕块","哭泣无时",是因为一直怀念在荒郊野外土中长眠的考妣。所以要配一根哭丧棒给孝子,是因为"孝子丧亲,哭泣无数,服勤三年,身病体羸,以杖扶病也"。"丧礼"办完之后,要继续表示对已故父母的怀念和崇敬,就得举行"祭礼","祭之宗庙,以鬼飨之"④。宗庙里祭拜的考妣及祖先的亡灵,就是民间所说的"人鬼"或"鬼"。宗庙祭祖,实际上就是祭鬼。反过来说,祭鬼只能发生在宗庙,对鬼神的祭祀乃是"孝子"对先祖虔诚的孝敬之心的表现。祭祀鬼神或祖宗亡灵的主要意义,是"反古复始","不忘其所由生"。"天下之礼,致反始也,致鬼神也……致反始,以厚其本也;致鬼神,以尊上也。"⑤这里,祭祀鬼神就是推尊祖先,不忘所自。对祖先鬼神的祭祀因四时而有不同的称谓:"春祭曰礿,夏祭曰禘,秋祭曰尝,冬祭曰烝。""禘者阳之盛也,尝者阴

---

① ② ③ 《礼记·祭统》。
④ 《礼记·问丧》。
⑤ 《礼记·祭义》。

之盛也。故曰：莫重于禘、尝。"①

在国家政治生活中，君臣之间的"朝聘礼"至为神圣，所以《礼记》说"尊于朝聘"。"朝聘"的含义之一，是诸侯朝见天子之礼。其中，亲往曰"朝"，遣使曰"聘"。《礼记·王制》说："诸侯之于天子也，比年一小聘，三年一大聘；五年一朝。"郑玄注："比年，每岁也。小聘，使大夫；大聘，使卿；朝，则君自行。""朝礼"，又称"觐礼"，指天子高高在上，接受诸侯的主动朝拜。《明堂位》说："朝觐之礼，所以明君臣之义也。"《郊特牲》指出："觐礼，天子不下堂而见诸侯。""聘礼"中诸侯朝拜天子，"天子"亦"所以抚诸侯"②，通过聘礼表达对诸侯的安抚。其次，"朝聘"也指诸侯间的相互访问。《明堂位》指出："聘问之礼，所以使诸侯相尊敬也。"与"朝聘"之礼联系密切的有"燕礼"。"燕"通"宴"。"燕礼"属于一种饮食之礼。有天子燕诸侯者，有诸侯燕臣子者，等等。《仪礼》所列《燕礼》，乃诸侯燕其群臣之礼。《礼记·燕义》即是对这种"诸侯燕礼"意义的阐释。一方面，国君站在高高的台阶之上举杯向群臣赐酒，接受群臣稽首再拜，具有无与伦比、不可挑战的绝对权威；另一方面，面对群臣的稽拜之礼，国君也应"礼无不答"，以"明君上之礼也"。"礼无不答，言上之不虚取于下也。上必明正道以道民，民道之而有功，然后取其什一，故上用足而下不匮也。"这样就形成了臣忠君仁的良性互动。"臣下竭力尽能以立功于国，君必报之以爵禄，故臣下皆务竭力尽能以立功，是以国安而君宁。""是以上下和亲而不相怨也。""故曰：燕礼者，所以明君臣之义也。"

《礼记》又强调"和于乡射"，通过"乡射礼"实现人与人之间的和谐共处。"乡"，郑玄解释为"乡饮酒"，也就是"飨"，指基层社会——"乡"中用酒食招待宾客之礼。③《射义》概括说："乡饮酒之礼者，所以明长幼之序也。"《乡饮酒义》揭示：乡饮酒礼的设计旨在培养人与人之间的洁身自好、互敬尊让和尊长养老、孝悌之德。"乡饮酒之义：主人拜迎宾于庠门（乡学之门）之外，入，三揖而后至阶，三让而后升，所以致尊让也。"洗手举杯，"所以致洁也"。宾主互拜，"所以致敬也"。"君子尊让则不争，洁敬则不慢，不慢不争，则远于斗辨矣。"乡饮酒之礼，规定六十岁以上的人坐着接受酒食，五十岁的人站着听候使唤；六十岁的人上三个菜，七十岁的人上四个菜，八十岁的人上五个菜，九十岁的人上六个菜，所以明"尊长""养老"之意也。

---

① 《礼记·祭统》。
② 孙希旦：《礼记集解》下册，引"吕大临语"，中华书局1989年版，第1456页。
③ 《周礼·大司徒》："五州为乡。"注："万二千五百家。"《广雅》："十邑为乡。"是三千六百家为一乡。

"民知尊长养老,而后乃能入孝弟。民入孝弟,出尊长养老,而后成教,成教而后国可安也。"①乡间民众的和谐不能只依赖"乡饮酒礼",还依赖"乡射礼"。《礼记·射义》阐释"射礼"的意义:"故射者,进退周还必中礼,内志正,外体直,然后持弓矢审固;持弓矢审固,然后可以言中,此可以观德行矣。""射者,仁之道也。射求正诸己,己正然后发,发而不中,则不怨胜己者,反求诸己而已矣。""射者,男子之事也,因而饰之以礼乐也。故事之尽礼乐、而可数为、以立德行者,莫若射。""是故古者天子以射选诸侯、卿、大夫、士。"可见"乡射礼"的作用不是练武,而是培养"外体直""内志正""行有不得反求诸己"的"德行"的重要仪式。

四、横向系统:"吉礼""凶礼""军礼""宾礼""嘉礼"

周礼的另一表述系统是横向的,即根据礼教的功能分为"五礼",分别是祭祀鬼神的"吉礼",主办丧事的"凶礼",管理军事的"军礼",接待宾客的"宾礼",庆贺成人,结婚等的"嘉礼"。这个"五礼"系统主要是由《周礼》论析的。《周礼》主张:"以五礼防万民之伪而教之中。"②

"吉礼"的功能是"事邦国之鬼、神、示"③。包括祀天神之礼:"以禋祀祀昊天上帝,以实柴祀日、月、星、辰,以槱祀司中、司命、风师、雨师。"祭地示之礼:"以血祭祭社稷、五祀、五岳,以貍沈祭山林川泽,以疈辜祭四方百物。"享人鬼之礼:"以肆、献、祼享先王,以馈食享先王,以祠春享先王,以禴夏享先王,以尝秋享先王,以烝冬享先王。"④"实柴""槱(yǒu)祀"均指以祭品牲体置于柴堆上焚烧、以光焰和烟气上达天神的祭祀仪式,"禋祀"则在投放牲体焚烧之外,还须加玉帛于柴中焚烧,是最高的祭祀天神的仪式。"血祭"即用牲血祭祀;"貍沈"即"埋沉",指将牲体、玉帛埋在山里、沉于河中;"疈(pì)辜"指分割、肢解牲体,是小祭的方式。"肆""献""祼""馈食",指进献剔解过的牲体、血腥、香酒、饭食,供先祖享用。一年四季以牲体、牲血、酒醴、饭食祭祀先王之灵,使之受享,叫"祠""禴(yuè)""尝""烝",又称"礿(yuè)""禘(dì)""尝""烝"⑤。

"凶礼"即有关哀悯、吊唁、忧患的典礼,功能是"哀邦国之忧",包括"以丧礼哀死亡,以荒礼哀凶札,以吊礼哀祸灾,以禬礼哀围败,以恤礼哀寇

---

① 引文均见《礼记·乡饮酒义》。
② 《周礼·地官·大司徒》。
③④ 《周礼·春官·大宗伯》。
⑤ 《礼记·祭统》。

乱"①。"丧礼"不同于"祭礼"。《礼记·曲礼下》记载:"居丧未葬",叫"丧礼";"既葬",叫"祭礼"。祭礼属于吉礼,丧礼属于凶礼。"丧礼"的功能,是通过对死者遗体的各种处理仪式,表达对死者的敬爱、哀悼之情。丧礼仪式,有停尸仪式、报丧仪式、招魂仪式、送魂仪式、做"七"仪式、吊唁仪式、入殓仪式、丧服仪式、出丧择日仪式、哭丧仪式、下葬仪式。与丧礼密不可分的是丧服制度,根据与死者的亲疏关系,依次有斩衰(cuī)、齐衰、大功、小功、缌(sī)麻等五种服期不等的丧服。"荒礼",指遭遇灾荒、瘟疫时祭神节用、赈济赒补之礼。"以荒礼哀凶札"。"札",指疫疠。《周礼·秋官·司寇》云:"若国札丧,则令赙(fù)补之;若国凶荒,则令赒委之。"《周礼·地官·大司徒》提出的救荒对策是:"以荒政十有二聚万民:一曰散利,二曰薄征,三曰缓刑,四曰弛力,五曰舍禁,六曰去几,七曰眚礼,八曰杀哀,九曰蕃乐,十曰多婚,十有一曰索鬼神,十有二曰除盗贼。""吊礼"指对遭遇不幸之人的慰问之礼。《周礼·秋官·司寇》记载:"若国有祸灾,则令哀吊之。""禬(guì)礼"指诸侯国因外来侵略或内部动乱造成灾难,天子或盟国汇合财货予以救助之礼。《春秋》襄公三十一年冬,"会(禬)于澶渊,宋灾故"。《谷梁传》云:"更宋之所丧财也。"即补充宋国因为灾祸而丧失的财物,使之尽快恢复正常的社会生活。"恤礼",指对战乱受害国的慰问之礼。《周礼·秋官》中"大行人""致恤以补诸侯之灾";"若国师役","小行人"则"令犒恤之",都是恤礼。

"宾礼"即天子款待来朝会的四方诸侯和诸侯派遣使臣向周王问安的礼节仪式。其职能是"亲邦国",加强天子与诸侯之间的和谐关系。其中,"春见曰朝,夏见曰宗,秋见曰觐,冬见曰遇,时见曰会,殷见曰同,时聘曰问,殷覜曰视"②。"朝""宗""觐""遇"是四季会见的不同称谓。"会"指"时见",即天子有事而会诸侯,随时而见诸侯,无固定日期。"同"指"殷见"。"殷",众也。"殷见"指四方诸侯毕至,接受天子的接见。"问"即"时聘",指天子有事而诸侯未来朝时,派遣使者慰问看望。"视"指"殷覜(tiào)",即诸侯定期派使臣朝见天子,看望其身体起居。"朝觐"之礼用意在于明君臣之义,通上下之情。从天子的角度而言,"春朝诸侯而图天下之事,秋觐以比邦国之功,夏宗以陈天下之谟(谋),冬遇以协诸侯之虑"③。从诸侯的角度讲,"诸侯朝于天子曰述职。述职者,述所职也"④。王畿之内的诸侯,一年朝觐

---

① ② 《周礼·春官·大宗伯》。
③ 《周礼·秋官·大行人》。
④ 《孟子·梁惠王下》。

四次。封于远方的诸侯则依据距离王畿的远近分为"六服",愈远的邦国朝觐的时间间隔愈长。据《周礼·秋官·大行人》记载:"邦畿方千里,其外方五百里谓之'侯服',岁一见,其贡祀物;又其外方五百里谓之'甸服',二岁一见,其贡嫔物;又其外方五百里谓之'男服',三岁一见,其贡器物;又其外方五百里谓之'采服',四岁一见,其贡服物;又其外方五百里谓之'卫服',五岁一见,其贡材物;又其外方五百里谓之'要(蛮也)服',六岁一见,其贡货物。"《周礼·夏官·职方氏》另有"九服"之说,即"六服"外加"夷服""镇服""藩服"。"朝觐"是天子个别接见一方一服来朝的诸侯。"会同"则是四方齐会、诸服皆来,各方诸侯同聚一堂,拜见天子。天子与诸侯举行"会同"典礼,事先须告祭宗庙、社稷、山川。"会同"之日,天子在坛上依屏风而立,公、侯、伯、子、男皆立于自己的旗下。天子走下坛来,向诸侯三揖行礼。礼毕,回到坛上,命诸侯升坛行礼。享献后,天子乘龙马之车,载太常之旗,率诸侯拜日于东门之外。"会同"时,常伴有"盟誓"之仪,要"北面诏明神"而盟誓。参加"会同"典礼的天子、诸侯还要分别祭祀日、月、四渎(江、河、淮、济河)、山川丘陵。"会同"还有大、小之分。天子、诸侯亲自参加的,称"大会同"。天子、诸侯派遣卿大夫参加的,称"小会同"。此外还有诸侯派使者问候天子的聘礼。在诸侯定期朝觐天子的间隔,诸侯派遣卿大夫为使者,到京都对天子作礼仪性的问候,并报告邦国的情况。《礼记·王制》说:"诸侯之于天子也,比年一小聘,三年一大聘。"

"军礼"即有关军事活动的礼仪,其功能是"同邦国",加强天下诸侯国的统一。《礼记·曲礼》云:"班朝治军,莅官行法,非礼威严不行。"《周礼》指出:军礼包括大师之礼、大均之礼、大田之礼、大役之礼、大封之礼。"大师之礼,用众也;大均之礼,恤众也;大田之礼,简众也;大役之礼,任众也;大封之礼,合众也。"①"大师之礼",指天子御驾亲征,规模盛大,调动国民,激发义勇。"大均之礼",指校正户口,调节赋征等。周代兵农合一,出则为兵,入则为民。"大均之礼"意在平摊军赋,使民众负担均衡。根据《周礼·地官·小司徒》记载,周代的军队建制,以五人为一伍,五伍为一两,四两为一卒,五卒为一旅,五旅为一师,五师为一军。国家根据这一建制征兵,同时分摊军赋。应征的士兵必须自备车马、盔甲等。"大田之礼",指诸侯通过田猎习兵练武,检阅车徒,主要目的是检阅战车与士兵的数量及作战能力,训练未来战争的协调配合。"大田之礼"分为"春蒐(sōu)""夏苗""秋狝(xiǎn)""冬狩"。规定田猎不捕幼兽,不采鸟卵,不破坏鸟巢,不杀有孕之

---

① 《周礼·春官·大宗伯》。

兽,不伤未长成的小兽。围猎捕杀要留有余地,不许一网打尽。"大役之礼"指国家为建筑王宫城邑等营造、修建土木工程而大兴徒役。"大封之礼"指勘定国界,封土植树,确立界标。郑玄注云:"按古者封国各有疆界,若有侵越,或错互不正,则以兵征治之也。"此外,军队的车马、舟师、旌旗、兵器、军容、营阵、校阅等,都有严格的礼仪规定。得胜之后,还有凯旋、告庙、受降等各种仪式。

比如征战之礼,首先是出师祭礼,即祭天、祭地、告庙和祭军神。出征前祭天叫"类祭",把即将征伐之事报告上帝,表示替天行道,恭行天罚。古代干支纪日有刚日、柔日之分。甲、丙、戊、庚、壬为刚日。刚日属阳。"类祭"须在刚日举行,具体的日子则要通过占卜择定。出征前祭地叫"宜社"。"社"是土地神。征伐敌人是为了保卫国土,所以叫"宜"。出征前"告庙"叫"造祢(mí)"。"造"是告祭的意思。"祢"指父庙。"告庙"取受命于祖的象征意义。祭军神、军旗称为"祃(mà)祭"。军神,一说轩辕黄帝,一说蚩尤。军中大旗叫"牙旗"。出征前祭祀"牙旗",叫"祃牙"。

祭祀礼结束后,是"誓师"典礼。一般是将出征的目的与意义告知将士,揭露敌人的罪恶,强调纪律与作风,实际上是一次战前动员。《周书》所载《泰誓》即周武王讨伐殷纣王的誓师之辞。军队获胜而归,要举行"凯旋"典礼。其时高奏凯乐,高唱凯歌。天子亲征凯旋,大臣皆出城迎接,有时远至数十里之外。如果是名将出征凯旋,皇帝也会亲率百官出城至郊外迎接,或者派遣大臣出城迎接。这都称为"郊劳"。战争胜利后,天子须宴享功臣,论功行赏,举行庆功宴。享宴或行于宗庙,或在天子正殿或帝王宫苑举行。军队如果打了败仗,回国则以丧礼迎接,称为"师不功"。君主身穿丧服,头戴丧冠,吊死问伤。关于校阅之礼目的在于检查备战状况。《春秋》经传载有当时诸侯各国"大阅"治兵的事迹。

"嘉礼"是规范秩序、导正人心的仪礼,其功能是"亲万民",加强民众之间的亲和情感。关于"嘉",郑玄注云:"善也",嘉礼"因人心所善者而为之制"。嘉礼是周代礼仪中内容最丰富的部分,有饮食之礼、婚冠之礼、宾射之礼、飨燕之礼、脤膰之礼、贺庆之礼,"以饮食之礼,亲宗族兄弟;以婚冠之礼,亲成男女;以宾射之礼,亲故旧朋友;以飨燕之礼,亲四方之宾客;以脤(shèn)膰(fán)之礼,亲兄弟之国;以贺庆之礼,亲异姓之国"①。"饮食之礼",是宗族兄弟之间合族欢聚、以示亲和的宴饮之礼。"婚冠之礼"分别指"冠礼"和"婚礼"。男子二十而冠,在宗庙行冠礼,告于先祖,以示道德成人,并负起传宗接代、继往开来的责任。与男子的"冠礼"功能相似的是"笄

---

① 《周礼·春官·大宗伯》。

礼"。女子十五而笄。在 15 岁许嫁之时结发加笄,举行笄礼。结发是将头发梳成发髻,盘在头顶,以区别童年时代的发式。女子如果到了 20 岁还未许嫁,也要举行笄礼,表示此后以成人相待。"宾射之礼",指与宾客在"宴饮"之余,为"申欢乐之情"而"与之射"的仪式。①"射礼"既是武艺的比试,更是道德的切磋。因为"射礼"要求"持弓矢审固","己正然后发","发而不中""反求诸己",这与道德修养的要求是一致的。"飨燕之礼"是招待四方宾客的宴饮之礼。"飨礼"在太庙举行,烹太牢以饮宾客,但并不真吃真喝,重点在礼仪往来。"燕礼"在寝宫举行,"燕"通"宴",为吃喝之宴。"脤膰之礼",即用祭祀社稷神的生肉和祭祀祖宗神的熟肉分赐同姓诸侯国兄弟,以示福禄同享之情的仪礼。"贺庆之礼",即庆贺喜事的仪式。其中帝王登基改元的庆贺礼最具有代表性。此外,帝王即位,有登基大典。《周书》之《顾命》《康诰》写到周成王死后康王即位的典仪,是最早的帝王即位礼的文献记载。新君登基改元,以纪一君之终始,亦有"纪元"典礼。

五、礼教功能:"人无礼不生,国家无礼不宁"

经过周人的编织建构,周代形成了纵横交错、无所不包的礼制之网,这张网覆盖周代上自朝廷改元奠基、下至百姓婚丧嫁娶的方方面面。"其行之以货力、辞让、饮食、冠昏、丧祭、射御、朝聘"②。"礼"渗透在一切社会生活中,是达到天、地、神、人、国、家和谐安康的根本之道:"朝觐之礼,所以明君臣之义也。聘问之礼,所以使诸侯相尊敬也。丧祭之礼,所以明臣子之恩也。乡饮酒之礼,所以明长幼之序也。昏姻之礼,所以明男女之别也。"③"郊社之义,所以仁鬼神也;尝禘之礼,所以仁昭穆也;馈奠之礼,所以仁死丧也;射乡之礼,所以仁乡党也;食飨之礼,所以仁宾客也。"礼教的作用是巨大的。"居处有礼,故长幼辨也";"闺门之内有礼,故三族和也";"田猎有礼,故戎事闲也";"军旅有礼,故武功成也";"朝廷有礼,故官爵序也"。"若无礼,则手足无所错,耳目无所加,进退揖让无所制。是故,以之居处,长幼失其别;闺门,三族失其和;朝廷,官爵失其序;田猎,戎事失其策;军旅,武功失其制;宫室,失其度;量鼎,失其象;味,失其时;乐,失其节;车,失其式;鬼神,失其飨;丧纪,失其哀;辩说,失其党;官,失其体;政事,失其施;加于身而错于前,凡众之动,失其宜。如此,则无以祖洽于众也。"④

---

① 《周礼·春官·大宗伯》贾公彦疏。
② 《礼记·礼运》。
③ 《礼记·经解》。
④ 均见《礼记·仲尼燕居》,孔子语。

于是,"礼"就成为上自天子国君,中至士大夫,下至各行各业、各色人等基层民众无法逃脱、必须恪守的"人道"规范。"请问为人君?曰:以礼分施,均遍而不偏。请问为人臣?曰:以礼侍君,忠顺而不懈。请问为人父?曰:宽惠而有礼。请问为人子?曰:敬爱而致文。请问为人兄?曰:慈爱而见友。请问为人弟?曰:敬诎而不苟。请问为人夫?曰:致功而不流,致临而有辨。请问为人妻?曰:夫有礼则柔从听侍,夫无礼则恐惧而自竦也。此道也,偏立而乱,俱立而治,其足以稽矣。"①"上若无礼,无以使其下;下若无礼,无以事其上。……人君无礼,无以临其邦;大夫无礼,官吏不恭;父子无礼,其家必凶;兄弟无礼,不能久同。""君若无礼,则好礼者去,无礼者至;君若好礼,则有礼者至,无礼者去。"②"礼也者,贵者敬焉,老者孝焉,长者弟焉,幼者慈焉,贱者惠焉。""故人无礼不生,事无礼不成,国家无礼不宁。君臣不得不尊,父子不得不亲,兄弟不得不顺,夫妇不得不欢,少者以长,老者以养。"③所以荀子总结说:"故厚者,礼之积也;大者,礼之广也;高者,礼之隆也;明者,礼之尽也。"④经过周公的倡导、《仪礼》《礼记》和《周礼》的建构,以及孔子的阐释、荀子的总结,礼仪制度和礼教思想在周代达到了登峰造极的阶段。中国所以成为"礼仪之邦"并以此著称,周代的礼教建设实为基石,功莫大焉。

---

① 《荀子·君道》。
② 《晏子春秋·外篇第七》之一。
③ 《荀子·大略》。
④ 《荀子·礼论》。

第二十四章　仁政论之四：周代的"乐教"思想

本章提要：本章讨论周代仁政论中的"乐教"思想。与"礼教"一样，"乐教"也是满足人的欲望同时又节制人的欲望的一种手段和规范。但较之刚性的"礼教"规范，"乐教"的规范更加柔性化，包含的快乐成分更多，是一种"寓教于乐"的理性规范。一方面，"乐者，乐也"，音乐是给人带来快乐的，是为满足人们对于快乐的追求设计制作的。因此，周代在音乐形式美规律的探讨和完善方面取得了高度成就。另一方面，乐者，"非极音者也"，"乐者，治人之盛者也"。音乐不是仅在视听感觉方面给人快感的玩物，而是包含道德、节制人情、实现天下安宁的政教手段。周代的"乐教"思想论及"本于太一""天地之和"的音乐起源，从"古乐"到"新乐"、"德音"到"奸声"的音乐历史，"乐以象德""声以和乐"的音乐本体，"管乎人情""制之礼义"的音乐创作，"和乐成顺""审乐知政"的音乐功能，丰富完整，发人深省。①

在周代的仁政措施中，与"礼教"联系得很紧密且相辅相成的是"乐教"。周公制礼作乐，奠定了音乐在周代德治方略中的重要地位，音乐理论日趋丰富，相当发达。一方面，"乐者，乐也"，音乐是给人带来快乐的，这是周人普遍一致的共识。在这种思想的指导之下，周代音乐在形式美规律的探讨和完善方面取得了高度的成就。另一方面，乐者，"非极音者也"②，音乐在周代政治家、思想家眼中从来就不单纯是在视听方面给人快乐的事物，而是包含德教、规范人情、沟通天地人神、实现天下安宁的手段。这方面，周人提出了一系列命题，如"乐以象德""乐以讽（宣扬）德""乐以安德""德音之谓乐""乐者通伦理者也"等等。音乐，在周代不是作为怡情悦心、纯粹审美的一种艺术样式，而是作为寓教于乐的政治措施存在、呈现的。所以周人说："故乐者，治人之盛者也。"③作为

---

① 本章以"周代乐教思想体系的系统厘析"为题，发表于《学术界》2023 年第 7 期。
② 《礼记·乐记》。
③ 《荀子·乐论》。

一种德治措施,乐教在周代被提到与法治并峙的高度,前者"饰喜",后者"饰怒":"夫乐者,先王之所以饰喜也,军旅鈇钺者,先王之所以饰怒也。故先王之喜怒,皆得其侪焉。"①作为政教手段,"乐"又被周人视为与"礼""政""刑"互补的"治道"或"王道":"礼以道其志,乐以和其声,政以一其行,刑以防其奸。礼乐刑政,其极一也,所以同民心而出治道也。"②"礼节民心,乐和民声,政以行之,刑以防之,礼乐刑政,四达而不悖,则王道备矣。"③因此,单纯从形式审美的角度讨论周代的音乐思想是肤浅的、不得要领的,应当把音乐当作一种政治教化手段。这样来看待周代的音乐思想,才是切中肯綮、切中要害的。

周代的音乐学说,集中见于《礼记·乐记》《荀子·乐论》《吕氏春秋》的《仲夏纪》(包括《大乐》《侈乐》《适音》《古乐》诸篇)和《季夏纪》(包括《音律》《音初》《制乐》《明理》诸篇),散见于《尚书》《论语》《墨子》《左传》《国语》中。周代的乐教思想论及音乐起源论、音乐历史论、音乐本体论、音乐创作论、音乐功能论,值得我们系统研判、深入挖掘。

一、音乐起源论:"本于太一""天地之和"

周人关于音乐起源的思想与其说是一种认识,毋宁说是一种推断。一方面,它镶嵌在周人关于宇宙万物发生论的整体框架中,与周人的宇宙万物起源论是一致的。另一方面,它又带着周人由人定天的时代特征,将周代政治家对音乐的本体性要求作为音乐与生俱来的"天性",从而要求人们以人法天,尊重、坚守这种"天性"。

周代政治家对音乐的本体性要求是什么呢?是"德音"、是"平和",是以"和声"抒发有理性节制的中和情感。《吕氏春秋》从道生万物的角度阐释音乐的起源,指出音乐的这种特质"出于道","本于太一","化于阴阳",是"天地之和"的产物。"务乐有术,必由平出,平出于公,公出于道。""道也者……谓之太一。""音乐之所由来者远矣。生于度量,本于太一。""太一出两仪,两仪出阴阳。阴阳变化,一上一下,合而成章。""万物所出,造于太一,化于阴阳。萌芽始震,凝寒以形。形体有处,莫不有声。声出于和,和出于适。和适,先王定乐,由此而生。""凡乐,天地之和,阴阳之调也。"④"道"的初始形态是"太一"。"太一"从"无"到"有",开始表现为元一未分之气,而

---

① 《礼记·乐记》。另见《荀子·乐论》,内容大同小异。
②③ 《礼记·乐记》。
④ 《吕氏春秋·大乐》。

后分解为天地阴阳二气,它们对立斗争又相互调和,化生万物。万物有形有声。远古先王根据和谐适度的原则制定了音乐,要求"择两法一","以一听政"。"一也者制令,两也者从听。"如果能通过音乐促进"择两法一""以一听政",就有助于实现"乐君臣,和远近,说黔首,合宗亲","寒暑适,风雨时","天下太平,万物安宁"。什么是音乐呢?"天下太平,万物安宁,皆化其上,乐乃可成。"什么是最完美的音乐——"大乐"呢?"大乐,君臣、父子、长少之所欢欣而说也。"①

与《吕氏春秋》从天地、阴阳两端的调和解释具有和谐特质的道德音乐的起源稍有差异,《乐记》则认为"乐由天作,礼以地制"②,在与"地制"之"礼"的对比中,阐释"天作"之"乐"的"和"的特点:"礼、乐明备,天、地官矣。""著不息者天也,著不动者地也。一动一静者,天、地之间也,故圣人曰礼、乐云。""礼、乐之极乎天而蟠乎地,行乎阴阳而通乎鬼神,穷高极远而测深厚。""乐者敦和,率神而从天;礼者别宜,居鬼而从地。故圣人作乐以应天,制礼以配地。"③如果说"礼"体现"天地之别",那么"乐"则体现"天地之和":"天高地下,万物散殊,而礼制行矣;流而不息,合同而化,而乐兴焉。""天尊地卑,君臣定矣。卑高已陈,贵贱位矣。动静有常,小大殊矣。方以类聚,物以群分,则性命不同矣。在天成象,在地成形;如此,则礼者,天地之别也。""地气上齐,天气下降,阴阳相摩,天地相荡,鼓之以雷霆,奋之以风雨,动之四时,暖之以日月,而百化兴焉。如此,则乐者,天地之和也。""大乐与天地同和,大礼与天地同节。""乐者,天地之和也;礼者,天地之序也。和故百物皆化;序故群物皆别。""乐也者,情之不可变者也;礼也者,理之不可易者也。乐统同,礼辨异。"④尽管《乐记》认为"乐由天作",但它不同于"在天成象,在地成形",彰显"天地之别"的"礼",最终还是通过"地气上齐,天气下降,阴阳相摩,天地相荡",走向了《吕氏春秋》所说的"天地之和"。而当《乐记》说"乐统同"的时候,就与《吕氏春秋》所说的"择两法一""以一听政""乐君臣,和远近,说黔首,合宗亲"趋于一致了。

二、音乐历史论:从"古乐"到"新乐"、从"德音"到"奸声"

周人关于音乐历史的追溯,可能有古来口口相传的历史依据,但带有周代音乐本体论的烙印,进而为周人的音乐创作论、本体论、功能论提供传统

---

① 均见《吕氏春秋·大乐》。
②③ 《礼记·乐记》。
④ 均见《礼记·乐记》。《荀子·乐论》文字略异,备参:"且乐也者,和之不可变者也;礼也者,理之不可易者也。乐合同,礼别异。"

依据,自是一个值得注意的因素。

根据周人的记述,"乐所由来者尚(古远)也,必不可废。有节、有侈,有正、有淫矣。贤者以昌,不肖者以亡"①。周人将音乐分为"古乐"与"新声"。大体说来,"古乐"属于情感有节制的"节声""正声""和乐""德音",可称为"治世之音","新声"属于情感不加节制的"侈乐""淫声",堪称乱世之音、亡国之音。

"托于音乐以论其教"②,是"先王"留下的一个传统,"五帝三王之于乐尽之矣"③。"昔古朱襄氏之治天下也,多风而阳气畜积,万物散解,果实不成,故士达作为五弦瑟,以来阴气,以定群生。""昔葛天氏之乐,三人操牛尾,投足以歌八阕:一曰载民,二曰玄鸟,三曰遂草木,四曰奋五谷,五曰敬天常,六曰达帝功,七曰依地德,八曰总万物之极。""昔陶唐氏之始,阴多,滞伏而湛积,水道壅塞,不行其原,民气郁阏而滞著,筋骨瑟缩不达,故作为舞以宣导之。""帝舜乃令质修《九招》《六列》《六英》,以明帝德。""禹立,勤劳天下,日夜不懈。通大川,决壅塞,凿龙门,降通漻水以导河,疏三江五湖,注之东海,以利黔首。于是命皋陶作为《夏籥》《九成》,以昭其功。""殷汤即位,夏为无道,暴虐万民,侵削诸侯,不用轨度,天下患之。汤于是率六州以讨桀罪。功名大成,黔首安宁。汤乃命伊尹作为《大护》,歌晨露,修《九招》《六列》,以见其善。"④周代君主继承了先王的乐教传统,将音乐与政治事功、道德教化紧密联系在一起。"武王即位,以六师伐殷。六师未至,以锐兵克之于牧野。归,乃荐俘馘于京太室,乃命周公为作《大武》。""成王立,殷民反,王命周公践伐之。商人服象,为虐于东夷。周公遂以师逐之,至于江南。乃为《三象》,以嘉其德。"⑤周公制礼作乐,奠定了西周继承"古乐"、弘扬"德音"的音乐传统。到了春秋后期,孔子的弟子子夏追慕"古乐":"今夫古乐,进旅退旅,和正以广。弦匏笙簧,会守拊鼓,始奏以文,复乱以武,治乱以相,讯疾以雅。君子于是语,于是道古,修身及家,平均天下。此古乐之发也。""夫古者,天地顺而四时当,民有德而五谷昌,疾疢不作而无妖祥,此之谓大当。然后圣人作为父子君臣,以为纪纲。纪纲既正,天下大定。天下大定,然后正六律,和五声,弦歌诗颂,此之谓德音。"⑥这种以"德音"为标志的"古乐",既可以视为"五帝三王"时期的治世之音,也可视为西周时期音乐的主流。

---

① ④ ⑤ 《吕氏春秋·仲夏纪·古乐》。
② 《吕氏春秋·仲夏纪·适音》。
③ 《吕氏春秋·季夏纪·明理》。
⑥ 《礼记·乐记》。

但是进入东周,情况发生了变化。春秋时期,诸侯坐大,礼崩乐坏,出现了桑间濮上、郑卫之音这样的远离道德、只求享乐的"新乐""奸声"。子夏指出:"今夫新乐,进俯退俯,奸声以滥,溺而不止;及优侏儒,糅杂子女,不知父子。乐终不可以语,不可以道古。"①这种"新乐""奸声"表现为"极口腹之欲"②的"淫声"和"以钜为美,以众为观""不用度量"的"侈乐"。它极大地满足了统治者穷奢极欲、感官享乐的追求,因而深得诸侯国君喜爱。史载晋平公"悦新声"③。魏文侯坦言:"吾端冕而听古乐,则唯恐卧。听郑卫之音,则不知倦。"④由此产生的后果,是使人沉迷于享乐之中荡而不返,淫心害德,乱世亡国。《乐记》指出:"郑音好滥淫志,宋音燕女溺志,卫音趋数烦志,齐音敖辟乔志。此四者,皆淫于色而害于德。""郑卫之音,乱世之音也……桑间濮上之音,亡国之音也,其政散,其民流,诬上行私而不可止也。"荀子指出:"姚冶之容,郑卫之音,使人之心淫。""乐姚冶以险,则民流僈鄙贱矣。流僈则乱,鄙贱则争。乱争则兵弱城犯,敌国危之。如是,则百姓不安其处,不乐其乡,不足其上矣。故礼乐废而邪音起者,危削侮辱之本也。"⑤

与此同时,音乐作为动听怡人的特殊艺术样式,在形式上又有自身的规律和特点。《吕氏春秋》描述"古乐"从音律到乐器的发展历程:"昔黄帝令伶伦作为律。伶伦自大夏之西,乃之阮隃之阴,取竹于嶰溪之谷,以生空窍厚钧者,断两节间,其长三寸九分而吹之,以为黄钟之宫,吹曰舍少。次制十二筒,以之阮隃之下,听凤皇之鸣,以别十二律。其雄鸣为六,雌鸣亦六,以比黄钟之宫,适合。黄钟之宫皆可以生之,故曰黄钟之宫,律吕之本。黄帝又命伶伦与荣将铸十二钟,以和五音,以施英韶。""帝颛顼生自若水,实处空桑,乃登为帝。惟天之合,正风乃行,其音若熙熙、凄凄、锵锵。颛顼好其音,乃令飞龙作,效八风之音,命之曰《承云》,以祭上帝。乃令鱓先为乐倡。鱓乃偃寝,以其尾鼓其腹,其音英英。""帝喾命咸黑作为声歌《九招》《六列》《六英》,有倕作为鼙、鼓、钟、磬、吹、苓、管、埙、箎、鼗、椎、钟。帝喾乃令人抃,或鼓鼙、击钟磬、吹苓、展管箎。因令凤鸟、天翟舞之。""帝尧立,乃命质为乐。质乃效山林溪谷之音以歌,乃以麋輅置缶而鼓之,乃拊击石,以象上帝玉磬之音,以致舞百兽。瞽叟乃拌五弦之瑟,作以为十五弦之瑟,命之曰《大章》,以祭上帝。""舜立,命延乃拌瞽叟之所为瑟,益之八弦,以为二十三

---

① ④ 《礼记·乐记》。
② 《吕氏春秋·适音》。
③ 《国语·晋语八》。
⑤ 《荀子·乐论》。

弦之瑟。"①"昔者,舜作五弦之琴以歌南风,夔始制乐以赏诸侯。"②到了周代,音律更趋完备,对音律的认识也更加深入。《吕氏春秋·音律》揭示:"黄钟生林钟,林钟生太蔟,太蔟生南吕,南吕生姑洗,姑洗生应钟,应钟生蕤宾,蕤宾生大吕,大吕生夷则,夷则生夹钟,夹钟生无射,无射生仲吕。三分所生,益之一分以上生。三分所生,去其一分以下生。黄钟、大吕、太蔟、夹钟、姑洗、仲吕、蕤宾为上,林钟、夷则、南吕、无射、应钟为下。大圣至理之世,天地之气,合而生风。日至则月钟其风,以生十二律。仲冬日短至,则生黄钟。季冬生大吕。孟春生太蔟。仲春生夹钟。季春生姑洗。孟夏生仲吕。仲夏日长至,则生蕤宾。季夏生林钟。孟秋生夷则。仲秋生南吕。季秋生无射。孟冬生应钟。天地之风气正,则十二律定矣。"这是说,黄钟律生出林钟律,林钟律生出太蔟律,太蔟律生出南吕律,南吕律生出姑洗律,姑洗律生出应钟律,应钟律生出蕤宾律,蕤宾律生出大吕律,大吕律生出夷则律,夷则律生出夹钟律,夹钟律生出无射律,无射律生出仲吕律。十二音律之间是相互生成的关系。把作为基准的音律度数分为三等分,往上增加一分,或往下减去一分,就可产生新的音律。黄钟、大吕、太蔟、夹钟、姑洗、仲吕、蕤宾等乐律是上生的新律,林钟、夷则、南吕、无射、应钟等乐律是下生的新律。天地之气合而生风,日、月、风的特殊组合产生十二乐律。冬至日到了,就会产生黄钟。季冬日产生大吕。孟春日产生太蔟。仲春日产生夹钟。季春日产生姑洗。孟夏日产生仲吕。夏至日到了,就会产生蕤宾。季夏日产生林钟。孟秋日产生夷则。仲秋日产生南吕。季秋日产生无射。孟冬日产生应钟。十二音律不仅是风在乐器孔窍中运动的产物,也与天地相摩、日月运行密切相关。

《吕氏春秋》还追根溯源,将夏王孔甲所作《破斧之歌》视为"东音"之始,将夏禹时涂山之女所作"候人兮猗"之歌视为"南音"之始,将殷王河亶甲"徙宅西河"所作思恋"故处"之歌视为"西音"之始,将帝喾时有娀氏之女所作"燕燕往飞"之歌视为"北音"之始。③ 这说明,早在夏商以前,音乐就形成了不同的地域特色。在周代,这些特色仍然保留着。

古代音乐并不是单独以听觉形态存在的。从舜帝起,音乐就常常与诗歌艺术、舞蹈艺术结合在一起。《尚书·虞夏书》记载:舜帝就曾对乐官夔说过:"夔!命汝典乐,教胄子,直而温,宽而栗,刚而无虐,简而无傲。诗言

---

① 《吕氏春秋·仲夏纪·古乐》。
② 《礼记·乐记》。
③ 《吕氏春秋·季夏纪·音初》。

志,歌永言,声依永,律和声。八音克谐,无相夺伦,神人以和。"夔说:"於!予击石拊石,百兽率舞。"周人将这个问题上升到理性认识:"乐者,心之动也;声者,乐之象也;文采节奏,声之饰也。""金石丝竹,乐之器也。诗言其志也,歌咏其声也,舞动其容也。三者本于心,然后乐气从之。""歌者,上如抗,下如队,曲如折,止如槁木,倨中矩,句中钩,累累乎端如贯珠。故歌之为言也,长言之也。说之,故言之;言之不足,故长言之;长言之不足,故嗟叹之;嗟叹之不足,故不知手之舞之,足之蹈之也。"①

在五帝三王的"古乐"中,音乐的形式美与内容善是结合得很好的,所谓"美善相乐""文质彬彬"。但是到了夏、商末世,则出现了君主抛弃民本的道德关怀、片面在音乐的形式和自我的感官上追求享乐的偏向。"夏桀、殷纣作为侈乐,大鼓、钟、磬、管、箫之音,以钜为美,以众为观,俶诡殊瑰,耳所未尝闻,目所未尝见,务以相过,不用度量。"②乱世之音有惊人的相似之处。春秋以后出现的"新乐"也是如此。"宋之衰也,作为千钟;齐之衰也,作为大吕;楚之衰也,作为巫音。""为木革之声则若雷,为金石之声则若霆,为丝竹歌舞之声则若噪。""以此骇心气、动耳目","此生乎不知乐之情,而以侈为务故也"③。"侈乐"亏夺民财以供君主之享乐,导致上下失和,人民离心离德,潜藏着社会动乱,这就背离了音乐快乐的本义实情。"侈则侈矣,自有道者观之,则失乐之情。失乐之情,其乐不乐。"④

三、音乐本体论:"乐以象德""声以和乐"

周代的音乐理论,集中诞生于春秋战国时期。它面对的乐坛状况,是以"侈乐""淫乐"为标志的"新乐""奸声""邪音"的盛行。史上所说"礼崩乐坏"的"乐坏",即是指这种状况。"淫乐"极耳目之欲、视听之乐,"侈乐"耗费民财,损害民生,在春秋时期,已发展成为导致天下不安宁的突出因素。比如周景王铸大钟,巨大无比,"匮财用,罢民力,以逞淫心","比之不度","听之不和",导致"离民怒神",天怨人怒。⑤ 楚灵王造高台,"以土木之崇高、彤镂为美","以观大、视侈、淫色以为明",数年乃成,"国民罢焉,财用尽焉,年谷败焉,百官烦焉"⑥。晋平公好"新声",师旷认为是晋国的不祥之

---

① 均见《礼记·乐记》。
②③④ 《吕氏春秋·侈乐》。
⑤ 《国语·周语下》。
⑥ 《国语·楚语》。

兆:"公室其将卑乎?君之明(萌)兆于衰矣。"①所以这个时期的音乐理论从维护周朝的礼教等级和天下安宁出发,异口同声地声讨"侈乐""淫声",指斥它们是"乱世之音""亡国之音",是"奸声""邪音"。"故先王贵礼乐而贱邪音。其在序官也,曰修宪命,审诛赏,禁淫声,以时顺修,使夷俗邪音不敢乱雅,太师之事也。"②由于当时诸侯国君喜好的音乐都属于这种侵夺民生的"侈乐""淫声",以至于墨子提出了"非乐"的主张,虽然笼统地反对一切音乐艺术不免极端,但其出发点是无可非议的,这就是强调照顾民生的道德。"今王公大人……将必厚措敛乎万民,以为大钟鸣鼓、琴瑟竽笙之声","是故子墨子曰:为乐非也"③。"子墨子之所以非乐者,非以大钟鸣鼓、琴瑟竽笙之声以为不乐也,非以刻镂华文章之色以为不美也,非以犓豢煎炙之味以为不甘也,非以高台厚榭邃野之居以为不安也。虽身知其安也,口知其甘也,目知其美也,耳知其乐也,然上考之不中圣王之事,下度之不中万民之利,是故子墨子曰:为乐非也。""民有三患:饥者不得食,寒者不得衣,劳者不得息,三者民之巨患也。然即当为之撞巨钟、击鸣鼓、弹琴瑟、吹竽笙而扬干戚,民衣食之财,将安可得乎?""仁之事者……利人乎即为,不利人乎即止。且夫仁者之为天下度也,非为其目之所美,耳之所乐,口之所甘,身体之所安,以此亏夺民衣食之财,仁者弗为也。""今天下士君子,请将欲求兴天下之利,除天下之害,当在乐之为物将不可不禁而止也。"④

然而,光破不立是不行的。要从根本上扭转"新乐"的"淫声""侈乐"这种偏向,必须端正对音乐本质的认识。

音乐的本质是什么呢?是给人带来快乐。所以周人反复强调:"乐者,乐也。"⑤统治者在音乐中追求个人的感官享乐,是不是符合音乐的快乐本质呢?不。因为最高级别的快乐是与民同乐、天下安康。而统治者极度追求个人的感官享乐恰恰是以与民争利、亏夺民脂民膏为条件和代价的,是导致天下失和不安的祸源之一。所以说:"乐极则忧。"⑥"侈乐不乐。"⑦"以此(侈乐)为乐(音乐)则不乐(快乐)。故乐愈侈,而民愈郁,国愈乱,主愈卑。"⑧"侈则侈矣,自有道者观之,则失乐之情。失乐之情,其乐不乐。乐不乐者,其民必怨,其生必伤。其生之与乐也,若冰之于炎日,反以自兵。此生

---

① 《国语·晋语八》。
② 《荀子·乐论》。
③④ 《墨子·非乐上》。
⑤⑥ 《礼记·乐记》。
⑦⑧ 《吕氏春秋·侈乐》。

乎不知乐之情,而以侈为务故也。"①"亡国戮民,非无乐也,其乐不乐。……君臣失位,父子失处,夫妇失宜,民人呻吟,其以为乐也,若之何哉?"②由此可知:"乱国之主未尝知乐。"③

于是周人提出"大乐""至乐"概念。"大乐"之"大",通"太"。"太乐"即"至乐"。"大乐""至乐"均指最完美的音乐。"大乐与天地同和。"④"大乐,君臣、父子、长少之所欢欣而悦也。"⑤"夫至乐者,先应之以人事,顺之以天理,行之以五德,应之以自然,然后调理四时,太和万物。"⑥"欲观至乐,必于至治。其治厚者其乐治厚,其治薄者其乐治薄,乱世则慢以乐矣。"⑦"夫耳内(纳)和声,而口出美言,以为宪令,而布诸民,正之以度量,民以心力,从之不倦,成事不二,乐之至也。"⑧最完美的音乐是国泰民安、天地同和、上下同乐的音乐。乱世的国君不明白这个乐理,不懂得在与民同乐中追求音乐的快乐,所以他热衷的侈乐淫声其实无乐可言。"乱世之主,乌闻至乐?不闻至乐,其乐不乐。"⑨"世浊则礼烦而乐淫。郑卫之声、桑间之音,此乱国之所好,衰德之所说。"⑩

在周人看来,不仅"至乐""大乐"必须与爱民利民、天下安宁的道德相连,但凡音乐都应如此。"乐云乐云,钟鼓云乎哉?"⑪"乐之隆,非极音也。""乐者,非谓黄钟大吕弦歌干(盾)扬(钺)也。""黄钟大吕弦歌干扬也,乐之末节也。"⑫音乐的真谛不在钟鼓弦歌、黄钟大吕方面极尽能事,而在钟鼓弦歌、黄钟大吕所承载的道德。"乐者,所以道乐也。"⑬音乐是对人们快乐追求的合理疏导。"金石丝竹,所以道德也。"⑭乐器音律不过是承载道德之具。因此,《乐记》总结音乐的本质说:"乐者,所以象德也。""乐者,德之华也。""德音之谓乐。"《乐记》还在"声"与"音"的比较甄别中强调"乐"的"德音"特质:"夫'乐'者,与'音'相近而不同。"⑮"凡'音'者,生于人心者也;'乐'者,通伦理者也。""知'声'而不知'音'者,禽兽是也;知'音'而不知

---

① 《吕氏春秋·侈乐》。
②⑤ 《吕氏春秋·大乐》。
③⑨ 《吕氏春秋·明理》。
④ 均见《礼记·乐记》。
⑥ 《庄子·天运》,《二十二子》本。按:有的版本无此语。
⑦ 《吕氏春秋·制乐》。
⑧ 《国语·周语下》。
⑩ 《吕氏春秋·音初》。
⑪ 《论语·阳货》。
⑫⑮ 《礼记·乐记》。
⑬⑭ 《荀子·乐论》。

'乐'者,众庶是也。唯君子为能知'乐'。"①在此基础上,周人从"治道"出发提出"审'声'知'音'""审'音'知'乐'""审'乐'知政"的要求:"是故审'声'以知'音',审'音'以知'乐',审'乐'以知政,而治道备矣。""不知'声'者,不可与言'音';不知'音'者,不可与言'乐'。"②《国语·晋语八》记载春秋时期晋国乐官师旷提出"乐以风德":"夫乐以开山川之风也,以耀德于广远也。风(讽,宣扬)德以广之,风(教化)山川以远之,风(化育)物以听之,修诗以咏之,修礼以节之。夫德广远而有时节,是以远服而迩不迁。"《国语·楚语》记载春秋时楚国大夫伍举的话:"国君……安民以为乐,听德(有德之音)以为聪,致远以为明。不闻其以土木之崇高、彤镂为美,而以金石匏竹之昌大、嚣(哗)庶(众)为乐,不闻其以观大、视侈、淫色以为明。"《左传·襄公十一年》记载春秋时晋国国卿魏绛的音乐主张:"夫乐以安德(杜预注:和其心也),义以处之(处位以义),礼以行之(行教令),信以守之(守所行),仁以厉之,而后可以殿邦国,同福禄,来远人,所谓乐也。"魏绛要求音乐"安德""处义""行礼""守信""厉仁",发挥"殿邦国""来远人"的功能,认为这才是真正的"乐"。恰如晋代杜预所注:"言五德皆备乃为乐,非但金石。"

音乐的本质与道德内涵密切相关。所以音乐在追求快乐时就不能为所欲为、肆无忌惮,而必须以道制欲、以理节情。"乐者,乐也。君子乐得其道,小人乐得其欲。以道制欲,则乐而不乱;以欲忘道,则惑而不乐。"③"先王之制礼乐也,非以极口腹耳目之欲也,将以教民平好恶而反人道之正也。"④"成乐有具,必节嗜欲。嗜欲不辟(放纵),乐乃可务。"⑤"乐之务在于和心,和心在于行适。夫乐有适,心亦有适。……适心之务在于胜理。"⑥"故先王之制礼乐也,非特以欢耳目、极口腹之欲也,将以教民、平好恶、行理义也。"⑦"君子动其本,乐其象,然后治其饰。是故……独乐其志,不厌其道;备举其道,不私其欲。是故情见而义立,乐终而德尊。"⑧

音乐以道制欲、以理节情的结果,是形成了音乐表现情感的中和、平和特质。这就叫"声出于和,和出于适。""务乐有术,必由平出。"⑨《乐记》在与"礼"的比较中强调"乐"的中和特质:"乐极和,礼极顺。""乐由中出,礼自外作。""礼也者,动于外者也","致礼以治躬则庄敬,庄敬则严威","外貌斯须不庄不敬,而易慢之心入之矣"。"乐也者,动于内者也","致乐以治心,则易直子谅之心油然生矣","心中斯须不和不乐,而鄙诈之心入之矣"。

---

①②③④⑧ 《礼记·乐记》。
⑤⑨ 《吕氏春秋·大乐》。
⑥⑦ 《吕氏春秋·适音》。

"乐至则无怨,礼至则不争。""合父子之亲,明长幼之序,以敬四海之内天子如此,则礼行矣。""暴民不作,诸侯宾服,兵革不试,五刑不用,百姓无患,天子不怒,如此,则乐达矣。"①

音乐之"和",不仅体现为"情和",即音乐中的情感抒发不走极端,而且体现为"声和",即音乐形式契合听众主体的感官结构阈值,与之出于一种和适状态。"声和"要求音乐的声音不能太响,让人"听乐而震",也不能太轻,使人"听之弗及"。一句话,音响不能超出听乐人的听觉结构阈值,否则就会使人失去"和平"。《国语·周语》对此论述甚详:

> (周景王)二十三年,王(景王)将铸无射(大钟),而为之大林(钟罩)。单穆公曰:"不可……且夫钟不过以动声(敲击发声),若无射有林(在大钟上加罩子),耳弗及也。夫钟声以为耳也,耳所不及,非钟声也……耳之察和也,在清浊之间,其察清浊也,不过一人之所胜。是故先王之制钟也,大不出钧(三十斤),重不过石(四钧为石)。律、度、量、衡于是乎生,大小器用于是乎出……今王作钟也,听之弗及,比(衡量)之不度,钟声不可以知和,制度不可以出节,无益于乐……将焉用之!夫乐不过以听耳,而美不过以观目。若听乐而震,观美而眩,患莫甚焉。夫耳目,心之枢机也,故必听和而视正。听和则聪,视正则明。聪则言听,明则德昭……然则能乐。……若视听不和,而有震眩,则味入不精,不精则气佚,气佚则不和,于是有狂悖之言,有眩惑之明,有转易之名,有过慝之度。出令不行,刑政纷纷,动不顺时,民不据依,不知所力,各有离心,上失其民,作则不济,求则不获,其何以能乐?"
>
> 王弗听,问之伶州鸠。对曰:"……夫政象乐,乐从和,和从平,声以和乐,律以平声……声应相保曰和,细大不逾曰平,如是而铸之金(钟),磨之石(磬),系之丝木,越(穿孔)之匏竹,节(调节)之鼓而行之……嘉生繁祉(福),人民和利,物备而乐成,上下不罢(疲),故曰乐正。今细过其主妨于正,用物过度妨于财,正害财匮妨于乐。细抑大陵,不容于耳,非和也;听声越远,非平也……夫有和平之声,则有蕃殖之财。于是乎导之以中德,咏之以中音,德音不愆,以合神人,神是以宁,民是以听。若夫匮财用,罢民力,以逞淫心,听之不和,比之不度,无益于教,而离民怒神,非臣之所闻也。"②

---

① 《礼记·乐记》。
② 薛安勤、王连生:《国语译注》,吉林文史出版社1991年版,第129—131页。

《吕氏春秋·适音》总结得更好:"夫音亦有适。太钜则志荡,以荡听钜,则耳不容,不容则横塞,横塞则振。太小则志嫌,以嫌听小,则耳不充,不充则不詹,不詹则窕。太清则志危,以危听清,则耳谿极,谿极则不鉴,不鉴则竭。太浊则志下,以下听浊,则耳不收,不收则不抟,不抟则怒。故太钜、太小、太清、太浊皆非适也。"①"衷,音之适也。何谓衷?大不出钧,重不过石,小大轻重之衷也。黄钟之宫,音之本也,清浊之衷也。衷也者,适也,以适听适则和矣。乐无太,平和者是也。"②此外,"声和"还要求将各种不同的音乐元素协调地组合在一起,寓杂多于统一。《国语·郑语》记载周太史史伯语:"声一无听,物一无文,味一无果。""夫和实生物,同则不继。故先王以土与金、木、水、火杂,以成百物……"《左传·昭公二十年》记载晏子关于"声和"的一段论述:"和如羹焉。水火醯醢盐梅以烹鱼肉,燀(炊)之以薪。宰夫和之,齐之以味,济其不及,以泄其过。君子食之,以平其心。""声亦如味,一气,二体,三类,四物,五声,六律,七音,八风,九歌,以相成也;清浊、小大、短长、疾徐、哀乐、刚柔、迟速、高下、出入、周疏,以相济也,君子听之,以平其心,心平德和。""若以水济水,谁能食之?若琴瑟之专一,谁能听之?"③

四、音乐创作论:"管乎人情""制之礼义"

音乐的本体、特质是"德音",而非"极音";是"和乐",而非"淫乐";是"正声",而非"邪音"。这就决定了音乐创作的动机、方法论。周人称之为"立乐之方"。

周代的音乐创作动机、方法论是建立在音乐创作过程论基础之上的。音乐创作过程是怎样的呢?周人认识到:音乐的创作过程,是由物动心、由心生情、由情发声的自然过程。"凡音者,生人心者也。情动于中,故形于声。声成文,谓之音。""凡音之起,由人心生也。人心之动,物使之然也。感于物而动,故形于声。声相应,故生变;变成方,谓之音;比音而乐之,及干戚羽旄,谓之乐。"④同时,音乐也是人们出于求乐的天性,通过音声发泄情感、追求快乐的产物。"夫乐(音乐)者,乐(快乐)也,人情之所不能免也。""人不耐(能)无乐,乐不耐无形。""乐(快乐)必发于声音,形于动静,人之道也。"⑤在人们由物生心、通过音乐追求快乐的过程中,如果不加控制,就会

---

① ② 《吕氏春秋·适音》。
③ 杜预注、孔颖达等正义:《春秋左传》,《十三经注疏》,上海古籍出版社 1997 年版,第 2093 页。
④ ⑤ 《礼记·乐记》。

被物欲牵引主宰,走向好恶无节、纵情灭理的歧途,导致"淫泆作乱"的恶果。"人生而静,天之性也;感于物而动,性之欲也。物至知知,然后好恶形焉。好恶无节于内,知诱于外,不能反躬,天理灭矣。夫物之感人无穷,而人之好恶无节,则是物至而人化物也。人化物也者,灭天理而穷人欲者也。于是有悖逆诈伪之心,有淫泆作乱之事。是故强者胁弱,众者暴寡,知者诈愚,勇者苦怯,疾病不养,老幼孤独不得其所,此大乱之道也。"①同时,音乐创作不只是由物生心的被动过程,还是人心感物的能动过程。以什么样的心态投入音乐创作至关重要。"乐者,音之所由生也,其本在人心之感于物也。是故其哀心感者,其声噍以杀;其乐心感者,其声啴以缓;其喜心感者,其声发以散;其怒心感者,其声粗以厉;其敬心感者,其声直以廉;其爱心感者,其声和以柔。六者非性也,感于物而后动。是故先王慎所以感之者。"②按照道家的看法,"恶欲喜怒哀乐,六者累德也"③,"心不忧乐,德之至也"④。按照儒家的看法,"欲治其国者,先齐其家;欲齐其家者,先修其身;欲修其身者,先正其心","定而后能静,静而后能安,安而后能虑,虑而后能得"⑤。所以,必须保持安静、平和的心态进行音乐创作乃至欣赏。"耳之情欲声,心不乐(和平也),五音在前弗听;目之情欲色,心弗乐,五色在前弗视;鼻之情欲芬香,心弗乐,芬香在前弗嗅;口之情欲滋味,心弗乐,五味在前弗食。欲之者,耳目鼻口也;乐(音乐)之弗乐(快乐)者,心也。心必和平然后乐,心必乐然后耳、目、鼻、口有以欲之。故乐之务在于和心。"⑥音乐作为"治国齐家"的一种政治手段,在创作之初,首先应当确立用音乐"管乎人心""管乎人情"的动机。"礼乐之统,管乎人心矣。"⑦"礼乐之说,管乎人情矣。"⑧在从事音乐创作时,必须寓教于乐,"稽之度数,制之礼义":"夫民有血气心知之性,而无哀乐喜怒之常,应感起物而动,然后心术形焉。是故志微噍杀之音作,而民思忧;啴谐慢易、繁文简节之音作,而民康乐;粗厉猛起、奋末广贲之音作,而民刚毅;廉直、劲正、庄诚之音作,而民肃敬;宽裕肉好、顺成和动之音作,而民慈爱;流辟邪散、狄成涤滥之音作,而民淫乱。是故先王本之情性,稽之度数,制之礼义。"所谓"稽之度数",即符合"声和"的原则从事乐律的创作。所谓"制之礼义",即"以道制欲":"乐者,乐也。……以道制欲,则乐而不乱;以欲忘道,则惑而不乐。是故君子反情

---

① ② ⑥ ⑧ 《礼记·乐记》。
③ 《庄子·庚桑楚》。
④ 《庄子·刻意》。
⑤ 《礼记·大学》。
⑦ 《荀子·乐论》。

以和其志,广乐以成其教,乐行而民乡方。"《雅》《颂》就是这样的典范作品:"人不耐(能)无乐,乐不耐无形。形而不为道,不耐无乱。先王耻其乱,故制雅、颂之声以道之,使其声足乐而不流,使其文足论而不息,使其曲直繁瘠、廉肉节奏足以感动人之善心而已矣,不使放心邪气得接焉。是先王立乐之方也。"①

五、音乐功能论:"和乐成顺""审乐知政"

从"管乎人情"的动机出发"稽之度数,制之礼义",创作出来的音乐作品"通乎伦理","象德""安德",这样的音乐就能发挥和顺君民、沟通人神、移风易俗、天下安宁的政治功能。

关于音乐和顺万物的政治功能,《吕氏春秋》说:"君子反道以修德;正德以出乐;和乐以成顺。乐和而民乡方矣。"②"乡方"者,向道、归道也。荀子《乐论》指出:"凡奸声感人而逆气应之,逆气成象而乱生焉;正声感人而顺气应之,顺气成象而治生焉。""正其乐,而天下顺焉。""乐行而志清,礼修而行成,耳目聪明,血气和平,移风易俗,天下皆宁,美善相乐。""乐中平则民和而不流,乐肃庄则民齐而不乱,民和齐则兵劲城固,敌国不敢婴也。如是,则百姓莫不安其处,乐其乡,以至足其上矣。……是王者之始也。""听其《雅》《颂》之声,而志意得广焉;执其干戚,习其俯仰屈伸,而容貌得庄焉;行其缀兆,要其节奏,而行列得正焉,进退得齐焉。""故乐者,出所以征诛也,入所以揖让也。征诛揖让,其义一也。出所以征诛,则莫不听从;入所以揖让,则莫不从服。故乐者,天下之大齐也,中和之纪也。"《乐记》从礼乐之辨入手分析指出:"仁近于乐,义近于礼。""礼者,殊事合敬者也;乐者,异文合爱者也。""乐者为同,礼者为异;同则相亲,异则相敬。""礼义立,则贵贱等矣;乐文同,则上下和矣。""君子反情以和其志,比类以成其行。奸声乱色,不留聪明;淫乐慝礼,不接心术;惰慢邪辟之气不设于身体,使耳目鼻口、心知百体皆由顺正以行其义。然后发以声音,而文以琴瑟,动以干戚,饰以羽旄,从以箫管。奋至德之光,动四气之和,以著万物之理。是故清明象天,广大象地,终始象四时,周还象风雨。五色成文而不乱,八风从律而不奸,百度得数而有常。小大相成,终始相生。倡和清浊,迭相为经。故乐行而伦清,耳目聪明,血气和平,移风易俗,天下皆宁。""乐在宗庙之中,君臣上下同听之,则莫不和敬;在族长乡里之中,长幼同听之则莫不和顺;在闺门之内,父子兄弟

---
① 《礼记·乐记》。
② 《吕氏春秋·音初》。

同听之则莫不和亲。故乐者审一以定和,比物以饰节。节奏合以成文,所以合和父子君臣,附亲万民也。"周人还认识到,音乐通过乐器、音律动听怡人,令人快乐,具有"入人也深"、"化人也速"的艺术特点,如果不加控制,会产生很大的破坏力;如果合理疏导,它发挥的政教功能也就特别积极巨大。《乐记》指出:"乐也者,圣人之所乐也,而可以善民心。其感人深,其移风易俗(易)。故先王导之以礼乐而民和睦。"荀子《乐论》指出:"声乐之入人也深,其化人也速,故先王谨为之文。乐中平则民和而不流,乐肃庄则民齐而不乱。"

由于"君子乐得其道,小人乐得其欲"①,所以通过音乐表达的情感是否符合道德理性规范,可以判断这音乐的创作、爱好者是"君子"还是"小人"。这就叫"审乐"可以"观人"。"凡音者,产乎人心者也。感于心则荡乎音,音成于外而化乎内。是故闻其声而知其风,察其风而知其志,观其志而知其德。盛衰、贤不肖、君子小人皆形于乐,不可隐匿。故曰:乐之为观也,深矣。"②

由于音乐抒发的情感直接反映着这个时代或国家政治的清明或昏暗、安宁或危亡状况,所以音乐成了政治的晴雨表,通过"审乐"可以"观政"。"故有道之世,观其音而知其俗矣,观其政而知其主矣。"③"治世之音安以乐,其政和;乱世之音怨以怒,其政乖;亡国之音哀以思,其民困。声音之道,与政通矣。"④"治世之音安以乐,其政平也;乱世之音怨以怒,其政乖也;亡国之音悲以哀,其政险也。凡音乐通乎政,而移风平俗者也,俗定而音乐化之矣。"⑤鲁襄公二十九年,"吴公子来聘……请观于周乐"。为之歌《周南》《召南》,吴公子评论:"美哉!(王业)始基之矣,犹未也。然勤而不怨矣。"为之歌《邶风》《鄘风》《卫风》,吴公子评论:"美哉,渊乎!忧而不困者也。吾闻卫康叔、武公之德如是,是其《卫风》乎?"为之歌《王风》,吴公子评论:"美哉!(百姓)思而不惧,其周之东(周室东迁)乎?"为之歌《郑风》,吴公子评论:"美哉!其细已甚,民弗堪也,是其先亡乎!"为之歌《齐风》,吴公子评论:"美哉!泱泱乎!大风也哉!表东海者,其大公乎!国未可量也。"为之歌《豳风》,吴公子评论:"美哉!荡乎!乐而不淫,其周公之东(周公东征)乎?"为之歌《秦风》,吴公子评论:"此之谓夏声。夫能夏则大,大之至也,其周之旧乎?"为之歌《魏风》,吴公子评论:"美哉!沨沨乎!大而婉,险而易行,以德辅此,则明主也。"为之歌《唐风》,吴公子评论:"思深哉!其有

---

① 分别见《乐记》《荀子·乐论》。
② 《吕氏春秋·音初》。
③⑤ 《吕氏春秋·适音》。
④ 《礼记·乐记》。

陶唐氏之遗民乎？不然，何忧之远也？非令德之后，谁能若是？"为之歌《陈风》，吴公子评论："国无主，其能久乎？"为之歌《小雅》，吴公子评论："美哉！思而不贰，怨而不言，其周德之衰乎？犹有先王之遗民焉。"为之歌《大雅》，吴公子评论："广哉！熙熙乎！曲而有直体，其文王之德乎？"为之歌《颂》，吴公子评论："至矣哉！直而不倨，曲而不屈，迩而不逼，远而不携，迁而不淫，复而不厌，哀而不愁，乐而不荒，用而不匮，广而不宣，施而不费，取而不贪，处而不底，行而不流，五声和，八风平，节有度，守有序，盛德之所同也。"为之舞《象箾》《南籥》，吴公子评论："美哉！犹有憾。"为之舞《大武》，吴公子评论："美哉！周之盛也，其若此乎！"为之舞《韶濩》，吴公子评论："圣人之弘也，而犹有惭德，圣人之难也。"为之舞《大夏》，吴公子评论："美哉！勤而不德，非禹其谁能修之？"为之舞《韶箾》，吴公子评论："德至矣哉！大矣！如天之无不帱也，如地之无不载也。虽甚盛德，其蔑以加于此矣。观止矣！若有他乐，吾不敢请已！"①吴公子"观于周乐"后的评价，都与音乐表现的民情苦乐、道德高下及其反映的政治安危有关，不仅进一步印证了周代观乐知政，从而调整政治方针的乐教传统，而且也提供了周代诗乐舞一体的详细证明。

---

① 《左传·襄公二十九年》。

第二十五章　仁政论之五：周代的"法辅"思想

内容提要：本章论述周代仁政框架之下的"法辅"思想。周初确立了爱民保民、礼乐教化为主的仁政方针，同时根据治理天下的需要，提出了法治要求，改进了刑法制度。但总体看来，周代的法治思想是服从于爱民保民的仁政设计的。以仁立法，以仁司法，明德慎罚，礼主刑辅，"义主法辅"，"法治"成为周代"仁政"中的一个辅助手段。到了东周，虽然诸侯争霸、礼崩乐坏，但西周的仁政思想实际上仍占主导地位，不仅被儒家加以发展，也被道家加以补充、杂家加以兼取。即便法家、名家公开反对仁政德治，主张严刑峻法，也打着"仁义"的旗号。在仁政之下礼主刑辅，或打着"仁义"的旗号推行严刑峻法，构成了周代"法辅"思想的整体风貌。①

周代鉴于夏桀、殷纣实施暴政而亡的教训，推行仁政。仁政以礼乐教化为主，但也不得不兼顾"法治"。礼治与法治犹如车之两轮，鸟之两翼，二者相辅相成。于是"法治"成为周代仁政中与"礼治"并行的一部分，从立法到司法环节都体现、渗透着爱民、恤民的情怀，以仁立法，以仁司法，明德慎罚，礼主刑辅，"仁本法末""义主法辅"。西周法治思想的这个特点，在《尚书·周书》《周礼》中有明确的记载。到了东周，虽然进入诸侯争霸、礼崩乐坏的春秋战国时期，但西周统治者奠定的这个政治传统仍然占主导地位，不仅被儒家学说加以发展，也被道家学说加以补充、杂家学说加以兼取。由于仁德占据着道义的高地，即便法家、名家公开反对仁政德治，主张严刑峻法，也打着仁义的旗号，所谓"以刑去刑""以杀去杀"，是对民众的最大仁德。这就构成了周代"法治"思想的整体状况。

一、西周法治思想：明德慎罚、以仁司法

西周开国，制礼作乐，实行仁政，兼顾法治。西周的法治思想是对上古

---

① 本章以"周代仁政之下法治思想系统研究"为题，发表于《中南大学学报》2024年第2期。

圣王充满仁爱精神的法治传统的继承。

　　法治的源头可追溯到上古时期。"黄帝之治天下,置法而不变,使民安乐其法也。""尧之治也,盖明法审令而已。"①上古的三皇五帝是靠为民兴利除害,被人民自发拥戴为王的,他们都具有爱民利民的仁德情怀。所以上古的法治也充满仁德精神。传说尧舜时期实行"象刑"②,即用"画衣冠、异章服"的办法代替肉刑和死刑,以有标记的服饰来制裁罪犯。据《尚书·虞夏书·大禹谟》记载,皋陶是舜帝时掌管狱讼的大臣。他称道舜帝是以德立法司法的表率:"帝德罔愆,临下以简,御众以宽;罚弗及嗣,赏延于世。宥过无大,刑故无小;罪疑惟轻,功疑惟重;与其杀不辜,宁失不经;好生之德,洽于民心,兹用不犯于有司。"

　　"禹承尧舜之后,自以德衰而制肉刑。"③夏代的民风失去了尧舜时期的淳朴,所以夏代的刑法日趋严苛。据《左传·昭公六年》记载:"夏有乱政,而作《禹刑》。"东汉郑玄解释说:"夏刑,大辟二百,膑辟三百,宫辟五百,劓、墨各千。"夏朝虽然有了严厉的刑法,但尧舜时期的仁德遗风依稀可见。史载夏禹看见罪人被处罚时,曾自责痛哭:"禹出见罪人,下车,问而泣之。左右曰:'夫罪人不顺道,故使然焉,君王何为痛之至于此也?'禹曰:'尧舜之人皆以尧舜之心为心,今寡人为君也,百姓各自以其心为心,是以痛之。'"④夏禹对司法部门审判的案件"大小必察,枉直咸举",甚至"以断趾之法,代大辟之刑","仁心恻隐,贯彻幽显"⑤。

　　到了商代,治安形势日趋恶化,刑罚手段更加严酷,刑法名目更加繁多。《左传·昭公六年》说:"商有乱政,而作《汤刑》。"祖甲对《汤刑》进行修订,成为商朝通行的刑法律条,多为后世采用,所以荀子说:"刑名从商。"⑥商代在五刑之外增加了许多酷刑。死刑的名目有:"斩",即杀头;"戮",即在执行死刑前履行一定的程序,使被戮罪犯先蒙受耻辱,然后再斩;"醢",杀死后将尸体捣成肉酱;"脯",杀死后将尸体剁成肉干;"烹",把人放在器物里煮死;"剖心",即把人的心肝挖出;"炮格",让有罪之人在底下烧火的铜格上行走,活活烫死烧死;"孥戮",不仅杀其本人,而且祸及子女;"劓殄",即族

---

① 《意林》卷二引。
② 《尚书·舜典》:"象以典刑。"《史记·文帝纪》十三年诏云,古代有虞氏之时,以"画衣冠、异章服"作为处罚。《史记·武帝纪》元光元年诏云:"朕闻昔在唐虞,画象而民不犯。""象"是服饰、象征。唐、虞:唐尧、虞舜。
③ 班固:《汉书·刑法志》。
④ 刘向:《说苑·君道》。
⑤ 吴兢:《贞观政要·论封建》"李百药奏论"。
⑥ 《荀子·正名》。

诛。肉刑是与死刑相对的生刑,对罪犯的肉体加以处罚。名目有:"墨刑",在罪犯面部或额上刺刻后,涂以墨色,终身留下犯罪印记;"劓刑",即割掉鼻子;"剕刑",也叫"刖刑",用刀锯断足,一说是挖去膝盖骨,后来这一刑罚发展为斩左趾、右趾;"断手",如《韩非子·内储说上》云:"殷之法,弃灰于公道者断其手。""宫刑",即割掉男子生殖器,破坏女子生殖机能。徒刑也开始出现,即拘系犯罪者,强迫其劳役。

西周继承了夏商的墨、劓、宫、刖、杀五刑。到了战国时期,秦用商鞅,韩用申不害,实行连坐法,一人犯法,夷灭三族,还增加了"凿颠"(凿头颅)、"抽胁"(抽掉腋下肋骨)、"镬烹"(投入油锅)等酷刑。周代虽然沿袭、规定了严厉的刑法,但在实施时,坚持"明德慎罚"的原则,尽量措刑而不用。周初政治家主张:君主必须带头维护法治的公正性。周武王曾请教姜太公:"为国而数更法令者,何也?"姜太公说:"为国而数更法令者,不法法,以其所善为法者也。故令出而乱,乱则更为法,是以其法令数更也。"①《周书·康诰》记载周公语:"惟乃丕显考文王,克明德慎罚。"《多方》记载成王语:"罔不明德慎罚。"所谓"慎罚",首先指处罚犯罪从仁德动机出发,疑罪从轻,避免滥杀"无辜"。《周书·吕刑》提出"五刑之疑有赦,五罚之疑有赦"的司法原则,即"墨辟疑赦""劓辟疑赦""剕辟疑赦""宫辟疑赦""大辟疑赦"。对于五刑有怀疑的案例,可从轻处理,用罚款代替。"明德慎罚"还表现为"先德后刑""先教后杀"。周公认为应当教化先行,给犯罪者改过自新机会。如经过教化仍然再犯,再施以刑罚。酗酒成风是周初的一个严重社会问题。周公认为商人酗酒导致丧国,周人应以此为戒,加以严惩,但即便如此,也不可"不教而杀",必须先给予教育。反复教育而仍"群饮"者,"尽执拘以归于周,予其杀"。朱熹将这种"先德后刑""先教后杀"的做法解释为"教之不从,刑以督之"②。关于这样做的理由,汉代刘向指出:"至于刑者,则非王者之所贵也,是以圣王先德教而后刑罚。"③

认识西周的法治不能离开《周礼》。中古以前一致的意见认为《周礼》的作者是周公。周鉴于殷,实施仁政。仁政以德治为主,但道德教化并不是万能的。"其有不正,则国有常刑。"④因此,《周礼》在设置"春官"掌管礼教德治之外,又设"秋官"掌管刑法。"秋官"的最高长官是大司寇。"大司寇之职,掌建邦之三典,以佐王刑邦国,诘四方。一曰刑新国用轻典;二曰刑平

---

① ③ 《说苑·政理》。
② 《朱子语录》卷七十八。
④ 《周礼·地官·大司徒》。

国(承平之国)用中典;三曰刑乱国用重典。"要"以五刑纠万民:一曰野刑,上(尚)功纠力;二曰军刑,上命纠守;三曰乡刑,上德纠孝;四曰官刑,上能纠职;五曰国刑,上愿纠暴"①。大司寇之下设有一系列的司法职官。其中,"司刑掌五刑之法,以丽(附)万民之罪。墨罪五百,劓罪五百,宫罪五百,刖罪五百,杀罪五百。若司寇断狱弊讼,则以五刑之法诏刑罚,而以辨罪之轻重。"此外,"地官"也有责任协助司法,如大司徒"以乡八刑纠万民:一曰不孝之刑,二曰不睦之刑,三曰不姻之刑,四曰不弟之刑,五曰不任之刑,六曰不恤之刑,七曰造言(造谣)之刑,八曰乱民之刑"②。不过,使用刑法、实施处罚并非立法的初衷和目的。《周礼》刑罚思想的立足点是以德立法、以仁司法。《秋官·士师》提出预先告示"五禁"来辅助刑罚,即"宫禁""官禁""国禁""野禁""军禁","皆以木铎徇之于朝,书而县(悬)于门闾",为的是"毋使罪丽于民",防患于未然。对于案件的审理,有"三刺"(讯问群臣、群吏、万民,查明实情)、"三宥"(宽恕因"不识""过失""遗忘"而杀人的情况,区分故意行凶与误杀)、"三赦"(赦免幼弱、老耄、智障犯罪)之法。民间的诉讼,可根据契约判决。肇事后能民间调解的,尽量调解。对于过失犯罪,也可采取民间调解的方法:"调人掌司万民之难而谐和之。凡过而杀伤人者,以民成(调解)之。"③对于初犯,主张给反省改过的机会:"凡害人者,寘之圜土而施职事焉,以明刑耻之,其能改者,反于中国,不齿三年。其不能改而出圜土者,杀。"④要建立"圜土"(狱城)教化改造不良之民。对那些到处惹是生非的游民,可罚跪思过和拘役改造,用"嘉石"来感化其改过向善:"以嘉石平罢民,凡万民之有罪过而未丽于法而害于州里者,桎梏而坐诸嘉石,役诸司空。重罪,旬有(又)三日坐(双膝跪地,臀部靠在脚跟上,即跪也),期(一年)役;其次,九日坐,九月役;其次,七日坐,七月役;其次;五日坐,五月役;其下罪,三日坐,三月役。使州里任(担保)之,则宥而舍(释放)之。"⑤《周礼》所说的司法尤其注意保护下层百姓的申诉权利:"以肺石达穷民,凡远近茕独、老幼之欲有复于上,而其长弗达者,立于肺石三日,士听其辞,以告于上,而罪其长。"⑥"肺石"即像肚肺一样红色的石头。它是官府保护穷苦无助之民申诉权利的护身符。凡远近孤独无靠或年老幼弱之民想要向上级部门申诉冤屈,而他们的长官不予转达的,就可来到肺石上站三天,向朝士诉说冤屈,由朝士报告朝廷,最终惩罚欺压他们的官吏。《周礼》的法治主张是

①④⑤⑥ 《周礼·秋官·大司寇》。
② 《周礼·地官·大司徒》。
③ 《周礼·地官·调人》。

德治思想的补充,从一个侧面证明了它是周代仁政学说下属的一个部分。

二、儒家的发展:"宽猛相济""隆礼重法"

进入东周,诸侯国利用封建制赋予的自主权不断发展壮大,侵略其他诸侯国、扩充自己国土的兼并战争此起彼伏,史称"春秋战国"。这是一个礼崩乐坏、靠武力和铁腕手段说话的时代,周初奠定的仁政德治根基受到挑战。然而,除名家、法家将法治与德治对立起来,公开批判仁义道德、声称以法强国外,春秋战国时期的儒家、道家、杂家都在守卫着周初以来的仁政传统,将法治视为仁政之下与德治并行的一个必要补充。因为他们不约而同地认识到,得人心者得天下,称霸天下的根本之道是爱民利民的仁政德治。铁腕霸道可以得逞于一时,不能强盛于永久。在这方面,孔子创立的儒家学说坚守文、武之道,对明德慎罚、礼主刑辅作出了重要阐述。

孔子学说的核心是"仁"。以"仁"施政,是他政治学说的主体。孔子的仁政学说主张以礼教为主的德治,但他清醒地认识到,德治并不是万能的。当时的天下并不太平。好人治理国家,必须等到百年才能消除残暴,废除刑杀。"善人为邦百年,亦可以胜残去杀矣。诚哉是言也!"①即便有英明的圣王出现,也得三十年才能实现仁政。"如有王者,必世而后仁。"②在此之前,不能废除刑罚杀戮手段,而现在就处于这个时期。因此,在实现仁政的政治进程中不能仅用宽厚的德治,必须同时兼用法治:"政宽则民慢……猛则民残……宽以济严,猛以济宽,政是以和。"③一方面,"刑罚不中,则民无所措手足";另一方面,"礼乐不兴,则刑罚不中"④。仁政之下的法治必须坚持德主刑辅。由此出发,孔子比较古今执法的不同,崇尚以仁省刑的古代,批评严刑重罚的当代:"古之知法者能省刑,本也;今之知法者不失有罪,末矣。"⑤

到了孟子那里,一方面继承孔子德治与法治并用的仁政思想,告诫政治家"徒善不足以为政,徒法不足以自行"⑥,同时做了一个重大的变革,即将"仁政"法典化。"离娄之明,公输子之巧,不以规矩,不能成方圆;师旷之聪,不以六律,不能正五音;尧、舜之道,不以仁政,不能平治天下。"⑦"仁政"就是天下最大的"法"。与此同时,孟子还提出了执法的公平原则。据《孟子》记载:桃应问:"舜为天子,皋陶为士,瞽瞍杀人,则如之何?"孟子答:"执之而已矣。"桃应问:"然则舜不禁与?"孟子答:"夫舜恶得而禁之?夫有所

---

①②④ 《论语·子路》。
③ 《左传·昭公二十年》。
⑤ 《孔丛子·刑论》。
⑥⑦ 《孟子·离娄上》。

受之也。"桃应问:"然则舜如之何?"孟子答:"舜视弃天下犹弃敝蹝也。窃负而逃,遵海滨而处,终身䜣然,乐而忘天下。"①桃应是孟子的弟子,他请教孟子:舜是天子,皋陶做大法官,如果舜的父亲瞽瞍杀了人,该怎么办?孟子说:把他抓起来。桃应说:舜不会去制止吗?孟子说:舜怎能制止呢?皋陶逮捕舜的父亲是有法律依据的。桃应问:那么舜该怎么办呢?孟子说:舜境界很高,他不会在乎天子之位,会偷偷背上老父,在海滨选择一个僻静的地方住下来,服侍老父一辈子,快快乐乐,无怨无悔。

荀子继承西周"明德慎罚"的政治主张,指出只有这样才能"国家既治四海平"②。他从礼乐入手强调德治。《荀子》中论及礼治的很多,论及法治的较少,体现了儒家"德主刑辅"的特色。孔子的德法并用,荀子表述为"隆礼重法":"治之经,礼与刑,君子以修百姓宁。"③天下不都是礼乐可以教化的好人,社会上有"善者",也有"不善者"。"听(断)政之大分:以善至者待之以礼,以不善至者待之以刑。"④所以"君道"不仅"隆礼",而且重法,"至道大形:隆礼至法则国有常。"⑤依法治国,是国泰民安必不可少的保证之一。"其法治,其佐贤,其民愿,其俗美,而四者齐,夫是之谓上一。……故百王之法不同,若是所归者一也。"⑥法治必须坚持的原则是公平。"故公平者,职之衡也;中和者,听(指听政、理政)之绳也。其有法者以法行,无法者以类举,听之尽也;偏党而不经,听之辟也。"⑦公平的体现是刑罪相当,量刑适当:"刑当罪则威,不当罪则侮。"⑧"罚不当罪,不祥莫大焉。""刑称罪,则治;不称罪,则乱。"⑨身处乱世,罚不胜罚,针对现实问题,他尤其反对重罪轻判、法外施仁:"杀人者不死,而伤人者不刑,是谓惠暴而宽贼也,非恶恶也。""故治则刑重,乱则刑轻。"⑩

三、道家的补充:"仁本法末""立法为公"

春秋后期,老子创立道家学派,主张以清虚无为的"道德"治理天下,反对西周以来的仁政法治。老子有段著名的话:"失道而后德,失德而后仁,失仁而后义,失义而后礼。夫礼者,忠信之薄而乱之首"⑪"法令兹彰,

---

① 《孟子·尽心上》。
②③ 《荀子·成相》。
④⑦ 《荀子·王制》。
⑤ 《荀子·君道》。
⑥ 《荀子·王霸》。
⑧ 《荀子·君子》。
⑨⑩ 《荀子·正名》。
⑪ 《老子》第三十八章。

盗贼多有。"①从无为而治的思想出发,老子否定后世愈来愈烦琐的人为法,认为统治者制定的法律越多,违法犯罪现象也就越多。老子的这一主张,揭露了现实社会法律烦琐不胜其扰的局限性,有其合理性的一面,但另一方面,他主张取消人类一切的法律制度,则是不切实际的天真幻想。所以,他的弟子文子作了补正。

文子一方面继承乃师的观点,指出"治国,太上养化,其次正法"②,政治最高的境界是道德为上,无为而治。当不得不需要应用刑法维护社会治安时,恰恰说明这个时期社会的道德有问题。所以说"德薄然后任刑"③。春秋时期,诸侯称霸,天下大乱。不仅无为的道德不管用了,仁义礼乐的教化也不奏效了,不得不求助于"刑兵"来维护天下稳定。这时,如果仍然恪守上古的道德或五帝时的仁义,就会被时代抛弃。文子审时度势,清醒地看到这一点:"仁者,人之所慕也,义者,人之所高也。为人所慕,为人所高,或身死国亡者,不周于时也。故知义而不知世权者,不达于道也。""五帝贵德,三王用义,五伯任力。今取帝王之道,施五伯之世,非其道也。"④根据时代特点,文子提出刑法治国的主张。这个主张是以西周以来的仁政德治思想为根基的,是文子失德而求仁的政治思想的一个组成部分。

关于刑法在治国大政中所处的地位,文子明确提出"仁本法末""义主法辅":"治之本,仁义也;其末,法度也。""法之生也,以辅义。重法弃义,是贵其冠履而忘其首足也。"⑤在此基础上他强调:"有道以理之,法虽少,足以治;无道以理之,法虽众,足以乱。"⑥

关于立法的动机,文子说:"悬法者,法不法也。""古之置有司(法律部门)也,所以禁民不得恣也。其立君也,所以制有司使不得专行也。法度道术,所以禁君使无得横断也。"⑦立法的目的是防止民众及官吏乃至君主恣意妄为。"夫法者,天下之准绳也。"⑧立法的目的不是惩罚犯罪,而是让人回归正道,免于犯罪。"所贵圣人者,非贵其随罪而作刑也,贵其知乱之所生也。若开其锐端,而纵之放僻淫佚,而弃之以法,随之以刑,虽残贼天下不能禁其奸矣。"⑨所以文子反对严刑重罚:"末世之法,高为量而罪不及也,重为任而罚不胜也,危为其难而诛不敢也。"⑩"法烦刑峻即民生诈,上多事下多态,求多即

---

① 《老子》第五十七章。
②⑨⑩ 《文子·下德》。
③ 均见《文子·自然》。
④ 《文子·微明》。五伯:春秋五霸。
⑤⑦⑧ 《文子·上义》。
⑥ 《文子·上仁》。

得寡,禁多即胜少,以事生事,又以事止事,譬犹扬火而使无焚也。"①因此,文子得出结论:"至刑不滥。""善罚者,刑省而奸禁。"②

关于立法的依据,文子指出:立法的依据是道义人心、世事人理。"法非从天下也,非从地出也,发乎人间,反已自正。""法生于义,义生于众适,众适合乎人心。此治之要也。""当于世事,得于人理,顺于天地,祥于鬼神,即可以正治矣。"③不同的时代有不同的世事人理,所以法律必须"因时而变",不可食古不化。"知法之所由生者,即应时而变。""天下几有常法哉?""故圣人法与时变,礼与俗变。衣服器械,各便其用;法度制令,各因其宜。故变古未可非,而循俗未足多也。"文子批评当时死守旧法者:"今为学者,循先袭业,握篇籍,守文法,欲以为治。非此不治,犹持方枘而内圆凿也,欲得宜适亦难矣。"④"圣人者,应时权变,见形施宜。世异则事变,时移则俗易;论世立法,随时举事。上古之王,法度不同,非古相返也,时务异也。是故不法其已成之法,而法其所以为法者,与化推移。"⑤文子还举历史上的例子说明:"五帝异道而德覆天下,三王殊事而名后世,因时而变者也。"⑥

关于司法的公正,文子指出:"夫权衡规矩,一定而不易,常一而不邪,方行而不留。""衡之于左右,无私轻重,故可以为平;绳之于内外,无私曲直,故可以为正;人主之于法,无私好憎,故可以为令。"⑦"法定之后,中绳者赏,缺绳者诛。虽尊贵者不轻其赏,卑贱者不重其刑。犯法者,虽贤必诛;中度者,虽不肖无罪。是故,公道而行,私欲塞也。"⑧"明主之赏罚,非以为己,以为国也。适于己而无功于国者,不施赏焉;逆于己而便于国者,不加罚焉。"⑨只有去除私心,坚持刑罪相当,法律才能发生积极的作用。反之,法律就会生出种种乱子来。"是故重为惠,重为暴,即道迕矣。""为惠者布施也,无功而厚赏,无劳而高爵,即守职者懈于官,而游居者亟于进矣。""为惠者即生奸,为暴者即生乱,奸乱之俗,亡国之风也。"⑩

文子还告诫,立法者必须以身作则,带头执法,才能起到上行下效的示范作用:"人主之制法也,先以自为检式,故禁胜于身,即令行于民。""有诸己,不非于人;无诸己,不责于所立。立于下者,不废于上;禁于民者,不行于身。"⑪

战国后期,出现了道家的一部殿军之作《鹖冠子》。作者鹖冠子从道家

---

① ⑤ 《文子·道德》。
② ③ ④ ⑧ ⑪ 《文子·上义》。
⑥ 均见《文子·上礼》。
⑦ 《文子·下德》。
⑨ 《文子·微明》。
⑩ 《文子·自然》。

的本体论论及法的生成。在他看来,万物"莫不发于气,通于道……成于法者也";"从此化彼者,法也"①。法令在维护社会稳定的政治实践中地位很重要:"法也者,守内者也;令也者,出制者也。"②法不仅是惩恶的刑法,而且包括奖善的赏令。"法之所贵",在于光明正大,不暗箱操作,"举善不以宵宵,拾(捡)过不以冥冥"③,能够光明正大地奖善惩恶。

因此,圣人立法的原则,是去私就公,坚持公正。"法者,天地之正器也。用法不正,元德不成。"④"唯道之法,公政(正)以明。"⑤"法者,使去私就公。"⑥公正要求法令的设置必须体现基本的是非标准。"是者,法之所与亲也;非者,法之所与离也。是与法亲故强,非与法离故亡。"⑦只有这样,法令才能促使人们去自觉地遵守,所谓"人以成则(法则),士以为绳(绳墨)";法令的使用才能起到扬善去恶、阴阳调和的积极作用。"夫法不败是,令不伤理,故君子得而尊,小人得而谨,胥靡得以全……故法错而阴阳调。"⑧

确立了立法贵公的原则,就必须保证法令的贯彻实施。为了保证公正法令的贯彻实施,鹖冠子借鉴商鞅的思想,进一步探讨了相互监督、责任共担的连坐制。首先,从基层到上层,设置伍、里、扁、乡、县、郡等不同的行政区划,分别设伍长、有司、扁长、乡师、啬夫、大夫为其最高长官。"鹖冠子曰:其制邑理都,使曉(习惯)习者五家为伍,伍为之长;十伍为里,里置有司;四里为扁,扁为之长;十扁为乡,乡置师;五乡为县,县有啬夫治焉;十县为郡,有大夫守焉。"然后让各行政单元的人们相互监督:"事相斥正,居处相察,出入相司。"具体说来即:"父与父言义,子与子言孝,长者言善,少者言敬,旦夕相薰芧(熏陶),以此慈孝之务。若有所移徙去就,家与家相受,人与人相付(应为保),亡(逃亡)人奸物(徒),无所穿窬,此其人情物理也。"如果有人违法,其他人不举报,发现后不仅当事人要接受处罚,行政单元的长官也要承担连带责任,同样接受处罚:"伍人有勿故不奉上令……而不辄以告里有司,谓之乱家,其罪伍长以同。里中有不敬长慈少,出等异众,不听父兄之教,有所受闻,不悉以告扁长,谓之乱里,其罪有司而贰其家。扁不以时循行教诲,受闻不悉以告乡师,谓之乱扁,其罪扁长而贰其家。乡不以时循行教诲,受闻不悉以告县啬夫,谓之乱乡,其罪乡师而贰其家。县啬夫不以时循行教诲,受闻不悉以告郡,善者不显,命曰蔽明,见恶而隐,命曰下比,谓之乱县,其诛啬夫无赦。郡大夫不以循行教诲,受闻虽实,有所遗脱,不悉以

---

① ⑤ ⑦ 《鹖冠子·环流》。
② ⑥ ⑧ 《鹖冠子·度万》。
③ 《鹖冠子·天则》。
④ 《鹖冠子·泰鸿》。

教柱国,谓之乱郡,其诛郡大夫无赦。""下情六十日一上闻,上惠七十二日一下究","畔者不利","不肖者不失其贱,而贤者不失其明",这样就可以保证层层级级的民众为善而不为恶,"上享其福禄,而百事理行",最终达到"其刑设而不用","莫能挠其强"的结果。① 这是对司法有效性的建设性思考。

四、法家的表述:"以杀去杀""以刑去刑"

战国中期,面对秦国推行的仁政和称霸中原的抱负,商鞅提出了变法主张,开法家学说之先声。商鞅变法虽然矛头直指仁政德治,但他打出的旗号,仍然是"仁义",所谓"以杀去杀""以刑去刑"②是天下最大的"仁义"。在这样一种正义的旗号下,商鞅及其后来的法家人物对法制、法令的特点及其实施技巧进行了深刻、丰富的探讨,为周代法治思想作出了特殊贡献。

春秋战国时期,虽然周天子的权威和西周开辟的仁政传统遭到挑战,但作为主流意识形态,尧、舜、汤、武之道以及孔子据此创立的儒家仁义学说仍然影响很大,秦国也无出其右。商鞅指出当时各国的状况是:"今世……释法而以知(智),背功而以誉。"③商鞅对此很不以为然,认为"仁义之不足以治天下也"④,仁义学说是过时的旧法,在当时不仅不能适应时代需要,不足以称霸天下,反而是远离农战的"巧言虚道",削弱国家实力的"虱子""蠹虫",提出了废除"仁义""孝悌"之道,实施务农强战的法家之道的强国主张:"胜民之本在制民……民本,法也。故善治者,塞民以法。"⑤

首先,商鞅将人类历史的发展划分为"上世""中世""下世"三个阶段,指出在当时的秦国废除王道仁政、实行霸道法治是强国的必然选择。"上世"是一个"亲亲而爱私"、聚讼纷纭、相互混战的原始阶段。"中世"是一个"尚贤悦仁"、中正太平的王道时代。后来单靠贤人仁爱奉献、主持公道不管用了,人类历史进入第三个阶段"下世",出现了君臣共同管理天下,"贵贵而尊官"的贵族政治阶段。这是一个靠法制、强力管理天下的霸道阶段。君主拥有至高无上的地位,所以这又是一个君主专制的阶段。⑥ 这个时期,君主以严格、统一的礼制、法令治国。"三代不同礼而王,五霸不同法而霸。""礼、法以时而定;制、令各顺其宜。""治世不一道,便国不必法

---

① 均见《鹖冠子·王铁》。
②④⑤ 《商君书·画策》。
③ 《商君书·君臣》。
⑥ 《画策》篇列举的黄帝"作为君臣上下之义、父子兄弟之礼、夫妇妃匹之合,内行刀锯,外用甲兵",属于下世。《修权》篇说"五霸以法正诸侯",则春秋五霸之世亦属于下世。

古。""反古者未必可非,循礼者未足多是也。"①"圣人不法古……法古则后于时……周不法商,夏不法虞,三代异势,而皆可以王。故兴王有道,而持之异理。"②身处战国中期的秦国,商鞅所要变革的是西周以来的仁政德治。

商鞅一方面公开批判仁政德治,另一方面迫于道义的力量,高举仁义的大旗,将法治解释为对民众最大的仁爱:"法者所以爱民也。"③"杀刑之返于德,而义合于暴。"④采用激励农战的严刑峻法,可以避免犯罪,增强国力,给人民带来最大的利益。"立君之道莫广于胜法,胜法之务莫急于去奸,去奸之本莫深于严刑。"⑤"重刑,连其罪,则民不敢试。民不敢试,故无刑也。"⑥商鞅称之为"德生于刑"⑦、"德生于力"⑧。反之,传统的仁政讲究宽容,其实纵容犯罪,是最大的不仁;传统的德治纵恶养奸,其实是最大的乱治。严刑峻法让人不敢犯罪,因而不受刑诛,是达到天下大治的真正的仁义、最大的德治。

在此前提下,商鞅大力强调"垂法而治"在强国事业中至关重要的地位。"法者,国之权衡也。"⑨"法令者,民之命也,为治之本也。"⑩"明王之治天下也,缘法而治。"⑪"凡将立国,制度不可不察也,治法不可不慎也。""制度时,则国俗可化,而民从制;治法明,则官无邪。"⑫

在肯定法治合法性的基础上,商鞅具体剖析了法令的特点和赏罚的依据。法令的特点或实质是刑赏、奖惩。"凡赏者,文也;刑者,武也。文武者,法之约也。"⑬"夫刑者,所以禁邪也;而赏者,所以助禁也。""刑戮者,所以止奸也;而官爵者,所以劝功也。"⑭赏罚的依据是功与罪。"以刑治民则乐用;以赏战民则轻死。"⑮"怯民使之以刑,则勇;勇民使之以赏,则死。"⑯"贫者使以刑,则富;富者使以赏(鬻爵),则贫。治国能令贫者富、富者贫,则国多力,多力者王。"⑰只有赏功罚罪,才能收到惩恶扬善、国泰民安的效果。

---

① ③ 《商君书·更法》。
② ④ ⑤ 《商君书·开塞》。
⑥ 《商君书·赏刑》。
⑦ ⑯ 《商君书·说民》。
⑧ 《商君书·靳令》。
⑨ ⑬ 《商君书·修权》。
⑩ 《商君书·定分》。
⑪ 《商君书·君臣》。
⑫ 《商君书·一言》。
⑭ 《商君书·算地》。
⑮ 《商君书·弱民》。
⑰ 《商君书·去强》。

立法的大忌,是罚人之所欲,而奖人之所恶,这样必然导致亡国的后果。"羞辱劳苦者,民之所恶也;显荣佚乐者,民之所务也。故其国刑不可恶而爵禄不足务也,此亡国之兆也。""立爵而民羞之,设刑而民乐之,此盖法术之患也。"①

进入法令赏罚环节,商鞅指出必须坚持几个原则。一是"先刑而后赏"②。二是多罚而少赏。"治国刑多而赏少,故王者刑九而赏一,削国赏九而刑一。"③三是"重罚而轻赏"④。"罚重,爵尊;赏轻,刑威。爵尊,上爱民;刑威,民死上。"⑤"刑重者,民不敢犯,故无刑也;而民莫敢为非,是一国皆善也,故不赏善而民善。"⑥四是清明合理。"用必加于功,赏必尽其劳。"⑦"法制不明,而求民之行令也,不可得也。"⑧五是令出必行。"民信其赏,则事功成;信其刑,则奸无端。""上多惠言而不克其赏,则下不用;数加严令而不致其刑,则民傲死。"⑨"处君位而令不行,则危。""民不从令,而求君之尊也,虽尧、舜之知,不能以治。"⑩六是公平执法。"法平,则吏无奸。"⑪"圣人之为国也,一赏一刑。"⑫"所谓一赏者,利禄官爵抟出于兵,无有异施也。""所谓一刑者,刑无等级,自卿相将军以至大夫庶人,有不从王令、犯国禁、乱上制者,罪死不赦。"⑬

商鞅还清楚地认识到:由于人性自私,执法者也有私利,司法公平是很难做到的。负责监督司法公正的监察人员也存在一个违法犯法、需要别人再监察的问题。"今恃多官众吏,官立丞、监。夫置丞立监者,且以禁人之为利也;而丞、监亦欲为利,则何以相禁?"要达到真正的公平,必须用一定的手段"数"营造出"事合而利异"的"势",使得以私干法无法实施,奉公守法成为必须。

在官府执法之外,商鞅还主张通过法官宣示法令使民众知法,通过相互监督使民众守法的"自治"思想。首先在全国各层各级设立"法官"及执法之"吏":"天子置三法官,殿中置一法官,御史置一法官及吏,丞相置

---

① 《商君书·算地》。
② 《商君书·一言》。
③ 《商君书·开塞》。
④ 《商君书·去强》。
⑤ 《商君书·说民》。
⑥ 《商君书·画策》。
⑦ 《商君书·弱民》。
⑧⑩ 《商君书·君臣》。
⑨⑬ 《商君书·修权》。
⑪ 《商君书·靳令》。
⑫ 《商君书·赏刑》。

一法官。诸侯、郡、县皆各为置一法官及吏,皆此秦一法官。郡、县、诸侯一受宝来(禁室)之法令,学问并所谓。吏民知法令者,皆问法官。故天下之吏民无不知法者。"①于是商鞅提出相互"告奸"的方法。"有奸必告之,则民断于心,上令而民知所以应。"②商鞅主张大义灭亲,将对于犯法奸情的举报扩大、渗透到家庭成员中,从"刑赏断于民"达到"刑赏断于家":"王者刑赏断于民心……治则家断,乱则君断。"由于家庭成员之间相互监督自治,就可以做到事不过夜,及时举报及时处理:"家断则有余,故曰日治者王……夜治者强。"③由于民众依法自治,所以"有道之国,治不听君,民不从官"④。民众的"自治"是通过相互监督举报保证的。这个告奸之举通常也被视为奸举,告奸之民通常被视为奸民,而天下大治的根本"自治"恰恰是由奸民的告奸之举保证的。所以这种相互监督的告密方法,商鞅叫作"以奸民治善民"。"国以善民治奸民者,必乱至削;国以奸民治善民者,必治至强。"⑤什么原因呢?"合而复者,善也;别而规者,奸也。"⑥民众结合起来就会互相掩盖过失,这就是所谓的"善";使民众疏远分开,互相监督,这就是所谓的"奸"。于是,"用善,则民亲其亲;任奸,则民亲其制。""章善,则过匿;任奸,则罪诛。""过匿,则民胜法;罪诛,则法胜民。民胜法,国乱;法胜民,兵强。故曰:以良民治,必乱至削;以奸民治,必治至强。"⑦

如果说商鞅法治思想的标志是"法",申不害法治思想的标志则是"术"。申不害,战国中期郑国人。以法术获韩昭侯赏识,用为丞相。内修政教,外应诸侯,使君权得到加强,韩国走向强大。在大夫弑君、危机四伏的时代,申不害主张以"法"加强君主至高无上的权势。"君之所以尊者,令。"⑧"君必明法,以一群臣。""君必有明法正义,若悬权衡以称轻重,所以一群臣也。"⑨但君主治理天下的法,不是为一己私利服务的,而是为天下人主持公道服务的。所以法令的基本要求是公正无私:"天道无私,是以恒正;天道常正,是以清明。"⑩君主还必须掌握驭臣之"术",暗中以"术"辅助公开之"法",进而调动和监督大臣依法行事,实现大治。"法"是公开的,是臣民的行动准则。"术"则隐藏在君主心中,是君主用来对付大臣、驾驭大臣的方法

---

① 《商君书·定分》。按:"宝来"当为"禁室"之误,见蒋礼鸿:《商君书锥指》,中华书局1986年版,第144页。
②③④⑥⑦ 《商君书·说民》。
⑤ 《商君书·去强》。
⑧⑩ 《意林》卷二引。
⑨ 《艺文类聚》卷五四引。

权谋。治理国家不仅要用"阳法",而且要用"阴术"。"故善为主者,倚于愚,立于不盈,设于不敢,藏于无事,窜端匿疏,示天下无,是以近者亲之,远者怀之。示人有余者,人夺之;示人不足者,人与之。刚者折,危者覆,动者摇,静者安。"①君主的驭臣之"术"虽然重要,但只能以"术"辅"法",不能以"术"干"法"。以"术"辅"法"就会国泰民安,以"术"干"法"就会天下大乱。

战国中期另外一位法家代表人物是赵国的慎到。慎到法治思想的标志是"势"。他强调君主大权独揽、拥有高高在上的权势的重要性,提出"国之大道"是"民一于君",同时强调统一天下的法令必须是排除君主私利的"至公"之法,并对驭臣之"术"作了进一步探讨。

首先,慎到呼应申不害,强调以"至公"之法治天下。"法者,所以齐天下之动,至公大定之制也。"法要体现社会公平原则。"法非从天下,非从地出,发于人间,合乎人心而已。"至公之法是从人民大众普遍的是非判断中提炼、产生的。"有权衡者,不可欺以轻重;有尺寸者,不可差以长短;有法度者,不可巧以欺诈伪。"法度好比评判天下是非的"权衡"。只有建立健全公平法制,才能杜绝各种自以为是、强词夺理、肆无忌惮、为所欲为的事情:"故智者所以不得越法而肆谋,辩者不得越法而肆议,士不得背法而有名,臣不得背法而有功。"因此,君主治理国家,必须"寄治乱于法术,托是非于赏罚,属轻重于权衡。""不引绳之外,不推绳之内,不急法之外,不缓法之内。"②从"至公"的角度看,法总是有这样或那样的不完善之处,但有一个不尽完善的法度,总比无法可依好得多。"法虽不善,犹愈于无法,所以一人心也。"③

其次,慎到指出:社会在发展,形势在变化,人们对于至公的理解也在发生变化,所以合理的法度要与时俱变。这个法随时变的思想与商鞅相似。"治国无其法则乱,守法而不变则衰。""以死守法者,有司也;以道变法者,君长也。"④

再次,慎到反对君主以私欲干法,凭一己好恶实施赏罚。"有道之国,法立则私议不行。""事断于法,是国之大道也。""法之功,莫大使私不行;君之功,莫大使民不争。"⑤"祸福生乎道法,而不出乎爱恶;荣辱之责在乎己,而不在乎人。"⑥"我喜可抑,我忿可窒,我法不可离也;骨肉可刑,亲戚可灭,至

---

① 以上均见《群书治要》卷三六引。
②④⑤ 均见《慎子·逸文》。许富宏:《慎子集校集注》,中华书局 2013 年版。
③ 均见《慎子·威德》。
⑥ 《慎子·逸文》。

法不可阙也。"①"故欲不得干时,爱不得犯法,贵不得逾亲,禄不得逾位……。以能受(授)事,以事受(授)利。"②避免以私干法,就可保证司法的公正性和权威性,起到赏罚公平、社会和谐的效果:"是以分马者之用策,分田者之用钩。非以钩策为过于人智也,所以去私塞怨也。故曰:大君任法而弗躬,则事断于法矣。法之所加,各以其分。蒙其赏罚而无望于君也,是以怨不生而上下和矣。"③

法家学说发展到战国末期出现了一位集大成者韩非。当时秦国的实力远在六国之上。韩非出生的韩国是六国中力量最弱的国家。由于韩国的地理位置介于大国之间,秦国要进攻六国,韩国首当其冲;六国要合纵攻秦,韩国又成为战场。韩非一生一直处在强邻侵凌、饱受危难的状况中。作为韩王之子,如何使韩国走向强大、摆脱腹背受敌的困局,就成为他朝思暮想的头等大事。他曾多次上书韩王陈述己见,希望变法图强,均不被采用。于是发愤著书。传到秦国后,秦王嬴政大为赏识。为了见到韩非,秦王急攻韩国。韩王被迫派韩非出使秦国。秦王见到韩非、与之交流后,并未信任和重用韩非。韩非曾上书秦王先伐赵、缓伐韩,遭到李斯等人的诬陷,下狱囚禁。狱中完成《韩非子》一书,最终遇害。

韩非适应秦王嬴政统一六国、称霸天下的需要,将商鞅的"法"、申不害的"术"、慎到的"势"综合起来,建构了一套以势强君、以术驭臣、以法治民的维护君主专制的法治理论。

基于人性自私、人情本恶的人性观和治理天下"必因人情""不从人情"的政治理念,韩非提出以刑德、赏罚为两手的法治主张。"人情者,有好恶,故赏罚可用;赏罚可用,则禁令可立而治道具矣。"④"好恶者,上之所制也。民者好利禄而恶刑罚,上掌好恶以御民力,事实不宜失矣。"⑤"明主之所导制其臣者,二柄而已矣。二柄者,刑德也。何谓刑德?曰:杀戮之谓刑,庆赏之谓德。为人臣者畏诛罚而利庆赏,故人主自用其刑德,则群臣畏其威而归其利矣。"⑥在承认人好利恶害本性的前提下,设计利害之道,让臣民在得利的同时不得不为君主服务,是最切实有效的治国方略。那么,这个使臣民不得不效力于君主的途径是什么呢?就是法。"圣人者,审于是非之实,察

---

① 《慎子·逸文》。
② 《慎子·威德》。
③ 《慎子·君人》。
④ 《韩非子·八经》。
⑤ 《韩非子·制分》。
⑥ 均见《韩非子·有度》。

于治乱之情也。故其治国也,正明法,陈严刑,将以救群生之乱,去天下之祸,使强不陵弱,众不暴寡,耆老得遂,幼孤得长,边境不侵,群臣相亲,父子相保,而无死亡系虏之患,此亦功之至厚者也。"①人性利己。要让臣民自觉做利他的善事很难,而确保臣民不从利己之心出发做害人的坏事,则是维护天下稳定必须做到的基本要求。明君应根据人的自私自利天性设定刑法禁止人作恶,而不应奢望道德引导人们为善。"夫圣人之治国,不恃人之为吾善也,而用其不得为非也。恃人之为吾善也,境内不什数;用人不得为非,一国可使齐。为治者用众而舍寡,故不务德而务法。"②"私者,所以乱法也。""夫立法令者,以废私也。法令行而私道废矣。"③因此,禁止为非作歹的法治是治理天下的根本之道。"故治民无常,唯治为法。"④"明主之国,令者,言最贵者也;法者,事最适者也。"⑤"故明主之国……以法为教……以吏为师。"⑥

治国之法作为禁恶之法,要重要严。韩非继承商鞅的轻罪重罚思想,主张严刑重罚治天下。"夫严刑重罚者,民之所恶也,而国之所以治也;哀怜百姓、轻刑罚者,民之所喜,而国之所以危也。""夫严刑者,民之所畏也;重罚者,民之所恶也。故圣人陈其所畏以禁其邪,设其所恶以防其奸,是以国安而暴乱不起。"⑦"法重者得人情,禁轻者失事实。"⑧"行刑重其轻者,轻者不至,重者不来。此谓以刑去刑。"⑨

法之所禁,不仅体现在禁事方面,更应该从禁言、禁心做起。"是故禁奸之法,太上禁其心,其次禁其言,其次禁其事。"⑩于是治民之法就成了"诛心"之法、"禁言"之法。哪怕心有出轨、言有出格,都应举报惩处,以便将恶事扼杀于萌芽状态。这方面,韩非吸取了商鞅的"连坐告奸"主张,指出:"至治之国,善以止奸为务。""去微奸之道奈何? 其务令之相规其情者也。则使相窥奈何? 曰:盖里相坐而已。禁尚有连于己者,理不得相窥,唯恐不得免。有奸心者不令得忘,窥者多也。如此,则慎己而窥彼,发奸之密。告过者免罪受赏,失奸者必诛连刑。如此,则奸类发矣。奸不容细,私告任坐

---

① ⑦ 《韩非子·奸劫弑臣》。
② 《韩非子·显学》。
③ 《韩非子·诡使》。
④ 《韩非子·心度》。
⑤ 《韩非子·问辨》。
⑥ 《韩非子·五蠹》。
⑧ 《韩非子·制分》。
⑨ 《韩非子·饬令》。
⑩ 《韩非子·说疑》。

使然也。"①

这种小过大罚、轻罪重罚、连坐告奸、诛心诛言之法,百姓以为是"暴政",所谓"愚人不知,顾以为暴"②。韩非则辩解说:这样可以保证臣民由惧怕受罚到避免犯罪,实际上是对臣民最大的爱护、最高的"道德"。相反,对于桀、纣这样草菅人命、不顾人民死活的暴君,韩非则一再给予批判:"暴者,心毅而易诛者也……心毅,则憎心见于下;易诛,则妄杀加于人……憎心见,则下怨其上;妄诛,则民将背叛。……暴人在位,则法令妄而臣主乖,民怨而乱心生。""暴者","亡国者也"③。

治国必用严刑峻法。这个法不能墨守成规,要与时俱进,不断根据现实需要变革发展。"法与时转则治,法与世宜则有功……故圣人之治民也,法与时移,而禁与能变。"④"圣人不期修古,不法常可,论世之事,因为之备。"⑤他继承商鞅的三世论,认为不同的时代有不同的政治之道:"上古竞于道德,中世逐于智谋,当今争于气力。"⑥在凭"气力"称霸天下的战国末期,"有美尧、舜、汤、武、禹之道于当今之世者,必为新圣笑矣"⑦。因此,韩非主张"废先王之教"⑧,批判"儒以文乱法"⑨。针对当时政坛上流行的孔墨曾史的仁爱孝道学说,韩非批判得特别尖锐:"博习辩智如孔、墨,孔、墨不耕耨,则国何得焉?修孝寡欲如曾、史,曾、史不战攻,则国何利焉?"⑩在否定了仁政德治之后,韩非提出的治国之道是严格的法治:"以道为常,以法为本。"⑪

首先,法制姓"公",是反映社会公利、纠正个人私利的硬性规范。"故当今之时,能去私曲就公法者,民安而国治;能去私行行公法者,则兵强而敌弱。"⑫法制姓"公"要求执法平等:"法不阿贵,绳不挠曲。法之所加,智者弗能辞,勇者弗敢争,刑过不避大夫,赏善不遗匹夫。"⑬

其次,法是君主统治群臣的大纲、制约臣民的工具。"夫为人主而身察百官,则日不足,力不给。……先王之所守要,故法省而不侵。"⑭"诘下之邪,治乱决缪,绌羡齐非,一民之轨,莫如法。厉官威名,退淫殆,止诈伪,莫如刑。"⑮"法也者,官之所以师也。"⑯"臣无法则乱于下,此不可一无,皆帝王

---

① 《韩非子·制分》。
② 《韩非子·奸劫弑臣》。
③⑩ 均见《韩非子·八说》。
④ 《韩非子·心度》。
⑤⑥⑦⑨ 《韩非子·五蠹》。
⑧ 《韩非子·问田》。
⑪ 《韩非子·饰邪》。
⑫⑬⑭⑮ 《韩非子·有度》。
⑯ 《韩非子·说疑》。

之具也。"①

再次,法也是"矫上之失"、君主自我约束的规矩。"人主释法用私,则上下不别矣。"②"释法术而心治,尧不能正一国。"③"释规而任巧,释法而任智,惑乱之道也。"④君主"安术"有七:"一曰赏罚随是非,二曰祸福随善恶,三曰死生随法度,四曰有贤不肖而无爱恶,五曰有愚智而无非誉,六曰有尺寸而无意度,七曰有信而无诈。"⑤

再次,法以刑罚为主,也包含奖赏;罚以禁恶,赏以奖善:"是以赏莫如厚而信,使民利之;罚莫如重而必,使民畏之;法莫如一而固,使民知之。故主施赏不迁,行诛无赦,誉辅其赏,毁随其罚,则贤、不肖俱尽其力矣。"⑥"是故欲治甚者,其赏必厚矣;其恶乱甚者,其罚必重矣。""重罚者盗贼也,而悼惧者良民也,欲治者奚疑于重刑名! 若夫厚赏者,非独赏功也,又劝一国。受赏者甘利,未赏者慕业,是报一人之功而劝境内之众也。欲治者何疑于厚赏!"⑦"是故明君之行赏也,暖乎如时雨,百姓利其泽;其行罚也,畏乎如雷霆,神圣不能解也。故明君无偷赏,无赦罚。……是故诚有功,则虽疏贱必赏;诚有过,则虽近爱必诛。疏贱必赏,近爱必诛,则疏贱者不怠,而近爱者不骄也。"⑧

韩非治国重法,通过法治的奖惩,最后聚焦到激励农战、富国强兵上。这与商鞅是一脉相承的。"夫耕之用力也劳,而民为之者,曰可得以富也。战之事也危,而民为之者,曰可得以贵也。""故民尽死力以从其上。""境内之民,其言谈者必轨于法,动作者归之于功(农也),为勇者尽之于军。是故无事则国富,有事则兵强,此之谓王资。"⑨

五、名家的增补:"循名责实""事断于法"

无论是仁义道德还是刑法奖惩,都与是非之名、名实关系密切相关。孔子提出"正名"问题,墨经开名学先声。从春秋末期到战国时期,逐渐形成名家学派。《邓析子》与《尹文子》是其中的两部代表性著作。它们集中论及刑名问题,对这个时期的法治思想有所增益。

---

① 《韩非子·定法》。
② 《韩非子·有度》。
③ 《韩非子·用人》。
④ 《韩非子·饰邪》。
⑤ 《韩非子·安危》。
⑥⑨ 《韩非子·五蠹》。
⑦ 均见《韩非子·六反》。
⑧ 《韩非子·主道》。

处在周代仁政的大背景中，春秋末期郑国大夫邓析从"民本"思想出发，提出"明君视民而出政"的口号，告诫人们"据贵者忧民离"，"在上离民者，虽劳而不治"。① 主张亲疏相济："明君之御民……亲而疏之，疏而亲之。"② 反对苛政烦令："政苛，则无逸乐之士。故令烦则民诈，政扰则民不定。"③ 强调顺应民心是政治之本："不治其本而务其末，譬如拯溺锤之以石，救火投之以薪。"④ 要求根据民心所向制定方针政策："以天下之目视，则无不见；以天下之耳听，则无不闻；以天下之智虑，则无不知。"邓析的这个主张，体现了西周以来仁政的爱民情怀，不过同时，邓析又公开反对以"仁厚"治理国家，主张以"无厚"的"刑名"治理臣民。"天于人无厚也，君于民无厚也，父于子无厚也，兄于弟无厚也。"⑤ 君主治理天下，应当明确君臣百官各自的名分和职责，循名责实，依法治国。"治世位不可越，职不可乱；百官有司，各务其形。上循名以督实，下奉教而不违。"⑥ 从周公的礼乐到孔子的仁义，强调统治者爱民利民，本意是好的，但到了春秋时代，却变成了大臣弑君篡位、诸侯你争我夺的遮羞布。"圣人不死，大盗不止。何以知其然？为之斗斛而量之，则并斗斛而窃之；为之权衡以平之，则并与权衡而窃之；为之符玺以信之，则并与符玺而窃之；为之仁义以矫之，则并仁义而窃之。何以知其然？彼窃财者诛，窃国者为诸侯。诸侯之门，仁义存焉。是非窃仁义耶？故逐于大盗，揭诸侯，此重利盗跖而不可禁者，乃圣人之罪也。"⑦ 同时，周初倡导的礼乐在春秋末期已经被异化，变成了华而不实、有名无实的虚伪学说："治世之礼，简而易行；乱世之礼，烦而难遵。上古之乐，质而不悲；当今之乐，邪而为淫。"⑧ 再者，春秋时期借着正义的旗号大夫弑君的事例屡屡发生，尚贤与尊君出现了巨大矛盾。"立君而争贤，是贤与君争，其乱也甚于无君。"⑨ 为了加强君权，邓析主张撕下仁德宽厚的遮羞布，高举尊君隆法的大旗，明确百官职责，以法治下。"民一于君，事断于法，此国之大道也。"⑩"循名责实，察法立威，是明王也。"⑪"循名责实，实之极也；按实定名，名之极也。"⑫"有道之国，法立则私议不行，君立而贤者不尊。""明君之督大臣，缘身而责名，缘名而责形，缘形而责实。臣惧其重诛之至，于是不敢行其私矣。"⑬邓析尤其论析了君、臣的不同名分和职责。"循名责实，君之事也；奉法宣令，臣之职也。"⑭从"循名责实"一端说，"君有三累"，"惟亲所信，一累；以名取士，二累；近故亲疏，三累。"⑮君主在"循名责实"时，要注意防止"以名取士"，考察所用之士是否名副其实；还要注意在奖惩赏罚时不避亲疏，不随好恶："喜

---

①②⑦⑧⑨⑩⑫⑬ 《邓析子·转辞》。
③④⑤⑥⑪⑭⑮ 《邓析子·无厚》。

不以赏,怒不以罚。"①"为善者君与之赏,为恶者君与之罚。""喜而使赏,不必当功;怒而使诛,不必值罪。不慎喜怒,诛赏从其意,而欲委任臣下,故亡国相继,杀君不绝。"②从"奉法宣令"的职责一端说,"臣有四责":"受重赏而无功,一责;居大位而不治,二责;理官而不平,三责;御军阵而奔北,四责。"③君之"三累",臣之"四责",都是治国安邦必须避免的:"君无三累,臣无四责,可以安国。"④

尹文是战国中期齐国的名家代表人物。尹文主张治国以道家的无为因应之道为本,以儒墨的仁爱和名、法二家的名法为末。在仁、义、礼、乐、名、法、赏、罚八种治世之术中,他特重名家之名与法家之法:"政者,名法是也。以名法治国,万物所不能乱。"⑤"明主"所言,"不出于名法权术"⑥。他分别就"名"与"法"的问题作出了细致、深入的论析。

"名"是具体事物形态的指称。道无名而器有名。给不同的事物赋予不同的名称,是认识万物、区别万物的基本手段。只有名实相副,名才能发挥积极作用。若名实相混,则名会带来种种麻烦。"自古至今,莫不用此而得,用彼而失。失者,由名分混;得者,由名分察。"⑦在当时的现实社会中,由于佞人横行,混淆是非,把正常的名实关系都搞混乱了。所以通过论辩以正名特别重要。"佞人善为誉者也,善顺从者也。人言是亦是之,人言非亦非之,从人之所爱,随人之所憎。"⑧所以当务之急是要让圣明的君主远离佞人,把被佞人颠倒搞乱的名分纠正过来。鉴乎此,尹文提出"正名""辨名""察名"三项要求。"正名"即端正名实关系。"辨名"即正确区分名称的分类。"察名"即洞察名称的主客观之别。"正名""辨名""察名"是为了最后"定名"。"定名"的重点是确定善恶、贤不肖之名,建立健全判别、划定是非善恶的法律制度。于是,尹文就从"名学"走向"法学"、从"名家"走向"法家"。"故人以度审长短,以量受少多,以衡平轻重,以律均清浊,以名稽虚实,以法定治乱,以简治烦惑,以易御险难。万事皆归于一,百度皆准于法。归一者,简之至;准法者,易之极。""故俗苟汰,必为法以矫之;物苟溢,必立制以检之。"⑨

尹文进而对"法"展开了详细的探讨。法有四种表现形态:"法有四呈:一曰不变之法,君臣上下是也;二曰齐俗之法,能鄙同异是也;三曰治众之法,庆赏刑罚是也;四曰平准之法,律度权量是也。"其中,君臣上下之名法最

---

①③④ 《邓析子·无厚》。
② 《邓析子·转辞》。
⑤⑧ 《尹文子·大道下》。
⑥⑦⑨ 《尹文子·大道上》。

为重要。"庆赏刑罚,君事也;守职效能,臣业也。君料功黜陟,故有庆赏刑罚;臣各慎所任,故有守职效能。君不可与臣业,臣不可侵君事。上下不相侵与,谓之名正。名正而法顺也。"①君主实施"庆赏刑罚"时要公平:"贫则怨人,贱则怨时,而莫有自怨者,此人情之大趣也。""今能同算钧而彼富我贫,能不怨则美矣,虽怨无所非也。"②

尹文还指出:法是静态的,君主在实施法治时,必须运用"术""权""势"等辅助手段。"道不足以治则用法,法不足以治则用术,术不足以治则用权,权不足以治则用势。""术者,人君之所密用,群下不可妄窥。""人君有术而使群下得窥,非术之奥者。""势者,制法之利器,群下不可妄为。"人君"有势而使群下得为,非势之重者"。君主驭臣之"术"要义在高深莫测之"秘",君主驭臣之"势"在大权不旁落他人之"专"。③ 是非具有相对性。人君不一定完全为俗众的意见所主宰,而可以运用自己的独特权势制定是非标准,实现自己的治国方略:"人君处权乘势,处所是之地,则人所不得非也。居则物尊之,动则物从之,言则物诚之,行则物则之,所以居物上、御群下也。"④君主以法治国,辅以莫测之变术,保持独尊之权势,就可以防范、禁止臣民的私心杂念,驱使他们全心全意为君主效力:"上不胜其下,下不犯其上,上下不相胜犯,故禁令行,人人无私,虽经险易而国不可侵,治国也。"⑤

六、杂家的综合:"刑以辅教""当赏当罚"

春秋战国时期,在儒、道、墨、法、名诸子学说诞生的同时,产生了兼取各家学说表达政治主张的杂家。管子就是最早的杂家代表人物。

管子的生卒年代比老子、孔子都早。他辅佐齐桓公成为"春秋第一霸主",他自己也被誉为"春秋第一相"。管子的思想,在天人关系上杂取阴阳五行学说,在世界观上秉承道家的"道生万物"论,在人性论上综合儒道,主张"以心治官","不以官乱心",在政治学说上以儒家的仁政主张为本体论和主导,以法家的严刑峻法学说为方法论和辅助,形成了一个包罗万象的思想体系。后学根据他的思想学说,整理出一部《管子》。

管子的政治学说,除了吸收儒家的仁政学说之外,还有一个重要组成部分是法家的刑法学说。《法禁》《重令》《法法》《任法》《明法》《正世》《禁藏》等篇都集中论述了"依法治国"的理论。管子指出:法律的设立目的不

---

①②⑤ 《尹文子·大道下》。
③④ 《尹文子·大道上》。

是惩罚百姓,而是为了让大家守法,免受惩罚:"主上视法严于亲戚,吏之举令敬于师长,民之承教重于神宝,故法立而不用,刑设而不行也。"①置法治民"期于利民而止"②。这与西周以来"明德慎罚"的"仁政"精神是一致的。与此同时,管子反对法外施恩,以仁爱干法,主张严格执法,开严刑峻法的法家先声,带有强烈的法家特色。

管子反复强调法律对于国家治理的重要性。"规矩者,方圆之正也。虽有巧目利手,不如拙规矩之正方圆也。故巧者能生规矩,不能废规矩而正方圆。虽圣人能生法,不能废法而治国。故虽有明智高行,倍法而治,是废规矩而正方圆也。"③"法者,天下之至道也,圣君之实用也。"④"法者天下之仪也,所以决疑而明是非也,百姓所县命也。"⑤作为治国的规矩,法的公正性至关重要:"夫法者,所以兴功惧暴也;律者,所以定分止争也;令者,所以令人知事也。法律政令者,吏民规矩绳墨也。夫矩不正,不可以求方;绳不信,不可以求直。"⑥

那么,这治国的规矩、公正的法律是怎样产生的呢?是由圣明的君主从维护公益出发统一制定的。"君一置则仪,则百官守其法。上明陈其制,则下皆会其度矣。""君不能审立其法,以为下制,则百姓之立私理而径于利者必众矣。""故有国之君,苟不能同人心,一国威,齐士义,通上之治,以为下法,则虽有广地众民,犹不能以为安也。"⑦法是由君主基于公利制定的,由官员执行、民众遵从的行为规矩。"有生法,有守法,有法于法。夫生法者,君也;守法者,臣也;法于法者,民也。"⑧法律一旦设立,君主也必须带头遵守,不得以私干法。"乱国之道,易国之常,赐赏恣于己者,圣王之禁也。"⑨"先王之治国也,不淫意于法之外,不为惠于法之内也。动无非法者,所以禁过而外私也。"⑩"圣君任(依靠)法而不任智……然后身佚而天下治。""君臣上下贵贱皆从法,此谓为大治。"⑪

在立法环节,管子主张坚持去繁就简、缓急适中。关于立法宜简不宜烦,管子指出:"以有刑至无刑者,其法易而民全;以无刑至有刑者,其刑烦而

---

① ⑤ 《管子·禁藏》。
② 《管子·正世》。
③ 《管子·法法》。
④ 均见《管子·任法》。
⑥ 《管子·七主七臣》。
⑦ ⑨ 《管子·法禁》。
⑧ ⑪ 《管子·任法》。
⑩ 《管子·明法》。

奸多。"①"求多者,其得寡;禁多者,其止寡;令多者,其行寡。求而不得,则威日损;禁而不止,则刑罚侮;令而不行,则下凌上。故未有能多求而多得者也,未有能多禁而多止者也,未有能多令而多行者也。故曰:上苛则下不听。"②关于立法的缓急适中,管子提出:"治莫贵于得齐(适中)。制民急则民迫,民迫则窘,窘则民失其所葆;缓则纵,纵则淫,淫则行私,行私则离公,离公则难用。故治之所以不立者,齐不得也。"③

对于犯罪的量刑执法,管子主张宜重不宜轻、宜严不宜宽。关于量刑宜重不宜轻,管子说:"夫民躁而行僻,则……禁不可以不重。故圣人……立重禁,非戾也……禁轻则邪人不畏。……立人之所不畏,欲以禁,则邪人不止。""夫民贪行躁,而诛罚轻,罪过不发,则是长淫乱而便邪僻也。有爱人之心,而实合于伤民。此二者不可不察也。"④以仁爱之心轻刑判罪,恰恰会纵容犯罪,伤害百姓。反之,重刑判罪,恰恰有助于减少、避免犯罪,其实是对人民最大的仁爱。关于执法宜严不宜宽,管子指出:"上赦小过,则民多重罪,积之所生也。故曰:赦出则民不敬,惠行则过日益。惠赦加于民,而囹圄虽实,杀戮虽繁,奸不胜矣。故曰:邪莫如蚤(早)禁之。""凡赦者,小利而大害者也,故久而不胜其祸。毋赦者,小害而大利者也,故久而不胜其福。""惠者,多赦者也,先易而后难,久而不胜其祸;法者,先难而后易,久而不胜其福。故惠者,民之仇雠也;法者,民之父母也。"⑤"凡君国之重器,莫重于令。……行令在乎严罚。罚严令行,则百吏皆恐;罚不严,令不行,则百吏皆喜。"⑥执法既要防止错杀无辜,也要避免让罪犯漏网:"凡人主者,猛毅则伐,懦弱则杀。猛毅者何也?轻诛杀人之谓猛毅。懦弱者何也,重诛杀人之谓懦弱。此皆有失彼此。凡轻诛者杀不辜,而重诛者失有罪。故上杀不辜,则道正者不安;上失有罪,则行邪者不变。道正者不安,则才能之人去亡;行邪者不变,则群臣朋党。才能之人去亡,则宜有外难;群臣朋党,则宜有内乱。"⑦

管子强调,执法环节必须坚持公正,才能有良好的司法效果:"政者,正也。正也者,所以正定万物之命也。是故圣人精德立中以生正,明正以治国。故正者,所以止过而逮不及也。过与不及也,皆非正也;非正,则伤国一也。……法之侵也,生于不正。"⑧"凡法事者,操持不可以不正。操持不正

---

① 《管子·禁藏》。
②⑤⑧ 《管子·法法》。
③④ 《管子·正世》。
⑥ 《管子·重令》。
⑦ 《管子·参患》。

则听治不公;听治不公则治不尽理、事不尽应。"①公正意味着不避亲疏、克制好恶:"不私近亲,不孽疏远,则无遗利,无隐治。"②"喜无以赏,怒无以杀。喜以赏,怒以杀,怨乃起,令乃废,骤令不行,民心乃外。"③"故为人主者,不重爱人,不重恶人;重爱曰失德,重恶曰失威。威德皆失,则主危也。"④在君主专制之下,管子还要求君主带头守法:"凡民从上也,不从口之所言,从情之所好者也。上好勇,则民轻死;上好仁,则民轻财。故上之所好,民必甚焉。是故明君知民之必以上为心也,故置法以自治,立仪以自正也。故上不行,则民不从;彼民不服法死制(为法制而死),则国必乱矣。是以有道之君,行法修制,先民服也。"⑤"法令者,君臣之所共立也;权势者,人主之所独守也。故人主失守则危,臣吏失守则乱。"⑥"君臣上下贵贱皆从法,此谓为大治。"⑦

管子之后,论及法治的杂家著作当推后人辑佚的《尸子》。《尸子》作者为战国中期的尸佼,曾为商鞅谋士。关于其国别,《史记·孟子荀卿列传》称其为楚人,刘向《别录》、司马贞《史记索隐》称其为晋人,《汉书·艺文志》称其为鲁人。关于《尸子》的思想倾向,《汉书·艺文志》著录为杂家,其后各家著录或在杂家,或在法家。今本《尸子》所录,思想涉及儒、道、法、名诸家,视为杂家著作更为合适。围绕着如何称霸天下这一中心问题,《尸子》提出了以儒家仁政学说为主,以道家无为学说为辅,融合名家审名分、正是非与法家案法而治、贵势行政的政治主张,体现了鲜明的杂家特色。《尸子》留下的法家言论不多。就其所留的片段来看,大抵涉及三个要点。

一是刑以辅教,以仁施刑。政治越清明,刑罚用得越少。"车轻道近,则鞭策不用;鞭策之所用,道远任重也。刑罚者,民之鞭策也。"⑧道德教化并不是万能的。当德治教化无法禁止犯罪的时候,就不得不采取刑罚。"为刑者,刑以辅教,服不听也。"所以刑罚与道德教化的关系是德主刑辅的关系。刑罚的推出和实施是教化无效后不得已而为之的产物。"非乐刑民,不得已也。"而这恰恰是法治的合理性所在:"此其所以善刑也。"⑨

二是依"势"施"仁",借助法家所说的权势、地位推行儒家的仁政措施。这与儒家将仁政法典化的思路是一致的。"因井中视星,所视不过数星;自

---

①② 《管子·版法解》。
③ 《管子·版法》。
④⑦ 《管子·任法》。
⑤ 《管子·法法》。
⑥ 《管子·七主七臣》。
⑧⑨ 《尸子》卷下。

丘上以视,则见其始出,又见其入。非明益也,势使然也。"①"目在足下,则不可以视矣。""夫高显尊贵,利天下之径也,非仁者之所以轻也。何以知其然耶？日之能烛远,势高也;使日在井中,则不能烛十步矣。舜之方陶也,不能利其巷下;南面而君天下,蛮夷戎狄皆被其福。"②贵"势",是法家的一贯思想。这里我们看到了法家思想与儒家思想的融合,其中,法家的"势"是为传播、推行儒家的"仁"服务的。

三是循名责实,公正地实施奖惩。"若夫临官治事者,案其法则民敬事。""是非随名实,赏罚随是非。是则有赏,非则有罚,人君之所独断也。""听朝之道,使人有分。有大善者必问孰进之,有大过者必云孰任之,而行赏罚焉,且以观贤、不肖也。""是非不得尽见谓之蔽,见而弗能知谓之虚,知而弗能赏谓之纵。三者乱之本也。""明分则不蔽,正名则不虚,赏贤罚暴则不纵。三者治之道也。于群臣之中,贤则贵之,不肖则贱之……忠则爱之,不忠则罪之。贤不肖,治不治,忠不忠,由是观之,犹白黑也。""正名以御之,则尧舜之智必尽矣;明分以示之,则桀纣之暴必止矣。贤者尽,暴者止,则治民之道不可以加矣。"③奖惩虽然根据名实是非,但要做到绝对的公正是不可能的。这就必须坚持"小枉而大直"的原则,"权福则取重,权祸则取轻"④。尸佼此论,体现了法家思想与名家思想的联系。就是说,认清名分,考其名实,辨别是非,是实施法治的依据。同时,法治也是名辩之后必须跟进、配套的制度保障。

《吕氏春秋》是战国末期秦相吕不韦编纂的一部探讨统一天下之道的杂家著作。该书肯定天人感应、物从其类,指出人法天地、祸福人召,揭示帝王之道的基本原则是"执一""不二"、因势利导、尚德爱民、利群贵公,帝王之道的具体政策是孝亲俭葬、导欲尊农、高义贵信、当赏当罚、以义为战。其涉及的法治思想,主要体现为如下几点。一是强调法是治国的规矩,不可缺少。"欲知方圆,则必规矩。"⑤"国无刑罚,则百姓之相侵也立见。"⑥二是强调立法贵公。"欲知平直,必知准绳。"⑦"昔先王之治天下也,必先公。公则天下平矣。平得于公。"⑧"决狱讼,必正平。"⑨"法也者,众之所同也,贤不

---

① 《尸子·广泽》。
② 均见《尸子·明堂》。
③ 均见《尸子·发蒙》。
④ 《尸子》卷下。
⑤⑦ 《吕氏春秋·不苟论·自知》。
⑥ 《吕氏春秋·孟秋纪·荡兵》。
⑧ 《吕氏春秋·孟秋纪·贵公》。
⑨ 《吕氏春秋·孟秋纪·孟秋》。

肖之所以其力也。"①三是强调良好的法律必须因时而变、与时俱进。"凡先王之法,有要于时也。""凡举事必循法以动,变法者因时而化。""治国无法则乱,守法而弗变则悖,悖乱不可以持国。世易时移,变法宜矣。"②四是强调司法公平,这尤其体现在"当赏当罚"方面。"故当功以受赏,当罪以受罚。赏不当,虽与之必辞;罚诚当,虽赦之不外。"③"凡赏非以爱之也,罚非以恶之也,用观归(属)也。所归善,虽恶之,赏;所归不善,虽爱之,罚。""主之赏罚爵禄之所加者宜,则亲疏、远近、贤不肖皆尽其力而以为用矣。"④"善为国者,赏不过而刑不慢。"⑤"命有司,申严百刑,斩杀必当,无或枉挠。"⑥五是尚仁抑刑,反对严刑峻法。"凡用民,太上以义,其次以赏罚。"⑦"严赏厚罚,此衰世之政也。"⑧"乱国之使民……烦为教而过不识,数为令而非不从,巨为危而罪不敢,重为任而罚不胜。"⑨"礼烦则不庄,业烦则无功,令苛则不听,禁多则不行。"⑩

综上而论,周初的政治家继承上古及尧、舜、禹、汤之道,一方面建立了完备的刑法制度,另一方面又强调以仁司法,明德慎罚,奠定了刑法在周代仁政中的辅助地位。东周时期,儒家从孔子、孟子到荀子,强调为政宽猛相济、隆礼重法,进一步巩固了周初的法辅思想。道家从大仁大爱出发一方面批判周初以来及儒家宣扬的仁政法制,另一方面,文子又面对现实,对"仁本法末""义主法辅"思想作了特殊阐述,鹖冠子也从"天地之正"出发对法律的"至公"原则提出了要求。法家虽然主张严刑重罚,但旗号上还是写的"仁义",所谓严刑重罚有助于避免犯罪,保护生命。名家批评春秋战国时仁义的名不副实,要求以道家的无为大仁为本,以儒家的仁爱与法家的刑法为末,以循名责实的态度进一步探讨了法术问题,仍可视为周代"法辅"学说的补充。杂家著作代表《管子》《尸子》《吕氏春秋》主张以刑辅教、依势施仁、尚仁抑刑,则进一步彰显了周代法治思想的辅助地位,说明它是周代仁政整体框架下的一个组成部分。

---

① 《吕氏春秋·似顺论·处方》。
② 《吕氏春秋·慎大览·察今》。
③ 《吕氏春秋·离俗览·高义》。
④ 《吕氏春秋·不苟论·当赏》。
⑤ 《吕氏春秋·开春论·开春》。
⑥ 《吕氏春秋·仲秋纪·仲秋》。
⑦ 《吕氏春秋·离俗览·用民》。
⑧ 《吕氏春秋·离俗览·上德》。
⑨⑩ 《吕氏春秋·离俗览·适威》。

第二十六章　仁政论之六：周代的"义兵"思想

本章提要：本章讨论周代仁政框架之下的"义兵"思想。正如周初推行不同于商末暴政的仁政，以礼乐教化为主，但不废刑罚，以刑弼教一样，武王伐纣胜利后刀枪入库，转向太平天下建设，但也未曾彻底抛弃国防建设、军队建设。只不过，周代的用兵思想是置于"仁义"的大政方针之下的，所以表现为"义兵"思想。《尚书·周书》中替天行道诛"独夫"的"革命"学说奠定了周代"义兵"思想的源头。周初姜太公提出的"兵为凶器，不得已而用之"的主张可视为西周义兵思想的标志。春秋战国时期，儒墨主张"兵要在乎善附民而已"，道家主张"存亡平乱，为民除害"，兵家主张"内修文德，外治武备"，杂家主张"以义为战"，共同汇成周代以仁治军、以义用兵的思想交响曲。在"义兵"思想的指导下，周代的军事学说讨论、总结出许多战场取胜的战术规律，彰显着"人道"取胜的时代真谛。①

"国之大事，在祀与戎。"②周代是通过诛无道的正义战争推翻殷纣王的暴政夺取天下的。这种亲身经历使周朝的政治家一开始就形成了义兵思想。周初统治者在吸取殷鉴确立了爱民利民的仁政后，刑兵思想都纳入了仁政的整体框架中，成为仁政的一部分。与以仁立法司法、明德慎行、德主刑辅的刑法思想相呼应，军事思想上也是以仁用兵，倡导义师义战，并在此前提下形成了丰富的战略战术思想。

一、"义兵"思想的源头：诛"无道""独夫"

周初政治家的义兵思想表现为诛"独夫"的革命思想。它鲜明地保留在《尚书·周书》中。周武王在讨伐殷纣王的誓词中说："抚我则后，虐我则

---

① 本章以"周代'义兵'思想的系统观照"为题，发表于《湖北社会科学》2023年第11期。
② 《左传·成公十三年》。

仇。独夫受,洪惟作威,乃汝世仇。树德务滋,除恶务本,肆予小子,诞以尔众士,殄歼乃仇。"这里最早提出武装革命的道义依据是诛"独夫"。正是在肯定诛独夫的革命战争正义性、合法性的基础上,周武王理直气壮地集合义师讨伐殷纣王。讨伐殷纣王的主要原因是他残害人民,伤天害理,已失去了做君王的资格。于是,以夏桀、殷纣失德残民而被臣民的革命所推翻为戒,就成为周初政治家提醒统治者注意的"夏鉴""殷鉴"。周公代成王发布诰命说:"非天庸释有夏,非天庸释有殷。……乃惟有夏图厥政,不集于享,天降时丧,有邦间之。乃惟尔商后王逸厥逸,图厥政,不蠲烝,天惟降时丧。"①召公告诫成王说:"我不可不监于有夏,亦不可不监于有殷。"②《周易》革卦象传肯定:"天地革而四时成。汤武革命,顺乎天而应乎人。革之时大矣哉!"孔颖达《正义》说:"殷汤、周武聪明睿智,上顺天命,下应人心,放桀鸣条,诛纣牧野,革其王命,改其恶俗,故曰'汤武革命,顺乎天而应乎人'。计王者相承,改正易服,皆有变革,而独举汤武者,盖舜禹禅让,犹或因循;汤武干戈,极其损益,故取相变甚者,以明人革也。"于是,顺天命,应人心,成为革命战争至高无上的法理。西周末期,周厉王因拒不吸纳民意而被流放、周幽王因烽火台多次戏弄诸侯而被戎族消灭,在周人看来,都属咎由自取,罪有应得。

西周政治家的这种诛无道之君的革命思想,在整个东周时期成为诸侯国君臣易位的道义依据。比如管子肯定:"君不君则臣不臣。"③《管子·中匡》篇记载齐桓公与管仲的一段对话。桓公问:"昔三王者,既弑其君,今言仁义,则必以三王为法度,不识其故何也?"管仲回答说:"昔者禹平治天下,及桀而乱之,汤放桀,以定禹功也。汤平治天下,及纣而乱之,武王伐纣,以定汤功也。且善之伐不善也,自古至今,未有改之。君何疑焉?"汤放桀、武王伐纣,均是"臣而代其君"④的例子,齐桓公认为是大逆不道的"篡位"之举,怎可作为"仁义"的典范?管子认为属于"善之伐不善",为民除害,善莫大焉,与乱臣贼子的"篡位"不可同日而语。文子指出:"所为立君者,以禁暴乱也。今乘万民之力,反为残贼,是以虎傅翼,何谓不除!夫畜鱼者,必去其蝙獭;养禽兽者,必除其豺狼,又况牧民乎!是故,兵革之所为起也。""逆天地,侮鬼神,决狱不平,杀戮无罪,天之所诛,民之所仇也。兵之来也,以废不义而授有德也。"⑤

---

① 《尚书·周书·多方》。
② 《尚书·周书·召诰》。
③ 《管子·形势解》。
④ 《管子·白心》。
⑤ 《文子·上义》。

晏子也为汤武革命的正义性辩护："汤武用兵而不为逆,并国而不为贪,仁义之理也。""勇力之立也,以行其礼义也。"①如果君主失道,臣子高举"仁义""礼义"的大旗动用军事手段、革命方式讨伐、推翻他,是正义的举动,称不上"逆"。《晏子春秋》还记载了这样的故事。景公游于麦丘,见到守边的老人,与之攀谈起来,让他说几句祝词。老人竟然说："使君无得罪于民。"景公大怒,说："诚有鄙民得罪于君则可,安有君得罪于民者乎?"晏子谏曰："君过矣!⋯⋯敢问:桀纣,君诛乎,民诛乎?"②他强调："臣虽贱,亦得择君而事之。"③"君顺(则)怀之,政治(则)归之。"有尊严的臣子不仅"不怀暴君之禄,不居乱国之位",而且"见兆则退,不与乱国俱灭,不与暴君偕亡"④。晏子还指出："君民者,岂以陵民?社稷是主。""故君为社稷死,(臣民)则死之;为社稷亡,则亡之。"⑤臣子不是君主的奴婢,君主由于自己的原因而死,咎由自取,臣子不必陪葬,也不必逃亡,他完全可以过自己的生活。

《国语》记载:晋厉公被杀。鲁成公便拿这件事在大臣中讨论："臣杀其君,谁之过也?"大夫里革直言不讳："君之过也。夫君人者,其威大矣。失威而至于杀,其过多矣。且夫君也者,将牧民而正其邪者也。若君纵私回而弃民事,民旁有慝,无由省之,益邪多矣。若以邪临民,陷而不振,用善不肯专,则不能使。至于殄灭而莫之恤也,将安用之?"⑥晋厉公作为一国之君,不但没有尽到"立君为民"的职责,反而"以邪临民"、"纵私回而弃民事"。他"失威而至于杀",罪在自身,正如"桀奔南巢""纣踣于京""厉流于彘""幽灭于戏"一样。《国语·晋语三》还记有秦公子絷的话："杀无道而就有道,仁也。"如果君主无道,即便把他杀了,也是符合"仁"道的。《左传》没有使用"革命"一词,而是使用"出君"的说法指称革命事变。鲁襄公十四年,卫国的臣民把他们的国君赶下了台。晋悼公在与师旷谈起这件事时说："卫人出其君,不亦甚乎?"师旷却回答："或者其君实甚。""夫君,神之主而民之望也。若困民之主,匮神乏祀,百姓绝望,社稷无主,将安用之?弗去何为?"春秋后期,在鲁国也发生了国君的辅佐大臣季氏驱逐、赶走鲁昭公的事件,不仅百姓拥护,其他诸侯国也不问罪。晋大夫赵简子问晋太史史墨："季氏出其君,而民服焉,诸侯与之,君死于外,而莫之或罪也。"这是不是太无理了?

---

① 《晏子春秋·内篇谏上》之十六。
② 《晏子春秋·内篇谏上》之十三。
③ 《晏子春秋·内篇问上》之二十二。
④ 均见《晏子春秋·外篇第七》之十九。
⑤ 《晏子春秋·内篇杂上》之二。
⑥ 《里革论君之过》,《国语·鲁语上》。

史墨说:"社稷无常奉,君臣无常位,自古以然。""鲁君世纵其失","季氏世修其勤","民之服焉,不亦宜乎"①?

到了战国中期孟子那儿,则提出:"君有大过则谏,反复之而不听,则易位。"②齐宣王问孟子:汤放桀,武王伐纣,"臣弑其君,可乎"? 孟子回答:"贼仁者谓之'贼',贼义者谓之'残'。残贼之人,谓之'一夫'。闻诛'一夫'纣矣,未闻弑君也。"③就是说,周武王诛杀殷纣王,其实诛杀的已不是什么"君主",而是众叛亲离的"一夫",有无可置疑的合理性。

面对春秋战国以来屡屡发生的君臣易位、臣代君立的现象,荀子指出:臣事君以忠,这是"礼"的应在之义。问题是怎样认识"忠"的含义和形态。"有大忠者,有次忠者,有下忠者,有国贼者。以德覆君而化之,大忠也;以德调君而辅之,次忠也;以是谏非而怒之,下忠也。"④一句话,"逆命而利君谓之忠"。反之,"从命而不利君谓之谄"。所以,"从道不从君",就是对"忠"的最好的解释。⑤ 不要把"贞"简单等同于"臣从君",要看"其所以从之"是否符合道义。⑥ "从道不从君",是"人之大行也"⑦,属于至高无上的"臣道"。如果君主远离道义而又拒绝纳谏,一意孤行,这样的君主就成了独夫民贼,臣民就可以共诛之。"汤武之诛桀纣也,拱挹指麾,而强暴之国莫不趋使,诛桀纣若诛独夫。"⑧荀子据此驳斥了"桀纣有天下,汤武篡而夺之"的说法。"汤、武非取天下也,修其道,行其义,兴天下之同利,除天下之同害,而天下归之也。桀纣非去天下也,反禹汤之德,乱礼义之分,禽兽之行,积其凶,全其恶,而天下去之也。天下归之之谓王,天下去之之谓亡。故桀纣无天下,汤武不弑君,由此效之也。""汤武者,民之父母也;桀纣者、民之怨贼也。今世俗之为说者,以桀纣为君,而以汤武为弑,然则是诛民之父母,而师民之怨贼也,不祥莫大焉。"⑨荀子此说,是对《周书》"革命"思想的最好诠释。

二、姜太公:"兵为凶器,不得已而用之"

与周初形成的诛无道的革命战争思想相呼应,周初政治家、军事家姜太

---

① 《左传·襄公十四年》。
② 《孟子·万章下》。
③ 《孟子·梁惠王下》。
④ 《荀子·臣道》。
⑤ 均见《荀子·臣道》。
⑥⑦ 《荀子·子道》。
⑧ 《荀子·议兵》。
⑨ 均见《荀子·正论》。

公的义兵思想可视为西周军事思想的反映。这些思想保留在战国时期成书的《六韬》和《司马法》中。

传说姜太公曾做过周文王、周武王的军师。现存《六韬》是战国时期人们整理、改造过的姜太公与周文王、周武王关于政治军事问题的对话记录。其中记载的"太公曰"可视为姜太公的思想。《司马法》"成书于齐威王时代"①，是战国中期齐威王派人追论司马穰苴阐释的姜太公《司马兵法》的产物。二书从政治的角度讨论军事、主张以仁义治军的思想与太公《六韬》完全吻合，可以相互佐证。

《六韬》是一部军事著作，但它首先谈的不是军事，而是政治，不是武略，而是文韬。《六韬》的这个设计体现了这样一种深刻思想：军事与政治是联系在一起的，是政治的延伸与保障。在政治奏效时，军事按兵不动，隐然不见；只有在政治手段解决不了问题时，才会借助军事手段。因此，《六韬》提出了一个重要命题："兵为凶器，不得已而用之。"②战争只有在"不得已"的情况下才会展开。那么，在"不得已"的非常情况没有出现的时候，应当致力于实行"爱民""利民"的"仁义"之政。"凡人恶死而乐生，好德而归利。"③"同天下之利者，则得天下；擅天下之利者，则失天下。"④"天有时，地有财，能与人共之者，仁也。""免人之死，解人之难，救人之患，济人之急者，德也。""与人同忧、同乐、同好、同恶者，义也。"⑤文王曾问太公"国之大务"，太公回答："爱民而已。"⑥在"可杀而不杀，大贼乃发；兵势不行，敌国乃强"⑦的情况下，杀贼灭敌的战争就成为君主不可回避、必须面对的严峻使命。从仁德的思想出发，姜太公提出："全胜不斗，大兵无创。"⑧"善战者，不待张军；善除患者，理于未生；善胜敌者，胜于无形；上战无与战。"⑨

《司马法》的第一篇为《仁本》，第二篇为《天子之义》，姜太公主要论述了战争是政治的延续，周代必须不忘战备，加强武装，同时必须坚持义战的道德原则。他指出：人人相亲相爱的"仁"，是古来政治的根本。"天子"的天职和本分，是"取法天地而观于先圣"⑩，"以仁为本"⑪，实行德治。不过，

---

① 陈曦《〈司马法〉前言》，陈曦译注：《吴子 司马法》，中华书局2018年版，第204页。
② 《六韬·文韬·兵道》。陈曦译注：《六韬》，中华书局2018年版。下同。
③④⑤ 《六韬·文韬·文师》。
⑥ 均见《六韬·文韬·国务》。
⑦ 《六韬·文韬·上贤》。
⑧ 《六韬·武韬·发启》。
⑨ 《六韬·龙韬·军势》。
⑩ 《司马法·天子之义》。
⑪ 《司马法·仁本》。

从古至今,随着时代的变化,"先圣""先王"的德治效果日益受到挑战。到了周初,新朝与旧朝残余势力以及外部势力的斗争此起彼伏,伐纣胜利后虽然马放南山,偃武修文,但不能放弃军事建设。姜太公提出了一个全面、辩证的命题:"故国虽大,好战必亡;天下虽安,忘战必危。"①战争是以杀敌为目的、以死人为特征的。它如何与德治相统一,具有仁义的道德正当性、合法性呢? 一句话,就是战争要以"爱民""安人"为依据。"爱其民"而"攻其国","攻之可也";"杀人(以)安人,杀之可也";"以战止战,虽战可也"②。"爱民"的实质是"仁"。只有以爱护本国和敌国人民生命的"仁"为战争的道德原则,才能赢得民心拥戴,取得战争胜利。这就叫"以仁为胜"③。"战道:不违时,不历民病,所以爱吾民也;不加丧,不因凶,所以爱夫其民也;冬夏不兴师,所以兼爱其民也。"④不违背农时,不在疾病流行时兴兵作战,不在冬夏两季兴师出兵,不趁敌人国丧时去进攻它,也不趁敌国灾荒时去进攻它,为的是爱护双方的民众。"不穷不能而哀怜伤病,是以明其仁也。"⑤战争中不杀丧失战斗力的敌人,体恤敌方的伤病人员,也是为了表示"仁"。"礼"是贯彻"仁"的外在规范。尚"仁"必守"礼",因此,"以礼为固"成为正义战争的另一道德原则。古时候,追击溃逃的敌人不超过一百步,追踪主动退却的敌人不超过九十里,这是为了表示"礼"。⑥"以礼为固,以仁为胜"是姜太公提出的战争的两大道德原则。此外又提出"信、义、勇、智",与"仁""礼"一起,作为治军"六德":"……成列而鼓(击),是以明其信也;争义不争利,是以明其义也;又能舍(赦免)服(投降之敌),是以明其勇也;知终知始,是以明其智也。"⑦"信"要求等敌人布阵完毕再发起进攻。"义"反对为争夺个人或本国利益发动战争。"勇"体现为赦免降服之敌。"智"则意味着能够预见战争开始和结局。"礼""仁""信""义""勇""智"六德"以时合教,以为民纪之道也,自古之政也"⑧。不失时机地对士兵进行"礼、仁、信、义、勇、智"的六德教育,以此约束军队,是自古以来的军政要义。从"杀人安人""以战止战"的战争原则出发,他向周代"贤王"提出"兴甲兵以讨不义""诛有罪"的义战主张。⑨"凭弱犯寡,则眚(省也,削弱)之;贼贤害民,则伐之;暴内陵外,则坛(墠,废除)之;野荒民散,则削之;负固不服,则侵之;贼杀其亲,则正(征)之;放弑其君,则残之;犯令陵政,则杜(绝)之;外内乱,禽兽行,则灭之。"⑩凡恃强欺弱、虐贤害民、残杀至亲、篡位弑君、让田野抛荒民众逃散、违犯法令不守法度、仗恃险

---

①③ 《司马法·天子之义》。
②④⑤⑥⑦⑧⑨⑩ 《司马法·仁本》。

固拒不从命、对内暴虐对外霸凌、内外淫乱行同禽兽的,都属"有罪"的"不义"之举,就可以而且应当从仁义出发,发动正义之战,讨伐、削弱、消灭他们。

在坚持战争的正义原则的前提下,姜太公探讨了战争的战略战术原则。《六韬》揭示的"武略"有:"上知天道,下知地理,中知人事。"①顺天应人则胜,反之则败。"天道无殃,不可先倡;人道无灾,不可先谋。必见天殃,又见人灾,乃可以谋。"②在天、地、人三方面的战备中,人事的谋划更复杂,也更重要。它们包括十二方面,如"因其(敌)所喜,以顺其志,彼将生骄,必有好事。""亲其所爱,以分其威,一人两心,其中必衰。""阴赂左右,得情甚深,身内情外,国将生害。""辅其淫乐,以广其志,厚赂珠玉,娱以美人。""收其内,间其外,才臣外相,敌国内侵。"如此等等,"十二节备,乃成武事"③。在进行战备时,切忌示强轻敌、狂妄自大。"太强必折,太张必缺。"④"鸷鸟将击,卑飞敛翼;猛兽将搏,弭耳俯伏;圣人将动,必有愚色。"⑤"夫先胜者,先见弱于敌而后战者也,故事半而功倍焉。"⑥战事瞬息万变,将帅必须拥有不受制于君主、统一号令的决定权、指挥权。"军中之事,不闻君命,皆由将出。"⑦"忽而往,忽而来,能独专而不制(受制)者,兵也。"⑧指挥作战,必须果敢。"用兵之害,犹豫最大;三军之灾,莫过狐疑。""善战者……见胜则起,不胜则止……见利不失,遇时不疑……是以疾雷不及掩耳,迅电不及瞑目,赴之若惊,用之若狂,当之者破,近之者亡,孰能御之?"⑨制定作战决策,贵在出其不意,出神入化,出奇制胜。此外还论及军队的将士建设、组织建设、装备建设,"三阵""十四变""十胜九败"等具体的战术原则等等。在《司马法》另三篇《定爵》《严位》《用众》中,姜太公具体讨论了战争的战略战术。关于战争的要素,《定爵》指出:"凡战……顺天、阜财、怿众、利地、右兵,是谓五虑。""顺天"又叫"因时""作事时",即顺应天时,"时日不迁"。"利地"又叫"因地",指依托地利。"阜财"又表述为"有财""因财",指作战必须依托充足的物资保障。"怿众"又叫"称众""乐人",指"作兵义""使人惠",调动军心,齐心协力。"右兵"指做好武器装备建设。战争既需要勇敢,也需要智谋。"凡战,智也;斗,勇也。"⑩在战争之初要"以智决",走上战场要"以勇

---

① ② ⑤ 《六韬·武韬·发启》。
③ 《六韬·武韬·文伐》。
④ 《六韬·武韬·三疑》。
⑥ ⑧ ⑨ 《六韬·龙韬·军势》。
⑦ 《六韬·龙韬·立将》。
⑩ 《司马法·定爵》。

斗"①。战争是三军将士通力协作的结果。所以,团结一致对于胜利很重要。"凡胜,三军一人,胜。""将军,身也;卒,支也;伍,指姆也。"战争之前,要做好充分的准备。要注意出兵的时机,把握好军队修整的节奏。在利用天时地利方面,要注意背着风向、背靠高地,右边依托高地、左边依靠险要,遇着沼泽地和崩塌地,要迅速通过,宿营要选择四面有险可守、中间较高的地形。作战之初,要善于观察、发现敌人的弱点,懂得乘虚而入。要注意双方兵力的对比,促使其往对自己有利的方向转化。声势的大小,战法的刚柔,队伍的编组,兵力的多少,都必须从利害两个方面因势利导加以考虑,懂得作战的权变。当即将取胜、迫近敌人都城的时候,要研究好进军的道路;退却的时候,也一定要预先考虑好后退的方案。如此等等。

三、儒墨论兵:"兵要在乎善附民而已"

周代进入春秋战国时期,周天子逐渐被诸侯架空,诸侯国君利用手中的自主权不断发展壮大,不仅诸侯国之间不断发生兼并战争,而且诸侯国内也经常发生大夫篡位的军事战争。于是,战争的合法性、特点、规律及取胜之道成为这个时期诸子百家探讨的重要话题。

先来看儒墨的军事思想。

孔子认为,"礼者,天下之序也。"②那么,周礼规定的"天下之序"是什么呢?"臣事君,子事父,妻事夫。三者顺则天下治,三者逆则天下乱,此天下之常道也。"③臣事君,子事父,妻事夫,这就是周礼规定的天下之序。因此,"天下有道,礼乐征伐自天子出。"④那种"挟天子以令诸侯"的以下犯上之举,孔子是不以为然、不能容忍的。他极力主张对违背周礼者开战,对犯上作乱者"力能讨之则讨之",对无辜遭殃者"力能救之则救之"⑤。囿于这种见解,孔子对武王伐纣是颇有微词的。《论语》记载,子谓《武》:"尽美矣,未尽善矣。"⑥这种思想,既是《周书》"诛独夫"思想的倒退,也比不上后来孟子、荀子的思想先进。在孔子看来,只有维护周礼、保卫国君的战争才是正义战争。"能执干戈以卫社稷,可无殇也。"⑦尽管如此,战争是要死人的,这不符合孔子的仁爱情怀,所以在战争问题上,孔子主张慎重其事。"子之所

---

① 《司马法·严位》。
② 《礼记·乐记》。
③ 《韩非子·忠孝》。
④ 《论语·季氏》。
⑤ 《论语·宪问》。
⑥ 《论语·八佾》。
⑦ 《礼记·檀弓下》。

慎、斋、战、疾。"①但是对于忠君卫国的战争,孔子还是主张无所畏惧地英勇投入。他批评陈国的降民:"国亡而不知,不智也;知而不争,非忠也;亡而不死,非勇也。"②鲁定公九十年(公元前500年),孔子在鲁国任大司寇,代行相事。这年夏,齐景公派人出使鲁国与鲁媾和,约定两国国君在边境的夹谷会见。因鲁国历来拥晋不附齐,齐景公打算借这次会见劫持鲁定公,迫鲁服齐。孔子以大司寇身份陪同前往,他洞悉到齐国的目的和手段,提出"虽有文事,必有武备"。鲁定公采纳了孔子的建议,命左右司马带兵同去,做好了充分的武装准备。齐君敬畏,不仅未能实现原来的愿望,反而将原来侵占的汶阳、龟阴、郓地归还鲁国谢过。③

墨子所创墨学以"博爱"为追求,是儒家仁学的支流。从对下层百姓的生命关怀出发,他提出"非攻"主张,对披着各种正义外衣的不义之战发出了尖锐批判:"杀一人,谓之不义,必有一死罪矣。若以此说往,杀十人,十重不义,必有十死罪矣;杀百人,百重不义,必有百死罪矣。当此,天下之君子皆知而非之,谓之不义。今至大为不义攻国,则弗知非,从而誉之,谓之义",甚至"书其言以遗后世"。这就将"义"与"不义"搞乱了,应当将这种被颠倒的关系拨正过来。④

墨子反对不义之战,但并不一概反对战争。恰恰相反,对于诛杀暴君的正义之战,他是大加肯定的。墨子指出:禹征有苗,汤伐桀,武王伐纣,应当叫作"诛无道"的"诛"。"昔者三苗大乱,天命殛之,日妖宵出,雨血三朝,龙生于庙,犬哭乎市,夏冰,地坼及泉,五谷变化,民乃大振。高阳乃命玄宫(官),禹亲把天之瑞令,以征有苗。……禹既已克有三苗,焉(于是)磨(划分)为山川,别物上下,卿制大极,而神民不违,天下乃静,则此禹之所以征有苗也。""逮至乎夏王桀,天有酷命,日月不时,寒暑杂至,五谷焦死,鬼呼国,鹤鸣十夕余。天乃命汤于镳宫:……往而诛之,必使汝堪之。汤焉(于是)敢奉率其众,是以乡有夏之境……暴(爆)毁有夏之城……奉桀众以克有,属(会合)诸侯于薄(亳),荐章天命,通于四方,而天下诸侯莫敢不宾服,则此汤之所以诛桀也。""逮至乎商王纣,天不序(享)其德,祀用失时,兼夜中十日,雨土于薄,九鼎迁止,妇妖宵出,有鬼宵吟,有女为男,天雨肉,棘生乎国道,王兄(况,更加)自纵也。赤鸟衔珪,降周之岐社,曰:天命周文王,伐殷有国。泰颠(文王大臣)来宾,河出绿(箓)图,地出乘黄(神马)。武王践功,

---

① 《论语·述而》。
② 《韩诗外传·孔子过而不式》。
③ 《史记·孔子世家》。
④ 《墨子·非攻上》。

梦见三神曰:……往攻之,予必使汝大堪之。武王乃攻狂夫,反商之周,天赐武王黄鸟之旗。王既已克殷,成帝之来,分主诸神,祀纣先王,通维四夷,而天下莫不宾。……此即武王之所以诛纣也。""若以此三圣王者观之,则非所谓'攻'也,所谓'诛'也。"①

既强调"兼爱",又肯定汤武诛无道的革命战争,墨子脱胎于孔子而又有别于孔子,提出了突破"臣事君"常道的"义战"思想。这个思想,后来被战国中期的孟子所继承。关于战争,孟子提出了特殊的道义原则:"域民不以(凭借)封疆之界,固国不以山溪之险,威天下不以兵革之利。得道者多助,失道者寡助。寡助之至,亲戚畔(叛)之;多助之至,天下顺之。以天下之所顺,攻亲戚之所畔,故君子有不战,战必胜矣。"②这个"道",以发动战争的对象国家人民是否欢迎为转移。"齐人伐燕,胜之。宣王问曰:'或谓寡人勿取,或谓寡人取之。以万乘之国伐万乘之国,五旬而举(克)之,人力不至于此。不取,必有天殃。取之,何如?'孟子对曰:'取之而燕民悦,则取之。古之人有行之者,武王是也。取之而燕民不悦,则勿取。古之人有行之者,文王是也。'"③孟子还指出:"君行仁政,斯民亲其上,死其长(长官)矣。"④君主只有实行爱民的仁政,长官只有平时爱护士兵,士兵才会在战争中愿意为长官牺牲。

到战国末期荀子手中,对正义战争的"仁义"属性作出了进一步论析。荀子论兵,"常以仁义为本"。这曾经令时人不解:"凡所为有兵者,为争夺也。""仁者爱人,义者循理,然则又何以兵为?"荀子解释说:"彼仁者爱人,爱人故恶人之害之也;义者循理,循理故恶人之乱之也。彼兵者,所以禁暴除害也,非争夺也。故仁者之兵,所存者神,所过者化,若时雨之降,莫不说喜。是以尧伐驩兜,舜伐有苗,禹伐共工,汤伐有夏,文王伐崇,武王伐纣,此四帝两王,皆以仁义之兵行于天下也。故近者亲其善,远方慕其德,兵不血刃,远迩来服,德盛于此,施及四极。"⑤

用兵,是当时诸侯兼并的一个重要手段。依荀子之见,"凡兼人者有三术:有以德兼人者,有以力兼人者,有以富兼人者。""以德兼人者王,以力兼人者弱,以富兼人者贫。"以德兼人之道,是"礼"。"礼者,治辨之极也,强固之本也,威行之道也,功名之总也。王公由之,所以得天下也;不由,所以陨社稷也。故坚甲利兵不足以为胜,高城深池不足以为固,严令繁刑不足以为

---

① 《墨子·非攻下》。
② 《孟子·公孙丑下》。
③④ 《孟子·梁惠王下》。
⑤ 《荀子·议兵》。

威。由其道则行,不由其道则废。""故凝士以礼,凝民以政。礼修而士服,政平而民安;士服民安,夫是之谓大凝。以守则固,以征则强,令行禁止,王者之事毕矣。"①

因此,用兵之要,在于"附民"。"临武君与孙卿子议兵于赵孝成王前,王曰:请问兵要?临武君对曰:上得天时,下得地利,观敌之变动,后之发,先之至,此用兵之要术也。孙卿子曰:不然!臣所闻古之道,凡用兵攻战之本,在乎一民。弓矢不调,则羿不能以中微;六马不和,则造父不能以致远;士民不亲附,则汤武不能以必胜也。故善附民者,是乃善用兵者也。故兵要在乎善附民而已。"②

从仁义用兵、除暴附民出发,荀子反对为争夺势利出兵、以欺诈用兵。"临武君曰:……兵之所贵者势利也,所行者变诈也。善用兵者,感忽悠闇,莫知其所从出。孙吴用之无敌于天下,岂必待附民哉!孙卿子曰:不然。臣之所道,仁者之兵,王者之志也。君之所贵,权谋势利也;所行,攻夺变诈也,诸侯之事也。仁人之兵,不可诈也。"③

四、道家论兵:"存亡平乱、为民除害"

道家以清虚无为、生养万物的"道"为行为的最高追求。道家创始人虽然反对儒家等而下之的"仁",但却追求道生万物、生而不有、为而不恃、大爱无私的大仁至仁。由此出发,老子反复强调:"夫兵者,不祥之器,物或恶之,故有道者不处。""兵者,不祥之器,非君子之器,不得已而用之,恬淡为上。胜而不美,而美之者,是乐杀人。夫乐杀人者,则不可得志于天下矣。"④"以正治国,以奇用兵,以无事取天下。"⑤"以道佐人主者,不以兵强天下。""师之所处,荆棘生焉;大军之后,必有凶年。善者果而已,不敢以取强。"⑥如果迫不得已,必须用兵,则必须贯彻生养万物的慈爱精神:"夫慈以战则胜,以守则固。"⑦"圣人常善救人,故无弃人;常善救物,故无弃物。"⑧战争中要奉行以退为进、以柔克刚的原则:"用兵有言:'吾不敢为主而为客;不敢进寸而退尺。'……祸莫大于轻敌,轻敌几丧吾宝。故抗兵相若,哀者胜矣。"⑨"勇于

---

①②③ 《荀子·议兵》。
④ 《老子》第三十一章。
⑤ 《老子》第五十七章。
⑥ 《老子》第三十章。
⑦ 《老子》第六十七章。
⑧ 《老子》第二十七章。
⑨ 《老子》第六十九章。

敢则杀,勇于不敢则活。"①

文子是老子弟子,论治国之道亦以道家清虚无为的道德为上。比老子通达务实之处,是在清虚无为的道德理想行不通的现实中,文子退而求其次,向儒家的仁义理智礼乐,法家兵家的刑兵学说求助。于是,文子的军事思想就渗透着老子的传统和儒家的特色。首先,"以正治国,以奇用兵"②。"君子务于道德,不重用兵也。""用兵,危道也。"③"教人以道,导之以德而不听,即临之以威武;临之不从,即制之以兵革。"④这是老子思想的翻版。从老子的大慈和儒墨的仁爱出发,文子提出:"不战而屈人之兵,善之善者也。"⑤"天下虽大,好用兵者亡;国虽安,好战者危。"⑥"千乘之国,行文德者王;万乘之国,好用兵者亡。"⑦"夫亟战而数胜者,即国亡。亟战即民罢,数胜即主骄,以骄主使罢民,而国不亡者即寡矣。主骄即恣,恣即极物,民罢即怨,怨即极虑,上下俱极而不亡者,未之有也。"⑧

在此基础上,文子论及战争的正义性、合法性问题,指出"存亡平乱、为民除害"是判断用兵是否具有正义性的根本依据。只有在关系到国家和人民生死存亡的时候,才可以用兵。"古之用兵者,非利土地而贪宝赂也,将以存亡平乱、为民除害也。贪叨多欲之人,残贼天下,万民骚动,莫宁其所。有圣人勃然而起,讨强暴,平乱世,为天下除害,以浊为清,以危为宁,故不得不中绝。"⑨"为民除害"涉及"诛无道"的思想。"闻敌国之君有暴虐其民者,即举兵而临其境,责以不义,刺以过行。"⑩文子进而明确提出"义兵"主张:"以兵王者亦德也。用兵有五:有义兵,有应兵,有忿兵,有贪兵,有骄兵。诛暴救弱谓之义,敌来加己不得已而用之谓之应,争小故不胜其心谓之忿,利人土地、欲人财货谓之贪,恃其国家之大,矜其人民之众,欲见贤于敌国者谓之骄。义兵王,应兵胜,忿兵败,贪兵死,骄兵灭,此天道也。"⑪义兵所到之处,"克其国不及其民,废其君易其政,尊其秀士,显其贤良,振其孤寡,恤其贫穷,出其囹圄,赏其有功,百姓开户而内之,溃米而储之,唯恐其不来也"。"义兵至于境,不战而止。"⑫

文子还提出因势利导、不拘一格、以弱胜强的战略战术思想。"故善用

---

① 《老子》第七十三章。
② 《文子·上礼》。
③ 《文子·上仁》。
④⑨⑩⑫ 《文子·上义》。
⑤ 《文子·自然》。
⑥ 《文子·符言》。
⑦ 《文子·下德》。
⑧⑪ 《文子·道德》。

兵者,用其自为用;不能用兵者,用其为己用。用其自为用,天下莫不可用;用其为己用,无一人之可用也。""用兵者,或轻或重,或贪或廉,四者相反,不可一也。轻者欲发,重者欲止,贪者欲取,廉者不利非其有也。故勇者可令进斗,不可令持坚;重者可令固守,不可令凌敌;贪者可令攻取,不可令分财;廉者可令守分,不可令进取;信者可令持约,不可令应变。五者,圣人兼用而材使之。"①"能成霸王者,必胜者也;能胜敌者,必强者也;能强者,必用人力者也;能用人力者,必得人心者也;能得人心者,必自得者也;自得者,必柔弱者已。"②"善用兵者,先弱敌而后战,故费不半而功十倍。"③

战国后期,诸侯国之间的兼并战争愈演愈烈,国家军事建设的地位愈显重要。道家殿军著作《鹖冠子》提出"人道先兵"④这样一个富有时代特色的命题。同时,《鹖冠子》又指出:战争取胜的根本原因是道义:"兵之胜也,顺之于道,合之于人。"⑤"兵者,礼义忠信也。"⑥弱小的商国、周国、越国为什么最终能取代强大的夏朝、殷朝、吴国呢?因为它们奉行礼义忠信,赢得了民心的归附。"昔夏广而汤狭,殷大而周小,越弱而吴强,此所谓不战而胜,善之善者也。"⑦只有在敌人"失道""不义"的情况下,才可以发动"以贱逆贵""以小侵大"的战争,因为这个战争是正义的、深得人心的、能够得到人民拥护的。正义不仅是发动战争的依据,也是约束军队的依据。真正的正义之师在攻城略地、占领敌国后,必须"不杀降人"⑧,"入以禁暴,出正无道"⑨。《鹖冠子》告诫:得道则战无不胜,失道则节节败退。"反义而行之,逆德以将之,兵诎而辞穷,令不行,禁不止,又奚足怪哉?"⑩

五、兵家论兵:"内修文德,外治武备"

春秋战国时期,伴随着诸侯之间的兼并战争愈演愈烈,探讨战争制胜之道的兵家学派应运而生。《六韬》《司马法》虽然记叙的是周初姜太公的军事思想,但其成书却在战国时代。与此同时,这个时期还诞生了几部军事著作:《孙子兵法》《孙膑兵法》《吴子》《尉缭子》。兵家所论,总体上渗透着以仁用兵的义兵思想,具体探讨了战略管理与战术原则,极大丰富了周代的军事学说。

---

① 《文子·自然》。
② 《文子·符言》。
③ 《文子·下德》。
④⑥⑧⑩ 《鹖冠子·近迭》。
⑤ 《鹖冠子·兵政》。
⑦ 《鹖冠子·武灵王》。
⑨ 《鹖冠子·王鈇》。

《孙子兵法》是春秋末期齐人孙武探讨战争规律、总结作战经验的名著，历来被推崇为"兵经""武经""兵学圣典"。共十三篇，六千多字。全书强调了战争胜利"不取鬼神""经以五事"的基本原则，分析了"兵者诡道"的战争特点，提出了"上兵伐谋""不战而屈人之兵"的"全胜"理想，以及以守为攻、集中优势、兵贵速胜等战术思想。

　　周代是一个不迷信神道、转而重视人道的时代。神不可信，这在战争经验中一再得到证实。兵家著作反复探讨的制胜之道，都是周人重视人道、认识到人道是决定战争成败的关键的证明。《孙子兵法》提供了这方面的鲜活例证。孙武指出："兵者，国之大事，死生之地，存亡之道，不可不察也。"①军事战争不允许有任何经不起实践验证的闪失。因此，孙武提出了"禁祥去疑"②、"不可取于鬼神……必取于人"③的明确主张。战争的胜利决定于"人"，应从哪些方面入手呢？孙武提出"经之以五事"："一曰道，二曰天，三曰地，四曰将、五曰法。"④"道"指道义。"道者，令民与上同意也，故可以与之死，可以与之生，而不畏危。"⑤"善用兵者，修道而保法，故能为胜败之政。"⑥这个道义，包括将官对士兵的仁德、爱护、关心："视卒如婴儿，故可与之赴深溪；视卒如爱子，故可与之俱死。"⑦"天"和"地"，指掌握自然条件。"知天知地，胜乃不穷。"⑧其中，"天"指天时。"天者，阴阳、寒暑、时制（四时更替）也。"⑨天时是特定战争必须考虑到的条件，它与战争的结果密切相关。比如火攻，"发火有时，起火有日。时者，天之燥也；日者，月在箕、壁、翼、轸也。凡此四宿者，风起之日也"⑩。"地"指地形状况。"地者，远近、险易、广狭、死生也。"⑪作战不仅要顺应天时，而且要顺应地利。"知战之地，知战之日，则可千里而会战。"如果"不知战地，不知战日"，就会发生战时"左不能救右，右不能救左，前不能救后，后不能救前"的情况，就决不能开战。⑫战争的第四个重要因素是选将得当。"将者，智、信、仁、勇、严也。"⑬孙子提出的选将的五项标准奠定了后世中国军人崇尚的"武德"。战争的第五个要素是掌握治军之"法"，包括军队的组织编制制度、军官的职责范围规定、军需物资的供应管理制度、军士考绩的

---

① 　陈曦译注：《孙子兵法·计篇》，中华书局2011年版。《计篇》，又作《始计篇》。
② 　《孙子兵法·九地篇》。
③ 　《孙子兵法·用间篇》。
④⑤⑨⑪⑬ 　《孙子兵法·计篇》。
⑥ 　《孙子兵法·形篇》。《形篇》，又作《军形篇》。
⑦⑧ 　《孙子兵法·地形篇》。
⑩ 　《孙子兵法·火攻篇》。
⑫ 　均见《孙子兵法·虚实篇》。

赏罚制度等。

在此基础上,孙武提出了"慎战""全胜""诡道"的战略思想。所谓"慎战",指不到万不得已,不要轻言用兵。所谓"非危不战",不轻易发动侵略战争;"非利不动",不打无把握之仗。更不可情感用事:"主不可以怒而兴师,将不可以愠而致战……此安国全军之道也。"①

所谓"全胜"的"全",指保全自己的军力,在不损一兵一卒、不费一枪一弹的前提下完胜敌人。"夫用兵之法,全国为上,破国次之;全军为上,破军次之;全旅为上,破旅次之;全卒为上,破卒次之;全伍为上,破伍次之。"怎么才能达到"全胜"呢?就是要通过"伐谋(谋划)""伐交(外交)",不战而屈人之兵,兵不血刃地获得胜利:"故上兵伐谋,其次伐交,其次伐兵,其下攻城。攻城之法为不得已。""故善用兵者,屈人之兵而非战也,拔人之城而非攻也,毁人之国而非久也,必以全争于天下。故兵不顿而利可全,此谋攻之法也。""是故百战百胜,非善之善者也;不战而屈人之兵,善之善者也。"②所以,战争的最高境界是"斗智",而不是"斗勇"。

所谓"诡道",即对战争规律、特点的分析。兵为"诡道"的命题,体现了孙武对战争特殊规律的认识。用兵是以"诡诈"为原则的。"兵者,诡道也。故能而示之不能,用而示之不用,近而示之远,远而示之近。利而诱之,乱而取之,实而备之,强而避之,怒而挠之,卑而骄之,佚而劳之,亲而离之。攻其无备,出其不意。"③在后来各篇中,也贯穿了"兵为诡道"的思想。《军争篇》提出"兵以诈立":"故兵以诈立,以利动,以分合为变者也。故其疾如风,其徐如林,侵掠如火,不动如山,难知如阴,动如雷震。"《虚实篇》提出"致人而不致于人",用计谋牵着敌人鼻子跑、避实就虚、始终处于主动位置的思想。《势篇》提出出奇制胜的思想。要之,兵不厌诈,虚实相生,奇正相变,声东击西,出其不意,攻其无备,就是战场上破敌制胜的法宝。

孙武还分析、总结了一些具体的战术法则:保障后勤、团结一致、以守为攻、易胜则战、集中优势、攻击要害、兵贵速胜、掌握常识、因势利导、临宜适变等等。

《吴子》又称《吴子兵法》《吴起兵法》。吴起是战国初期兵家代表人物。吴起一生历仕鲁、魏、楚三国。《吴子》六篇记载了他与魏文侯、魏武侯之间的对话。《吴子》曾与《孙子》齐名,并称"孙吴兵法"。吴起也与孙武并称

---

① 《孙子兵法·火攻篇》。
② 均见《孙子兵法·谋攻篇》。
③ 《孙子兵法·计篇》。

"孙吴"。《吴子兵法》从政治论述到军事,认为军事是德治的权宜、变化形态,主张以"内修文德"为主,以"外治武备"为辅,与《六韬》《司马法》《孙子兵法》的思路一脉相承。

《吴子》开篇为《图国》。在该篇中,魏文侯、魏武侯向吴起讨教固国强兵之道。吴起穿着儒服,向他们宣扬仁德治国的思想。如何使国家长治久安呢?吴起指出:仅仅"恃众好勇"、从战事入手争强斗狠是不行的。从平时修行"四德"入手,以图获得万民拥护,才是根本之策。"四德"即"道、义、礼、仁"。"圣人绥之以道,理之以义,动之以礼,抚之以仁。此四德者,修之则兴,废之则衰。"在吴起看来,"君能使贤者居上,不肖者处下,则陈(阵)已定矣;民安其田宅,亲其有司,则守已固矣。百姓皆是吾君而非邻国,则战已胜矣。"①当然,光修文德也有不管用的情况。所以,"明主鉴兹,必内修文德,外治武备"②。

文武兼修不仅是"固国"之道,也是"治军"之道。只有把仁德礼义贯彻到治军过程之中,才能赢得军心效力死战。"凡治国治军,必教之以礼,励之以义,使有耻也。"吴起据此提出"人和"的原则:"昔之图国家者,必先教百姓而亲万民。""有道之主,将用其民,先和而造大事。""人和"包括四方面,即"和于国""和于军""和于阵""和于战"。四不和不可以出战。③在文武兼修、以德治军的基础上,吴起提出了"义兵""慎战"主张。按战争的性质分,军队有五种称谓:"一曰义兵,二曰强兵,三曰刚兵,四曰暴兵,五曰逆兵。"什么叫"义兵""强兵""刚兵""暴兵""逆兵"呢?"禁暴救乱曰义,恃众以伐曰强,因怒兴师曰刚,弃礼贪利曰暴,国乱人疲、举事动众曰逆。"④吴起反对恃众以伐的强兵、因怒兴师的刚兵、弃礼贪利的暴兵、国乱人疲的逆兵,肯定禁暴救乱的义兵。吴起指出:称霸、称王、称帝不是靠屡屡发动战争打出来的,恰恰相反,"数胜得天下者稀,以亡者众。""天下战国,五胜者祸,四胜者弊,三胜者霸,二胜者王,一胜者帝。"⑤要想称王称霸于天下,必须懂得保存实力,在出战问题上慎之又慎。正如治国强兵必须文德武备兼修一样,吴起论将,也提出"文武刚柔"的要求。"夫总文武者,军之将也;兼刚柔者,兵之事也。""威、德、仁、勇,必足以率下安众,怖敌决疑……是谓良将。"⑥将领的"文武刚柔",要求将领在带兵治军中注重、兼顾五点。"将之所慎者五:一曰理,二曰备,三曰果,四曰戒,五曰约。""理"指举重若轻、"治众如治寡"的条理;"备"指"出门如见敌"的战备;"果"是当机立断、"临敌不怀生"的果敢;"戒"是慎终如始、"虽克如始战"的警惕;"约"是"法令省而不烦"的简

---

① ② ③ ④ ⑤ 均见《吴子·图国》。
⑥ 均见《吴子·论将》。

明。一位出色的将领,还必须掌握四个关键。一是掌握士气,二是利用地形,三是运用计谋,四是充实力量。在军队管理上,吴起提出"以治为胜"的治军原则:"所谓治者,居则有礼,动则有威。"①又论及"教戒为先"的"用兵之法"。在训练方法上,用以一带十的方法,培养全军的战斗本领。在战斗方法上,学会"以近待远,以佚待劳,以饱待饥"。在作战阵法上,学会圆阵变方阵,坐阵变立阵,前进变停止,向左变向右,向前变向后,分散变集结,集始变分散。②在选士用卒上,人尽其才,用得其所,优厚有加。在"进兵之道"上,"进有重赏,退有重刑"③。在"行军之道"上,坚持三原则:"无犯进止之节,无失饮食之适,无绝人马之力。"当时,骑兵作战是重要的作战方式。吴起总结:"夫马,必安其处所,适其水草,节其饥饱。冬则温厩,夏则凉庑。刻剔毛鬣,谨落四下(铲蹄钉掌)。戢(训练)其耳目,无令惊骇。习其驰逐,闲其进止。人马相亲,然后可使。车骑之具,鞍、勒、衔、辔,必令完坚。凡马不伤于末,必伤于始;不伤于饥,必伤于饱。日暮道远,必数上下(上马下马),宁劳于人,慎无劳马,常令(马力)有余,备敌覆(伏)我。能明此者,横行天下。"④战争的实质是敌我双方力量的此消彼长。慎战、少战的目的是最大程度保存我方实力,消灭敌方实力。据此,吴起提出了"见可而进,知难而退"⑤的战争原则。《吴子》还在《应变》篇中讲了战场上遇到的各种情况的应对战术。

孙膑是孙武的后代,战国中期军事家。《孙膑兵法》继承《孙子兵法》战争胜利"不可取于鬼神"的思想,强调获得"天时、地利、人和"是最重要的人事因素,而在顺天时、得地利、合人心三者中,"人和"最重要。在这个大前提下,深化了对战争规律的理论探讨。

《孙子兵法》曾指出:战争的胜利"不可取于鬼神","必取于人"。《孙膑兵法》继承并发展了这一思想,进一步提出:"间于天地之间,莫贵于人。"⑥"间于"的"间",张震泽《孙膑兵法校理》无释。按"间"字字义,唯一靠近可讲得通的是方位词"在……中间"或动词"掺杂"。"间于天地之间",即"在天地之间"。在天地之间所有的事物中,"人"最高贵。《孙膑兵法》接着指出:"天时、地利、人和,三者不得,虽胜有央(殃)。"⑦在"天时、地利、人和"三种因素中,哪一种因素最重要呢?"人和"最重要。《孙膑兵法》指出:"兵不能胜大患,不能合民心者也。"⑧"夫安万乘国,广万乘王,全万乘之民

---

① ② ③ ④ 《吴子·治兵》。

⑤ 《吴子·料敌》。

⑥ ⑦ 《孙膑兵法·上编·月战》,张震泽:《孙膑兵法校理》,中华书局1984年版。

⑧ 《孙膑兵法·下编·兵失》。

命者,唯知道。"①"以决胜败安危者,道也。"②"知道,胜。……不知道,不胜。"③《孙膑兵法》提到"道"的地方多达五十多处。这个"道",不是"神道",而是"人道",指将领必须掌握的战争规律。当然,上顺天时,下应地利,内得人心,是最根本的战争规律。这个基本理念,渗透在该书关于战略战术的思想论述中。

在孙膑所处的时代,军事战争对于保家卫国很重要。"战胜,则所以在(当为存)亡国而继绝世也。战不胜,则所以削地而危社稷也。"因此,"兵者不可不察"。④ 如同《孙子兵法》承认战争的必要性同时又主张"慎战",《孙膑兵法》也一样。它肯定必要战争的必要性,但又反对穷兵黩武,告诫"穷兵者亡"⑤,不能为了自己的利益去发动战争。战争只能是出于迫不得已的自卫行为,所谓"不得已而后战"⑥。于是提出"义战"概念。道义或者说正义,是军队强大的最重要的基础。"德行者,兵之厚积也。"⑦正义之师是强大之师、制胜之师:"卒寡而兵强者,有义也。"反之,"战而无义,天下无能以固且强者"⑧。孙膑还将"义、仁、德、信、智"五种品德作为对率兵作战的将领的要求提出来:"义者,兵之首也。""将者不可以不义。不义则不严,不严则不威,不威则卒弗死。""仁者,兵之腹也。""将者不可以不仁,不仁则军不克,军不克则军无动。""德者,兵之手也。""将者不可以无德,无德则无力,无力则三军之利不得。""信者,兵之足也。""将者不可以不信,不信则令不行。"智者,"兵之尾也","将者不可不智胜"⑨。

在此基础上,孙膑探讨了军事规律问题。涉及的主张主要有:一、做好充足的战备,不打无准备之仗。平时无战事的时候,大力发展经济,保障战时的物资需要。这就叫"富国"以"强兵"。战备不仅要从平时富国入手,还要从战前策划入手:"用兵无备者伤。"⑩ "事备而后动。"⑪二、认真评估战争后果,确保胜算才开战,否则坚决阻止战争的发生。"必胜乃战……审而行之。"⑫"见胜而战,弗见而诤(谏阻),

---

① 《孙膑兵法·上编·八阵》。
② 《孙膑兵法·下编·客主人分》。
③⑦ 《孙膑兵法·上编·篡卒》。
④⑧⑪ 均见《孙膑兵法·上编·见威王》。
⑤⑩ 《孙膑兵法·上编·威王问》。
⑥ 《孙膑兵法·上编·月战》。
⑨ 《孙膑兵法·下编·将义》。
⑫ 《孙膑兵法·上编·杀士》。

此王者之将也。"①《孙膑兵法》将"人和"视为战争取胜三要素之一,并且是最重要的因素。具体说来,"人和"中的"人"涉及三要素,即兵、将、君。战争中的兵、将、君的关系,就好比是箭、弓和射箭人的关系一样,是向着靶的共同合作、不可分割的一个整体。"若欲知兵之情,弩矢其法也。矢,卒也;弩,将也;发者,主也。""弩之中彀合于四"②,箭弩射中目标是箭、弓、射箭人向着目标通力合作的结果,"左右和,胜"③。他们各司其职,各有要求。君主的职责是下达战争指令和战斗任务,但不得越俎代庖,干涉将领的具体作战指挥。将领从君主那里领受到任务和授权,他有重大的权力,也有重大的责任。他必须严格自律,不仅平时对自己有"义、仁、德、信、智"的修养要求,而且必须在军中弘扬"忠""信""敢"。"忠"指将领忠于君王。"信"指将领对悬赏讲信用。"敢"指敢于抛弃错误的决定。总之,将领要讲"将义"、有"将德"。自大、骄傲、贪位、贪财、轻敌、寡决、寡信、寡勇、懈怠、暴虐等④,都是导致"将败"的原因。从士兵一端而言,"兵之胜在于篡卒"。"篡卒"即"选兵"。"其勇在于制(教令),其巧(机巧)在于势,其利(锐)在于信,其德在于道(兵道),其富在于亟(急)归,其强在于休民,其伤在于数战。"⑤士兵的勇敢在于军纪约束,士兵的作战机巧在于营造优势,士兵的锋锐在于将领讲信用,士兵的道德在于洞悉战争规律,士兵的给养充足在于速战速决,军队的强大在于休养生息,军队的受伤在于作战过频。在君主、将领、士兵各司其职、相互合作达到"人和"的情况下,《孙膑兵法》还讨论决定战争胜负的其他一些要素。这些要素有:阵、势、权、变、谋、诈、赏、罚。

关于《尉缭子》,《汉书·艺文志》《隋书·经籍志》《旧唐书·经籍志》《新唐书·艺文志》《宋史·艺文志》都有著录。南北朝以来的学者,特别是唐宋时期许多学者都对该书有所摘引和评论。1972年山东临沂银雀山汉墓出土了一批兵书文献,其中包括《尉缭子》竹简残卷,其内容与今本《尉缭子》基本相同。⑥《尉缭子》的作者是生活在战国中后期的尉缭,《尉缭子》是一部成书于战国中后期的先秦兵书。《尉缭子》阐述的军事思想有两大特点。一是认为无论鬼神祭祀还是天时地利,都比不上人事管用,"圣人所贵,人事而已";二是在人事方面,强调发挥主观能动性,融汇儒家、道家、法家于一体,建立了特殊的政治—军事学说。它继承了《孙子兵法》《孙膑兵法》重

---

① 《孙膑兵法·上编·八阵》。
② 《孙膑兵法·上编·兵情》。
③⑤ 《孙膑兵法·上编·篡卒》。
④ 《孙膑兵法·下编·将败》。
⑥ 残简释文见《文物》1977年第2期、第3期。

人事、轻鬼神的思想并加以发展,又吸收了《六韬》《司马法》《吴子》援儒入兵的特色,并掺和了道家的无欲无私论与法家的严刑峻法论,提出了相安无事的社会理想与从严治军的军事主张,体现了战国中后期军事著作的综合特点。

在战争问题上,如何处理人神关系、天人关系?《尉缭子》主张"不卜筮而事吉""不祷祠而得福","天时不如地利,地利不如人和",明确提出"圣人所贵,人事而已"①;"古之圣人,谨人事而已"②。针对当时现实中不少庸将"合龟兆,视吉凶,观星辰风云之变,欲以成胜立功",尉缭认为这很难达到目的,而且很愚蠢。③他强调人事重要的目的,在于扭转这种荒谬的偏向。

由于《尉缭子》极为重视人的智慧及其主观能动性对战争胜负的决定作用,而发挥主观能动性的人中,指挥三军的"将"的作用更大,所以,它一反常态,提出"将者,上不制于天,下不制于地,中不制于人"的观点。④ 武王伐纣,纣占据天时、地利,也有一部分人捍卫他,认为臣伐君为逆,但武王并未受此束缚。因为这个行动在更广泛的范围上符合民心,在更高的层面上符合除暴安良的天意,所以实际上是"顺天应人"的,而这是取胜的根本。

政治之道是实现社会理想的手段。《尉缭子》的社会理想是什么呢?在战国中后期诸侯国为了私利相互争夺厮杀的年代,《尉缭子》提出了反本合道、无私无欲、共寒共饥、天下一家的社会理想。从天下安康的社会理想和爱利万民的政治之道出发,《尉缭子》提出了以"仁义"为本的战争观。首先,兵为凶器,出兵必须具有充分的理由和正义的合法性。只有在讨伐不义的暴乱、抗击敌人的侵略、保护国家和人民的生命财产安全时才可用兵。"兵者,凶器也;争者,逆德也。将者,死官(负责生死的官职)也。故不得已而用之。"⑤"事必有本,故王者伐暴乱,本仁义焉。"⑥其次,尽管"兵者凶器",但处于"以立威抗敌相图"的战国时代,又"不能废兵"⑦,所以,治兵必须"以武为表,以文为里"⑧。所谓"以文为里"即以仁义为用兵的指导原则。因此,"凡兵,不攻无过之城,不杀无罪之人。夫杀人之父兄,利人之货财,臣妾人之子女,此皆盗也。故兵者,所以诛暴乱、禁不义也。兵之所加者,农不离

---

① 《尉缭子·战威》。徐勇《尉缭子 吴子》。下同。
②③⑤ 《尉缭子·武议》。
④ 《尉缭子·武议》,另见《尉缭子·兵谈》。
⑥⑦ 《尉缭子·兵令上》。此据古诗文网本。徐勇本有异。
⑧ 《尉缭子·兵令上》。

其田业,贾不离其肆宅,士大夫不离其官府……故兵不血刃而天下亲焉。"①

在战争具有正义性、合法性的前提下,如何打赢战争呢?《尉缭子》探讨、总结了许多战略战术原则。首先,必须明白,上兵伐谋,至胜不战,要立足于"兵胜于朝廷",不战而胜。"夫治且富之国,车不发轫,甲不出囊,而威服天下矣。故曰:兵胜于朝廷。"②"不暴甲而胜者,主胜也;陈而胜者,将胜也。"③"故百战百胜,非善之善者也;不战而胜,善之善者也。"④兵胜于朝廷为上,兵胜于战场为下。其次,在无法取胜于朝廷,只能决胜于战场的情况下,要量力而行,不打无把握取胜的战争。"兵起,非可以忿也。见胜则兴,不见胜则止。"⑤"战不必胜,不可以言战;攻不必拔,不可以言攻。"⑥再次,战场上如何取胜呢?"兵以静胜。"⑦作战计划形成后必须不动声色,沉着冷静。军事行动必须听从统一指挥。"力分者弱,心疑者背。"⑧"善用兵者,能夺人而不夺于人。"⑨必须努力掌握战争主动权。"权先加人者,敌不力交;武先加人者,敌无威接。故兵贵先。"⑩用兵贵在先发制人。此外,《尉缭子》还从十二方面总结过"必胜之道":一是"连刑",即一个犯罪,全伍连坐;二是"地禁",即管制交通,以防奸细;三是"全车",就是说战车上的甲士和随车步卒都要在车长统一指挥下,协调一致地行动;四是"开塞",即划分防区,各自尽忠职责以行坚守;五是"分限",即营阵左右相互警卫,前后相互照顾,环列战车,形成坚固营垒,用以抗拒敌人,保障宿营安全;六是"号别",即前列部队前进时,与后列界限分明,后列不得抢先突进,以免次序紊乱;七是"五章",即用五种颜色的标记区别行列,保持部队始终不乱;八是"全曲",即各部队在行动中互相联系,保持自己在战斗队形中的应有位置;九是"金鼓",即激励将士杀敌主功,为国牺牲;十是"阵车",即驻止时用战车前后连结成阵,遮蔽马的双目以免惊驰;十一是"死士",即从各军中选拔有才而能勇敢的人,乘着战车,忽左忽右、忽前忽后地出奇制胜;十二是"力卒",即选用才力超群的人掌管军旗,指挥部队,没有命令不得擅自行动。⑪ 如此等等。

战争中全权带军作战的将领的作用至关重要。《尉缭子》的一个重要

---

① 《尉缭子·武议》。
②④ 《尉缭子·兵谈》。
③⑤ 《尉缭子·兵谈》。此据古诗文网本。徐勇本有异,不好解,似不确。
⑥ 古诗文网本作《尉缭子·攻权》。按:徐勇译注本私改为《兵权》,不确。
⑦⑧ 《尉缭子·攻权》。
⑨ 《尉缭子·战威》。
⑩ 《尉缭子·战权》。
⑪ 《尉缭子·兵教下》。

部分,是关于将领的论析。在对将领的素质提出基本要求的基础上,《尉缭子》对将领如何治军提出了进一步的要求。在治军管理及诛罚措施中,《尉缭子》受《商君书》影响较多,主张相互联保,从严治罪。《尉缭子》的重刑思想不仅与商鞅如出一辙,而且比商鞅更为严酷。这是该书的一大特点。

六、法家与杂家:"以法督战"与"以义为战"

春秋战国时期的军事思想,法家著作另有强调,杂家著作有所补充。

法家论兵,强调军事是强国的两大元素之一。战国中期的商鞅指出:"国之所以兴者,农战也。"①"故治国者,其抟力也,以富国强兵也。"②不过,"战,民之所危也。"③使人民"乐战"并不容易,需要找到合理的计策。"夫治国者,能尽地力而致民死者,名与利交至。"④这个计策就是根据人的趋利、好荣天性设立刑赏,使人民克服贪生怕死的天性,勇于为战而死:"民生则计利,死则虑名。名利之所出,不可不审也。利出于地,则民尽力;名出于战,则民致死。入使民尽力,则草不荒;出使民致死,则胜敌。"⑤"民之欲利者,非耕不得;避害者,非战不免。境内之民莫不先务耕战,而后得其所乐,故地少粟多,民少兵强。"⑥"民之外事,莫难于战,故轻法不可以使之。"⑦因此,商鞅提出了奖励战功、败者连坐的奖惩政策。"凡战者,民之所恶也,能使民乐战者,王。"⑧"用兵之道,务在一赏。"⑨"能一民于战者,民勇。""行间之治,连(之)以五(伍),辨之以章,束之以令。拙无所处,罢无所生。是以三军之士从令如流,死而不旋踵。"如此,则"民之见战也,如饿狼之见肉"⑩。战国末期韩非继承商鞅重视农战、用奖惩法令激励农战、富国强兵的思想,重申:"夫耕之用力也劳,而民为之者,曰可得以富也。战之事也危,而民为之者,曰可得以贵也。""故民尽死力以从其上。""境内之民,其言谈者必轨于法,动作者归之于功(农也),为勇者尽之于军。是故无事则国富,有事则兵强,此之谓王资。"⑪

法家在强调农战时否定传统的"仁义"思想,用严酷的刑罚作为砥砺措施。这种狭隘的把战争与仁义对立起来的军事思想在周代只是个案。

---

① 《商君书·农战》。
② 《商君书·一言》。
③④⑤⑨ 《商君书·算地》。
⑥ 《商君书·慎法》。
⑦ 《商君书·外内》。
⑧⑩ 《商君书·画策》。
⑪ 均见《韩非子·五蠹》。

占主流地位的军事思想仍然是以仁用兵的义兵学说。杂家著作也是如此。比如《管子》。管子主政,以仁政为主,以刑兵为辅。《管子》中《七法》《兵法》《幼官》《参患》《制分》《地图》《势》等是集中论述军事的篇章。管子明确声称:"故夫兵……非备道至德也。"①但如果遭遇内乱外患,在仁义、刑罚的手段无法维护国家安全时,就必须诉诸军事战争。所以军事又是"辅王成霸"②的必不可少的政治手段。"国之所以安危者,莫要于兵。故诛暴国必以兵,禁辟民必以刑。然则兵者外以诛暴,内以禁邪。故兵者尊主安国之经也,不可废也。"③管子既看到军事对于维护国家安全的重要性,又注意到战争的灾难:"贫民伤财莫大于兵,危国忧主莫速于兵。"④因此,他一方面提出"兵不可废",另一方面又主张"不勤于兵"。既然战争不可避免,于是,研究战争规律,加强军队建设,善于准备战争、把握战争、赢得战争,就特别重要。"不能疆其兵,而能必胜敌国者,未之有也。"⑤战争的胜利虽然须用军事实力去保障,但"强其兵而不明于胜敌国之理,犹之不胜也"⑥。战争的致胜之理是"义胜之理"⑦。"成功立事,必顺于礼义。故不礼不胜天下,不义不胜人。故贤知(智慧)之君,必立于胜地,故正天下而莫之敢御也。"⑧正义的根本是反映民意,为民除暴。在坚持战争正义性、合法性的同时,管子对"为兵之数"作出了具体探讨,提出了系统要求。首先对入伍的士兵严加挑选,"为兵之数……存乎选士,而士无敌"⑨。其次对士兵加强道德教育,"为兵之数……存乎政教,而政教无敌"⑩。再次,发展综合国力,为战争提供经济后盾:"为兵之数,存乎聚财,而财无敌。"⑪四是加强先进武器装备。"为兵之数……存乎制器,而器无敌。"⑫五是加强平时作战训练。"为兵之数……存乎服习,而服习无敌。"⑬平时练兵的科目,有"三官""五教""九章"⑭。管子还论析了作战的具体方法。战争之前做到知己知彼。发动战争必须兼顾天时、地利、人和。战时要善于把握战机。要懂得避实就虚、避难就易、避强攻弱的攻击策略。

管子以仁治兵的义兵思想对晏子发生了直接影响。晏子强调:"攻义者不祥,危安者必困。""伐人者德足以安其国,政足以和其民,国安民和,然后

---

① ② ⑭ 《管子·兵法》。
③ 《管子·参患》。
④ 《管子·法法》。
⑤ ⑥ ⑧ ⑨ ⑩ ⑪ ⑫ ⑬ 《管子·七法》。
⑦ 《管子·幼官》。

可以举兵而征暴。"①

战国末期出现了一部讨论帝王之道的杂家巨著《吕氏春秋》。它在战争问题上的基本主张也是"以义为战"。吕不韦对战争的定位是:"凡兵,天下之凶器也;勇,天下之凶德也。"②用兵不可不慎,但废兵是不可以的,因为军事在维护国家安全中具有必不可缺的地位。"修兵者,以备寇也。"③"国无刑罚,则百姓之相侵也立见;天下无诛伐,则诸侯之相暴也立见。""刑罚不可偃于国,诛伐不可偃于天下。""故古之圣王有义兵而无有偃兵。""义兵之为天下良药也亦大矣。"④"举凶器,行凶德,犹不得已也。""举凶器必杀,杀,所以生之(民)也;行凶德必威,威,所以慑之(敌)也。敌慑民生,此义兵之所以隆也。"⑤于是,吕不韦明确提出"义兵"主张:"凡兵之用也,用于利,用于义。攻乱则服,服则攻者利;攻乱则义,义则攻者荣。"⑥正义之师是取得战争胜利的根本保证:"惟义兵为可。"⑦"夫兵,贵不可胜。"这个"不可胜"的关键就是"义":"夫兵有本干:必义。""义则敌孤独,敌孤独则上下虚,民解落;孤独则父兄怨,贤者诽,乱内作。"⑧以有义伐无道,是发动战争的基本原则。"夫攻伐之事,未有不攻无道而罚不义也。"据此,吕不韦高度肯定汤武发动的革命战争,驳斥那种否定一切战争的迂腐之论,指出在天子既废、诸侯横行、黎民苦不堪言的浊世,攻无道而伐不义的战争是人民盼望已久的正义之战:"攻无道而伐不义,则福莫大焉,黔首利莫厚焉。禁之者,是息有道而伐有义也,是穷汤、武之事,而遂桀、纣之过也。……故乱天下、害黔首者,若论为大。"⑨"兵诚义,以诛暴君而振苦民,民之说也,若孝子之见慈亲也,若饥者之见美食也;民之号呼而走之,若强弩之射于深溪也,若积大水而失其壅堤也。"⑩"夫攻伐之事,未有不攻无道而伐不义也。攻无道而伐不义,则福莫大焉,黔首利莫厚焉。""当今之世浊甚矣,黔首之苦不可以加矣。天子既绝,贤者废伏,世主恣行,与民相离,黔首无所告诉。世有贤主秀士,宜察此论也,则其兵为义矣。天下之民,且死者也而生,且辱者也而荣,且苦者也而逸。""凡为天下之民长也,虑莫如长有道而息无道,赏有义而罚不义。今之世学者多非乎攻伐。非攻伐而取救守,取救守,则乡之所谓长有道而息

---

① 均见《晏子春秋·内篇问上》之三。
②⑤ 《吕氏春秋·仲秋季·论威》。
③ 《吕氏春秋·孟春纪·本生》。
④⑩ 《吕氏春秋·孟秋纪·荡兵》。
⑥ 《吕氏春秋·恃君览·召类》。
⑦ 《吕氏春秋·孟秋纪·禁塞》。
⑧ 均见《吕氏春秋·仲秋季·决胜》。
⑨ 《吕氏春秋·孟秋纪·振乱》。

无道、赏有义而罚不义之术不行矣。"①吕不韦提醒人们注意：在夏桀、殷纣、吴王夫差、晋厉公、陈灵公、宋康王这样的君主"大为无道不义"，"所残杀无罪之民者，不可为万数"，"加之以冻饿饥寒之患"，"暴骸骨无量数，为京丘若山陵"的时代，如果"不论其义而疾取救守"，即不分是非曲直，一味不加反抗，采取救守姿态，就会加剧暴君的"无道不义"之举，造成民众更大的灾难："守无道而救不义，则祸莫大焉，为天下之民害莫深焉。""故大乱天下者，在于不论其义而疾取救守。"②所以对于加害人民的"无道不义"之举要坚决予以抗击。吕不韦还强调：作为以有道伐不义的正义之师，其战争的目的是对无道的暴君及其死党实施精确打击，决不滥杀无辜，所谓"克其国，不及其民，独诛所诛而已矣"。保护当地民众财产："至于国邑之郊，不虐五谷，不掘坟墓，不伐树木，不烧积聚，不焚室屋，不取六畜。"选贤用能，济孤恤寡，尊敬长老，安抚百姓，广施恩德："举其秀士而封侯之，选其贤良而尊显之，求其孤寡而振恤之，见其长老而敬礼之，皆益其禄，加其级。""分府库之金，散仓廪之粟，以镇抚其众，不私其财。"如此，则"兵入于敌之境，则民知所庇矣，黔首知不死矣。""故义兵至，则邻国之民归之若流水，诛国之民望之若父母，行地滋远，得民滋众，兵不接刃而民服若化。"③"饥寒，人之大害也；救之，义也。人之困穷，甚如饥寒，故贤主必怜人之困也，必哀人之穷也，如此则名号显矣。"④此外，吕不韦还讨论了战争中战术性措施。如说："凡兵，贵其因也。因也者，因敌之险以为己固，因敌之谋以为己事。能审因而加，胜则不可穷矣。"⑤"故凡兵势险阻，欲其便也；兵甲器械，欲其利也；选练角材，欲其精也；统率士民，欲其教也。此四者，义兵之助也。"⑥"智则知时化，知时化则知虚实盛衰之变，知先后远近纵舍之数。""勇则能决断，能决断则能若雷电飘风暴雨，能若崩山破溃、别辨賨坠；若鸷鸟之击也，搏攫则殪，中木则碎。"⑦等等。

于是，从管子、晏子到吕不韦，杂取诸家议兵治军学说，共同演绎出周代仁政框架下义兵思想的交响乐章。这是对战场胜利取决于"人道"而非"神道"的说明，也是周代"以人为本""人的觉醒"思想特征的又一证明。

---

① 《吕氏春秋·孟秋纪·振乱》。
② 均见《吕氏春秋·孟秋纪·禁塞》。
③ 《吕氏春秋·孟秋纪·怀宠》。
④ 《吕氏春秋·仲秋纪·爱士》。
⑤⑦ 《吕氏春秋·仲秋纪·决胜》。
⑥ 《吕氏春秋·仲秋纪·简选》。

后 记

《"人的觉醒":周代思想的启蒙景观》系 2021 年国家社会科学基金中国哲学后期资助项目(21FZXB025)成果。它是笔者主持完成的 2019 年国家社会科学基金中国哲学后期资助项目成果《先秦思想史:从神本到人本》(19FZXB060,复旦大学出版社 2022)的姊妹篇。《先秦思想史:从神本到人本》侧重于纵向的历史叙写,追求成为"有思想的学问";《"人的觉醒":周代思想的启蒙景观》侧重于横向的逻辑建构,追求成为"有学问的思想"。二者合在一起,构成"先秦思想史论"。它们完成了我对中国思想史上第一个启蒙时代——周代"人的觉醒"对殷商以前"神本"思想的启蒙的整体研究与思考。

该书糅合《先秦思想史:从神本到人本》对先秦所有个案研究的材料积累,分上编与下编,从 26 个专题入手,对周代以"人的觉醒"为标志的思想启蒙的历史语境、制度原因、主要形态与人道系统作了全面阐释和翔实揭示。大部分章节曾作为单篇论文,在国内学术期刊上发表,可以说经受了一定的学术检验,产生了相当的学术影响。相关章节发表情况如下:

前言以"周代思想界的启蒙特征及其理论谱系"为题,发表于《中南大学学报》2025 年第 2 期。

绪论《周代文献使用的真伪考量》,以"先秦古籍'伪书'说清算、正名及反思"为题,发表于《人文杂志》2021 年第 3 期,《高等学校文科学术文摘》2021 年第 4 期摘要。

上编第一章《夏商神学蒙昧:周代启蒙的历史语境》,以"夏商时期的鬼神崇拜及其神本思想"为题,发表于《武汉科技大学学报》2021 年第 2 期。

第二章《周代封建分权与"人的觉醒"》改写为《"封建"的历史演变与中国思想史的阶段性征候》,发表于《学术界》2025 年第 1 期。

第三章《周代"人"的本性、作用、地位的全面自觉》,以"周代'人'的本性、作用、地位的全面觉醒"为题,发表于《社会科学研究》2021 年第 3 期。

第五章《周代"百家之学"与"人的觉醒"》,以"周代'百家之学'的古今观照与综合比较"为题,发表于《河北师范大学学报》2023年第5期。

第六章《周代的逻辑学思想与"人的觉醒"》以"'审其名实''而后能治'——《公孙龙子》的名学理路"为题,发表于《辽宁大学学报》2021年第3期。

第七章《周代游说学思想与"人的觉醒"》,以"以'仁义'之道和'捭阖'之术'抵巇'补天——《鬼谷子》目的论、本体论、方法论的系统把握"为题,发表于《学术界》2021年第1期。

第八章《周代"以人为本"的"天人之辨"》,以同题发表于《东南学术》2022年第1期。

第九章《周代的崇德观念与德治思想》,以"周代道德至上理念与德治建设论析"为题,发表于《澳门理工学报》2024年第1期。

下编第十章《周代"人道"中的"内圣外王"思路》,以"周代'内圣外王之道'系统评析"为题,发表于《东方论坛—青岛大学学报》2024年第4期。

第十一章《周代内圣论之一:"君子之道"与"真人之道"》,以"周代的修身之道学说——兼论'君子之道'与'真人之道'之互补"为题,发表于《艺术传播研究》2024年第3期。

第十二章《周代内圣论之二:"孝道"论与"孝治"观》,以"周代的'孝道'论与'孝治'观"为题,发表于《辽宁大学学报》2024年第3期。

第十三章《周代内圣论之三:教学思想与制度建设》,以"'建国君民,教学为先'——周代国家治理文化中的教育思想与体制研究"为题,发表于《中国政法大学学报》2024年第4期。

第十四章《周代外王论之一:"立君为民"的"君道"论》,以"'立天子以为天下'——周代'立君为民'学说的现代性观照"为题,发表于《社会科学战线》2022年第2期。

第十五章《周代外王论之二:"从道不从君"的"臣道"论》,以"周代'从道不从君'的'臣道'论"为题,发表于《东方论坛—青岛大学学报》2025年第2期。

第十六章《周代外王论之三:"君臣异术"论》,以"周代政治文明中的'君臣异术'思想折微"为题,发表于《辽宁大学学报》2025年第3期。

第十七章《周代外王论之四:"尚贤"说》,以"周代'尚贤'学说的系统阐释"为题,发表于《东方论坛—青岛大学学报》2023年第5期,中国人民大学复印资料《政治学》2024年第1期全文转载。

第十八章《周代外王论之五:"民本"说》部分内容参笔者《国学中的"民本"论及其现代意义》,《安徽师范大学学报》2012年第2期;《国学中的"民本"思想》,《文汇报》"每周演讲"专版,2010年7月7日。

第十九章《周代外王论之六："革命"说》，以"周代外王论中的'革命'学说"为题，发表于《文化中国》2025 年第 2 期。

第二十章《周代外王论之七："仁政"说》，以"西周仁政理念的主导地位及其在东周的衰变与守护"为题，发表于《广西民族大学学报》2023 年第 5 期。

第二十一章《仁政论之一：周代的"富民"学说》、第二十二章《仁政论之二：周代的"民心"学说》部分内容参笔者《中国古代"民生""民心"思想及其当代意义》，《浙江工商大学学报》2011 年第 4 期。

第二十三章《仁政论之三：周代的"礼教"思想》，以"周代的礼教思想与礼仪制度"为题，发表于《宝鸡文理学院学报》2021 年第 5 期。另参笔者《〈礼记〉"尊礼""敬人"的思想取向及其系统构成》，《澳门理工学报》2019 年第 4 期。

第二十四章《仁政论之四：周代的"乐教"思想》，以"周代乐教思想体系的系统厘析"为题，发表于《学术界》2023 年第 7 期。

第二十五章《仁政论之五：周代的"法辅"思想》，以"周代仁政之下法治思想系统研究"为题，发表于《中南大学学报》2024 年第 2 期。

第二十六章《仁政论之六：周代的"义兵"思想》，以"周代'义兵'思想的系统观照"为题，发表于《湖北社会科学》2023 年第 11 期。

在此，谨向上述刊物及《学术界》总编马立钊先生、副总编李本红女士，《中南大学学报》总编谭晓萍女士、《艺术传播研究》主编丁亚平先生、《文化中国》总编张志业先生、《东南学术》副总编郑珊珊女士、《广西民族大学学报》原总编廖明君先生、《湖北社会科学》总编唐伟先生、《河北师范大学学报》副主编孙秀昌先生、《东方论坛—青岛大学学报》副总编侯德彤先生、《社会科学战线》编审张利民先生、《社会科学研究》编审颜冲先生、《澳门理工学报》编辑桑海先生、《中国政法大学学报》编审张灵先生、《辽宁大学学报》编审潘照新女士、《人文杂志》编审王晓洁女士、《宝鸡文理学院》总编刘林魁先生的支持表示衷心感谢。重写中国思想史是一项意义非凡而又充满挑战的学术工程，未来希望得到各位的继续支持。

葛兆光先生曾经指出：判断一部"好的学术书"的标准主要有二：一是看有没有提供"新概念""新思路"，二是看有没有提供"新史料""新证据"。我赞同葛先生的这个观点。欢迎读者诸君用这两个标准检视本书，多提宝贵意见，为刷新中国思想史的研究格局共同助力。

祁志祥

2025 年 3 月 30 日

图书在版编目(CIP)数据

人的觉醒:周代思想的启蒙景观/祁志祥著.
上海:复旦大学出版社,2025.6. -- ISBN 978-7-309-17868-5
Ⅰ.B220.5
中国国家版本馆 CIP 数据核字第 2025WX1379 号

人的觉醒:周代思想的启蒙景观
祁志祥　著

复旦大学出版社有限公司出版发行
上海市国权路 579 号　邮编:200433
网址:fupnet@fudanpress.com　http://www.fudanpress.com
门市零售:86-21-65102580　团体订购:86-21-65104505
出版部电话:86-21-65642845
上海盛通时代印刷有限公司

开本 787 毫米×1092 毫米　1/16　印张 31.25　字数 544 千字
2025 年 6 月第 1 版
2025 年 6 月第 1 版第 1 次印刷

ISBN 978-7-309-17868-5/B·824
定价:160.00 元

如有印装质量问题,请向复旦大学出版社有限公司出版部调换。
版权所有　　侵权必究